中共攀枝花市委党校　编
三线建设干部学院

三线人的
社会生活与文化认同

SANXIANREN DE
SHEHUI SHENGHUO YU WENHUA RENTONG

主编　代发君

上海大学出版社
·上海·

图书在版编目(CIP)数据

三线人的社会生活与文化认同/代发君主编. —上海：上海大学出版社，2021.9
（三线建设研究论丛）
ISBN 978-7-5671-4339-5

Ⅰ.①三… Ⅱ.①代… Ⅲ.①国防工业—经济建设—文化研究—中国 Ⅳ.①F426.48

中国版本图书馆CIP数据核字(2021)第195397号

责任编辑　傅玉芳
封面设计　柯国富
技术编辑　金　鑫　钱宇坤

三线人的社会生活与文化认同
代发君　主编
上海大学出版社出版发行
（上海市上大路99号　邮政编码200444）
(http://www.shupress.cn 发行热线 021-66135112)
出版人　戴骏豪

＊

南京展望文化发展有限公司排版
上海华业装潢印刷厂有限公司印刷　各地新华书店经销
开本787mm×960mm　1/16　印张31.25　字数512千
2021年9月第1版　2021年9月第1次印刷
ISBN 978-7-5671-4339-5/F·218　定价　78.00元

版权所有　侵权必究
如发现本书有印装质量问题请与印刷厂质量科联系
联系电话: 021-56475919

本书编委会

顾　问　姚　彬
主　任　唐成斌
副主任　甘国江　李　燕　毛崇相
主　编　代发君

序言　夯实三线建设研究的基础

此时此刻,一本厚厚的书稿放在我的面前,这就是攀枝花市委党校、三线建设干部学院主编的《三线建设研究论丛:三线人的社会生活与文化认同》。据攀枝花市委党校的朋友介绍,这只是万里长征的第一步,后面还有好多辑蓄势待发。三线建设(包括小三线建设),这些上世纪80年代还是公开报纸上看不到名字的保密工程机密单位,时至今日已大大方方地出现在中国乃至世界舞台的聚光灯下,成为中国当代史的研究课题。作为三线建设研究最早一代研究者的我,看到这些变化,能不高兴、能不激动吗?

作为新中国60年代至90年代的重要经济建设的项目,三线建设的历史地位有目共睹有口皆碑,它的影响力时至今日还在中国社会时隐时现。在21世纪第一个十年期间,三线建设研究成果悄然出现,而在最近的十年中,则有井喷式发展的迹象。

据笔者不完全统计,2013年至2020年间,全国约有74个有关三线建设的项目批准立项,这些项目中包括国家社科基金重大项目二项(2013年度和2017年度)、教育部社科重大项目一项(2018年度)、国家出版基金一项(2020年度)、国家社科基金一般项目(包括青年项目和西部项目)七项、国家自然科学基金项目一项,同时还有省部级项目(如四川省社科重大项目)、各大专院校和地方政府项目。在今年(2021年)刚刚公布的国家社科基金项目(包括青年项目和西部项目)评审结果中,三线建设相关研究又有四个研究项目荣获资助。众所周知,国家基金重大项目、教育部哲社重大项目和国家出版基金项目这三大基金项目,在全国社科领域具有指标性意义。由此可见,三线建设研究已经得到国家层面的认可。

近年来,全国三线建设研究成果衍生产品有一部电影、四部文献纪录片和至少四次摄影展;2021年度,四川大学和华中科技大学以三线建设精神为主题的项目分别荣获全国大学生"挑战杯"特等奖;三线建设研究也得到包括《人民日报》《光明日报》和《中国社会科学报》等主流纸媒的关注,得到人民网、新华网和澎湃新闻等主流新媒体的青睐。

近十年来,有关三线建设的研究论文的数量和质量,有逐年大幅度提高的趋势。从2009年核心刊物出版的三线建设研究文章数量为零,到2019年已经达到23篇。全国不少于五家杂志特别开设了三线建设研究的栏目;2009年有关三线建设的学位论文数量同样为零,到2019年则达到11篇。这十年中,《新华文摘》《中国社会科学文摘》和中国人民大学《复印报刊资料》(包括中国现代史分册和经济史分册)等三大文摘杂志曾经多次转载三线建设研究的成果。《中国社会科学》(英文版)杂志也曾出版一篇有关三线建设的论文。

近十年来,有关三线建设的研究论著和资料汇编等的出版也取得了不少值得骄傲的成绩。文献资料汇编方面,除了正式出版的《中国共产党与三线建设》《小三线建设研究论丛》(第1—7辑)和《新中国小三线建设档案文献整理汇编》(第1辑)之外,三线建设研究同行朋友的研究论著更是令人目不暇接。国外也有至少三本有关三线建设的英文著作出版。而作为各地内部出版的有关三线建设资料汇编,以及三线建设亲历者回忆录的自印本,更是数不胜数,难以完整统计在册。

一般人很难想象,在中国当代史下属一个名不见经传的旁支学科,在十年时间中几乎是从零开始,会如此的异军突起,大有"春色满园关不住,一枝红杏出墙来"的感觉,足以称之为中国当代史学界的"三线现象"。

"其作始也简,其将毕也必巨。"作为中国当代史研究的一个新课题,三线建设研究刚刚起步,要做的事情太多太多。如何缜密地做好三线建设研究学科建设的顶层设计,既轰轰烈烈又扎扎实实,让三线建设研究走得稳、走得好、走得远、走得潇洒,与时偕行并开枝散叶,对得起这座可遇不可求的"富矿",是值得我们这些研究者深思的重大课题。

攀枝花市委党校、三线建设干部学院的朋友,出于夯实三线建设研究的基础的理念,周密策划出版这套丛书,这是非常有价值的工作。众所周知,现在已是网络时代,点击中国知网可以找到几乎所有论文的电子版。但是我觉得,纸质版的生命力要比电子版的长久,阅读舒适度也胜于电子版,同时特别适合成为各类学校各类课程的参考读物。由此我一直非常重视纸质版三线建设研究成果的整理和出版。

一言以蔽之,我由衷地恭喜攀枝花市委党校、三线建设干部学院做出的这份贡献,也非常感谢他们。三线建设研究取得的点滴成绩,都是各位研究者含辛茹苦默默奉献的结果,同时也少不了许许多多三线建设亲历者的帮助和支持。昨天是这样,今天是这样,明天肯定也是这样。衷心希望全国乃至全世界有志于三线建设研究的朋友,特别是年轻学子,依据自己的学科特色和研究条件,有一份热发一份光,携手共进,不负韶华。

是为序。

徐有威

2021 年 9 月 22 日　上海

前言　展光辉岁月风采　促三线精神永存

三线建设是一部伟大的史诗,人是史诗的主体。

——宁志一

我慢慢地发现,"三线人"的成长与磨砺、工作与生活、酸甜苦辣、经历与故事,远比文献资料和学术论文更能吸引我。

——张　勇

近年来,随着研究的不断深入,三线建设展现出越来越丰富的文化内涵,国内外学者对三线建设在政治、经济、军事、文化、工业遗产等方面的影响都给予了相应关注,甚至不少专题被列为国家社科基金等重点项目,极大地彰显了三线建设的时代价值。不过,无论是通过综合研究还是专题研究,作为三线建设主体的人始终没有成为关注的焦点,在这场史无前例的大会战中,400多万名工人、农民、知识分子、解放军官兵的生活点滴隐而不彰,我们对他们的衣食住行、喜怒哀乐与精神归宿知之甚少,让人不免感喟:他们到底是一个怎样的群体?在共和国的建设史上,到底是怎样的生活环境造就了他们如此让人难以企及的精神高原?离开了三线人的参与,我们是否还能还原这一真实的历史事件?

为了解决上述问题,2021年,攀枝花市委党校、三线建设干部学院在完成《攀枝花三线建设家书选》编撰的基础上,对三线人物进行了持续关注和研究。我们认为,三线人的"出席"和"在场"与否是书写三线建设光辉历史的逻辑前提。作为特殊历史时代中的三线人,他们承受了超越常人的磨砺与困顿,他们跋山涉水、披星戴月,远离故土亲人,从相对发达的地区开赴地处西南(北)边陲的蛮荒之地,书写了一幅"孔雀西南(北)飞"的时代画卷。作为移民大军,他们不仅要克服饮食、习俗等生活上的差异与不适,还要从当地生活中获得文化与身份认同,是他们让我们从"备战备荒"和"生产力布局"的双重和鸣中感受到了历史的温度与人性的光辉。

这部以《三线人的社会生活和文化认同》为名的论文集就是从全国众多三线建设研究成果中条分缕析梳理出来的一个论题。上编"三线人的社会生活",从三线人的饮食、音乐、体育、工作、住房、教育、医疗、养老等方面,深入分析了三线建设时期建设者面临的一系列生活问题。下编"三线人的文化认同",则集中关注第一代三线人到第三代三线人参与当地文化生活以及实现自我文化认同的心路历程。我们认为,这些问题不仅属于历史,更属于当下,三线建设虽已结束,但三线建设的后续问题仍未终止,三线建设者中的第二代、第三代依然会面临上述问题。能否从历史和现实中寻求出路,给予三线人更多的社会关怀,是我们今天面临的社会责任。

我们感谢长期以来在三线建设领域深耕细作的专家学者,短短几十年时间,三线建设研究从无到有、从小到大,他们自觉肩负起为三线建设者树碑立传的时代重任,这既需要一份责任与担当,又需要一份坚持和情怀,更是对历史与当下的"视界融合"。习近平总书记指出:"一个有希望的民族不能没有英雄,一个有前途的国家不能没有先锋。包括抗战英雄在内的一切民族英雄,都是中华民族的脊梁,他们的事迹和精神都是激励我们前行的强大力量。"希望我们以三线建设者为榜样,不忘初心,牢记使命,以史为鉴,走好新时代的长征路。

本书编委会
2021 年 5 月 1 日

目 录

上编 三线人的社会生活

孔雀西南飞：浮沉中的三线人 …………………… 廖羽含 柳京廷 等（3）

三线人的青春与传承：无问西东 ………………………………… 许 然（20）

革命洪流中的平凡生活
　　——以江西小三线工人伏如山544封家书为中心的讨论
　　　………………………………………………… 徐有威 杨 帅（26）

社会生活史视角下的三线建设研究
　　——以饮食为中心 …………………………………………… 郭 旭（39）

20世纪六七十年代小三线职工日常食品供应研究
　　——以辽宁桓仁县三新厂为例 ……………………………… 黄 巍（53）

"单位制"视角下西南三线建设时期内迁职工的音乐生活
　　——以贵州六盘水为个案 …………………………………… 苏世奇（74）

三线建设时期职工体育活动的开展及成效
　　——以攀枝花为例 …………………………………………… 王 华（93）

三线建设言语社区语言生活 ……………………………… 蓝卡佳 敖 钰（114）

皖南上海小三线职工的民生问题研究 ………………………… 张秀莉（121）

上海小三线建设职工住房保障研究 …………………………… 韩 佳（139）

三线建设职工激励机制探究 …………………………………… 刘锐旭（144）

危机与应对：上海小三线青年职工的婚姻生活
　　——以八五钢厂为中心的考察 ……………………… 徐有威 吴 静（148）

支援辽宁小三线建设职工家属、子女安置问题的微观考察
　　………………………………………………………… 黄　巍（164）
三线企业的搬迁对随迁子女入学教育的影响
　　——以重庆为例 ……………………………………… 王　毅（169）
三线建设时期的子弟教育需求与师资供给
　　——以上海小三线为中心 ………………… 邹富敏　徐有威（174）
三线企业老年人养老需求与实现路径调查研究
　　——以安顺市三线建设企业为例 …………………… 吕油彩（188）
身体史视域下的三线建设者研究 ………………… 崔一楠　徐　黎（194）
三线企业的社会特征探微 ……………………………… 付　令（207）
三线企业的搬迁对内迁职工生活的影响
　　——以重庆的工资、物价为例 …………… 王　毅　钟谟智（214）
三线建设时期重庆地区内迁职工社会生活问题探析
　　………………………………………………… 王　毅　万黎明（226）
陕西地区三线企业内迁职工社会生活问题探析 ……… 王　毅（238）
空前挑战与竭力应对：湖北三线建设内迁职工家属安置系列问题
　　考察（1965—1980）………………………………… 段　锐（252）

下编　三线人的文化认同

落地不生根：上海皖南小三线人口迁移研究 …… 陈　熙　徐有威（275）
标签化的族群：一个三线企业中的社会结构
　　………………………………………… 陈　超著　周明长译（298）
国家行为·族群叙事·身份表述
　　——攀枝花三线建设的文化人类学解读 …………… 王广瑞（316）
"我们"与"他们"：三线人的自我认同与群体区隔
　　………………………………………………… 郭　旭　刘　博（323）
单位制度变迁中身份认同的社会建构
　　——以S厂"三线家属工"为例 …………… 吴海琳　刘思瑶（337）
迁移、发展与融合：宁夏三线建设历史考察 …… 袁世超　马万利（351）

区隔与融合：三线建设内迁移民的文化适应及变迁 ……… 张　勇（365）
三线建设移民的内迁、去留与身份认同
　　——以重庆地区移民为重点 ……………………… 张　勇（385）
三线建设移民二代地域身份认同研究
　　——以重庆 K 厂为例 ………………………… 林　楠　张　勇（401）
从集体身份到集体记忆："三线人"的时空流变研究
　　…………………………………………… 谢景慧　吴晓萍（412）
社会文化视域下的三线"单位制社会"文化研究综述
　　…………………………………………… 杨凤武　唐书明（424）
小三线建设背景下农工互融型社区的形成
　　——以江西"国营九七四厂"为中心的讨论（1965—1968）
　　…………………………………………… 马　军　朱　焘（433）
移民外来文化的土著化过程
　　——以西南三线厂的"厂文化"为例 ……… 丁　艳　王　辉（447）
重庆三峡库区"三线建设"时期的移民及文化研究
　　…………………………………………… 何　瑛　邓　晓（453）
从移民到"遗民"："三线孤岛"的时代演进 ………… 吴晓萍　谢景慧（467）

后记 ……………………………………………………………（482）

上编
三线人的社会生活

孔雀西南飞：浮沉中的三线人*

廖羽舍　柳京廷　等

50年前，为了积极响应国家"一定要把三线建设好"的号召，一批人到偏远的中西部地区支援内地建设，他们来自五湖四海，这批人及其子孙通常被我们称为三线人。2014年10月起，四川大学历史文化学院组织力量对四川德阳部分三线工程的职工进行了访谈，这些"三亲"史料大体勾勒出德阳几代三线人的人生变迁。本文以亲历者说的形式，试图让那些即将被大家遗忘的三线建设者的故事重新浮出水面，让更多的人知晓和铭记。

三线，是指在1964年至1978年那个特殊年代，依据其战略地位的重要性（即受外敌侵袭的可能性），中国大陆的国防线，由沿边沿海地区向内地收缩划分的三道线。三线地区指四川、贵州、云南、陕西、青海、甘肃、宁夏、山西、河南、湖北、湖南等11个省区，用今天的区域概念来说，三线地区基本上就是不包括新疆、西藏、内蒙古的中国中西部内陆地区。

1964年8月17日、20日，毛泽东在中央书记处会议上两次指出，要准备应对帝国主义可能发动的侵略战争。现在工厂都集中在大城市和沿海地区，不利于备战。各省都要建立自己的战略后方。这次会议决定，首先集中力量建设三线，在人力、物力、财力上给予保证。三线建设的战略决策正式确立。8月19日，李富春、薄一波、罗瑞卿联名向毛泽东和党中央提出《关于国家经济建设如何防备敌人突然袭击的报告》。8月30日，邓小平批示将报告印发中央

---

* 原载《江淮文史》2015年第5期。

工作会议，以后又发给各中央局、部委、省委执行。10月30日，中央工作会议通过并下发了国家计委提出的《1965年计划纲要（草案）》。这个计划的指导思想是："争取时间，积极建设三线战略后方，防备帝国主义发动侵略战争。"提出的三线建设总目标是："要争取多快好省的方法，在纵深地区建立起一个工农业结合的、为国防和农业服务的比较完整的战略后方基地。"

按照三线建设的计划，西南三线要建设几个工业基地：以重庆为中心的常规武器基地、以成都为中心的航空工业基地、以长江上游重庆到万县为中心的造船工业基地，以及沿成昆线布置的原子能工业基地。就这样，随着三线建设的战略全线铺开，仅6000万人口的江浙沪吴语地区，即有十分之一的人口在此后迁往中西部。

三线建设作为新中国成立以后一个规模空前的建设战略，过去由于保密性质，以及与"文化大革命"时间交叉等原因，20世纪90年代才开始出现个人研究。世纪之交，中共中央提出西部大开发战略后，三线建设作为前驱历史也得到关注，各地区开始出现对本地三线建设历史的研究，涉及政治、经济、文化等各个层面。

2014年10月起，我们对四川省德阳市的部分参加三线建设的职工进行了口述历史调查，共采访10多位德阳工厂职工，年龄最小的51岁，最大的80多岁。本文以德阳三线人的时空转换为脉络，呈现德阳三线几代人的浮沉，并思考探究经历了史上罕见的工程大移民的三线人，根的溯源在何方，现实现状如何，新的一代又走向哪里等问题。

本次采访对象均为德阳三线工程的职工或者家属，他们有的亲历了三线建设的全过程，有的作为第一批三线人的子女对三线建设的历史与再发展有着深刻记忆和切身体会。大部分受访者年龄集中于50~80岁之间，对于三线搬迁的时空变化有着较为清晰的记忆；较为年轻的亲历者把关于三线建设的记忆延伸到21世纪之后，为三线人的人生变迁提供了延续性的视角。当然，我们也应注意，德阳的三线建设是以重工业为代表，这样的特征势必导致其口述材料具有相应的地方特点。所以，德阳作为全国三线建设的一部分，其三线建设的口述资料不仅具有共性，也具有其特性。

德阳市位于四川盆地成都平原东北部，唐武德三年（620），析雒绵建置德阳县，为德阳县名之始。南靠成都，北接绵阳，东壤遂宁，西邻阿坝。从1956年到1957年，国家建委组织的联合选厂组将四川眉山、德阳作为备选厂址。

本着审慎的原则,西南重机厂选厂工作筹备处组织设计、地质、城建等有关单位、人员及苏联专家,先后多次对四川眉山、德阳、成都、石板滩等地的12个厂址方案进行了实地踏勘及技术、经济比较,最后选定成都、德阳两地四个工厂厂址的方案上报部局和国家建委,并报李富春、薄一波副总理。1957年12月,李富春、薄一波副总理亲临成都,与四川省委研究,决定将重机厂厂址定于德阳县城南。1964年8月,国家建委召开一、二线搬迁会议,提出要大分散、小集中,少数国防尖端项目要"靠山、分散、隐蔽"(简称山、散、洞),有的还要进洞,导致东方电工厂等搬至德阳。

现如今的德阳是国家重要的工业城市,是中国重大技术装备制造业基地。拥有中国二重、东方电机、东方汽轮机等一批国内一流、世界知名的重装制造企业,德阳已成为我国重要的重大技术装备制造基地和全国三大动力设备制造基地之一。

那是他们的黄金时代

四川德阳,从昔日的西部小县城到如今的重工明珠,德阳的第一代建设者们,他们来自中国的天南海北,年龄不同、身份各异,却都怀揣着报国的壮志与梦想来到这片孕育希望的土地,这是一群人建成一座城的故事。

1. 迁徙与建厂

1966年,上海新业电工厂剥离一部分职工到四川德阳建立了东方电工厂(简称东工)。在我们采访的东工职工中大多提到了当时的迁徙过程,多数职工是在30岁左右时携家带口、从东到西迁至德阳的。陈渭淇说:"我是1966年从上海过来的,当时30多岁和爱人一起过来的,很多单位一起过来,当时过来的还有20多岁的年轻人。""爱人和我一起过来的,我是在上海新业电工厂,他是另外的厂,过来就住厂里面分的房子嘛。"在这迁徙大军中,不仅有工厂职工及家属,还有支援内地的老师,李琼就此谈论道:"最初过来就像我父亲,先是建厂的。后头几年家属都过来了,厂里需要办幼儿园,孩子读书等一系列问题都需要解决,就要调动一些人过来。"而东工与二重(第二重型机器厂)都是1958年开始搬迁建厂的,江爷爷介绍道:"我是广东人,当时是东北电工局在沈阳招聘我们去的,后来调动支援三线建设,就坐火车分批过来了。当时换了好几个地方,从东北沈阳到北京,北京完了就到湘潭,1958年到这来的。"二重职工凌师傅也回忆道:"我妈就带我们两个小孩过来,我们是从上海的上重调过来的,1966年过来的,1966年走的重庆那条线,属于南线。"

而说起搬迁的动因以及当初离别的场景,大家无不唏嘘感叹,那是只谈理想不谈收入的一辈人。第一批三线人大都是响应国家三线建设的号召无条件地来到了德阳,可是宏图壮志、年少轻狂,又怎敌得过夫妻两地分居、父母与儿子两地相隔的牵挂。采访中不少人提及当时的情景:

江爷爷说:"那时候调你到哪就是哪,服从党的分配啊。妻子原来在广东那边,我先过来的,她是后来调动过来的。"

严叔叔说:"我爸是天津大学毕业,毕业后跑内蒙古去了,被喊回来后又读了两年书,1958年我爸要来支内的时候,把我爷爷给气趴下了。过来又因专业不对口,厂里安排到大连学两年俄语,做技术翻译。后来又到哈尔滨读书,几乎一生都在学校里晃着。"

李琼也介绍道:"真正说很自愿,也不会很自愿,有一些政策的因素在里面,如果你不去的话,厂里可能就不会再要你,或者让你去其他的地方。你说人的思想境界达到那种程度还是很少的。"

凌师傅也不由感叹:"当时很多都不情愿,一般来说,那时候听毛主席的话啊。像我父母过来,家里面都不同意,我爸呢就坚持要我妈来,有苦同吃,有福同享啊。那么外公外婆啊,爷爷奶奶啊,都不同意,哭天号地啊,那时候,非要一家人过来,又不能两地分居,就一家人都过来了。"

建厂初期,物质条件的匮乏并没能让建设者们打退堂鼓:他们肩挑手推、挥锹舞镐,展现出高涨的热情、坚韧的毅力和对国家深厚的情感,创出了惊人的建设速度。那

成昆铁路三线建设工地的女民兵

些激昂的打夯声、响亮的号子声至今似乎仍回响在耳畔。根据口述人的介绍，当时的东工主要生产拉丝机、漆包线、电线等。曾为东工职工的李琼就讲道："过来的时候非常艰苦嘛，这个时候，经常都是加班加点到深更半夜，我妈说我爸瘦得都皮包骨头了。"

奉献的朴素愿望和热血加在一起就是建设者们的标签。"我向前看齐，比的就是怎么样做贡献。你比我强，明天我比你更强。你收入高，我明天收入比你还高。今天你把这活干好了，明天我可能比你干得还好。今天你得一个五角星，明天我得俩。"严师傅给我们展现出那个年代的奉献劲，这也成了他儿子经常聊天的话题："我爸最自豪的就是他生产的那个产品是免检的，他做的那个家具，那个抽屉，一张纸都塞不进去，你只要拉开，必须要在匣子边上抹上菜油(才能推回去)。只要天气一变，门就拉不开了，拉开了你要抹油才能关进去，严丝合缝的。"谈到自己那代人的质朴，严师傅对当下社会就会有点牢骚："我们那个时候不讲索取，就讲奉献，就看谁奉献得多。"

由于几千人的建设大军从祖国四面八方赶来，一下子云集在原本不足万人的德阳县城里，住宿、生活设施、物资供应都十分紧张。除了租旅馆、借民房外，大多数人只能在厂区搭工棚临时安家，拥挤，简陋，有的人每天要走几公里才能到达工地；气候潮湿、阴冷，许多外省来的人感到不适。东工退休职工洪婆婆讲道："刚过来的时候，这边多苦，走路都是泥巴，这边潮湿，都是水，每天都下雨，很不习惯，有很多困难，后来一点一点好了……"艰苦的条件并没有动摇建设者们的信念和决心。1958年10月13日，4万多人聚集在德阳县城南郊的空地上隆重举行西南重机厂(1960年更名为第二重型机械厂)开工庆典。次日，《四川日报》以"目前规模我国最大，将来产品世界称雄"为题，在头版头条隆重报道了工厂动工盛况。但是，自1959年开始，国家遭遇连续三年的自然灾害。

2. 饥荒与运动

1960年冬，中共中央决定对国民经济实行"调整、巩固、充实、提高"的八字方针，缩减基建战线，压缩工程项目。60年代，德阳几大工厂被正式确定缓建，进入了建设低潮和最困难阶段。张婆婆说："当年没有吃的，只能用醋渣、豆油渣和一点点面粉做团子吃。"东工的江爷爷也说起："当时职工都没事干，厂房还没修好嘛，就刨两边的地，种红薯，那时候粮食很少，定量嘛，一个月20多斤吧，没办法生产，饿肚子，有的就回家了，剩下的就刨地嘛，解决吃饭问题。"

直到 1964 年,中央决定在军民结合的原则下工厂投入续建。在"统一部署、统一指挥、统一作战,切实打好 1964 年底的基础仗,鼓士气仗,迎接 1965 年建厂高潮"的宣传和动员下,职工们又焕发出冲天的热情。可惜好景不长,从 1966 年的土建高潮到 1971 年的工厂全面投产,正处在"文革"时期。江爷爷说:"'文革'的时候没有停产,处于半停产状态,工资还是拿得到,你说停产嘛,还是有一些在生产,反正搞运动嘛,职工游行。"虽然没有完全停止生产,但工厂各级组织和建厂指挥部的正常工作秩序遭到破坏,陷入半瘫痪状态。

除了受"文革"动乱的影响而产生的各式各样的造反运动和斗争外,工厂内部的地区隔阂也是产生员工间相互斗争的因素之一。在我们的采访对象中,朱爷爷(德阳中江人,退伍招进东工的钳工,2003 年退休)就跟我们讲述了厂里面的派系斗争问题:"上海人跟我们交流还算多,但是平时喝下酒、喝下茶这些不得行哦,上海人跟四川人有隔阂的嘛。有隔阂是指闹地方派系嘛,我们四川派、外地派之间发生过打架斗殴啥的都有,因为争权夺利嘛。上海人经常欺负四川人,他们人多势众,他们在掌权嘛。现在我们都在一起耍,过去不耍,过去上海人在这边是很有势力的。"

"东北人也很厉害,东北人子女多,他家如果有四个儿子,完了,他们就会称王称霸,你家两个儿子被打也别说什么。他们就叫东北胖子,欺负四川人个子小。"当凌叔叔再说起那些往事时,会心地一笑表明了已将过去的隔阂放下。当然,这种现象不单单存在于东工,其他几个厂也都因为地域差异导致这种隔阂。

3. 辉煌的年代

1968、1969 年,毛泽东一声号召,"知识青年向贫下中农学习,接受再教育",知识青年上山下乡运动轰轰烈烈开始了,而三线工程建设也回到了正常的发展轨道,三线人迎来了他们的黄金时代。

这方面最明显的表现就是:工厂效益的提升带来的家庭物质条件的改善,以及人们的择偶观念改变。80 年代东方电工厂相当辉煌,订单很多,效益很好,在国内外都小有名气。时过境迁,纵然辉煌不在,历经过繁华的人们却能追忆,并为之自豪:

李琼:"80 年代厂里嫁人第一个条件就是找本厂的。外面的人都想娶厂里头的……八几年德阳市效益最好的厂,就是我们了,包括德阳市政府领导的子女上班,首先就要到电工厂来。到了电工厂开始有衰落迹象的时候,那些子女就开始调出去了,有门道的都出去了。"

洪婆婆:"我老伴的爸爸没人照顾,我1988年提前两年退休的。那时候厂的效益好,退休以后过年厂里面发东西,发好多东西哦,退休工人都有,吃都吃不完。"

那个年代,国家政策的转变影响了三线人的一生。在物质生活条件逐渐改善,厂里的职工地位越来越高的辉煌年代,三线人并未忘记他们的故乡。对于离家的第一代三线人而言,最遗憾的是既未能尽孝送终,也未能落叶归根。

李琼的父亲到四川后想回去,"当时我父亲出差,在上海去卖机器设备,去那个片区也会去看下自己父母。频率不是很高。中途我们都经常回去,妈妈随时都说要回去……父母的四川话说得不太好,妈妈的四川话带着上海口音,需要翻译。"在采访过程中,李琼还谈到当时爷爷去世的时候,由于通信不便与滞后性,使得一家人都未赶上老人的葬礼。

洪婆婆也说:"当然了,刚刚开始有点怨嘛(心理落差),现在也习惯了,习惯这里的生活了,上海也不想了,老人也莫得了,爸爸妈妈也莫得了……爸爸

三线建设现场,紧张工作之余不忘开展学习

妈妈去世的时候回啊，一家人全部走，娃娃全部带起走。以前电报嘛，厂里面有门卫嘛，门卫过来喊的。老人没有了嘛，把娃娃牵起一起回去。"最后，她声音慢慢低沉下去。

即使思乡情切，现实的因素也让他们不得不留下来，江爷爷就谈道："想不想家那个不由你的，工作在这，那个时候都很困难，有个工作都算不错的了，我都退休了还回去做啥……这个生活习惯差不了多少，吃辣吃得少，都几十年了，习惯了……想家嘛，每人都有，有可能嘛，就回家看看……我原本会说几句广东话，时间久了忘了，四川话我说的你们听不懂。"凌叔叔还记得自己第一次回上海的时候："1991年以后，去上海那边参观学习新设备，当时（走的时候）还小啊。到了上海之后很激动的，见到几个舅舅、阿姨。还有面包，好好吃啊，没吃过面包；还有那个冰糕，我们那个冰糕就是冻过一下，可上海那个是红色的。"而讲到愿不愿意再回到上海时，凌叔叔很矛盾："很想回去，他们一直要求回去。1985年的时候国家政策放宽了，你通过关系可以对调。但那个时候都已经50岁，马上就要退休了，我就没有想对调，对调了我觉得我生存不下去。毕竟这个地方养了三代人，还是舍不得，想把它建设好。要知道中国人讲究光宗耀祖，中国的古训，你把家乡建设好，就是光宗耀祖，都尊重你。"

"实际我们还是想回故乡看看，主要还是想念亲人，不过工作生活不习惯。我会说上海话，我儿子不会说上海话，只会四川话。"以凌叔叔为代表的稍微年轻的一代，比起他们的父母，家乡给他们的烙印就不那么深了。由于从小长在德阳，他们已经把待了一辈子的地方看成是自己的家乡，对家乡抱有想要将其建设好的使命感，而对上海的印象，更多的只是对亲人的留恋。

当然，也有部分三线人回去了，"当时我们邻居男孩回去是因为他父亲是独子。包括现在回上海也是这样的，父亲是独子，最后（父母）老了需要人照顾，于是把儿子户口迁回去照顾老人。"李琼回忆道。后来生活好了以后，人们有了经济实力，会在上海买房子，但是这时候曾经的故乡不再承认他们。李琼说，这种户口不属于上海的正式户口，就是上海人说的蓝印户口。

时光流转，当年的热血青年也已两鬓斑白，三线建设的第一代人作为三线工程的奠基者，他们或许是艰难的，熬过贫穷与饥饿，经过困境与动乱；他们或许是伤感的，未懂乡情已跨过祖国的东西南北，未识孝道已远离家乡的父母亲人……但是，他们应该也是幸福的，因为他们相信，有一种奋斗是愿意倾尽年华去实现的。

落叶归根,新叶何生

1. 和父母同迁徙,与工厂共成长

就是这样的一代"献了青春献子孙"的三线人,他们的子女、孙辈也伴随着三线建设的轨迹发生转变,他们生在德阳却活在他们的"小王国",他们会说四川话却又更多地说着一口流利的普通话,他们已经习惯这边的生活却又总有着一个遥远的地方牵动着他们的神经……三线建设,影响的不仅仅是那一代人,也改变了他们的后代子孙。

父母的迁徙不可避免地造成孩子的迁徙,少小离乡老大了也没能回去,虽乡音未改却儿童不识。出生在德阳的二代、三代三线人或许已经认为自己是土生土长的四川人,但是他们却说着一口流利的普通话,也会说上海话,这便是三线建设者的子女们。

内迁的大人因圈子、年龄原因可以很快地与外面的人接触,但内迁的小孩子进入德阳之后却未能进入德阳市区这个圈子之中,他们大多是与本厂的小孩子嬉戏。李琼回忆说:"以前在厂里生活区长大。生活区里面什么都有,小的时候与外界接触较少,包括我们读书,幼儿园这些厂里头都有。我真正接触到外界是在高中的时候,德阳当地孩子没考取一中之类的中学,就到我们厂里的学校来读书,这样才接触到外面的人。我那个时候,四川话都说不来啥子,都是高中以后才慢慢学说四川话,小时候大家一起要说的都是上海话。"更加好玩的是,"我小时候除非是父母带着去街上,我印象中都没去过街上。同事那个时候是住在外面,她们叫我上街去逛。然后饿了,她们就说在外头吃点东西,说这家的啥子东西好吃,我说在外头吃东西,觉得很不可思议。她们也很惊讶我,我也很惊讶她们。稍微大点嘛,才和朋友一起出去逛一下。"她说以前新衣服都是爸爸从上海带回来,可见她确实很少上街。

对于孩子而言,早期的迁徙或许对其影响不大。大一点的孩子已经懂事了,会说:"我们从上海那么大的城市到德阳这样的城市来多少有点不开心的。"而年纪稍小的孩子多数时间还是快乐。李琼回忆:"爸爸总是从上海给我带衣服回来。当时我姑父就是上海制鞋厂的,整了一双运动鞋回来。当时觉得洋气得很。从上海带回来的衣服,这边都没得,同学照相的时候就经常说把你这个衣服借给我去照个相吧。有时候就觉得我和你要得好嘛,就借给你;要得不好喃,就不愿意借给你。"上海,对他们而言,或许只是一个遥远的地方,而不是自己的家。

2. 疏于管教,早熟与叛逆共生

老一代的三线建设者把自己的青春献给了整个工厂,来到德阳的时候他们的孩子大则十多岁,小则一两岁。由于刚来到这里,父母总是忙着工作,一心只想加快建设进度,这些本应该是最受父母疼爱的孩子却极少受到关爱,导致他们过早地挑起了生活的重担,不免比一般孩子要早熟一些。凌师傅回忆道:"我4岁就开始帮着干活了,大一些的时候偶尔还去上班。"而说起这个的时候他却没有丝毫的抱怨,他继续讲道:"我妈28岁的时候在上海做油漆工,油漆含苯,她过来不知怎么的,眼睛就像那个相机没有底片不成像。后来就到上海去用激光治疗了,治疗了之后就不能低头,一低头眼睛视网膜就掉,连扫地都只能蹲着扫。我爸要上班……我就带着我妈去那个103(二重工人生活区的代号)买菜,我们那时候早上起来就把炉子拿到楼下生火,旺了就提上来,煮好饭就叫爸妈起来,礼拜天就更不用说,煮好饭后就去排队买肉。"但是不管怎么说,"生活还是要过下去的",日子虽艰辛,却能让人更加坚强。

有的孩子虽不用过早地承担生活的责任,却因父母工作忙碌,被迫离开父

1965年1月,根据三线建设需要,党中央、国务院决定将沿海省份部分重点大学搬迁至中西部地区建设分校

母的身边,到奶奶那边或是其他地方去生活。严叔叔回忆道:"爸爸工作辛苦,我小,爸爸两点多从工作单位回来后,我要喝奶,于是他还要去奶厂给我拿奶。奶奶心疼儿子,在我半岁的时候奶奶就把我接到天津,就这样,我一直在天津与奶奶生活到了9岁。"李琼也回忆说:"爸爸工作非常辛苦,妈妈说他瘦得只剩皮包骨头了。"在这样高强度的工作环境下,很少有时间关心自己的子女,于是李琼只得被送往上海的舅舅家,"我小时候都是断断续续在这儿,都是交给我舅舅带的"。因为工作原因,父母陪伴孩子的时间少之又少。在他们儿时的回忆之中,父母未能成为生活的重头戏,儿时的伙伴才是他们生活中的主角。然而,正是因为和父母相处时间的不足,导致了孩子的叛逆,严叔叔回忆说:"第一次跟爸爸回天津,奶奶看见我的作业,先不说成绩,她就说,哎,这个孩子的字写得可真是丑,你们怎么都不好好管管他?"其实谁不疼爱自己的小孩呢,但因为工作原因,忽视了自己的孩子,这也是第一代三线建设者的一些遗憾。而随着年龄的增长,他们进入高中,因为从小的叛逆,许多人都未能跨过高考的关卡。凌叔叔回忆:"我在1980年左右考了三次高考,但因为基础不好,都没有考上。"子承父业,进厂成为大多数第二代人的选择。

3. 进厂仍是他们的归途

50年代开始筹办的三线建设事业,是涉及上百万名工人、干部、知识分子、解放军官兵和成千上万名民工的一次大迁徙,而当时的德阳基础设施严重不足,城市尚未建成,社会的实际承载力也面临着能否平稳接收大批支内三线人的巨大挑战。于是,依托落地德阳的重工园区,在其内部建设了一批社会性职能的机构,主要有医院、公安局、法庭、街道办事处等,除此之外还有一项重要的设施——学校。企业内部的学校主要包括两类:一类是普通教育学校,另一类是职业技术学校。前者主要是解决职工子女读书受教育问题,后者既是企业内部人事更替、人才换新的一种机制,也是解决职工子女就业的一种途径。

第一代三线建设者的子女,绝大多数就读于工厂内部开办的学校,毕业后进入技术学校接受比较专业的培训,沿着父母辈的轨迹直接进入工厂工作。据东工退休职工江爷爷介绍:"厂里的子女直接安排,读了大学也好,什么也好,基本上都安排到厂里工作,现在都不行了……那个时候工厂办学校、医院,反正都是成套的。原来工厂医院、学校、托儿所都在厂里面,都由厂来管。"李琼也说:"我们当时在学校里面读书,没有很大的志愿去考大学,毕业出来要么就考技校,像我们这批技校毕业进厂刚好就有两个部门为我们准备着,根本没有什么压力……我们学习与厂里生产没有关系,那些读技校进修的职工才相关。"

从表面上看,这种人事制度与70年代社会上普遍流行的接班顶替制度极其相似,但其实有其独特性的地方,主要体现在这种制度下的就业模式更为稳定。与李琼的交谈中,当被问到她是不是接班时,她说:"也不存在接班,那个时候厂里头,你毕业了就直接安排进厂,我们这批毕业的时候,刚好开设了两个分厂,就需要人,相当于我们整个班的人都分到这个部门了。"可以看出,李琼的就业并不是以其父母的退休或者离休为前提的,子女辈学习技术后进入工厂工作,是三线工厂中的另外一种常规模式。

4. 父母补偿的爱

一旦自己子女无法进厂,父母多半也会为他们付出自己的努力。李琼家由于子女少,只有她与哥哥两人,"刚好那几年,遇上知青上山下乡,当时有个政策就是家里是独子的,你就不需要下乡了,就留在家里,也不安排进厂什么的,就在家里待着。所以我哥在外面找点临时工做做,或者在厂里做点工作"。而当时像那样的男孩子,父母怕他学坏,想趁着厂里开始办技校的时机把他送进去。虽然技校说起来是考试招生,其实还是照顾性质的。"厂里头有下乡的子女,就照顾上来进厂,家里没人上山下乡,我哥根本没资格进厂。所以后来没得法,找关系啥子的,我妈办病退,让我哥进去"。更有父母讲到来三线的原因就是"当时子女要下放到农村去,三线建设的子女不用去江西、安徽等,我们子女只需去德阳周边就可以了,就这样来了这里"。

所以,与其说这是第一代人的一种付出,不如说是一种偿还,偿还自己年轻时支内给孩子们带来的苦难,而这些苦心是否在孩子的心头酝酿成了蜂蜜,我们不得而知。但是,我们能够明显感受到父母对子女的这份爱。

盛宴后的失望和希望

顶替制度基本上成为第二代三线建设者唯一的就业方式,它在维护企业、社会稳定,实现工厂内部人事的"新陈代谢"方面有一定的积极作用,并通过解决第一代三线建设者后代的就业生存问题,回报他们早年背井离乡支持内地建设的大无畏奉献精神。但这种模式下,不仅导致家庭成员的生活圈子狭小,而且家庭内部的经济收入结构也单一。这些"厂兴家兴,厂衰家衰"的关系模式在工厂整体发展趋势良好、经济效益好的情况下不会存在太多的问题,但一旦遇上工厂建设失误,发展呈下滑趋势,将会从经济上对三线家庭的整个生活状况造成根本性的冲击,这一隐患在80年代后期逐渐显现。

1. 巨变的洪流

20世纪80年代,我国的经济体制改革进入全面推进阶段,经济建设的重心向东部沿海倾斜,以国有企业为主的三线工厂效益尤其低下,首当其冲面临改制。

导致这种局面的原因很多,从三线建设的目的来看,它是60年代中共中央基于国际局势动荡,战争因素急剧增长,认为战争会早打、大打,因此要抢时间、争速度,必须赶在战争爆发前加强国防建设的判断下做出的战略决策。于是各级三线建设指挥部都把抢时间、争速度放到了突出地位,结果一些建设项目未经周密勘探就盲目定点。当时还采取"三边"原则,即边勘探、边设计、边施工,没有搞好总体设计就全面施工;片面追求速度,忽视施工质量;辅助和配套设施没有建成就凑合投产。这不仅造成了许多返工浪费,而且把一些工厂建在断裂层、滑坡带、山洪口或缺水区,遗留下一些难以解决的工程建设问题。

国家从第五个五年计划开始,将经济建设的重点向沿海地区转移,和平与发展成为时代的主题,在这种形势下,原来为备战而建立起来的一些以军品生产为主的三线企业,面临着军品生产任务锐减,生产线闲置的窘况。

再加上三线建设的是一种发展封闭的内向型经济:国家是唯一的投资主体,所有制结构是单一的国有经济,调节机构是国家计划和行政命令,动力是单一的精神动员,格局是依靠国内自有资金、自有资源。三线建设是典型的计划经济的产物,计划经济最大的问题是资源不能得到有效配置。

不仅如此,三线建设企业在当时只是国家机关的行政附属物,丧失了人、财、物、产、供、销的自主权,既无动力,又无压力,也没有活力,结果造成资源配置效率低下。例如,三线建设在片面依靠大搞国防建设的政策扶植下,投资方向主要集中于重工业和国防工业。据了解,在国家三线基本建设850亿元的投资中,重工业、国防工业、交通运输共628亿元,占74%;农业120亿元,只占14%;轻工业37.5亿元,仅占4.4%。"三五"计划期间,三线地区的国防工业、原材料工业、机械制造业和铁路运输的投资,占该地区总投资的72%,产业结构比例严重失调。

于是,1986年至1990年"七五"计划期间,对效益低下的三线企业,国家进行了"关、停、并、转、迁"等政策,按照"该关停的就不要搬迁,能迁并的就不要迁建,能就近搬迁的就不要远距离搬迁,能向中小城市搬迁的就不要向大城市集中"的原则进行调整。这次改革,在优化我国资源的合理配置、促进内地经济振兴、推动三线企业调整改造、加快沿海经济的发展等方面具有重要作用,应给予充分肯定和认可。

2. 改制的缺憾

虽然改革取得一些成效,然而,这段时间国家的投入和支持同三线时期相比完全不在一个数量级上,改革中也存在一些缺憾。宏观上看,经济布局的战略东移影响了三线企业效益的提高和作用的发挥,为西部开发服务的能力减弱;微观上看,三线企业的过度搬迁,原厂址遗弃或使用价值减小,加之后建新厂的资金、人力投入和管理,使企业背上了沉重的包袱。这些缺憾,三线人最能感同身受。张婆婆在评价二重企业投资时谈道:"后来工厂在镇江和成都建立两个科研机构,说是去那边的都会在那边分一套房子,当时很多人就把房子卖了过去,结果那边是工业用地不能修居民住房,之后这些工人不但只能租房住,还要每天6点起床,7点坐车去成都上班,下午4点下班又回德阳,一天也做不到啥子事情,都不愿意去。"在三线建设者的眼中,资源浪费以及投资的失误,是改革中存在的问题之一。

除了企业改制中投资的不合理,企业内部因地域不同自然分化的派系斗争,以及高层管理者的腐化也是改革中存在的一系列问题之一。

三线企业内部借着国家改革的政策,有的企业是基于实际经营状况进行改制,有的由于管理者的腐化,通过改制、合并、私人买断等多种方式,逐渐断送着几代三线人的共同心血。对于这种劳动成果遭到破坏的情况,采访中的洪婆婆说道:"那时候多好,现在不好了,那些王八蛋搞得一塌糊涂……他们不敢到这儿来,到这儿来我们就要骂他们……我们厂里面买断了嘛,我们也不晓得,只是说他们把厂一会并过来,一会并过去,并来并去就垮了,莫得了。"

3. 迷途的羔羊

此次三线国有企业的改革除了在国家、企业层面产生的巨大变化外,支援三线建设的人群无疑是深受影响的主体。改革期间,在三线企业中的主体人群是随父母辈迁往大西南支援内地建设的第二代三线人,他们生活在三线事业的小圈子中,从小就读于工厂内部开办的学校,长大后直接进入工厂上班,与外界并没有太多的接触,更没有除了工厂生产所需技术以外的生产技能,同时他们正承担着"上有老下有小"的家庭责任。企业随着国家政策转变而兴起的改革,加速了工厂效益衰败甚至导致破产。

谈到工厂的破产,曾经为之奉献大半青春的第一代、第二代三线人都唏嘘不已,洪婆婆将破产原因归结到私营企业鼎天的收购。第二代三线人李琼也感叹道:"我现在再也不想往那边(东工旧厂址)走了,以前的办公楼嘛,还是有几个人在上班,现在是私人老板。我

1966年,四川德阳,中国第二重型机器厂从捷克进口的12 000吨自由锻造水压机

有时候回我妈那儿,我不愿意往里面走,心里真的很难受,毕竟很多人过得不是很好,其实内心很酸,真是这种感觉。一般没得事的情况下我不愿意走进去。"工厂效益衰败甚至破产的直接后果就是大批职工下岗,这对三线企业职工家庭基本生活的稳定造成了巨大的影响。此次采访中,多位被采访人谈论到下岗后艰难的生活状况。

总体来说,第一代三线建设者早已退休,领着微薄的退休金,家庭主要劳动力和经济收入的任务已经转移到正值壮年的子女身上,现在的生活对于他们来说也算是平稳的。朱爷爷谈道:"厂子被鼎天买了过后嘛,工人全部都下岗了,四川人安排得少,上海人基本上都安排了的……子女嘛,拿了一万多、两万块钱个人找职业嘛。"洪婆婆也对家庭情况介绍道:"我三个儿子都是东工的,三个媳妇一个是东工的,一个是邮电局的,还有一个是电机厂的,两个四川人,一个东北人。东工破产了,买断了,娃娃都在外面打工。"他们对自己生活状况的基本满意并不代表没有对子孙辈的担忧,军人转业的王爷爷就表示:"我们的孩子该怎么办啊?四五十岁的军工企业的特种技术的工人,去哪里找工作养家啊?我们都在这里,他们的根就扎在这里,我们老了走不了,他们就

得在这里陪我们养老了。我们把青春献了,结果不行,连我们子孙的青春也被奉献在这里了。我只求孙子孙女们,全都离开这里!"三线企业内采用流水线生产,且分工很细,一个职工一般只需要掌握其中的一部分专职技术,这些技术只有在生产中相互配合才能生产出产品,离开了厂子,这点独立的技术就失去了生产功能。更严重的是,这种生产技术不能为下岗职工的再就业提供支撑。当被问到下岗职工的流向时,李琼感叹道:"找不到工作的就只能在家里面嘛,本身说实话我们这种年龄段,从厂里出来,连一技之长都没有,做工作其实只会做这些。有些人年龄比我还大,不好找工作,厂里头有些人还是很惨。"

4. 春风吹又生

因为国家政策的需要,三线建设群体们拥有了与常人不同的体验,有苦痛,有遗憾,有辛酸。但是内迁和破产也给他们带来了超凡的坚韧与乐观。在应对突然颁布内迁政策的情况下,他们说走就走。他们不断适应新的环境,改变自己也改变他人。作为本地人的顾婆婆讲道:"他们来咯,我们都想去他们那儿,他们穿得漂亮,也懂文化,我们都想自己女儿嫁进去。"而到破产之后,虽然要承担生活的艰辛,但他们还是笑对生活。就李琼来说,她现在的工作是在一家服装店做会计,在此之前她也经历了多次择业,从事过很多不同种类的工作。

而三线建设者的第三代更是他们的希望。在第三代人看来,虽说心中有个遥远的"故乡",但他们更是土生土长的德阳人,而他们就像普通德阳孩子一样,去寻找属于他们的未来。李琼的女儿现在虽未能回到上海,但是也通过自己的努力考上了成都某大学,以后也希望能够留在成都发展。而陈爷爷在讲到自己孙女的时候,脸上也是洋溢着幸福的笑容,他讲道:"我孙女考学考到了上海,现在在上海市委工作,也买了房子,也算是回到了故乡。"

这是一种希望,但这又何尝不是一种继续。他们继承着父辈的梦想,向着远方前行。

结语:遗忘与被遗忘

50年前,德阳还是一座无名的西部小县城,来自东部沿海地区的青年们一批批在这里汇集。不管他们是偷偷瞒着父母,响应国家的号召来到西部大展拳脚,闯出另一番天地,还是因为工作而被迫调来这个和家乡有着千差万别的地方,他们作为有着深刻时代烙印的三线人,都曾在这片土地上挥洒了汗水和青春,谱写了那个时代的质朴旋律。对工作的热情和对时代的信仰被时间一天天地慢慢消磨,除了对自己建设一生的工厂存满温馨回忆之外,这一批批来自远方的客人剩下更多的则是把自己慢慢拉回现实的惆怅。这种惆怅主要表现在对故乡的眷恋上。

叶落归根,作为一种古老习俗,一直是中国人乡情的终极表达。老一辈三线人在故乡长大成人,他们心中的故乡是具体的。随着年岁的增长,时代的变迁,他们有着比年轻人更固执感性的归乡情结。而由于第二代三线人心中对故乡印象的模糊,他们反而能更理性地理解这个新时代中的故乡。第二代三线人已经在异乡落叶生根,回到故乡谈何容易?而第三代三线人也基本上成为地道的德阳土著,在身份认同上,他们也没有了祖辈口中信誓旦旦的"我是上海人""我是广东人"。

故乡意识的淡化,不仅取决于与当地文化融合和地域身份认同变化的心理因素,更有现实的原因。最早的三线人中有些并非主动认同建设地的文化,而是在各种现实因素交织下做出的无奈之举。如果说第一代移民是由于户籍原因难以返乡,或是制度安排没有返乡的机会,那第二代、第三代则全然不同。随着社会流动的加剧,他们有权利选择未来的发展方向,可以自由确定求学、就业的地点以及居住的城市,这样一来,他们本应有更多机会回乡的。但由于他们回乡的现实成本很高,这无形中给他们的落叶归根设置了一道障碍,即是否在故乡还能立足的问题。

老一辈和少一辈对故乡不同的理解不仅因为生长地发生了变化,还有着重要的现实基础。曾经辉煌的三线企业有着各自不同的衰落,而这些衰落给员工带来的经济困难,使得三线人的后代更加无力回到日新月异的故乡,而只能被束缚在这片祖辈付出过心血的工厂里。

战后千疮百孔的中国,又面临着复杂的国际国内环境,使得三线人在某种意义上成为历史的被动承受者。曾经飞到西南的是亮丽的孔雀,却在坚守祖辈心血和处境日益困难中徘徊,成为了时代的孤儿。他们因为国家的政策迁到西南,又因改革和调整经历下岗和失业,这或许有点悲壮色彩。但是另一方面,他们又是历史积极的参与者,积极地改变着命运,这就是浮沉中的三线人。

(本文由四川大学历史文化学院廖羽含、柳京廷、秦仆、阎翠采写)

三线人的青春与传承：无问西东[*]

许　然

四川德阳小青年张涛最近收集到一件宝贝。那是一本照片合集，由他的祖父一直珍藏在油漆斑驳的木柜里。照片记录下20世纪60年代的德阳与第二重型机器厂（简称二重），也是彼时四川三线建设的一个截面。

照片集中，城市主干道正在一点点加宽，两旁树木稀少，未像如今这般密集高大，邮电所已经落成，商业服务业设施还在完善，第一人民医院整洁明亮。工农村的街头巷尾人头攒动，南下到德阳的二重工人们在这里安营扎寨。

拿起其中一张照片，张涛看出了神，那是1958年10月13日——二重动工兴建大会现场。

追梦：三线建设等不得

那天，跟张涛祖父一样来到二重动工兴建大会现场的工人有4万名，他们来自五湖四海，从此以厂为家。"我们来的时候是半夜，就在工棚里住下了。晚上星星都进屋里头了。"95岁的二重离休干部、全国劳动模范赵国有回忆。

在三年后的北京，一则简介引起了清华学子华涌欣的注意。一听说"四川德阳要建成像哈尔滨一样的大工业动力城"，华涌欣的眼里顿时有了光。1962年春天，华涌欣踏上到德阳的火车，从此个人的命运同国家的建设绑在了一起。

1964年，毛主席在听取西南地区钢铁产量增长情况汇报时指出："三线建

---

[*] 原载《廉政瞭望》2019年第10期。

设我们把钢铁、国防、机械、化工、石油、铁路都搞起来。建不起来,我睡不好觉。"一场大规模国防、科技、工业和交通基本设施建设就此在我国中西部的13个省、自治区拉开了帷幕。

据统计,当时在川的三线工程有200多个。1965年至1980年国家累计向四川省三线建设投资达414亿余元,约占全国三线建设总投资的20%,四川成为名副其实的三线重地。

张涛手里的老照片印证了这个时间节点,照片背后写道"1965年11月4日,邓小平同志视察二重"。此时,初步建成的二重成为四川三线建设中的重点机械厂,二重工人们也开始了一段争分夺秒搞建设的漫长岁月。

由于条件有限,二重投产时,水、气、油、氧常供不上。当时二氧化碳站日产量只有300多公斤,无法满足生产需求,华涌欣便日夜赶工,重新画图设计,和工人们花了三天时间把日产量提到了1000多公斤。

为了重油库的投产,华涌欣索性住在油库旁指导生产,毫不在意满是油渍的被褥与衣裤。后来油改气,他就带着工人逐个车间地送气。正送到第二个平炉车间时,由于炉内积存的重油太多,天然气无法燃烧,浓烟一下子冲上来,只听见"砰"的一声,炉子爆炸了,车间内20多个人被不同程度烧伤,其中华涌欣最严重。治疗一周后,他又赶着回去给其他车间送气……在二重起步阶段,以厂为家的"华涌欣"们一步步排险除患,保障工厂顺利投产。

"好人好马上三线,备战备荒为人民。"彼时的1965年,在北距德阳60公里的绵阳长卿山下,来了一群"没有姓名"的人。参与选址的九院原党委书记李英杰曾细数往事:"三线建设等不得,大家接到指令后就开始跋山涉水,在川西北选了梓潼、剑阁以及广元和绵阳等五县两市作为九院新址。"

"我们每天翻山越岭开始战斗,无路用棒劈荆棘而行,遇陡坡攀树枝而上。晚上,我们在煤油灯下搞设计绘图,直到深夜。"原核工业24建设公司科长蔡庄华回忆。就是在这般艰苦的条件下,三线建设者们靠着一双双勤劳的双手,在荒山里奏响了现代工业的机器轰鸣。1965年底,参加九院基地施工的人达2万多人。

邓稼先正是在那时告别妻儿,来到刚完工的两弹城的。夫人许鹿希回忆,离别时邓稼先只说:"鹿希,往后家里的事我就不能管了,我的生命就献给未来的工作,做好了这件事,我这一生过得就很有意义,就是为它死了也值得!"

在此后的十多个年头,邓稼先任院长主内,李英杰任书记主外,两人既是工作伙伴又是亲密邻居。"困难时期,大伙儿都那么点定量,半饿着肚子工作。办公室紧张时,我们俩就在宿舍里躺下睡觉,坐起来办公。"回忆起两人团结协作的日子,李英杰感触良多。

协作:献出生命又何妨

创新常来源于团队协作中的思维碰撞。同一时期,二重接到了一项大型保密科研项目——生产4米2特厚钢板轧机。当时近千名毕业生被分配到二重,开始了紧张的共同研制。

"当时唯一能参考的就是《德国工程师》杂志封面上刊登的一张图。"那时,二重原总工程师李家楦刚从重庆大学毕业,根据这张图,他和同事们开始了充分讨论,构思设计方案。为了解国外的技术,有一次他和同事在未接到参会邀请的情况下,翻墙进去听相关的交流汇报。

十年后,李家楦团队共同完成了这一国家任务。20世纪70年代初,完全由我国自主设计制造的、被誉为"功勋轧机"的4米2特厚钢板轧机诞生。

而对于三线建设者来说,关键时刻或突发事件更能考验其奉献和牺牲精神。1979年,二重发生了一场油库爆燃事故。张涛祖父的一张照片反映了当时二重油库爆燃的情景:重油库爆炸了,厂里火光冲天,重油库里的设备、管网等烧成了灰烬,黑压压的一片,分不清为何物。

听到爆炸声后,华涌欣不顾三七二十一立马冲到现场,想法子补救。当时他临危受命,担起重油库抢险恢复生产的技术总负责人的重任。现场不能见火,抢修管道就没法用电气焊,他便跟工人一起用法兰盘螺钉连接铺设管道,疏通泵房里的重油。经过七天七夜的抢修,直至炼钢车间的两台平炉顺利出钢后,重油库重大爆燃事故才转危为安。凭借在事故处理中表现出的才干,华涌欣开始走向了管理岗位,11年后成为二重第六任厂长。

也是在1979年,同样是次意外事故,邓稼先在新疆罗布泊参与领导核试验时,不顾一切地冲向了事故现场。"没人比我更熟悉那个材料,我去找吧!"眼看着一枚未爆炸的核弹摔碎在地,邓稼先坚持独自前往危险区寻找事故关键材料,遭受到了难以数计的放射性钚辐射。

后来几年,邓稼先常抱恙在身。在直肠癌确诊的半月前,他还在青海开会。会议结束后,他却因剧痛而倒地不起,缓过来后,又赶回两弹城。见状,警卫员游泽华叮嘱他到医院检查,可他却不以为然。邓稼先心中所念的始终是何如进行技术攻关,推动核事业发展。

"为了搞科研,他们无私奉献了自己的青春甚至生命。"游泽华回忆,除了邓稼先,九院的副总师龙文光也在晚年时期与癌症作斗争。在切除了五分之一的肝后,龙文光仍坚持带病工作。对于妻子特地赶来的照料,他颇不习惯,常常笑言:"你回家去吧!当'单身汉'久了,现在反而不自在。"

但正是邓稼先等这样一批"单身汉"的忘我与奉献,我国第一颗原子弹与第一颗氢弹先后研发出来。这与法国用 8 年、美国用 7 年、苏联用 4 年的时间相比,创造了世界最快的速度。

传承:两代人的坚守

当上一辈三线人操着各种口音侃侃而谈,把身体和心灵无私奉献给四川这方水土时,从小在该环境中长大的孩子们也潜移默化地受到影响。1971 年,李家楦迎娶了从北京归来的谢纯利。为纪念夫妻的团聚,他们给第一个儿子取名李京德。

老两口现已退休,李京德接过父辈的接力棒成为二代三线人。目前世界上最大、最先进的模锻压机——8 万吨模锻压机就是由李家楦那一代建设者提出设想,由二代三线人"李京德"们完成的。

与李京德一样,在二重的二代三线人还有许多,比如"全国技术能手""首届四川工匠"龙小平。龙小平的父亲龙长德曾与张涛的祖父有过短暂共事,那时,龙长德是二重工具分厂的得力钳工。年幼时,龙小平常常到车间找父亲,还对车间工人师傅加工的产品着了魔。

"那时候觉得这些机器很神奇,很壮观。"龙小平说,没想到自己数年后也像父亲一样,成为了一名一线工人。

但龙小平自己口中的"一线工人",在同事们眼中却是个"大牛"。凭借着 31 年的车工经验,龙小平练就了一身精加工本领,尤其擅长使用刀具。在车间削直径很小的螺纹时,闭上眼睛,他能仅凭声音准确判断出刀具的走动位置。在他的带领下,团队完成了多件百万级核电、水电、火电等大型轴类件产品的精加工。

二重铸锻公司加工一厂高级技师龙小平

"七分手艺,三分是刀具。"在以龙小平命名的技能大师工作室内,他向记者展示了珍藏在柜子里的各类刀具。为了对各种异形螺纹进行精加工,龙小平常常会为一个个零部件做一套套专属刀具。从宝钢5米轧机到8万吨模锻压机,从小到几毫米大到几米的零部件加工,皆由龙小平与柜子里的这些"定制"刀具所出。

"磨一套刀具要花五六个小时,现在的年轻人更愿意去买。"龙小平说,自己从工具厂一步步成长起来,老一辈三线人的传统手艺不能丢。

"技能大师"这个荣誉称号似乎更眷顾三线家庭。在宜宾市翠屏区的三江机械厂,二代三线人彭辉是厂里最优秀的铣工,厂内开设了以其命名的技能大师工作室。

彭辉的父亲彭明智是个北方人,曾是车间的磨工。那时候他们一家子坐着火车从河南一路"晃"到了宜宾。让彭明智最苦恼的是四川的阴雨天气和高强度的工作。由于上班久站,腿肿是常有的事。

像李京德、龙小平、彭辉这样的三线家庭,在二重,在德阳、宜宾乃至整个四川还有无数个。虽然火热的岁月已逝,老人们已满头银发,但随着三线后代的坚守,"艰苦创业、勇于创新、团结协作、无私奉献"的三线精神之渠便不会断流。就像德国艺术家安塞姆·基弗所说的,"我不是怀旧,我是要记得"。

绵阳梓潼两弹城邓稼先故居

(本文作者:许然,《廉政瞭望》记者)

革命洪流中的平凡生活
——以江西小三线工人伏如山544封家书为中心的讨论*

徐有威 杨 帅

众所周知,改革开放以来,随着西方史学理论与研究方法的不断引入,中国的史学研究发生了很大的变化。社会史异军突起,涉及政治、经济、文化、思想、社会心态、风俗等社会生活的各个方面,成果丰硕。然而,个人生活史作为社会史的一个重要领域,在现今中国史学界却少有人涉及,成果较少。笔者检索后发现,国内在近年来的个人生活史研究上仅有少数成果,而且大多是涉及职业、民俗等方面的论著,直接与历史学相关的著作更为少见。具有代表性的论文有张素玲的《个人生活史:领导学研究的新视角》、行龙的《在村庄与国家之间——劳动模范李顺达的个人生活史》、朱炳祥的《社会文化变迁中的白族农民——大理周城村民段元参个人生活史研究》等;在论著方面则有清秋子的《张爱玲私人生活史》、陈映芳主编的《棚户区——记忆中的生活史》等。总的而言,这些研究成果很少是严谨探讨社会生活史的著作。因而,在个人生活史的研究上,国内鲜有可圈可点的成果,社会史研究领域内存在着明显的不平衡。

近年来越来越多的史学工作者也开始涉足个人生活史的研究领域,以期弥补差距。例如,复旦大学的张乐天教授近年来搜集了10万份、约150万页

---

* 这是江西小三线工人伏如山保存的1967—1998年间的信件,经整理共有544封,主要是伏如山在江西小三线国营光明机械厂工作期间与家人、朋友之间的通信,信件内容涉及当时的社会形势、生产生活等方面。原载金光耀、戴建兵主编:《个人生活史(1949—1978)》,上海大学出版社2016年版,第78—92页。

的档案,15万封书信,还有少许日记、会议记录、账本、票据等,并着手研究普通人民群众的个人生活。河北师范大学的戴建兵、张志永教授刚发表的《个人生活史:当代中国史研究的重要增长点》一文提出了个人档案在研究个人生活史中的重要作用,呼吁应当把个人档案作为个人生活史研究的一个基本史料①。本文则以私人信件为基本史料,以求开辟一个个人生活史研究的新视角。已往的研究中虽然也有参考私人信件的情况,但本文的特殊性在于信件的主人是一名参加三线建设的工人。而在三线建设研究领域,以陈东林的大三线建设研究和徐有威的小三线研究为主,特别是在小三线建设研究领域,以徐有威教授主持的"全国小三线资料整理研究"国家重大社科基金项目迄今为止已经取得了丰硕的成果。尤其是近期出版的《我们人民厂——江西小三线9333厂实录》较为全面地反映了江西小三线工厂工人几十年的生活史。但是,在三线建设研究领域内还缺乏工人们个人生活史研究的论著。本文力图把个人生活史放在三线建设、"文化大革命"的背景下进行考察,以求为这方面的研究做出有益的贡献。

所谓的三线建设就是指在20世纪60年代国际形势紧张、战争因素急剧增长的情况下以毛泽东为首的党中央领导集体,作出的加强国防、提高战略储备的决策。由于我国当时的工业和经济的中心均在沿海的一线地区,一旦发生大规模战争将会成为敌人的目标。因而转移战略储备、做好长期战争的准备成为当务之急。在1964年5月间进行的中共中央北京工作会议上,毛泽东要求全党把三线建设当作一件很重要、很紧迫的战略任务来看待。他指出:"国防工业建设要同帝国主义、修正主义争时间,抢速度,对沿海工厂搬迁和三线建设要热心些,不能冷冷清清,积极性越高越好,哪怕是粗糙一点,也要赶快搞起来。"②

三线建设意义重大,在进行大三线建设的同时,根据毛泽东的指示,各省地区也要进行自己的小三线建设,各省要确保在战争时能够有独立作战的能力。在"备战备荒为人民"思想的指引下,从1964年起,各省开始了自己的小三线建设。在一、二线的腹地,各省选择建设自己的后方军事工业基地,兴建了一大批小三线地方军工企业,如上海的皖南、黑龙江的阿城、山东的沂源、河

---

① 戴建兵、张志永:《个人生活史:当代中国史研究的重要增长点》,《河北学刊》2015年第1期。
② 李久林著:《毛泽东在建国后的国际战略思想》,北京出版社2006年版,第143页。

南的济源、广东的连江、福建的三明、安徽的六安、江苏的盱眙等。而江西小三线也是全国各地区小三线建设的重要组成部分，本文所引信件的主人伏如山就是一名江西小三线工人。

江西小三线是1965年中共中央华东局为响应国家三线建设要求，做出的将江西建成华东地区的后方基地的战略部署。与此同时，中共江西省委也做出了"要把江西建成为华东地区拖不垮打不烂的战略后方"的决策。1965年7月5日，华东局下达《1965—1967年华东区各省、市后方建设规划》，确定江西小三线建设项目67项，总投资30 115万元，其中军工项目20个。考虑到江西工业基础较薄弱，建设项目多，华东局决定由上海负责包建包产江西20个技术条件要求较高的项目，并从上海、江苏内迁8个机械行业的企业。在第一批154个地方军工规划项目中，江西省有半自动步枪厂（974厂）、轻重机枪厂（9396厂）、高射机枪厂（9446厂）、迫击炮火箭筒厂（9327厂）、枪弹厂（943厂）、炮弹厂（9353厂）、手榴弹地雷厂（9342厂）、引信厂（9344厂）和引信火工品厂（9334厂）等9个项目[①]。随后，一批军事工业的建立，不仅为国家国防提供了许多武器装备，并且促进了江西省工业的发展。同其他地区小三线建设一样，江西小三线建设也经历了调整与转型的困难时期。改革开放以来，应国家三线企业调整要求，江西小三线适时调整，将小三线企业转向民品的生产，经过众多小三线人的努力，江西小三线实现扭亏为盈。如今，保留下来的许多小三线企业仍然具有发展的活力，成为支撑江西工业发展的重要支柱。

江西小三线的建设取得的成就与成千上万名工人的无私奉献与努力奋斗是分不开的，工人们响应毛主席号召，为三线建设奉献青春奉献子孙，伏如山就是其中的一员。作为一个上海人，响应支内的要求，投入到江西小三线建设的浪潮中，从1968年到1994年整整27年的时间，把青春和汗水都留在了江西，伏如山的经历成为一个时代普通工人的缩影。

笔者有幸搜集到伏如山先生在江西的通信信件，信件涉及的时间从1967年到1998年，记录了伏如山由上海到江西再回到上海的近30年的历程。经整理共有544封信件，完整地展现了伏如山的个人生活史。仔细研读这些珍贵的资料，我们能够发现那个时代背景下普通三线工人的真实生活状况以及

---

① 江西省军事工业志编纂委员会：《江西省军事工业志》，2005年印。

随着社会大环境的变迁,个人生活发生的变化,从中可以探析国家对个人的影响。

一、伏如山的个人生活史

20世纪60年代,毛泽东号召的知识青年上山下乡、到农村接受贫下中农再教育的运动如火如荼地开展起来。在这一背景下,伏如山作为一名普通的上海青年,1968年从上海市劳动局第三技工学校毕业,面临着分配问题。据伏如山自己的回忆录介绍说:"当时的形势和分配方案是大部分都去外地,76%外地主要是江西第二指挥部和中央第一轻工业部,24%在上海照顾独子和有病的人。"①结果毫无意外的,伏如山成为上海支内大军中的一员。

1968年伏如山接到通知被分到的一家由上海电动工具厂包建的军工厂——江西9334厂,后来改称为国营光明机械厂。相比插队落户从事农业的知青,伏如山还算幸运,毕竟在当时成为一名工人还是令人非常自豪的事情。从此伏如山远离家乡,来到江西独自一个人生活,这时他才21岁。

来到江西后的工作还算轻松,但是无聊的山区生活,除了进行政治学习之外,几乎没有任何其他活动。就是在这里,伏如山结识了后来的妻子王来芝。王来芝也是上海人,同样是1968年随着上海工厂的包建来到江西的。两人关系发展迅速,伏如山在回忆录中这样写道:"当我们之间并没有触及爱情的时候,这种闲聊是很随便的,无忧无虑,可是命运安排爱情之神,悄悄地来到了我们的身旁,我们的闲聊越随便而每次见面时反而显得有点脸红,这种潜移默化的情感,意味着什么当然我们心里都知道。"1971年的春节,伏如山、王来芝回到上海后在亲朋好友祝福下结了婚,从此伏如山和王来芝两家便通过通信联系到了一起。婚后他俩一起回到江西,没多久就添了一个女孩伏佳蓉②。由于两人都要工作,加上江西乡下的学校少,教育水平也较低,夫妻俩把女儿送回了上海,由外公外婆照顾③。

1975年,王来芝又在上海生下了一个男孩,取名伏佳伟④,而后男孩一直

---

① 《伏如山回忆录》(未刊稿)。以下同。
② 伏赛娣(伏如山姐姐)写给伏如山、王来芝信,1971年10月11日。
③ 王来芝母亲写给王来芝、伏如山信,1973年2月22日。
④ 伏家全(伏如山侄子)1975年12月28日、伏如海(伏如山哥哥)1976年1月7日写给伏如山的信中均提到此事。

待在江西,随父母一块长大,女儿则留在上海由家人照顾。1986年,伏如山调到了南昌,从此开始在南昌的生活。

1994年开始,浦东开发人才引进,伏如山便借着这个机会回到了上海,先后就职于上海金腾房地产公司和上海洋帆实业公司。儿子伏佳伟在江西的学校学成毕业,也随着父亲调到了上海①。女儿则留在了江西,并嫁给了江西一个当地人。妻子王来芝则在江西退休。王来芝回忆说:"我和他岁数差不多,我又没有文凭,没什么职称,人家为什么要我?他回来,我在那边,军工厂不行了,要关门,我提前退休,那年我48岁,厂里帮我们办手续,我就因为照顾夫妻关系,回上海了。"②

伏如山的信件反映了他整个青年时代在江西小三线工作生活的经历,伏如山的个人生活史也让我们了解到一个普通家庭在社会环境下的真实生活状况。

二、伏如山的社会关系网络

伏如山的544封信件,通信人大都是其亲戚和朋友。通过几十年往来的信件,我们可以看到在那个时代,每个人做出的不同选择以及不同行业的生活状况。

伏家红是伏如山的侄子,在1968年到1975年期间,不间断地给伏如山写了很多封信。从信中反映的内容可以看出,他是1968年合格应征入伍的,分配到了浙江象山解放军海军某部队③。在往来信件中可以看出,他对家里爷爷奶奶身体的挂念、对伏如山夫妻的关心,同时可以看出他当时部队的生活状况。伏家红的信中经常提到的是学习中央下达的文件,如学习毛主席理论、批林批孔、防修反苏等等。部队的日常训练很忙碌,每天进行实习演练。从伏家红的信中可以看出,部队的生活基本上衣食无忧,而且还有工资补贴,因为信中经常提到他往家里寄钱的事,可见经济上还算宽裕。以他在1971年10月7日写给伏如山的一封信为例,我们可以从中看到当时的政治形势以及部队里的生活状况。信的原文如下:

---

① 王来芝在1996年8月10日、1996年8月13日写给伏如山的信中提到。
② 采访王来芝,2014年12月27日,上海王来芝家中。
③ 伏家红(伏如山侄子)写给伏如山信,1969年3月12日。

叔叔，您好：

　　来信早已收到，一切均知。迟复为谦！并请多加原谅。看了您的来信，了解了您那里的情况。但听说您生病了，我心里感到很不安，在此，希望您要多加注意自己的身体。下面把最近部队的一些情况及过节的情况简单向您谈一下：

　　最近，部队情况基本上还是和以前差不多，没有多大变化。不过，战备紧张了些。现在我们就正在搞军事训练，很快我们就又要打靶和投手榴弹了。另外，目前的形势也是比较紧张的，我们不仅要看到形势大好的一面，又要看到帝、修、反扩军备战、妄想发动侵略战争的一面。最近，苏修已基本上做好了对我国发动进攻的一切准备，在我边境地区纠集了一百多万军队、上万辆坦克和飞机，设了好几个导弹基地，妄图对我国发动侵略战争。蒋介石也妄想反攻大陆，美帝也在施展其反革命的两面手法，妄图以假象迷惑人，来掩盖其罪恶目的。帝国主义的侵略本性是永远不会改变的。因此，我们一定要遵照毛主席的"有备无患"的教导，立即从思想上、物质上做好一切战斗准备，如果帝、修、反胆敢来犯，就把它干净彻底地消灭在人民战争的汪洋大海之中！

　　为了防备敌人在节假日期间发动侵略战争，因此，今年国庆，我国各大城市都不举行盛大游行，不放焰火，我们部队在节日期间进入了一级战备，虽然放了两天假，但只准原地休息。这次国庆节我们每人发了一斤苹果，八月半我们每人还发了五只月饼，总之今年我们过了一个紧张而又愉快的国庆节。我想，叔叔今年国庆节一定也过得很愉快吧！

　　我本人情况一切都很好，腿也比以前好多了，望放心！其他没有什么了，余言下谈！

侄：家红
一九七一年十月七日

　　同那个时代的大多数人一样，作为一名人民解放军海军战士，伏家红的思想也是跟随着政治形势变化的。伏家红 1975 年从部队退役回到上海，在上海仪表局无线电六厂工作，开始了另一段生活①。

---

① 伏家红写给伏如山、王来芝的信，1975 年 4 月 12 日。

王海妹是王来芝的妹妹,也是在伏如山信件中通信较多的人。然而同姐姐王来芝的命运不同,在时代的大背景下,王海妹成为下乡插队落户知青中的一员。1970年王海妹来到江苏南通乡下插队①,从此开始了农村的生活,并最终定居在那里。从王海妹的信件中我们可以看出,从上海到乡下的这种反差起初让王海妹难以接受,她在给姐姐的信中写道:"我认为我这个人没有什么前途了,即使说有前途也是在农村一辈子,到工矿根本没希望,想想我这种人生活着真没什么意思……"②可见当时去农村还是不如到工厂去,到乡下插队是没有补贴的,而在工厂里至少有工资可以拿。在王海妹的信件中可以看到,在农村插队的生活状况确实很差,经常需要家里接济,经济上难以自给③。但是生活毕竟要继续,在乡下插队的事情并非自己的意愿所能改变的。王海妹最终还是在农村适应下来,毕竟农村有农闲农忙之分,而且离上海也近,可以经常回家去④。改革开放后,王海妹调到了南通的一家国营单位,最终没能回到上海,并于1981年结婚,定居在了江苏⑤。从王海妹的个人经历我们可以看出那个时代背景下,"上山下乡"的插队落户青年的共同经历的缩影。

伏家全是伏如山的侄子,前文提到的伏家红的弟弟。同哥哥一样,伏家全应征入伍,从1975年开始,来到了广东遂溪某部队,成为一名空军士兵⑥。从伏家全的来信中可以看出整个社会形势的变化,在1978年以前的信中也经常提到诸如学习毛泽东思想、努力报效祖国、批林批孔、反击右倾翻案风等等内容⑦,之后的信件中则较多地反映了中越自卫反击战的形势,部队也经常进行训练,强调加强国防打击侵略等⑧。从伏家全的信中也可以看到,部队在生活上还是不错的,他经常往家里面寄钱,还买了一个收音机等等。战友之间的关系较为简单,自己的表现也很好。1981年伏家全正式退役回上海,并且顺利地

---

① 王海妹(王来芝妹妹)写给王来芝的信,1970年12月7日。
② 王海妹写给王来芝的信,1971年5月28日。
③ 王海妹写给王来芝的信,1975年8月12日。
④ 王海妹写给王来芝的信,1978年9月5日。
⑤ 王海芝(王来芝妹妹)写给王来芝、伏如山的信,1981年1月7日。
⑥ 伏家全(伏如山侄子)写给伏如山的信,1975年1月14日。
⑦ 伏家全在1975年4月15日、1975年10月26日、1975年12月28日、1976年3月20日、1976年4月11日等写给伏如山的信中均有反映。
⑧ 伏家全在1978年6月16日、1979年2月24日、1979年4月29日、1979年9月1日、1980年7月10日写给伏如山信中均有反映。

分配到了上海面粉厂工作①。

在伏如山的社会关系网络中我们可以看出那个时代中每个人面对所处的社会环境主动或被动作出的选择,而这些不同选择则成为我们研究个人生活史的鲜活的例子。

除了伏家红、伏家全、王海妹外,最多的就是伏如山父母亲、王来芝父母亲的来信。从这些信件中我们可以看到双方父母对于伏如山一家的关爱,由于时代的原因,两个家庭三代人分散在沪赣两地,见面的机会很少,通信也许是寄托思念的最好方式了。从伏王两家的上海来信中我们也能够看到整个上海的形势在时代变迁的背景下的转变、普通人生活上点滴的变化等等。

例如由于形势的变化,伏家红、伏家全的弟弟妹妹们如家喜、家英和王来芝的妹妹海芝等则比较幸运,他们晚于那个时代,不用再响应"四个面向"的号召,能够顺利地在上海工作,留在自己的家乡。

伏如山信件中保存了很多类似的个人生活史的例子,保存比较多的我们可以看到其整段的生活经历,比较少的也可以窥探出个人生活的端倪,这是私人信件在研究个人生活史中的价值所在。

三、特殊年代的矛盾

整理了伏如山信件内容,笔者发现整个信件涉及的内容大都集中在60年代末到80年代初这一时间段。通过对信件的分析我们可以看出那个年代伏如山一家所面临的困难与矛盾,如物资供应的缺乏、家庭成员之间的矛盾还有个人的理想与现实之间的矛盾等等。

物质的匮乏是那个年代人们日常生活所普遍面临的困难。伏如山信件当中经常会提到寄粮票这一现象,这是因为那时的人们处于"票证时代","所谓'票证时代',是指按户籍人口,凭票证供应物品的政策,其时间跨度为50年代中期到90年代初期"②。在那个计划经济体制下,社会产品的生产有限,因而定量供给成为一种方式。人们要购买必要的生活用品必须要有粮票、布票等票据。伏如山经常往上海家里寄去粮票以满足家里对粮食的需求,寄去布票

---

① 伏家全写给伏如山的信,1981年1月16日。
② 金大陆:《非常与正常——上海"文革"时期的社会生活》,上海辞书出版社2011年版,第446页。

供家里做衣服。

作为一个工人家庭,伏如山的经济状况并不理想,首先工资较低,如王来芝回忆说:"上海的工资是四十二元四角,我们那边只有三十六元。"①这些钱首先要满足一个家庭的生活开支,还要寄回家里赡养父母,这样就所剩无几了。信件中有一件事情可以说明伏如山的经济状况,1980年前后,由于江西生活的单调,夫妻俩决定买一台电视机,当时电视机的价格在400元左右。由于钱不够,他们是向双方的父母以及亲戚借钱借了一遍才凑够的②。

物质的匮乏还表现在江西和上海的物质交换上,伏如山信中经常提到,每当有人到上海去总要嘱托别人带些上海的产品过来。这说明上海相比江西物质供应还是相对充足些。但是伏如山父母的信中介绍上海的形势时也经常提到上海物质供应上的波动。一旦天气不好的时候,上海市场上的商品也会供应不足③。伏如山的家里也经常托伏如山从江西寄回一些特产如冬笋、樟木箱子等等。物质产品的交换反映的是物资供应的不足。伏如山在一个工人家庭,家庭条件还算良好,生活上的拮据也是显而易见的,那么普通大众在那个年代的生活水平就可想而知了。

除了客观经济条件的限制产生的矛盾,伏如山的信件更多的是反映家庭成员之间的交往与情感的表达。亲人之间的问候与关心,困难时候的互帮互助,都让我们看到了那个时代人与人之间的感情的真挚、亲情的可贵。然而家庭的矛盾也不可避免。伏如山跟王来芝一家兄弟姐妹都很多,之间也会因为经济问题产生矛盾。如伏家红回上海工作生活后因结婚的房子问题与家人闹得不愉快。由于家里兄弟姐妹众多,房子不够住,加上家红结婚向家里要房子,进而导致家人的不和睦。伏家全在1980年写给伏如山的信中就直言不讳地表达了自己的不满,他在信中写道:"听说家红嫌我父母亲原来的房间小,想要外面的大间,家英对此很不满意。大间给了他,家英、家妹住哪里,三子又住哪里?我认为这是不自量的做法,极端自私自利的表现,我对他是很不满意

---

① 采访王来芝,2014年12月27日,上海王来芝家中。
② 伏家全在1980年4月30日、1980年7月24日,伏如山父母在1980年4月20日,伏家英(伏如山侄女)在1980年5月6日,伏赛娣在1980年5月22日写给伏如山、王来芝的信中均提到了此事。
③ 薛丽萍(王来芝同事)在1974年2月5日、伏赛娣在1980年4月3日、郑强(伏如山外甥)在1980年9月28日写给伏如山、王来芝的信中均有提及。

的,因为他是老大,否则我非训他不可。"①

除了家庭矛盾,理想的美好与现实的残酷也给个人带来了很大的痛苦。以伏如山为例,60年代末奔赴江西,那个时代的青年都有着为祖国奉献一生的抱负,伏如山当然也不例外。但是理想是美好的,真正落到现实之中却又是另外一回事了。从生活了21年的繁华的大上海到落后的江西农村去,并且面临着离开父母亲人可能一去不复返的前景,任何一个人也难免被残酷的现实打倒。如伏如山在回忆录中所说:"假如当上工人是令人高兴的事,那么来到江西的历史转折又为这种高兴增加了不愉快的色彩。我的青年时代,也许我从今以后的一生,可能将在江西度过,难道不令人心酸吗?虽说四海为家,但毕竟刚踏上社会就开始独立生活,多少总归令人担忧。"

再以王海妹下乡插队为例,以下是王海妹在1971年5月28日写给姐姐王来芝与姐夫伏如山的一封信,从中我们可以看出那个时代改变普通人的命运所造成的个人心理上的苦闷,信的原文如下:

亲爱的来芝姐姐、如山哥哥:

你们好!近来两人身体都好吗?厂里工作忙吗?已有许多日子没和你们通信了,一方面是在上海时忙于家务事,回乡下时又赶上大忙季节;另一方面是由于我主观的懒惰,一直没写信给你们,请姐姐哥哥多多原谅。

我于五月十日晚上动身回乡下的,大概你们已经知道了,妈妈写信告诉你们了吗?现在正是抢收抢种的大忙季节,一天做下来就觉得非常吃力,但是为了减轻一些家庭负担,也就只好天天下田劳动。端午节已到来,你们大约有好几年没吃粽子了吧?因为你们那里的自然环境同我们不一样,就算有糯米没有粽叶也包不成粽子。我本来是要包粽子吃的,但今年小姑妈家都不包,我仅有两三斤糯米,如果包了粽子分给他们都还不够,如果不送给他们又不好,说你小气。因此我只能采取一种办法,跟他们一样不包粽子吃了。来芝姐、如山哥,你们认为我这样做好吗?

还有你们看了我以下的这种想法,肯定要批评我这种想法是非常落后的,一点也没有上进心,但请你们原谅我。是什么想法呢?就是我认为

---

① 伏家全写给伏如山、王来芝的信,1980年11月1日。

我这个人没什么前途了,即使说有前途那也是农村一辈的前途,抽工矿根本没希望,想想我这种人活着真没什么意思。从小在城市里长大,而现在反而到农村去种田,而且是一辈子种田,有时想不通,就想到了死。但再一想,死又舍不得,活着还可以往上海跑跑。我现在的思想很矛盾、很复杂,但从矛盾中也得到了一条结论,就是苦就苦点,无声无息地过到老就算了。好了,这种话不可以多讲。姐姐哥哥在信中一定会批评我的,再次请你们原谅,我是没有办法,心里闷到要死才写了一些想法。

噢!还有一件事忘了告诉你们了,葛秀英在五一节那天结婚了。你们大约早已知道了吧?别的也没有什么,最后希望姐姐要特别注意自己的身体,还望哥哥要尽力照顾我姐姐,话不多讲,收信后请给予回信,得到你们的信和家里的信对我是一种安慰。

此致

敬礼

妹:海妹上

于一九七一年五月二十八日中午

在那个时代,王海妹到江苏乡下插队也是众多上山下乡青年的选择之一,虽然是响应毛主席号召,接受贫下中农再教育,但是真正的农村生活却让许多人陷入苦闷之中,从城市到农村,理想与现实的落差,意志上的消沉在所难免。

四、国家与个人

伏如山及其社会关系网络上的每个人的经历是历经了"文革"、改革开放和三线建设的那个时代背景下普通大众生活的缩影。他的个人信件所反映的内容是我们看待那个年代人生活的珍贵资料,它直接再现了那个时代人们的生活风貌,有着其他资料所不具备的价值。

我们可以看到,在国家的权力下,个人的力量是多么的微小,国家的一个决定如三线建设就能够影响到千百万人民大众的个人命运。以伏如山一家为例,伏如山的两个侄子伏家红、伏家全和外甥郑强、王来芝的弟弟王金海都到部队参军;王来芝的妹妹王海妹、伏如山的侄女伏家妹则到了农村插队落户;伏如山和妻子王来芝则成为支援内地工矿建设大军的一员。伏如山社会关系网络上的亲人和朋友在国家"四个面向"的号召下,离开上海奔赴祖国各地,每个人的命运都发生了变化,心里或多或少会有不满的情绪,以至于伏如山在回忆录中写道:"整个社会都强调上山下乡,我们能分在工矿还算是幸运的。没有一个高明的人能预见今后的形势会怎样,而作出果断的决策后只好听天由命。命运由于历史的倒转而给我们带来了灾难,从而确定了我们的前途,一个无法违背的可怕前程。"而与此同时,"文化大革命"的风暴也席卷全国,影响到千家万户的生活,政治生活影响到每个人的生活,以至于我们在伏如山的个人信件中每封信的开始前都能够看到:"首先敬祝我们伟大的领袖毛主席万寿无疆……"类似的话语。当然我们也应该看到,随着改革开放和经济的发展,人们的生活也在向好的方向转变。这些从伏如山个人信件中得到了明显的反映,作为一名工人,工资不断增长了,从买自行车、收音机到买电视机、手机的变化等等。国家的发展、社会的变迁同样在个人的生活水平提高上有所反映。

正如金大陆在其《非常与正常——上海"文革"时期的社会生活》一书中所说的那样:"当'文革'研究全部聚集于政治运动,即被阶级斗争和路线斗争的场景所定格的时候,人们的记忆便会以破碎了的,撕裂了的政治片段所支撑,而淡忘了'文革'时期的整体状态,那就是社会还在运行,人民还在生活。"[1]通过研究整理伏如山的信件内容,我更加确信了这一点,普通人的历史与我们所了解到的并不一致,我们对于一个时代的记忆往往只被几个符号化的标签所遮蔽,换句话说,对于历史,我们往往只看到了表象,却忽略了大众。这就是我们要重视个人生活史,研究普通人生活的价值所在。

结语

本文主要以新搜集到的江西小三线工人伏如山的个人信件为主要资料,解读伏如山的个人生活史,以了解伏如山所处时代的真实状况,探讨国家与个人生活之间的关系,弥补已往宏观看待这一时期历史的缺陷与不足,进而揭示个人生活史研究的重要意义。

众所周知,20世纪以来,越来越多的西方史学家认识到了传统史学的缺陷,认为其只注重精英人物的历史,而忽视整体的历史。以法国的年鉴学派为

---

[1] 金大陆:《非常与正常——上海"文革"时期的社会生活》,上海辞书出版社2011年版,第437页。

代表,提出了"总体史"的概念,"唯有总体的历史,才是真历史。"①主张历史研究应当包括政治、经济、文化等内容,不应局限于政治事件与精英人物。这就是说,普通大众的历史也属于历史的重要组成部分。无独有偶,以梁启超为代表的近代中国史学研究者也掀起了史学革命的思潮,指出中国传统史学的"四弊二病",把历来奉为正史的二十四史称作"二十四姓之家谱"。由此可见,传统的历史研究的缺陷,所以真正的历史应该包括千千万万普通人的生活轨迹。

个人生活史相对于宏大的政治事件史而言,更能帮助我们考察一个时代精神风貌,透过微观的个人研究我们可以考察一个社会的变迁轨迹。正如法国史学家乔治·杜比所说,私人生活史其突出的特点是,与"正史"相对、与"公共舞台史"相对、与男性统治史相对,当然它并非纯粹个人的秘密生活史,不是刻意地记录一些趣闻逸事,而是一部日常生活的政治史,它的背后是国家②。

目前国内众多学者已经意识到研究个人生活史的重要意义,相信不久就会取得丰硕的成果。研究个人生活史最基本的就是史料搜集,对于个人生活史的史料问题,笔者认为,相比较于口述资料和回忆录等材料有着主观或者客观原因所造成的不准确性,私人信件更应当作为研究个人生活史的重要参照资料。以伏如山个人信件为例,544封信整合起来都可以作为其个人生活史研究的重要参照,而整个伏如山信件则如实地反映了当时的人们在面对政治、经济、家庭的变迁中个人生活的改变。其价值在于其如实地记载了个人在当时的观念态度与思想,这在研究个人生活史中是尤为重要的。而对于小三线研究而言,伏如山信件的价值更在于把个人生活史研究同小三线建设结合在一起,开拓三线建设研究领域的一个新的视角,有助于我们从多角度了解三线建设的内涵。

(本文作者:徐有威,上海大学文学院历史系教授、博士生导师,上海大学中国三线建设研究中心副主任;杨帅,上海大学文学院历史系硕士研究生)

---

① 布洛克:《历史学家的技艺》,上海社会科学出版社1992年版,第39页。
② 菲利浦·阿利埃斯、乔治·杜比主编,李群等译:《私人生活史》,三环出版社2006年版,第6—7页。

社会生活史视角下的三线建设研究
——以饮食为中心

郭 旭

三线建设是中华人民共和国历史上规模空前的经济建设,它涉及 13 个省区市,实现了国家重点建设由东部向西部转移并建成了巩固的战略后方;历时 17 年,参与的工人、干部、知识分子、解放军官兵和民工上千万人次。相对于西南西北地区的"大三线"(国家战略后方),上海、广东等省区市也曾开展"小三线"(省区市战略后方)建设。近年来,随着西部大开发战略的实施以及档案材料的解密,对三线建设的研究蔚为风潮,涌现出大量精深的成果①。从社会生活史/日常生活史研究的角度出发,从三线建设时期的饮食生活入手,可展现三线文化的一些面相,对推进三线建设研究有一定的意义。

一、"社会生活史"视野下的三线建设研究

20 世纪 70 年代中期起,德国和意大利兴起了对社会生活史特别是日常生活史的研究。这与现代西方史学的内在转向有着密切的关系,是对现代西方史学研究"社会科学化"的一种反思和批判。史学研究的"社会科学化"或言科学化史学是 20 世纪西方历史学研究的主流,其倡导者利用现代社会理论和社会科学研究的方法,从更为宏观的角度来看待人类社会及其历程,并试图通过

---

* 原载《贵州社会科学》2017 年第 5 期。
① 段娟:《近 20 年来三线建设及其相关问题研究述评》,《当代中国史研究》2012 年第 6 期。

大量的统计数字和图表来加以说明①。新兴的生活史研究者广泛质疑这一史学研究模式,他们认为科学化史学抽掉了"人"这一内核,研究成果"见物不见人",对社会现象和人类历史难以得出正确解释。由此,日常生活史学形成了若干研究特色,研究对象微观化,以前常被忽视的村落、社区、个人等基层单位逐渐进入研究者的视野;日常生活史学倡导"目光向下",关注社会大众特别是弱势群体;研究内容包罗万象,衣食住行、人际交往、职业劳动、生死爱憎、家庭关系、财产继承等都是重要研究范围;日常生活史学意欲重建全面史,意图实现政治、经济、社会与文化的有机结合;另外,受文化人类学的影响,社会生活史倡导"他者"的立场,主张站在历史当事人的位置上进行研究。

早在20世纪20年代末,中国学者就已经开始了对社会生活史的研究。20世纪50—70年代,中国史学界主要着力于社会形态的探讨,形成了史学研究的"五朵金花"。改革开放以来,随着中国史学的转向和社会史、文化史研究的兴起与融合,对社会生活史、日常生活史的研究成果逐渐涌现。正如史家常建华所言,生活史学虽十分年轻,却是建构历史真实、增进历史认识"不可或缺的一环"②。

社会史家行龙认为,资料掌握和利用上的限制,是当代中国社会史研究面临种种困境的根本原因。官方公开的档案资料有限,且主要集中在重要决策和重大事件的历史回忆。这些宏观层面的史料,制约了研究者的视角,使他们很难从基层社会着眼。当代中国社会史的研究要取得突破,除了"史观"上的革命外,更需要一场来自基层的"资料革命"。大量当代社会史资料在现代化浪潮中快速消逝,我们对其重要性的认识却显得不足,尚未进行系统挖掘和整理。对基层档案资料的搜集、整理和分析,是刻不容缓的事情③。除了各级政府和各类机构的档案之外,个人档案也是非常重要的可资利用的社会史研究材料。但由于个人档案仅覆盖部分社会精英和敌对分子,大多数个体如农民等群体便没有个人档案,且可能存在选择性记录和故意歪曲、造假等问题,使用之时需要特别审慎,必须借助多重史料对其进行辨析,才有可能真实客观地

---

① 刘新成:《日常生活史:一个新的研究领域》,《光明日报》2006年2月14日。
② 常建华:《中国社会生活史上生活的意义》,《历史教学》2012年第1期。
③ 行龙:《"资料革命":中国当代社会史研究的基础工作》,《河北学刊》2012年第2期。

反映个人生活史的概貌①。

金大陆在言及"文革"社会生活史研究范式时认为,"非常中的正常"和"正常中的非常"相互交汇,构成了"文革"时期社会史发展的复杂内容,既体现了时代错置的内容,又证明了"生活的逻辑不容篡改"②。他认为,"文革"时期社会生活的向度在如下两个方面展开：一是直接进入和影响家家户户的政治运动,一是属于这一时期的日常生活。这两个方面的内容都极为丰富,特别是日常生活方面的主题,呈点状散布,从人口变化、城市管理到衣食住行、物价票证等方面铺开。其所指的日常生活,包罗万象,诸如人口与计划生育、婚姻与两性关系、衣食住行用、医疗卫生与公共服务、群众娱乐等。仅在"食"方面,就包含粮油、肉菜与烟酒副食品之种类、供应、价格等内容。金大陆所构建的对"文革"这一非常时期社会生活史研究的范式,对三线研究的开展亦有重大意义,上述衣食住行诸端,都可以构成研究的对象,从而实现三线研究的深入发展。

然而,目前学术界对三线建设及相关问题的研究较为集中,在三线建设的原因及背景、实施过程、影响效应与历史评价、调整改造、三线建设与西部大开发、高层领导与三线建、区域三线建设研究等方面,涌现出一大批优秀的成果。但正如三线建设研究者指出的,在研究内容、研究视角、研究对象人群、研究方法等方面,都还有值得改进的地方③。对与三线社会生活密切相关者,只有少数研究成果出现。其中,张秀莉从民生问题的角度切入,对小三线的日常生活问题、婚姻问题、户口问题、教育医疗问题进行了探讨④。徐有威等以20世纪80年代前期位于安徽和浙江的上海小三线建设中的最大企业八五钢厂如何解决青年男职工婚姻问题为研究对象,系统研究该厂婚姻危机的产生、解决的过程及其结果,分析在计划经济体制下,婚姻危机的产生及作为单位组织的八五钢厂面对危机时的表现与应对⑤。这两篇文章,是最具启发意义和独特视角的研究成果,对推动三线建设研究的纵深发展意义重大。

---

① 戴建兵、张志永：《个人生活史：当代中国史研究的重要增长点》,《河北学刊》2015年第1期。
② 金大陆：《非常与正常——"文革"社会生活史研究的理论范式》,《史林》2011年第5期。
③ 张勇：《社会史视野中的三线建设研究》,《甘肃社会科学》2014年第6期。
④ 张秀莉：《皖南上海小三线职工的民生问题研究》,《安徽史学》2014年第6期。
⑤ 徐有威、吴静：《危机与应对：上海小三线青年职工的婚姻生活——以八五钢厂为中心的考察》,《军事历史研究》2014年第4期。

在 2015 年举办的"中国史上的日常生活与物质文化"学术研讨会上,一直倡导社会生活史研究的常建华教授在面对记者采访时言道,日常生活史研究是看待制度的极好视角。人们总是生活在某一特定的制度之下,并不是随心所欲的,制度有形无形地制约着人们的生活。我们"对生活认识的深度从某种意义上说是对制度认识的深度",所以"制度史的研究非常需要生活史"①。三线建设是一项国民经济建设运动,与新中国的诸多重大历史事件有着千丝万缕的关系,诸如"四清"、"文化大革命"、知识青年上山下乡等,都有着种种关联。若是将观照的视角下移,以亲历亲见者的口述史料为中心,以社会生活史/日常生活史的角度切入,或能发现三线建设更为丰富的面貌及意义。

二、三线的饮食:不容忽视的民生问题

人生在世,饮食乃是大端,任何人概莫能外。无论是风云激荡的革命年代还是慷慨激昂的建设时期,饮食都是人们无法回避的一个问题。特别是在三线建设这样特殊的时期,饮食之种种,显得尤其重要。"文革"期间任第四机械工业部计划司远景规划处处长的牛季良被派赴广元领导基地建设,他将"吃饭问题"作为稳定群众情绪的第一要务。他认识到,群众吃饭大有问题,缺乏蔬菜和柴禾,这"关系到人心的稳定"。后来他组织人员到附近市场采购蔬菜和柴禾分发给职工,铺设水管解决用水问题"群众欢欣鼓舞,……思想渐渐稳定下来"②。非特广元一地,在整个三线地区的"吃饭问题",都是关系到三线群众利益的大问题。

(一)"苦":三线饮食的集中回忆

三线企业所处地区多数偏远落后,奔赴三线的建设者往往来自经济和生活条件较好的地区。虽然有着高涨的革命热情支撑,但当他们抵达三线后,所能感受到的便是无穷的一个"苦"字(在三线企业当地居民看来,三线人在饮食方面却又有着明显的优越之处,详后)。这在饮食生活上尤其得到显现。35岁时从徐州矿务局到贵州水城矿区参加三线建设的王尊友回忆,矿区条件艰苦,洗澡都没有地方,身上长满了虱子。交通不便,食物稀缺,每天吃的都是"萝卜

---

① 孙妙凝:《日常生活史重在反映社会变迁》,《中国社会科学报》2015 年 11 月 4 日。
② 牛季良、刘洋:《回忆电子工业三线建设》,《百年潮》2014 年第 8 期。

烩萝卜",吃得嘴里都发苦。"每天高强度的体力劳动,很少能吃上肉,馋得厉害,就用酱油兑水喝下去,缓解一下饥饿的感觉"①。一位三线子弟回忆道,山沟里的生活用品极其匮乏,就连吃糖都要托人到北京上海去捎。每月每人四两肉半斤油,还有不少家庭吃不起②。一位参加襄渝铁路建设的学兵回忆,"吃饭问题"是首先得解决的难题。他们到陕南的第一顿饭,是靠打前站的铁道兵从别处扛来的面条和面粉。此后很长一段时间,都有一个班的战士在山林间穿梭以扛运食物。学兵每月定量45斤,有4成是高粱米和玉米面。每月供油4两,长时间难以吃上任何新鲜蔬菜,只有部队的压缩菜,有鸡蛋粉便是改善生活了。没有菜时,就将固体酱油加在稀饭里,长时间如此养成了其重口味的饮食习惯③。一位汉阳三线建设者回忆道,工地食堂以连为单位开火,需用的煤、米、菜等物品都由军用汽车去谷城等地采购。因人很多,以至于当地的农民从他们厕所里掏粪时,惊叹"这得多少东西吃哇!"晚上可以喝酒,主要是从蔡甸运来的白酒,0.68元一斤,当地产的石花大曲要1.4元一斤,并不常饮用。周围市镇上的蔬菜和副食品都供不应求,偶尔有冻肉及不知名的海鱼运来食堂,但吃到口里完全没有一点肉味儿④。

　　大三线固然条件艰苦,小三线也是苦不堪言。据上海支援安徽的建设者回忆,他们的生活条件也十分艰苦,设施简陋。二十来人只有两间泥地和一张厨房用的工作台,无论工作、吃饭还是休息都在里面。整个冬天没有新鲜菜,顿顿都是咸菜和霉豆腐⑤。在皖南屯溪筹建化工研究所的孙景春回忆,他们的食堂只有烧木柴的大土灶、两口大铁锅和几个竹木制作的蒸笼,吃饭的桌子和凳子也没有,要自己找地方蹲着吃。喝的水要么是民工挑来的井水,要么是用明矾沉淀过的山沟水。在当地请不到厨师,"吃饭成了问题",开始的时候只好用上海带去的煤球炉生火或烧煤油做饭。后来轮流派人到屯溪采购粮食、鱼肉和蔬菜,去山上打来柴禾,学着用土灶生火蒸饭炒菜。再后来在当地请到了厨师,才不用亲自解决"炊事问题"。但请的厨师烧菜很咸,又爱用辣椒,上海人吃不习惯。他们的口粮按上海标准配给,可以换成全国粮票后在当地购买,

---

① 徐海星:《回忆激情燃烧的岁月》,《当代贵州》2015年第21期。
② 东西:《远去的岁月——一位三线建设工人子弟的回忆》,《晚晴》2015年第2期。
③ 薛晓光、石朝阳:《襄渝线上当学兵》,《金秋》2007年第7期。
④ 龚皓:《四十年前我参加"三线"建设》,《武汉文史资料》2010年第1期。
⑤ 徐有威:《建设初期的艰苦岁月——原229指挥部规划设计组组长曹伯慰访谈录》,《党史纵览》2014年第2期。

但每百斤粮票搭配二十斤黑荞麦粉。唯一值得安慰的地方,是屯溪当地的鱼肉和蔬菜价格比上海便宜实惠①。

(二)把饭做好:一个具体的问题

如何把饭做好,也是一个经常困扰三线人的问题。一个参加铁路建设的亲历者说,炊事班长是退伍军人,连队伙食团的屋刚刚搭建起来,灶的土都还是新的,有湿气。炊事员是山里请的,不习惯烧煤,总是烧不燃。因此,头一个多月经常吃夹生饭。免不了有人说些难听的话,后来改成接口蒸钵钵饭。有一次为了改善生活,几个连队同分一条几百斤重的鱼,每人分到一碗。没有腥味,也没有刺,十分爽口。1970年除夕过"革命化春节",连队对过年的晚餐很是重视,饭菜远比在家过年丰盛,几个人就能分到大半脸盆坨坨肉。他们找来枯树枝,用石头搭建简单的灶,把脸盆当锅,将其和别的菜一起烧成火锅当年夜饭②。有自己食堂的单位,也不断改进管理,以期为职工提供饮食保障。如东风机器厂,就采用工时定额的办法考核食堂工作,以前经常存在的菜冷、饭夹生等现象不再出现。工时定额制与点心和菜肴制作,乃至淘米、包饺子、做肉馒头、切肉丝等食堂工作挂钩,并制定相关纪律,以提升饮食品质量和服务态度。随着食堂管理制度的改进,职工伙食也得到了极大的改善③。

在距离食堂较远的工作地点,为了不影响工作进度,食堂便时常将做好的饭菜送到施工现场。地处皖南山区的上海八五钢厂二车间是一个锻造车间,单身职工占到一半以上,绝大多数人的饮食要靠食堂解决。但车间食堂离职工宿舍较远,还要翻过两座山坡,炊事员连续六年为战高温职工送饭菜上门④。位于安徽绩溪县的海峰印刷厂,其食堂的15名员工负责全厂六百多职工及其家属的伙食供应。在厂里赶生产进度的时候,食堂就把饭菜送到车间和机台旁,还千方百计每餐准备八个以上的菜肴。食堂员工还利用山脚荒地开荒种菜养猪,以丰富全厂职工及家属的饮食生活。一年中养猪六十多只,种植蔬菜

---

① 孙景春:《我的皖南上海后方化工小三线之旅》,《世纪》2015年第1期。
② 吴荣棠:《参加修建鸦官铁路往事片断回忆》,《湖北文史》2015年第1期。
③ 《东风机器厂用工时定额考核食堂工作》,载徐有威《上海小三线报刊资料选编(1976—1987)》,《冷战国际史研究》2011年第1期。
④ 《八五钢厂炊事员坚持为工人送饭》,载徐有威《上海小三线报刊资料选编(1976—1987)》,《冷战国际史研究》2011年第1期。

近万斤①。

(三) 外购与自种：饮食的补充来源

三线企业普遍处于生产力比较落后的地区,故饮食的保障便成为一个时人关注的问题。据陕西省原基本建设委员会主任任钧回忆,像三线建设这样大规模的建设,首先遇到的是生活物资供应问题。粮食供应困难,蔬菜供应更是谈不上,有些地方连食盐获取都很困难。陕西省的三线建设,按照上级部署全面开花,物资供应尤其紧张。在一些地方,即便是他们去视察工作,也必须按时到饭馆去吃饭,因生活物资紧缺,过了时间饭馆便没有饭供应。从安康到紫阳的路上,好多地方没有饭馆,只能到机关单位和施工队去解决饮食问题。这么多的人投入建设,粮食供应成大问题,在襄渝铁路施工的铁道兵只能组织民工去四川背粮②。

其时,粮食的供应是一个很大的问题,蔬菜供应面临的问题更是不小。通常采用的办法就是企业统一组织在外采购,这就需要后方的紧密配合。在一些地方,为了保障职工和家属的供应,食堂专门派人到县城去采购鸡鱼蔬菜之类,用卡车统一运回来放在食堂。会做饭的家属就去食堂买回自己做,不会做饭的就只能在食堂里吃③。过年的年货就更要仰赖采购了。因三线厂所处位置关系,年货筹备十分困难。一是没钱,二是有钱也没地方可以买。三线厂里一般会有粮油店、菜店和食堂,全都凭票供应,过年前便派出大卡车去采购。鸡鸭鱼肉、水果蔬菜,采购到什么大家过年就只能吃什么。一位四川籍的贵州三线子弟回忆道,他所在的厂每年都要派卡车到四川采购儿菜,以满足四川人的乡愁。但每户能够购买的数量有一定的限制,也不是充分供应的④。

条件相对较好的小三线地区,则在就近的市场采购。支援三线的瑞金医院政工科科员、现任上海大学历史系教授吕建昌回忆,他们在那儿"吃得挺好的"。和其他小三线厂一样,他们医院经常开车到屯溪,在当地的市镇上采购

---

① 王宝来：《受称赞的食堂》,载徐有威《上海小三线报刊资料选编(1976—1987)》,《冷战国际史研究》2011年第1期。
② 梁月兰、柴云、李方：《陕西"三线"建设的历史回顾——访陕西省原基本建设委员会主任任钧》,《百年潮》2009年第3期。
③ 徐有威、邹晓敏、陈和丰等：《坚信没有过不了的坎的女医生——原上海小三线瑞金医院内科医生王增口述》,《史林》2014增刊。
④ 花影：《年的一种集体记忆》,《贵阳文史》2014年第1期。

粮食和农副产品。当地不像上海的米店出售陈米，买到的都是新米，价钱便宜，也很好吃①。而坐落在大山深处的大三线地区，就只能到更远的地方才能够备置了。中航工业红林机械厂的周自福回忆，在物资匮乏的三线建设时期，大家吃的蔬菜都要由福利部门专门组织人员到安顺、重庆、广西采购运来。每当蔬菜运到的消息传开，大人小孩都拿着篮子在菜场前排队。因供应能力有限，福利部门便开始发放"菜卡"，以保证双职工家庭也能买到这些远道而来的蔬菜②。

除了出外采购，在具备基本生产条件的地区，各企业组织人力自己种植，也是扩大食物来源的一项重要措施。坐落在皖南的八五钢厂远离市区，蔬菜供应更是紧张。1979年底，厂领导看到工厂化育苗成功的报道后，积极进行试验。经过两个多月的反复尝试，最终培养出三千多棵植株健壮的菜苗，移入大田栽种，很大程度上解决了职工的吃菜问题③。顶替父亲到安徽参加原上海金星化工厂建设的王均行回忆，他们那里的副食品供应很是紧缺。在厂子还没开业的时候，因没有什么好吃的，大家便去种"五七"田，也就是种菜，诸如西红柿、茄子、青菜之类，后来还派人养猪，以此改善生活。偶尔有卡车回上海带去一些啤酒，大家就像过节一样开心。养猪的农场就在厂子旁边，时任团委副书记的他当时在办公室上班，每周参加一次劳动，也参加猪圈清理和种菜④。类似自给自足的劳动颇富成效，整个小三线在1972年共开垦荒地470余亩，收获蔬菜104万公斤，养猪1 130头，养鱼5.4万条，种植各种果树2.3万棵。绝大多数小三线企业从1974年起开始建立"五七"农场，次年又开始建立基地农场。1975年收获蔬菜138万斤，养猪1 400多头。到1978年年底，小三线共开垦荒地3 000余亩，种植出蔬菜1 733万斤，养猪2万余头⑤。当然，自种只能是一种补充，更多的补给来源于三线企业所在地或邻近地区的对口供应。如在四川广元地区，就有专门的生产队负责蔬菜种植，以供应三线企业⑥。

---

① 徐有威：《上海小三线口述史选编（一）》，《冷战国际史研究》2011年第2期。
② 周自福：《难忘三线建设战场——初到三线那年月》，《国防科技工业》2014年第9期。
③ 谈雄欣：《试验"工厂化育苗"解决职工吃菜难题》，载徐有威《上海小三线报刊资料选编（1976—1987）》，《冷战国际史研究》2011年第1期。
④ 吴静：《"上海佬"种"五七"田——原上海金星化工厂团委副书记王均行访谈录》，《党史纵览》2014年第3期。
⑤ 崔海霞、徐有威：《小三线：生活在皖南的上海人》，《档案春秋》2013第9期。
⑥ 崔一楠、李群山：《1965年四川广元对三线建设的支援》，《当代中国史研究》2014年第2期。

三、饮食的意义：展现三线文化的一个窗口

饮食，是人们日常生活中必不可少的，但有时候又显得意义非常。当代著名历史人类学家王明珂教授在论及民族文化调查者颇重视饮食与服饰时解释道："人们普遍以'身体'来区辨我族与他族。所谓'身体'，包括两大部分：一是'外在身体'，如人的肌肤、头发等体质外观，以及刺青、服饰等修饰的身体外观。另一则是'内在身体'——食物在人们的想象中，常为造成内在身体的重要元素。因此这'身体'是客观可辨的，也是主观建构的'身体'。在中国历史文化中，这样以饮食、服饰作为族群'身体'隐喻的例子随处可见。"[①]实际上，三线的饮食也凸显出"三线人"这一群体的独特价值观念和文化。

（一）吃饭的平等

虽然三线也时常受到政治运动的冲击，但在亲历者的回忆中，作风踏实、生活清廉，是常谈及的话题，而吃饭则是体现这一风格的重要现场。长期在贵州任职、亲历贵州三线建设的龙志毅回忆，他第一次到061厂视察时，厂子并没有因他是省领导而远接远送，他们直接奔赴车间。到午间12点宣布休息吃饭时，几个厨工用抬盘抬来饭菜。他们每人一份，都是一块肥肉下盖着一碗蒸饭，厂长和书记却回自己家吃。后来，他们二十余人进驻某厂进行企业整顿试点，也没有单独开伙食，厂领导也不陪餐。他们都是在招待所买票后排队打饭。那时候的一般情况是，他们到厂子后同厂领导讲明来意和停留时间，由领导或办公室打电话给厨房或食堂，告知从何时起多了若干人吃饭便罢，从没有在饮食上有任何特别的待遇[②]。据前引牛季良的回忆，第四机械工业部高俊副部长和西南局国防工办基建规划处田栋梁处长、王春才科长在081基地蹲点时，住在同一个席棚里，与普通职工一起生活和劳动，也一起排队就餐。部长也和普通职工一样，在食堂吃饭前一边排队一边背毛主席语录，背完后再吃饭。每天饭量都是定量的，吃饭用餐券，用了就没有了，在供应不足的时候，部长和大家一样吃不饱[③]。在那个时代，吃饭是体现平等的一个重要现场，也是

---

① 王明珂：《父亲那场永不停息的战争》，浙江人民出版社2012年版，第161页。
② 龙志毅：《三线军工给贵州带来了什么》，《晚晴》2015年第2期。
③ 牛季良、刘洋：《回忆电子工业三线建设》，《百年潮》2014年第8期。

我们窥见时代风貌的一个窗口。

（二）吃饭的政治

在老一辈的记忆中，吃饭之前背上一段毛主席语录，为最高领袖送上祝福，是必须的日课。三线自也概莫能外。一位三线子弟回忆，在"九一三"事件后的"批林批孔"运动中，工厂组织全厂职工一起"吃忆苦思甜饭"。在厂子的大礼堂摆上条桌，每人一碗野菜汤和一个窝窝头。喇叭中放着"天上布满星，月儿亮晶晶，生产队里开大会，诉苦把冤伸。万恶的旧社会，穷人的血泪仇……"好多大人都没有吃完，他却将野菜汤和窝窝头都吃完了，还觉得挺好吃①。吃饭时也总能成为政治思想教育的重要场合。如一位铁路建设者回忆其连队领导，每天下午吃饭前连队都要集合，他弯着腰为大家讲话，显得疲惫不堪。才开始的一个多月大家经常吃到夹生饭，有民兵战士端着碗说"今天这个饭锅盖又揭早了"。他就对大家说："吃得生，当得兵，我们是不穿军装的解放军。熟不熟，生不生，想想红军吃草根。"也不知是他的革命教育起了作用，还是大家确实饿了，最后也总会吃得津津有味。"苦不苦，想想红军二万五""累不累，想想革命老前辈"等，也是他经常说的话②。显然，这位领导不善言辞，话不多，但很懂得借吃饭的时候对大家进行革命思想教育。即便是吃饭这样的日常生活场景，也少不了政治的渗透，这是那个时代的特色之一。

（三）饮食与群体认同

三线建设者作为一个特殊的群体，有着共同的记忆和表述方式。三线建设者是这一段历史的亲身参与者，也是这段故事的叙述者，他们在用不同的方式讲述这段故事，同时也在述说着他们独特的身份。如核军工 816 厂，地处偏荒，和外界的往来沟通不多，核工业部直属企业、中央直属企业的优越感深深地嵌入人们的头脑，也伴随着"山沟意识"和"峡谷意识"的封闭与狭隘③。很多工厂由于保密的需要，又常常处于较为封闭的环境，工厂自成一体，每一个企业就是一个小社会，医院、学校、邮局一应俱全。封闭的环境造成了大家类似

---

① 东西：《远去的岁月——一位三线建设工人子弟的回忆》，《晚晴》2015 年第 2 期。
② 吴荣棠：《参加修建鸦官铁路往事片断回忆》，《湖北文史》2015 年第 1 期。
③ 冉政权、冉启蕾：《和着泪蜕茧——核军工 816 厂的三个 18 年》，《红岩春秋》2010 年第 1 期。

的经历和共同的记忆,较为典型的有参加攀枝花三线建设的群体。他们对攀枝花的地名,有着旁人难以理解的独特记忆。如"攀枝花啥都有,有米(米易县)有盐(盐边县),有东(东区)有西(西区),有仁和(仁和区)"。这一句顺口溜,便概括了攀枝花的三区两县。又如五十一、四十九、九附二、九附六等数字,都是大家心照不宣的地名和位置,非三线人难以明了其所指。"渡口市"这一旧称,更是很多攀枝花三线人难以抹去的共同记忆①。这些共同的记忆成为他们达成群体认同,区别于其他群体的显著特征。

在三线建设者的认知中,我们/他们的对立观照时常出现。在原上海工农器材厂安徽征地工王志平看来,小三线人在思想观念、着装等方面对当地安徽人产生了影响。他还说,安徽人不习惯吃甜食,做红烧肉并不放糖,后来在他们的影响下基本都放糖了。他们吃黄鳝,吃甲鱼,后来安徽人也跟着吃了,但仍然不吃青蛙②。在此,他实际上是将当地的安徽人作为一个典型的参照,来寻求他们这一群体的坐标。曾任安徽贵池县县长的顾国籁在接受学者访谈时的言说,也是将小三线人和当地人进行对比。他说,在计划供应时代,凡香烟、白糖、洗衣服、肥皂等物品,全都实行凭票供应,在贵池基本买不到,小三线人就用从上海运去的工业品去换当地农民的农副产品。当地的农副产品很便宜,1元钱能买4斤花生或4斤螃蟹,鸡蛋1角钱便能买三个③。另一位亲历小三线的建设者也说,他们在当地,饭还是能吃饱,就是菜很简单,一般都是素的。一个月发8张肉票,每周可以吃到两次肉,是计划供应的。有的职工家属去当地农村采购,在回上海的时候更是常去农村采购鸡蛋、花生之类的带回上海④。一位在四川锦江厂的建设者也如此回忆道,四川的物价很低,猪肉、食用油、白糖、鸡蛋都是6角8分钱一斤,大米每斤1角2分。厂子食堂里的大排、大肉、狮子头、炒猪肝等荤菜,2角钱一份。但副食品如白糖、糖果、饼干、乐口福、麦乳精、肥皂、卷子面、烤麸干、萝卜干、咸肉,日常需用的香烟、打火石、砂

---

① 王广瑞:《国家行为·族群叙事·身份表述——攀枝花三线建设的文化人类学解读》,《攀枝花学院学报(综合版)》2015年第3期。
② 徐有威、吴静、顾雅俊:《"厂长握着我的手,哭了"——原上海工农器材厂安徽征地工王志平访谈录》,《党史纵览》2014年第3期。
③ 徐有威:《一位上海籍安徽县长经历的上海小三线建设——安徽省贵池县原县长顾国籁访谈录》,《党史纵览》2014年第2期。
④ 吴静:《"上海佬"种"五七"田——原上海金星化工厂团委副书记王均行访谈录》,《党史纵览》2014年第3期。

锅、煤饼炉,甚至草纸、皮鞋、的确良衬衫、羊毛衫之类,都要从上海带过去①。在此,三线人将三线企业所在地与"上海"进行对比和观照,以展现三线人这一群体与当地的差异。三线企业所在地的食品种类、价格、食俗等,都是作为"他者"而存在的。

在三线人的言说中,总是将他们自身与当地区别开来。比如从物资的获取与供应、价格、饮食习惯等进行对比,从而树立我们/他们的区别。三线人意图以我们/他们在饮食和日常生活的区分,来确立自身所处的位置。而在三线企业所在地的人们看来,三线人也确实是一个与自己有别的群体。安徽大学历史系教授徐国利的回忆与剖析,为我们提供了一个十分典型的个案。作为祁门小三线的"当地人",徐国利有着独特的观察视角。他观察到,"三线厂的上海人在当地居民面前普遍有一种优越感,不屑于与之交往"。他们从教育文化和物质水平发达的上海,来到皖南的穷山沟里,从心底里看不起当地人尤其是当地的农民,这种优越感体现在日常生活中的方方面面。祁门人中除了"地富反坏右"这五类分子外,根据其日常生活方面的差异分为农民、干部工人和小三线人三个"等级"。农民经年辛劳,却仍吃不饱穿不暖。鲜肉、鸡蛋、豆腐等副食品只有逢年过节才吃得到。当地虽然出产大米,主食却要靠红薯、南瓜、玉米等填充。酸菜虽然是农民主打下饭菜,但并不是每个家庭都能吃上的。第二等级是干部和工人,他们每月都有肉、豆腐、鸡蛋等副食供应。若遇年节,品种和数量还会更加丰富,夏天还会有绿豆汤喝,有西瓜吃。但最让人羡慕的,还是第三等级的上海小三线人,他们"不仅穿得好,还吃得好"。三线厂在上海设立有专门负责采购的办事处,采办鱼肉、水果、糖果、汽水等副食品和各种生活用品。很多东西都是祁门县城没有的,如带鱼、黄鱼、桃子、苹果在当地极为少见,大白兔奶糖和汽水更是属于奢侈的高档零食。"能吃上这些食品,用上这些物品,是特别值得炫耀的。如果当地人通过关系,在三线厂的商店或上海人那里买到些食品或物品,大多会在邻里同事面前有意或无意炫耀一番"②。正如论者所言,产生于独特背景下的三线"厂文化",具有文化孤岛性、厂际文化差异和厂内文化差异等特性③。就饮食等日常生活场景而言,一

---

① 倪同正:《锦江厂,一个三线企业的传说》,《国家人文历史》2014年第18期。
② 徐国利:《我记忆中的皖南上海小三线》,《世纪》2013年第6期。
③ 丁艳、王辉:《移民外来文化的土著化过程——以西南三线厂的"厂文化"为例》,《人文地理》2004年第6期。

方面,三线工厂由于其自身的封闭,形成了各有特色的文化。另一方面,他们又特别强调与在地饮食文化的差异性,试图以此二端来树立自身的群体认同。就三线人而言,通过饮食场景的展开,他们以当地居民为参照构建起自身的群体认同。从徐国利教授提供的分析来看,三线人也确实展现出了极大的差异,成为一个与当地居民明显有别的群体。

四、回到现实关怀:研究三线的当代意义

在修建核军工816厂时,掘洞工程兵在施工过程中,因没有先进的设备,只能靠炸药炸开山壁,再用人力挖掘。炸药意外爆炸、施工中时而发生的垮塌、医疗条件落后导致染病后难以得到及时治疗,都能轻易夺走战士们年轻的生命。武陵山脉的大青山上,有76名官兵埋骨于此,平均年龄不到21岁。"工程兵以年轻的生命为镐,一寸一寸掘进山洞"①。在三线企业普遍流行的"献了青春献终身,献了终身献子孙"这一民谣,就是这种牺牲精神最为真切的写照②。正是在这种牺牲精神的鼓舞下,很多三线建设者捐弃了宝贵的生命。横贯数省的襄渝铁路,有2.5万名学兵参与建设,牺牲114人③。1970年6月25日,山西省紫阳县毛坝区襄渝铁路工地发生塌方,正在施工的保坪公社民兵排34人中,有31人当场遇难④。

这些惨剧的发生固然有生产力低下和操作不当的因素,但人为的原因仍不能忽视。在政治高于一切的时代,可能会造成一些不必要的牺牲。一位曾在生产建设兵团务农的三线人回忆,有一次他们十几个人接受连指导员的命令,在一段即将崩溃的大坝上守护一块帆布。指导员命令"保证人在帆布在,帆布是国家财产,要用生命来捍卫"。在大坝崩塌前的瞬间,他喝令人们撤退,随即三十余米的堤坝被大水冲走⑤。在这个案例中,如果听从了连指导员的命令,牺牲在所难免,也可以得到烈士的称号,但十几个鲜活的生命终将被大水

---

① 冉政权、冉启蕾:《和着泪蜕茧——核军工816厂的三个18年》,《红岩春秋》2010年第1期。
② 何广华、侯正百、张清和:《三线建设,不只是曾经的梦》,《广元日报》2011年10月23日。
③ 李鹏民:《难以忘怀的三线情结》,《金秋》2005年第1期。
④ 张斌:《三线建设中的一场特大事故》,《文史博览》2014年第9期。
⑤ 路铭:《关于生命:不能漠视的话题——纪念三线建设30周年》,《新西部》2000年第G5期。

吞噬，而所要"保护"的，不过就是一块所谓"国家财产"的帆布而已。因为其没有听从连指导员的命令，后来还不断遭到打击。实际上，他所对抗的，并不仅仅是连队指导员，而是这种行为的逻辑思维。在物质匮乏的年代，对"物"的重视，远远超过了对"人"和生命的观照。在革命语境下，对个人生命的摈弃，毫无疑问地显现了崇高的价值。加上特殊的历史环境，一切对领导的对抗与忤逆，都有可能成为"反革命"的罪证，从而导致更为严酷的结果。

而现存的三线家庭，普遍存在各种问题，如家庭收入低、收入来源单一、住房面积狭小等，普遍渴望社会保障制度能落到实处①。1998 年，有研究者对 1970—1973 年间参加三线建设的 351 人进行矽肺患病情况调查，共发现矽肺观察对象 12 人，Ⅰ期矽肺 3 人，Ⅱ期矽肺 2 人，Ⅲ期矽肺 2 人。这些工人虽在三线工作中对粉尘接触史仅 2—3 年，但由于在山区挖掘隧道采用干式作业法，工作场所粉尘浓度很高，且无任何防护设备，致使作业工人吸入大量粉尘。经过几十年的发展，矽肺患病率很高②。如此种种，并非特例。这就要求我们在回顾三线建设的伟大历程时，还要关注"三线人"目前的生存现状，在弘扬三线精神的同时，也要对其中存在的一些问题进行反思。正如研究者所言，历史关注的，应该是过去如何被现在创造出来，过去的建构又是如何用于解释现在③。对三线建设的研究，非但要还原历史现场，还要对其进行合乎逻辑的诠释，让三线建设的精神永远在华夏大地飞扬。

（本文作者：郭旭，贵州商学院）

---

① 邓军蓉：《关注三线企业"半边户"生存构建和谐社会——对湖北省宜昌市部分三线企业"半边户"家庭的实证分析》，《产业与科技论坛》2006 年第 5 期。
② 袁永新、张凤英：《对 351 名参加三线建设者矽肺患病情况的调查》，《职业与健康》1998 年第 5 期。
③ 常建华：《日常生活与社会文化史——"新文化史"观照下的中国社会文化史研究》，《史学理论研究》2012 年第 1 期。

20世纪六七十年代小三线职工日常食品供应研究*
——以辽宁桓仁县三新厂为例

黄 巍

三线建设是中国于20世纪六七十年代基于战备需要对全国工业布局进行的一次大规模的战略性调整,其中,小三线建设是三线建设的重要组成部分,是指以地方军工为主体的28个省、区、市(不含西藏、台湾)的后方建设。目前,学术界关于大三线研究已取得较丰富成果,相比于大三线,小三线研究相对薄弱,研究内容多集中于对小三线建设缘起、工业布局、调整改造、地理位置、人口迁移、环境保护等宏大叙事问题的探讨[①]。最近几年,以"衣食住行"为主要研究对象的社会文化史视角拓展了三线建设史的研究空间,正如有学者所言,"日常生活应是社会文化史的基础"[②]。因为"社会生活的总体面向,更多

---

* 本文系2018年教育部哲学社会科学研究重大课题攻关项目"三线建设历史资料搜集整理与研究"(18JZD027)的阶段性成果。原载《史林》2020年第5期。

① 参见叶青、黄腾飞:《福建小三线建设企业布局及其特点刍议》,《当代中国史研究》2019年第1期;张志军、徐有威:《成为后方:江西小三线的创设及其初步影响》,《江西社会科学》2018年第8期;徐有威:《困境与回归:调整时期的上海小三线:以新光金属厂为中心》,《开发研究》2014年第6期;段伟:《安徽宁国"小三线"企业改造与地方经济腾飞》,《当代中国史研究》2009年第3期;段伟:《上海小三线建设在县域分布特点的历史地理考察——以安徽省宁国县为例》,徐有威、陈东林主编《小三线建设研究论丛(第一辑)》,上海大学出版社2015年版,第78—90页;陈熙、徐有威:《落叶不生根:上海皖南小三线人口迁移研究》,《史学月刊》2016年第2期;徐有威:《为了祖国的青山绿水:小三线企业的环境危机与应对》,《贵州社会科学》2016年第10期等。

② 常建华:《日常生活与社会文化史——"新文化史"观照下的中国社会文化史研究》,《史学理论研究》2012年第1期。

的是普通人的生活世界"①。在宏大叙事的官方宣传中,三线职工多是遵循了"好人好马上三线"的原则,怀着高昂的革命热情,无怨无悔地扎根山区建设三线,而对职工因日常食品供应问题申请调离三线的另一面相却由于疏于报道而缺乏相关研究。根据三线建设"靠山、分散、隐蔽"的指导方针,三线厂普遍建在远离城市的偏僻山区,日常生活物资运输成本高、价格贵、供应困难,三线职工不同程度存在着实际生活水平下降的问题,日常食品供应成为三线职工最为关注的核心问题之一。既往涉及三线职工日常食品供应的相关研究,多以社会生活或民生问题命名,主要存在两种基本观点,或褒扬政府安置措施得当使职工得以安心建设三线;或强调三线职工生活异常艰苦②,这两种基本观点因缺乏案例量化分析而缺乏说服力,特别是没有把这一问题放在20世纪六七十年代的历史长链条中加以考察,难以真实呈现民生经济与国家政治之间的因应与互动。

基于此,本文选取辽宁小三线桓仁县三新厂③作为微观考察对象,通过前期相关研究,笔者发现即便在"被政治裹挟"的20世纪六七十年代,三新厂职工因日常食品供应问题要求调离三线的比例也高达一半以上。扎根山区建设三线的三新厂职工日常生活成本是否增加了?其真实生活状态如何?民生经济与国家政治之间如何因应与互动,国家话语如何落实到三新厂企业的基层单位?这些看似简单的"吃饭"问题离不开国际国内的大环境,背后交织着各种错综复杂的关系。为此,本文以三新厂企业档案为主体史料,以相关基础性

---

① 李长莉:《晚清上海社会的变迁——生活与伦理的近代化》,天津人民出版社2002年版,第1页。

② 王毅、万黎明:《三线建设时期重庆地区内迁职工社会生活问题探析》,《当代中国史研究》2019年第1期;张秀莉:《皖南上海小三线职工的民生问题研究》,《安徽史学》2014年第6期;郭旭:《社会生活史视角下的三线建设研究——以饮食为中心》,《贵州社会科学》2017年第5期。

③ 三新厂,即国营新风机械厂、国营新华机械厂、国营新兴机械厂,新风机械厂被誉为辽宁小三线的排头兵,职工来自全国6个省12个城市332个企业,职工最多时近2 000人。新兴机械厂职工来自辽宁、吉林、黑龙江三个省份的185个企事业单位,职工最多时近1 500人。新华机械厂职工最多时近1 000人。参见国营新风机械厂大事志编写组:《国营新风机械厂大事志(1965—1985)》(内部资料),1985年,第4、9页;《新兴机械厂关于工业普查综合分析情况的报告》,1986年,档案编号:004-1-291,辽宁省辽阳市档案馆藏;《新华机械厂关于呈报1979年计划亏损指标的报告》,1979年,档案编号:005-1-108,辽宁省辽阳市档案馆藏;《新华厂1978年度生产、劳资、基建物资供应统计报表》,1978年,档案编号:005-1-100,辽宁省辽阳市档案馆藏。

资料和口述采访内容为辅助,透视 20 世纪六七十年代小三线建设因日常食品供应问题折射出的各种复杂交织的历史面相。

一、革命热情与生活现实:日常食品供应问题的出现与应对

20 世纪 60 年代中期,面对复杂严峻的国际形势,中共中央和毛泽东提出了关于加强一线、二线备战工作以调整全国工业布局的战略决策,并对地方军工建设作了重要部署。1964 年 7 月,毛泽东指出,"各省要搞兵工厂,要自己造步枪、冲锋枪、轻重机枪、迫击炮、子弹、炸药"①。中央要求辽宁等处于战备前沿和沿海的省份要尽可能搞快一点,早建成,早投产。根据中央关于小三线建设的指导思想,1964 年 7 月,辽宁省委三届三次扩大会议制定并通过了《关于加强地方军事建设的设想》和《关于地方军工建设的设想》,计划在"三五"期间把辽宁东部、西部山区建设成为战时能够依托的后方根据地。

根据"靠山、分散、隐蔽"的指导方针,从 1965 年初开始,辽宁先后在其东部、西部山区建立了七个小三线军工厂,其中东部山区桓仁县建立的新风机械厂、新华机械厂和新兴机械厂是辽宁建立最早的小三线军工企业,简称三新厂。桓仁县境内地貌构成可概括为"八山一水一分田","境内海拔 1 100 米以上的高峰 64 座,最高气温 37.2℃,最低气温零下 35℃,年均日照时数 2 372 小时,无霜期年均 135 天左右,最深冻土 114 厘米,最浅冻土 55 厘米"②。其中,新风机械厂、新华机械厂位于桓仁县木盂子公社,两厂之间距离 3 公里左右,两厂与位于桓仁县铧尖子公社的新兴机械厂相距 15 公里左右。三新厂所在地位于被誉为辽宁屋脊的海拔约 1 367 米老秃顶子山脉的高寒地带,厂区和住宅平均海拔普遍在 700 米以上,气候寒冷,冬季白天气温一般在零下 30℃左右,夜间温度更低,冬季长达半年,且地理位置偏僻,交通不便。这种特殊的气候条件和地理状况使三新厂职工面临着比全国其他诸多省份的三线职工更多更大的生活困难。

以战备为目标的三线建设,决定了小三线建设初期必须以生产建设为主。1965 年 9 月,国家计委、国防工业办公室联合发布了《关于今后各省(市)小三

---

① 毛泽东:《各省要搞兵工厂,敌人来也好办》(1964 年 7 月 2 日),陈东林执行主编《中国共产党与三线建设》,中共党史出版社 2014 年版,第 54 页。
② 桓仁县地方志编撰委员会:《桓仁县志》,方志出版社 1996 年版,第 3 页。

线建设所需物资供应问题的通知》,规定"小三线基本建设、生产、试制、经营维修、技术措施等所需中央统一分配的物资,由各省、市、自治区按国家物资分配体制,统一纳入各地区的年度计划,统一申请和组织供应"①。同时,对"非生产的建设,必须因陋就简"②。"先生产、后生活"成为一大准则,三线建设者们被号召以扎根山区建设三线的主体性选择投身于国防建设中。

从1965年初开始,三新厂相继建厂,在"当年设计、当年施工、当年建厂、当年出产品"③的任务当时,日常生活问题退居其次,但自建厂初期,三新厂职工就面临着严重的日常食品供应短缺的问题,作为"嵌入"到偏僻山区的军工企业,当地没有土地资源支撑,没有专门的菜田,职工日常生活所需的蔬菜难以得到保证。蔬菜供应不但价格高,且品种单一,职工经常半年吃不到新鲜蔬菜。副食品供应更加困难,酱油、大酱、咸菜等腌制食品成为职工和家属的主要副食品。原新风机械厂退休办主任冯伟④回忆,"以前在抚顺时住的是砖瓦房,桓仁这里生活条件很艰苦,住的是土坯草房,还有很多大烟囱,房子窗户是纸糊的。没有什么菜,经常得吃咸菜"⑤。三新厂职工大多是从辽宁沈阳、大连,黑龙江哈尔滨等工资标准高的城市迁来,其工资标准执行了国家关于搬迁企业单位职工工资按原工资标准的相关规定,"搬迁企业单位职工的原工资标准高于迁入单位(地区)的工资标准的,暂时仍执行原工资标准,低于迁入单位(地区)的工资标准的应执行迁入单位(地区)的工资标准"⑥。从城市搬到农

---

① 《国家计委、国防工办关于〈小三线物资供应暂行办法〉》,1968年,档案编号:005-2-4,辽宁省辽阳市档案馆藏。
② 李富春:《李富春在全国计划会议上的讲话》(1964年9月21日),陈东林执行主编《中国共产党与三线建设》,中共党史出版社2014年版,第89页。
③ 国营新风机械厂大事志编写组:《国营新风机械厂大事志(1965—1985)》(内部资料),第11页。
④ 冯伟(1954—   ),历任新风机械厂钳工、工会放映员、工会干事、工会部长、退休办主任,多年来坚持义务做厂史;冯伟父亲冯贵芳(1930—2001),1965年从辽宁抚顺调到桓仁县新风机械厂工作,历任新风机械厂党办秘书、劳资科科长、党办主任、纪委书记;《冯贵芳日记》记录了1967年至1999年,新风机械厂生产、发展、变迁、破产以及个人生活等相关情况。
⑤ 冯伟:《辽宁小三线新风机械厂(965厂)忆旧》,徐有威、陈东林主编《小三线建设研究论丛(第三辑)》,上海大学出版社2018年版,第338页。
⑥ 《国务院批转劳动部关于搬迁企业单位职工工资和劳保福利待遇问题暂行处理办法的通知》,陈东林执行主编《中国共产党与三线建设》,中共党史出版社2014年版,第205—206页。

村,冯伟父亲的工资待遇也和原来一样①。搬迁到三新厂的职工工资标准虽然没有下降,但日常食品供应短缺、价格贵等问题的出现,使三新厂职工实际面临着生活水平下降的趋势。

1966年,企业作为上传下达的代表,向中央第五机械工业部、辽宁省国防工业办公室反映职工生活的相关情况,辽宁省认为"为了安心职工生活,发展生产,需要解决这个山区的职工生活问题……山区的职工干劲是足的,觉悟是高的,在冬天吃咸菜、夏天吃野菜的情况下,还全面地完成了国家计划,困难是暂时的,问题是会解决的"②。在"先生产、后生活"以及战备需要压倒一切的时代背景下,1967年1月,辽宁省对三新厂职工生活问题进行了批复:"关于你们要求解决的职工生活问题,应放在运动后期处理。"③1967年2月,辽宁省责成当地政府桓仁县商业局对三新厂的日常食品供应和经营管理问题进行检查,检查结果显示,"主要是关于违反价格政策,任意提高商品价格,批发站层层克扣职工供应食品和商品的问题。尤其是蔬菜供应不按县通知的行情价格表销售,农村蔬菜队为了高价售菜,不按期交商品菜,自行高价售菜,造成商店断菜,职工买不着供应菜,只得买他们的高价菜"④。根据检查出来的问题,1967年3月,辽宁省要求"省、市、县财贸部门要继续做好小三线工厂的主、副食品和其他生活用品的供应工作,增加品种,调整不合理的物价,以保证职工生活的需要"⑤。副食品"按六类地区城市标准供应"⑥。

---

① 冯伟:《辽宁小三线新风机械厂(965厂)忆旧》,徐有威、陈东林主编《小三线建设研究论丛(第三辑)》,上海大学出版社2018年版,第337页。
② 《根据国务院规定关于交通不便,物价偏高地区寒冷、补贴地区津贴的请示报告》,1977年,档案编号:004-1-87,辽宁省辽阳市档案馆藏。笔者查阅三新厂从1965年建厂至1999年破产期间的文书档案,发现在1973年以前,基本都是有关企业生产的记录,鲜见企业日常生活的记录,这也从侧面印证了当时"先生产、后生活"的原则。这则档案史料是三新厂1977年再次向辽宁省国防工办反映职工生活问题时,重新回顾1966年至1967年前后辽宁省对三新厂职工反映的日常食品供应问题答复的相关情况。
③ 《关于职工生活问题的批示》,1967年,档案编号:006-2-31,辽宁省辽阳市档案馆藏。
④ 《根据国务院规定关于交通不便,物价偏高地区寒冷、补贴地区津贴的请示报告》,1977年,档案编号:004-1-87,辽宁省辽阳市档案馆藏。
⑤ 《关于提高粮食销价后对职工实行生活补贴的通知》,1967年,档案编号:006-2-31,辽宁省辽阳市档案馆藏。
⑥ 《根据国务院规定关于交通不便,物价偏高地区寒冷、补贴地区津贴的请示报告》,1977年,档案编号:004-1-87,辽宁省辽阳市档案馆藏。

针对搬迁到山区的三线企业普遍存在的日常食品供应问题,1967年8月初,辽宁省召开"山区和重点农村工矿区的商品供应与生活服务工作"专门会议,并相继采取了一系列措施。关于粮食品种和定量标准问题,辽宁省规定"由城镇搬迁或在农村新建、扩建的厂矿企业、事业单位的面粉、粮类供应,一律按所在地县镇品种标准供应。由城镇迁往农村或在农村新建扩建的厂矿企业、事业单位的职工及其家属的粮油标准,应按所在地县镇标准供应"①。虽然辽宁省没有违背中央关于各地方可结合本地实际情况制定粮食供应标准的精神,但按照"所在地县镇"粮食供应标准实际降低了三新厂职工的粮食供应标准,在此前三新厂职工是按照"城市标准"供应粮食。关于粮食质量的问题,辽宁省并没有出台相关政策,这些都给三新厂职工日后扎根山区建设三线的工作埋下了隐患。

关于蔬菜供应和蔬菜价格,辽宁省规定必须贯彻"就近生产、就近供应"和辅之以调剂的方针,即加强对蔬菜生产的领导,把发展当地蔬菜生产放在首位。辽宁省要求合理安排菜田布局,建立专业菜田,兼顾生产、消费、经营三方面利益,由市县自行安排,加强菜田建设,"为了扶持新菜田的发展,对新菜田,头二三年内可根据具体情况,国家给予一定的补贴,但要提报计划,经省批准,具体补贴办法由县自定。为了照顾职工生活,蔬菜销售总水平,不应高于县城,在季节品种上允许有高有低"②。这虽然从源头上基本解决了三新厂职工蔬菜供应的问题,但国家政策到地方基层的实际落实,还受到地方政府执行力、当地经济状况、物资供应水平等诸多因素的制约。三新厂所在地的木盂子公社和铧尖子公社,原本耕地面积就少,加之三新厂相继建设厂房、住宅、学校、医院等占据了一部分土地,当地人均耕地面积不足一亩。土地资源的持续减少引发了农民的不满,成为农民抬高蔬菜价格的重要因素。

"自己动手,丰衣足食"是中共在革命战争年代积累的保障自身物资供应的重要经验,在三线建设时期,这一话语被进一步倡导,"厂矿企业自给性生产"成为官方鼓励职工扎根三线的主流话语。根据1967年8月初辽宁省专门会议的规定,"应是生产队商品生产与厂矿企业自给性生产相结合。厂矿企业

---

① 《辽宁省抓革命促生产指挥部和省国防工办关于"山区"和农村工矿区的商品供应与生活服务工作会议纪要》,1967年,档案编号:005-2-3,辽宁省辽阳市档案馆藏。
② 《辽宁省抓革命促生产指挥部和省国防工办关于"山区"和农村工矿区的商品供应与生活服务工作会议纪要》,1967年,档案编号:005-2-3,辽宁省辽阳市档案馆藏。

应该按照毛主席'五七'指示,学习'大庆'的精神,在有条件的地方要积极种菜、养猪,以改善职工生活,减少群众负担"①。但1967年以后,三新厂内部领导体制也随着政治形势的变化经历群众组织专权、革命委员会专权、党委"一元化"领导三个阶段,军工生产任务在领导体制不稳定的情况下虽然能保持运行,但种菜、养猪等改善职工生活范畴的举措难以付诸实现。

经过政府的组织和动员,当三新厂职工主体性选择扎根山区建设三线的革命热情和生活现实持续碰撞时,他们的内心是否有落差感呢?冯伟回忆:"那时国家提倡'好人好马上三线',省里对职工也进行了动员,很多人是主动报名的。我们是响应国家号召,抱着很多幻想来的。结果一下车,我记得我第一眼看到的就是大山,感觉山怎么这么高啊,心情一下子就低落了,后来时间长了也就适应了,因为当时国家号召哪里艰苦哪里去嘛!……我的同事杨春岭曾经和我说,他记得50年前,就是1967年6月,从沈阳分配来厂共30名徒工,坐了一天解放牌汽车,一直往大山里开,快天黑才到新风厂。下车一看,太荒凉了,只有一个像样的房子——大食堂,他们都不下车,想让再给送回去,女的都哭了,接待的人做工作说,让下车吃点饭,也都不下车,僵持挺长时间。他们刚到一个陌生的条件极差的地方,心情都不好,连续哭了好多天,领导做工作才慢慢适应。"②革命热情和生活现实的落差在官方话语、企业的政治动员中被慢慢淡化,但涉及职工最基本生存利益的日常食品供应问题却不得不在艰难中前行。

二、扎根与调离: 日常食品供应问题的凸显与呈现

1969年辽宁小三线建设出现了第二轮高潮,当年全省共安排39个项目,其中新建项目19个,计划投资4504.92万元。辽宁省制定了1970年至1972年辽宁小三线建设规划,计划完成38个项目,总投资近1.68亿元③。"先生产、后生活"的原则再一次掀起高潮,1969年,三新厂"革委会"主动取消了自

---

① 《辽宁省抓革命促生产指挥部和省国防工办关于"山区"和农村工矿区的商品供应与生活服务工作会议纪要》,1967年,档案编号:005-2-3,辽宁省辽阳市档案馆藏。
② 冯伟:《辽宁小三线新风机械厂(965厂)忆旧》,徐有威、陈东林主编《小三线建设研究论丛(第三辑)》,上海大学出版社2018年版,第337—338页。
③ 辽宁省地方志编撰委员会办公室:《辽宁省志·大事记》,辽海出版社2006年版,第426页。

1967年1月起正式职工每月12元的生活补贴费,职工的生活水平进一步降低。三新厂继续遵循辽宁省1967年8月初专门会议关于日常食品供应的相关规定,但政治运动的干扰在这一时期逐渐显现。开荒种地、养猪搞副业等提高人民生活水平的举措被认为是"资本主义倾向"而遭禁止。1974年初,三新厂相继开始禁止工厂车间、职工养猪,"为提高广大职工的斗争觉悟,煞住小开荒和养猪的资本主义妖风,反击修正主义回潮,巩固和发展社会主义集体经济。严禁职工养猪养羊,对于以前养的猪羊,限1974年5月末处理完"①。此后,三新厂职工日常食品供应又面临严峻考验,问题的凸显使三新厂职工申请调离三线的比例持续攀升,一度达到一半以上。

(一)粮食供应问题的凸显

1973年1月,新华机械厂向中共本溪市委提交了《关于粮食质量情况的反映报告》,称"我新华机械厂位于桓仁县木盂子公社地区,职工和家属吃粮由县设新华粮店供应。就过去供应口粮质量看来,基本上还可以,职工和家属有些意见,通过解释和教育也就解决了。但从今年1月份供应粮食品种看,玉米面水分太大,从粮店买回后,只在粮袋里装一夜,造成玉米面发霉不能吃。为此,职工、家属意见很大。对这个问题,我们曾到粮站做过了解,该站负责同志介绍说,'此玉米面水分太大,约占30%以上。'对此,我们认为有必要向市委反映。由于粮食质量保证不了,就直接影响到粮食定量,故群众有些意见。现反映上级,请予考虑和解决"②。

1977年,三新厂集体向辽宁省国防工办再次反映职工粮食质量以及细粮比例的问题:"粮食供应1973年至1976年四年平均每人每月供应大米5斤,面粉4斤,共计每月平均9斤,1977年每人每月桓仁县计划6斤细粮,其余都是苞米面,高粱米很少,小米根本没有,吃粮标准和当地非农业户一样。另外我们几乎每年得吃一个月黑龙江冻苞米,成面水分很大,国家规定不超过18个水分(18%),而我们吃的苞米面高达33个水分(33%),总之,我们吃的粗细粮都达不到国家规定的标准。职工粮食不够吃只有花高价买私粮,造成生活

---

① 《新兴机械厂学徒工增加工资、镀锌板供应不足和保安电力报告、药费报销、房产管理制度补充规定、定量供应职工生活用煤的通知》,1974年,档案编号:004-1-62,辽宁省辽阳市档案馆藏。
② 《新华机械厂关于供应粮食质量情况的反映报告》,1973年,档案编号:005-4-55,辽宁省辽阳市档案馆藏。

上极大的困难。这也是职工不能扎根山区的主要原因。"①到 1977 年,自 1967 年 8 月辽宁省实行的按"所在地县镇"的粮食供应标准已执行十年,粮食供应标准降低的隐患已日益凸显,特别是细粮供应比例低、粮食质量持续下降更进一步动摇了三新厂职工扎根山区建设三线的决心。

(二) 蔬菜、副食品供应不足,价格贵

再看蔬菜供应,三新厂所在地在历史上就很少有种菜的经验和条件,当地蔬菜主要是大白菜、萝卜、土豆等少数几种,满足不了职工的需要。由于地理位置偏僻,运输成本高,菠菜、芸豆、茄子、辣椒、西红柿、韭菜等早菜作物价格昂贵,又增加了职工的生活成本。据新华机械厂反映:"现在小菠菜市内每斤 8 分,而桓仁 1.5 角,我们山区还没有,青菜一项一个人一年就要多花 10 多元,全家 5 口人需 50 多元,为二级工的一个半月工资,就这样我们还吃不到菜。秋菜供应和市内更不可比,市内可以不用长期储备菜,而我们最低得储备 6 个月以上的用量(前一年 11 月至来年 5 月),每人都需要储存 500 斤以上,就储存损失费每人都要多支付 4 元多,5 口人需要 20 多元,损失费又能买 1 000 多斤菜,秋菜供应每年都是 10 月份,因为供量大,又必须在短短的几天里买到家,所以几乎天天跑商店,排队、排号,就这样得忙活 20 多天才能基本结束。这种形势不仅给军工生产造成损失,也给职工造成很大的负担"②。

据笔者查阅三新厂 20 世纪 70 年代的档案资料发现,职工认为最短缺的是副食品,特别是对猪肉供应不足反映强烈,"每年能吃到的副食品,只有几斤猪肉和少量的鱼,包括咸鱼,其他家禽、豆制品之类几乎没有,就连小咸菜、豆腐乳、臭豆腐之类的,本地商店也很少供应,工厂得从沈阳等大城市进货。猪肉 1976 年前只能在四大节日供应点买到 1.5 斤,少则每人半斤,全年也不过 4 斤肉,1976 年还算不错,每人每月基本平均半斤,吃的是市内等外肉,花的是市内二等肉钱,一等肉几乎吃不到"③。从 1970 年至 1976 年,我国全年人均消费

---

① 《辽宁省国防工业三线厂职工生活情况调查表》,1977 年,档案编号:005-1-90,辽宁省辽阳市档案馆藏。
② 《辽宁省国防工业三线厂职工生活情况调查表》,1977 年,档案编号:005-1-90,辽宁省辽阳市档案馆藏。
③ 《辽宁省国防工业三线厂职工生活情况调查表》,1977 年,档案编号:005-1-90,辽宁省辽阳市档案馆藏。

猪肉斤数为,"1970 年 11.6 斤,1971 年 13.5 斤,1972 年 13.8 斤,1973 年 14.2 斤,1974 年 14.6 斤,1975 年 14.8 斤,1976 年 14.5 斤"①。三新厂职工从 1970 年至 1976 年全年人均供应猪肉量不足全国全年人均消费猪肉量的一半。而据笔者查阅 1973 年 5 月 31 日的《冯贵芳日记》,也侧面印证了当时三新厂职工实际能吃到的新鲜猪肉量确实很少。冯贵芳写道:"今天下午 4 点半,总务科卖菠菜、茼蒿菜,每人卖给 1 斤猪肉,每斤 1.20 元,每户 1.3 斤海米(即小虾米)。"②由于新鲜猪肉很难买到,1974 年 4 月,新风机械厂"总务科从山东拉回 4 吨咸猪肉,每斤 9 角,很多人买的"③。

针对日常食品供应出现的一系列问题,"文件也规定了,但是执行得怎么样呢? 时断时续时冷时热,很不正常,如省、市领导人来检查的时候,就热了。省、市领导人走了就冷了,就变样了。甚至于经常连苞米面、豆油、酱油、大酱、大盐、咸菜、蔬菜都供应不上,物价又高,服务态度不好,营业时间更气人,群众意见很大,生产情绪有些降低,群众不满意,就是对党的威信也有些降低,问题是领导造成的,是没有认真贯彻执行党的方针、政策的结果"④。由此可见,国家权力能否一步步通过各层级政府落实到基层单位,取决于各层级政府的执行效力,日常食品供应出现的问题直接影响了国家在基层的官方形象。

(三) 三新厂职工日常食品成本增加的案例分析

为了进一步说明到山区后职工生活水平下降的问题,1976 年 5 月,三新厂分析了日常食品成本增加的情况(见表1)。

表 1 三新厂日常食品与市内比价差表

类别	品 名	单位	市内价(元)	山区价(元)	差价(元)	每人年用量	每人一年超差价(元)
蔬菜	青菜	斤	—	—	0.04	270	10.80
	秋白菜	斤		0.02	—	160	3.20

---

① 陈东林:《1966—1976 年中国国民经济概况》,四川人民出版社 2016 年版,第 297 页。
② 《冯贵芳日记》,1973 年 5 月 31 日,冯贵芳之子冯伟藏。
③ 冯伟:《辽宁小三线新风机械厂(965 厂)忆旧》,徐有威、陈东林主编《小三线建设研究论丛(第三辑)》,上海大学出版社 2018 年版,第 339 页。
④ 《根据国务院规定关于交通不便,物价偏高地区寒冷、补贴地区津贴的请示报告》,1977 年,档案编号:004-1-87,辽宁省辽阳市档案馆藏。

续 表

类别	品名	单位	市内价（元）	山区价（元）	差价（元）	每人年用量	每人一年超差价(元)
蔬菜	萝卜	斤	—	0.03	—	5	0.15
	土豆	斤	—	0.08	—	10	0.80
副食品	酱油	斤	0.10	0.16	0.06	18	1.08
	水碱	斤	0.11	0.15	0.04	3	0.12
	大酱	斤	0.08	0.10	0.02	20	0.40
	苏达	斤	0.23	0.26	0.03	4.5	0.14
	各种咸菜	斤	—	—	0.02	6	0.12
	青、红方	块	—	—	0.01	72	0.72
	各种鱼	斤	—	—	0.15	10	1.50
	海带	斤	—	—	0.03	12	0.36
	粉条	斤	0.67	0.87	0.20	5	1.00
	普通饼干	斤	0.58	0.77	0.19	12	2.28
	各种糖	斤	—	—	0.03	6	0.18
	汽水	瓶	0.12	0.19	0.07	10	0.70
	苹果	斤	0.38	0.43	0.05	20	1.00
	啤酒	瓶	0.32	0.42	0.10	4.5	0.45
合计							25.00

说明：三新厂对蔬菜类进行了说明，因秋白菜、萝卜、土豆损失量大，故按山区价格每人年用量损失斤数计算，"秋菜每人按400斤储备，损失为40%，计算损失为160斤；萝卜每人按50斤储备，损失为10%，计算损失为5斤；土豆每人按50斤储备，损失为20%，计算损失为10斤"。
资料来源：《辽宁省国防工业三线厂职工生活情况调查表》，1977年，档案编号：005-1-90，辽宁省辽阳市档案馆藏。

由表1可知，三新厂职工到山区后，仅日常食品每人每年比市内多支付生活成本25.00元，对于"嵌入"到山区的小三线企业职工，在当地没有土地资源，除了工资收入外，基本没有实物收入等其他收入方式。生活成本、工资收入水平、供养人口等因素都直接影响了职工生活水平的高低。为了更清晰地分析问题，我们以家庭收入在三新厂处于中上等水平的冯伟一家为例。冯伟讲述："我是1965年随我父母来桓仁的，当时我12岁。我们家兄妹四人，来的时候，最大的15岁，最小的妹妹才2岁。我父亲是国家18级干部，从1965年到1976年,每月工资都是82元,一直都没涨"①;"我爷爷、奶奶没有收入,当时和我们一起来桓仁县的。我母亲作为随迁家属,1968年后才开始上班,每月工资24元,直到1978年才正式成为集体性质的,每月工资涨为32.5元。我姐姐1970年被分配到桓仁县大集体单位工作,每月工资31元。我是1975年进新风厂工作,属于全民正式职工,前三年学徒期,第一年每月工资17元,第二年每月工资19元,第三年每月工资22元。当时我们家经济条件在三新厂算处于中上等水平的。"②

根据以上材料和口述得知,冯伟的父亲冯贵芳是新风机械厂正式职工;冯伟的母亲是新风机械厂"五七"家属工;冯伟上山下乡后,1975年被分配到新风机械厂工作,属于全民所有制正式职工;冯伟的姐姐属于城镇集体职工;冯伟的爷爷、奶奶两人务农,没有收入;冯伟的弟弟、妹妹当时还是学生,没有收入。以1976年为例,冯伟一家八口人中,四人有工资收入,四人没有收入,冯伟的父亲全年工资收入为984元,冯伟的母亲全年工资收入为288元,冯伟的姐姐全年工资收入为372元,冯伟全年工资收入为228元,四人全年工资总收入为1 872元。仅日常食品一项,冯伟一家八口人每年要比市内多支付200元,占冯伟一家全年工资总收入的10.7%。此外,三新厂职工其他日常生活成本也比市内高出很多,"煤每人每年多支付8元;香皂、肥皂、棉布等各种日用品每人每年多支付0.75元;各种生活用具每人每年多支付5.50元,合计14.25元"③。如此,三新厂职工每人每年比市内多支付日常生活成本为39.25元。1976年,辽宁省非农业居民消费额为388元,农业居民消费额为157元④;全国全民所有制职工平均年工资为605元,城镇集体职工平均年工资为464元⑤。冯伟一家八口人每年多支付的日常生活成本为314元,占当年辽宁省非农业居民全年消费额的80.9%,占当年全国全民所有制企业职工平均年工资的51.9%,这即便对处于三新厂中上等收入水平的冯伟一家来说,仍然是一笔不小的开销。而冯伟父亲冯贵

---

① 冯伟:《辽宁小三线新风机械厂(965厂)忆旧》,徐有威、陈东林主编《小三线建设研究论丛(第三辑)》,上海大学出版社2018年版,第335、337页。
② 冯伟:《新风机械厂的那些往事》(未刊稿),2018年,第2页。
③ 《辽宁省国防工业三线厂职工生活情况调查表》,1977年,档案编号:005-1-90,辽宁省辽阳市档案馆藏。
④ 辽宁省统计局:《国民经济统计提要(1949—1982)》,辽宁省统计局印刷厂,1983年,第81页。
⑤ 国家统计局国民经济综合统计司:《新中国六十年统计资料汇编》,中国统计出版社2010年版,第8页。

芳时任新风机械厂劳资科科长,其全年工资收入占全家工资总收入的52.6%,这种社会身份和工资收入水平不是三新厂普通职工能达到的。

在家庭消费结构中,以"衣食住行"为内容的物质消费是最基本的家庭消费,且排在第一位,在此基础上,才能谈到精神文化消费和劳务消费等其他家庭消费。对于20世纪六七十年代的三新厂职工来说,其家庭消费的主要内容是物质消费,而消费的目的是为了解决最基本的生存需要。通过对冯伟一家总收入的分析,不难发现,三新厂职工搬迁到桓仁县山区后,虽然工资标准没有下降,但日常生活成本确实是显著增加了,其中,增加的物质消费成本占据着家庭消费的较大比例,这是三新厂职工认为其生活水平下降的主要原因。三新厂还列举了职工生活困难,普遍没有积蓄的案例,特别是当职工遇到因病住院、家中发生意外的时候不得不向厂方借款。1977年,新华机械厂"职工个人借款有85人,借款7 440元,借款人占全体职工总数的12.06%"[①]。新兴机械厂"844名职工,就有419名职工欠公款,金额达到63 000多元"[②]。

与此同时,由日常食品供应而引起的连带反应如职工、家属生命安全、健康状况亦是困扰职工扎根山区建设三线的生活难题。到1977年,三新厂已建厂十年有余,患有关节炎、气管炎的职工和家属比例较高,三新厂认为这和所在地气候寒冷、海拔高,职工常年吃不到新鲜蔬菜,经常吃咸菜、大酱、酱油、腌制的酸菜不无关系,而这些高咸度的腌制食品也是诱发高血压等疾病的重要因素。1977年,三新厂根据职工医院病例对职工和家属的各种疾病进行了分类统计,情况见表2。

表2　三新厂职工和家属各种疾病统计表　　　　单位:人

单位名称	职工和家属总人数	各种疾病情况								
		关节炎	地甲病	骨质增生	高低血压	气管炎	皮肤病	脱发病	癌症	妇女病
新风机械厂	3 521	580	312	175	352	686	356	246	6	450
新兴机械厂	2 040	260	155	75	165	186	280	160	3	366

① 《新华机械厂关于1977年财务收支自检情况的报告》,1977年,档案编号:005-1-108,辽宁省辽阳市档案馆藏。
② 《根据国务院规定关于交通不便,物价偏高地区寒冷、补贴地区津贴的请示报告》,1977年,档案编号:004-1-87,辽宁省辽阳市档案馆藏。

续表

单位名称	职工和家属总人数	各种疾病情况								
		关节炎	地甲病	骨质增生	高低血压	气管炎	皮肤病	脱发病	癌症	妇女病
新华机械厂	1 785	364	167	61	150	198	254	114	8	255
合计	7 346	1 204	634	311	667	1 070	890	520	17	1 071
比例（%）	—	16.39	8.63	4.23	9.1	14.57	12.12	7.1	0.23	14.58

资料来源：《国营新兴机械厂、国营新华机械厂、国营新风机械厂关于发给职工生活补贴的请示报告》，1977年，档案编号：004-1-79，辽宁省辽阳市档案馆藏。

由表2可知，三新厂职工和家属患病率较高，其中，关节炎、妇女病、气管炎患病比例分别达到了16.39%、14.58%和14.57%，皮肤病、高低血压患病比例也较高，分别达到了12.12%和9.1%。生活困难和疾病问题使不少人萌生了退缩的念头。1977年年底，三新厂对历年职工人员变动情况进行了统计，情况见表3。

表3　三新厂职工历年变动情况表　　　　　单位：人

单位名称	现有职工数	历年人员变动情况					
		退休离厂人数	退职人员	自动离厂人数	本人要求已调走人数	本人要求尚未调走人数	合计
新风机械厂	1 494	12	12	31	327	821	1 203
新兴机械厂	838	2	3	—	201	515	721
新华机械厂	708	—	4	1	241	402	648
合计	3 040	14	19	32	769	1 738	2 572
占全部职工（%）	—	0.46	0.63	1.05	25.3	57.17	—

资料来源：《国营新兴机械厂、国营新华机械厂、国营新风机械厂关于发给职工生活补贴的请示报告》，1977年，档案编号：004-1-79，辽宁省辽阳市档案馆藏。

到1977年年底，三新厂有57.17%的人曾申请要求调离三线，已调走的人数占总人数的25.3%。对此，三新厂认为"致使职工不安心山区生产，吃饭是大问题,两地生活的也较多,纷纷要求调回城市,天天找领导,劳资科的人也推不开门,有的职工说,'只要能调我回原单位,什么东西都不要了,我也干了。'甚至于有的职工要求退职回家种地。生活用水也有问题,水硬度低,不能饮用,职工思想负担也很重"①。"调走和要调走的同志不光是生活问题,也有地方各种疾病的影响"②。

三、个人与国家：民生经济与国家政治的因应与互动

国家是由生活在社会中的个人组成的,个人日常生活水平不能脱离国家政治的大环境。可以说,民生经济与国家政治之间相互影响、共荣共生,简单的只看到事物的一个方面,都是有失偏颇的。

（一）基本的生存保证

根据前文分析,三新厂职工的日常生活成本确实显著增加了,但就其粮食供给量来看,与全国人均消费粮食基本持平,工人的粮食供应标准高于全国水平。三新厂职工粮食供应标准按"所在地县镇"即桓仁县的粮食供应标准,"工人每月42斤,干部31斤,没工作的27斤"③。从这个数字来看,在三新厂,工人的粮食供应标准是最高的,每月42斤,全年504斤,干部为372斤。1966年至1976年,全国年人均消费粮食为371.2斤④。相较而言,三新厂工人、干部全年人均粮食供应标准高于或持平全国人均消费水平,这基本符合当时中央关于工人高于干部的粮食供应标准,保障了职工的基本生存需要。

但是三新厂作为国家生产军品的省属国有军工企业,职工整体粮食供应标准高于或持平全国水平并不意味着其生活水平没有下降。对三新厂职工而言,其参照物始终是自己原来所在城市的生活状态,抑或是对比没有来支援三线建设的原同事的生活现状,每当回老家探亲时,心中不平衡情绪更加强烈。

---

① 《根据国务院规定关于交通不便,物价偏高地区寒冷、补贴地区津贴的请示报告》,1977年,档案编号：004-1-87,辽宁省辽阳市档案馆。
② 《国营新兴机械厂、国营新华机械厂、国营新风机械厂关于发给职工生活补贴的请示报告》,1977年,档案编号：004-1-79,辽宁省辽阳市档案馆藏。
③ 冯伟：《辽宁小三线新风机械厂（965厂）忆旧》,徐有威、陈东林主编《小三线建设研究论丛（第三辑）》,上海大学出版社2018年版,第339页。
④ 陈东林：《1966—1976年中国国民经济概况》,四川人民出版社2016年版,第297页。

他们发现老家"粮食供应标准每月要比我们高3斤左右,细粮比例比我们高更多,鱼肉蛋供应也比我们好,这样一家几口人差距就很大了"①。由于在当地没有土地资源可做补充支撑,当面临粮食、蔬菜不够吃的窘状时,职工们只能私下向农民购买以维持生活,这种现象在一定程度上是普遍存在的。

笔者在查阅三新厂20世纪70年代的档案史料时发现,1972年,三新厂在本厂的年终总结中,都提到了为改善职工生活而自行养猪或到外地购买蔬菜、肉类的情况。新风机械厂曾靠自己养猪调剂,"各车间自己养自己分,家属也可以养,但是后来又都不让养了,直到改革开放后才又让养猪"②。新华机械厂"全年发展生猪70余头,出肉4 759斤。为改善职工食堂生活,总务科的广大同志作出了极大的努力,一年来,为职工解决蔬菜618 000斤,肉类53 396斤"③。新兴机械厂"行政科决心办好食堂,搞好生活,他们还千方百计想办法,克服偏远山区货源不足的困难,积极组织货源进厂,1972年度总计运进蔬菜100万余斤,肉类3万余斤,鱼蛋类2万余斤,调剂了职工的生活"④。三新厂主管职工生活的职能部门为改善职工生活,都是经过了"极大的努力",甚至是"千方百计"来解决职工最需要的蔬菜、肉类食品。

和职工经常反映的家庭消费的日常食品供应问题不同,这两则史料提到的都是职工食堂的公共消费。1972年,"新华机械厂全部正式职工为725人","新兴机械厂全部正式职工为914人"⑤。以猪肉为例,新华机械厂食堂公共消费全年人均6.56斤,肉类73.65斤;新兴机械厂食堂公共消费全年人均肉类32.82斤,鱼蛋类21.88斤。但是在物资短缺、凭票证购买物品的20世纪六七十年代,这种到外地购买蔬菜、肉类的次数频率如何呢?一位受访者告诉笔者:"那时是计划经济,买啥都要票,去外地运菜肉都设卡,根本拉不回来。因

---

① 于先生:《支援三线建设的军工情》,《黄巍三线建设访谈录》(未刊稿),2018年,第6页。
② 李女士:《那时职工生活太苦了》,《黄巍三线建设访谈录》(未刊稿),2018年,第8页。
③ 《新华机械厂1972年总结报告提纲》,1973年,档案编号:005-4-55,辽宁省辽阳市档案馆藏。
④ 《新兴机械厂1972年的基本情况与1973年的工作安排》,1973年,档案编号:004-1-54,辽宁省辽阳市档案馆藏。
⑤ 《新华机械厂贯彻辽宁省计划会议情况报告》,1973年,档案编号:005-4-55,辽宁省辽阳市档案馆藏;《新兴机械厂1973年常规兵器工业劳动生产率职工人数及工资统计表》,1973年,档案编号:004-1-54,辽宁省辽阳市档案馆藏。

为我们是军工厂,工厂有通行证,利用送枪支、子弹的机会,回来的时候,用装枪、装子弹的箱子装。我当时在厂长办公室工作,看厂长都被逼得没办法,当时生活太难了,职工生活太苦,所以冒着风险给职工拉,但10多年也就拉了两三次。"①企业一方面要带领职工克服困难完成国家下达的军品生产任务;另一方面又得采取措施改善职工生活以稳定三线建设队伍,可谓"煞费苦心"。

到20世纪六七十年代,由于多年来工业化的推动,城市人口激增,给城市的财政开支、粮食供给、住宅建设等带来沉重负担,国家严控城市人口的相关政策。而三线战略的整体部署又进一步制约了三新厂职工重回城市的可能。企业为稳定职工队伍,想尽办法保证职工日常食品的供应,虽然个别年份的"富足"不能代表整体的生活水平,但在一定程度上调剂了职工的生活。正因为多种因素的联合与促动,使三新厂职工保持了75%左右的稳定率,确保了小三线建设军工生产任务的完成。

(二) 小三线军工企业特殊的领导和管理体制

小三线军工企业又有其独特的一面,其领导和管理体制始终存在着各种复杂的关系。三新厂作为省属国有军工企业,其生产的军品归中央第五机械部统一管理、调配;建厂之初,其行政隶属关系归地方省级政府辽宁省机械厅五局,后又归辽宁省国防工业办公室;其组织、人事关系归当地市级政府本溪市;其日常食品供应归当地县级政府桓仁县以及下设的公社、村。多重领导和管理体制的复杂性是全国小三线地方军工企业普遍存在的问题。1968年2月,国家计委、国务院国防工办在《关于小三线地方军工建设几个问题的请示报告》中指出"小三线建设工作的领导和管理体制从1965年到现在三年了,还存在不少问题。这里有中央和地方的关系,中央各部门之间的关系,地方上各部门之间的关系问题。……粮食、食油、布票供应标准,职工医病、子女入学、户口迁移、插队落户等等,没有得到妥善解决,对职工进山有影响"②。

1969年,有些原本由各地方省份办的小三线军工厂将管理权上交给国家,这样又损害了各地方省份办军工厂的积极性。1973年8月,国务院、中央军委发布《关于小三线军工厂归地方领导的若干问题的通知》,强调"小三线军工

---

① 刘先生:《柴米油盐忆三线》,《黄巍三线建设访谈录》(未刊稿),2018年,第12页。
② 《国务院国防工业办公室小三线建设汇报提纲》(1968年2月6日),陈东林执行主编《中国共产党与三线建设》,中共党史出版社2014年版,第239、241页。

厂,是遵照毛主席建设大小三线的战略决策建设起来的,在省、市、自治区的直接领导下,取得很大成绩。1969年小三线军工厂管理权上收,严重损害了地方办军工的积极性。根据中央既定方针,小三线军工厂仍全部归省、市、自治区领导"①。这样,小三线军工厂又重新划归地方管理。

辽宁小三线桓仁县三新厂正是在这种领导和管理体制下持续多年,关于职工生活问题,"省、市委负责人说县里管,县里说'你们是省属企业我们不管'。这是多头领导关系造成的结果"②。"厂子属省工办,组织、人事关系属本溪市管,商品供应南杂木三级站管,蔬菜肉类桓仁县管,结果就是谁都不管。所以不难看出职工为什么不安心山区,为什么职工要求离开三线,就是因为地区偏僻,交通不便,气候寒冷,生活条件太差,地方性疾病太多,发病面广,担心子女身体健康。这种情况在一个军工厂来说不能不认为是一个大问题,没有人怎能搞军工生产,怎能巩固国防。要解决上述我们的意见,彻底改变四不管的局面,实行统一管理。"③小三线军工企业这种"先天不足",多重领导和管理体制的复杂性是小三线职工日常食品供应出现困难的重要因素,在此过程中,极容易出现各层级政府之间互相推诿而导致问题无法解决。

(三)民生经济与国家政治

以"衣食住行"为主要内涵的社会生活是人类赖以生存和发展的基本形式,"这种社会生活是人们生活状态最直接、最实在的反映。实际上它与政治生活状态、经济生活状态、文化生活状态又有着千丝万缕的联系,相互之间互动着,影响着"④。看似简单的"吃饭"问题,对于小三线军工企业三新厂而言,却是一个非常复杂的问题,其背后是国家整体经济发展水平、战备需要、政治场域、体制管理等诸多问题交织在一起的多维面相。小三线军工企业是特殊历史阶段的产物,当时威胁国家安全的潜在因素是客观存在的,因此研究者需

---

① 《关于小三线军工厂归地方领导若干问题的通知》,1973年,档案编号:SZ139-006-0490-0014,湖北省档案馆藏。
② 《根据国务院规定关于交通不便,物价偏高地区寒冷、补贴地区津贴的请示报告》,1977年,档案编号:004-1-87,辽宁省辽阳市档案馆藏。
③ 《辽宁省国防工业三线厂职工生活情况调查表》,1977年,档案编号:005-1-90,辽宁省辽阳市档案馆藏。
④ 梁景和:《社会生活:社会文化史研究的一个重要概念》,梁景和主编《中国社会文化史的理论与实践》,社会科学文献出版社2010年版,第96页。

理性看待 20 世纪六七十年代的民生经济与国家政治之间的因应与互动。

由于国家"三五""四五"计划以三线建设为中心,为适应战备形势的需要,国家号召修工事、挖防空洞储备粮食、布匹等,"深挖洞、广积粮"被建构成国家符号,进而"通过'运动'机制,国家权力和政治力量深刻而透彻地嵌入普通民众的日常生活之中"①。但是,过度强调战备不但造成我国重工业、轻工业、农业比例严重失调,同时也造成市场上日常食品供应的严重短缺,影响人民生活的改善。实际上,"即便在强调优先发展重工业的'一五'计划时期,重工业在基本建设投资中也只占 36.1%,而'三五''四五'两个五年计划时期,重工业在基本建设投资中的比例分别达到了 51.1%和 49.6%,轻工业在'三五'计划时期占比是最低的,仅为 4.4%,农业占比为 10.7%"②。"从 1966 年至 1976 年,农业总产值由 35.9%下降到 30.4%,轻工业总产值由 31.4%下降到 30.7%"③。正如有的学者所言,"全国大备战对应对当时严峻的周边安全形势、维护国家安全发挥了巨大的作用。全局性的战备工作在一定程度上延缓了国家经济的发展和人民生活水平的提高"④。

20 世纪六七十年代,我国整体生活水平普遍不高,物资短缺,日常食品供应不足,供求关系矛盾突出。这里有很多复杂的因素,既有国际战备形势的需要,又有国内积累生产资料的考量。如何利用十分有限的资金,既保证国家工业建设,又改善人民生活,特别是如何在国家工业建设的大局与提高人民生活水平之间寻求平衡,一直是一大难题。为建设三线提升国防力量,必须集中资源优先发展重工业,在处理积累与消费的关系上,也优先考虑保证提高积累率来发展生产资料的生产,其次再考虑提高人民生活的消费需要,这种处理方式也是由我国当时的国情决定的,"这个原则既是中国工业落后的国情所决定的,也是世界上许多国家工业化的共同道路。这是在特殊国际环境下保证自身安全必付的代价。至于实行票证制度,主要是因为商品供应严重不足,但也反映了在低水平生活情况下,国家保证人民最低生活需求的努力"⑤。"全国居

---

① 郭于华:《民间社会与仪式国家:一种权力实践的解释》,郭于华主编《仪式与社会变迁》,社会科学文献出版社 2000 年版,第 363 页。
② 《中国统计年鉴(1984)》,中国统计出版社 1984 年版,第 308 页。
③ 陈东林:《1966—1976 年中国国民经济概况》,四川人民出版社 2016 年版,第 364 页。
④ 徐奎:《理性地认识和思考 20 世纪六七十年代的"全国大备战"》,《当代中国史研究》2002 年第 5 期。
⑤ 陈东林:《1966—1976 年中国国民经济概况》,四川人民出版社 2016 年版,第 299、301 页。

民的人均消费水平,农民从 1952 年的 62 元增加到 1976 年的 125 元,城市居民同期从 148 元增加到 340 元。在全国人民缩衣节食支援国家工业化基础建设的情况下,尽管人民群众生活逐渐改善的增幅不大,但初步满足了占世界 1/4 人口的基本生活需求,这在当时被世界公认为是一个奇迹"①。

同时,亦不能忽略 20 世纪六七十年代政治运动对各行各业的冲击与影响,其中与三新厂职工日常食品供应密切相关的就是商业体制的运行。"利润挂帅""物质刺激"遭到批判,商业企业普遍不计成本,不讲核算,甚至宣扬"赔钱正常""亏损有理",片面强调生产的决定作用,否定了社会需要和商品流通对生产的反作用,导致供给与需求脱钩,市场商品供应日趋紧张。到 1976 年,我国"市场货币流通量与社会商品零售总额的比例,由 1971 年的 1∶6.82 上升为 1976 年的 1∶6.57;与商品库存总额的比例,由 1971 年的 1∶5.18 上升为 1976 年的 1∶4.57;与社会农副产品收购额的比例,由 1971 年的 1∶2.71 上升为 1976 年的 1∶2.30。商业系统的经营效益降低,1976 年,商业系统实现利润总额仅为 56.84 亿元,比 1971 年下降了 10.3%;亏损企业额达到 17.83 亿元,比 1971 年增加 66.6%"②。国家商业体制不可避免地冲击到基层单位三新厂的日常食品供应问题。1976 年,新华机械厂作为三新厂代表向桓仁县革委会提交了《关于新华商店货源供应问题的报告》,称:"新华商店在县商业、供销系统直接领导下,做出很大成绩。但一年多来,在副食、烟酒、糖果、百货等物资供应上,仍不能保证供应,群众有些意见。对此,我们曾多次和商店领导商量,也曾到县里汇报过情况。答复是,主要是商店的体制要解决。可是,至今没有解决,经常出现供不应求的矛盾。为此,我们建议县革委会能够尽快解决新华商店的体制问题。"③

结语

国以人为本,人以食为本,食物是人类赖以生存的物质基础,以食品为最

---

① 陈东林:《1966—1976 年中国国民经济概况》,四川人民出版社 2016 年版,第 358 页。

② 陈东林:《1966—1976 年中国国民经济概况》,四川人民出版社 2016 年版,第 284 页。

③ 《关于新华商店货源供应问题的报告》,1976 年,档案编号:005－1－81,辽宁省辽阳市档案馆藏。

基本生存需求的民生问题不仅是社会历史发展的核心问题,也是社会历史发展的原动力。小三线军工企业是在国家战备需要的大环境下建设起来的,要将其放在20世纪六七十年代的长时段的历史链条中进行考察,在面临国际战争威胁、国防实力不强、资金短缺、资源有限的背景下,如何处理好"吃饭"与战备、积累与消费的关系就显得尤为重要,甚至棘手。

对小三线军工企业而言,国家首先考量的是其军事生产能力的保证,"先生产、后生活"成为政治准则。如此,小三线职工日常食品供应问题的运行相对被动,解决途径始终处于"出现问题—反映问题—解决问题"的简单循环。在小三线建设的十几年历程中,政治场域的推动、商业体制的制约、小三线企业多重管理的特殊性都是影响三新厂职工日常食品供应的重要因素。必须承认的是,三新厂职工日常生活成本确实显著增加了,但也需要考察其他因素,三新厂职工粮食供应标准高于或持平全国人均消费水平,保证了其生存需要;通过向当地农民购买粮食、蔬菜也使生活得以维持;在此过程中,也曾出现过偶尔年份的"富足";加之国家三线建设整体战略部署等诸多因素的制约与促动,三新厂职工基本保持了75%左右的稳定率,从而确保了小三线建设军工生产任务的完成。

民生经济从来不能脱离国际国内的大环境,正所谓窥一斑而知全豹,看似简单的"吃饭"问题,背后交织着各种错综复杂的关系,其实质是生存与发展的问题。解决生存与发展的问题归根结底要靠经济发展,只有坚持以经济建设为中心,大力发展生产力,创造出更多的物质财富,才能给民生经济发展提供更坚实的物质基础。

(本文作者:黄巍,辽宁社会科学院东北亚研究所副研究员)

"单位制"视角下西南三线建设时期内迁职工的音乐生活

——以贵州六盘水为个案[*]

苏世奇

"单位制"是"理解新中国成立后第一个30年中国城市社会的基本切入点"[①]。三线企业"大分散、小集中"的建设原则、"村落式"的单位布局以及特有的内部组织管理使其成为一个较具特色的"单位制"社会存在。近年来,各方学者先后借助"单位制"理论对三线企业职工的婚姻生活[②]、语言生活[③]、民生活动[④]、身份认同[⑤]、文化变迁[⑥]等方面进行了多学科研究,丰富了三线建设研究的维度与内涵,但作为三线建设职工"社会生活向度"重要组成部分的职工音乐生活,则较少有人关注。职工音乐生活包括集体音乐生活与个人音乐生活两种类型,集体音乐生活是指由单位统一组织的含有明确国家、集体意识的音乐生活,而个人音乐生活则指以个人自发、自娱自乐为主的音乐生活。职工

---

[*] 本文系贵州省哲学社会科学规划文化单列课题"贵州'三线建设'口述史料搜集整理与研究"(19GZWH03),教育部人文社科重点研究基地遵义师范学院中国共产党革命精神与文化资源研究中心"2020年基地项目"(20KRIZYYB05),"贵州三线建设文艺研究创新团队"(LPSSYKJTD201910)阶段成果。

[①] 柴彦威等:《中国城市单位制研究的一个新框架》,《人文地理》2013年第4期。
[②] 徐有威:《危机与应对:上海小三线青年职工的婚姻生活——以八五钢厂为中心的考察》,《军事历史研究》2014年第4期。
[③] 蓝卡佳、敖钰:《三线建设言语社区语言生活》,《小说评论》2013年第A1期。
[④] 张秀莉:《皖南上海小三线职工的民生问题研究》,《安徽史学》2014年第6期。
[⑤] 林楠、张勇:《三线建设移民二代地域身份认同研究——以重庆K厂为例》,《地方文化研究》2018年第2期。
[⑥] 何瑛、邓晓:《重庆三峡库区"三线建设"时期的移民及文化研究》,《三峡大学学报(人文社会科学版)》2012年第3期。

集体音乐生活对强化职工价值认同和集体归属具有润物无声的作用①,对其进行研究不仅能够展现三线建设时期鲜活的生命存在,更能洞悉音乐在历史构成与社会维系中的作用与意义,从而以一种多维的视角唤起集体的社会记忆。因此,本文立足三线企业"单位制"的共性存在,以因三线建设而生的贵州六盘水内迁职工的集体音乐生活为考察个案,从基本类型、主要内容和运行机制三个方面钩沉这段即将消失的音乐史实,探寻西南三线建设内迁职工集体音乐生活的逻辑序列。

一、管中窥豹：研究的视角、个案与维度

三线企业作为一种"嵌入式"组织,具有极为典型的"单位制"属性②,由此形成了单位人生活方式的一致性③。因此,选取合适的视角、典型的个案与恰当的维度,可使管中窥豹式的探究成为可能。

（一）研究的视角

"单位制"是指"以单位组织为基础的某种社会体制、制度结构"④,是我国计划经济时期为应对复杂局势、摆脱落后状态、快速建立自己的工业化体系所采用的一种社会组织方式,具有高度行政化和严密控制性的特点,对单位职工的生产、生活、心理适应等方面产生了重要的影响。"单位制"的高效动员机制使得国家、企业和单位的各项指令能够迅速地传达到最基层的民众,起到全国人民步调一致的作用⑤。

运用"单位制"理论对三线建设职工生活进行研究的成果主要集中在理论阐释和个案剖析两个方面：理论阐释方面,张勇认为"单位制"理论可以帮助

---

① 陈鹏、肖赛玥：《"单位意识"形塑研究——以"单位文艺"的促进作用为视角》,《哈尔滨工业大学学报（社会科学版）》2019 年第 5 期。
② 张勇：《社会史视野中的三线建设研究》,《甘肃社会科学》2014 年第 6 期。
③ 揭爱花：《单位：一种特殊的社会生活空间》,《浙江大学学报（人文社会科学版）》2000 年第 5 期。
④ 李路路：《论"单位"研究》,《社会学研究》2002 年第 5 期。
⑤ 路风：《单位：一种特殊的社会组织形式》,《中国社会科学》1989 年第 1 期；揭爱花：《单位：一种特殊的社会生活空间》,《浙江大学学报（人文社会科学版）》2000 年第 5 期。

我们更好地认识三线单位的内部生活与外部互动，同时三线企业的个案研究还可以丰富、发展"单位制"理论①。个案分析方面，徐有威等借助"单位制"理论，系统地研究了小三线地区八五钢厂职工婚姻危机的产生、解决的过程及其由此产生的结果，是该领域较具代表性的论述②。同时也有学者立足"单位制"的"正向意识"，从"单位文艺"的视角论述了"单位文艺"对单位职工的精神满足与情感动员的运行机制③、"单位文艺"对"单位意识"形塑的基本逻辑等④。

通过回溯我们不难发现：运用"单位制"理论对三线建设时期内迁职工社会生活进行研究具有较强的方法论意义。

（二）个案的选择

首先，贵州六盘水因三线建设而生，三线建设时期的煤炭、电力、钢铁、建材、化工等多个行业均在此布点，内迁职工10万余人⑤，为丰富职工的精神生活，各单位开展了多样化的音乐活动。据三线建设亲历者、原水矿教育集团总经理唐怀永曾回忆："当年，数十万建设大军云集，漫山遍野的油毡棚户、干打垒，先生产、后生活，文革中简易投产。物质生活的匮乏和文化生活的缺失并存，八亿人民八个样板戏，广大职工在苦、累、脏、险的劳动之余，迫切需要汲取精神营养，需要抒发战天斗地的豪情……一支支文艺宣传队应运而生，活跃在工厂、矿山、乡场、工地。"⑥另据《六盘水市志 大事记 1276—1991》记载："1968年9月1日，六盘水地革委也下发了《关于组织和训练工人毛泽东思想宣传队的初步意见》，要求全区要组织1 000人左右的宣传队进行文艺宣传。"⑦单位的自发与组织的要求使得六盘水内迁职工的音乐生活蓬勃开展。

其次，笔者长期生活于此，先后对六盘水市、区、县及三线企业等单位、部

---

① 张勇：《社会史视野中的三线建设研究》，《甘肃社会科学》2014年第6期。
② 徐有威：《危机与应对：上海小三线青年职工的婚姻生活——以八五钢厂为中心的考察》，《军事历史研究》2014年第4期。
③ 吴海琳、王晓欢：《"单位文艺"与国企动员——计划经济时期Y厂的个案分析》，《社会科学战线》2017年第8期。
④ 陈鹏、肖赛玥：《"单位意识"形塑研究——以"单位文艺"的促进作用为视角》，《哈尔滨工业大学学报（社会科学版）》2019年第5期。
⑤ 贵州省六盘水市地方志编撰委员会：《六盘水三线建设志》，当代中国出版社2013年版，第4页。
⑥ 苏世奇：《六盘水三线建设音乐口述史》，华中师范大学出版社2019年版，第3页。
⑦ 六盘水市地方志编撰委员会：《六盘水市志 大事记 1276—1991》，贵州人民出版社1992年版，第125页。

门关于三线建设的档案资料进行了查阅,搜集了大量珍贵的档案资料,并对41名不同行业的三线建设亲历者进行了深度访谈,为研究的开展提供了较为翔实的资料。

(三)维度的确立

"单位制"的存在,"靠山、分散、隐蔽"的选址原则,使三线企业不但需要组织生产建设,更需要负责职工生活的运行,从而形成了"大而全、小而全"的组织结构。为实现高效的政治动员,保障国家意志和单位意识的有效落实,内迁企业充分发挥"单位制"的优势,以集体音乐生活构建为主,在音乐生活的类型、内容、组织运行的保障机制等方面呈现出大量的共性存在,保障了职工集体音乐生活的顺利开展。因此,基本类型、主要内容与运行机制也就成为本文考察内迁职工音乐生活的主要维度。

二、"小单位"与"大世界":内迁职工的社会生活

社会生活是音乐生活的母体,音乐生活是社会生活的反映。因此,在探讨内迁职工音乐生活之前有必要对职工的社会生活进行相关的论述。

"单位制"作为计划经济时代的一种特殊组织形式,具有政治动员、经济发展与社会控制三位一体的功能①,在"单位制"统领下的三线企业同样如此。在政治动员方面,各单位均设有党群组织,如工会、宣传部门等,负责对单位的职工群众进行宣传、动员工作,利用丰富的党群宣传活动,将国家的方针政策、单位的价值取向快速地传递给每一位职工,进而实现强化单位政治凝聚的功能。笔者在采访原水城矿务局宣传队员方惠群时她曾谈道:"那个时候经常是半夜就被叫醒,说是上级又有新要求了,让我们以文艺的形式传达,然后我们就赶紧编排节目,以群众喜闻乐见的形式进行宣传。"②在经济发展方面,国家对各类资源进行绝对控制,上级单位对下级单位具有绝对的领导权,对稀缺资源、生产资料和生活资料等各方面进行逐级分配,保证了集中力量办大事的制度优势。原西南煤矿后勤部二分厂汽车大队队长张金合在回忆录中曾写道:"国

---

① 何海兵:《我国城市基层社会管理体制的变迁:从单位制、街居制到社区制》,《管理世界》2003年第6期。
② 采访方惠群(原水城矿务局宣传队员),电话访谈,2018年3月。

家用火车调来的一切物资,首先要运到二分厂仓库,然后再由二分厂的汽车运输到三个矿务局和所有矿上。那个时期后勤部二分厂汽车大队,共计有大小汽车600多辆,二分厂汽车大队的运输任务一年到头都特别重,压力也非常大。每时每刻都在向三个矿区运输各种各样的物资和设备。当时的后勤部二分厂汽车大队就像一个物资转运站一样。"①

单位在负责政治动员、经济发展的同时对职工的社会生活也全面负责。"靠山、分散、隐蔽"的选址原则和三线建设的保密性使三线企业呈现出文化孤岛的现象②,封闭性是其显著特征。为了生存需要,个人对单位的依附也就显得更为强烈。因三线建设而生的六盘水市又被称为"火车拉来的城市",正是对这种生活的集中反映。大批的生活物资通过火车、汽车源源不断的拉进大山深处,再分配至各个厂矿,对内迁职工的生活产生了重要的影响。正如笔者在采访三线建设亲历者方福寿时他所描述的那样:"大家的衣食住行都是依赖于单位的供给,所以就出现了几乎家家每顿饭菜基本都一样的情况。"③单位为了满足职工的生产生活所需,几乎都修建有医院、学校、文化娱乐场所等,职工在单位内部就可满足生活的各种所需。高度的行政化和组织化使企业几乎承担了职工从摇篮到坟墓的所有大小事宜,职工也对单位形成了强烈的依附感,"小单位"内"大世界"的社会生活方式由此形成。

三、类型、内容、运行机制:六盘水三线建设单位内迁职工的音乐生活

作为"单位制"背景下内迁职工社会生活重要组成部分的音乐生活,是"单位文艺"传达政治动向、强化集体意识与主人翁精神的重要途径,单位在其中起到了统一组织和领导的作用。单位充分发挥其政治动员和社会控制的功能,借助音乐的特点从音乐生活的类型、内容和运行机制等多方面构建了三线建设内迁职工的音乐生活。在满足人们精神需求的同时更多的起到传达政治动向、强化集体凝聚力的作用,为三线建设的顺利进行(生产建设、经济发展)

---

① 张金合:《投身三线建设》(连载二),三线故事会微信平台,2019年10月1日。
② 丁艳、王辉:《移民外来文化的土著化过程——以西南三线厂的"厂文化"为例》,《人文地理》2003年第6期。
③ 采访方福寿(原贵州省地质勘探一队队员),方福寿家中,2017年10月16日。

提供了精神上的动力与支持。

(一)内迁职工音乐生活的功能类型

内迁职工音乐生活所形成的基本类型是建立在"单位制"功能基础之上的。单位为充分发挥其政治动员、经济发展和社会控制的功能,形成了一套与之相匹配的文艺生活机制,保障单位功能的实现。文艺人类学学者陈鹏等曾依据"单位文艺"的组织形式和组织目标将其划分为"常规型""专题型"与"临时型"三种类型①,虽划分了"单位文艺"的基本层次,但是对文艺活动的功能关注不够,本文主要立足"单位制"视角更多地考察单位开展音乐生活的主要功能,因此,将内迁职工的音乐生活分为以下三种类型:

1."政治动员型"的音乐生活

"政治动员型"的音乐生活是指在特殊的时间节点,借助于政治节日或重大的历史事件所开展的具有明确主题和动员意义的仪式性音乐生活。"政治动员型"的音乐生活作为一种集体的仪式,在识别群体成员、保证群体成员对群体的承诺、产生集体凝聚力和亲社会行为的过程中起到重要作用②。

笔者在采访杨文铁时他曾谈道:"每年的'五一''八一''十一'等重要节日,是我们基建部队文艺宣传队最繁忙的日子,我们会把一年中国家的政策方针、身边的好人好事、典型事迹以'兵演兵''兵唱兵'的形式集中展现,起到了宣传、鼓舞、凝聚的重要作用。"③除此之外,在纪念性的场合大都伴随大量的音乐活动。如1970年为保障渡口出铁,盘县火铺矿开展"夺煤保钢大会战",作为亲历者的鲁汉生在《三线岁月唱红歌》一文中曾写道:"(文艺宣传队)创作了一些贴近战士生活的文艺作品,并在各种场合演出,受到了官兵们的热烈欢迎。"④还有如庆祝矿山投产(图1)、圆满完成预期目标等场合、节点也会开展相关的音乐活动。

"政治动员型"的音乐生活借助于特殊的时间节点与文化场域以仪式形式

---

① 陈鹏、肖赛玥:《"单位意识"形塑研究——以"单位文艺"的促进作用为视角》,《哈尔滨工业大学学报(社会科学版)》2019年第5期。
② 邹小燕、尹可丽、陆林:《集体仪式促进凝聚力:基于动作、情绪与记忆》,《心理科学进展》2018年第5期。
③ 采访杨文铁(原第41支队文艺宣传队队长),电话访谈,2018年1月20日,此后长期保持联系。
④ 鲁汉生:《三线岁月唱红歌》,余朝林主编《乌蒙山下军旗红》,南方出版社2017年版,第81页。

图 1　庆祝矿山投产

出现,并作为一种"象征符号和社会价值的话语系统"①规约着集体的思想与行动,是三线建设时期单位音乐生活的重要组成部分。

2."精神满足型"的音乐生活

"三块石头架口锅,帐篷搭在山窝窝"是三线建设时期内迁职工社会生活的生动写照。在这种艰苦的生活环境下除了物质生活的匮乏,带来更多的还是人们精神生活的极度贫乏。精神生活作为人类内心世界构建的生命框架,直接或间接地影响到人的外在行为。因此,为不断丰富建设者内心的精神世界,满足广大内迁职工的精神需求,单位组织了形式多样的以满足职工精神需求为主要目的音乐生活,我们称之为"精神满足型"的音乐生活。

一是文艺轻骑兵式的即时演出活动。在建设、生产场合,为缓解疲劳、鼓舞干劲,一支支乌兰牧骑式的文艺小分队以三五人为一组,表演歌舞节目,为建设工地带来了欢乐,加强了彼此的沟通,提高了生产效率。三线建设亲历者张国华曾谈道:"在建设初期我们文艺宣传队以轻骑兵的形式分布在各个建设场地,表演各种节目,就像以前的劳动号子那样。后来煤矿投产了我们就组织

---

① 彭兆荣:《人类学仪式研究述评》,《民族研究》2002 年第 2 期。

了班前会、班后会，在职工上下班的时候为他们表演节目，鼓舞干劲。”①

二是内部汇演式的演出活动。除了建设工地上的即兴演出，单位还会组织专门的内部文艺汇演，丰富职工的精神生活。内部汇演主要是指由单位内部组织各下属单位集中演出的形式。如 1986 年 12 月水城矿务局编写的《水城矿区工会简史》(手稿)中曾清晰地记录了 1975～1985 年水城矿区每年所举办的文艺汇演，涵盖了参演单位、人数、天数、节目数量等相关信息，成为这一时期水城矿务局职工音乐生活的重要物证(图 2)。

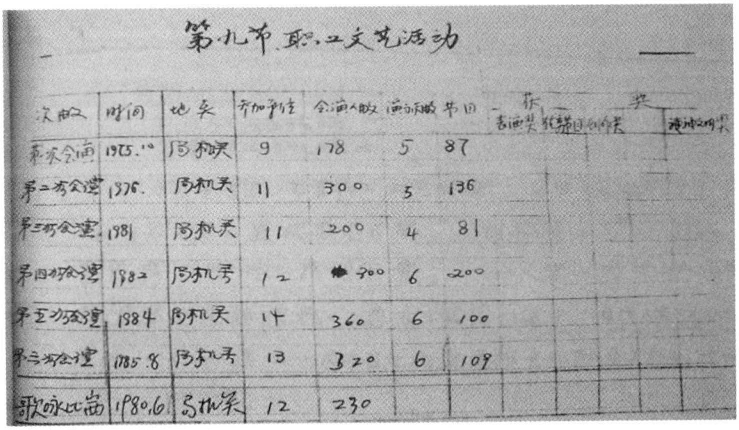
第九节 职工文艺活动

次数	时间	地点	参加单位	会演人数	演出天数	节目	获奖：表演奖	优秀节目创作奖	精神文明奖
第一次会演	1975.10	局机关	9	178	5	87			
第二次会演	1976.	局机关	11	300	5	136			
第三次会演	1981	局机关	11	200	4	81			
第四次会演	1982	局机关	12	300	6	200			
第五次会演	1984	局机关	14	360	6	100			
第六次会演	1985.8	局机关	13	320	6	109			
歌咏比赛	1980.6	局机关	12	230					

图 2　《水城矿区工会简史》(手稿)中的文艺汇演记录

从图 2 的记录中我们可以看出，汇演时间跨度长达十年之久，每次的演出时间大都在一周左右，参加汇演单位最多达 14 个，汇演人数最多时有 360 余人，节目也多达 200 余个。如此大规模的演出活动在精神生活相对单一的时代下有机开展，无疑构成了三线建设时期内迁职工重要的精神生活内容。

三是外部送演活动。外部送演主要是指国家专业文艺院团受国家机关、部门委托为三线建设者送来文艺演出，丰富职工精神生活的类型。《六盘水市志 工会志》记载：“1964 年全国煤矿文工团、电影演员剧团，贵州省歌舞团、话剧团，贵阳市曲艺团、杂技团等专业团体先后到六盘水矿区慰问演出。1978 年，中国儿童艺术剧院剧组来六盘水演出《马兰花》，在水城矿务局演出 22 场。1980～1982 年，贵州省京剧团、云南省京剧团在关肃霜带领下先后到盘江矿务局演出。1985 年，煤炭部文工团、全国总工会文工团、贵州省歌舞团、贵州省花

① 采访张国华(原水城矿区宣传队队员)，微信访谈，2018 年 3 月。

灯剧团、昆明市歌舞团、广西桂林歌舞团等文艺团体到六盘水厂矿演出……"①由此可见，外部专业院团的送演活动作为国家的关怀以较高的演出水平极大地满足了人们的审美需求，成为了三线建设时期内迁职工音乐生活的有益补充。

文艺轻骑兵式的即时演出、单位组织的定期汇演与专业院团的送演活动作为三种不同类型的演出形式为内迁职工精神世界的满足提供了强有力的保障。

3."交流慰问型"的音乐生活

在兄弟单位的相互交流、慰问中，演出活动常会伴随左右，成为沟通情感、学习提高，展现单位职工风采、精神面貌与建设成就的重要途径，这类音乐生活我们称之为"交流慰问型"的音乐生活。

单位之间的交流慰问小到企业内部各部门之间，大到不同的企业、行业之间均有存在。据卢相福回忆："1966年六枝特区政企合一，成立了矿区的第一支宣传队。我们组织了一台节目对辖区各厂矿、群众以及盘县刚刚成立的第41支队进行了慰问。这支宣传队深入矿区、农村和部队共演出47场，观众超过10万人。"②另据《水矿志》记载："1975年1月22日，大河边矿、小河矿、老鹰山矿相继因车皮不足造成停产，矿务局向省革委报告请求解决铁路运输问题。"③这一问题的出现极大地限制了煤矿的开采，矿务局领导一方面通过行政手段向上级请求援助，另一方面也主动出击，再次组建宣传队充分发挥文艺外交的手段与兄弟单位进行有效沟通，寻求解决问题的办法。"1975年2月，水城矿务局派出文艺宣传队赴云、贵、川有关钢铁、铁道、林区慰问，争取缓解坑木、钢材、运输紧张问题。"④在对41支队文艺宣传队早期队员许传播的采访中，也曾出现这种情况："我们支队早期的官兵大都来自铁道兵一师和七师，1966年11月我们成立了第一支文艺宣传队，第一个任务就是去慰问老单位、老领导。"⑤"交流慰问型"的音乐生活因其便捷性和生活化的特点而大量存在，

---

① 赵桂兰：《六盘水志 工会志》，贵州人民出版社2008年版，第3页。
② 采访卢相福（原六枝矿务局宣传部部长），六枝文化馆办公室，2017年11月2日。
③ 许济桓、贵州水城矿业（集团）有限责任公司矿志编委会：《水矿志》，贵州人民出版社2005年版，第39页。
④ 许济桓、贵州水城矿业（集团）有限责任公司矿志编委会：《水矿志》，贵州人民出版社2005年版，第39页。
⑤ 采访许传播（原41支队文艺宣传队队员），许传播家中，2017年12月5日。

在加强不同单位、部门的交流、融合等方面具有积极意义。

"政治动员型""精神满足型"和"交流慰问型"的音乐生活作为内迁职工音乐生活的不同功能类型既自成一体又相互联系,在各单位中不同程度地存在,是内迁职工音乐生活的重要类型。

(二) 内迁职工音乐生活的内容样式

音乐作为单位进行政治动员、社会控制的主要途径之一,在不同类型的音乐生活中选取何种内容的音乐进行传播是音乐生活构建的核心。通过对三线建设时期六盘水内迁职工音乐生活主要内容的分析,我们发现三线建设时期国内的主流音乐中,反映三线企业生产、生活的单位音乐和三线企业迁出地、迁入地的民间音乐是其主要内容。

1. 国内主流意识形态音乐:革命歌曲、"革命样板戏"

一是革命歌曲。从宏观方面来看,三线建设时期也是国内革命歌曲蓬勃发展的时期,在全国上下群众歌咏运动当中涌现出了一大批家喻户晓的革命歌曲。如《我们走在大路上》(李劫夫词曲)、《毛主席的战士最听党的话》(李之金词曲)、《社会主义好》(希扬词,李焕之曲)、《学习雷锋好榜样》(洪源词,生茂曲)等。从1972年开始陆续出版的《战地新歌》共计五集,先后收录了"文革"期间较具影响的歌曲,如《我爱五指山,我爱万泉河》(郑南词,刘长安曲)、《北京颂歌》(洪源词,田光、傅晶曲)、《红星照我去战斗》(王汝俊等词,傅庚辰曲)等。革命歌曲作为国内的主流音乐深刻地影响了内迁职工的音乐生活。在笔者对三线建设亲历者陈冬梅等人的访谈中,问及他们最喜欢的一首歌是什么的时候,他们会毫不犹豫地回答是《毛主席的战士最听党的话》,从中不难看出主流音乐对他们的影响之深。

二是"革命样板戏"。"文化大革命"期间,"革命样板戏"借助政治力量在全国范围内广泛传播,并赢得了"当时迫切需要文艺享受的群众的欢迎"[①],对内迁职工的音乐生活产生了较大的影响。笔者在对成立于贵州盘县的中国煤炭行业第一支基建工程兵部队——中国人民解放军基建工程兵第41支队的访谈中,发现多名亲历者都曾清晰地记得:"我们部队宣传队常年保留的一套节目就是样板戏,特别是《智取威虎山》的选段《深山问苦》、《沙家浜》的选段

---

① 汪毓和:《50年中国音乐回顾之三"文革"时期的音乐和"文革"后的拨乱反正》,《中国音乐》2000年第3期。

《军民鱼水情》《泰山顶上一棵松》《奔袭》等的表演,有打有唱,演出效果很不错。"①在对水城矿务局的音乐生活调研中,人们对"革命样板戏"的记忆同样深刻:"1974年贵州省文艺汇演我们带去的节目是由吴剑宇编创的交响合唱《杜鹃山》,这场节目在省里面引起强烈反响,此后很多兄弟单位还专程来学习。"②"这次改编最早是受到交响音乐《红灯记》的影响,我把《杜鹃山》中的《家住安源》和《乱云飞》两个唱段改编成合唱,又加了引子和尾声,那个时候人们可能感觉比较新颖吧,于是反响比较强烈,很多单位还专门来观摩、学习。"③原六枝矿务局宣传部部长、文联主席、三线建设亲历者卢相福先生在《六枝文艺史话》一书中也曾写道:"1970年,六枝像全国一样掀起一股'样板戏热',矿区组织了四个由煤矿职工组成的样板剧团,先后演出了《红灯记》《沙家浜》《杜鹃山》《白毛女》和《智取威虎山》片段。"④

由此可见,在特殊的时代背景下,借助于政治的力量和音乐自身的艺术美感,革命歌曲和"革命样板戏"构成了内迁职工音乐生活的重要内容。

2. 单位意识形态音乐:颂歌、劳动歌曲

如果说革命歌曲和"革命样板戏"属于国内主流音乐在内迁职工音乐生活中存在的话,那么对于单位优秀人物的歌颂,生产、生活场景的描摹所产生的颂歌和劳动歌曲则属于内迁职工音乐生活中单位意识形态的音乐。为丰富矿区职工的精神生活、凝聚人心、鼓舞干劲、展现矿区的精神面貌,三线建设时期内迁职工以自己身边的优秀人物、典型事件和生产建设为题材,创作了大量音乐作品。

一是颂歌。对优秀人物的颂扬既包含对产生重大影响人物的颂扬也包含对身边普通人物的塑造。如1971年3月26日,中国人民解放军基建工程兵第四十一支队战士许际直在矿井下作业时突遇塌方,他用身体保护了队友的安全,自己则壮烈牺牲。此后,贵州省军区发出了全省部队战士向许际直同志学习的号召,一时间音乐作品层出不穷并借助政治的力量广泛传播。原六盘

---

① 采访杨文铁(原第41支队文艺宣传队长),电话访谈,2018年1月20日,此后长期保持联系;采访屈有新(原第41支队文艺宣传班长),电话访谈,2018年3月21日。
② 采访张如玉(原水城矿务局文艺宣传队长)李凤祥(水城矿务局文艺宣传队演奏员),张如玉公司,2018年1月29日。
③ 采访吴剑宇(原水城矿务局文艺宣传队乐队指挥)电话访谈,2018年1—2月,此后长期保持联系。
④ 卢相福:《六枝文艺史话》,中国文联出版社2013年版,第175页。

水市地方志办公室主任斯信强曾记得："那年我们根据许际直的事迹创作了小歌剧《生为人民谱新曲死为人民写壮歌》，在全区巡回演出，产生了很好的效果。"①与许际直同属一个支队的音乐创作员杨文铁更是记忆犹新："那年我专程去许际直所在的二大队十七中队以及他的家乡四川巴中蹲点采访，对他的生平进行详细的了解，后来谱写了一系列音乐作品在单位传唱。"②1972年六枝特区文化馆《文艺宣传资料》创刊，第二期作为专刊刊发《江茂明专辑》，以锣鼓快板、小演唱、小歌剧的形式歌颂了三次冲入井下救被困兄弟、最后壮烈牺牲的烈士江茂明的事迹，特区军代表张森林称《江茂明专辑》是一曲英雄的赞歌，在矿区广泛流传③。此外，对身边普通人物的塑造在群众中也产生了积极的影响。1973年，六枝文化馆创刊出版了第一期铅印综合性文艺刊物《业余创作》，此后先后发表了《歌唱贫农王大妈》《驾驶员之歌》《歌唱杨汝明》《养猪模范刘德明》等音乐作品④，以生动朴实的笔触竖起了群众身边的一个个坐标。

二是劳动歌曲。源于生活是艺术创作的主要途径，内迁职工的主要任务就是生产建设，因此，此类作品在三线建设过程中大量存在，也深刻地影响了职工的音乐生活。这类音乐作品可分为两类：第一类是对建设场景的"白描"。如反映基建施工单位施工场景的《战火海》《工地施工战》《快乐的斗车手》（表演唱，基建工程兵第41支队），反映早期矿井生活的《赶着马车下矿来》《工地铁工组》等作品；第二类是对生产建设场景的"写意"。如《煤海深处炼红心》（表演唱，水城矿务局）、《地宗矿山换新貌》（六枝地宗矿文艺宣传队）、《英雄奋战大煤山》（63处文艺宣传队）、《高原英雄赞》（基建工程兵第41支队）等，从对生产建设的"白描"与"写意"两个方面再现了建设者不畏艰辛、斗志昂扬的革命豪情。

3. 民间音乐：迁出地与迁入地音乐的交汇

民间音乐作为地域文化的标识，凝聚了人们大量的文化记忆和情感寄托。三线企业职工大都由不同地域迁入，随之而来的就是和他们附着一体的迁出地音乐文化。卢相福在《六枝文艺史话》中曾谈道："由于煤矿职工来自四面八方，那时各种民族民间艺术形式争芳斗艳，贵州芦笙、陕北秧歌、云南花灯、东

---

① 采访斯信强，斯信强家中，2017年10月12日。
② 采访杨文铁（原第41支队文艺宣传队队长），电话访谈，2018年1月20日，此后长期保持联系。
③ 卢相福：《六枝文艺史话》，中国文联出版社2013年版，第45页。
④ 采访卢相福（原六枝矿务局宣传部部长），六枝文化馆办公室，2017年11月2日。

北高跷、四川花棍、河南唢呐、山东跑驴、中原旱船、江淮彩车……像烂漫的山花开满整个矿区,给人以美的享受。"①除此之外,西南地区丰富的少数民族音乐文化资源更是矿区创作、表演人员学习的一笔财富。据杨文铁和曲有新回忆:"1973年我们部队慰问铁道兵一师和七师带了两套节目:一套是样板戏,一套是民族歌舞。民族歌舞我们主要是向云南国防歌舞团、花灯剧团以及当地老乡学习的,由于这些演出内容很新颖,去巡回演出受到了极大的欢迎。"②

来自各迁出地的民间音乐在满足内迁职工多元化审美需求的同时更以情感寄托的方式缓解了对家乡的思念,对迁入地民间音乐的学习也进一步推动了地域间文化的交流与传播。

(三)内迁职工音乐生活的运行机制

单位集体音乐生活的有机开展依赖于演职人员的选拔、配备,观众群体的组织,演出设备的购置、管理与演出场地的建设等。单位充分发挥其制度优势,在"先生产、后生活"的政策指引下,伴随生产效能的提升、生活条件的改善,不断提高职工音乐生活的质量,优化音乐生活的运行机制。

1. 演职人员的选拔

演职人员的选拔是音乐活动得以开展的基础,三线建设单位演职人员的选拔大都经历了从业余到专业的渐变过程。

三线建设初期,为丰富职工的音乐生活,各生产建设单位逐级选拔具有音乐才能的职工组建文艺宣传队,负责矿区的文艺宣传。三线建设亲历者卢相福曾回忆:"1965年9月六枝特区指挥部举办了首届职工文艺汇演,展出了12个单位的80余个节目,涌现出了一批优秀的演员。经过一年左右的酝酿,1966年秋以这次汇演中的优秀演员为主力组建了六枝特区第一支文艺宣传队,并在西南矿区指挥部招待所后面专门划拨四间油毛毡房子作为排练室和宿舍,队员们夜以继日集中排练,先后深入厂矿、农村、部队,为工农兵演出47场,观众近10万人次。"③这些演员放下乐器就是工人,拿起乐器就是演员,平

---

① 卢相福:《六枝文艺史话》,中国文联出版社2013年版,第28页。
② 采访曲有新(原第41支队文艺宣传队班长)、杨文铁(原第41支队文艺宣传队队长),2018年1—3月。
③ 采访卢相福(原六枝矿务局宣传部部长),六枝文化馆办公室,2017年11月2日。

时负责生产建设,演出前就临时抽调,专门从事排练、演出工作,这种选拔方式在三线建设初期的各厂矿普遍存在。

三线建设的中后期,随着内迁企业建成投产,经济效益不断好转,单位为进一步提高演出水平,在原有宣传队员的基础之上先后组建专职的文艺团体,不断满足单位宣传的需要和职工的审美需求。水城矿区委员会文件《关于成立局职工业余文艺宣传队的通知》(1981 水煤工字第〔009〕号文件)清晰地记载了水城矿务局职工业余文艺宣传队的组建情况:1981 年 3 月成立水城矿务局职工业余文艺宣传队,分演员组、乐队组、美工组。在对基建工程兵第 41 支队的调研中同样出现这种情况:1969 年 5 月,第 41 支队专门从贵州省艺校招来一批文艺兵,加上以前的宣传队员成立专门的战士演出队负责全师的文艺宣传工作[1]。

演职人员选拔方式的变化进一步体现了单位对音乐生活的社会控制功能。

2. 观众群体的组织

观众群体的获得感是音乐生活开展效度的重要衡量指标,以何种方式来组织观众,组织哪些观众进行观看,无不体现"单位制"的功能。

三线建设初期文化生活的极度贫乏使得观看文艺演出成为内迁职工重要的精神慰藉。由于演出场所大都在露天开阔的空地进行,没有相对封闭的区域,所以每逢有演出活动,单位就会在大喇叭中反复广播,在显眼的位置张贴海报,人们奔走相告,像赶大集一样早早地搬着凳子到指定地点占好位置,期盼着节目早点上演。三线建设者二代陈桂湘曾说:"我之所以能走上音乐演奏之路和小时候在矿区看文艺队的演出有关,那个时候露天演出,谁都可以看,大家特别期盼,我挤在最前面早早地占好位置,看乐队的演奏看得如痴如醉。"[2]

此后随着俱乐部的修建,各种演出一般都会在俱乐部进行,工会会按照各单位的人数印制一定的票据作为一种福利发放给各级单位职工,而一些高水平的演出,如国家级专业院团的慰问、名家的到来等往往会优先发票给各单位

---

[1] 苏世奇:《六盘水三线建设音乐口述史》,华中师范大学出版社 2019 年版,第 60—61 页。

[2] 采访陈桂湘(三线二代,原六盘水师范学院音乐学院教师),六盘水师范学院,2017 年 12 月 20 日。

优秀的干部职工。三线建设亲历者唐怀永曾说:"一般的演出,工会会发票给各部门,谁有时间或者爱好就去取票,甚至没票的也可以进去,只是可能没座位,挤得到处都是人,但是一些重要的高水平演出,单位不允许没票的进入,那就要指定发票了,一般都是给各单位表现比较好的人。"①

无论是早期的大喇叭宣传、海报通知,还是后期的票据发放,作为职工音乐生活顺利进行的一种保障机制,职工的一种生活福利,都具有明显的单位意识。

3. 演出物资的购置

演出物资是音乐生活得以开展的重要保障,主要包括乐器、灯光设备、音响设备、服装、道具等方面。

三线建设时期的乐器来源主要分为个人自制、购买和单位集中购置等方式。三线建设初期,演员的乐器极为简易、缺乏,且大多是由于个人对音乐的爱好,作为随身物品从迁出地携带而来,或发挥自己的聪明才智和特长自己制作,如笛子、二胡等乐器。随着宣传工作的大量开展,这些简易的乐器、简陋的演出设备难以满足单位开展文艺活动的需要,于是由单位集中购置的演出设备作为国有资产就大量出现。李凤祥作为乐队的黑管演奏员回忆起乐器购置这件事记忆尤深:"我以前是吹笛子的,从小就喜欢,后来到了宣传队,说要组建管弦乐队,单位说我有笛子演奏基础,让我吹黑管,于是就改吹黑管了。但是没有乐器,不单我没有乐器,西洋乐器大家基本上都没有,于是单位就去上海专门采购了一批乐器还有些音响,我就是那个时候开始学习西洋乐器的。"②第41支队宣传队队长杨文铁在回忆起单位乐器采购这件事情上则说是"被逼无奈":"1970年火铺会战,我们精心准备了一系列节目。演出一开始,天上就下起了大雨,而我们当时主要是民族乐器,如二胡、笛子之类的,遇到潮湿一时间就变成了哑巴,唯有我的手风琴还勉强能拉,这次演出由于天气原因显得非常狼狈。可是塞翁失马焉知非福,也正是因为这次演出促使部队首长思考下一步如何改善宣传队乐器的问题。此后,我们陆续购买了一大批铜管乐器,引

---

① 采访唐怀永(原水城矿务局文艺宣传队创作人员),唐怀永家中,2017年11月15日。

② 采访李凤祥(原水城矿务局文艺宣传队黑管演奏员),水城矿业集团工会办公室,2018年1月29日。

进了一些演奏员,到 1975 年左右基本完成了单管编制的创建。"①

集体演出所需的灯光、音响设备在建设初期几乎没有,为了演出需要出现了许多自制的设备。作为水城矿务局宣传队灯光音响师的陈明才对灯光、音响设备的置办过程颇有感慨:"宣传队初期,音响、灯光设备主要是我们自己制作,音响就是大喇叭套在大铁皮桶里面,灯光靠我们自己做的罩子灯,防风、照明都不错。随着矿务局投产,效益越来越好,局党委特别重视文艺宣传,特别是 1973 年为迎接贵州省文艺汇演,局党委派我和另外一个电工到上海购买了专业的音响、灯光设备,演出的效果就更好了。"②

张如玉在回忆起单位演出服装、道具的问题时还记得:"早期的服装大都是自己制作或者工作服,后期单位统一买了很多由工会保管。我记得最清楚的是 1973 年的省文艺汇演,那个时候单位统一购置了崭新的蓝色涤卡服装,我们套在军大衣里面,脱掉军大衣一上场真就像服装秀,台下欢呼声响成一片,取得了非常好的演出效果。"③

在特殊的时代背景下,大量管弦乐器、灯光设备、音响设备、服装、道具等的购置更多的是一种单位功能的彰显,特别是在物质生活相对贫乏的年代,也只有单位能够承担演出物资昂贵的经费支出,实现器物的批量采购。

4. 演出场地的建设

演出场地是提升演出品位、满足演员与观众舒适感与获得感的重要物质载体。根据各单位的职工规模、经济效益等情况,演出场地可分为早期的露天舞台、简易舞台和后期的俱乐部修建两个阶段。

《水城矿区工会简史》(手稿)曾有这样的记载:"水城矿区 1964 年开始大规模建设时,在'土法上马''先生产、后生活'的思想指导下,没有俱乐部,电影放映和文艺演出均在露天进行。1979 年至 1985 年 4 月才相继建立了局机关、老鹰山煤矿、老鹰山选煤厂、汪家寨煤矿、汪家寨选煤厂、局机电修配厂 6 个俱乐部,总面积 5 801 平方米,座位 5 273 个。"④《六枝矿志》记载:"1965 年至

---

① 苏世奇:《六盘水三线建设音乐口述史》,华中师范大学出版社 2019 年版,第 64—65 页。

② 采访陈明才(原水城矿务局文艺宣传队黑管演奏员),六盘水天鹏驾校办公室,2018 年 1 月 28 日。

③ 采访张如玉(原水城矿务局工会主席),六盘水天鹏驾校办公室,2018 年 1 月 28 日。

④ 水城矿区工会:《水城矿区工会简史》(手稿),1986 年,第 109 页。

1966年，矿区指挥部在云盘修建了简易礼堂，取名抗大展览馆，可容纳两千余人。各基层单位用临时房、干打垒、油毛毡建立了几个简易文化活动室。1970年，六枝矿区第一个职工俱乐部在六枝矿落成，面积850平方米，1228个座位。此后，地宗矿、四角田矿、木岗矿、化处矿、大用矿、凉水井矿、65处、地宗洗煤厂等单位的职工俱乐部相继建成。"①

单位修建的露天简易演出场地和俱乐部大都具有演出、会议、观影、用餐等多种使用功能，作为一种特殊的文化场域构筑了集体共享精神生活的文化空间，强化了单位职工共享集体劳动成果的成就感和获得感。

四、引申触类——西南三线建设时期内迁职工的音乐生活

音乐生活作为单位文艺的重要组成部分之所以能成为三线企业进行政治动员和社会控制的重要手段，主要在于三线企业共有的"单位制"属性、"嵌入式"的社会生活结构和音乐"感人也深、化人也速"的政治与审美功能。正如文艺人类学家所言："单位组织内部不断运用多重手段对'单位人'的观念和习性进行积极方向的形塑，其中'单位文艺'因组织策划易于把控，表现形式多样，内容易于职工群众接受而成为'单位意识'形塑的重要手段。"②六盘水内迁职工音乐生活作为西南三线建设内迁职工音乐生活的缩影，其功能类型、内容样式与运行机制在其他行业、单位中也不同程度地存在。

位于四川广安的华光仪器厂是一家三线军工单位，作为三线建设亲历者的杨晓虹在回忆录中曾有这样的描述：华光仪器厂文工队成立于1966年，因为从小喜欢唱歌，她被破格吸纳为厂文工队队员。那个年代里必须把参加文艺汇演当作一项政治任务来完成，因此1971年参加了南充地区的现代京剧样板戏文艺汇演，大获成功并在周边单位进行巡回演出。20世纪80年代初，单位召开的"73·9""74·8"等重要会议，文工队也进行了演出，她还参加了四川清音的表演唱，给前来参会的领导、专家留下了深刻的印象。20世纪80年代中期，每周二、四、六晚上在职工食堂定期举行的舞会，她和另一名男歌手担任

---

① 贵州六枝工矿集团有限责任公司矿志编委会：《六枝矿志》（内部交流），2007年，第427页。
② 陈鹏、肖赛玥：《"单位意识"形塑研究——以"单位文艺"的促进作用为视角》，《哈尔滨工业大学学报（社会科学版）》2019年第5期。

主唱,为职工提供文化服务①。同期,位于贵州凯里,隶属于国家电子工业部的083基地长征机械厂的音乐生活也开展得如火如荼。据机械厂乐队首席何宗东回忆:当时厂子里面设有合唱队、乐队、舞蹈队。乐队的指挥是上海的知青别海音,40多人在工会活动室进行排练,当时他最喜欢的音乐是《千年的铁树开了花》《金色的炉台》,还有独具黔东南特色的音乐《苗岭的早晨》。主流音乐就是"革命样板戏"。1975年6月,为迎接第四机械工业部部长王诤将军视察,他们全脱产排练,厂里还向工具车间和电镀车间下达为乐队制作谱架的生产任务。1975年9月至1976年1月在083基地各工厂巡演20多场次,每次演出完毕还要为服务人员准备一些小节目,这是驻厂军代表沿袭的部队传统②。

由此来看,六盘水内迁职工音乐生活在具备个案的特殊性之时更多地体现了西南三线建设时期内迁职工音乐生活的共性存在。

五、结语

在"单位制"背景下,贵州六盘水作为西南三线建设时期内迁企业的聚集区,从内迁职工的音乐生活功能类型来看呈现出了"政治动员型""精神满足型"和"交流慰问型"三者并存的现象,涵盖了主流音乐、单位音乐与民间音乐的不同内容,在单位强有力的保障机制下实现了演职人员的选拔、观众群体的组织、演出物资的购置与演出场地的修建,强化了职工对国家与单位的情感认同,丰富了职工的精神生活,鼓舞了士气,凝聚了人心。

单位通过政治动员和社会控制最终是要实现其经济发展(生产建设)的目标,经济的发展又进一步优化政治动员的形式和社会控制的手段,进而形成政治动员、社会控制与经济发展之间的双向互动(图3)。三线建设过程当中也同样如此:三线企业为保障建设、生产任务的圆满完成借助于音乐生活

图3 音乐生活与政治动员、社会控制、经济发展之间关系

---

① 张勇:《多维视野中的三线建设亲历者》,上海大学出版社2019年版,第216—217页。
② 政协黔东南州委员会:《三线建设在黔东南》,线装书局2017年版,第131—137页。

的构建，实现了内部成员的政治动员与社会控制，为三线建设的顺利进行提供了精神上的保障。反过来建设者精神世界产生价值认同和情感共鸣之后，又会以更大的热情投入建设的浪潮当中，助推三线建设的顺利开展。随着建设取得成效，单位又进一步丰富音乐生活的内容，完善保障机制，音乐生活的质量进而得到提升。

从社会学的视角来看，三线建设时期"单位制"背景下内迁职工的音乐生活无论以何种形式出现，总是饱含"明确的主题和目标……对职工群众具有积极向上的价值引领和思想教育的作用"[①]。在传播媒介相对单一的计划经济时代，由此所产生的强烈集体意识、协作精神以及情感认同等积极因素，在满足职工精神需求的同时借助高度行政化的单位组织，把党和政府的各项决议、企业所需传达的精神意志迅速地传递到最基层的民众，为单位职工步调的一致提供了可能，这在新时代背景下依然具有积极意义。然而，从音乐学的角度来看，我们不难发现特有的时代背景以及"单位制"固有的"国家—单位"管理模式，更多地强调国家、单位的政治动员与"模范塑造"而淡化了音乐艺术的审美功能与个人内心世界的多元化表达，从而使得音乐呈现出较为单一的模式化，其生命力的延续也就不言而喻。

（本文作者：苏世奇，六盘水师范学院音乐学院教授）

---

① 陈鹏、肖赛玥：《"单位意识"形塑研究——以"单位文艺"的促进作用为视角》，《哈尔滨工业大学学报（社会科学版）》2019年第5期。

三线建设时期职工体育活动的
开展及成效
——以攀枝花为例*

王 华

近30年来,三线建设研究已成为学界关注热点,在三线建设的战略决策、空间布局、建设成就、历史评价、调整改造、区域发展、城市变化、工业遗产、职工生活等领域取得了一系列成果①。其中,亦有少量成果对新中国成立后的30年体育发展进行了探讨,主要集中在对该时段工厂、职工体育发展概况梳理、"文革"期间城市体育发展过程及其所受影响②,但对三线企事业职工体育活动的研究付之阙如。事实上,作为三线建设职工文化生活重要组成部分的职工体育活动,本是探索国家意志与地方实践多种关系的重要一环,从国家、单位与个人在职工文化生活中的互动这一视角出发,有助于进一步拓展三线建设研究。有鉴于此,拙文以档案、文献和口述访谈等资料为基础,对三线建

---

* 本文系教育部哲学社会科学研究重大课题攻关项目"三线建设历史资料搜集整理与研究"(18JZD027),贵州省哲学社会科学规划文化单列课题"贵州三线建设口述史料搜集整理与研究"(19GZWH03),攀枝花学院社科联项目"三线建设中的国家意志与公共记忆研究"(2017SYB08)。

① 段娟:《近20年来三线建设及其相关问题研究述评》,《当代中国史研究》2012年第6期;徐有威、周升起:《近五年来三线建设研究述评》,《开放时代》2018年第2期;张勇:《回溯与前瞻:多维视角下的三线建设研究述评》,《宁夏社会科学》2020年第2期。

② 傅砚农:《"文革"中城市职工体育一度复苏兴盛的历史原因》,《体育文史》1999年第6期;徐霞、高银花:《中国职工体育的历史回顾及发展趋势研究》,《忻州师范学院学报》2009年第5期;徐振兵、张少云、石玉虎:《建国后我国职工体育的发展及未来趋向》,《上海体育学院学报》1994年第4期;曹继红、孟亚南:《新中国行业体育协会的历史变迁》,《体育学刊》2008年第5期。

设重点攀枝花①职工体育活动的开展、成效和问题进行透视,以期为全面理解三线建设时期生产建设与文化生活的关系提供一个典型案例。

一、建设环境与职工文化生活

由于建设受"靠山、分散、隐蔽"选址方针的影响,攀枝花三线企业分散建在50多公里长的金沙江河谷地带,缺乏城市依托,必然会给职工生产生活造成诸多不便。首先是物资供应紧张,无法满足基本生活需要。建设初期职工没有安身之所,只好露宿山沟,"三个石头支个锅,帐篷搭在山窝窝",没有菜吃就用盐水下饭,外地迁建职工不适应南方炎热的气候和饮食口味。生活用水甚至也无法保证,需要"从金沙江一盆盆往上端,一盆水早上洗脸,中午洗手,晚上洗脚,最后来打干打垒"②,基本生活所需的蔬菜和柴禾关系到人心的稳定,很多职工对此表现出不满情绪③。此外,医疗卫生、交通设施、地质灾害也影响着职工的生产积极性。面对艰苦的工作和生活环境,职工普遍存在"五怕"④思想。其次是由于执行"先生产,后生活"的建设方针,文化生活设施严重缺乏,连最基本的扑克牌都无法保证供应,职工只有设法"把医院作废的胶片弄出来做扑克凑合着玩,想法找点乐趣"⑤。虽然"有时候也会有文工团、歌舞团来特区和各个大型企业慰问演出……但是没得演出和电影看的时候文化生

---

① 说明:(1)攀枝花的建设发展以攀枝花钢铁厂的建设和生产作为核心,1964年开始建设,1970年攀钢形成出铁能力,1971年出钢,1974年开始出材,至此攀钢一期工程建设完成,开始形成比较完整的生产体系。本文论述的攀枝花钢铁厂除引用档案文献外,均统一为"攀钢",起迄年限以1964—1974年为主。(2)本文所论之"攀枝花",是指三线建设时期,位于四川省西南部新成立的行政区域。1965年初,因保密需要,"攀枝花特区"更名为"渡口市",1978年10月,西昌地区建制撤销,所属米易、盐边两县划归渡口市,1987年初再次改名为"攀枝花市"。为理解方便,除引用档案文献文字外,本文涉及"渡口市"称谓时,统一为"攀枝花市",1966年前"攀枝花特区"称谓不变。
② 《攀枝花工业基地情况汇报提纲》(1978年5月),攀枝花市档案馆藏,档案号:0004-001-312。
③ 牛季良、刘洋:《回忆电子工业三线建设》,《百年潮》2014年第8期。
④ "五怕":"一怕麻风、二怕狼、三怕横渡金沙江、四怕地震倒了房、五怕坏人打黑枪"。《渡口总指挥部政治部关于上半年政治工作情况和下半年政治工作安排的报告》(1965年7月23日),攀枝花市档案馆藏,档案号:IIA470:3。
⑤ 王DB(煤炭指挥部职工,东北阜新煤矿援建三线建设者)访谈记录,攀枝花西区陶家渡攀煤集团办公楼,2018年7月17日。(说明:本文保留受访者姓氏,名字以拼音首字母缩写代替;访谈地点除单位地址外,个人住址均不出现。下同)

活就枯燥得很"①,职工娱乐更多的是听高音喇叭中反复播放的革命歌曲,"能听听收音机就很不错了"②。

从"单位制"的角度来看,这些被整体迁建或部分援建而来的职工群体,在三线企业迁入地形成了相对独立的"社会"。虽然三线企业形成的"单位制"社会"具有政治、经济与社会三位一体的功能,以行政性、封闭性、单一性为特征"③,组织动员为其核心功能,但建设初期,城市建设没有基础,"单位制"社会组织形态也未能完善,三线企业既无法获取城市的文化设施,也无法融入乡村娱乐活动,基础设施建设严重缺失造成攀枝花三线建设生产的严重困扰,整个工业区体育事业"是一张白纸,一无基础,二无场地,三无器材,四缺干部"④,职工抱怨攀枝花"天是罗帐地为床,澡堂就是金沙江,哪里还有运动场"⑤。据重庆印刷厂随迁女职工陈 XS 回忆:"自己一度因为渡口生活一团糟,要住的没住的,要要的没要的,气得饭都吃不下。"⑥一些职工为了消除工余无聊时光开始赌博,虽然单位明令禁赌,但还是屡禁不止。时任市第二建筑工程公司动力站站长马 ML 回忆:"这些职工把门关到起,在屋里他悄悄地干,我们抓赌博就跟那个抓敌人抓特务一样,再怎么抓还是有。"⑦

抱怨情绪的累积成为职工离岗离职的导火索,一些单位"职工不满这里条件艰苦,遇到过春节好多人都要请探亲假……一个个的都跑光了,找个戳钢印的都没得"⑧。面对枯燥的文化生活和孤独的情感,知识分子队伍也存在类似情况,负责矿石冶炼科研试验的四一〇厂部分职工也开始抱怨:"西昌好地方,

---

① 李 ZS(煤炭指挥部职工,东北阜新煤矿援建三线建设者)访谈记录,攀枝花西区陶家渡攀煤集团办公楼,2018 年 7 月 17 日。
② 卢 M(煤炭指挥部职工,东北阜新煤矿援建三线建设者)访谈记录,攀枝花西区陶家渡攀煤集团办公楼,2018 年 7 月 17 日。
③ 何海兵:《我国城市基层社会管理体制的变迁:从单位制、街居制到社区制》,《管理世界》2003 年第 6 期。
④ 攀枝花市体育运动委员会:《攀枝花市体育志》(内部资料),1988 年。
⑤ 《我市体育工作情况汇报》(1970 年 12 月 24 日),攀枝花市档案馆藏,档案号:0084-001-001。
⑥ 颜 JR、陈 XS(攀枝花自来水公司职工,重庆援建三线建设者)访谈记录,2018 年 7 月 5 日。
⑦ 马 ML(攀枝花市第二建筑工程公司职工,成都二建公司援建三线建设者)访谈记录,攀枝花大道东段攀枝花市经贸旅游学校,2018 年 7 月 13 日。
⑧ 马 ML(攀枝花市第二建筑工程公司职工,成都二建公司援建三线建设者)访谈记录,攀枝花大道东段攀枝花市经贸旅游学校,2018 年 7 月 13 日。

四面是高山,既无电影院,又无娱乐场……狼多姑娘少,对象不好找。"有的甚至公开表示"只要调回重庆,宁愿降一级工资"①。职工中甚至出现"有的现在就要求回家探亲,有的要给中央写信,有的要跳金沙江"②的严重情况,职工队伍不稳使生产建设受到严重影响。

如前所述,三线企业作为"单位制"社会,既是"就业场所",也是一种再分配体制,还是整合社会成员的有效机制,因而拥有政治动员、经济发展、社会控制三位一体的功能③。为了稳定建设队伍,地方党政和三线企业开始把职工思想政治工作放在优先地位。1965年4月13日,攀枝花特区党委召开第一次大会,针对职工来自四面八方、思想混乱的状况,大会提出必须抓紧进行形势及阶级教育工作,宣传好人好事,稳定职工情绪,鼓舞干劲④,要求各单位除了"必须使每个人都知道毛主席有关渡口和三线建设的各项指示"外,还必须抓好"老三篇"的学习,搞"思想磨刀"运动,树立艰苦创业思想。各单位随之组织职工学习毛泽东著作,进行形势和任务教育,即使在夜晚也要学习毛泽东著作,唱语录歌和样板戏⑤。经过思想宣传和政治教育,"三线建设的重要性尽人皆知,整个工地上为党中央争气,让毛主席放心的口号随处可见"⑥,工厂、矿山和基建工地的工人,在讲述当地建设情况和他们的工作与生活时,都很自然地谈到了毛主席对渡口建设的指示和要求⑦。

虽然三线建设的重要性"尽人皆知",但事实上是攀枝花三线建设职工的人口构成中99.5%为外来人员,其中绝大部分为非自愿申请到攀枝花工作的⑧。仅靠"思想磨刀"这一单位社会"政治动员"无法解决物质生活困难和精

---

① 《四一〇厂在"练兵"运动中是怎样开展毛主席著作学习的》(1966年3月),攀枝花市档案馆藏,档案号:ⅡF472。
② 《市委扩大会议简报》第1期(1966年3月19日),攀枝花市档案馆藏,档案号:0001-001-025。
③ 何海兵:《我国城市基层社会管理体制的变迁:从单位制、街居制到社区制》,《管理世界》2003年第6期。
④ 《党委简报》第1期(1965年4月15日),攀枝花市档案馆藏,档案号:0001-001-003。
⑤ 韩国宾:《艰难的攀钢岁月(1968-1980)》,攀枝花市档案馆藏,档案号:ⅡF228。
⑥ 中共攀枝花市委党史工作委员会:《建设攀枝花的人(下)》,成都电讯工程学院出版社1989年版,第108—109页。
⑦ 王焰长:《我在中央文革记者站的一次突击采访》,《百年潮》2007年第12期。
⑧ 史居明等:《攀枝花市攀钢、城区职工社会心理调查结果的对策探讨》,《软科学》1987年第1期。

神生活匮乏的双重冲击,为实现生产建设和经济发展,职工稳定的"社会控制"问题便更加紧迫。例如,由石家庄迁建的华北建筑公司第三公司部分职工坚决要求"打回老家去",更是成为地方政府和三线企业"社会控制"的典型事件。除了政治动员外,如何稳定职工队伍,把"集体文化娱乐搞上去"成为面临的现实迫切需要。1965 年 4 月 14 日,攀枝花特区党委针对华北建筑公司第三公司职工要求回去的情况,专门召开该公司支部书记以上的干部座谈会。特区党委书记徐驰提出"一定要把除工作、吃饭和睡觉以外的业余时间占满,要以无产阶级思想去占领阵地"①,明确要求把集体文化娱乐好好搞上去。总指挥部白认和任汉卿在随后的调查中提出解决措施,指出在职工集中的地区设立新华书店或书摊,组织电影队巡回放映,解决职工文娱生活②。在"先生产,后生活"方针的要求下,各单位因陋就简,"山坡是现成的剧院、电影院,稍加平整,坡地就成了球场"③,篮球队、宣传队、放映队"三大队"随之成为建设初期最受职工欢迎的文化生活方式④。

"三大队"解决职工文化生活的功能趋同,但活动方式和时空要求殊异。宣传队"面对面"的歌舞表演形式生动活泼,深受职工喜爱,但专职演出人员少且不固定,一般只在重大节日从各单位临时抽调文艺爱好者组成,不能随时随地满足职工的文化生活需要,演出所需舞台搭建、化妆设施、电力和音响设备等硬件设施也无法得到保障。放映队同样存在队伍编制少、任务重、设备运输和场地选择困难等问题,无法随时随地放映。两者都存在时间安排、空间布置和设备安装等问题,无法普及到整个工业区。与之相较,体育活动不受场地、人数和时间的局限,逐渐成为全工业区范围内广泛开展的职工文化活动方式。

二、职工体育活动的特征及其开展

在计划经济体制下,企业代表国家担负着职工生老病死全部责任,向其提

---

① 《华北三公司职工思想动态》(1965 年 4 月 18 日),攀枝花市档案馆藏,档案号:0001-001-003。
② 《关于攀枝花矿区区划等问题的报告》(1965 年 4 月 2 日),攀枝花档案馆藏,档案号:IF-001-604。
③ 《渡口基本情况》,攀枝花市档案馆藏,档案号:0001-001-003。
④ 段 HY(三线建设成昆铁路建设者,女铁道兵)访谈记录,攀枝花同德烈士陵园,2019 年 12 月 15 日。

供就业、住房、医疗、娱乐等社会保障服务。加之地处偏僻的农村、山区,三线企业为寻求生存,不得不搞"小而全""大而全",尽可能做到整体配套。随着职工大量涌入和生产发展,职工内部自发性开展武术、摔跤等地方性体育活动,小范围组织象棋和游泳等简单易行的体育活动已无法满足文化生活的需要,开展有组织的职工体育活动,从而实现"社会控制"考虑势在必行。体育活动竞争/竞技特点使得体育是具有鼓励爆发力,同时克制暴力的双重特质,是一种化解社会冲突的文明化表达;同时,正是基于这种双重特质,体育又具有促进单位内聚力的作用。体育在社会文化中的这种独特性,使其成为"单位制"社会"小而全""大而全"建设的"题中应有之义"。

第一,体育的竞争/竞技性特点,使得体育具有鼓励爆发力,同时具备克制暴力的双重特质,成为既是激发社会活力的助推剂,又是化解社会冲突的文明化表达方式。职工对体育活动的广泛需求,推动了体育领导机构的成立与经费保障和场地建设。1966年3月,国家体委下达"厂矿、企业、机关开展多种多样的群众性体育活动,组织小型比赛"①的通知,特区党委随之于当年5月即成立工业区体委,由副市长蔡步云兼体委主任,各大机关和指挥部17名领导组成委员会。随着1970年攀钢出铁和成昆铁路全线通车,地方政府开始着手抓市政和生活福利设施建设,体育事业有了进一步发展。首先是体育领导机构逐步健全,专职人员不断增加,从1966年到1974年的八年间,市体委工作人员(不包括各指挥部、区专职体育干部在内)已从建设初期的"四人体委"发展到44人的体育领导机关②。体育经费也开始逐年增加,1971年的投入更是高达114.85万元,虽然随后基建费用大幅下降,但体育行政费和事业费均有较大幅度的上升,保障了体育工作的进一步发展(表1)。

表1 1971—1974年攀枝花市体育工作行政费、事业费和基建费

(单位:万元)

年 度	行政费	事业费	基建费	合 计
1971	1.85	3.5	110	114.85
1972	1.87	7.56	—	9.43

---

① 《国家体委党委关于1966年全国体育工作会议的报告》(1966年3月15日),攀枝花市档案馆藏,档案号:0001-002-043。
② 《渡口市体委关于编制十年远景规划说明》(1974年9月19日),攀枝花市档案馆藏,档案号:0084-001-007。

续 表

年　度	行政费	事业费	基建费	合　计
1973	2.13	14.1	5.24	21.47
1974	2.13	11.16	—	13.79

资料来源：数据根据攀枝花市体育运动委员会：《攀枝花市体育志》(修订稿,1988年)第87页。

有了体育领导机构和经费的保证,市体委和三线单位分别成立体育组和体育协会,进而促进三线企业体育组织的建设和发展,基础设施也在"因陋就简"基础上向规模建设推进。从1967年开始,基础建设投资有了较大增加,该年度体育场地建设计划投资达到14万元①。与此同时,各三线单位也开始发动群众开辟场地。例如,煤炭指挥部所属7号信箱(4-7)②自己动手,发动群众建设各种简易场地,自做单杠、双杠、举重杠铃器材,因陋就简地广泛开展篮球、乒乓球、羽毛球、跳高、跳远、体操等各色各样的体育活动;二〇公司(汽车运输公司)大修厂则通过单位之间的协作,开辟了一个七人制足球场。据不完全统计,截至1972年12月底,全市有各种项目的业余队604个,运动场地408个,其中灯光球场105个③,体育场馆成为职工集体共享文化生活的空间。

有了组织领导机构和经费、场所的建设保障,体育活动的"爆发力"开始释放,逐渐从三线单位内部自发小范围转向有组织、有规模的"走出去"。1970年,市体委组织的体育表演活动就呈"爆发式"增长,该年就有六次全市性体育表演活动,其中五次大型活动还通过"走出去"方式在各地区、各单位20个点进行,除了为在生产第一线的钢铁、煤炭、电力、运输、基建等各行业工人表演以外,还深入到部队为解放军表演17场,为伤病员表演4场,为有农民的地区表演4场。虽然体育以表演赛的形式为主,但体育竞争性和竞技特点不仅实现了体育健身功能,还以其娱乐性特点迅速辐射,吸引大量三线企业职工和家属积极参与。此后,各大三线企业和机关开始效仿,先后组织体育活动"走出

---

① 《渡口市体育运动委员会关于1967年度体育场地建设计划》(1967年2月4日),攀枝花市档案馆藏,档案号：0002-001-120。
② 三线建设期间为对外保密需要,单位名称以信箱代替,1、2、4、9、10、17号信箱分别为总指挥部、冶金、煤炭、交通、建工、林业指挥部,各大信箱下属单位为附属信箱,如煤炭指挥部附7号信箱即为4-7,其他信箱同,全文同。
③ 《渡口市体委1973年工作总结》(1973年12月30日),攀枝花市档案馆藏,档案号：0084-001-006。

去"的方式,加强职工之间的互动交流,利用体育活动释放职工生产热情和增强主人翁意识。例如,煤炭指挥部要求机关和各生产单位采取"请进来,走出去,共同学习的办法进行友谊比赛"①;林业指挥部则根据作业林区范围广、职工分散的特点,组织篮球队深入到300公里内的各林区,为林业工人进行了16场慰问表演。林业指挥部各附属单位也先后开展体育交流活动,17-1所属大河林场就邀请全局各场(队)12个代表队在大河林场召开体育运动大会,共进行了20场篮球和5场乒乓球友谊赛;17-5邀请12个代表队在4连举行体育运动大会,自始至终开得很活跃②。体育活动的数量上呈现出"爆发式"增长态势,不论是参赛职工还是观赛群众,都认为体育比赛"更有政治意义",体育"走出去"促进了单位之间的交流互动,加强了各单位间的情感交流,增进了革命感情,丰富了职工的文化生活。

如果说组织领导机构建立、经费供给、场所建设等是"物"的层面呈现出的"爆发力",体育活动项目多元化、参与人数变化以及运动场内外的"参与者"所体现出的"身份认同",则是"人"在其中的"爆发力"。随着职工体育的发展,体育活动项目也表现出多元化发展、参与人数激增等"爆发力"特征。例如,林业指挥部为了开设更多的体育项目和扩大职工参与面,要求下属单位分头准备:17-1组织全林区男女篮球邀请赛;17-6组织男女乒乓球邀请赛;17-3组织男子排球赛;17-5选派男女拔河队参加市里比赛;17-9依托所办中学组织青少年田径队代表队和女子排球队参加市里比赛③。攀钢因公司单位众多,职工大多来自不同地域,为了照顾职工的不同运动爱好,公司按照"小型、分散、业余"的原则组织拔河、越野、篮球、排球、乒乓球和棋牌比赛,组织由下而上的田径军体运动会,经常举行小型分散的体育比赛④。冶金矿山公司、十九冶所辖单位兰尖铁矿、朱家包包铁矿等企业单位每年定期举行运动会,竞赛项目设

---

① 《渡口市十七号信箱革委会关于新年、春节开展文体活动的通知》《民兵政治工作简报》第一期(1971年10月),攀枝花市档案馆藏,档案号:0049-002-057。
② 《发展体育运动,增强人民体质》《民兵政治工作简报》第二期(1971年10月5日),攀枝花市档案馆藏,0049-002-057。
③ 《关于参加渡口市首届工农兵体育运动会项目安排请示报告》(1971年7月27日),攀枝花市档案馆藏,档案号:0037-002-012。
④ 攀枝花钢铁(集团)公司:《攀钢志(1964—1985)》,科学出版社1994年版,第436—437页。

置有拔河、乒乓球、象棋、游泳、田径等①。建工指挥部航道处则根据企业自身特点,除了开展篮球、排球、足球、乒乓球、羽毛球、广播操、拔河比赛外,还设有游泳、水上救护、单杠、双杠、爬竿等项目,70%以上的职工参加了体育锻炼。此外,各单位还结合生产特点,编制和推行生产操。体育活动开始呈现出人多面广、体育项目多、基层活动活跃等特点。据统计,仅1970年国庆节进行的7天62场比赛,观众就近5万人次,到1972年底全市第二届运动会,参加比赛的运动员1 086人,最小年龄11岁,最大年龄为40岁,观众激增至18万人次②。仅半年之后,1973年上半年全市各县乡、各区举行各项竞赛多达24次,运动员3 071人,观众达48万人次。该年举办的12次全市性比赛中,除篮球、排球、足球、乒乓球和田径外,棋类和越野跑也开始增多,此外还增设了横渡金沙江的游泳赛。600余名运动员报名参加,经过严格的选拔后组成184人(女8人)的精干队伍渡过金沙江,最小的16岁,最大40岁。

与项目多和参赛者多相呼应的是,场上的运动员也在体育比赛中强化了单位身份认同,体现出精神和力量的"爆发性"。场上的参赛者认为,体育比赛"更有政治意义,比赛充满了浓厚的政治氛围……起到了团结职工,鼓舞职工的作用",据煤炭指挥部一位参加慰问表演比赛的篮球队员回忆:"到兄弟单位去慰问表演,受到当地职工的热情欢迎,心里感到热乎乎的,那个时候考虑的不是别的,而是如何完成政治任务的问题。"③

该参赛者的感知并非是典型个例,在庆祝攀枝花建设十周年篮球运动会过程中,体委《简报》也对运动员和观众参与体育所体现出的"爆发力"进行了生动的描述:

"篮球场内,掌声雷动。精彩球艺,吸引观众。友谊第一,比赛第二。团结战斗,球场新风。勇敢顽强,你守我攻。精益求精,积极主动。胜者不骄,败者不馁。赛出风格,赛出水平。球场新风,到处传颂。宁失一球,

---

① 攀枝花东区《银江镇志》编纂委员会:《银江镇志》,中央文献出版社2010年版,第357页。
② 《渡口市第二届运动会成绩册》(1973年9月),攀枝花市档案馆藏,档案号:0084-001-006。
③ 我市体育工作情况汇报(1970年12月24日),攀枝花市档案馆藏,档号:0084-001-001。

不伤战友。汗流满面,毛巾送手。口渴舌干,茶水到口。党的路线,牢记心中。好人好事,层出不穷。狠批孔孟,反对锦标。团结战斗,力争上游。"①

《简报》通过"短评"方式,以朗朗上口的韵律形象地展现了体育比赛"全景":体育活动的组织者、观赛者、参赛者的主人翁意识和身份认同"三位一体",场上职工"勇敢顽强""精彩球艺"所展示出的拼搏和技巧,为争取集体荣誉所体现出的"团结战斗""勇猛顽强"作风,场下观众"掌声雷动"所体现出的文明和热情,运动员和观众共同呈现出"汗流满面,毛巾送手""口渴舌干,茶水到口"的和谐画面。体育活动藉此实现了"党的路线,牢记心中"的教化功能和"团结战斗,力争上游"的凝心聚力作用。

职工体育活动在起到从"物"到"人"的"爆发力"特征外,其娱乐性和竞技性反过来也起到克制暴力的功能。一方面,体育活动起到了克制青年职工情绪,达到安定团结的作用。三线企业职工大多是年轻气盛,精力充沛的年轻人,来自全国各地的职工因语言文化、风俗习惯、性格特征殊异,尤其是建设初期"单位制"社会结构尚未完全形成时,各个不同地域的职工、不同的生产车间甚至不同的三线企业间,都有青年发生口角斗殴的情况发生。体育活动的娱乐性和竞技性成为保证职工安全生产和团结互助的选择之一。"一天工作下来就累得不行,下班后再来一场篮球赛,简直动都不想动,就想好好地休息一下,准备明天的工作"②成为很多参与体育职工的共识,从而实现了职工群体之间的安定团结。另一方面,体育活动也是解决单身职工工余文化生活的最佳选择。由于"先生产,后生活"的建设方针和房屋建设、家属工作安排的困难,一般不允许职工带家眷,整个建设区职工男女比例严重失衡,青年职工的婚姻问题更是无法解决,"那时候见到的女人,说句不好听的话,就像见到怪物一样,就是那种感觉,因为那个时候女人太少太少,就是我到了选矿厂以后,我们选矿厂那个女生宿舍还是单独的两栋楼,大部分都还是结了婚的,有些是在恋爱过程中,所剩无几的那几个女生,男职工一天都要看多少回,数来数去都要

---

① 《庆祝攀枝花建设十周年篮球运动会简报》第四期(1975年4月12日),攀枝花市档案馆藏,档案号:0084-001-010。
② 陈YL(攀枝花市交通指挥部职工,后调入攀枝花大学后勤处工作)访谈记录,2018年7月5日。

数多少回,有时候甚至因为争抢女朋友而打架斗殴。"①参加建设的铁道兵更是如此,"干部都是回老家结的婚,战士根本不存在结婚不结婚,要朋友都不得行"②。那时候在攀枝花职工中广泛流行的顺口溜"臭仁和,热渡口,好耍不过河门口。河门口背个名,要找女娃儿到弄弄坪"③,从中可以看出男女比例的失衡以及暗藏的性别犯罪危机。三线企业通过全面开展体育活动,让职工在激烈的体育活动中消耗精力,分散注意力,从而缓解因感情、生活导致的紧张关系,实现了化解社会冲突和文明化表达。例如,十九冶电装公司、机电厂通过组织政治学习,把职工带到运动场,经常和铁五师8723部队组织联欢,开展体育比赛④。

第二,作为特殊的集体仪式,职工体育通过特殊时间的组织动员和宣传,在识别群体成员、保证成员对群体的承诺、产生集体凝聚力和亲社会行为的过程中起着重要作用⑤。正是体育活动具有鼓励"爆发力",同时克制暴力的双重特质,使得体育能够有效促进内聚力。随着生产的发展,各单位开始"长流水、不断线,根据革命、生产形势平时开展,周末组织活动,节日搞大的比赛"⑥。

元旦和春节作为传统节日,除了表达慰问外,更多承载的是对"新年"的祝福。在三线建设所处的特殊年代,新年更是各单位表达思想、政治、工作业绩"辞旧迎新"的最好契机,通过组织体育活动,除了表达节日慰问,更多的是鼓舞职工工作信心、激发生产士气,并以此增强职工的归属感。1967元旦和春节期间,总指挥部、后勤部、政治部三大机构要求全市"广泛开展群众性体育活动,促进渡口建设事业的发展"⑦。为了让广大工农兵过一个战斗化、革命化的春节,"满怀革命豪情,为迎接伟大的70年代的第一个春天,鼓舞广大职工在

---

① 莫BJ(十九冶选矿厂职工)访谈记录,攀枝花学院明德楼四楼会议室,2018年7月8日。
② 王TQ(1956年在陕西当兵,1965年随部队参加成昆铁路建设,铁道兵第五师8723部队21团1连连长,1975年转业到工商银行工作至退休)访谈记录,2018年7月11日。
③ 刘DC(1963年在西藏服兵役,1968年退服被招工到攀枝花市商贸系统工作)访谈记录,攀枝花学院文科楼四楼会议室,2018年7月16日。
④ 莫BJ(十九冶选矿厂职工)访谈记录,攀枝花学院明德楼四楼会议室,2018年7月8日。
⑤ 邹小燕、尹可丽、陆林:《集体仪式促进凝聚力:基于动作、情绪与记忆》,《心理科学进展》2018年第5期。
⑥ 《渡口市体委1973年工作总结》(1973年12月30日),攀枝花档案馆藏,档案号:0084-001-006。
⑦ 《中共渡口总指挥部后勤部政治部关于成立后勤系统男女篮球代表队的通知》(1966年12月),攀枝花市档案馆藏,档案号:0002-002-056。

新的一年里以实际行动创造优异成绩,为渡口建设再立新功",1970年元旦,市委专门组织球队对工农兵群众进行慰问表演。为了使广大革命群众的节日生活过得愉快,丰富多彩,1970年春节,全市组织了12个队,九天进行了31场表演赛,慰问全体建设职工。

1966年国庆节期间,攀枝花特区党委为了"用毛泽东思想挂帅,在整个比赛期间大力开展学习最高指示,执行最高指示,宣传最高指示,捍卫最高指示的热潮"①,举行全市职工篮球友谊赛,邀请机关和各大企事业单位参赛。各单位也利用国庆节的特殊时机号召职工开展具有政治意义的体育活动,如林业指挥部大河林场为了响应备战号召,选择"国庆22周年的这个大喜日子……是加强战备的大好时机"②,为此开山辟岭,新建一块篮球场开展群众性体育活动③。此外,每年还定期组织"三八""五一""五四""六一""七一""八一"等节日体育活动,有的项目还逐渐形成传统④。地方政府和各单位利用国庆等节日庆祝活动,达到宣传国家政策、发挥组织号召力、增强职工建设信心和体现单位凝聚力的作用。

毛主席关心和参与体育活动的日子也是三线建设时期组织体育活动的重要时间节点。1952年6月10日,毛主席为中华全国体育总会成立大会做了"发展体育运动,增强人民体质"的题词。三线建设期间,为了"使毛主席的革命体育路线更加深入人心"⑤,该题词成为政府大力加强体育宣传工作的最好宣传工具,每年都要利用该纪念日举行体育比赛,组织精干队伍深入厂矿、林区、部队、医院进行慰问表演,运动场成为宣传毛泽东思想的阵地。1966年7月16日毛泽东横渡长江,此后每年7月16日横渡长江纪念日,全市均组织职工开展横渡金沙江和水库的游泳比赛,以此促进广大职工参加体育锻炼的热情,激励职工增强三线建设的信心。

---

① 《庆祝攀枝花建设十周年篮球运动会简报(第四期)》(1975年4月12日),攀枝花市档案馆藏,档案号:0084-001-010。
② 《毛泽东思想育新人,林区盛开友谊花》(1971年8月26日),攀枝花市档案馆藏,档案号:0049-002-057。
③ 《林海高原红旗飘,国庆备战掀高潮》(1971年10月),《民兵政治工作简报(第三期)》,攀枝花市档案馆藏,档案号:0049-002-057。
④ 《渡口市体育事业发展规划纲要草案》(1978年8月),攀枝花市档案馆藏,档案号:0084-001-012。
⑤ 《四川省体育局关于1972年全省体育工作安排意见的请示报告》(1972年3月3日),攀枝花市档案馆藏,档案号:0004-001-164。

此外,国际国内重大事件也是开展职工体育,增强职工建设信心、提高爱国热情的机会。例如,1970年7月1日,攀钢第一炉高炉出铁、成昆铁路全线通车,市体委专门组织了四天的体育表演赛,"鼓舞广大革命职工乘胜前进"。这一年建军节,又组织10支球队向战斗在成昆线上胜利完成通车任务与战斗在第一线的渡口驻军的广大指战员进行了六天共16场慰问表演。1969年3月和8月,"要准备打仗"成为职工体育的主题,为了"通过体育活动大力宣传毛泽东思想,宣传党中央的战斗号令和方针政策"①,专门邀请铁五师7659、8752、8755部队,与市内中央部委所属单位以及市直属各单位开展体育比赛。"备战体育"在各大单位得以体现,如林业指挥部为了让职工克服"四川是大后方,渡口是保险箱,林区是箱中箱的和平麻痹思想",举行新广播体操和民兵刺杀能手的表演,指出表演即是训练、训练则为备战,随时可以迎头痛击帝修反的任何突然袭击。体育的宣传动员活动还覆盖到农村地区,据毛KQ回忆:"1969年左右,铁道兵8703部队19连在我们这里施工建设成昆铁路时,教村民打篮球和唱战斗革命歌曲。在篮球比赛前都要学习毛主席、党中央的指示,高唱革命歌曲后邀请村里的年轻人上场比赛。"②

通过元旦、春节等民俗节庆日,国庆、领袖指示发表等政治性节日,开展生产慰问、凝聚民心、宣传毛泽东思想、积极备战等主题体育活动,传递党和国家对政治形势的判断和应对策略,体育活动充分发挥了政治宣传和社会控制的功能,实现了愉悦职工身心、增强单位凝聚力和贯彻国家方针政策的多重功能。

三、职工体育活动效果评估

作为集体性文化生活,职工体育是特殊时代和社会环境作用于三线企业的产物,地方政府和三线企业又通过运动和比赛等仪式化特征明显的体育活动进行思想教育和精神动员,既丰富了职工工余生活,又增强了单位认同感和凝聚力,也为"工农结合"助力,达到了"有利于安定团结,进一步加强友邻单位

---

① 《渡口市革委会关于国庆节期间广泛开展群众性体育活动和举行全市性几项比赛的通知》(1969年9月3日),攀枝花市档案馆藏,档案号:0004-003-040。
② 毛KQ(攀枝花市仁和区大龙潭乡拉鲊村次格地组村民,1968年中专毕业,拉鲊村首位村小学教师,建设成昆铁路期间,铁道兵连队一直征用毛家厨房做饭,毛KQ与铁道兵指战员长期相处,一锅吃饭)访谈记录,2020年6月20日。

的团结,有助于巩固工农联盟"①的目的。

第一,丰富了文化生活,提高了工作效率。随着体育活动的开展,职工观看比赛和参与体育活动成为生活常态。在文化生活贫乏的三线建设时期,体育比赛作为各单位建设性的重点内容,体育比赛的趣味性、激烈性、竞赛性形成的可观赏性可使职工身心得到放松,也在一定程度弥补了"不带家属"带来的情感缺失,体育成了联络感情、增进交往的活动方式②。对于场上运动员来说,通过体育活动展示身体力量和运动技巧成为观众瞩目的焦点是很光荣的事情。据当年参与宣传和体育运动的三线建设亲历者回忆:"那个时候一个宣传队员,一个篮球队员,不亚于现在当明星。"③对于单位来说,体育活动既能弥补其他文化生活之不足,还能增强职工体质,从而提高生产效率,有着一举多得的功效,"有的职工过去体质弱,因气候变化经常感冒,被称为活的'气象台',通过参与各种形式的体育活动,活的'气象台'不灵了"④。例如,交通指挥部下属航道工程处通过开展体育活动,职工"发病率下降15%以上,有效地促进了'抓革命、促生产',所承建的三号公路比原计划提前两个月胜利通车"。煤炭指挥部小宝鼎煤矿也因职工体育活动的开展而受益,所属采煤二队80%的工人成为体育运动积极分子,体质明显增强,出勤率达到94.7%,许多人还成为生产上的"闯将"。1972年冬天以来,该队每月生产原煤都突破万吨大关,被上级党委命名为"学大庆先进采煤队",受到各级党委的通报表扬⑤。建工部2号信箱原来是全市闻名的"老大难"单位,"是典型的吹牛打牌、赌博泛滥成风的单位",通过大力开展文体活动,先后组织了100多场连与连、班与班的篮球、乒乓球友谊赛,职工走出了宿舍,来到文体活动现场。2号信箱五连90%的职工积极参加文体活动,该连面貌焕然一新,在"抓革命,促生产"中成为一支先进连队,提前两个月完成年度生产计划⑥。通过大量体育活动的开展,职

---

① 《积极开展地区性的体育竞赛活动》,《体育工作简报(第26期)》(1975年9月6日),攀枝花市档案馆藏藏,档案号:0084-001-008。
② 仁和镇志编纂委员会:《仁和镇志》,中央文献出版社2009年版,第369页。
③ 《岁月山河·攀枝花》(第4集),http://tv.cctv.com/2017/07/11/VIDE400AEG8UWibyuVEehsFr170711.shtml?spm=C55924871139.PY8jbb3G6NT9.0.0。
④ 《1983年渡口市体委工作总结》(1984年3月10日),攀枝花市档案馆藏,档案号:0084-001-019。
⑤ 《渡口市体委1973年工作总结》(1973年12月30日),攀枝花市档案馆藏,档案号:0084-001-006。
⑥ 《我市体育工作情况汇报》(1970年12月24日),攀枝花市档案馆藏,档案号:0084-001-001。

工精神世界得到丰富,从"聚众赌博"到"走出宿舍,来到文体活动现场",实现了文化场域的构建和职工精神面貌的转变。

第二,增强了单位凝聚力和集体意识。除了职工身体素质提高和生产效率改善外,职工体育也增强了单位的凝聚力,无论是场下观众还是场上运动员,均表现出明显的"主人翁"意识。观众无论是为比赛热情助威,还是后勤服务保障,都积极表现出良好的单位形象,"主场"职工更是如此。例如,水泥厂在欢迎前来参加友谊比赛的队伍时,观看比赛的职工占全厂职工总数的80%以上,这些基层群众"主动打锣打鼓,热情迎送,整理比赛现场,为运动员送茶送水,踊跃参观比赛",观赛者则"热情饱满,遵守纪律,团结友好,鼓励运动员打出风格,打出水平"①。为了进一步增强凝聚力,三线各单位开始积极开展特色体育项目以增强职工的集体荣誉感和归属感。攀钢和十九冶两家单位通过资金和训练投入,分别在篮球、体操项目上取得显著的成绩,篮球队和体操队分别成为职工引以为豪的身份象征。为了更好地提升单位凝聚力和影响力,十九冶继续加大体育投入,除了体操外,篮球队也"异军突起",男女篮球队连续几年获得市级各类比赛第一名。攀钢和十九冶的职工体育活动形成"蝴蝶效应",引起各单位纷纷效仿,均表示要更广泛地开展各种各色的体育活动,让社会主义更好地去占领职工工余阵地,使体育更好地为建设攀枝花工业基地服务。为了"占得先机",一些经济实力强的单位甚至采取"走捷径"办法从外地特招运动员,如商业局从重庆招收一批运动员,"女篮尤其出色,称雄渡口",交通、攀矿等单位也从外地特招一批运动员,从此赛事频频,竞争激烈,牵动人心②。通过开展频繁的赛事和争取体育荣誉,极大地增强了单位凝聚力,体育比赛的竞赛性也促进着生产竞赛的开展,从而进一步提高了生产效率,实现了体育活动与生产效率的良性互动。

第三,体育"溢出效应"带动了农村地区体育事业的发展。建设之初,地方党委要求各建设单位,凡靠近公社、生产队的单位,还要主动与他们取得联系,通过新年、春节活动,进一步加强工农联盟。三线建设单位主要分布在远离城市的农村和偏远山区,为促进工农业生产和融洽工农关系,各大三线单位通过"工农结合"的方式实行工厂带社,发动职工支农带社,大力开展"带政治""带生产、科学技术"和"带文化"的"三带"活动(表2)。在"嵌入"当地的过程中,三

---

① 《渡口市体育局关于市二届运动会、省三届运动会选拔赛等的报告、通知及1972年工作总结》,攀枝花市档案馆藏,档案号:0084-001-004。
② 攀枝花市体育运动委员会:《攀枝花市体育志》(内部资料),1988年。

线企业职工与当地农民频繁交流,体育活动也因此向附近农村地区"溢出"。在"三带"活动支持下,三线各单位帮助当地造田筑坝,农忙时节帮助农民插秧种地,一方面改善了工农关系,减少农民在田地里耕作的时间,为缩小城乡差别创造了条件,同时也为农民"上岸"运动提供了现实可能。

表2 各大企业带社任务表

序号	单位	所在社队	备注
1	冶金指挥部	银江公社	
2	煤炭指挥部	太平公社	
		灰老公社	
3	建工指挥部	玉泉公社	
4	水泥厂	和平公社	
5	市人委	田房公社	
6	市农林局	土城公社	
7	仁和林业局	学房公社	
8	盐边森工局	务本公社	
9	拉姑林业局	大竹公社	
		阿拉公社	
		官房公社	

注:电力指挥部、大桥五处等单位所带生产队和各区所带的公社未列入本表之内。

资料来源:《关于贯彻省委元月十九日电话会议的情况简报》(1966年1月28日),攀枝花市档案馆藏,档案号:0001-001-019,第6页。

在"三带"的同时,三线各单位所修建的体育设施也为农民参与体育活动提供了场地条件。例如,地处攀枝花工业基地核心区的银江公社,各单位在"嵌入"到社队的过程中先后在该公社八个大队全部建起简易灯光球场,普通球场数量更多,促进了三线职工与农民的体育交流互动。据当地彝族村民回忆:"工人一下班就跑到小沙坝村小学篮球场,和我们当地农民打比赛。"①境内铁道兵驻军、厂矿企业等单位篮球队也频繁与社队开展篮球比赛。如攀钢和矿山公司经常与附近银江公社一些社队开展篮球比赛,银江公社的社队体育活动尤其是篮球运动水平得到迅速提升,甚至出现五道河

---

① 康XL(攀枝花市东区小沙坝村村民)访谈记录,2018年7月13日。

余家篮球队、密地村杨家篮球队等一批球技出众的家庭篮球队。铁道兵和桥工队等邻近单位经常与附近倮果村比赛交流,"倮果村柴家五兄弟篮球队和张家五兄弟、五姊妹篮球队也因此具有较强实力,常年活跃于全区农村和铁路沿线及金沙江两岸"。柴、张两家五兄弟篮球队因此为倮果村赢得银江乡运动会三连冠,女队代表银江乡参加金江区、东区运动会,荣获三个第一名的成绩①。

与此同时,我们也应该看到,由于当时强调体育"为政治服务",职工体育活动开展存在与"先生产,后生活"建设方针相抵牾、受"节约闹革命"冲击和"政治挂帅"的制约等一系列问题。

首先,过分强调"先生产,后生活"的建设方针,职工文化体育设施建设受到影响。虽然攀枝花早在1966年即单列文教、卫生事业经费,但经费主要分配在为生产直接服务的教育、卫生和文化支出上,分别占总经费的47.3%、38.7%和12%,带有"生活"和"娱乐"性质的广播和体育支出分别仅为1万元和2万元,占比分别仅为0.67%和1.3%(表3)。受此影响,1966年全市职工比赛时,篮球比赛"只能在一个20米长、不到12米宽,两根木棒几块板子钉起来的篮架的破烂球场和一个食堂进行",乒乓球表演只能在室外球场进行,有的单位只能在简易舞台上进行。即使是体育主管部门的体委,办公场所也"不过只有三间小小的木板房子,办公、保管东西、住人都在里面……比起有些市一个学校的体育部门的条件还不如"②。各单位体育设施建设也因"先生产,后生活"的方针受到严格限制,体育活动无法正常开展。1966年,第二指挥部特种公司为解决职工文化活动之需,在弄弄坪上建了1万平方米左右的大型体育场,总指挥部认为在"争时间,抢速度"的备战时期,特种公司不仅违规建设,还"抽调重型施工机械去干计划外的、非急需的体育场的活儿,造成了浪费",为此要求特种公司"对这件事认真检查,吸取教训,防止今后发生类似情况。已推平的体育场,坚决作为目前急需的材料堆场使用"③。

---

① 攀枝花东区《银江镇志》编纂委员会:《银江镇志》,中央文献出版社2010年版,第357页。
② 《我市体育工作情况汇报》(1970年12月24日),攀枝花市档案馆藏,档案号:0084-001-001。
③ 《关于第二指挥部特种公司在计划外建设体育场的通报》(1967年1月24日),攀枝花市档案馆藏,档案号:0002-001-110。

表3　1966年攀枝花市文教、卫生事业经费计划表

项　　目	计量单位	1966年计划
文教卫生科学事业经费合计	万元	150
教育支出	万元	71
文化支出	万元	18
卫生支出	万元	58
广播支出	万元	1
体育支出	万元	2

资料来源：中共攀枝花市委党史研究室：《攀枝花开发建设史文献资料选编》，第735页。

其次，在"节约闹革命"的要求下，已建成的体育设施也需要降低标准，影响了职工体育的全面开展。据统计，截至1970年6月全市已有灯光球场52个，其中水泥地面或三合土地面、灯光在两排以上的球场15个，土地面、灯光在两排以上的球场18个，土地面、灯光在两排以下的球场11个，土地面、灯光只有2—5个的球场8个[1]。该年，地方政府根据中共中央、国务院、中央军委和中央文革小组联合发出《关于进一步实行节约闹革命，坚决节约开支的紧急通知》和毛泽东《关于国家体委体制改革的请示报告》的指示，认为"体育坚定不移地为工农兵服务，为无产阶级政治服务，为国防建设服务，为社会主义经济基础服务"[2]，进而"提出改革一切不适应社会主义的旧体育，发展社会主义的新体育"，对已有灯光球场提出处理意见：一是只保留9个灯光球场，以使各地区有一个可供大型集会和文体活动的场地；二是除以上球场外，其他所有球场的灯光全部拆掉，其电器用于生产建设；三是保留的灯光球场必须加强管理，节约用电，除大型集会、正式的体育比赛活动外，一律不能使用灯光；四是今后修建灯光球场和其他体育场所，需经市体委军管会，由市体委军管会承(呈)报上级部门审批后方可修建[3]。

受此影响，大部分灯光球场遭到"熄灯"甚至"拆灯"的处理，其他体育基础

---

[1] 《全市灯光球场调查情况》(1970年6月3日)，攀枝花市档案馆藏，档案号：0001-002-043。

[2] 《关于四川省渡口市体委体制改革的请示报告》(1970年12月10日)，攀枝花市档案馆藏，档案号：0084-001-001。

[3] 《全市灯光球场调查情况》(1970年6月3日)，攀枝花市档案馆藏，档案号：0001-002-043。

设施也要求停建、缓建和停用。"寒蝉效应"延伸至全市各行业,单位自建体育设施也完全停止,本来有限的体育活动设施也因片面执行"节约闹革命"而废弃不用,造成职工文化生活资源的紧张。

再者,体育强调"政治挂帅",导致强身健体和娱乐功能受到限制。1966年初,国家体委党委提出,"三五"期间体育工作必须坚决贯彻毛泽东"备战备荒为人民"和"发展体育运动,增强人民体质"的指示,要求体育比赛中必须突出政治,中央也要求"以毛泽东思想挂帅,走我国体育运动自己的道路,这样才能促进我国体育队伍进一步革命化,促使我国体育事业的发展"[①],体育的功能在地方被解读为动员广大群众为革命而锻炼、为备战服务。受此影响,地方政府选拔代表队和运动员时,不以技术水平为首要标准,而是侧重思想好、风格高,比赛也着重强调"风格"而不是"精彩球艺",把"风格奖"设置为赛会最高奖,评选获奖必须讲"政治条件,活学活用毛主席著作,三八作风,抓活的思想"[②]。

攀枝花作为三线建设的重中之重,受到毛主席和党中央的重点关注,职工文化生活也受到上级领导的关心和重视,正因为如此,职工体育活动的开展也受到政策的干预和影响。由于三线建设特殊的国际国内政治影响,职工体育无论是执行"先生产,后生活"建设方针,响应"节约闹革命"的中央指示,还是根据"政治挂帅"的现实需要,不可避免地都要"为政治服务",成为"坚决执行中央的方针政策,宣传毛泽东思想,扩大我国政治影响"[③]的工具和服务于国家建设需要的组织动员机器,偏离了"发展体育运动,增强人民体质"的初衷,给职工体育活动的开展带来一定影响。尽管如此,职工体育活动仍然起到了愉悦身心、强身塑"体"的作用,同时也实现了宣传三线建设方针、加速生产建设、凝聚职工人心和提高意志力等"育"魂的功能,实现了国家、单位和个人的目标同向。攀枝花建设具有三线建设的典型代表性,其职工文化生活建设如一面镜子,从中可以窥见出三线建设时期职工体育活动之一斑。

[①] 《中央批转国家体委党委关于1966年全国体育工作会议的报告》(1966年4月),攀枝花市档案馆藏,档案号:0001-002-043。

[②] 《关于国庆节全市篮球、乒乓球比赛的几个有关问题》(1966年8月29日),攀枝花市档案馆藏,档案号:0002-002-056。

[③] 《国家体委党委关于1966年全国体育工作会议的报告》(1966年3月15日),攀枝花市档案馆藏,档案号:0001-002-043。

结语

体育作为传播社会主导思想和政治运作方式的渠道之一，"其发展受到不断变化的自然、政治、社会和历史条件的制约"①。自鸦片战争以来，"国力恭（荼）弱，武风不振，民族之体质日趋轻细"②，救亡图存成为国家使命的主线。体育强身健体功能决定其承担着强国保种的历史责任，体育救国即是此社会背景下出现的社会思潮。梁启超视具有尚武精神的"新民"为国家强盛之基础，倡导国民体育主体地位③；黄兴认为体育是培养和造就革命力量的重要手段，提出"不通地理无以知天下大势，不习体操，无以强身而有为"；蔡元培倡导"完全人格，首在体育"；杨昌济强调"国家之兵力，国民之生产力，无不关系于体育"④。受以上思想影响，毛泽东从独立人格、道德观、健康体魄及信仰追求构建理想"新国民"目标，并指出具体实践途径。新中国成立后，毛泽东进一步通过体育改变国民体质以促进生产，巩固国防，提出"人民的体育运动是国家的一项新的事业"的体育思想。换言之，体育在中国近代以来担负着教育民众，使之成为合格"新公民"的使命。

以"备战"为核心的三线建设，虽然与近代以来中国半封建、半殖民地国家争取民族独立性质不同，但内处经济窘困、外临强敌环伺的现实，同样存在建设以固国本、强兵以敌外侵的客观需要，体育培育"新公民"不仅是"题中应有之义"，而且显示出重要性和紧迫性。攀枝花作为毛泽东和党中央高度关注的三线建设核心地区，广大职工在"好人好马上三线"的号召下参加建设，职工体育活动也正是在此背景下产生和发展起来。从1964年三线建设启动到1974年攀钢一期工程全面建成投产，在此过程中职工体育经历了自发性开展到有组织、全天候、多项目、多主题的推进的演进历程。体育的发展起到了丰富职工文化生活、提高生产效率的作用，增强了单位凝聚力和职工归属感，并为巩固"工农联盟"起到了积极的促进作用。职工体育见证了"备战备荒"战略的艰

---

① 沃尔夫冈·贝林格：《运动通史：从古希腊罗马到21世纪》，丁娜译，北京大学出版社2015年版，第5页。
② 毛泽东：《体育之研究》，人民体育出版社（单行本，内部发行）：1958年。
③ 张爱红、黄亚玲、徐翔鸿：《梁启超"新民"体育思想之研究》，《北京体育大学学报》2015年第10期。
④ 肖谋文、朱建宇：《论毛泽东群众体育思想》，《北京体育大学学报》2008年第3期。

难实施过程，也折射出三线建设时期职工文化生活发展的历史轨迹。

既有研究中，傅砚农认为1966年至1970年间，城市职工有组织的群体活动完全消失，体育一度复苏是从国家体委重归国务院领导后才得以开始。徐霞、徐振兵、曹继红等人在各自的研究中得出大致相同的结论，认为20世纪60至70年代中期大多数职工体育活动根本就未被纳入正轨，或陷入低谷，或处于停滞状态。事实上，三线建设受到毛泽东和党中央重点推动，无论是关注程度，国家投资比例，还是"好人好马"的配套迁建，都得到了较好保障。在此过程中，职工体育得以从"民间"自发组织开展上升为"官方"有序推动，并起到了锻炼职工意志，凝聚力量的积极作用。"体育为政治服务"虽然一定程度上影响了体育活动的正常发展，但受冲击范围和影响力度相对有限，并非完全地处于停滞或未被纳入正轨。

自近代中国到21世纪的今天，体育强国从未离开国家视野。随着时代的发展，今天体育强国战略和健康中国理念更是不断清晰和具化。2008年，胡锦涛总书记在北京奥运会、残奥会总结表彰大会上的讲话中强调，要进一步推动我国由体育大国向体育强国迈进，坚持以增强人民体质、提高全民族身体素质和生活质量为目标，高度重视并充分发挥体育在促进人的全面发展、促进经济社会发展中的重要作用。2017年10月，习近平总书记在党的十九大报告中明确提出健康中国战略，指出人民健康是民族昌盛和国家富强的重要标志，要完善国民健康政策，为人民群众提供全方位全周期健康服务。2019年7月，国务院印发《国务院关于实施健康中国行动的意见》，同年9月，印发《体育强国建设纲要》，部署推动体育强国建设。三线建设发展时期留下的职工体育与生产建设协调发展的成功经验和教训启示，对我们今天全面建设社会主义现代化国家、增强人民群众的幸福感和获得感具有重要的借鉴意义，也为新时期体育强国和健康中国目标任务的开展提供历史启示和现实思考。

（本文作者：王华，攀枝花学院历史学博士）

三线建设言语社区语言生活*

蓝卡佳　敖　钰

语言生活涉及社会生活的方方面面,是社会生活的重要组成部分。不同的社会因素导致语言的变化,这是语言变化的外部机制。三线建设是我国社会发展进程中一次重大的社会变革,"分散、隐蔽、靠山"是当时国家对三线建设选址的原则,为此三线建设的时代特殊性和企业的封闭性导致西部山区形成了一个个方言岛性质的封闭的言语社区,很多三线建设的大型厂矿社区演变为集镇乃至城市,从而形成其特殊的社会领域的语言生活。语言生活的质量往往影响甚至决定着个人的生活质量,在三线建设过程中,吴方言区、粤方言区、赣方言区等地的外来人口整体随迁而进入西部地区,使各个厂矿社区的语言生活在与当地语言接触过程中发生着微妙的变化。其变异过程,与厂矿社区人群的语言优越感、语言认同、语言选择密切相关。贵州省和重庆市是受三线建设影响最大的典型地区,其语言也受吴语的影响。本文以贵州省绥阳县风华镇言语社区为个案进行调查研究。

一、贵州省绥阳县风华镇(厂矿社区)概况

贵州省绥阳县风华镇成立于 1992 年 7 月,地处县城西南部,与洋川、蒲场、郑场、枧坝等镇相邻,镇政府的驻地风华村,距县城 9 公里,总面积 117 平方公里。选择风华镇作为三线建设内迁厂矿形成的言语社区调查点,是因为风华镇(厂矿社区)的前身 061 基地国营 3531 军工厂所在地的兴衰发展有很

---

* 本文系贵州省哲学社会科学 2011 年年度规划课题《贵州省小城镇语言生活调查研究》(课题编号:11GZYB49)的阶段性成果。原载《小说评论》2013 年第 S1 期。

强的代表性。

贵州是国家三线建设政策内迁厂矿的主要基地之一。作为一个历史时期的社会现象,贵州省曾有大量的内迁厂矿集群,如011基地、061基地、083基地。这几个基地的下属厂矿几乎遍布贵州省的大部分山区,在一定的历史时期形成了以厂矿社区为封闭单元的小城镇,这些小城镇(厂矿社区)的形成多半源于国营军工企业的隐蔽性。绥阳县风华镇(厂矿社区)的前身是中国航天科工集团061基地所属3531军工厂。这是一家修建于20世纪60年代的大型军工企业,1965年由上海整体内迁至绥阳县风华镇,内迁时周边还有3534厂、3535厂与之形成三角位势。国营3531军工厂和贵州省大量的三线建设内迁厂矿一样,对国家和贵州省的经济文化发展都有着不可磨灭的历史贡献。国营3531军工厂的主要人口来源是上海人,属上海内迁厂,1970年建成投产。为建设需要,厂矿职工除了来自上海外,该厂1970年、1971年、1972年曾经在遵义县的团溪镇,绥阳县等地招收了三批本地职工,1972年还从上海招进了一批上海职工,并在上海培训后直接内迁到该厂工作。在20世纪的国防需要发展过程中,该厂无论是军用成品总装还是民用产品风华电冰箱,都成为一个时代的品牌和佼佼者。当年发展中的国营3531厂由一个厂区发展成了一个城镇社区,工厂的效益决定厂区城镇化的发展与繁荣,由于厂矿效益好,国营3531厂完全是一个相对独立的集镇(厂矿社区)。记得当年很多061基地培养的中专和技校学生都想分配到该厂,061基地内部的职工也想通过各种渠道进入该厂。一直以来,该厂的教育也很受重视,从幼儿园到高中一应俱全,而且教学质量在绥阳县乃至遵义市都名列前茅。厂区的经济文化也很发达,厂区城镇化带动地方周边村镇的发展,周边的农作物也应上海人的生活习惯而发生种植上的变化,当然当地的语言也随厂矿的繁荣而发生变异。如:上海人的"鸡毛菜""塔菇菜""不搭届""乡下人"等上海方言词汇也在当地农民间流行。2007年8月,该厂整体迁移至贵阳市小河经济开发区。从1992年起,笔者就曾经跟踪调查该厂的四个家庭的语言变异,这种变异能够代表三线建设内迁厂矿语言变异的一般情况。虽然今天风华镇往日的繁华景象不再,但是,今天的风华镇(原厂区)还遗留着以往厂区城镇的一些语言状况和生活方式。今天的风华镇(厂矿社区)已经划归地方,厂区只有部分车间和重要地域有工人在值班;同时,又得知国营3531贵阳厂区的部分职工又回迁到了这里,有些产品又回到这里来生产,这是否又是一个新的发展契机,大家可以拭目以待。

二、贵州省绥阳县风华镇(厂矿社区)语言生活

(一)风华镇(厂矿社区)语言生活格局的形成

社会语言学认为,使用中的语言与社会环境之间会相互作用并产生社会效应。三线建设内迁厂矿在一定的历史时期内是一个相对独立和封闭的系统。在一定的时间内,厂矿的保密性和内迁厂矿内部语言的独立性使得厂矿本身带有一定的神秘色彩,除了生活所需,一般情况厂区职工与周边居民隔绝。随大多数厂矿职工语言交际的需求,厂矿职工的交际环境由单一的内迁地语言(吴方言)逐步向多元化发生变异。他们的社会生活交际圈一分为三:厂矿职工家庭内部交际圈(一种或两种方言,或者是厂矿普通话)、厂矿职工与其他厂矿职工交际圈(同一方言圈,以厂矿内迁时方言区来源方言为主要交际语言)、厂矿职工与当地居民交际圈(厂矿所在地方言)。

调查发现,厂矿内曾经长期使用单一家乡话进行交际的厂矿职工,在厂矿社区(初期)相对封闭又相对多元化的语言环境中,他们会因为频繁的语言接触而发生语言行为和语言态度的转变,进而导致自身语言的变异,抑或是下一代没有"母语方言"的结果,抑或是形成一种新的交际语言,即带有极强语言特征的"厂矿普通话"(上海厂矿普通话)。内迁时的家乡话、内迁厂矿地域方言和厂矿普通话三者在这一特殊群体中长期互通、相互影响与融合,从而成为当前社会语言学研究的热点——言语社区语言研究的重要内容。

在调查风华镇(厂矿社区)这一特殊言语社区城镇化进程中职工语言的变异过程中,我们用四个家庭的语言生活格局来探讨其发展与变异。

家庭甲

家庭成员	出生日期	(出生地)常用语言	学历(职业)	进厂时间
父亲	1955年	(上海)上海话	初中(工人)	1975年上海内迁
母亲	1956年	(重庆)重庆话	中专(会计)	1975年技校毕业
女儿	1987年	(风华镇)厂矿普通话、上海话、重庆话、绥阳话	大学(宣传中心记者)	1987年出生到高中毕业

家庭乙

家庭成员	出生日期	（出生地）常用语言	学历（职业）	进厂时间
父亲	1957年	（绥阳）绥阳话、上海话、厂矿普通话	技校（工人）	1975年技校毕业
母亲	1959年	（山西太原）北方话	中专（会计）	1975年招工进厂
女儿	1985年	（凤华镇）厂矿普通话	大学（翻译）	1985年出生到高中毕业

家庭丙

家庭成员	出生日期	（出生地）常用语言	学历（职业）	进厂时间
父亲	1954年	（遵义团溪）团溪话、上海话	初中（工人）	1972年招工
母亲	1954年	（绥阳旺草）绥阳话、上海话	中专（会计）	1975年招工
女儿	1982年	（凤华镇）厂矿普通话、绥阳话	高中（自由职业）	1982年出生到高中毕业

家庭丁

家庭成员	出生日期	（出生地）常用语言	学历（职业）	进厂时间
父亲	1967年	（湄潭）湄潭话、上海话、厂矿普通话	大学（总工程师）	1988年大学毕业分配
母亲	1968年	（湄潭）湄潭话、上海话、厂矿普通话	中专（统计）	1988年中专毕业分配
女儿	1996年	（凤华镇）厂矿普通话	高中在读	1982年出生到高中

（二）凤华镇（厂矿社区）语言生活格局的变异

1. 凤华镇（厂矿社区）的双语型和多语型现象

凤华镇（厂矿社区）职工的语言能力双语型比例极高，部分厂矿职工之家甚至是多语型。在3531内迁厂矿生活30年以上的家庭中，不少厂矿职工对于厂矿方言（上海话）只是家乡话单语者或是潜在的"家—普"双语者。部分职工虽然已有一定的普通话基础，但由于在厂矿的大部分社交场合都使用厂矿方言（上海话），厂矿方言使用机会较多，听和说的能力一直处于不平衡状态——听的能力较强，说的能力较弱。如家庭甲中的父亲，由于从上海内迁到此，家乡话（上海话）在厂区处于强势方言地位，所以一直说上海话。虽然娶妻重庆人，但是两人的家庭内部交流一直是各说各的方言，上海话和重庆话成为这个家庭几十年不变的交际语言，偶尔彼此也说一下对方常用的方言词汇。即便是女儿出生后，他们仍然用各自的方言与女儿说话，女儿也自然成为多语者。女儿一开始说话，也就自然地与父亲说上海话，与母亲说重庆话；当三人家庭交流时，女儿则使用母亲的重庆话。但是我们已经发现，女儿的重庆话已经没有母亲的那种地道，而是说带有重庆话与绥阳风华镇地方方言的"混合语"。这一语言格局的变异，可以看出女儿在家庭中的语言态度与对父母关系的亲疏有直接的联系。这样一来，女儿可以听、说上海话，但说得少；女儿可以听重庆话，但是使用的是绥阳风华镇地方方言。而作为家庭外社会交流，女儿则通常使用风华镇厂矿普通话，或者与不同的交际对象说对方的方言。女儿显然成为没有确定"母语"归属的一代。

2. 以强势方言（上海话）作为风华镇（厂矿社区）日常交际语言

由于国营3531厂属于上海内迁厂矿，在建厂初期至很长的一段时期内，厂矿方言（上海话）成为该社区的强势方言。很多职工本身虽然不是厂矿方言（上海话）方言区的，但是还是尽量学习上海话以适应厂矿社区交际的需要。如家庭乙、家庭丁中的父亲、母亲都有这样的经历。他们在厂矿社区内甚至整个061基地系统内，为了交际的需要，抑或是为了提高自己的交际地位，也都不同程度地使用上海话，虽然他们都是地地道道的贵州人。因为在很长的历史时期内，这个厂矿社区乃至整个内迁基地系统都以自己是厂矿社区内的人而自豪。交际地位上，社区内部内迁职工优于本地职工，因而人们对社区强势方言（上海话）的语言态度和语言认同就高于社区普通话和地方话。因此，人们为了掩饰自己的本地人身份，都以厂矿强势方言（上海话）作为风华镇（厂矿社区）日常交际语言，这也是一种自我封闭的隐性社会地位和语用层次带来的方言强势和语言认同。

3. 厂矿社区普通话逐渐成为风华镇（厂矿社区）交际语言

随着交际面的扩展，原有的厂矿社区内迁人员家庭的重组，家庭下一代的出生和交际的需要，强势方言趋势在一定的时间内（中后期）也在发生变异。先是有的职工在特别熟悉的交际环境中，各说各的方言，也间穿插厂矿方言（上海话），彼此都能够进行交流，也逐渐没有了亲疏之分，如家庭丁中的父母亲。家庭丁中的父母亲是 60 年代出生的，属于后期进入风华镇（厂矿社区）的，而且文化层次相对前两个家庭要高一些。这一阶段，由于新进厂的不再是技术工人，而大多是技术人才和高层管理人员，风华镇（厂矿社区）原来的社区人群优越感由内迁地人群优越感向受教育层次和工作岗位优越感过渡。原有上海人的社区优越感也逐渐减弱，开始逐渐融入当地方言和社区厂矿普通话中。甚至有的上海人在本地人多的环境中，转而使用当地地方方言。这一变化，明显看出风华镇（厂矿社区）不同层次人群的社会地位的改变促使社区人群语言认同和语言选择的变化。

作为家庭的下一代，由于他们的学习环境从幼儿园到高中，厂矿普通话已经成为他们的日常交际语言，所以他们学习和使用普通话的机会大大增加。为了适应孩子的教育和交流需要，有的家庭的父母（家庭乙、家庭丁）与孩子交流时使用厂矿普通话。他们在与孩子使用厂矿普通话交流的同时，不自觉地提升了自己的普通话水平，从不会说变为会说，从说得不好变为说得越来越好，成为了现实的多语者。厂矿普通话的地位也随之发生变异，成为厂矿社区第一交际语言，强势方言的语言地位被打破。可见，厂矿职工的交际行为在促使厂矿社区人群实现语言选择转型中起到了重要作用。

在调查厂矿职工的语言使用类型时，我们提供了家乡话、普通话、上海话和其他地区方言四个选项供选择（可多选）。结果显示，双语型的厂矿职工比例很高，占了调查总人数的 78.5%，绝大部分人在 3531 厂工作时都同时掌握了厂矿的强势方言（上海话），也同时使用自己的家乡话和普通话（厂矿普通话）三种语言变体。调查中有 21.5% 的厂矿职工甚至是多语者，在掌握家乡话和普通话的基础上，还能使用上海话或其他方言交流。

三、风华镇（厂矿社区）语言生活格局变异的原因

从我们对风华镇（厂矿社区）语言生活格局的变异和发展调查看，导致风华镇（厂矿社区）语言变异的原因主要有两个，一个是风华镇（厂矿社区）社会成员的内部因素。即风华镇（厂矿社区）人员的流变，厂矿社区家庭成员的重组。根据语言交际调查的历史事实可见，风华镇（厂矿社区）语言格局的变异往往处于一个动态的发展过程。促成风华镇（厂矿社区）语言格局变化的主导因素是操不同方言的风华镇（厂矿社区）成员的变动和人们语言态度的转变和

语言认同,这是厂矿社区语言变异必需的内应机制。另一个是外部语言大环境的影响。风华镇(厂矿社区)的语言变异经历了强势方言期—强势方言、地域方言、厂矿普通话混用期—地域方言、厂矿普通话使用期。最终厂矿社区普通话上升为厂矿社区的第一语言。

徐大明总结言语社区理论时指出:"社区是第一位的,语言是第二位的。语言产生于社区之中。一个言语社区不一定就对应着一种语言;但是频繁的言语互动的结果往往是产生和保持一种语言变体的基本条件。"风华镇(厂矿社区)是一个(社区)语言的小社会,特定的语言交际环境和历史文化因素导致风华镇(厂矿社区)绝大多数职工都存在双语行为。这种行为甚至影响到风华镇(厂矿社区)以外的当地方言人群,当地的非风华镇(厂矿社区)成员也因此成为双语者(只会听不会说),这是因社会交际的语言需求而发生的变异。这体现语言的一种交互影响能力,而不是一种个人行为。个人的双语习得若不能进入社会(社区)双语圈,只能属于个人的双语能力而不会产生双语现象(风华镇非厂矿社区成员)。可见,厂矿普通话所以最终成为风华镇(厂矿社区)的社区语言,也是社会语言学言语社区理论研究的最终结果。

(本文作者:蓝卡佳,遵义师范学院;敖钰,遵义航天高级中学)

皖南上海小三线职工的民生问题研究*

张秀莉

1964年,以毛泽东为核心的中共中央鉴于国家安全形势的日益严峻,做出了加强战备、调整工业布局、进行三线建设的战略决策。上海热烈响应"备战、备荒、为人民"的伟大号召,从1965年开始在东起浙江临安县、西至安徽东至县、南至祁门县、北至青阳和宣城,纵横700公里、占地45万平方公里的皖南和浙西建立了小三线。至1980年止,国家共投资6亿余元,在安徽和浙江建成81家企事业单位,其中浙西只有上海小三线的一家企业,其余的均地处皖南。这些企业包括54个工厂,占地面积679万平方米,建筑面积218万平方米,职工5.6万余人,家属1.6万余人。小三线的职工中从上海去的约4.74万余人,占84%,其中由上海老厂动员去的老职工约1.66万余人,大专、中专、卫校和六八、六九届技校统一分配的约8500余人,1975年安排的七二届无去向代训艺徒等约1.72万余人,高初中毕业生分配的约2800余人,其他2300余人①。上海小三线在安徽自成一个社会体系,不仅有工厂,还有为生产服务的配套行业,如交通运输、电力供应、通信设施、物资仓库、学校、幼儿园、公安、法院、专线班车、生活供应等。加之皖南小三线作为上海"飞地"的特殊体制,小三线的民生问题不仅需要上海市各相关职能部门之间的协调,而且需要上海与安徽之间的配合。

关于三线问题的研究已成为当代史研究的一个热点,但其关注点在中西

---

* 本文系2013年度国家社科基金重大项目《"小三线"建设资料的整理与研究》(13&ZD097)的阶段性成果之一。原载《安徽史学》2014年第6期。

① 《上海小三线情况汇报提纲》(1981年7月11日),沪后字〔81〕第87号,上海市档案馆藏,档案号:B1-9-405。

部的三线建设,即通常所说的"大三线"。综观大三线研究成果,内容多集中于对这一决策的形成及其评价、三线布局及其经济效益等问题,对三线建设者们的关注不够①。相比而言"小三线"的研究成果非常少,目前所见主要有上海大学历史系徐有威教授及其团队所做的系列口述史,各类文献整理和专题研究②。其他成果有张永斌的《上海的小三线建设》③,段伟的《安徽宁国"小三线"企业改造与地方经济腾飞》④和《上海小三线建设在宁国县分布的历史地理考察》⑤等。

本文依据上海市档案馆所藏档案资料和上海小三线建设亲历者口述资料,从政策层面和具体实践对上海小三线的民生问题做一个整体上的梳理与探讨,因为小三线建设所影响的不仅是区域经济发展的问题,还有大量人口流动所带来的社会问题以及区域间的文化交流。

一、日常生活问题

(一) 日用品和副食品的供应

上海小三线的职工和家属生活用品、副食品供应问题,经上海有关商业局和安徽当地商业局协议,由当地商业部门支持安排。在上海小三线和基地建设初期,由于小三线单位地处山区,当地商业网点较少,供应有些困难,上海市革命委员会财贸组和工交组于1970年6月决定,在当地商品供应未解决前,对肥皂、香烟、食糖、胶鞋、牙刷、牙膏、面盆等30种商品,由上海商业部门采取

---

① 详见段娟:《近20年来三线建设及其相关问题研究述评》,《当代中国史研究》2012年第6期。
② 相关研究成果有,徐有威:《口述史和中国当代军事史研究——以上海小三线建设为例》(《军事历史研究》2012年第1期)、《刻不容缓地重视口述史,保存中国当代史不可再得的鲜活资料》(《社会科学》2012年第5期)、《上海小三线口述史选编(一)》(《冷战国际史研究》2011年第2期)、《口述上海:小三线建设》(上海教育出版社2013年版)等;吴静:《危机与应对:上海小三线青工的婚姻生活——以八五钢厂为中心的考察》(硕士论文,2012年);崔海霞:《上海小三线社会研究》(博士论文,2013年);胡静:《上海小三线的调整与改造——以安徽省贵池县为例》(硕士论文,2013年);李婷:《上海媒体报道与上海小三线(1965—1988)》(硕士论文,2014年);徐有威、陈东林:《在等待战争来临的岁月中 三线建设的今生前世》(《国家人文历史》2014年第18期)。
③ 《上海党史与党建》1998年第4期。
④ 《当代中国史研究》2009年第3期。
⑤ 收入"三线建设学术研讨会暨研究生论坛"会议论文集,2012年5月6日。

临时供应的办法。各筹建主管局应将所属单位所需要的商品,按年度分季填报计划,直接送交有关专业公司负责供应;对于其他零星商品的采购,由各单位提出要求,经筹建主管局审查后由有关批发部直接供应。为了有计划地做好后方建设单位的商品供应工作,各筹建主管局应将筹建厂、施工单位的实际人员数字(分职工、家属),按季报送给有关商业部门,作为供应依据。如有大的变动则要及时通知。待新厂供应以后,原来由老厂负责供应的关系应该停止①。

此后,上海小三线要求扩大供应品种,如卡其布、的确凉等衣服面料。财贸组和国防工办研究,于1973年8月报请上海市委、市革委会同意,对已确定的30种商品仍由上海维持供应;对卡其布、的确凉等纺织品,是国家计划分配的,本市供应也偏紧,不再扩大供应;对当地商业部门要求上海支持的商品,为了相互支持和照顾地区之间协作关系,在春节期间,一年一次,以专区为单位,由省商业局介绍,和上海有关商业局商洽,凡上海货源有可能,尽量挤一部分给以支持②。

随着上海小三线人口的增加,上海在主要日用品供应上也加大了力度。据负责小三线物资供应的领导回忆,后方供应有些条件比上海还好些,比如在上海每人每月1斤肉,后方是1斤1两或者1斤2两。上海小三线和上海水产局、商业一局、商业二局保持密切联系,商业一局、商业二局都有专门干部管上海小三线的供应,凡是后方提出需要,他们尽量满足。上海小三线在上海有办事处,后勤组派人在办事处工作,专门负责与各个局联系,处理小三线商品供应问题③。除了上海小三线后方基地设后勤组,各个公司也有后勤组,直接对口。各个厂都有小卖部,凭票供应一些日常用品。这样就形成了一条从上海直到各个工厂的商品供应链,保障了职工日常生活所需。当时比较困难的是蔬菜,蔬菜主要在当地购买,有些地方没办法供应,小三线各厂就自己种菜,整个小三线约有5 000亩菜地,大部分是职工整理山地和山坡开出来的④。

---

① 《关于上海后方单位商品供应的通知》(1970年6月29日),上海市档案馆藏,档案号:B246-1-342。
② 《关于上海小三线和基地商品供应的情况汇报》(1974年11月21日),上海市档案馆藏,档案号:B248-2-683。
③ 《为小三线做好后勤保障工作——原上海市后方基地管理局后勤处处长王中平访谈录》,徐有威主编:《口述上海:小三线建设》,第105页。
④ 《艰苦创业的小三线人——原上海市后方基地管理局党委副书记郑金茂访谈录》,徐有威主编:《口述上海:小三线建设》,第77页。

"文革"结束后,小三线每个工厂都建了冷库,可以用自己的产品到外地去换东西,所以上海买不到的许多东西后方都有。小三线职工的生活标准与上海差别不大,物资供应有保障,是职工安心工作的前提。但这样的供应模式也大大提高了上海小三线生产的成本①,这是小三线政策调整的原因之一。

（二）粮食供应

上海小三线职工吃的粮、油都纳入上海的供应计划,上海将计划转到安徽省,由安徽省粮食厅下达到安徽各县,各个厂统一到县里去买,这些指标都是上海划拨的。

1969年,上海市经与安徽省协商,同意安徽省革委会提出的意见：皖南小三线所供应的粮食顶抵上海市的调入指标。同年11月10日,安徽省生产指挥组根据与上海市协商的精神,发出了《关于上海市在我省进行三线建设人员口粮供应问题的通知》,规定："凡上海市三线厂的职工及其家属的粮油关系转入我省的,其粮食供应标准,职工暂按原上海定量（其他省调入上海厂的,按原定量）,食油一律按我省当地标准供应。职工家属按我省当地居民定量标准供应。未转移粮油关系的,一律凭全国通用粮票供应。""三班制生产的工人及施工安装人员的夜餐粮补助,按我省原规定标准,由上海各三线厂、施工单位编报夜餐粮计划,送当地粮食部门核补。""凡供应上海三线厂职工及家属的粮油及夜餐补助粮,不作我省粮食销售统计,一律作为调给上海市处理,统计在粮油收支平衡月报表调拨栏内,并在每月终了分品种报一次调运进度。""上海三线厂在我省使用的民工补助粮,作销售处理,统计在农村民工补贴栏内。"②

1969年12月2日,上海市粮食局将安徽省的通知转发给本市各有关局,并请各局通知有关单位及时办理粮油关系转移手续,由安徽省代本市供应粮食。但在执行过程中,上海方面的工作没有跟上,也没有及时商量具体结算办法,几年来一直未主动到安徽省了解代供应粮食的具体数字,在粮食收支统计上,也从未将这笔代供应数列入销售与调入数内上报。1972年9月,国家商业部粮食局曾要求上海将安徽代供应小三线的粮食列入本市销售统计上报,但

---

① 《上海小三线,抓住机遇的调整——上海市委原副书记、常务副市长阮崇武访谈录》,徐有威主编：《口述上海：小三线建设》,第11—12页。
② 《关于上海市在我省进行三线建设人员口粮供应问题的通知》(1969年11月10日),上海市档案馆藏,档案号：B135-4-178-26。

上海并未执行,并提出若把小三线供应数算在内,销售指标需要相应增加①。这就使得安徽省代为供应小三线粮食的指标,成为一个虚悬的统计,影响了上下关系与兄弟省份之间的关系。

小三线在粮食供应方面也存在一些问题。1973年上海市粮食局革命委员会在前往皖南的贵池、徽州、芜湖三地区的上海三线工厂调研时发现:一是几年来三线工厂职工定量由于没有对各工厂进行核准,有许多不符合政策的地方。如轻工调为重工和脑力劳动调为体力劳动的,粮食定量都按上海工种标准进行了调升,但重工调为轻工和体力劳动调为脑力劳动的,粮食定量应当调低的都一直未动。据测算,吃超工种定量的约占10%左右。二是随意提高定量标准。有些工厂如红波、井冈山等厂将干部原定量29.5斤,一律照安徽标准调整为32斤。也有些工厂职工工种未变,但定量按照该工种最高限额进行调整。三是补助粮名目繁多,自行扩大补助范围,造成国家多供应粮食。如683车队驾驶员早上7点出车,晚上8点回来,补2.5两,超过10点的补助夜餐粮4两②。对于这些问题的整顿,安徽和上海的意见不同,安徽的做法是按工种定量"一刀切",上海的整顿办法有些伸缩余地,指挥部倾向于按上海办法整顿,当地粮食部门的意见则是要按安徽办法整顿,否则,今后小三线粮食管理他们就不再过问。因为小三线的粮食供应需要当地帮助安排,上海市粮食局为了不影响与当地关系,原则上按照当地办法整顿,同时提出有什么困难问题,请指挥部与当地协商解决。这样,小三线粮食供应的政策和标准得以理顺。

(三)职工宿舍

小三线各工厂在荒山深谷中从无到有,从小到大,期间居住是职工面临的又一严峻问题。尤其是第一批到皖南从事创建工作的小三线职工最苦。根据当事人的回忆,他们有的住茅草房、稻草房、芦席棚,有的住祠堂里,有的借住农民住房,条件非常简陋,隆冬时节,屋内的毛巾和牙膏上都结了冰。但是小三线的建设速度很快,因为小三线建设之初,上海本地基本没有开展较大建

---

① 《关于我市在安徽小三线粮食供应情况和我们工作中的错误检查报告》(1973年5月31日),上海市档案馆藏,档案号:B135-4-513。
② 《关于安徽小三线贯彻中共中央〔1972〕第44号文件情况的报告》(1973年5月18日),上海市档案馆藏,档案号:B135-4-417。

设,据说当时上海基建队伍 60% 都在后方小三线。

上海小三线在建厂时,家属宿舍是按职工人数 15% 建造的,但由于人员的陆续增加,已不能满足需要。1970 年 10 月,上海小三线建设八一二指挥部提出按定员人数 30% 建造家属宿舍。11 月 29 日,上海市革委会工交组向市革委会提出增建部分家属宿舍的请示报告,增建家属宿舍 1 827 户、54 810 平方米,并落实了每家企业的具体指标,家属宿舍的问题逐步解决①。小三线的职工宿舍仿照当地的干打垒房子,有 1 层的、2 层的,还有 6 层的,小三线的房子面积比上海大,一般至少两室。住房内有卫生间,没有煤气,刚开始用煤油炉烧饭,后来建了灶头,烧饭用柴禾②。宿舍的分配一直是老大难问题,各厂的做法也不相同,有的根据进厂的时间,有的根据户口和婚姻情况,有的是户口加抓阄。

(四) 交通、通信

上海小三线是在"靠山、分散、进洞"的方针指导下建设的,因而摊子过大、战线过长、远离城镇、极端分散。83 个单位中除一个厂坐落在浙江临安县外,其余 82 个单位分布在皖南徽州、安庆、宣城 3 个地区、15 个县市境内的群山山坳里。后方管理机关设在屯溪市郊,距离所辖工厂最远的达 360 多公里,4 个公司机关分别设在宁国、绩溪、旌德、东至 4 个县城内外,距离所辖工厂最远的也达 250 多公里,有的工厂厂区内车间设置十分分散,有 5 个工厂厂内公路达 10 公里以上,最长的达 14 公里。由于远离城镇、过于分散,交通通信问题便非常突出。小三线建设之初只能是逢山开路,遇水架桥,平整山地,在山谷中建厂房。随着小三线的建设,山沟里的公路打通了。当时修路用了不少资金,确切地说,这些山区的公路就是用 10 元钱的人民币铺出来的,当时 10 元钱是最大的币种③。上海小三线自己组建了 683 车队,有四五百辆汽车,根据公司来设置,一个公司配一个小车队,主要用来运送工厂的产品④。

---

① 《关于上海小三线增建部分家属宿舍的请示报告》(1970 年 11 月 29 日),上海市档案馆藏,档案号:B246-1-342。
② 《严把军品生产关——原上海市后方基地管理局管理处副处长朱伟东访谈录》,徐有威主编:《口述上海:小三线建设》,第 139 页。
③ 《从研究所到小三线——原上海市后方基地管理局党委书记王昌法访谈录》,徐有威主编:《口述上海:小三线建设》,第 53 页。
④ 《艰苦创业的小三线人——原上海市后方基地管理局党委副书记郑金茂访谈录》,徐有威主编:《口述上海:小三线建设》,第 76 页。

小三线职工来往于沪皖两地的交通方式主要是坐公共汽车和坐船。1965年小三线建设初期,为解决后方与上海的工作联系和职工回沪探亲、节日休息的交通问题,经安徽省同意,上海市人民委员会公用事业办公室决定开行三线专用直达班车。沪皖三线专用直达班车实行当天到达,沿途靠厂停车,且票价最高不超过10元,给小三线职工的生活带来了极大方便,成为小三线建设中不可缺少的生产生活配套设施之一,对小三线的稳定起了很大的积极作用。除此专用班车线路外,尚无其他客运车可乘。小三线的客运任务主要由上海市公交三场承担。每年春节前后,小三线的客运量都在1.2万人次左右。市公交三场除了正常开行三线专用班车外,每年还千方百计地调配200—300辆次的客车支援小三线,保证职工回沪过春节并按时回厂参加生产①。

1979年,安徽省有关部门根据交通部的规定,提出这条线路的班车,应该沪皖对开、分别营业,否则就要停止运行。上海市公用事业局与安徽有关部门多次面洽,均未奏效。上海市后方基地管理局于1979年10月3日、12月2日连续以沪后字〔79〕第53号和沪后委字〔79〕第105号文上报了《关于要求上海至后方三线专用班车维持现状的请示报告》和《关于要求沪皖三线专用班车维持现状的补充报告》,引起了市委、市人民政府和市建委、市国防工办的重视,使沪皖三线专用班车基本上维持了现状②。

1979年,安徽省革委会交通局、商业局联合发出通告,规定:省交通局在通往邻省的17个道口设立检查站,负责查验所有进出省境客(10座以上的)货运汽车的通行证明和有关证件。"外省来皖的车辆,必须持有当地省、市、自治区交通运输管理部门的通行证明,方可进入我省。"从1980年1月1日起实行。当时小三线共有10座以上的大小客车197辆,其中大客车91辆,面包车106辆,正面临着因无跨省通行证而无法驶入安徽省境的严重问题。但是,上海市革委会〔1979〕39号文明确,发放货运汽车跨省通行证,由上海市陆上运输管理处统一办理,而对大小客车跨省通行证的发放未作明确规定。为此,上海市后方基地管理局紧急报告市政府,建议暂由上海市陆上运输管理处统一办

---

① 《关于再次要求沪皖三线专用班车维持现状的报告》(1982年6月19日),上海市档案馆藏,档案号:B1-9-679。
② 《关于再次要求沪皖三线专用班车维持现状的报告》(1982年6月19日),上海市档案馆藏,档案号:B1-9-679。

理发放客运车辆跨省通行证,以解燃眉之急①。

1982年,安徽省交通厅又和上海市公用事业局达成了4条协议,计划从当年7月1日起将三线专用班车改为对外开放营业、省市双方对等联合经营的长途汽车。上海市后方基地管理局对此极力反对,认为此事事关重大,如果将三线专用直达班车改为对外开放经营的长途汽车,职工乘车无保障,设站增多延长了路上时间,职工极不方便,且票价抬高,增加了职工生活支出。为此专门向上海市政府呈交请示报告,陈述理由。1982年7月16日,上海市政府专门发文,同意上海小三线专用班车维持现状不变,今后沪皖间开辟新线路,由市交通运输局同安徽省交通厅商洽解决②。

上海小三线最初用安徽的电话(手摇式电话机),由于通信设施落后,打电话十分费劲费时,不是打不出,就是通了也听不清,要大喊大叫才能互相呼应,有时候甚至还要蹲在写字台下求得安静才能听清。1969年,为保证上海后方通信,上海开始在后方建设5处通信站——胡乐站、绩溪站、宁国站、孙村站、贵池站,由上海方面派人维护③。1969年12月,上海小三线正式成立后方通信筹建组,1970年改名为上海后方通信站。1971年后方通信系统建设完成后,通讯情况得以改观,所有小三线单位电话都联网,和上海直通。小三线电话号码都是260,因为有个260通信站。

二、婚姻问题

皖南上海小三线职工群体的特点是男女比例失衡和年龄较轻。当众多年轻的男工到了结婚年龄时,婚姻问题在皖南这一相对封闭的工作环境中,不仅成为老大难问题,而且影响到小三线厂的生产和人心稳定,所以小三线工厂和上海市各相关部门都极力想办法解决,但在具体政策上,不同部门之间也有分歧。

---

① 《关于请速发放后方客车跨省通行证的紧急报告》(1980年1月2日),上海市档案馆藏,档案号:B1-9-204-83。
② 《关于市政府同意上海小三线专用班车维持现状的通知》(1982年7月16日),上海市档案馆藏,档案号:B1-9-679。
③ 《关于报送上海后方通信机务站扩初设计的报告》(1969年12月23日),上海市档案馆藏,档案号:B246-1-342。

(一) 大龄青年的婚姻问题

随着时间推移,最初进皖南小三线的一批小青年,特别是六八、六九届的中专生都到了结婚的年龄,再加上七二、七三届代训艺徒一下子涌入1.7万余人,致使男女比例失调,约有8 000余男青年找不到对象。有些工厂男女比例严重失调,恋爱婚姻问题就成了令人头痛的事情,八五钢厂就曾发生过许多光棍组织起来到工厂党委请愿,并公开打出"我要老婆"的横幅标语①。1980年,上海市政府国防工业办公室对皖南小三线的调研显示:上海在皖南小三线单位的未婚男青年共有13 072人,未婚女青年仅有4 639人,男青年比女青年多8 433人,其中30周岁以上未婚男青年就有1 015人②。

婚姻问题已成为上海小三线后期管理中的一件大事,各家工厂自己想办法。新光厂1980年5月在《解放日报》上刊登招收女工的报道。八五钢厂先后于1980年10月10日和1981年8月7日在《青年报》刊登广告,为青年寻找对象③。启事发表后,在短短10天内,就收到470封姑娘来信,她们都表示愿意和钢厂青年结为伴侣。八五钢厂团委在厂党委的具体指导下,举办了"四个第一次"的专题讲座,请厂政治部主任谈如何通信,第一次如何见面,第一次如何上门,第一次外出约会应注意的问题。此外,团委还成立生活指导小组,使青年们在解决切身问题的同时,接受一次联系实际的、生动的人生观教育。厂里还为即将结婚的职工建造新房④。1981年11月,上海后方基地管理局团委成立了24个婚姻介绍所,并在上海《青年报》上刊登招收女职工启事,把婚姻的大门向全国各地打开⑤。

这一问题也引起上海高层领导的关注,专门下达了有关文件,允许在外省

---

① 《我们是职工模范之家——原上海前进机械厂工会主席伍雨珊访谈录》,徐有威主编:《口述上海:小三线建设》,第301—302页。
② 《劳动局关于小三线男青年婚姻问题修改意见》(1980年6月25日),上海市档案馆藏,档案号:B1-9-257。
③ 《登报做广告,为未婚男职工找女朋友——原上海八五钢厂团委书记史志定访谈录》,徐有威主编:《口述上海:小三线建设》,第322—324页;史志定:《八五钢厂团委启事:为我厂男青年寻找对象成婚后可调入我厂工作》,《青年报》1980年10月10日。
④ 《找对象登启事青年人喜洋洋》,《青年报》1980年10月24日。
⑤ 曹晓波《满腔热情做红娘皖南迎来好姑娘——后方基地成立二十四个婚姻介绍所》,《新民晚报》1982年2月1日;《为本系统男青年寻找对象后方和基地团委成立婚姻介绍所》,《青年报》1980年11月14日。

市和有关农场寻找配偶,并可商调进厂。国防工办提出了一个解决此问题的意见,交与市劳动局协商解决。经过双方协商,最终形成以下解决方案,报上海市人民政府:

(一)由市劳动局每年下达一批招工指标给后方基地管理局,从市区社会待业青年中,招考一部分女青年进小三线工厂为正式职工。

(二)从市属农牧场抽调一批没有恋爱对象的女青年,分配去小三线为正式职工。

(三)小三线未婚青年到外省市企业事业单位中(包括农场和县办集体事业单位)自找对象,结婚后可将户口迁往皖南所在地,安排进小三线工厂为正式职工。

(四)小三线男青年从上海街道、里弄集体事业单位和社会待业女青年中自找对象,办理结婚手续后,女青年愿意将户口迁去小三线工厂的,可以吸收为正式职工。

(五)对于年满三十五岁还找不到对象的男青年,为照顾其特殊困难,允许在农村户口的女青年中找对象,结婚后其配偶可以转为吃商品粮,并吸收为小三线厂办的生活福利集体事业的职工①。

1980年7月9日,上海市人民政府办公厅以沪府办〔1980〕239号文,同意市国防工办关于解决上海在皖南小三线部分未婚青年职工婚姻问题的意见,请市后方基地管理局和市劳动局牵头,具体贯彻落实②。接下来就有了沪上多家报纸刊登"代招工启事",以帮助解决皖南小三线部分未婚青年男工的婚姻问题。上海后方轻工公司所属的光明机械厂、万里锻压厂、光辉器材厂、燎原模具厂、红星木材厂、利民机械厂、红光材料厂、曙光电料厂等8个全民所有制单位,在报纸上刊登招工启事,从上海市黄浦、南市、闸北、普陀、杨浦5个区招收一批历届中学毕业未婚女青年③。

---

① 《劳动局关于小三线男青年婚姻问题修改意见》(1980年6月25日)、《关于解决上海在皖南小三线部分未婚青年职工的婚姻问题的意见》(1980年6月20日),上海市档案馆藏,档案号:B1-9-257。
② 《复关于解决上海在皖南小三线部分未婚青年职工的婚姻问题的意见》(1980年7月9日),上海市档案馆藏,档案号:B1-9-257。
③ 蔡昕南、江发根:《后方轻工公司招收女轻工》,《新民晚报》1982年11月25日。

上海市总工会、团市委也组织一些女青年去皖南考察,工会做红娘,她们看了之后觉得跟想象中完全不一样,有些人就愿意到皖南小三线厂成家,小三线后来招进去的女青工的工资待遇跟其他职工一样①。上海小三线共有20余家工厂通过《青年报》或《劳动报》进行招收女工的宣传,为男青工找女友②。另外,五一节和国庆节,组织后方男职工到上海工人文化宫等处搞交谊舞会和联谊活动。经过各方共同努力,皖南小三线先后帮助3 000名青工喜结良缘,在皖南山区安家落户③。

八五钢厂还特别报道了青年婚姻问题的解决对生产的促进作用。启事刊登后的一年时间里,该厂有近200名青年先后结婚,70%左右的青年有了恋人。青年们体会到了党的关怀,迸发出高昂的生产热情,使得该厂1981年能在面临调整的情况下,通过增产节约,使原计划亏损300万元转为盈利82.2万元④。

(二) 夫妻分居问题

皖南小三线职工的婚姻问题,除了青年找对象,还要解决夫妻分居的问题。解决内迁职工夫妻分居的问题是国家统一提出来的。1980年2月8日,国家计委、建委、劳动总局发了《关于召开解决三线地区内迁职工家属长期分居两地问题座谈会的通知》。上海市劳动局派员参加了座谈会。

上海市劳动局代表在座谈会上反映了上海的情况与全国相比有所不同,30年来上海支援全国各地的职工有170多万人,其时夫妻分居两地的约有25万人,其中三线内迁职工家居郊县农村的约有1.4万人,家居郊县城镇的有8万多人,家居市区的有15万人。如果内迁职工家居农村的可以调回原籍县镇安排工作(按"请示报告"的办法,上海市将有7 000多人要回郊县城镇安排工作),势必引起连锁反应,牵动家居郊县城镇的8万多名内迁职工和家居市区的15万名夫妻分居两地的职工,也要求调回上海安排工作。为此,上海市劳动局代表提出了以下三点意见:一是为了巩固和发展三线地区的建设,在解

---

① 《从研究所到小三线——原上海市后方基地管理局党委书记王昌法访谈录》,徐有威主编:《口述上海:小三线建设》,第52—53页。
② 《上海后方基地廿单位招收女工》,《青年报》1981年8月28日;《姑娘,欢迎您来我厂寻找伴侣上海向东器材厂》,《青年报》1981年11月20日。
③ 史志定:《后方基地三千青工喜结良缘》,《劳动报》1983年2月25日。
④ 史志定:《千里结良缘生产传佳音》,《青年报》1982年2月5日。

决夫妻分居两地问题时,应坚持贯彻沿海就内地、一二线就三线、大城市就中小城市的方针,对于内迁职工家居城镇和农村的家属,三线地区应创造条件,有计划、有步骤地动员他们迁往内地,不要将职工调回上海(包括市郊地区)。二是建议国家劳动总局考虑适当放宽夫妻分居探亲假时间。三是对于个别内迁职工,在沪家庭确有特殊困难,需要照顾调回本市的建议仍按现行规定,作为正常工作个别照顾①。

上海市因人口密度高、住房紧张、交通拥挤、"三废"严重、劳动就业困难等突出问题,无法执行中央的政策,为此,会议期间上海参加会议的代表向国务院副总理万里汇报了上海职工支援各地建设情况,要求"凡是上海在外地已经就业的人员,包括支援大小三线和国营农场职工,以及劳改的,都不要回上海"。万里同意了上海方面的要求,并希望各地支持上海②。但在1980年11月召开的"全国夫妻两地分居工人商调会"上,各兄弟省市要求调入上海的职工共6 445名,而上海职工要求调往外省的仅165人,在此情况下,上海要接收大批外地职工确有实际困难,经与有关省、市反复协商,上海除将165名要求调外地的人员与有关省、市对调外,多收了150人③。在会议期间,国家劳动总局要求将商调会的内容在报纸上发个消息,并要求各省、市对职工夫妻两地分居情况进行一次普查。上海有关各方在讨论后认为,对职工夫妻两地分居不宜进行普查,解决职工夫妻两地分居会议情况也不宜在报上发消息,以免引起思想波动。可见这个问题对于上海市政府有巨大压力。由于上海当时的特殊困难,皖南上海小三线职工夫妻分居问题没有得到妥善解决,这和下文中将要讨论的户口问题一样,对职工的家庭生活甚至其父母和子女都产生了深远的影响。

三、户口问题

在计划经济体制下,皖南上海小三线军工产品赚钱,日子过得去,人心也比较稳定。但随着国民经济的调整,小三线的矛盾日益尖锐,1980年的生产水

---

① 《关于参加"解决三线地区内迁职工家属长期分居两地问题座谈会"的情况报告》(1980年3月26日),上海市档案馆藏,档案号:B127-6-90。
② 《关于对逐步解决三线地区内迁职工夫妻长期两地分居问题的复函》(1980年9月9日),上海市档案馆藏,档案号:B127-6-90。
③ 《上海市劳动局致市劳动工资委员会办公室并报锦华同志函》(1980年11月29日),上海市档案馆藏,档案号:B127-6-90。

平比1979年下降15%,1981年再下降25%,1980年的利润比1979年下降45%,1981年小三线变盈为亏,54个工厂中处于停建缓建、全停工和半停工状态的约占厂数的63%,人数的50%①。1978—1988年这10年中,上海小三线很困难,各种矛盾凸显。初去皖南小三线时,人们考虑的比较单纯。其时,有上海户口的人可以不迁过去,但不少人觉得迁了也没什么,这样方便,过去就过去了,大家准备一辈子在小三线。但是后来越来越难了,独生子女多,父母在上海生病了,没人照料,子女在山沟沟里干着急②。孩子户口也是个大问题,家属去了1万多人,孩子户口的安置、上学都是问题③。

在小三线的职工和家属7万多人中,有2万多人的户口没有迁到皖南。1980年,上海市人事局、劳动局联合向市政府提交了《关于支援大、小三线建设而户粮关系仍在本市的职工调沪问题的请示报告》。针对有些单位未经市人事、劳动部门批准,擅自将一些户口、油粮关系仍在本市的大、小三线职工调来本市工作,引起了部分在三线工作职工的思想波动问题,提出如下意见:

(一)各单位在处理部分大、小三线职工因家庭有困难而要求调沪问题时,对他们中户口、油粮关系在本市的与不在本市的,应掌握同样对待的原则,除个别家庭确有特殊困难,按照政策,经过批准可以照顾调沪外,应教育职工安心三线建设,并积极动员其家属调往大、小三线地区团聚,而不应擅自将职工调来本市工作。

(二)对于支援大三线建设而户口、油粮关系仍在本市的职工,因家庭有特殊困难,要求调沪的,干部要经有关省人事部门与本市人事局审查同意;工人要经当地劳动部门与本市区、县劳动局审查同意,然后才能办理调动手续。

(三)对于支援小三线建设而户口、油粮关系仍在本市的职工,因家庭有特殊困难,要求调沪的,干部要经市后方基地管理局与市国防工办审核,报市人事局批准;工人要经市后方基地管理局与后方单位的所属主管

---

① 《上海小三线情况汇报提纲》(1981年7月11日),上海市档案馆藏,档案号:B1-9-405。

② 《生产、搬家、安置三不误的小三线调整——原上海市后方基地管理局局长王志洪访谈录》,徐有威主编:《口述上海:小三线建设》,第59页。

③ 《向上海小三线干部和职工致敬——原上海市人民政府国防工业办公室主任余琳访谈录》,徐有威主编:《口述上海:小三线建设》,第23页。

局审核,报市劳动局批准,然后才能办理调动手续。

(四)确因家庭特殊困难等原因临时借调大、小三线职工来沪工作,应按第(二)(三)条规定的审批手续办理。

上海在外地的单位,如梅山、大屯等单位的干部和工人的调沪或借调问题,也按照上述原则办理①。

1980年5月26日,上海市政府批转了市人事局和劳动局的报告,要求户口、油粮关系无论是否在本市,都应同样对待,除个别家庭确有特殊困难,按照政策,经过批准可以照顾调沪外,应教育职工安心三线建设,并积极动员其家属调往小三线地区团聚,而不应擅自将职工调来本市工作。对于支援小三线建设而户口、油粮关系仍在本市的职工,因家庭有特殊困难,要求调沪的,干部要经市后方基地管理局与市国防工办审核,报市人事局批准;工人要经市后方基地管理局与后方单位的所属主管局审核,报市劳动局批准,才能办理调动手续②。

但是,作为皖南上海小三线直接管理机构的上海市后方基地管理局对此问题却有不同的看法,针对市政府上述文件提出了以下建议:一是上海小三线是上海的一个组成部分,是上海自己建设起来的一个战略后方基地,上海后方基地范围内所有的企事业是上海市属企事业而建在外地的单位,上海后方基地范围内所有的党、政、军、民、学、商等工作都是上海市统一领导,执行上海市的统一政策,因而它与上海市支援外地大、小三线建设的单位有根本区别,应将上海小三线范围的干部、工人调动切实按照市属单位对待。二是凡是从上海小三线范围调回上海工作的干部、工人,还是应按现有干部、工人管理范围由上海各主管局或后方基地管理局分别上报市经委、国防工办审核,再由市人事局、劳动局批准后,才能办理调动手续。三是建议尽快制定出从上海小三线调回市区工作的统一政策,以便上海各主管局和后方基地管理局统一掌握标准,减少矛盾。四是只要不是正式从上海小三线调回上海市内工作,而是临时借调到上海工作的,做好思想工作,可以放宽一些,由公司以上单位批准同

---

① 《关于支援大、小三线建设而户粮关系仍在本市的职工调沪问题的请示报告》(1980年4月21日),上海市档案馆藏,档案号:B127-6-90。
② 《关于支援大、小三线建设职工调沪问题的报告》(1980年5月26日),上海市档案馆藏,档案号:B127-6-90。

意就可以了,不必再经市人事局、劳动局审批。上海市后方基地管理局还强调:"在市人事局、劳动局给市政府的《报告》中提到,'近来,据市后方基地管理局和有关单位的反映'一句话,也不够实事求是,因为我局近来没有向市人事局、劳动局反映过这方面情况。同时这样涉及到小三线广大职工的问题,事先不同我们通通气,造成我们工作的被动。"①从这份报告中可以嗅出其中的火药味。

此后,上海后方基地管理局曾要求参照沪革〔79〕77号关于市属工厂搬迁郊区后职工户口、供应等问题的处理办法执行。但市公安局认为,77号文不适用于上海在外地单位,户口的迁移,灵敏度非常高,不能一刀切,不能随便开口子。2万名户口未迁安徽者,按户口管理制度,应该迁到皖南;但是目前不好强迫迁去,只能多做工作。在这一部分人中,有几百个小孩没有报上户口,按理应随大人的户口同时报入皖南,要报上海市区户口是不符合规定的,至于个别确有困难者,可以个别解决,这个问题,还是要顶住,要多做思想工作②。

上述内容反映了不同主管机关之间在小三线职工户口迁移问题上的分歧,上海市劳动局、人事局、公安局所坚持的一项准则就是严格限制小三线职工户口迁回上海,以免增加本已严峻的人口压力,市后方基地管理局则从小三线职工积极性的调动和思想稳定角度着眼,强调人性化对待他们因移居外地所造成的家庭困难。

四、教育、医疗问题

皖南上海小三线的教育医疗也是与民生息息相关的问题,特别是后期随着职工子女的增多及进入学龄期,孩子的教育也成为一个重要问题。

小三线成立了教育处,既要关心、办好幼儿园、小学,又要加强对中学、技校的管理,但由于缺乏专业的教师,教学水平不高,耽误了不少子弟③。幼儿园、托儿所都是厂里自己办的。有些工厂自己设立学校,有的几个工厂合办一

---

① 《关于执行沪府发〔80〕67号文中有关问题的请示报告》(1980年),上海市档案馆藏,档案号:B127-6-90。
② 《余琳、席炳午、张梦莹关于巩固和提高小三线的工作当前需要解决的主要问题的汇报》(1980年4月19日),上海市档案馆藏,档案号:B1-9-194。
③ 《专职信访,为民解忧——原上海市后方基地管理局宣传组副组长毛德宝访谈录》,徐有威主编:《口述上海:小三线建设》,第167—168页。

个学校,教师就是从每个厂里抽一些相对有文化的高中生、中专生以及大学生,都没有教师资格,就是从职工中抽一些人去教学。据一位在小三线读书的职工子女回忆,他所生活的光明厂于1971年4月成功筹建职工子弟小学,厂里许多职工把子女从上海接到身边,在子弟小学就读。光明小学的教师全部从本厂车间里抽调出来,并没有具体要求,一些文化程度相对较高的职工也不愿意从教,这样就导致教学水平参差不齐。一些老师上课甚至常念白字,有的老师上课不备课,也不讲课文,随便弄个故事讲讲就算过去了。当时正值"文革",高考没有恢复,绝大部分家长对教育也不太重视,所以教学水平这方面的问题没有受到重视。这些弊病带来的直接后果就是1977年恢复高考之后,厂里的子弟考上大学的凤毛麟角[①]。恢复高考后,有些职工也考上了大学,工厂本来是作为培养人才的一条途径,但这些人大学读完后没有再回小三线。

医疗方面刚开始借助安徽地方力量,小三线医疗条件没有保证。1969年,上海小三线首先建立了后方卫生工作组,工作人员由主要包建单位市卫生局和上海第二医学院共同委派组成。后方卫生工作组作为市卫生局派出机构,主要负责检查落实建设后方4所医院的基建工程、开诊所需的人员配备、医疗设施等。上海第二医学院附属东方红医院(即现在的瑞金医院)包建的瑞金医院,设200张病床,主要承担包括后方指挥部、绩溪、歙县、休宁、黟县、祁门等地区共32家小三线单位的医疗任务;上海第二医学院附属工农兵医院(即现在的仁济医院)包建的古田医院,设150张病床,负责承担宁国、旌德,以及浙江临安地区共29家小三线单位的医疗任务;由市卫生局所属的第一人民医院包建的长江医院,设150张病床,承担贵池地区周围10家大厂的医疗任务;由长宁区所属的天山医院,设100张病床,承担东至地区8家单位的医疗任务。

1970年6月,筹建的医院尚未建成之际,上海瑞金医院就组建了第一批20名左右的医护人员提前进山,在刚建成的医院职工宿舍区开设临时门诊,提早为小三线职工和山区人民服务。1971年,几所后方医院除天山医院外陆续正式开张,因医技精湛,医德高尚,很快就赢得上海小三线职工的信赖,获得当地干部群众特别是农民的欢迎,名扬皖南山区。但是,小三线单位量多、面广、分散,职工的就医依然面临很多困难。有的厂离医院较远,近一些的有几公里,大都相距几十公里,远的则在上百公里以外,如祁门县内3个厂离瑞金医

[①] 《爸爸趴在工具箱上教我算术——原上海光明机械厂子弟小学学生刘金峰访谈录》,徐有威主编:《口述上海:小三线建设》,第398—399页。

院单程就有126公里,休宁、黟县4个厂也有上百公里。小三线工厂自己虽有医院或者医务站,限于设备条件和技术,医务室和单位领导为使职工感到放心,就经常让一些患病职工转到后方医院去确诊、住院、观察或者手术。由于路途遥远、路况又不好,给患病职工增添了不少麻烦。另外,有些邻近专区所在地的小三线厂,遇到职工急病,只得暂送附近的地区人民医院或县级人民医院。

1976年前后,上海市还规划在绩溪河东岸建立一座后方防疫站,从市里调派了30多名经过防疫班培训的青年和有经验的防疫人员到后方卫生工作组工作,工作组的重点转向面向小三线职工的预防保健工作,从建立工厂卫生防疫制度起,定期与不定期发放各种预防药品,联系落实上海市结核病防治所,每两年派出X光体检车,定时、定点、定人巡回于后方山区两省13个县市,为小三线职工服务,切实保障小三线职工健康①。

70年代末期,一些高年资的医师陆续调回上海,医院骨干力量有所削弱,医疗水平下降,群众意见不少,上海市后方基地管理局希望市卫生局继续加强对后方医院的领导,适当增派医疗骨干,提高医护水平。教育方面则是老教师太少,教学水平不高,后方局要求从市区中学的编外教师中,选调一部分教师支援小三线的职工子弟中学②。经过上海市政府的协调,市教育卫生办公室最终同意采取发津贴办法,实行轮流制,派医生到后方医院工作,另外,再派医疗队,以应当务之急;教师问题也采取补贴的办法,动员一部分教师到小三线工作。

1985年1月28日,安徽省政府和上海市政府签订《上海市人民政府、安徽省人民政府关于上海在皖南小三线调整和交接的商定协议》,并上报国务院,确定上海将皖南小三线的80家企事业单位的资产无偿移交给安徽。4月17日,国务院批准上海在皖南小三线的80家企业和事业单位移交给安徽③。小三线职工回上海后都安排了工作、分配了房子,得到较好的安置,历时20多年的上海小三线建设画上了句号。

对于参与上海小三线建设的数万职工而言,这20多年的生活影响了他们

---

① 《我所知道的小三线卫生工作——原上海市后方基地管理局卫生工作组副组长邱云德访谈录》,徐有威主编:《口述上海:小三线建设》,第245—247、第250—253、第256页。

② 《余琳、席炳午、张梦莹关于巩固和提高小三线的工作当前需要解决的主要问题的汇报》(1980年4月19日),上海市档案馆藏,档案号:B1-9-194。

③ 《和汪道涵市长协商接收上海小三线——安徽省原省长王郁昭访谈录》,徐有威主编:《口述上海:小三线建设》,第19页。

一生甚至下一代。小三线政策的推行缘于国家的战略决策,当人们的关注点由国家政策层面转向参与小三线建设的一个个鲜活生命时,无法忽略在光荣使命的光环下,必须时刻去面对的衣食住行、喜怒哀乐、生老病死。

上海小三线建设也是区域经济发展中的一项重大事件,大量工厂、设备、技术人员长期驻扎于皖南地区,带动了当地的经济发展,影响了当地人民的生活,如交通、通信条件的改善,农副产品的销售,部分人进入工厂做工,尤其是上海小三线企业整体移交给安徽地方政府后,推动了当地的工业发展。

上海小三线建设所带来的大量人口迁移,不仅在这一群体中引发了诸多的社会问题,而且也影响了沪皖两地的观念与文化,当地人对上海人时尚的模仿、对电影等文化生活的热情、与上海人通婚等,都是上海人的生活习惯对当地潜移默化的影响,小三线职工对于皖南地区及当地人们的感情也与生活在上海的人有很大不同,而这种文化与观念上的影响更为久远。

当然,上海小三线职工的民生问题所关涉的不只是这7万余人,而是沪皖两地上自政府、下至百姓的数以十万计甚至几十万计的人群,是他们一起书写了这段非同寻常的历史。

(本文作者:张秀莉,山东临沂人,上海社会科学院历史研究所副研究员,历史学博士,理论经济学博士后)

上海小三线建设职工住房保障研究*

韩 佳

20世纪60年代,在紧张的国际形势下,中共中央、中央军委、国务院和毛泽东提出了加强备战、巩固国防的战略部署,在安徽南部和浙江西部山区建设起以生产常规兵器为主的后方工业基地。上海小三线建设从1965年选点筹建开始,到1988年调整结束的24年间,逐渐发展成为全国各省市、自治区小三线中门类最全、人员最多、规模最大的一个以军工生产为主的综合性后方工业基地。因此,上海小三线建设在全国范围内具有代表性和特殊性。

一、上海小三线职工在安徽的住房保障

上海小三线1965年开始基建,到1972年基本结束,但各个小三线厂基建结束时间早晚不一。因战备需要,小三线的生产、生活用房遵循"靠山、分散、隐蔽"的方针,在单体外形和单体群的排列上,要符合乡土化、民房化、村落化的要求①。在基建时期,鲜有小三线单位能修建真正意义上的职工宿舍,许多职工就住在土坯房或者借住在当地老乡家中,住宿条件很差。"我们晚上借住在老百姓的家里。山区的老百姓生活困苦,我们住过牛棚、羊棚,打着草铺,睡到半夜,蛇、虫、老鼠等爬过来都是不稀奇的。刚开始我们指挥部就在一座祠

---

* 原载《美与时代(城市版)》2018年第4期。
① 《关于上海机床铸造四厂分厂扩大初步设计方案的批复》(1965年12月26日),上海市档案馆藏,档案号:B173-4-742-86。

堂里办公、住宿。"①1965年前后奔赴皖南进行基建任务的小三线职工们的住宿条件非常艰苦,这在许多小三线亲历者的口述当中都能得到佐证。难以想象,在那样艰苦的条件下,职工们不但要完成每天的劳动任务,还要克服生活中的种种困难,无疑是对职工们体力与耐力的双重考验。

1966年开始,职工们陆续从上海来到安徽,职工人数增加,许多小三线单位向二二九指挥部报告,希望能够增加资金修建简易职工宿舍,满足职工的住房需求。针对这一问题,1966年9月,二二九工程指挥部在文件〔86〕沪指(张计)字第90号文件中对生活用房定额做了明确规定:全厂生活用房,以每人11平方米计算,其中家属宿舍占全厂总人数的15%,每户平均为30平方米;单身宿舍占全厂总人数的85%,每人4平方米②。文件除了对家属宿舍及单身宿舍的面积定额作出规定外,还对房屋结构、层高及开间、墙身处理、屋面、楼面、粉刷及油漆、水电等等都作了详细规定。

随着基建任务的完成,部分小三线厂开始投产,职工大量增加,原先按照职工人数85%建造的职工宿舍已经无法满足增加职工的住房要求,这是现实又急需解决的问题。1970年前后,随着职工人数的增加,各个小三线单位向上级有关单位反映后方住房紧张,住宿条件差,职工家属宿舍急需新建、扩建的上海档案馆馆藏档案非常多,这也从侧面反映出这一时期小三线职工住房条件急需改善。

面对这一问题,1970年,市革委会工交组向市革委会请示:"在建厂时家属宿舍时按职工人数百分之十五建造的,已不能满足需要,八一二指挥部提出还需建一千八百二十七户、五万四千八百十平方米,每平方米造价按四十五元计算,需投资二百四十七万元,拟列入一九七一年小三线投资计划。"③经过多方面的协商合作,上海小三线职工关于增建宿舍的要求得到市革委会的关注和重视,上海市革委会从资金上给予支持,职工们生活中的许多问题得以解决,住房开始增加,住宿条件得到了很大的改善。

1980年,后方轻工公司所属的十个小三线单位在基建计划增拨投资中都

---

① 徐有威:《口述上海:小三线建设》,上海教育出版社2014年版,第63—72页。
② 《二二九工程指挥部关于生活用房定额的规定》(1966年9月24日),上海市档案馆藏,档案号:B246-1-106-22。
③ 《上海市革命委员会工业交通组关于上海小三线增建部分家属宿舍的请示报告》(1970年11月29日),上海市档案馆藏,档案号:B248-2-290-139。

将修建家属宿舍纳入该年的计划当中缓和住房紧张的局面。在1981年的工作总结中我们可以看到,整个上海小三线,"在解决职工的住房方面,上海市和五机部去年总共安排投资五百二十二万,加上有关局批拨和企业自筹建设部分,实际施工面积达七万八千平方米,八一年内竣工并可交付使用四万七千平方米,其中家属宿舍四万三千平方米,可供一千零二十八户职工家属迁入新居。"①从这样的统计数据可看出,仅1981年小三线为修建职工家属宿舍的资金投入与修建面积,基地管理局为了小三线的后勤保障作出了许多实质性的工作和努力。

二、上海小三线职工回沪后住房保障

1978年党的十一届三中全会后,党和国家逐渐把工作重心放到经济建设上来。上海小三线对其产品结构适时作出调整,实行军品、民品生产相结合的方式。从1980年开始,由于国家压缩国防经费,军工生产任务急剧下降,民品生产项目一时接不上,这给后方基地生产带来了很大困难;与此同时,后方基地长期存在而未能解决的职工生活方面的各种实际问题也更加突出。

尽管后方基地管理局在改善职工生活环境,解决职工生活困难方面倾注了大量的心血,但由于小三线单位地处皖南山区,交通不便,信息闭塞,生产成本过高,工厂效益日益下滑等,使得后方矛盾日渐凸显,夫妻分居、子女教育、青年婚姻、民品生产、住房紧张等问题虽得到改善,但无法根本解决,职工的不满情绪越来越强烈。从1984年开始,上海小三线开始进入调整交接时期,采用"收、交、关、改、撤"五种方法区别处理全部上海小三线企事业单位;上海小三线职工和家属中原从本市动员去的部分原则上可回本市郊区落户;由征地进厂的安徽当地农民拟请安徽省就地安置②。

整个上海小三线后方涉及职工57 000余人、职工家属16 000余人,职工组成成分多样,情况复杂,调整回迁并不容易,需要考虑的因素很多,例如回迁职工的就业、户口、工作编制、住房保障、职工子女入学等等,都是上海方面亟

---

① 《上海市后方基地管理局1981年工作总结和工作要点》(1981年11月24日),上海市档案馆藏,档案号:B67-1-207。

② 徐有威:《口述上海:小三线建设》,上海教育出版社2014年版,第6页。

待解决的问题。

为了妥善安置小三线职工,上海市委、市政府根据国务院关于三线调整的有关政策,经过多方协商,沪皖双方最终确定了7万多名职工和家属的去留问题。总的原则是:"凡是从上海招收和调入到小三线单位的职工,原则上由上海方面安置。凡是从安徽招收和调入到小三线单位的职工,原则上由安徽方面安置。凡是从外省市招收和调入到小三线单位的职工,因情况复杂,应区别对待,由上海方面负责联系。"[①]上海小三线职工返沪后需要解决的最关键的问题便是这部分人的住房问题。由于长久身居皖南,绝大部分职工在上海并没有住房。调整初期,上海市主管局、联营老厂和后方企业通过搭建临时过渡房、内部调剂、购买商品房等办法解决了一部分特困户。如八五钢厂返沪职工居住安置5 106人,其中,租借私房1 360户2 863人;投亲靠友148户252人;过渡简易公房272户464人;商品房17户33人;单身职工663人分居在仓库房、商品房、私房、活动房;还有831人原生活基础在沪,分居在各自家中[②]。通过种种措施,部分职工住房在过渡时期得到解决。

为了妥善地安置返沪职工,市委、市政府确定按原小三线2万户家属户规模建造100万平方米住宅。建造这样数目庞大的住宅需要一定的资金支持,上海市委决定采取地方财政补贴与企业自筹资金以及银行贷款的方式筹集资金为三线职工修建住房。

在计委、建委、小三线协调办、规划局、住宅建设指挥部、市政工程局、银行等各有关单位的协同配合下,小三线回沪职工住宅建设全面铺开。根据市政府1985年4月3日发〔85〕38号文规定,小三线工厂和本市郊县乡镇企业联营或者市属郊区工厂联营的项目和支援的劳动力,以及职工、家属的住房不进入市中心区,但部分可进入闵行、吴淞、漕河泾、吴泾、桃浦、浦东等地区,由市规划局审定[③]。

从1984年调整工作开始,到1988年小三线企业职工基本返回上海,经过几年的努力,小三线七万多职工及其家属95%以上都返回了上海,并在市郊

[①] 《关于上海在皖南小三线单位交给安徽时有关人员安置问题的协商纪要》(1986年7月16日)上海电机厂档案室藏,档案号:1986-26。

[②] 《关于八五钢厂前后方转移的报告》(1988年6月8日)宝钢集团上海五钢有限公司档案室藏,档案号:87-22-61。

[③] 《上海曙光微电机厂住宅工作小结》,1991年12月,原上海小三线曙光厂职工王妙发提供。

安营扎寨,开始了全新的工作、生活。由于前后方的共同努力,各司其职,使得上海小三线实现了平稳的调整和过渡,并将其对于上海社会的影响降到了最小。

(本文作者:韩佳,上海大学文学院历史系)

三线建设职工激励机制探究[*]

刘锐旭

作为我国共和国历史上重大的一项经济建设工程。三线建设横跨东西，历时十余载，经历了计划经济向市场经济的过渡。在三线建设过程当中，职工激励作为助力三线建设的重要一环，也经历了一系列的探索、发展与完善阶段。本文尝试对三线建设职工激励机制探究，对于促进三线建设职工激励方面的研究有着一定的借鉴意义。

一、相关概念界定

（一）三线地区的概念

三线地区主要是从1964年到1978年，按照中国的国境线以及其所具有的战略性重要地位，向内收缩为三层而形成的地区。其中，一线地区主要是东北及沿海各省市；三线地区主要包括内地的四川、贵州等地区。二线地区主要是介于一线地区和二线地区的中间地带。

（二）职工激励机制的概念

职工激励机制，主要是在日常的管理过程当中，借助特定的方法与管理体系，将职工对组织及工作的承诺进行最大化的过程。从理论层面来讲，职工激励机制，主要是依托马斯洛的需求层次理论来满足职工在生理、安全、社交、被尊重以及自我实现等各个阶段的需求。通过推行具有针对性的职工激励方

---

[*] 原载《祖国》2018年第12期。

式,可以有助于提高职工工作的热情与积极性,助力综合效率的提高,同时,也可以提高整个团队的凝聚力。

二、三线建设不同时期职工激励机制分析

(一)三线建设投产前

在进行三线建设初期,为了更好地满足广大三线建设职工的发展要求,三线建设的指挥管理部门,主要从户口、家庭、心理落差等角度来进行有效的职工动员与激励。通过充分的搬迁动员工作,让广大内迁职工充分认识到当前国内外发展形势,激发建设三线的积极性;通过榜样的力量来提高职工队伍的稳定性。根据职工在搬迁动员前的心理状态,将职工分为主动参与型、被动参与型和投机型。借助层层发动与层层带动,发挥出党员领导干部的榜样示范作用,进一步的利用党员的先进性来对广大内迁职工进行鼓励。通过对群众的广泛动员来明确三线建设的意义。在进行动员的过程当中,主要通过开展动员大会,宣传毛主席提出的"备战备荒为人民"的思想。借助经验交流以及文艺娱乐的方式进一步动员职工内迁。

(二)三线建设过程中

从1964年到1974年,三线建设进入高峰期。为了更好地提高三线建设的稳定性,满足广大职工生活、家庭、工作的需求,通过进一步的摸清职工思想情况以及职工家属所面临的实际困难,进一步地开展多元化的激励方式。例如,根据部分地区职工,尤其是青年职工在婚姻等方面存在的困扰,三线建设指挥部门,还充分地进行了相关的男女比例职工的搭配,有效地解决广大职工的婚姻问题。同时在"政治挂帅"的前提下,"先补政治",然后给予必要的经济照顾,满足三线职工的家庭经济开支。通过这种方式,进一步转变了三线建设职工的观念,同时,根据广大青年职工对自身发展前程的忧虑,相关部门也积极地进行思想层面的科学引导,帮助他们树立报效祖国的雄心与壮志。

(三)三线建设后期

从1974年到1978年,在三线建设职工激励过程当中,物质激励应该是整个员工激励的主要方式。作为一种客观存在的因素,通过物质层面的激励,可以

进一步地增加职工的家庭收入,减少家庭开支。在整个三线职工激励体制运行的过程当中,动态的激励,从不同职工的特点出发来实现经济的多元化是这一时期职工激励的主要特点。例如,在日常的职工激励过程中,通过为职工提供相应的岗位培训以及深造的机会与平台,进一步提升三线建设职工的综合技能,帮助职工在胜任岗位工作的基础上,在技能层次方面得到进一步的提升。

三、三线建设职工激励机制的发展启示

在我国社会发展的过程当中,三线建设作为一项宏伟的工程,有着极为深远的影响。在三线建设的不同历史时期,所实施的激励机制也对于今天的职工激励机制有着重要的影响与启示。

(一)在激励中坚持群众路线

在进行三线建设职工激励过程中,比较注重坚持群众路线。尤其是通过群众路线来进行精神层面的激励。通过坚持群众路线,引导广大三线建设职工坚信:人类社会财富是由人民群众创造的。人民是国家的主人。从三线建设职工自身的思想需求出发,充分地发挥出典型榜样的示范作用,进一步营造良好的激励气氛,在良好的群众氛围中助力三线职工激励机制的顺利实施。

(二)在激励中实事求是

在进行三线职工激励过程中,激励的方式与所采用的方法都是经过"调查摸底和实事求是"的。所以在具体的激励过程中,拥有比较高的可行性。对于有特殊困难的职工,单位进行特殊照顾,同时也体谅不同工种的职工对于工作待遇的相关要求。同时发挥出知识型职工在整个单位发展中的作用。对知识型职工不仅注重物质方面的激励,也注重精神层面的激励。同时,在进行激励过程中,建设单位的管理层充分地整合一切积极因素,借助组织、家属等相关因素来促进职工工作的稳定。需要强调的是,在进行三线建设职工激励的过程中,由于历史等方面的原因,存在着一定的参差不齐的现象。尤其是在进行相关家庭补助的发放过程中,由于缺乏必要的监管机制,导致部分职工对所获得的物质回报存在着一定的不满心理。再加上在具体的物资发放中,出现部分有失公平、公正、透明的现象,这些都是在今天的职工激励机制中应该注意

的主要问题。

（三）注重物质激励与精神激励的平衡发展

在过往的三线建设职工激励机制的执行过程当中，过于重视所谓的真诚奉献，缺乏物质层面的配套激励。由于是为了满足建设"大后方"的发展要求，因此广大一线职工充分发挥出"不怕苦、不怕死"的精神，注重艰苦奋斗、自力更生。由于当时整个经济发展水平有限，国家可供分配的社会产品也不足，因此在职工激励中，过于重视国家利益和集体利益，缺乏对个人物质利益的保障，难以发挥出职工自身的主观能动性。所以在进行职工激励过程中，借助科学有效的激励机制，可以有效地提高职工激励的效果性。从三线建设职工激励机制的发展来看，这种精神激励，重视发挥出无私奉献精神，具有一定的历史意义，但是在今天的职工激励机制的发展中应该进行必要的完善与互补。

总之，三线建设职工激励机制作为三线建设的重要保障，对于促进三线建设的顺利开展做出了不可磨灭的历史贡献，对于今天的职工激励机制的创新与发展也有着一定的现实借鉴与启发意义。

四、结语

三线建设是特殊历史时期的伟大工程，其所采取的一系列的职工激励举措也很好地适应了当时的发展要求。本文尝试梳理了三线建设职工激励机制在不同时期的具体举措，对于促进三线建设职工激励相关领域研究的深入与完善有着一定的现实借鉴意义。

参考文献：
[1] 汪红娟.三线建设研究的回顾与展望(1980—2016)[J].开发研究,2017(4).
[2] 李浩.上海三线建设搬迁动员工作研究[D].华东师范大学,2010.
[3] 傅玉芳.2013年度国家社科基金重大项目《小三线建设资料的整理和研究》中期成果之一《小三线建设研究论丛(第一辑)》出版[J].探索与争鸣,2016(4).
[4] 徐有威,吴静.危机与应对：上海小三线青年职工的婚姻生活——以八五钢厂为中心的考察[J].军事历史研究,2014(4).

（本文作者：刘锐旭，太原理工大学）

危机与应对：上海小三线青年职工的婚姻生活

——以八五钢厂为中心的考察*

徐有威 吴 静

上海小三线建设地为皖南和浙西，从1965年选址建设到1988年移交当地，支援建设的人员回沪，前后历时24年，在岗职工和家属75 000人左右[①]。上海小三线当年在生产生活中遭遇诸多困难，青年职工的婚姻便是遇到的最为棘手的问题之一。上海小三线各级组织面对青年职工的婚姻危机进行了积极应对，这段历史至今鲜为人知。为了弄清这段尘封的历史，笔者以当时上海小三线最大企业——八五钢厂为考察样本，查阅当年由八五钢厂团委主编的《八五团讯》、八五钢厂宣传科主编的《八五通讯》、上海当时的有关报刊资料，以及上海市档案馆和现在由上海宝钢集团五钢有限公司保管的八五钢厂有关档案资料，采访了数十位上海小三线干部员工尤其是八五钢厂职工[②]。本文拟对以八五钢厂为主的上海小三线青年职工的婚姻问题进行初步研究，以求教于史学方家。

---

* 本文系2013年度国家社科基金重大项目"'小三线'建设资料的整理与研究"(13 & ZD097)、2014年国家社科基金项目"西南地区三线建设单位的社会文化变迁研究"(14 & XZ022)。原载《军事历史研究》2014年第4期。

① 《上海小三线情况汇报提纲》，1981年7月11日（沪后字〔81〕第87号，上海市档案馆馆藏，档案号：B1-9-405）。

② 上海小三线建设成员的部分口述史已经出版，参见中共上海市委党史研究室等编著，徐有威主编：《口述上海：小三线建设》，上海教育出版社2014年版。

一

上海小三线青年职工的婚姻危机究竟是如何出现的？从相关资料来看，笔者认为主要有以下几个原因：

第一，小三线地理位置的障碍。上海小三线所在地距离上海路途远，且基本在深山之中，离当地县城也有相当距离。职工生活环境闭塞，与外界接触的机会甚少。八五钢厂的企业性质，决定了男职工平时接触的未婚女性除极少数本企业女青年外，多为安徽当地的女青年。然而上海小三线职工多来自上海，出于性格和生活习惯等因素，以及上海人固有的文化和经济优越感，愿意与当地女青年结婚的男青年不多。同时当地的适龄女青年的人数相对较少，和上海小三线青年男职工的人数不成比例。小三线青年男职工在上海找女朋友的机会也有限。青年男职工每人每年一般只有一次回上海的假期，且假期时长大多只有一个月左右①。而这一个月常常由于正值春节，即使回到上海，男青年们也都忙着走亲访友，鲜有时间去相亲或认识女青年。更为重要的是，让上海女青年放弃在沪条件优越、交通方便的生活，远离上海到封闭、枯燥的山区去，或婚后留在上海夫妻两地分居，都是一个困难的抉择。

第二，上海小三线职工性别构成问题。据1975年的统计，上海后方小三线共有职工56 000余人②，在1975年上海市劳动局革命委员会发布关于上海后方基地接收1万名培训学徒和技工学校毕业生分工问题的通知③之后，并未接收大批甚至成批的人员。这样，整个上海后方小三线有6万名左右的职工。另据1980年上海小三线的管理机构后方基地管理局统计，上海小三线的未婚男青年比未婚女青年多8 433人。时至1982年，未婚男青年年龄普遍在27岁

---

① 采访伍雨珊（原前进机械厂工会主席），上海锅炉厂，2010年9月22日。
② 《关于上海"小三线"建设调查报告（摘要）》，此稿为后方基地管理局党委秘书沈嘉麒提供。
③ 《关于本市矿山企业增加井下工人时可招收职工子女的通知》（沪劳革〔73〕配创字第114号，上海档案馆馆藏，档案号：B127-3-142-44）；《上海市劳动局革命委员会关于上海后方基地接收一万名培训学徒和技工学校毕业生分工问题的通知》（沪劳革〔75〕配创字第132号，上海档案馆馆藏，档案号：B112-5-937-24）。

以上,有1 000多人已达到30岁以上①。因此,青年职工找不到对象在上海小三线是一个普遍存在的棘手问题。

性别构成是城市人口结构的一个重要指标,在人口学上,通常指在一定空间阶段内100个女性所对应男性人数性别比率。人口学研究的大量统计资料表明,一般情况下,世界各国自然人口性别比率大致维持在105左右②,即男性略多于女性,这是人口学上的一个公认恒定值。然而,因为上海小三线军工企业的性质决定了大部分企业男职工多、女职工少的不平衡局面。在上海小三线四家公司中,除仪电公司(此公司多数厂生产电子产品,因工作需要,这些厂中女职工比例占多数)外,机电公司、化工公司、轻工公司下属的或是后方基地直属的30余家企业几乎都存在着男青年找不到对象的问题。而作为上海小三线中职工人数最多的八五钢厂,男职工找不到对象的问题更为突出。到1971年末,八五钢厂的职工总数为3 509人,1972年达到3 962人,其中上海支内职工1 600人;1962年上海下放支农工602人;上海"老三届"中专技校毕业生1 062人。1971年后进入八五钢厂的是1972—1974年间毕业的"新三届"技校毕业生和代训艺徒,即上文提到的1975年整个上海后方基地接收1万名培训学徒和技工学校毕业生,据亲自招收他们进厂的时任八五钢厂团委副书记史志定回忆,这批学生数为660人③。在这之后进厂的职工很少,多为顶替父母进厂或是八五钢厂子弟中学毕业后通过文化考试进厂的④。这些数据表明,八五钢厂具有青年多、老工人少的特点。除了老厂支内的老职工大多都已结婚生子以外,其余进厂的多是单身前往小三线的男青年。随着年龄的

---

① 上海市后方基地管理局办公室编写:《上海小三线建设中的"左"倾影响——关于上海小三线建设过程及经验教训的调查报告》(未刊稿)1982年1月,第19页。此稿为原上海后方基地管理局后勤处处长王中平提供。

② [美]戴维·波普诺著:《社会学》,刘云德等译,辽宁人民出版社1987年版,第468页。

③ 采访史志定(原八五钢厂团委书记),史志定家。2011年2月24日,2011年11月9日,2011年11月17日。

④ 《继我厂首批十九名新工人进厂后,我厂最近又有九名新工人进厂》,《八五团讯》1979年8月4日,第28期,八五钢厂文书档案号:79-8-57(八五钢厂文书档案现在由上海宝钢集团公司五钢有限公司档案馆保管。以下凡是八五钢厂文书档案,均来源此处)第81页。这些新工人都是顶替父母进厂的,有的来自农村,有的来自市属农场。《八五团讯》(1979年12月31日第52期,八五钢厂文书档案号:79-8-58,第137页)记载:"在79年的最后一天,17名新工人高高兴兴地来到厂里正式报到。这17位新工人都是七八届中学毕业生,他们是我国招工制度改革后,头一批经过招工文化考试择优录取进厂的。"

增长,上述男青年已到了适婚的年龄。以下的统计数据更能说明问题:到 1980 年 3 月为止,八五钢厂共有 5 339 名职工。其中,青年职工共有 3 023 名,占全厂职工总人数的 57%,已婚和已恋的男女青年职工有 2 305 名,占青年总数的 76%。还有 718 名男青工没有恋爱对象,其中,30 周岁左右的有 171 名,25 周岁左右的有 547 名,女青工却只有 49 名。女青工中,30 周岁左右的 10 名,25 周岁左右的 39 名。青年职工恋爱问题直接关系到八五钢厂生产、生活的稳定,尤其是 1978 年出现的全国知青回城潮,给小三线男青年的思想带来较大的冲击。

第三,计划生育政策的影响。20 世纪 70 年代初国家计划生育政策的贯彻,尤其"晚婚晚育"观念的盛行在一定程度影响了当时上海小三线职工们的婚恋观。

其实早在 20 世纪 60 年代初,随着中共中央、国务院发出有关计划生育的指示后,中共上海市委、市政府高度重视这项工作,全市计划生育取得了显著的效果。1973 年 12 月国务院召开的全国计划生育工作汇报会上,提出了"晚、稀、少"的计划生育政策("晚"是指男 25 周岁以后、女 23 周岁以后生育;"稀"是指女性生育两个孩子的时间间隔为两年以上;"少"是指一对夫妇生育不超过两个孩子)①。八五钢厂作为后方小三线最大的企业,该厂党委、团委也严格地执行上级的相关政策。1979 年 12 月厂部还隆重举行首批颁发独生子女证大会,并对生育一胎的职工进行奖励②。对未婚职工,钢厂则下达了《关于严格执行晚婚年龄规定的通知》,并多次重申后方基地的规定:男 26 岁、女 24 岁方能履行结婚登记手续③。该规定对男职工来说比较尴尬,26 岁的年龄已不小,而期间遭遇变故无法成婚的话,很容易成大龄未婚者。

受中国传统观念影响,"男大当婚,女大当嫁"是千百年来支配人们婚姻的成规,对大龄未婚青年来说,迟迟没有婚姻恋爱不但易滋生消极心理,且承受着来自社会、家庭的各种压力。在 20 世纪 80 年代初,中国社会科学院青少年研究所和中国婚姻研究会就五座大城市大龄青年的婚姻问题进行了内容广泛的社会调查。当时的研究者通过此调查认为,婚姻问题影响到一半以上的大

---

① 杨发祥:《当代中国计划生育史研究》,浙江大学博士学位论文,第 82—85 页。
② 《厂部隆重举行首批颁发〈独生子女〉证大会》,《八五通讯》1979 年 12 月 15 日第 17 期(八五钢厂文书档案号:79-3-31,第 84 页)。
③ 《严格执行晚婚年龄规定》,《八五团讯》1984 年 10 月 20 日第 190 期(八五钢厂文书档案号:84-3-32,第 82 页)。

龄未婚青年心理稳定,这种不稳定的心理又是一种潜在的因素,可以"导致对抗、厌世、轻生以及性犯罪等社会问题"①。在物质、精神生活较为丰富的城市,大龄单身青年心理状况尚且如此,更何况那些处于茫茫皖南山沟中,生活枯燥和精神匮乏的小三线单身男职工。现实的处境久而久之必然会使一些大龄青年产生焦虑、抑郁等心理问题,其中一些青年甚至表现出消极、泄愤的人生态度。

由此,一些大龄男青年费尽心思,不放过任何结识女孩的机会。当时出现有人在"长江轮上,24小时内就使素不相识的人成为一对热衷于谈情说爱的恋人"②。这种闪电式的爱情,在那个禁欲的年代,自然会被当作腐朽的资产阶级思想而受到批判。还有的职工则"三天两头回上海,托亲访友找对象,在工作上消极懈怠……"最为离谱者,喊出了"向子弟中学进军的口号"③,试图在小三线子弟中学的女中学生中物色对象。

值得注意的是,对于生理处于成熟期的未婚青年职工来说,性压抑已经成为他们生活中难以启齿的痛楚。性犯罪现象在小三线一些未婚青年中比较突出。例如,同为上海小三线企业的前进机械厂1972—1976年受到各类处分的职工计43人,其中因为性问题受到处分的有32人,占比74.4%。而到了20世纪80年代,长期封闭的国门逐渐被打开,这对思想禁锢环境中的人们造成巨大冲击。"无产阶级思想在人们的头脑里灌输少了,各种资产阶级思想泛滥起来,流氓阿飞趁机开始活动起来"④。在小三线厂单身职工中,性犯罪现象多了起来⑤。

综上所述,因婚姻问题而产生的不良性行为给后方基地的稳定带来了隐患,尤其到了1978年,八五钢厂刮起了回城风,职工们到上海市政府请愿,要求回城。"这其中很大部分请愿的便是小三线未恋男青年,他们对自己的前途悲观失望⑥。终于,八五钢厂党委意识到了问题的严重性,"男青工的婚姻恋爱

---

① 《大龄青年的婚姻问题对社会的影响》,《青年研究》1985年第5期。
② 《前言》,《八五团讯》1980年10月18日第51期(八五钢厂文书档案号:80-8-62)。
③ 《关于做好婚姻介绍工作的情况汇报》(八五钢厂文书档案号:82-5-75)。
④ 《加强无产阶级恋爱观教育》,《八五团讯》1978年8月14日第21期(八五钢厂文书档案号:78-8-42)。
⑤ 采访胡展奋(原胜利水泥厂职工),上海田林路2号圆缘园茶室,2010年11月13日。
⑥ 采访史志定,史志定家,2011年2月24日,2011年11月9日,2011年11月17日。

问题已成为爆炸性的问题","必须从速解决男青工的婚姻恋爱问题"①。由此，八五钢厂开始了在党、团组织主导下的婚姻介绍工作。

二

中华人民共和国成立以来，单位，作为我国一种社会组织形式，社会学界对此有多种定义②。但对其功能的概述趋向一致，即社会调解与资源分配的功能。其含义为高度集中的计划经济体制下，在"单位制"的制度环境下，国家垄断城市社区的一切社会资源，并通过单位组织的渠道，向职工及居民分配其必需的生活资源。对于单位人来说，单位是他的衣食父母，是生活福利基本的甚至是唯一的来源。

显而易见，小三线企业就是一种典型的"单位组织"，它一方面控制着不仅包括以货币和实物体现的物质生活资源，而且包括无形而重要的"制度性资源"，诸如机会、权利、社会身份等等。另一方面，它还要承担社会职能，包括办中小学、幼儿园、派出所、居委会、婚姻介绍所、商店、菜场、老虎灶（即开水供应站）、殡仪丧葬以及处理厂社、农工等各种矛盾③。小三线企业就像是一个大家长，它提供一切，又控制一切。所以在工作和生活中无论碰到什么困难，职工们首先想到的便是要求单位出面解决。基于小三线企业的"单位"性质，其中的青年职工婚恋问题，其解决方式必将是"领导包办"。

自1975年始，八五钢厂团组织每年都会写报告给团市委，反映因青年男女比例失调而引发的一系列问题，"（我们）把每年发生的凶杀案、青年思想动

---

① 共青团上海八五钢厂委员会：《公开登报找对象，千里姻缘一线牵——小启事解决大问题》(1982年9月17日，八五钢厂文书档案号：82-5-75)。
② 李猛认为，"单位"是一种特定目标的社会组织形式，参见李猛《单位制度化组织的内部机制》(《社会学研究》1993年第5期)；王沪宁则将"单位"概括为中国城市特殊的组织形式和社会调控形式，参见王沪宁《社会资源总量与社会调控》(《复旦学报》1990年第4期)；刘建军认为单位是以社会调控为目的的社会整合，是国家与个人的联络点，参见刘建军《单位中国——社会调控体系中个人、组织与国家》(天津人民出版社2000年版，第23页)；路风将其归纳为国家行政组织结构，因而成为国家对社会进行直接行政管理的组织手段，同时也成为社会成员参与政治过程的主要场所，参见路风《单位：一种特殊的社会组织形式》(《中国社会科学》1989年第1期)。
③ 《关于上海"小三线"建设调查报告（摘要）》。

态、极端行为告诉他们"①。以期通过这种方式引起团市委及各级机关领导的重视,进而解决大龄未婚男青年的婚恋问题。然而,当时的报告并未引起上级领导的重视。在不得已情况下,上海小三线各单位尝试过商调等措施,他们也曾有计划地招收一批学校女毕业生②。

上述办法,确实解决了少数男青工找不到对象的问题,然而对于像有近800名还未婚恋青年职工的八五钢厂而言,这不能从根本上解决问题。在这种情况下,通过在报纸上刊登征婚启事广泛征集女青年以解决男青工婚姻问题的设想应运而生。20世纪80年代初,八五钢厂尝试在上海出版的《青年报》上刊登大龄男青年职工的征婚启事。

在当时来讲,这确是惊世骇俗之举。八五钢厂此举动因在:首先,党的十一届三中全会的召开,我国进入改革开放及经济调整时期,青年们的思想日益活跃了起来,他们敢提出和要求解决与个人切身利益相关的问题。其次,早在1980年夏,同处皖南的新光金属厂在《解放日报》刊登出招聘女青年职工的启事③,对八五钢厂有启示作用。八五钢厂便在受众极广的《青年报》上刊登征婚启事并承诺,成婚后女青年可调入八五钢厂。再次,中共上海市委和市政府政策上的支持与引导。小三线青年男职工婚姻问题最终引起上海市各级政府的重视,20世纪80年代初,上海市委作出"尽快地、稳妥地解决后方三线青年婚姻恋爱问题"的指示④。随后,上海市政府颁布了《关于解决上海在上海小三线部分未婚青年职工的婚姻问题的意见》等文件,为解决小三线青年的婚姻问题提供了条件。尤其对因解决男青年职工婚姻问题而调入小三线的女青年(尤其是在农村招收的)进一步放宽了政策,准予"凭市劳动局招工证明直接到小三线工厂所在地区落户",或"由市公安局作为特殊户口,转为城镇户口后,迁往小三线落户"⑤。这些是八五钢厂敢于在《青年报》刊登征婚启事的原因。

八五钢厂团委帮助男职工和厂外女青年建立恋爱关系的程序是:男女青年填写婚姻介绍登记表;根据双方要求和条件,向男女双方推荐人选;双方满

---

① 采访史志定,史志定家,2011年2月24日,2011年11月9日,2011年11月17日。
② 采访原后方基地管理局工会主席王美玉,王美玉家,2011年1月22日。
③ 《上海新光金属厂招收新职工本市首批女青年昨抵皖南报到历届待业未婚女青年均可到〈青年报〉报名应考》,《解放日报》1980年8月5日,第1版。
④ 《乐为青年搭鹊桥》,《八五团讯》1980年10月29日第53期(八五钢厂文书档案号:80-8-62,第41页)。
⑤ 上海市后方基地管理局党史编写组:《上海小三线党史》(未刊打印稿),第80页。

意后,出具组织证明,让恋爱双方直接进行联系①。结婚后,再办理商调手续。《八五团讯》就男女青年关心的商调政策问题进行解答:"凡是女方单位肯放或者接受男方,我厂一般都同意办理商调手续。具体办理手续是:开出结婚证书后,男女双方向所在单位提出商调申请。女方是干部编制的,申请交车间(部门)人事干部后,经厂组织科、后方基地管理局和市国防工办办理商调。女方是工人编制的,申请交车间(部门)人事干部后,经厂劳资科、市冶金局和市劳动局办理商调手续。"②

八五钢厂征婚启事刊登不久,全国各地的女青年纷纷来信或来到上海小三线了解情况,最多的一天,八五钢厂收到各地来信达1 000多封③。"这些新娘,原来都分别在上海、黑龙江、贵州、云南、甘肃、吉林、安徽、广东、湖北、内蒙古、江西,均是来自这些地方所属的工矿企业和国营农场工作的上海知青"④。

那么多女青年愿意嫁给上海小三线山区青年男职工,除了她们中绝大部分人对长期在山区工作的上海青年职工崇敬外,小三线也有自身的优越条件:

第一,工资待遇优厚。虽然上海小三线地处皖南山区,但是小三线职工的工资并不是按照安徽当地的工资水平发放的。安徽是四类地区,而上海是八类地区,上海小三线的职工工资是两者的中和,即六类⑤。其具体发放标准,即八五钢厂在征婚启事中提到的:"工资待遇一级工是三十三元,二级工是三十九元,另有奖金等。"1981年八五钢厂在《青年报》上刊登第二则征婚启事时,青工工资则已提高到42—45元,另有奖金和地区津贴,这在当时来说是比较高的。

第二,物质生活充裕。1968年发出的《上海市物资局革命委员会关于上海后方建设物资供应暂行办法的通知》中,上海市物资局革命委员会对上海小三线物资供应作出明确规定,对国家统一分配的物资,按业务归口原则,纳入各

---

① 《关心青年利益,为青年牵线搭桥》,《八五团讯》1980年12月24日第61期(八五钢厂文书档案号:80-8-62,第137页)。

② 《我厂婚姻介绍工作问答》,《八五团讯》1981年4月5日第194期(八五钢厂文书档案号:81-8-58,第26页)。

③ 采访史志定,史志定家,2011年2月24日,2011年11月9日,2011年11月17日。史志定:《"红娘活动"结成果》,《青年报》1981年3月20日第2版;史志定:《七位新娘进山来》,《青年报》1981年6月26日第5版。

④ 《又有一批新娘将来我厂》,《八五团讯》1981年11月13日第57期(八五钢厂文书档案号:81-8-61,第1页)。

⑤ 采访原上海小三线险峰光学仪器厂党委副书记储瑛娣,储瑛娣家,2010年6月19日。

有关局物资计划,统一申请、统一供应。二、三类物资,由各生产建设单位向上海市物资局所属各公司指定的专业供应站自行采购,供应站将优先供应①。可见,在上海小三线的物资供应上,当时上海市给了很大的政策支持,上海小三线的物资供应较为充足。

第三,自然环境好。皖南山区是一个物华天宝、人杰地灵的地方,山峰绵延起伏、层峦叠嶂,置身在青山绿水之中让人感觉心旷神怡。此外,交通相对方便、住房有保障、水电一应俱全等都是上海小三线吸引人的地方。无论是上海女知青或是在家待业的上海女青年,到小三线后有了工作,生活压力减轻了,同时又有不错的生活环境,相对其他偏远地区来说,这里离上海也近。

从当时来信看,应征的女青年,有翻译、教师、医务人员、干部、技术员,也有工人、营业员、农场职工和待业青年②。翻阅1980年10月到1983年期间八五钢厂团委主编的《八五团讯》,我们看到,当时有关厂内婚姻介绍的各类报道充斥其间,相关的统计数据表格琳琅满目,内容之丰富齐备详尽,甚至超过一年一度的企业年度报告③。此外,八五钢厂在刊登征婚启事的同时,还组织了一系列形式多样的辅助工作,为青年职工恋爱婚姻提供便利。主要有以下几个方面:

(1) 运用各种形式指导青年正确婚恋。开办婚恋讲座,增长婚恋知识,宣传《新婚姻法》,提高有关法律意识;在青年夫妇中,开展评选"五好青年夫妇"等活动。还举办五好青年夫妇座谈会,请著名歌唱家到场演唱④,这也是对那

---

① 《上海市物资局革命委员会关于上海后方建设物资供应暂行办法的通知》(〔68〕沪物革业字第252号,上海档案馆馆藏,档案号:B112-5-218-33)。
② 《乐为青年搭鹊桥》,《八五团讯》1980年10月2日第53期(八五钢厂文书档案号:80-8-62,第41页)。
③ 《乐为青年搭鹊桥》,《八五团讯》1980年10月2日第53期(八五钢厂文书档案号:80-8-62,第41页);《从姑娘来信谈起》,《八五团讯》1980年10月2日第53期(八五钢厂文书档案号:80-8-62,第42页);《团委办好事青年喜洋洋》,《八五团讯》1980年11月5日第54期(八五钢厂文书档案号:80-8-62,第49页);《我厂婚姻介绍工作进展良好》,《八五团讯》1980年10月14日第55期(八五钢厂文书档案号:80-8-62,第64页);《基地团委婚姻介绍启事》,《八五团讯》1980年10月14日第55期(八五钢厂文书档案号:80-8-62,第65页);《婚姻介绍消息》,《八五团讯》1980年11月21日第56期(八五钢厂文书档案号:80-8-62,第5页);《抓紧时间,早结良缘》,《八五团讯》1980年11月27日第57期(八五钢厂文书档案号:80-8-62,第91页);《好消息》,《八五团讯》1980年12月17日第60期(八五钢厂文书档案号:80-8-62,第128页)。
④ 《厂团委举行茶话会,纪念婚介工作二周年》,《八五团讯》1982年9月29日第52期(八五钢厂文书档案号:80-8-79,第148页)。

些表现出色的青年夫妻的最好奖励。

(2) 帮助登记结婚的恋人筹办集体婚礼。青年职工因工作年限短,储蓄少,而操办一场婚礼需一笔可观的费用。八五钢厂团委等部门为登记结婚的恋人举办集体婚礼,举行比较简短而又十分隆重的仪式,由厂党委和工会领导到会祝贺,充当证婚人,还向新郎新娘赠送纪念品,并摄影留念①。这十分庄重,同时也减轻了一些新婚青年的经济负担。

(3) 千方百计解决已婚青年的住房问题。由于新婚户的迅速增多,使本来就很紧张的住房矛盾更为突出,许多已婚夫妻分居在集体宿舍。为解决这一问题,八五钢厂不仅让无房已婚者继续享受探亲待遇②;同时积极加快住宅建设,1982年,家属区的人均居住面积已达10平方米以上③。

(4) 丰富职工的业余文化生活,加强职工的政治学习。针对山区业余生活枯燥的问题,开展丰富多彩的体育、娱乐活动:第一,因地制宜,因陋就简,不断改善体育娱乐活动条件。1978年,在八五钢厂党委组织下,钢厂修建了第一个篮球、排球、羽毛球三用球场④。在上海采购康乐球、象棋等棋类。1981年,又建起了厂俱乐部、游泳池、灯光球场等文娱场所⑤。为丰富和活跃职工生活创造了条件。第二,引导、鼓励青年职工参加体育娱乐活动。钢厂党委、团委、工会积极健全职工的娱乐、体育机制。1981年,团委在《关于青年提案的审议报告》中,提出加强青年工作16条建议,其中关于改善职工业余文化生活的就占了9条⑥。为了协调各部门体育活动,1982年春,八五钢厂成立了体育协会,极大调动了各级组织和体育骨干的积极性。第三,加强针对性学习和培训。由八五钢厂《八五团讯》中的相关报道可以看出,八五钢厂在企业从军品到民品的"调整期"中,积极构筑多层次、多元化的青年职工学习体系:一是采

---

① 《关于筹办我厂第二次集体婚礼的通知》,《八五团讯》1982年2月25日第10期(八五钢厂文书档案号:82-8-76,第104页)。
② 《无房已婚青年的喜讯》,《八五团讯》1981年1月4日第1期(八五钢厂文书档案号:81-8-57,第1页)。
③ 《八五通讯》1984年9月20日第187期(八五钢厂文书档案号:84-3-32,第1页)。
④ 《逐步改善文体活动条件——我厂球场胜利完工》,《八五团讯》1978年8月26日第23期(八五钢厂文书档案号:78-8-42,第63页)。
⑤ 《关于青年提案的审议报告(桑永伟)》,《八五团讯》1981年7月28日第37期(八五钢厂文书档案号:81-8-62,第25页)。
⑥ 《关于青年提案的审议报告(桑永伟)》,《八五团讯》1981年7月28日第37期(八五钢厂文书档案号:81-8-62,第25页)。

取多种方式,针对不同类型、不同层次、不同年龄人员,组织学习和培训,鼓励利用业余时间学习,如最受普通青年职工欢迎的服装裁剪、摄影、篆刻等培训。值得指出的是,1977年高考恢复后,八五钢厂激励年轻职工努力学习文化知识,考取大学。为了提高学习热情,团委曾多次组织语、数、理、化基础知识竞赛①。为了方便青年职工复习迎考,多次统一订购自学教材,提供考试报名等服务。二是积极开展读书竞赛和征文活动,以及心得交流和自学成果展览等活动,为职工搭建学习平台。三是完善学习奖励机制。党、团组织定期对青年职工读书、自学情况进行总结,树立典型,"使职工学有榜样,做有楷模"。第四,加强对青年职工的思想政治教育。在工作之余,团委组织青年职工学习党和国家最新政策与领导人的讲话精神,召开座谈会,交流学习体会;开展学"学雷锋""学老山英雄",树立远大理想活动,通过服务、帮助他人以实现自身价值。

三

八五钢厂帮助青年职工婚恋所开展的工作,使该厂青年职工的婚恋危机得以缓解。据统计,在该厂718名未婚男青年中,截至1982年6月1日,已有319人结婚,占未婚数的40%,268人建立了恋爱关系,占未婚数的34%②,两者相加达587人。只剩27%的未婚青年还没找到对象。到1982年10月,八五钢厂为青年职工推荐恋爱对象825人次,结婚人数增加到340人,按政策调进钢厂的新娘为111人③。

除了八五钢厂外,小三线其他单位的青年婚恋工作也取得了很好的进展,"刊登征婚启事前,整个后方约有八千多男青年找不到对象,刊登之后,到1982年,已有569对青年领取了结婚证,其中126对已调到后方小三线工厂,另有833对男女青年建立了恋爱关系"④。而到1988年,即小三线职工返迁上海

---

① 《自学成才传喜讯——我厂又有十六位青年录取高速班》,《八五团讯》1981年11月26日第59期(八五钢厂文书档案号:81-8-61,第23页)。
② 《我厂婚姻介绍工作取得了很大进展》,《八五团讯》1982年6月3日第30期(八五钢厂文书档案号:82-8-78,第51页)。
③ 《关于我厂青年婚姻配偶问题的情况报告》(八五钢厂文书档案号:82-5-75,第5页)。
④ 曹晓波:《满腔热情做红娘,皖南迎来好姑娘——后方基地成立二十四个婚姻介绍所》,《新民晚报》1982年2月1日第1版。

前,通过征婚启事共为5 000多名小三线男职工解决婚姻问题。

由此可见,20世纪80年代在小三线各厂的党、团组织主导下的为青年职工开展的征婚启事活动取得了可喜的成绩,产生了良好的影响。

首先,小三线相当部分大龄男青年建立了幸福美满的婚姻生活。个人婚姻问题解决了之后,青年们的思想比以前稳定了。正在热恋中的青年准备成家,增加了单位倡导的每月集体小储蓄的金额,1980年11月份八五钢厂的储蓄额达到4 336元,1月至11月储蓄总额已达31 843元,比1979年全年总额增长了1.3倍,月平均储蓄额达到2 894元,相当于1978全年储蓄总额的73%。[①]

婚姻介绍工作,让为找不到对象而发愁的青年们看到了希望,端正了他们生产、生活的态度。未恋青年都纷纷表示:"团组织这样积极慎重地为我们介绍对象,我们也不能马虎。我们要像电影《忠诚》里的男主角一样忠诚于爱情,尊重自己和对方的感情,决不当儿戏。"[②]

通过婚姻介绍与小三线男青工结婚并进入上海小三线工厂工作的女青年,无论其户口在何地,她们后来与上海小三线职工一起返迁上海,上海市政府都给予其上海户口,并帮她们安排工作,提供住房。如今,她们早已融入上海人的生活之中[③]。

其次,密切了党群关系,充分调动了青年职工的积极性。一些原来表现不好的青年,由于组织上帮助解决了他们婚姻问题,从内心感激组织上的关怀。同时,婚姻问题的解决,使小三线性犯罪率降低了。青年们安居乐业,积极开展四化建设,不少青年纷纷表示,要努力生产,做出新成绩,感谢党的关怀。到1982年10月底,八五钢厂已完成利润指标117.34%。[④]

当然,每一件事物都有其两面性,八五钢厂在帮助青年职工婚恋中,也遇

[①]《上级与本厂关于团的工作歌咏比赛婚姻工作旅游活动的通知及表彰、转化大会的材料》(八五钢厂文书档案号:80-8-63,第3页)。

[②]《团委办好事,青年喜洋洋》,《八五团讯》1980年11月5日第54期(八五钢厂文书档案号:80-8-62,第49页)。

[③] 采访袁彩霞和云安。袁彩霞系原险峰厂女职工,原籍安徽,通过婚姻介绍进入险峰厂工作。云安,原籍江苏,因其姐姐看到上海报纸刊登的上海小三线征婚启事后告诉她,遂通过婚介与原八五钢厂职工结婚,并进入八五钢厂工作。两人在上海小三线返迁上海后都拿到上海户口,并得到与上海籍的小三线员工相同的住房面积。采访云安,上海悦达广场,2011年12月1日。采访袁彩霞,袁彩霞家,2011年11月11日。另见《口述上海:小三线建设》第216—222页。

[④]《关于做好婚姻介绍工作的情况汇报》(八五钢厂文书档案号:82-5-75,第3页)。

到了一些问题：

一是大龄青年成婚率还不够高。由于八五钢厂征婚启事上只写明"八五钢厂有二百多名 27 岁以上的男青年需要寻找对象"。因此外来求婚的大龄女青年较多。而钢厂年龄大的男青年因为害羞等原因，主动向团委提出申请的却比较少①。这使得大龄女青年在八五钢厂找不到与己年龄相仿的对象，导致后来八五钢厂有部分 35 岁以上的男青年到小三线职工返沪时仍未找到对象②。而原本年龄较小的男青年，因为岁数小的女青年来信少，待过几年他们年满 25 周岁后，又出现找不到对象的问题。

二是大量女工的引进导致工作岗位不足。八五钢厂调进女工 1 440 人，占全厂人数的 27%。据八五钢厂职工回忆，开始时约有 4 000 名职工，到后来增至五六千人③。而女工不太适合干机械、冶金等工种工作，女工工作难以安排，造成人浮于事的现象，降低了生产效率。

三是婚前缺乏沟通了解，婚姻基础不牢固。八五钢厂 1980 年 10 月 10 日在《青年报》刊登征婚启事，而据《八五团讯》统计，至 1981 年 4 月 11 日，仅六个月的时间，八五钢厂即有 30 对青年结了婚④。闪电式结婚，双方接触了解不多，有的婚后双方发现性格不合。有的女青年则是抱着尽快离开偏远地区，到条件相对较好的上海小三线地区工作，将来可以到上海的意图应征的，夫妻双方缺乏较深的感情基础。因此，已婚青年职工出现离婚现象。1982 年，八五钢厂已经结婚的 346 对男女青年，离婚有 3 对，占 0.87%。婚后调进厂的 111 对已婚男女青年，离婚的有 2 对，占 1.80%⑤。小三线职工撤回上海后，离婚的不在少数⑥。《八五团讯》还以"惨痛的教训"一文报道了刚调入八五钢厂没多

---

① 《我厂婚姻介绍工作进展良好》，《八五团讯》1980 年 11 月 14 日第 55 期（八五钢厂文书档案号：80-8-62，第 64 页）。

② 《未恋青工的喜讯》，《八五团讯》1983 年 4 月 10 日第 135 期（八五钢厂文书档案号：83-3-28，第 30 页）。

③ 《上海小三线建设中的"左"倾影响——关于上海小三线建设过程及经验教训的调查报告》（未刊打印稿，第 21 页，此报告由原上海市后方基地管理局党办主任朱岳林提供）；采访陈辉（原八五钢厂工人），上海宝山区吴淞居委会活动室，2011 年 3 月 27 日。

④ 《婚姻介绍进展情况》，《八五团讯》1981 年 4 月 11 日第 21 期（八五钢厂文书档案号：81-8-58，第 46 页）。

⑤ 共青团上海八五钢厂委员会：《公开登报找对象，千里姻缘一线牵——小启事解决大问题》（1982 年 9 月 17 日）（八五钢厂文书档案号：82-5-75）。

⑥ 采访卞建华（原后方基地管理局民兵指挥部负责人），卞建华家，2011 年 3 月 4 日；采访汪铁钢（原八五钢厂副厂长），汪铁钢家，2011 年 6 月 9 日；采访陈辉，上海宝山区吴淞居委会活动室，2011 年 3 月 27 日。

久的一位女青年,因无法忍受新婚丈夫赌博而跳楼致重伤的消息①。

四是子女户口问题。通过组织牵线搭桥的男女青年结婚生子后,其子女的户口问题是一个难题。1978年后方基地局给上海市委的报告中指出:"从1972年以来,后方小三线职工新生小孩户口申报问题一直没有解决。据初步统计,目前已达到853人,其中,父母双方或母方户口在沪的700多人。这些孩子户口,安徽不给报,理由是母亲户口在沪;上海又不给报,理由是父母或母亲已去三线工作,小孩户口不能报。因而从1972年以来,这类小孩户口越积越多,大的已经达到入学年龄,而户口还未解决。小孩口粮布票等基本供应都靠父母节约或亲友接济。对此,职工意见极大。"②户口问题关系到员工子女的升学问题、员工的工资问题等,影响着员工的切身利益。即使到小三线后期,这个问题还是未能很好地解决。如我们采访的原八五钢厂员工陈辉,其子是1987年出生的,安徽方面不允许他儿子报户口,最终他还是托关系才帮儿子报上了户口③。

五是子女的教育问题。1978年后方基地党委给上海市委的报告指出:"后方小三线现有中小学共48所,教职员工和学生共6 000余人。粉碎'四人帮'以来,后方教育事业经过初步整顿,又有了进一步发展。但是,目前突出的问题是教育质量低劣,师资力量严重不足,特别是教育机构不健全,业务领导渠道不通。后方教育事业,安徽省教育部门明确不予领导。对小三线职工子女就学、升学等问题不解决好,对稳定三线职工情绪十分不利。"④"学生人数不多,读一年级、读两年级没有像现在小学这样很整齐一批人一批人这样,比较乱"⑤。即指各个年级的学生都混在同一个班中学习。师资力量较好的瑞金医院、后方仪电公司等企事业单位当时均有下属学校,不过这些学校的老师都是单位里的职工,属于"业余"教师。为了能让子女接受更好的教育,很多小三线

---

① 《惨痛的教训》,《八五团讯》1983年9月8日第33期(八五钢厂文书档案号:83 - 8 - 52,第87页)。
② 《关于后方小三线建设中急需解决的几个问题的请示报告》(上海市档案馆馆藏,档案号:B246 - 3 - 712 - 153)。
③ 采访陈辉,上海宝山区吴淞居委会活动室,2011年3月27日。
④ 《关于后方小三线建设中急需解决的几个问题的请示报告》(上海市档案馆馆藏,档案号:B246 - 3 - 712 - 153)。
⑤ 采访吕建昌(原后方瑞金医院政工组干部),上海大学文学院办公室,2010年3月29日。

职工不得不把孩子留在上海学习、生活。然而,从小与父母聚少离多,这些孩子缺少应有的关爱与管教,甚者有的步入歧途。譬如小三线前进厂一对夫妇,出于不让孩子跟着他们吃苦的考虑,把三个幼子留在上海独立生活,每年双方见面的时间只有一个月。由于缺乏管教,这三个孩子中两个因犯罪进入监狱[①]。因此,在后方流传"献了青春献终身,献了终身献子孙"的说法,这流露出员工们消极和失落的心情。

结语

八五钢厂作为社会主义计划经济时代典型的"单位",被赋予了全面管理职工们的职责和全面负责单位成员生活的义务。面对大龄青年的婚恋危机及由此产生的一系列消极影响,厂党团委必须要积极应对。八五钢厂凭借各级党团委强有力的组织保证及《八五团讯》的高效舆论动员,使登报征婚启事迅速引起反响。此外,相关的辅助工作,从指导青年如何恋爱,帮助建婚房,到如何处理家庭关系,钢厂也可谓尽心尽力,洋溢着组织对职工们的精神关怀。同样,对于陷于婚恋危机的八五钢厂大龄青年职工来说,在一个狭小、封闭的山沟通过自身的努力摆脱困境的可能性实在太小,他们所能依赖的、信赖的唯有组织。于是,他们最终放弃自主选择恋爱的方式,选择八五钢厂党团组织充当起自己的"红娘",依赖组织提供的"征婚启事"来摆脱自身尴尬的困境。这种选择是被动的,也是无奈的。

即便在党团组织主导下的八五钢厂职工婚介工作取得了积极的效果,但其背后的逻辑终究是有悖于现代社会发展趋势的。随着改革开放的深入,单位对国家、个人对单位的依赖性会逐渐地弱化,国家与单位两极构造所形成的中国社会的基本结构会松动和逐渐消逝[②]。换而言之,单位的力量在逐渐弱化,通过单位主导下的"征婚启事"也必将日渐式微。因此在之前八五钢厂婚介工作开展得如火如荼时,其他上海小三线工厂纷纷效仿八五钢厂的婚介工作,最后小三线共解决了5 000多名男职工找不到对象的难题。然而,随着单位力量的弱化,单位解决问题的能力亦在下降。八五钢厂最后面对婚介工作遗留下的问题,其他厂也会不可避免地碰到。

---

① 采访伍雨珊,上海锅炉厂,2011年9月22日。
② 李汉林:《变迁中的中国单位制度——回顾中的思考》,《社会》2008年第3期。

由此，从婚姻问题上看，随着时代变迁，上海小三线已滞后于时代的洪流中。随着国内外形势的变化，上海小三线的存在不断受到质疑。1988年，除少数征地工或与当地人结婚的职工留皖外，绝大多数在皖的上海小三线职工迁回至上海，上海市政府安排他们工作和住房，危机才被真正地应对过去。至此，小三线的职工开始了在故乡上海的新生活。

（本文作者：徐有威，上海大学历史系教授、博士生导师，上海大学中国三线建设研究中心副主任；吴静，上海大学档案馆助理馆员）

支援辽宁小三线建设职工家属、子女安置问题的微观考察*

黄 巍

一、引言

三线建设是中国于 20 世纪六七十年代对全国工业布局进行的一次大规模的调整,其中,小三线建设是全国三线建设的重要组成部分。根据中央关于"靠山、分散、隐蔽"的指导方针,从 1965 年初开始,辽宁先后在其东部、西部山区建立了七个小三线厂,其中东部山区桓仁县的新风机械厂、新华机械厂和新兴机械厂,简称三新厂。

职工家属、子女的安置问题成为影响三新厂职工扎根山区建设三线的核心要素。

二、小三线职工家属的安置

职工家属的安置是三线职工能否安心扎根山区建设三线的重要问题。早在 1964 年 12 月初,国家经委就颁发了《关于搬厂工作中几个具体问题的规定》,"搬迁工厂的职工,其家属是否能马上带去,可跟迁入的地方商量办理。最好能携带家属;如果暂时不能携带,也应争取迅速创造条件,在最短期间(比如说 1 年)搬去。

此外,如果夫妻都在同一搬迁工厂(或车间)工作,应当允许全家搬去;夫

---

* 本文系 2018 年度辽宁省社会科学规划基金一般项目《辽宁支援'三线'建设历史资料的收集整理与研究》(项目批准号 L18BDJ003)。原载《智库时代》2020 年第 14 期。

妻分别在搬往两个不同地区的搬迁厂工作,由各主管部和地方商量,要调到一个搬迁工厂或地区,一同迁走。"①

建厂初期,由于工作岗位有限,三新厂职工家属一般被安排到工厂、食堂做一些搬煤、做饭等临时工作。以刚建厂的新兴机械厂为例,"1966年,我厂在当前采用临时工人是十分必要的,一是解决家属生活困难的问题,同时也有力地支援了我厂的生产,我们建议从8月份起除原使用的47名临时工外,再新采用部分社员和职工家属,总计为90名"②。1968后,三新厂基本采取了"五七"道路的方式安置家属。以新风机械厂为例,"五七"家属工最多时达到180多人,他们基本被安置在托儿所、食堂、生产锅炉、仓库、茶炉房等部门。

针对职工家属是农业户口难以随迁的问题,1967年7月,辽宁省提出坚持"以农转农"的原则,根据中央规定,农业人口在农村间、集镇之间迁移,必须坚持"以农转农"原则;政府也充分尊重当地的意见,采取首先做政治思想工作,其次在迁入之前提前和迁入生产队协商的程序,再行迁入,"在做好政治思想工作的基础上,事先应与迁入地区的生产队协商同意后,再行迁入,由生产队留粮"③。生产队在接纳安置职工家属后,原则上不影响社员的口粮水平。

1971年7月,国家计委、国家建委在《关于内迁工作中几个问题的报告》中指出:"广大内迁职工,以支援三线建设为荣,但是他们的家属,目前随迁的只占百分之二三十。为了安排好内迁职工生活,使他们真正在三线扎根,更好地促进三线建设,必须妥善解决这个问题。原在全民所有制单位工作的固定工,内迁后,应就近安排在全民所有制单位工作。原在集体所有制单位工作或从事临时性工作的家属,内迁后应就近安排在集体所有制单位工作。原来没有参加工作和家居农村的家属,凡是有劳动能力的,由迁入地区或企业,把这些家属组织起来,办集体所有制的小工厂,或者从事农、副业生产,或者参加服务行业的劳动。"④

---

① 陈东林:《中国共产党与三线建设》,中共党史出版社2014年版。
② 《新兴机械厂1966年关于厂址、人员分配、编制的报告》,辽宁省辽阳市档案馆藏,全宗目录案卷号:004-1-3。
③ 辽宁省机械厅、东北电力局、丹东市财政局、桓仁县人委、县财政局关于劳资、财务、劳保、用电、商品供应等工作方面的会议纪要、意见通知、规定,辽宁省辽阳市档案馆藏,全宗目录案卷号:005-2-3。
④ 陈东林:《中国共产党与三线建设》,中共党史出版社2014年版。

1978年后,党和国家的工作重心转移到经济建设上,为解决三新厂职工随迁家属的工作安置问题,三新厂党委请示国家、省、市相关部门,并根据国务院〔1978〕26号"家属五七工厂属集体所有制企业"的文件精神,基本解决了厂办家属企业的性质问题。1978年4月初,新风机械厂成立了农村户家属创业队农林办,通过厂办农场的形式集体安置了职工家属,并把新风轻工机械厂的320名职工家属转为大集体职工①。新兴机械厂家属工由1965年的48名发展到1978年的212名②,主要从事装卸、司炉、缝纫、理发、粮米加工、做豆腐等工作,后来发展成为新兴综合加工厂,1978年8月,新兴综合加工厂改为厂办集体所有制企业,212名家属工转为大集体职工。

新华机械厂家属工也由1966年的57名发展到1978年的189名③,为安置职工家属,新华机械厂成立了新华综合加工厂,并改为厂办集体所有制企业,189名家属工转为厂办大集体职工。这样,三新厂贯彻落实了国家的相关政策,并通过自身的探索和努力,创办了厂属集体企业,解决了长期以来困扰职工家属的工作问题,是当时鼓励职工扎根山区建设三线的有效途径。

三、小三线职工子女的安置

由于上山下乡运动的兴起,从1968年至1972年三新厂共有毕业学生482名,下乡209名④。随着1968年三新厂第一批下乡子弟的陆续返回,到20世纪70年代中期,职工子女的就业压力随之凸显。为此,三新厂党委向中共本溪市委请求明确学生毕业分配的问题,"几年来三新厂厂办子弟学校招生和毕业分配不明确,为稳定职工情绪,加强三线建设,请市委考虑予以明确学校管理性质和学生毕业分配问题。"⑤为解决三线地区特别是远离城市的企业职工

---

① 国营新风机械厂大事志编写组:《国营新风机械厂大事志(1965—1985)》,1985年。
② 《新兴机械厂关于综合厂改为集体所有制的请示报告》,辽宁省辽阳市档案馆藏,全宗目录案卷号:004-1-84。
③ 本溪市革委会工交办、新华厂关于改变新华综合厂隶属关系、科室职责范围、学大庆、基建、福利、生产用电工作方面的批复、报告、决定、会议纪要、制度、协议书、计划总结,辽宁省辽阳市档案馆藏,全宗目录案卷号:005-1-96。
④ 新华厂关于科室职责、企业管理、教育、职工、福利、检验、劳保、用电、生产、工作方面的规定、意见、方案、报告、通知,辽宁省辽阳市档案馆藏,全宗目录案卷号:005-2-7。
⑤ 新华厂关于科室职责、企业管理、教育、职工、福利、检验、劳保、用电、生产、工作方面的规定、意见、方案、报告、通知,辽宁省辽阳市档案馆藏,全宗目录案卷号:005-2-7。

子女的就业问题,1978年11月,国家劳动总局遵照国务院的指示精神,发布文件规定,"三线企业的职工子女,应当纳入当地社会劳动力统筹安排之内。属于农业户口的,要由企业所在地的社队或者本企业举办的农副业基地安排他们从事集体农副业生产。属于城镇户口的,可以组织他们从事集体农副业生产,也可参加厂办家属'五七'工厂生产。三线地区远离城市企业的职工子女,属于按政策留城或上山下乡知识青年的,如本单位有招工指标时,可以由当地劳动部门经过统一的德智体全面考核,优先录用。"①根据国务院〔1978〕26号文件精神,规定从1980年1月1日起,"企事业单位兴办的集体所有制农工副业,原则上只安排本单位职工家属、子女就业。三线地区企事业单位在招收新职工和自办技工学校招生时,属于按政策留城或上山下乡知识青年,如本单位有招工、招生指标,优先录用"②。根据国家文件精神,1980年,新华机械厂安置49名知识青年为厂办大集体工人③。同年,新华机械厂又招24名职工子弟为新华机械厂正式职工,"招生对象为我厂职工子弟,属于1977年、1978年下乡留城待业未婚青年"④。1979年,新风机械厂"1977年以来累计安排本厂职工待业子女数211人"⑤。1981年,"新风机械厂安置待业青年200人,新兴机械厂安置待业青年65人"⑥。为进一步解决职工子女的就业问题,1982年4月,新风机械厂成立了厂属劳动服务公司,下设青年商店、木器厂、麦花啤酒厂及浴池服务行业等部门,"共有职工92人,其中集体64人,全民28人"⑦。1982年,新兴机械厂成立了青年基建工程队,对外承揽各种土建工程和水暖电器安装以及工程设计;对内搞好工厂的房产维修以及新建、扩建

---

① 本溪市劳动局、财政部《关于劳动生产率计划和职工福利待遇的通知》,辽宁省辽阳市档案馆藏,全宗目录案卷号:005-2-232。
② 国务院、辽宁省、本溪市、桓仁县人民政府关于职工生活福利、农副业和城镇街道生产自救工作的报告、通知,辽宁省辽阳市档案馆藏,全宗目录案卷号:006-2-319。
③ 新华厂安置大集体工人、子女接班、考勤、职工升级、招工等工作方面的通报、会议纪要、报告、安排意见、规定等,辽宁省辽阳市档案馆藏,全宗目录案卷号:005-1-120。
④ 新华厂安置大集体工人、子女接班、考勤、职工升级、招工等工作方面的通报、会议纪要、报告、安排意见、规定等,辽宁省辽阳市档案馆藏,全宗目录案卷号:005-1-120。
⑤ 新风机械厂历史概况,辽宁省辽阳市档案馆藏,全宗目录案卷号:006-2-283。
⑥ 辽宁省政府、本溪市劳动局、服务公司、本溪市桓仁县政府关于工资管理、奖金、探亲待遇、人员安置工作的意见、通知等,辽宁省辽阳市档案馆藏,全宗目录案卷号:006-2-377。
⑦ 国营新风机械厂大事志编写组:《国营新风机械厂大事志(1965—1985)》,1985年。

等工程,"职工总数 80 人,其中青年占 60%"①。1983 年,新兴机械厂创办了冰果厂,"共安排待业青年 91 人"②。这样,三新厂职工子女的就业问题基本得到解决,是当时稳定职工扎根三线的重要举措,确保了小三线生产任务的完成。

(本文作者:黄巍,辽宁社会科学院东北亚研究所历史学博士)

---

① 新兴机械厂关于申请基建说明、扩建烟花库房的请示以及商业企业登记和医疗卫生工作、计划生育工作等文件,辽宁省辽阳市档案馆藏,全宗目录案卷号:004-2-30。
② 新兴机械厂1983年工作计划、总结奖励决定、厂领导规则和成立节能领导小组以及上半年工作总结和下半年工作要点的通知,辽宁省辽阳市档案馆藏,全宗目录案卷号:004-1-194。

三线企业的搬迁对随迁子女入学教育的影响

——以重庆为例[*]

王 毅

一、重庆地区三线企业的搬迁

重要的战略地位、优越的自然条件及较强的工业基础使重庆成为三线建设的重点区域。重庆地区三线企业的搬迁工作始于1964年下半年,先搬迁少数工厂作试点。从1965年开始进行大规模的搬迁,其中1965—1966年成为三线企业搬迁的高潮。随着东部及沿海大量工矿企业的西迁,大批职工从一、二线地区纷纷内迁重庆。1964—1966年先后从北京、上海、辽宁、广东等12个省市内迁重庆的三线企业及其随迁人口的统计数据,如表1所示。

表1 1964—1966年内迁重庆的三线企业及其人口统计表

企业所属工业部门	企业名称	内迁职工（单位：人）
冶金部	重钢四厂、第一冶金建设公司、第六冶金建设公司	8 387
煤炭部	煤炭工业科学院重庆研究所、中梁山煤矿洗选厂	535
一机部	四川汽车发动机厂、重型机械厂、华中机械厂、重庆仪表厂、杨家坪机器厂、江北机器厂、汽车工业公司、北碚仪表公司、四川汽车制造厂、花石仪表材料研究所	2 517
五机部	陵川机器厂、平山机器厂、双溪机器厂、晋林机械厂、明光仪器厂、华光仪器厂、金光仪器厂、红光仪器厂、益民仪器厂、宁江机器厂、川南工业学校	3 994

[*] 原载《山西档案》2016年第4期。

续　表

企业所属工业部门	企　业　名　称	内迁职工（单位：人）
六机部	新乐机械厂、清平机械厂、江云机械厂、长平机械厂、永平机械厂、武江机械厂	1 523
八机部	红岩机器厂、浦陵机器厂、海陵配件一厂、海陵配件二厂、第三设计院	3 287
石油部	一坪化工厂	331
化工部	长江橡胶厂、西南制药二厂、重庆油漆厂、四川染料厂、西南合成制药厂	613
地质部	地质仪器厂、探矿机械厂、第二地质勘探大队	1 146
交通部	交通科学院重庆分院、第二服务工程处	420
纺织工业部	阆中绸厂、重庆合成纤维厂	219
建筑材料部	嘉陵玻璃厂	76
建工部	土石方公司、江苏三公司、华北直属处、第一工业设备安装公司、中南三公司、渤海工程局	20 566
铁道部	第一大桥工程处	2 480
邮电部	上海邮电器材厂	100

资料来源：根据《长江上游经济中心重庆》（方大浩主编，当代中国出版社1994年版）第183—184页资料统计。

从表1可以看出，从1964年到1966年，在涉及中央15个部的59个三线企业里，内迁职工总数达46 194人。其中，建工部的内迁职工最多，其次是冶金部、五机部、八机部及铁道部，邮电部、建筑材料部、纺织部的内迁职工相对最少。其中，建工部、铁道部及地质部的内迁职工只参与企业的设计与基建，不参与后期的产品生产，并在企业基建结束后全部迁出，不在重庆长期居住。由此可见，在三线建设的高潮期，定居重庆的内迁职工主要集中在冶金部、五机部、八机部等重工业部门。据不完全统计，三线建设时期重庆前后政策性人口迁移约达50万人①。这批政策性移民对重庆地区经济、社会及文化的发展产生了重大影响。

---

① 何瑛、邓晓：《重庆三峡库区"三线建设"时期的移民及文化研究》，《三峡大学学报（人文社科版）》2012年第3期。

二、三线企业随迁子女入学教育问题及解决对策

影响人口迁移的因素很多,其中政治是三线建设时期重庆人口迁移的主要影响因素。这批政治性人口移民带来了一系列问题,其中子女入学教育问题表现得较为突出,且受到内迁职工的普遍重视。根据三线企业人口内迁政策:"高中学生,原则上不随父母迁来,确有高中生迁来则由教育部解决其入学教育问题,初中生和小学生的入学教育由企业自办初中和小学来解决。"[①]可见,三线企业的随迁子女主要集中在小学和初中。由于随迁子女较多,加之受经费、校舍、教师编制所限,多数三线企业在自办初中与小学上遇到了困难。为此,重庆市教育局根据四川省机械厅和重庆市委的指示,采取多种措施,基本上解决了1965—1966年重庆地区三线企业随迁子女的入学教育问题。

(一)扩大每班学额挖公办学校的潜力

当时重庆公办学校的教室能容纳的学生一般是50人。重庆市教育局为了解决三线企业随迁子女的入学教育问题,扩大了公办学校的班级学额,使每班的学生达到58人至60人。与此同时,调整个别学校的班次,在调整过程中对随迁子女给予适当照顾。通过这种方式,共安排1 660名学生(1 248名小学生,412名中学生)[②],占1965年9月到1966年2月三线企业随迁子女总人数的51.3%,解决了一半以上随迁子女的入学教育问题。

(二)发动三线企业办职工子弟学校

重庆市教育局按照市委指示,根据社会分工原则,积极发动三线企业自行筹办职工子弟学校。具体而言,有能力单独建校的企业就单独办职工子弟学校。无法单独办学的企业,可以联合几个企业共同筹办职工子弟学校。其中,校舍、经费、设备和人员编制,由三线企业自行解决。教师由三线企业在其职工和家属中挑选,若找不到合适者,则由教育部门协助解决。教育局负责行政业务的管理工作。通过此方式,共有1 322名学生(1 224名小学生,98名中学

---

① 《教育工作简报(第四号)》,重庆市档案馆藏,档案号:1102-429,第30页。
② 《教育工作简报(第四号)》,重庆市档案馆藏,档案号:1102-429,第32页。

生)的入学教育问题得以解决①,占 1965 年 9 月到 1966 年 2 月三线企业随迁子女总人数的 40.9%。发动三线企业自办职工子弟学校,既缓和了公办学校容纳不了的矛盾,又方便了职工子女就近上学。

(三)鼓励三线企业委托其附近学校代办职工子弟班

针对因资金、设备、校舍、教师编制等条件所限而无法筹办职工子弟学校的三线企业,重庆市教育局鼓励其委托附近有条件的学校代办职工子弟班,其中,所需资金与教师编制由三线企业解决。在重庆市委和重庆市教育局的鼓励下,部分三线企业通过这种方式解决了其随迁子女的入学教育问题。通过委托附近学校代办职工子弟班,共有 252 名学生(187 名小学生,65 名中学生)的入学教育问题得以解决②,占 1965 年 9 月到 1966 年 2 月三线企业随迁子女总人数的 7.8%。

重庆市教育局在解决三线企业随迁子女入学教育问题上所遇到的困难主要表现在以下几个方面:一是部分三线企业有条件却不愿自办学校。二是个别企业的领导干部,指定自己的子女一定要读某所重点中学或小学,不考虑客观因素,不接受统一安排③。三是虽然 1965—1966 年是重庆三线企业搬迁的高潮,随迁子女也最多,但 1966 年之后还会有部分企业要内迁,况且三线企业的名单及其随迁人数经常变化,重庆市教育局无法预料今后还会有多少随迁子女。重庆市教育局根据市委的指示和实际情况,通过多次协商使不愿自办学校的三线企业改变其办学意愿,通过思想教育解决企业领导干部的特殊化问题使其服从统一安排,克服重重困难,解决了一批又一批三线企业随迁子女的入学教育问题。

三、余论

三线建设时期随着政策性移民的到来,大批随迁子女纷纷迁入重庆。原本规定由三线企业自办学校解决其随迁子女的入学教育问题,但因资金、设备、校舍及教师编制所限,大多数三线企业无法自办学校。针对这种情况,重

---

① 《教育工作简报(第四号)》,重庆市档案馆藏,档案号:1102-429,第 32 页。
② 《教育工作简报(第四号)》,重庆市档案馆藏,档案号:1102-429,第 32 页。
③ 《教育工作简报(第四号)》,重庆市档案馆藏,档案号:1102-429,第 32 页。

庆市委与重庆市教育局从实际情况出发,通过扩大班级学额挖公办学校的潜力、发动三线企业办职工子弟学校、鼓励三线企业委托其附近学校代办职工子弟班等方式,基本上灵活解决了三线企业随迁子女的入学教育问题,使内迁职工没有了后顾之忧,从而促进了三线企业的内部稳定与发展。从社会学的角度来看,这种解决对策有助于随迁子女的教育融入和社会融入。从教育公平的角度来看,这种解决对策有助于实现随迁子女教育机会的均等,体现社会公平和教育公平。具体而言,随迁子女在重庆接受完义务教育,在升入高中读书、接受职业教育或高中结束后的大学报名资格等方面能够享有同重庆本地学生一样的待遇。从经济学的角度来看,随迁子女作为下一代的重要人力资源,其入学教育问题的解决,有助于其将来发展成为重庆经济发展和劳动力市场发展中的优秀人力资源,从而会对重庆经济发展产生重要影响。

(本文作者:王毅,女,甘肃环县人,四川外国语大学讲师,博士)

三线建设时期的子弟教育需求与师资供给

——以上海小三线为中心*

邹富敏　徐有威

20世纪60至80年代,根据党中央的战略决策,我国开展了一次规模空前的经济建设运动,即大小三线建设。整个三线建设的历史由国家、三线企事业单位和职工所成就,广大职工家属也留下了厚重的印迹。响应"备战备荒为人民"的战略号召,数百万职工举家奔赴大小三线,为三线建设提供了雄厚的建设力量。当年随父母支援三线建设的职工子女就是"三线子弟"。随着三线建设的持续推进,陆续随迁和出生于三线的职工子弟人数逐渐增加,子弟教与育的需求随之扩大,诸多三线子弟学校应运而生。

目前学界对三线建设的相关研究成果丰硕,但作为三线建设社会生活和后勤保障领域的重要内容,教育所受学界关注并不多①。因此,本文拟从子弟学校切入,以上海小三线子弟学校为中心,辅以其他大小三线子弟学校的相关内容,具体探究子弟学校在三线建设中的意义,子弟学校产生大量师资缺口的

---

* 本文系国家社科基金重大项目"小三线建设资料的整理与研究"(项目编号:13 & ZD097),上海市党校行政学院系统课题"小三线建设对上海改革开放再出发的历史启示"(项目编号:2018SHB021)。原载《上海党史与党建》2020年第8期。

① 三线职工子弟是三线社会的重要组成部分,拙作上海小三线家属群体研究(《三峡论坛》2020年第3期)对此有论述。实际上,三线建设教育包含职工教育和子弟教育两类。子弟教育包括托儿所、幼儿园、小学、初中、高中以及技校等内容。本文将知识教育和幼儿抚育纳入广义的教与育的范畴,但不包括偏向于职工职业教育的技术教育。子弟教育相关研究有两篇:王毅《三线企业的搬迁对职工子女入学教育的影响——以重庆为例》(《山西档案》2016年第4期),吴丹杨《三线建设时期绵阳教育发展对经济和社会的影响》(《佳木斯职业学院学报》2020年第3期)。

原因,以及师资缺口如何填补等问题。

一、三线企事业单位子弟学校的开办

三线建设之初,以"先生产,后生活"为建设原则,各类企业活动以生产为重,后勤配套并不完善。随着三线建设发展,后勤配套条件不断优化,三线学龄子弟和幼儿人数不断增加,大小三线企事业单位为满足子弟教与育的需求,解决职工的后顾之忧,陆续开办了一些子弟学校。

(一) 三线子弟的教育需求

三线建设过程中,随迁子弟和新生儿持续增加,职工子弟群体不断壮大。职工对所处"小社会"有不同的子弟教与育的需求。三线建设职工主要由原厂职工、新分配学生、代训艺徒以及少量征地工组成。按年龄估算,年长一代的职工可由已成年子女接替参加三线建设,这类子弟群体暂无子弟教育需求。年龄适中的一代职工的子弟几乎均为学龄儿童。年轻一代职工的婚姻与生育在进厂之后,其子弟教育需求在时间上略向后延,且偏向于幼儿看护的"育"而非知识型的"教"。因此,三线企事业单位的子弟教育需求主要集中于以下三类:一是中小学教育。具有代表性的如上海小三线312电厂原职工嵇德珍,因为三线社会的教育条件并不成熟,只能将家里两个中小学教育阶段的学龄子弟留在上海[1]。二是幼儿看护。三线厂新进职工陆续成家立业,新生一代三线职工子弟诞生,幼儿抚育需求随之产生。三是寒暑假照顾。一些留守上海的职工子弟利用寒暑假时间到三线企事业单位所在地与父母团聚,双职工家庭,尤其是子弟年幼的家庭,需要三线"小社会"予以帮扶。

职工子弟对三线社会有抚育需求和中小学阶段的知识教育需求,这些需求能否满足,不仅关系到三线社会"教与育"功能的完善与否,还关乎职工夫妇能否全身心投入三线建设,关乎三线建设的生产大后方是否稳定等。

(二) 三线子弟学校建设

为免除职工在子弟教育方面的后顾之忧,助力三线建设有序推进,三线企

---

[1] 徐有威、陈东林:《小三线建设研究论丛(第二辑)》,上海大学出版社2016年版,第311页。

事业单位根据子弟教育和幼托需求,逐步办起了子弟学校。生源少的时候,先建设需求集中的子弟小学。随着生源增多,建设条件完善,再逐步开办初中部乃至高中部。生源和办学条件暂时不满足的企事业单位,多采取合作办学模式。上海小三线前进机械厂,适龄子弟数量不足以单独办中学,于是"五个厂合起来办了个中学"①。上海小三线在屯溪附近的六家厂也采取了联合筹办形式,办了一所职工子弟中学②。截至1977年,上海小三线"已经开办了小学37所,中学6所,厂办中学8所,幼儿园17所……正在筹建的中学3所"③。

三线企事业单位还承担了职工子弟寒暑假期间的照顾职能,以降低寒暑假影响下的职工生产力季节性波动。即通过开办类似学校"小学期"的形式,集中组织中、低年级子弟的假期学习生活。如上海小三线光辉器材厂曾在暑假期间"抽调3人,把职工子女中的27名小学生组织起来,每天花5小时,组织学文化和开展棋类、打乒乓等活动,解决了有些职工不安心生产的问题"④。

（三）子弟学校的现实意义

子弟学校应三线企事业单位子弟教育需求而建,调入职工家属转化为教师,增加子弟学校师资的同时,也解决了职工夫妻团聚问题,在三线企事业单位"小社会"内实现了人力资源的优化配置。免除了职工在子女教育和家属安置方面的后顾之忧,为保证三线建设生产力提供了配套服务。

秉持着"企业办社会"的原则,三线企事业单位对职工子弟教与育的需求必然要有所回应。有些单位受生源和师资限制,将幼儿园与托儿所合并在一起,两者之间并无明显划分,如上海小三线光明机械厂(以下简称光明机械厂)厂办托儿所和幼儿园都由行政科兼管,同属于生活服务部门⑤。有些单位将幼儿园和托儿所分开筹办,前者属于教育系统,后者属于后勤系统,如上海小三线八五钢厂(以下简称八五钢厂)⑥。无论如何,子弟幼儿园和托儿所主要承担

---

① 吴静采访杨佳玉(原前进机械厂厂长),2010年8月17日。
② 徐有威、陈东林:《小三线建设研究论丛(第四辑)》,上海大学出版社2018年版,第357页。
③ 上海市后方基地管理局后勤组关于后方教育工作有关问题报告和有关规定的通知(1977年10月21日),上海市档案馆藏,档案号:B67-2-363。
④ 《后方情况》第40期(1980年8月19日),上海市档案馆藏,档案号:B67-2-521。
⑤ 徐有威、陈东林:《小三线建设研究论丛(第一辑)》,上海大学出版社2015年版,第153页。
⑥ 邹晓敏采访季美华(原八五钢厂幼儿园教师),2013年3月11日。

了三线社会对三线职工子弟的社会抚育职能,都是三线子弟教育和职工福利的一部分,对安定职工的生产后方,解放职工的生产力大有裨益。

子弟学校不仅是三线企事业单位职工福利的组成部分,更是用来稳定职工生产情绪,保证三线建设顺利进行的"利器"。因为三线建设者往往面临子女教育的困境,"这里么没有教育,上海么放在父母那不放心……送好小孩(到上海读书)么,大人烦啊愁啊,影响生产,影响情绪"①。许多三线职工逢年过节就想回家,"父母在上海无人照顾,子女读书无人管。有些工人没办法,就长期请事假病假在上海"②。职工"不想待下去也是考虑子女的教育问题"③。意识到子弟教育对于稳定职工情绪、推动三线建设的重要性后,三线企事业单位开始普遍进行子弟学校建设,毕竟广大三线职工"只有心定了,才能生产好"④。

为稳定职工生产情绪,三线企事业单位大量接收随迁家属,并允许职工和配偶通过调动团聚。但囿于军工性质,三线单位基本处于"画地为牢"状态,大量职工家属主要依托单位内部吸收。子弟学校的师资需求与职工家属的就业需求匹配,减少了大量抽调三线企事业单位职工以充实子弟学校师资的必要,保证了生产群体的稳定。家属就业需求和子弟教育的师资需求都得到了部分满足,职工的生产后方得到安定,生产情绪和生产力更加稳定。

二、三线企事业单位子弟学校的师资困境

为帮助职工解决子弟教与育的需求,稳定职工生产情绪,三线企事业单位通过自主办学和合作办学等多种形式筹办了子弟学校。子弟学校师资缺口的问题随之而来。江西小三线江西钢厂(以下简称江西钢厂)所筹办的周宇小学、西山岭小学和沙汾小学,均"由于教师缺少,任课是实行包班制"⑤。四川小三线燎原机械厂子弟校因师资缺口而采取复式班的教学模式⑥。陕西大三线

---

① 吴静采访朱仁锡、朱静颐(原上海小三线后方仪电公司工会主席朱仁锡夫妇),2010年5月20日。
② 徐有威、陈东林:《小三线建设研究论丛(第一辑)》,上海大学出版社2015年版,第268页。
③ 徐有威、吴静采访汪铁钢(原八五钢厂副厂长),2011年6月9日。
④ 吴静采访张章权(原协作机械厂副厂长),2010年8月24日。
⑤ 本书编写委员会:《江钢志(1965—1983)》(未刊稿),1985年,第286页。
⑥ 曹芯采访梁竹青(原燎原机械厂子弟学校教师),2018年5月8日。

东风机械厂也因师资短缺,在1980年"撤掉高中部集中力量办好小学和初中"①。

子弟教育是三线企事业单位稳定职工情绪、保证生产的重要方式,子弟学校因此广泛获得三线企事业单位以及所属省市乃至国家的重视,理论上师资缺口应该并不大,但事实却正好相反。三线建设所在地方以及三线子弟学校都有一定数量的师资,如上海小三线子弟学校在1977年就有"小学教职员工375人,中学教职员工294人,幼儿园教职员工96人,三者共665人"②。子弟学校师资缺口持续存在,其主要原因在于供小于求,也就是需求旺盛等。

(一)职工子弟数的增长

三线建设过程中,学龄职工子弟与需要抚育的职工幼儿数基本呈现一个先增长、后稳定在一定数值的态势。安徽小三线九九〇厂子弟学校的学生人数基本展现了这一增长趋势③。三线建设之初,原厂职工携大量家属随迁是三线建设中的常态,有相当部分职工子弟随迁。据上海大学管理学院教授刘寅斌回忆,20世纪60年代中期,其祖父辈到山东小三线民丰机械厂支援三线建设时,"绝大部分家庭都是全家迁移,我爷爷一家就是一家七口人全部前往"④。1965年,辽宁小三线新风机械厂(以下简称新风机械厂)党委秘书赴任时,其妻及子女四人全部随行⑤。

也有一些职工因为三线子弟教育条件有限,无奈将孩子留在上海。据上海小三线协作机械厂(以下简称协作机械厂)原职工子弟谈广俊回忆:"当时读书是在当地的祠堂读的……子弟学校只办到小学,到中学没了,我们又到当地读。"⑥可见早期子弟学校办学条件有限,相比到三线企事业单位所在地方学校

---

① 本书编辑办公室:《国营三三七厂厂史》(未刊稿),1987年,第164页。
② 上海市后方基地管理局后勤组关于后方教育工作有关问题报告和有关规定的通知(1977年10月21日),上海市档案馆藏,档案号:B67-2-363。
③ 孙长玉:《九九〇厂志(1964—1985)》(未刊稿),1987年,第160—161页。
④ 徐有威、陈东林:《小三线建设研究论丛(第一辑)》,上海大学出版社2015年版,第278页。
⑤ 徐有威、陈东林:《小三线建设研究论丛(第三辑)》,上海大学出版社2018年版,第335页。
⑥ 吴静采访谈广俊(原683运输车队团委书记),2010年7月29日。

借读,将孩子留在家庭所在地接受教育更为稳妥。因此三线建设初期,也有相当数量的职工未携带学龄子弟一起奔赴三线。

单独留在家庭所在地的职工子弟,容易因缺乏父母管教而偏离正常的成长轨道。上海小三线建设中,由于双职工父母奔赴三线,单独留在上海的孩子长期缺乏家长约束和引导,最后酿成不少悲剧①。出于对孩子变坏的担心,许多职工在三线企事业单位有条件提供相对应的子弟教育时,往往倾向于把孩子带在身边。

此外,三线建设是一个逐渐拉长的战线,许多职工最初参加三线建设时,他们的父母年纪尚轻,孩子年幼,留在家庭所在地,一方面父母可以帮忙看顾孙子孙女,一方面孩子的教育尚未提上日程。等到三线建设日久,原本留在家里的职工子弟已经到了需要接受知识教育的年龄,而职工的父母身体素质下降,且大多"都是文盲,没有办法解决小孩的教育问题"②。如此,又有一部分的职工子弟在三线建设过程中陆续进入三线社会。还有一些职工出于家庭团聚的考量,在三线企事业单位家属宿舍、学校等生活配套服务逐步完善后,也乐于将子女、配偶等迁入三线。随着三线建设持续,分配学生、代训艺徒等年轻职工逐步成家立业,新生一代职工子弟也随之逐渐增多,三线职工对单位提供子弟教育服务的需求加大。

(二)家庭所在地就学限制

三线建设是我国现代历史上一次大规模的跨区域经济建设运动,直接导致数以百万计的建设移民产生。出于建设时间久、办事方便等考量,很多职工的户口都放在了三线企事业单位所在地。职工子弟的户口也大致分为两种,以上海为例,一种是出生于父母奔赴三线之前,户口在上海;一种是因为出生在三线企事业单位所在地方,或者随父母迁入地方,已成为地方户口。后者需要面临在沪借读的户口问题。

为便利小三线建设,一些上海小三线企事业单位直接将所有职工和家属子女的户口报在地方③,顺利落户地方的职工子弟可以在上海借读一段。条件

---

① 徐有威:《口述上海:小三线建设》,上海教育出版社2013年版,第302页。
② 吴静、李婷采访王美玉(原上海后方基地管理局工会主席),2011年1月22日。
③ 徐有威、陈东林:《小三线建设研究论丛(第三辑)》,上海大学出版社2018年版,第105页。

允许的小三线企事业单位还能安排车子接送学生①,这反映有一定规模的三线子弟到上海借读。因为小三线的特殊性,也考虑到参加小三线建设的上海职工的情绪,"上海市教委允许户口在外地的小三线职工子女作为上海考生参加高考"②,免去了许多职工在子弟教育上的焦虑,放心将子弟留在小三线接受教育,三线子弟学校所面临的教育需求进一步扩大。

也有一定数量的三线职工子弟存在报户口问题,仅在安徽建设的上海小三线就有无法报户口的职工幼儿200余人。"上海叫报在安徽,安徽因粮、油、布的供应计划问题不落实,也不让报,现在有的小孩已四五岁了,成了黑户口"③,无法上学。户口随父母落在地方的三线子弟,虽然政策允许回上海借读,但实际情况中还有许多不尽如人意之处。如上海小三线原工农器材厂副厂长须敬先的女儿在上海借读多年,遇到上海青少年体校游泳队选拔,因不是上海户口而失去录取机会④。在教育不平衡的情况下,职工子弟只能入学小三线子弟学校。这间接加重了子弟学校的师资压力。

1982年,小三线建设已经接近尾声,上海才出台政策,小三线职工子弟可以"把户口迁到上海爷爷奶奶或外公外婆处"⑤。老一辈已经去世的,子弟户口则无处可迁。1984年,上海小三线开始调整回迁。上海市政府下达文件,将户口挂靠条件放宽至"有寄养条件"⑥。也因此,上海市教卫办在1982年出台了关于增强后方师资的文件,目的在于强化小三线教育质量,稳定因户口问题暂时无法接受上海教育而浮躁的职工情绪。

(三) 三线企事业单位所在地就学限制

早期带子女同赴三线的职工,往往面临解决孩子教育问题的需要,而三线

---

① 吴静采访朱仁锡、朱静颐(原上海小三线后方仪电公司工会主席朱仁锡夫妇),2010年5月20日。
② 徐有威、陈东林:《小三线建设研究论丛(第三辑)》,上海大学出版社2018年版,第248页。
③ 基地党委关于急需解决后方体制等业务归口问题向上海市的报告(1976年7月20日),上海市档案馆藏,档案号:B67-2-77。
④ 徐有威、陈东林:《小三线建设研究论丛(第三辑)》,上海大学出版社2018年版,第293页。
⑤ 徐有威、陈东林:《小三线建设研究论丛(第三辑)》,上海大学出版社2018年版,第293页。
⑥ 徐有威、陈东林:《小三线建设研究论丛(第三辑)》,上海大学出版社2018年版,第106页。

企事业单位尚未建设起子弟学校的窘境。在地方学校借读成为唯一的解决途径。但同时,三线子弟在地方借读还要受三线企事业单位与地方的关系、地方学校的承载量以及地方口音等诸多因素的限制。

借读于地方学校的前提是建立和谐友好的地方关系。三线企事业单位多属于迁移建设的单位,与地方之间难免有所摩擦。上海小三线与皖南地方社会因征地、用水、观影为代表的高福利等因素产生过摩擦。为了营造良好的三线建设氛围,同时解决职工子弟的教育等问题,三线企事业单位普遍采取搞好与地方关系的策略。宁夏大三线宁夏化工厂时任领导为解决子弟小中高教育问题,主动与地方搞好关系,"他们提出的有些要求还得帮助解决。每到夏收、秋收,厂里派职工帮助农民收割小麦、水稻等农作物"①。借此寻求支持,帮职工解决子弟借读问题。

地方学校的承载量限制了三线子弟借读的规模。如新风机械厂建设之初,职工子弟少,以工农联盟的形式将当地农村学校改造为恒仁新风学校②。但是地方学校原有承载量毕竟有限,江西小三线远征机械厂(435厂)的职工子弟本来在当地扩招的永丰大队小学借读,"后来因为435厂的职工小孩太多了,所以扩招"③。有限的教学资源和师资难以承载更多的三线子弟。

口音等地域差异也是三线子弟在地方学校借读的障碍。"老师连普通话也说不好,大多是用地方语教书"④。借读的三线职工子弟因此难以融入课堂。据原光明机械厂职工子弟刘金峰回忆:"代课的老师一口当地土话,我一上课立马傻眼,完全听不懂,要去猜老师说话的意思。"⑤因为语言差异、学制差异等缘故,借读反而使职工子弟成绩深受影响。三线子弟在地方借读的诸多障碍导致其教育必须主要依靠子弟学校,这对子弟学校的师资造成巨大压力。

相比于在三线企事业单位原属地学校或现所在地学校借读,三线子弟学

---

① 徐有威、陈东林:《小三线建设研究论丛(第三辑)》,上海大学出版社2018年版,第327页。

② 徐有威、陈东林:《小三线建设研究论丛(第三辑)》,上海大学出版社2018年版,第340页。

③ 徐有威、陈东林:《小三线建设研究论丛(第二辑)》,上海大学出版社2016年版,第304页。

④ 徐有威、陈东林:《小三线建设研究论丛(第三辑)》,上海大学出版社2018年版,第73页。

⑤ 徐有威:《口述上海:小三线建设》,上海教育出版社2013年版,第396页。

校不失为职工子弟求学的最优解,故职工子弟对于三线社会的教育需求直线增长。此外,"文革"期间的时代局限性导致当时社会上对读书缺少重视。又因三线企事业单位的特殊性,职工子弟基本可以接替父母回三线单位工作,子弟学习的积极性难以调动。三线子弟普遍难教,严重降低了外界对于教师的认可度。同时,当时教师在政治、经济上的福利待遇均不如工人,在学生管理上基本吃力不讨好①,故普遍存在不愿意当教师的现象。综合作用之下,三线子弟学校的师资缺口日益扩大。

三、三线企事业单位子弟学校的师资扩展

受户口与地方关系、学制、语言差异等因素影响,职工子弟在家庭所在地和三线企事业单位所在地方上的插班式教育都有一定阻碍。相比之下,三线企事业单位自办子弟学校成为当时解决子弟教育的"最佳选项"。职工子弟教育的旺盛需求给子弟学校带来了巨大压力,而压力的突破口就在于师资建设。为免除职工的后顾之忧,保证三线单位的建设效率,三线企事业单位、三线企事业单位原属地和现所在地等多方共同努力,致力拓宽子弟学校的师资渠道。

(一)内部解决

1982年,上海市教卫办专文就加强后方基地(即小三线)子弟教育,对子弟学校的办学经费、业务管理、师资等问题给出了意见。强调师资"原则应以自己解决为主,师资培训从具有高中文化程度的在职教师或在职职工中调训,根据推荐与考试相结合的原则,选送上海师院培养;也可鼓励职工子女高中毕业生报考师范院校,毕业后回后方基地任教;小学教师来源可推荐职工子女中优秀初中毕业生报考中等师范学校"②。事实上,职工抽调、家属转化这种方式就是三线子弟学校最初、最主要的师资来源途径。江西小三线人民机械厂(以下简称人民机械厂)子弟学校的师资来源基本代表了同类子弟学校的主流,即从

---

① 关于后方基地等中小学教师暑期培训情况汇报(1975年7月28日),上海市档案馆藏,档案号:B105-4-1438-16。
② 上海市人民政府教育卫生办公室关于加强后方基地教育、卫生、文化、体育工作的意见(1982年11月9日),上海市档案馆藏,档案号:B1-9-746-1。

厂里职工中抽调、从职工家属中调入以及招收师范毕业生①。

抽调厂内职工是化解子弟学校师资困境最直接的办法。由于建设需要，大三线基本分布于中西部地区，小三线遵照"靠山、分散、隐蔽"的原则而建，地理环境都较差，"大学毕业生不愿到山里去教书"②，只能从三线企事业单位里抽调职工、家属等，经过培训后成为老师。对于看护型需求的职工幼儿，江西钢厂直接将"一些刚从厂职工子弟中学毕业的年轻姑娘分到幼儿园，担任教养员"③。对于有知识教育需求的学龄子弟，原上海后方基地管理局党委副书记郑金茂认为，老师从"（厂里）知识分子里找点人过去就可以了"④。但受历史因素影响，当时子弟学校师资，大多只是高中生。他们非师范毕业，没有教师资格，仅仅只是各单位内部受教育水平相对较高的⑤。

三线企事业单位职工主要任务在于三线建设，可以被抽调去子弟学校的人数有限，但子弟学校的师资缺口在不断扩大。为了填补缺口，三线企事业单位转而发展随迁职工家属，继而鼓励从事教育行业或受教育水平较高的职工家属迁入。上海小三线原后方瑞金医院子弟学校校长张春宝就是随迁家属，"后来又自己培养了两名在后方瑞金工作的职工的女儿，到上海进修一段时间"⑥，也发展为教师。据原八五钢厂职工陈震源回忆，老师不仅都是上海人，只要是"上海支内职工，有一个对象或家属在外地的，可以把他调过来"⑦。四川小三线长城机械厂（以下简称长城机械厂）子弟学校的师资也主要源于家属调入，"那时候有六七个老师是随着家属先过来的"⑧。江西钢厂在抽调车间技术员之外，"厂里职工照顾夫妻关系调来江钢的，无论是男方或女方，只要是大学毕业的，都到职工子弟中学任教"⑨。

---

① 本书编委会：《我们人民厂——江西"小三线"9333厂实录》，上海人民出版社2015年版，第915—916页。
② 徐有威、陈东林：《小三线建设研究论丛（第一辑）》，上海大学出版社2015年版，第270页。
③ 本书编写委员会：《江钢志（1965—1983）》（未刊稿），1985年，第322页。
④ 徐有威、吴静采访郑金茂（原上海后方基地管理局党委副书记），2011年2月14日。
⑤ 吴静、祝佳文采访储瑛娣（原险峰光学仪器厂党委书记），2010年6月19日。
⑥ 吴静、陆昊玄采访倪传铮（原后方瑞金医院政工科科员），2010年5月24日。
⑦ 徐有威、吴静、李婷采访陈震源、陈辉（原八五钢厂职工），2011年3月27日。
⑧ 曹芯采访罗成秀（原长城机械厂子弟学校校长），2017年12月10日。
⑨ 本书编写委员会：《江钢志（1965—1983）》（未刊稿），1985年，第286—287页。

(二) 外部支援

当三线企事业单位内部抽调和发展职工家属都无法满足子弟学校师资需求时,该单位原属地和现所在地方社会纷纷采取调配及派遣等方式伸出援手,予以帮扶。1978年,上海后方基地向上海市有关部门提出申请,希望"根据后方教师缺额情况,每年分配一定数量的师范院校毕业生补充。今年新开五所中小学,要求多分配一些"①。上海小三线新光金属厂与群星材料厂合办的新群中学,就有少部分老师"是工农兵大学生分配过来的,像教外语、历史的就是分配来的工农兵大学生"②。但据原八五钢厂职工陈震源回忆,当时上海市教育部门往后方分配的教师确实比较少③。

三线企事业单位所在地同样通过派遣师资的形式支援三线子弟学校师资建设。光明机械厂子弟学校的师资除上海支内调配外,还有江西本地区调配的④。山西大三线长虹机械厂的师资中,教育部门调入当地教师,并直接纳入三线企事业单位编制⑤。长城机械厂子弟学校面临的教育需求不断增大,遂扩大了学校规模。在此之后,"有南充师范学院、内江师专的学生分过来,有物理系的,化学系的,英语系的,通过国防工办分过来的"⑥。

为了将这些新分配的师资切实落实到子弟教育上,三线企事业单位原属地提供了培训,以期提高教师质量。如上海市卫教委为子弟学校提供师资培训的机会。子弟学校教师会在"暑寒假时便利用关系,去上海的一些兄弟学校学习取经"⑦,但效果似乎并不明显。上海后方基地局情况调研科科长毛德宝曾直言不讳地说:"师范大学好不容易分个老师来,怎么教得好?他自己也要

---

① 上海市后方基地党委关于后方小三线体制问题向市委请示报告(1978年8月1日),上海市档案馆藏,档案号:B67-2-370。
② 徐有威、陈东林:《小三线建设研究论丛(第一辑)》,上海大学出版社2015年版,第268页。
③ 徐有威、崔海霞、吴静采访陈国兴(原上海后方基地管理局老干部科科长),2011年1月10日。
④ 徐有威、陈东林:《小三线建设研究论丛(第一辑)》,上海大学出版社2015年版,第158页。
⑤ 长虹年代编委会:《长虹年代——山西长虹机械厂回忆图文集》(自印本),2020年,第305页。
⑥ 曹芯采访罗成秀(原长城机械厂子弟学校校长),2017年12月10日。
⑦ 徐有威、陈东林:《小三线建设研究论丛(第三辑)》,上海大学出版社2018年版,第248页。

提高,他靠每年的暑假去培训、进修一次能解决什么问题?"①

(三) 自主招聘

三线企事业单位子弟教育的需求渐长,单位内部调配、发展家属无法填补子弟学校的师资缺口,企业原属地和所在地的分配支援又比较有限,无奈之下,子弟学校另辟蹊径,开展自主招聘。上海小三线金星化工厂子弟中学"都是外面请的老师"②。协作机械厂通过内外结合的办法招聘子弟小学教师,并推出相应政策:"凡职工配偶在外地从事教育工作的,可以从外地调进厂;凡在外地从事教育工作,本人愿进山,还可解决其配偶进厂工作问题。"③调职工配偶入厂,这在上海小三线曾经是促使职工夫妻团聚或推动职工寻找配偶的特殊"福利",如今用于师资招聘,可见协作机械厂对师资的看重。"在随后的十多年里,我厂(协作机械厂)先后从师范院校招收一批毕业生并从全国各地引进教师,其中还有复旦、上师大等名校毕业的教师人才"④。极大地填补了该厂子弟学校的师资缺口,并提升了师资质量。

为填补师资缺口,三线子弟学校广开招聘之口,大有"英雄不问出处"之势。北京小三线960厂从全市应届高中毕业生中招教师⑤。人民机械厂则从外地或师范学校等途径引进教师⑥。江西钢厂甚至"请8名下放教师到中学"⑦。放开招聘条件,导致教师质量普遍不高。上海小三线电子器材三厂职工子弟小学十位教师,只有一位是师范专业学校毕业的⑧。云南大三线铸造二厂子弟小学"从工人中选调7人充任小学教师,文化都在初中以下"⑨。光明机

---

① 崔海霞、吴静采访毛德宝(原上海后方基地管理局宣传组副组长、情况调研科科长),2011年5月7日。
② 吴静、崔海霞采访蒲志祥(原金星化工厂团委副书记),2011年1月14日。
③ 徐有威、陈东林:《小三线建设研究论丛(第三辑)》,上海大学出版社2018年版,第73页。
④ 徐有威、陈东林:《小三线建设研究论丛(第三辑)》,上海大学出版社2018年版,第180页。
⑤ 第九六○厂厂志编委会:《第九六○厂厂志》(内部发行),2011年,第199页。
⑥ 孙中逵、潘修范等采访顾永泉(原人民机械厂革命委员会主任),2014年2月12日。
⑦ 本书编写委员会:《江钢志(1965—1983)》(未刊稿),1985年,第286—287页。
⑧ 《上海电子器材三厂(东风器材厂)简史(续)》(未刊稿),1984年,第42页。
⑨ 宣威市教育志编纂委员会:《宣威市教育志》,云南大学出版社1999年版,第285页。

械厂从车间抽调人员任教子弟小学,"一些老师上课甚至常念白字,有的老师上课不备课,也不讲课文,随便弄个故事讲讲就算过去了"①。

同时,三线建设生产一线的人力资源紧张,许多幼儿园、托儿所等被当作安排随迁家属的地方,其教育质量更是成为三线子弟教育中的"低谷"。"一些老弱病残者照顾安排到幼儿园工作,致使幼儿园的发展受到了很大的影响"②,一些幼儿园,如协作机械厂的"幼儿园老师只有当过妈的本能"③。原八五钢厂团委书记史志定曾感慨:"师资力量没办法保障,都是家属在搞来搞去,这总归不是办法。"④

通过内部抽调知识分子、发展教育行业家属,外部接受三线企事业单位原属地和现所在地的师资支援,以及自主招聘等多种形式发展各类师资,子弟学校的师资缺口在一定程度上得到了填补。受师资质量限制,三线子弟学校的教育质量并没有得到实质性的改变。

四、结语

三线建设时期,为帮助职工解决子弟教与育的需求,稳定职工生产情绪,三线企事业单位在生源、办学条件满足的情况下陆续开办了一些子弟学校。随着建设时间的延长,中途随迁至三线的职工子弟及出生在三线的职工子弟人数渐涨。户口限制了三线子弟在家庭所在地求学。三线企事业单位与地方关系、地方学校承载量以及口音等教学差异又限制了三线子弟在地方求学。相比之下,就读于子弟学校是三线子弟接受教育的最佳选择。

三线企事业单位秉持"企业办社会"原则,职工依托单位解决子弟教与育的需求持续增加,师资缺口随之扩大。同时,时代的局限性降低了时人对教育的重视度;三线建设的特殊性又免除了三线职工子弟就业的压力,同时影响了他们学习的积极性,三线子弟学校教师成为"吃力不讨好"的象征,鲜少有人愿意当教师。子弟学校的师资缺口进一步扩大。

---

① 徐有威:《口述上海:小三线建设》,上海教育出版社 2013 年版,第 398—399 页。
② 本书编写组:《国营九四八九厂厂志》(未刊稿),1988 年,第 69 页。
③ 徐有威、陈东林:《小三线建设研究论丛(第三辑)》,上海大学出版社 2018 年版,第 273—274 页。
④ 徐有威、吴静、李婷采访史志定(原八五钢厂团委书记、第三车间支部书记),2011 年 2 月 24 日。

为填补师资缺口,三线企事业单位通过内部抽调、家属转化、子弟学校自主招聘,以及外部接受师资派遣与培训,多渠道补充师资,一定程度上改善了子弟教育的面貌,解决了许多职工在子弟教育和部分家属就业安置等方面的后顾之忧,提供了完善的后勤服务保障,有力推动了三线建设的顺利进行。然而,三线企事业单位所办子弟学校师资数量有限,质量不高,整体情况并不乐观。三线建设中的子弟学校实为封闭社会形态里保证生产的附加产品,教育普及的权宜之策。在知识教育被看重的现实社会,三线子弟学校已然黯淡于历史潮流中。

(本文作者:邹富敏,中共上海市静安区委党校教师;徐有威,上海大学历史系教授、博士生导师)

三线企业老年人养老需求与实现路径调查研究

——以安顺市三线建设企业为例*

吕油彩

一、引言

三线建设,是指自 1964 年起中华人民共和国政府在中国中西部地区的 13 个省、自治区进行的一场以战备为指导思想的大规模国防、科技、工业和交通基本设施建设①②。贵州安顺区位优势突出,是三线建设的重镇,遂接受飞机制造业并建立了安顺中航工业基地。53 年前,他们在三线建设的大时代背景下来到安顺,他们用坚强的意志、毅力和生命致力于三线建设,一代一代背负着对国家的责任与使命,他们奉献、燃烧自己的同时,他们的子孙也加入三线建设的洪流,为国家的发展出谋划策。60 年代迁居安顺的他们,眼下"告老未能还乡",正集群性变老。

本文基于对三线老人日常生活照顾的需求分析,结合安顺三线老人社区照顾模式探索,对适合三线老人的养老模式进行探索。

二、三线老人生活现状概况及养老需求

安顺三线企业退休老年职工现主要居住于安顺开发区的雅沐园、云马小

---

* 本文系 2016 年贵州省大学生创新创业训练计划项目(编号:201610667001)与贵州省科学技术厅(贵州省知识产权局)支持项目(编号[2016]1538—2 号)阶段成果。原载《中小企业管理与科技(上旬刊)》2018 年第 1 期。

① 夏建中:《社区工作(第二版)》,中国人民大学出版社 2009 年版。

② 夏建中:《社区工作(第三版)》,中国人民大学出版社 2015 年版。

区、双阳以及云马厂几个小区。笔者以位于安顺市开发区双阳附近,交通便捷的安顺雅沐园为主要调查点,它分为A、B两个区,入住的居民目前有5 000余人,基本上都是三线建设者,其中80岁以上的三线老人有500余人,已退休的三线人70岁及以上有2 000余人,35—45岁的1 800余人。笔者以参与观察和访谈为主要手段,辅以简单的统计调查方法,对这一特殊群体的生活状况与需求及日常生活照顾模式及其存在的缺陷进行调查。通过对调查资料的分析整理,得出的结果是:多数老人以家庭照顾为主,不选择院舍照顾,因院舍照顾费用高,不自由,不舒服。受传统思想影响,认为院舍照顾会被他人耻笑,脸面上过不去。虽有极少数老人愿意选择院舍照顾,但也表示其存在服务差、不系统、不够自在、人情味淡薄等弊端,大家不愿去院舍机构,希望在原本熟悉的社区就可以得到比较专业化的照顾。

通过访谈了解到这批老人迁居安顺发展至今,家庭繁衍基本为三代、四代,加之他们以工作单位为纽带形成区别于当地社会的聚居区,家族力量较为薄弱,宗族力量缺位,在日常生活、医疗、丧葬等重要环节中,需要社会各界、当地社区及政府部门的支持。调查发现三线老人对社区照顾的实际需求主要包括以下方面。

(一) 生理方面

随着年龄增长和身体功能的衰弱,加之疾病缠扰、体能衰弱,三线老人丧失了工作能力,有些甚至连生活都难以自理,需要更多帮助和关心,那些没有子女在身边的老人,生病住院时,只能靠二老互相搀扶,更显落寞无助。而丧偶的那些老人,日子就过得更加艰难,渴望得到外界力量援助与支持。

(二) 生活方面

随着年纪不断增长及退休,老人们心理产生了很多变化,他们往往产生不安全感及不正确的认知,认为自己没用了,产生了自己不再是家里的领导者及家里人对自己没有那么看重等思想变化,这些思想变化冲击着老人的尊严,从而使他们压抑自己真正的想法和对生活方面的欲求。另外,现在步入老年的基本为第一代三线人,平均年龄在70岁以上,他们的子女辈——第二代三线人基本在40—55岁,皆为在岗员工且年龄偏大;他们的孙子女辈——第三代三线人基本为20—35岁,有着繁重的工作任务,还要照顾0—10岁的第四代三线人,且多数第三代三线人多为独生子女、异地就业,遂三线家庭养老照顾能力严重缺失,家庭照顾功能减弱,很难满足老人身心照顾的需求,老人更加需要亲情的慰藉和生活照料,加之三线老人告老未能还乡,常出现孤独、失落等心理问题。

(三) 经济方面

三线老人以退休金为主要生活来源,退休金因退休前职位不同而有所差别,访谈过程中了解到,大多数三线老人每月退休金在 2 000 元左右,能满足基本生活需求,经济压力相对较小。但在医疗费用上,每月 70 元的医保返还金只能用于看小病,多数老年人都身患一些慢性疾病以及一些常见老年病,在调查过程中了解到,老人们每年医疗费用花销很大,"看不起病"仍是最大困扰。

(四) 社会互动方面

退休后三线老人未返回原居住地而定居安顺,主要是由于家乡亲缘关系多已疏淡,已习惯安顺的生活方式,若回原居住地或搬迁到其他地方很难适应。加之近年来安顺发展较快,三线老人生活质量明显提高,三线老人"告老未还乡"的心理虽没之前强烈,但三线老人的后辈多数都生活在外地或国外。并且随着三线建设时代任务的变化以及当地社会经济发展变迁,他们曾经的优越感及自豪感也逐渐暗淡,老人们尽量掩饰这种心理,可在访谈中仍可以强烈感受到老人们的失落感。三线老人的社会关系网络很窄,仅限于本厂的同事、邻厂工人及一些同乡等,与当地人互动较少,老人们的后代也很少与本地人通婚,与当地人的融合度不高,这也是造成老人们在日常生活、医疗、丧葬等重要环节中外援微弱、宗族力量缺位的重要原因。

现代城市小区居民竖起严重阻隔人们之间情感交流的"无形墙",人们的关系愈渐冷淡,85 岁高龄的徐爷爷在云马小区住了 7 年之久,与邻居基本上零交流,邻里关系改善迫在眉睫,三线老人目前最希望加强邻里联系,获得更多情感依托,渴望减少"无能"感,增强自我效能感等。由于传统照顾功能减弱,无法有效解决这些需求,为填补传统照顾模式的漏洞,社区照顾模式的介入更加重要。

三、社区照顾概念及内容

社区照顾是社会工作者动员社区资源、运用非正式支持网络、联合正规服务所提供的支持服务与设施,让有需要照顾的人士在家里或社区中得到照顾,在其熟悉的环境中向其提供照顾和帮助的福利服务模式①。社区照顾的重点内容:一是行动照顾——如饮食起居的照顾、代办事务及管理等;二是物质支援——如直接提供衣物等;三是心理支持——如定期上门拜访或电话访问等(最鼓励"亲情慰藉");四是整体关怀——留意生活环境,发动周围资源予以支持,家庭关系、邻里关系等要注重服务的针对性和及时性,了解社会关系网络状况。因老年人的需求涉及具体物资、行为、心理和社会条件等多方面,因此应全面开展对他们的照顾。社区照顾模式整合了传统家庭照顾模式与院舍照顾模式两者之长,更人性化,更关注老人心理方面的变化,促进老人过上正常生活,让老人在原本生活的环境中享受专业服务,并且与儿女在一起,享受天伦之乐。这真正体现了老有所依、老有所乐、老有所用、老有所梦,是符合我国老人照顾需求的一种新型照顾模式。

四、社区照顾模式的实现路径

通过对被调查三线老人的情况分析,老人心理方面的需求较为突出,而这一点恰恰是社区及其子女忽视的,建议从以下社区照顾路径来丰富老人们的心理生活,减少他们的落寞与忧伤,满足他们在生活和心理上的需求。

(一)重申家庭养老功能

三线老人的子女大多没在身边,社区与社工要充分发挥倡导者和教育者的作用,加强三线老人与子女的联系和交流,增强家庭养老的功能。社区及社工应根据三线老人的实际需求,督促与监督三线老人的子女尽到照顾、赡养老人的义务,比如可以依据在社区建立的信息档案,定期联系并提醒三线老人的子女关怀及看望老人。对于高龄、丧偶、有疾病的三线老人,社区可以建立家政服务中心,聘请受过专业培训的工作人员或保姆,为高龄、丧偶三线老人提供上门服务。同时,对丧偶的三线老人,社区、社工及子女应鼓励、支持老人寻找合适的生活伴侣,并为其提供一定的帮助,让老人们相互扶持,享受幸福的晚年②。

---

① 吴华、张韧韧:《老年社会工作》,北京大学出版社 2011 年版。
② 张恺悌、郭平:《老年社会工作实务》,中国社会出版报 2009 年版。

（二）建立社区宏观服务系统

一方面，社区应当建立准确的老人信息档案库，特别是三线老人档案库，内容要包括三线老人的详细信息，如基本信息、社会交往活动与邻里关系状况等。相关部门及单位可备份信息，并依据档案库的信息开展相应服务。另一方面，依据社区功能平台不断推广、完善，应开通专门为老人服务的绿色服务通道，更好地为三线老人及子女服务。

重点发展社区服务系统，依据社区特有的优势，本着为社区居民办实事、操实心、谋实利、全心全意为居民服务的原则，整合社区资源，助力三线老人这一特殊群体。如社区应发挥好社区各功能室的功用，为三线老人提供实际服务，处理其基本需要。社区及社工要发挥资源联络者的作用，整合社区及社会资源为三线老人服务，让他们享受晚年生活①。

（三）赋权增能：重温三线精神，实现三线老人的身份重构、价值重构、地位重构和社区秩序重构

三线老人社区照顾要取得更好的发展需要国家、社会等多方合作。社工的介入显得尤为重要，社工可根据三线老人的特殊性，开展相关服务活动，协助三线老人开展"三线往事"故事分享活动。社工还可以与社区协作，将辖区内退休的老干部、老党员、老教师、老战士、老模范组织起来，让他们继续发光发热，同时把低龄老人与高龄三线老人连接起来，一对一地帮助三线老人②。

充分利用辖区的中小学，邀请三线老人给学生们讲三线历史、谈老人们早年的一些经历，如开展三线老人人生故事分享、红歌比赛及"那些年我们的三线"朗诵等活动，以引导青年一代树立正确的世界观、人生观和价值观，让三线老人在对下一代进行精神教育的同时增强自我价值效能感。同时在开展社区活动时，可邀请三线老人参与表演、展现才艺，如教小学生写毛笔字、做手工和剪纸等；春节时可邀请老人们给其他居民写春联，让三线老人发挥余热，重拾生活信心，进行再社会化，对老人们的身份、地位、价值等重构，增强三线老人自我效能感及对生命价值的回顾，减少三线老人的无能感和孤独感。

---

① 李晏伟等：《中国城市老人社区照顾综合服务模式的探索》，社会科学文献出版社2011年版。

② 张勇：《社会史视野中的三线建设研究》，《甘肃社会科学》2014年第6期。

社区可依据自己独有的条件,充分利用周围资源,附近有高校的,可动员学校组织学生志愿者为三线老人开展有针对性的服务,如提供心理咨询、法律援助、医疗保健及文艺表演等。同时要重视发展社会志愿者的参与,如吸纳社会爱心组织、老年人公益组织等一些在医疗卫生、营养健康及心理方面的专家加入老年志愿服务队伍中,为三线老人开展专业服务[①]。

社区要构建丰富多样的社区服务机构,尽可能满足三线老人的需求,实现社区照顾与家庭照顾的完美结合,增强社区服务功能,培养专业人才,切实为三线老人服务,打造一个幸福、温暖、可信赖的"家"型社区。

五、结语

三线老人正集群性老去,在传统养老模式十分局限的实际境况下,我们倡导从三线老人个体特殊性着手,加强社区及社会力量的支持,介入三线老人日常生活、医疗、丧葬等重要环节;增强对老人们"告老未还乡"的心理疏导以及加深三线老人人生价值的回顾与"三线精神"的彰显。社区照顾模式的介入,不仅弥补了传统养老模式存在的缺陷,也丰富了养老照顾的内容及方式,社区照顾作为养老照顾的一种新方式,要不断挖掘社区内潜在的养老资源和潜能,展现社区照顾模式独有的养老作用与魅力。从长远发展来看,社区照顾模式将不断发展成为我国重要的养老模式,这不但是大势所趋,而且也是我国人口老龄化的需要。同时社区要重点发展规范合理的社区照顾机构以及非正式的社会支持网络,结合社区实际,不断发展、丰富社区照顾的内涵,为老人们建设一个放心、温暖、安全、和谐、有爱的社区。

(本文作者:吕油彩,本科在读,从事社会工作研究)

---

① 朱小泳:《谈当前社区老年服务工作的重点》,《重庆科技学院学报(社会科学版)》2007年第1期。

身体史视域下的三线建设者研究*

崔一楠　徐　黎

近年来,三线建设研究逐渐成为学界关注的热点问题。然而,就笔者目力所及,将身体史作为切入点,兼具身体史、三线建设史双重学术志趣的研究成果并不多见。检视三线建设者的身体意义书写,可以拓宽和立体化现有的研究视域,让三线建设者的历史样貌得到更为生动的阐释。有鉴于此,本文尝试从三线建设之初的身体之苦、三线企业的身体规训、三线建设者的身体展演这三个方面来探究"建设史中的身体史"。

一、身体之苦

三线建设全面铺开后,按照中央的决策和部署,各部委、各地区均抽调了大批建设者参加这场史无前例的大规模工业化建设。在三线建设者当中,既有厂矿职工、知识分子,也有解放军战士、机关干部以及上百万名民工。据统计,不包括员工家属和就地参加建设的人员,单是从外地迁入三线企业的建设者就多达400多万名[①],这是新中国建立以来最大规模的人口迁移。虽然这些建设者来自五湖四海、各行各业,但谈及当年为何义无反顾投身三线建设时,他们总会将种种原因归结为一句话,即"为了让毛主席睡好觉"。之所以会有这样的认知,原因在于1964年6月6日的中央工作会议上,毛泽东论及三线建设时说:"攀枝花钢铁工业基地的建设要快,但不要潦草,攀枝花搞不起来,

---

* 本文系国家社会科学基金青年项目"三线建设与西南地区城市发展研究(1964—1990)"(16CZS023)。原载《贵州社会科学》2019年第12期。

① 田姝:《三线——一个时代的记忆》,《红岩春秋》2014年第9期。

睡不着觉"①。毛泽东对三线建设的进展情况极为关注，这与当时错综复杂的国内外形势密不可分，为了应对严峻的战争威胁，尽快建立后方战略基地，毛泽东多次对三线建设做出重要指示。毛主席在时人心中拥有至高无上、无可替代的地位，其权威不仅停留在政治上，更内化为民众的"心理归属"，成为一种"情"与"义"。毛主席的身体叙事极富象征意义，他的身体不仅属于自己，也代表着国家之体、民族之躯，转侧不安、劳心焦思的身体之苦隐喻遭受外敌入侵时国家和民众遭受的损失和伤痛。毛主席因三线建设而夜不能寐，此种描述构建了一个"具身性认知场域"，让人们以形象、生动的方式感知到了党和国家面临的巨大压力和推进三线建设的焦急心情。毛主席的身体状态特别是负面感官描述很容易唤起民众的"情感共鸣"，使人们进入"所听即所感""所想即所触"的模式中，这种共享的感知状态能够实现身体的互通，使"客体性民众"变成"另一个领袖"，在设身处地的情境中，"权威的执行具有了伦理性意义"，"它与其说是诉诸服从与忠诚的要求、控制和命令，毋宁说是提升个人能力以施加权威于己身……这里的权威之施行，就成了一桩诊疗的事情"②。

　　破解身体之苦的"药方"是明确的，建设者们只有尽快落实备战指示，在纵深地区建立起比较完整的后方工业体系，让三线建设的宏大构想早日变成现实，才能换来毛主席安然入睡，才能捍卫国家之体。为此，全国各地的建设者们在"毛主席挥手我跟随"的背景下，满怀激情，踊跃投身到三线建设中。伟大的建设需要伟大的热情，但是不可否认，高涨的热情与现实的挑战之间存在着不小的张力。三线建设项目大多是在工业水平极为落后、基础设施极为薄弱、生活条件极为艰苦的山区开工建设，对于很多来自城市的建设者来说，这是从未有过的经历。与毛主席"睡不着觉"的构建性身体之苦不同，三线建设者在奔赴各地的过程中，以及到达指定区域后感受到的身体之苦是直接而纯粹的。例如当三线建设者即将告别亲人远行时，离别之苦溢于言表，"父亲母亲都很伤心，伤心了好几天……哭得很厉害，我父亲从来不落泪的，就送我的时候很伤心"③。聚少离多、难以割舍的心理预期激发了身体的生理性表达，然而这只

---

① 薄一波：《若干重大决策与事件的回顾》，中共党史出版社 2008 年版，第 843 页。
② Nikolas Rose. Inventing Our Selves: Psychology, Power and Personhood[M]. Now York: Cambridge University Press, 1996: 63-64.
③ 徐有威、陈东林：《小三线建设研究论丛(第一辑)》，上海大学出版社 2015 年版，第 309 页。

是身体之苦的序幕,三线建设者需要承受的身体考验远不止此。有建设者回忆,建设之初"因房子不够,有的人睡牛棚、猪棚。地上铺层板、铺垫稻草便算是床,有的与牛相伴睡了三个多月。有些人住芦棚,夏冬季节芦棚里温度和外面没有什么差别。雨天屋漏,衣被全湿。夏天闷热,蚊虫叮咬,难以入睡;冬天外面下大雪,屋里飘小雪,毛巾冻得'邦邦硬'"①。"每人每天一两明矾……放在水里搅搅,搅一搅之后水里的杂质就沉淀。沉淀之后变清的水,然后你再烧开水喝,一直都是这样……女同志,她晚上要洗脸,端一脸盆水,一看是个黄家伙,那就不能洗了,就流泪了,一个人流泪的话,整个宿舍都流泪。"②三线建设者经历了普通人难以忍受的身体磨砺,"苦其心志,劳其筋骨"的生活条件并未磨灭他们的斗志,在面对烈日暴晒,帐篷异常闷热时,他们宣称:"烤烙饼,进蒸笼,要练一身硬骨头";当饮用水短缺,口渴难耐时,他们互相鼓励说:"心里装着五湖四海,再渴不觉渴,口渴心里甜"③。顽强而坚忍的意志发挥了"身体治疗术"的作用,热、渴等肌体痛苦可以通过革命化的"思想药剂"来缓解,人们对于"物质"的依赖和追求让位于实现"理想"的憧憬和渴望。在革命的话语体系中,三线建设者以主动性聚合而非被动性裹挟的方式锤炼着自己的"精神之体",在与身体之苦的对抗中,血肉之躯超越了物质层面的约束,得到了意义重塑和价值升华,实现了身体的"去自然化"和"逆世俗化"。

风餐露宿的生活构成了身体苦旅的重要桥段,但却并非全部,在面对生活之苦的同时,三线建设者们还肩负着异常繁重、难度极高的施工任务,接受生产之苦的考验。例如在建设三线建设标志性工程——攀枝花钢铁基地时,由于当地山高坡陡,沟壑纵横,大型工程机械运不上去,炸药雷管等物资又十分缺乏,工人们只能用钢钎、十字镐、畚箕等工具开山辟路。打炮眼时没有鼓风机排烟,工人们就冒着中毒的危险,用手巾捂住口鼻,扑进硝烟中继续工作。施工中涌现出肩扛 100 公斤水泥日行 42 公里的"铁肩膀",肩挑 30 公斤黄沙攀登上千米陡坡一天往返 5 次的"铁脚板"④。这样的情况在三线建设中颇为

---

① 中共上海市委党史研究室、上海市现代上海研究中心:《口述上海:小三线建设》,上海教育出版社 2015 年版,第 94 页。
② 徐有威、陈东林:《小三线建设研究论丛(第一辑)》,上海大学出版社 2015 年版,第 310 页。
③ 倪同正:《三线风云:中国三线建设文选》,四川人民出版社 2013 年版,第 97 页。
④ 郑有贵、张鸿春:《三线建设和西部大开发中的攀枝花——基于攀枝花钢铁基地建设和改革发展的研究》,当代中国出版社 2013 年版,第 93 页。

常见,类似"小路巴掌宽,机器要上山,咋办? 一声喊,抬上肩"的豪言壮语真实而生动地展示了三线建设者从事生产劳动时的身体图景。生产之苦是生活之苦以外三线建设者普遍面临的问题。在"机器轰鸣震天响,千军万马战犹酣"的建设浪潮中,身体拥有了不同以往的力量和作用,与其说它于物资紧缺的极端条件之下取代了现代化的机器设备,倒不如说身体本身就是三线建设中最具变革性和决定性意义的工具。如果站在"理性人"的角度上看,三线建设者承受的身体之苦是非理性的,但在三线建设者看来,别人眼中的"非理性"却是当时最大的"理性",他们对于身体意义的认知是建基于"先国后家""先集体后个人""先生产后生活"基础上的,身体的国家化、集体化成为三线建设者的普遍共识,个人的身体意义只有在建设中、服务于群体时才能实现价值的最大化。在对身体极限的挑战中,一系列"三线奇迹"变成了现实,劳累、伤痛、恐惧等极易感知的苦感被责任、担当和革命的意识形态置换。工程浩大的三线项目如同"身体锻造厂",它将建设者的血肉之躯铸就成国家所需的"铁人",不仅身体之苦可以被暂时屏蔽,即便牺牲己身也在所不惜。在修建全长 1 083 公里的成昆铁路时,共有 2 100 人牺牲,平均 500 米就留下一名烈士。有人慨叹,成昆铁路的每一根枕木下都有烈士的遗骨①。三线建设者的牺牲对于个人、家庭乃至国家而言,都是一种巨大且无可挽回的苦痛,但肉体的消亡却孕育了被后人永远铭记和崇敬的"精神之体",这种"精神之体"被视为三线建设的无形财富,是对三线精神的深刻诠释与充分展现。

对于三线建设者来说,因自然环境恶劣和生产条件简陋而造成的身体之苦,不以人的意志为转移,是必须也可以坦然接受的客观事实,然而人为造成的身体之苦却截然不同。例如在勘查、测绘三线项目地形时,因保密需要,主管部门事前并未告知具体任务,到了现场后,技术人员提出,为了便于工作需要一些图纸资料以及测量仪器,但主管领导因文化水平低,不理解技术人员的初衷和用意,训斥道:"到山区里来是建设兵工厂的,这些在你们面前的山山水水就是实际,你们是理论脱离实际,事先告诉你具体任务,再带上你们索要的仪器设备,就会泄露军事机密,备战会受影响"。在"左倾"氛围中,正常的"技术需要"让位于僵化的"思想觉悟",技术人员无奈之下,"只得多跑几次现场,后来还是找老关系弄到地形图才能切实做规划设计"②。三线建设开始不久,

---

① 二十三局集团:《绵延的追思》,《中国铁道建筑报》2013 年 7 月 30 日。
② 徐有威、陈东林:《小三线建设研究论丛(第二辑)》,上海大学出版社 2016 年版,第 274 页。

"文化大革命"便席卷全国,运动式治理的积弊必然会反映到三线建设当中,人为的身体之苦是时代之伤的缩影,即便是身处崇山峻岭中的三线建设者也不能例外。

二、身体规训

三线建设持续时间长、投入大、项目多,需要大批建设者参与其中,基层党组织在挑选支援三线建设人员时,并非有一技之长或自愿报名者就有机会入选。在革命的话语体系中,身体是标签化的,阶级成分成为衡量身体优劣的核心标准,三线建设需要的是"又红又专"的建设者,"红"是前提,"专"是必备,只有那些家庭出身好、专业技术过硬、工作成绩突出的人员才能参与战略大后方建设。在20世纪六七十年代,能够进入三线企业工作是一种荣誉,是对一个人政治素质和业务能力的双重肯定。很多三线建设者回忆,当接到参加三线建设的通知时,他们感到很光荣,很自豪,因为支援三线都是"红五类"贫下中农,"属于地主富农的,有的在学校里犯个错误的,都不让来,都留在大城市了","好人好马好刀枪,就是到小三线的人表现不好的,或者说是政治上有些瑕疵,有问题的你还去不了"①。权力基于政治、技术、日常表现等标准对身体进行了分类操控,此举旨在从源头上保证国家眼中的"放心人",符合时代要求的"先进人"能够充实到三线建设之中。把住"选人关",这是国家立足于三线建设"入口端"的身体管控,三线建设意义重大,只有经过遴选、审查后的身体才是可靠的、能堪大任的。

宏观层面的国家管控是各行各业工作者转变为三线建设者的第一关,进入三线单位后,他们还要接受更为微观的厂规厂纪的规训。与普通企业相比,为备战而生的三线企业具有浓厚的军事色彩,这一特点不仅体现在三线企业涉及的领域、发挥的作用上,还反映在三线单位的人员管理、制度建设等方面。三线企业多采用半军事化管理模式,人们将生产车间视为连队,称车间主任为连长、工段长为排长、小组长为班长。三线单位对员工的身体约束比普通企业更为细致和严格,尤为注意对外联络过程中的保密性。例如很多三线企业均规定,工厂的生产性质、生产任务、生产能力、职工人数等信息属保密范围,任

---

① 徐有威、陈东林:《小三线建设研究论丛(第一辑)》,上海大学出版社2015年版,第306页。

何人不得向外泄露;工作人员来往通信一律使用信箱代码,严禁使用厂所在地名及厂名;外来人员考察、学习时,需提前审查申请材料,持相关单位介绍信来厂后,需在专人陪同下进入指定车间(要害部门除外),未经许可严禁触碰机器、记录、摄影;外来亲友在工作期间要求会见本厂职工,需征得单位负责人同意,同时填写来访人员登记表,会见时间不超过15分钟,不能擅自带入厂区车间①,等等。虽与外界有一定联系,但出于保密需要,三线企业在很大程度上形成了较为独立、封闭的社会单元,这种强组织化系统拥有政治动员、经济发展、社会控制三位一体的功能②,具备功能合一性、资源不可流动性、职业组织与地理空间相重叠等显著特征。三线企业的厂门和围墙犹如一条身体边界。一方面,当三线职工由内向外越过边界时,他们的言行需符合规范,不能透露与生产相关的各类信息,因身处企业之中而带来的身份标识也必须掩饰,对于外界而言,边界内的身体是特殊而神秘的。另一方面,当陌生人由外向内越过边界,试图进入三线单位时,立即会受到多方面的约束,一系列规定将外来人员的身体行为限定在一个较小、可控的范围内,在不妨碍常规性沟通、交流的情况下,三线企业尽可能保持自身的独立性和封闭性。正如福柯指出的那样:"纪律有时需要封闭的空间,规定出一个与众不同的、自我封闭的场所。这是贯彻纪律的保护区。"③

　　一系列厂规厂纪限制了三线企业与地方社会之间的身体流动,构建了一个无论在思想上还是在行动上都内卷化的"小社会",不过厂规厂纪的功能并不仅仅用于区隔内外,其更大的作用在于管控职工在单位内的行为,保障劳动生产有序运行。三线企业普遍制定了较为详细的生产管理制度,明确了方方面面的工作流程,将职工的身体纳入"微观权力力学"的范畴,不仅规定了身体"做什么",也规定了"怎么做"。对于"一贯遵守劳动纪律、规章制度和政策法令"的职工,企业会奖励和表彰,而对于游离于规训之外的身体则会进行惩罚。与奖励项目比,三线企业拟定的处分规定往往更为详细,根据错误大小、情节轻重给予当事人"通报批评、警告、严重警告、记过、记大过、降职降薪、撤职、开除厂籍留厂查看、开除出厂"等惩罚。奖惩制度为职工划出了身体行动的"高

---

① 徐有威、陈东林:《小三线建设研究论丛(第三辑)》,上海大学出版社2018年版,第447页。

② 何海兵:《我国城市基层社会管理体制的变迁:从单位制、街居制到社区制》,《管理世界》2003年第6期。

③ 福柯:《规训与惩罚》,上海三联书店出版社1999年版,第160页。

线"与"底线",人们需要在由正面和负面清单共同组成的制度网格中进行自我标定,即克里斯·希林所谓的"标定、体验和管理我们身体的方式哪些是合法的,哪些是偏离的。这会影响到我们是将自身及他人的身体实践承认为正确的、得体的,还是需要控制和矫正的"①。厂规厂纪具有提取性功能,它既给职工展示了可以效仿的模板,也明确了不容触碰的禁区,在奖惩之间,身体找到了清晰的方向并主动向制度所希望的身体状态靠近。

除了常态化的生产管理,三线企业还将非生产性因素纳入管控范围,"请假制度"便是其中一例。有三线企业规定:对于产假,正产给假56天,难产和双产多给假14天,不满7个月的小产给假20至30天。对于节育假,产后输卵管结扎,在产假56之外再增加15天;小剖腹产加输卵管结扎给假45天;输精管结扎给假7天;输卵管结扎给假30天;对于病假,3天以内,由医务室负责治疗医生决定;4至7天由医务室集体讨论决定;8天以上由医务室提出意见,厂医务劳动鉴定委员会决定。对于哺乳,每天给假60分钟,双产给假100分钟,上下午各半,哺乳时间到小孩1周岁为止。对于探亲假,根据距离远近、探亲频率等来决定,旅途往返天数、在家居住天数等都规定得十分详细②。

精细化的规定实现了身体的时间化管理,限定的时间与相应的惩戒措施一起构成了一种"身体管控解剖学",它将职工在生产之外的身体遭遇和活动分解为不同的类型,酌情处理。类似的规章制度林林总总,不一而足,正是这些事无巨细的规则构成了三线企业的制度文化,身体"浸润"在这样的文化中,久而久之,习以为常,"行动的'理性化'过程便不再需要时刻明确地诉诸行动者的反思监控意识"③,外见于行的规训内化为无意识的身体"惯习","听话"的身体会让生产更有效率,"只有在肉体既具有生产能力又被驯服时,它才能变成一种有用的力量"④。

制定详细而严格的厂规厂纪是为了最大限度规避身体的消极行为,努力让积极行为成为身体的自觉,从而形成一种良性的氛围和环境,达到凝心聚力的目的。厂规厂纪的生命力不仅在于文本的科学与严谨,更取决于执行的力

---

① 克里斯·希林:《身体与社会理论》,北京大学出版社2010年版,第139页。
② 徐有威、陈东林:《小三线建设研究论丛(第三辑)》,上海大学出版社2018年版,第431—433页。
③ 刘江涛、田佑中:《从二元性到二重性:吉登斯对社会学方法规则的超越》,《河北学刊》2003年第3期。
④ 福柯:《规训与惩罚》,上海三联书店出版社1999年版,第27—28页。

度和效果,对关键少数的规训是最好的证明。据一位三线企业副厂长回忆,因企业预算未设置"招待费"一项,上级部门、兄弟单位同志来厂办事需要就餐时,需要自带碗、筷,与普通员工一起在食堂排队,没有任何特殊照顾。春节期间,地方领导、军区首长来厂来慰问,厂领导出于礼貌请客招待,需要自掏腰包。1978年,南京军区计划在协作厂召开江西军工企业生产交流会,协作厂需采购50把座椅。当时此类办公用品属于控购物资,厂领导向后方基地管理局申请,管理局同意,但要求价格不能高于45元/把,计算下来总金额不超过2 250元。厂领导出于美观考虑,决定购买40把烤瓷(40元/把)、10把镀锌(50元/把,计划放于主席台上),总金额2 100元,未超过规定的总价。上级财务部门检查时,注意到镀锌椅子的价格问题,厂领导如实解释了购买原因,然而上级财务部门认为,原申请报告中并未提出此项要求,实际购买价格只能低于批准价格,总金额虽未超标,但单把座椅价格超标,此举也属于违反厂规厂纪。为此,厂领接受了上级批评教育,并将检查材料附于采购发票之后,以警示他人①。对于协作厂这样一个有近两千名职工的大型军工企业来说,购买座椅是一件微不足道的小事,但在这样的小事上,厂领导也要接受规训与惩罚。可见三线企业的身体管控是不分层级高低、权力大小的,规则面前人人平等。在很多三线建设者看来,恰恰是因为三线企业形成的制度文化管住了"关键少数",才让干部少犯或不犯错误,进而以上率下,形成了风清气正的政治生态。

三、身体展演

作为新中国的领导阶级,先进生产力的代表,工人在社会主义现代化建设进程中占有举足轻重的地位。通过报纸、广播的宣传以及文艺作品的塑造,工人被人们视为社会主义新人的典范,具备了卡里斯玛人物的主要特征,即象征性、中心性、神圣性、感召力和感染性②。虽然"工人老大哥"的形象深入人心、家喻户晓,但是对于地处山区的农民来说却并没有太多机会近距离接触产业工人。三线建设开始后,大量工程项目嵌入山区,为增进工农之间的了解提供

---

① 徐有威、陈东林:《小三线建设研究论丛(第三辑)》,上海大学出版社2018年版,第192页。
② 王一川:《中国现代卡里斯马典型——20世纪小说人物修辞论阐释》,云南人民出版社1995年版,第12—14页。

了有利契机。在工作之余,三线企业职工通过身体实践将抽象的"工农联盟"转变为农民看得见、摸得着的实惠,把理论中的"模范身体"带入到了现实生活之中。在"工农互助"、"厂社结合"等思想的引领下,三线企业职工主动帮助周边村民解决一些生产、生活困难。例如在三线建设重点地区四川省,每逢年节,三线单位都会到附近公社走访慰问,组织部分职工为困难户修补房屋,粉刷墙壁,安装电灯,还会从节日物资当中拿出一部分送给农民,农民十分高兴,拉着三线职工的手,夸他们是"毛主席的好工人"①。1966年7月,绵阳县6名儿童食物中毒,情况紧急。清华大学绵阳分校(651工程)建设指挥部闻讯后,立即派车连夜将患儿送至县医院,因抢救及时,几名儿童转危为安。孩子家长的感激之情溢于言表,他们说,是党派来的工人给了孩子第二次生命,他们要永远听党的话,一定在农业生产中立功,回报这份恩情②。在剑阁县,三线企业职工协助农民搬迁时,为了让粮食不被雨水淋湿发霉,工人脱下外衣盖在粮食上。经过坑洼路段,农民不慎将一袋粮食散落于地,几个职工就一粒粒拾起来归还原主,一位大娘见状后不禁感叹:"毛主席培养出来的工人比自己的亲人还亲,他们是不穿军装的解放军,我活了六十多岁都没看见过这样好的人。"③在农民眼中,三线建设者的身体实践极具示范意义,他们是党和国家的形象代言人,是无产阶级的优秀分子,是全社会学习的榜样,他们的雪中送炭既展现了工人阶级的人民性和先进性,更传递了毛主席、共产党的亲切关怀,强化了农民对于政党和国家的情感认同。三线企业职工的身体犹如一扇窗口,让农民看到了合格的社会主义建设者的应然样貌,身体展演不但突显了工人的崇高形象,也令三线建设在经济和政治之外,具有了明显的外溢性道德含义。三线建设者古道热肠的"善举"契合了中国传统文化中"独乐乐不如众乐乐"、"先天之忧而忧,后天下之乐而乐"等人性之美,农民口中的"好人"既是对个人美德的赞颂又是对"德性政治"的肯定。在"示范性身体"的解读与诠释中,政治被道德化,道德也被政治化,革命的意识形态通过"身体之桥"完成了与民间话语体系的对接,政治上的"先进"与道德上的"善良"同时呈现在了三线建设者

---

① 绵阳专区支援重点建设领导小组办公室:《关于重点建设单位支援农业的初步情况》,绵阳市档案馆藏,档案号:74-1-1。
② 651工程指挥部:《关于651工程土地征用使用情况的检查和工农结合相互支援的情况报告》,绵阳市档案馆藏,档案号:74-1-11。
③ 绵阳专区支援重点建设领导小组办公室:《天然气管线建设会议之六》,绵阳市档案馆藏,档案号:74-1-11。

的身体实践中。

　　三线建设者对农民的帮助流露出了身体政治的意味,展现了政治语境下的"身体之美",与此同时,生活语境下的"身体之美"也随着时代的变迁而日益凸显,三线职工的穿衣打扮成了一种别样的身体展演。据居住在安徽小三线企业附近的当地人回忆,上海籍三线企业职工的服饰很是"洋气"、"时髦","在款式上,上海人穿的衣服,是跟着外面的潮流。我记得当年他们穿的裤子,是窄裤脚的,很窄的,下面只有五寸,我们是大裤脚的,所以后来许多人就改小裤脚了。在面料上,我们这里过去是青、灰、蓝,单色的多,印花格子的少……还有一个料子质量上,上海人当年带来的是的确良,那是当年比较时髦的。化纤产品穿起来很挺,颜色很白,洗起来不容易脏,非常好,所以大家都喜欢"①。来自上海的三线企业职工虽身处山区,但在回沪探亲、外出开会、交流学习的过程,更容易接触到大城市的时尚文化元素。特别是党的十一届三中全会后,上海凭借着悠久的历史文化资源、浓厚的工商业氛围、雄厚的经济基础和优越的地理位置,迅速成为服装生产的中心城市,在款式、做工、面料等方面首屈一指。穿着入时的三线职工是小城镇居民口中令人羡慕的"上等人","上海人过的是天仙般的日子。他们穿的是卡其布、的确良、毛料等衣服,不仅如此,他们的穿戴有上海大都市的时尚,不像当地居民的衣着'土气',尤其是改革开放以后,小三线厂里女职工的妆扮更惹人注目,她们就像电影和戏曲中的女演员。上海人时尚的妆扮往往引领着祁门这座封闭小山城的风尚,有些招工到小三线厂的当地青年很快就受到感化,成为小县城衣着打扮的弄潮儿……生产队有位青年到七一厂做工,没多久便改'土'归'洋':留着长发,蓄着小胡子,穿着时髦的大喇叭裤"②。政治上的拨乱反正与思想上的除旧布新加速了全社会的"感性解放","在洋溢着感性解放的身体里,人们对于日常生活的欲望自动脱离了精神的信仰维度,指向了对于身体(包括眼睛对于色彩、形体等)满足的关注和渴求"③。与城市联系密切,获取外部信息迅速、及时的三线建设者成了小城镇里较早实现"审美现代化"的群体,他们的身体展演让审美活动脱离了

---

　　① 徐有威、陈东林:《小三线建设研究论丛(第一辑)》,上海大学出版社2015年版,第317页。
　　② 徐有威、陈东林:《小三线建设研究论丛(第二辑)》,上海大学出版社2016年版,第278页。
　　③ 王德胜:《视象与快感——我们时代日常生活的美学现实》,《文艺争鸣》2003年第6期。

革命意识形态的规训,"化"为日常生活层面独特、新颖的视觉形象。很长一段时间内,三线企业职工在物质待遇、社会地位、知识水平、眼界格局等方面普遍高于周边群众,生活中多方面的差异强化了人们对于三线人的羡慕感。三线建设者紧跟时代脉动的穿衣打扮让人眼前一亮,对于易于接受新事物的年轻人来说极具吸引力,他们希望像三线企业职工那样呈现出不同以往的"身体美学",让自己成为人们关注的焦点。

除了穿戴方面,在日常饮食上,三线建设者也给周边民众留下了"新鲜奇特"、"丰富多彩"的印象。一方面,三线企业职工改变了当地人对于一些食物的传统认知,形成了"舌尖上的身体展演"。例如在四川,本地人没有食用螺丝、黄鳝、山蛙等的习惯,认为吃了以后会得怪病,但这些食材对于内迁到此的三线企业职工来说,却是难得的美味佳肴,吃起来总津津有味。耳濡目染之下,周边民众也开始尝试烹饪这些田间地头的水产品,久而久之,这些水产品不但进入了千家万户的餐桌,还成为人们款待亲朋好友的首选。另一方面,三线企业职工能够买到的食品多种多样,有不少是市面上很难见到品种,在生活物资较为匮乏的时代,这样的生活令小城镇的居民心向往之,羡慕不已。据皖南地区的居民回忆,三线企业有专门的后勤供给系统,物资当中有一些让人眼馋的"稀罕货","如带鱼和黄鱼一类的海产品,桃子、苹果等当地稀见的水果,大白兔奶糖和汽水等一类的高档零食","如果有人通过关系,在小三线厂的商店或上海人那里买到一些食品或物品,往往会在邻居、同事面前有意或无意炫耀一下"①。因与三线企业职工建立有效联系,从而购买到社会稀缺食品,这会让当事人觉得很有"面子"。食品是身体的外延,在特定的历史条件下,它是管窥个人社会关系和交际能力的另类窗口,"不普通"的食品代表了一种社会资本,而这一资本的给予者正是三线企业职工。"炫耀"可以视为一种身体的展演,当事人在形塑"个人要求他人认可的社会自我形象"的同时,更凸显了三线建设者在社会关系网络中的优势地位,从本质上看,购买者的言语炫耀不过是三线建设者身体展演权利的让渡,是"三线资源"社会认可度的"他者化"表达。

从总体上看,三线建设者的身体展演无论在政治语境下还是在民间视域中,都得到了较为积极的社会评价,但不可否认的是,其间也存在一些特殊情况。如有些居民回忆:"小三线厂的上海人在当地居民面前普遍有一种优越

---

① 徐国利:《我记忆中的皖南上海小三线》,《世纪》2013年第6期。

感……他们与当地人交谈时讲普通话,而转身与同事朋友交谈时马上改讲当地人很难听懂的上海话,这种人为树立的'语言屏障'令当地人十分尴尬,这实际是上海人显示其优越感的一种方式。"①语言不仅是人们彼此沟通时的生物性活动和本能体现,还是直接融入身体图示当中,具有指向性和象征意义的社会性"行为"。语言超越了单纯的生理活动,构成了一个文化精神世界,身体通过说出词语,参与到"我"与"他"的构建和感知中,完成自我的定位和审视。其实,用家乡话与同乡交流司空见惯,并无不妥之处,之所以引起反感,可能是因说话时的语气、神态、音量、意图等所致。沪籍三线企业职工是否有意通过方言来区分"上海人"与"乡下人",彰显高人一等的身份,这一问题并不在本文的探讨范围内。无论主观意愿如何,结果是明确的,即让人感受到了城乡之间、体制内外、经济的发达与滞后、生活方式的现代与传统等因素对身体的分类与区隔,此类在特定地域基础上生成的身体展演,固化了"上海人"区别于其他人群的特殊性,催生了挥之不去的刻板印象,构成了"三线记忆"中一道特殊风景。

四、结语

回顾三线建设历程,从战略决策时毛主席的"睡不着觉"到创业初期三线建设者经历的身体之苦,从三线企业日常管理中的身体规训到政治和生活镜像下三线人的身体展示,身体如一根红线贯穿于三线建设始终,从未在这场规模浩大的工业化建设中退场。回忆投身三线建设的动因,毛主席的身体隐喻令建设者们印象深刻,严峻的战争威胁、复杂的国内外形势被具象化为易于感知的生活场景,"为了让毛主席睡好觉"不仅构成了人们参与后方战略基地建设的情感因素,还激发了他们对于国家的责任担当。三线建设推进过程中,建设者们克服了常人难以想象的身体之苦,完成了一系列看似不可能完成的任务,在极其艰苦的条件下用血肉之躯铸就了伟大而崇高的"精神之体"。除了自然环境、生产力水平等客观条件带来的身体之苦,建设者们还需面对特殊历史时期形成的人为之苦,承受时代创伤造成的身体辛劳。在日常的生产和生活中,三线建设者需要接受不同以往的身体规训,三线企业的厂门如同一条无

---

① 徐有威、陈东林:《小三线建设研究论丛(第二辑)》,上海大学出版社2016年版,第281页。

形的边界,营造了一个相对封闭、独特的社会空间,任何从属或进入此空间的身体都需要接受厂规厂纪的分类管控。在常规的生产管理之外,职工的"请假"也被纳入制度的范畴中,给予精细化处理。三线企业的身体规训是严格的,其不仅适用于普通职工,更对干部形成了强有力的制约,在制度面前,没有特殊的身体,亦没有特殊的权力。政治镜像下的三线建设者是展现阶级先进性,贯彻工农联盟、厂社合一思想的典范,他们的身体实践既彰显了共产党的良好形象和社会主义制度的显著优势,也实现了与传统"德性政治"话语体系的对接,让模范的身体具备了现代与传统、官方与民间等多个层面的意义。生活语境下的三线企业职工是"审美现代化"的先行者,他们的穿衣打扮引领了所在地区的时尚潮流,在身体美学的展示中,小城镇居民感受到了来自大城市的现代文化气息。三线企业职工独特而新奇的饮食习惯在潜移默化中改变了当地人的认知传统,而当地人购买到社会稀缺食品后的"炫耀"更从一个侧面反映了三线资源的社会影响力。在三线人的身体展演中,既包含了"他者"眼中溢于言表的感召力和吸引力,同时也流露出身体区隔、分化的味道,给人们留下了关于三线建设者的别样记忆。

(本文作者:崔一楠,西南科技大学马克思主义学院副教授;徐黎,西南科技大学马克思主义学院副教授)

三线企业的社会特征探微[*]

付 令

有这样一群人,他们是城镇户口,但却远离城市;他们掌握工业技术,较早地投入到工业化大生产中,骨子里却有那么一丝"土气"——他们是三线人。

一、特定历史时期造就的特定人群

在 20 世纪 60 年代,处于东西方两大阵营夹缝中的中国,出于"备战备荒"的考虑,开始大规模建设三线企业。三线企业迅速成为国防现代化建设的主力军。祖国西南一隅的重庆,便是三线建设的重点投资区。这里工业门类齐全,涵盖航空航天、兵工、船舶、核、电子、化工、重型机械等。三线人作为特定时期的特定群体随三线建设而产生。

本文研究的重庆青山工业有限责任公司(简称青山公司)是一个成功转型的中型三线企业的范例。青山公司隶属于兵器装备(南方工业)集团,原为五机部第 246 厂。笔者调查其人员来源,发现主要分为五类:一是大城市支援建设调入,一般来自本行业本系统的大企业,如长安、嘉陵、望江等。二是周边县域知识青年,这些知识青年原籍贯一般为周边的永川、合川、铜梁等地,通过招工返"城"。三是转业军人,甚至包括一定数量的老八路军、老志愿军战士。四是三线企业招收的工人。五是高校毕业生。这种复杂的人员组成,使三线企业成为一个"南腔北调"、以亚城市文化为主要形态的"小社会"。

由于企业封闭、保密的特点,企业创办了托儿所、子弟学校、技工校、医院、

---

[*] 原载《重庆城市管理职业学院学报》2006 年第 3 期。

电影院、宾馆等公用市政设施，呈典型的"企业办社会"形态，（在重庆，为配套大足湖滨特种汽车厂，还专门成立了"飞地"市辖区双桥区），现已逐步剥离。

二、三线社会整体气质逐步变化过程

三线职工来自四方八面，由于长期与"市"隔绝，形成了相对独立的社会群体。文化设施单一，虽然也有球场、舞厅，但不方便；商业网点匮乏，不在岗职工和家属以工为大，耻于经商。

（一）"单位人"特质的形成

自 60 年代起，"单位人"的特征使他们在文化、习惯、生活方式等方面逐渐融合。经历六七十年代政治狂热后，80 年代的人们更多地保留了纯朴气质和部分"革命友情"。这体现在诸如单位分福利品相互谦让、工作上勇挑重担等细节上。

有着共同"单位"属性的人们，受环境影响很大，在此封闭环境中人们愿意交流交心。因为是一个"单位"的，所以"和睦"成为人们相处的主流，事事以和为贵。以至于很多三线子弟在到非工业大城市生活后方发现人情冷漠与世故，不免怀念单调枯燥的三线岁月。三线人在数十年磨合中，虽有老乡、校友、知青、农转非等亚群体，但整体意识、价值取向的一致性却使整体气质趋于保守、惰性，使得三线人具有内敛、祥和的"单位人""厂矿人"气质。

（二）三线社会成员的变局

70 年代末是我国的生育高峰，三线子女们大多接受正统教育，身上体现着难能可贵的质朴气息。子女们接受新事物较快，对政治的敏锐度不及父辈，但也明显高于非工业城市市民。自 90 年代以来，三线社会成员发生了较大变化：第二、三代三线人大量通过考学、外出务工（效益欠佳的三线企业）等方式输出。企业新成员补充加速：大学生分配或自主就业，随着大众教育时代的来临，高等院校毕业生也愿意来效益较好的三线企业，从事技术或管理工作；企业陆续招工，来源多为本县（璧山）城镇人员。随着工厂体力劳动工种吸引力减弱，招工引进人员越来越多地为农转非人员，他们经过培训后主要从事技术操作。成员来源的两极分化，使得新老成员、新老思想开始在这里碰撞,新的社会共同体出现。

（三）属地化特质

企业生活中,"单位人"不可避免地在社会交往中受到当地社会因素的影响,其中最明显的莫过于习俗地域化。例如,重庆人耿直豪爽,外地来到青山公司的员工也受到一定熏陶与感染;又如当地重"礼尚往来",久而久之青山公司的员工和家属也就入乡随俗了;在节气习俗方面,已有部分青山人大年十四过元宵,和璧山人一致,但也有保持大年十五的;婚丧习俗则完全本地化,依当地风俗行事。

三、三线人现已形成的普遍心理、行为特征

（一）逃不脱的"亲友缘网"

在大山中运行几十年的企业,几代人在此环境中成长,个人关系呈现网络化,所谓"低头抬头皆熟人"。而血亲关系,更是动辄多达数十人,多层关系则多达百人。此复杂的内部友情、亲情、人情关系,在一方面可产生凝聚力,另一方面也是难过的人情关。长此以往,此连带关系可能对企业产生不利影响。

（二）市场观念与现代企业意识的缺失

三线企业内,计划与市场并存,军品与民品共存,即企业兼顾生产国家计划的军品与企业适应市场的民品。计划与市场两种思想也长期并存。一部分人员观念转变较慢,认为"只有战争,国家才会想到我们"。另一部分人则主张实施改革。结果,人们发现,匆忙制定的厂规厂纪和同样匆忙引进的管理制度,不是一头撞到人情墙、关系网上,就是跌倒在各种旧有行为方式上。企业人力资源管理甚至会产生人情组织、人情福利等极端情况。

三线人特质的惰性、内敛性,使其对市场变化不敏感。以市场为主导的现代企业不得不坦然面对并接受这个现实。

（三）与周边社会的关系

三线企业在建厂初期普遍"山、散、洞",厂区面积较大,周边村民与厂区有一定距离,严禁村民进入生产区。当时,村民认为三线人支持国家建设,十分

光荣和骄傲,曾以朴素的感情欢迎和支持建设队伍。三线企业周边农村从中受益不少,使其相对其他地区有一定优越性。市场经济下,农村个别人求富愿望增强,原来的传统道德丧失束缚,产生了"靠厂吃厂"的错误思想;一些地方政府部门也往往向企业伸手索要好处,个别企业与地方关系不再那么融洽。在私人关系方面,一部分人与三线人建立了亲缘关系、朋友关系,也成为三线企业的社会外延部分,有利于企业与外部交流。

(四) 企业文化与社区文化

三线企业无一例外地强调"独立自主、自立更生、自强不息"的奋斗精神。在三线企业,"埋头苦干"是其文化标志性特征之一。三线企业因其特定的生产生活方式,浓厚特色的企业文化已经渗透到社区文化的每个角落。社区文化即企业文化的延伸,两种文化相互作用。构建优势企业文化即构建健康向上的社区文化、社会文化。

三线社会文化的一大特征就是有着相对统一的评判标准。企业中对个人的评判也会延续到生活中。民间会依据个人喜好、美誉度对企业人进行二次评判。

(五) 特殊群体

内退、病退、下岗人员、家庭困难人员可能出现不平衡、消极等特殊心态。即使在岗人员也会有春风得意、甘于平庸、怀才不遇、好高骛远、郁闷等多种职业生存状态,他们的状态也会折射到生活中。文化生活的单一,使得靠打麻将度日的人不在少数。

(六) 思想意识的主要特征

三线文化是农业文化与工业文化在特定政治背景下的凝聚体,其思想具有以下特征:一是崇"正"。三线企业的人、财、物均由国家的纵向分配,是正宗的"国家队"。职工行为方式追求正宗,行得正,坐得直,教育子女较正统。这有严谨、廉洁的一面,但也有其僵化、保守的一面。二是尚"义"。一批有信仰的人,远离城市来到穷乡僻壤,献出青春,个人利益服从国家利益、顾全大局。政治素质较高,习惯于通过报纸、广播、电视等手段关注国家大政方针。三是重"和"。在企业制度框架下解决问题。三线人远离城市,又不愿与农村融合,自成特定体系的"小社会"。几十年相濡以沫,注重亲情与友情,可以关心到没有隐私的地步。四是喜"稳"。"精心组织,万无一失"的行为方式延伸到生活中。"统一部署",不光是企业管理行为,早已深入到生活中。五是讲"理"。凡事想一想为什么,三线价值观偏重理性,是"正""义""稳"思想的延伸。

(七)存在共同体

老乡、邻居、工友、校友等形成若干群体交流圈。农转非、转业军人等具有相近价值观的也往往有自己的群体,交流和评判自己所接触到的一切。

四、三线文化的危机

(一)后三线时代到来

随着国家战略调整,三线企业已全面进入后三线时期。文化、价值观念迅速变革、剧烈震荡。以青山公司为例:一是地理上不再"靠山",而是进入都市圈。其位于成渝高速边,二环高速路外围,至市区20分钟,轨道交通1号线远景延至附近,城市文化日益浓厚。越来越多的人(主要为中层管理者)居住在市区,工作在企业,以私家车为交通工具。二是传媒产业的发展、网络技术普及,资讯极大丰富,人员思想呈现多元化,信息流拉近了企业与外部环境的距离。三是管理层意识到"没有三线产业,只有'三线意识'"。企业成员成分的巨大变化,管理层新老交接,让企业在价值观、战略、战术、执行等方面发生了翻天覆地的变化。四是企业环境变化。并购、战略调整成为企业发展的方向。效益良好的青山公司正适度扩张规模,柳州、成都等地均有规模不小的控股子公司,"三线"一词在企业扩张壮大面前已经远远不能覆盖其内涵,成为过时词汇。

(二)观念冲击

新观念冲击很大,以"利"为核心的观念一旦被推崇到极至,价值观便会彻底失落。一部分人处于义与利的矛盾中,在亲缘与地缘交织的关系网中不知所措。无论是时间纵轴还是空间横轴,每种关系都可延伸。企业内部关系可能为关系网所侵蚀。

在此前提下,"任人唯亲"可能出现。管理者换代中要尽量避免不公正不合理现象。提倡公平竞争,体现"三公"原则,避免暗箱操作。

（三）制约三线企业改革与发展的因素

三线企业由于历史原因处于大山之中，交通不便，信息闭塞。"分散、靠山、隐蔽"，"备战、备荒、为人民"，建设过急，选址有失误。据当时调查，三线企业48%成功，45%基本成功，7%不成功、没前途。1983年，国务院成立三线建设调整改造规划办公室，实施关、停、并、转、迁。

除以上先天不足外，生产经营方式的巨大转变也对企业产生冲击。在全国范围内配置生产资源、市场资源，对于三线企业而言并不占据地缘、资金流、物流、人流上的优势。企业主业辅业分离工作有待深化。

"企业办社会"的包袱尚未完全剥离，在此过程中还有阵痛过程。

笔者以为，制约三线企业改革与发展的最大因素在于企业与社会文化：血亲、传统思想；管理上的三线意识：保守、接受新事物慢，对市场不敏锐；不愿尝试、冒险的生活观念；注重"和"的精神却不愿放弃竞争机会；注重"稳"却也想适应市场而"变"甚至引导市场而"变"；共同体与企业团队精神的融合……

五、三线企业改革的出路——构建"大企业文化"

后三线时期已经到来。可喜的是，一大批企业开始觉醒。人员新老交替，生产经营思维方式发生巨大转变。借此契机，笔者呼吁更多些创新意识，更多些思想的交流与碰撞。三线企业只有靠技术创新，才能再造辉煌。

注重企业文化、社会文化相互促进。青山公司创办的内部刊物《青山之声》，起到了丰富员工及其家属文化生活、增强企业凝聚力的积极作用。开展社区文化活动，建设文化广场。围绕企业口号"爱我青山、建设青山"，提倡以企业精神为主导的和谐社区文化。留住好传统，构建新文化。

人才是企业生存和发展的宝贵资源。大力引进人才，做好人力资源远、中、近期的规划和实施工作，提升企业人员层次，为技术创新、市场拓展提供智力保障。

六、展望

改革深入，剥离社会职能，主辅分离，企业成功转型。以青山公司为代表的三线企业,作为南方汽车工业产业链上的一环,必将做大做强。三线人也必将以团结、创新、进取的面貌展现在世人面前。

七、后记

到这篇文章发表时,我离开246厂已经整整10年。为了纪念难忘的三线岁月,特在专业研究方向之外写就此文。向为国防事业奉献青春的三线人致敬,向为国防事业奉献子孙的三线人致敬,向正在为三线企业改革发展努力奋斗的人们致敬!

参考文献:
[1] 罗兵."三线"企业怎样走出山坳[J].企业文明,1998(5).
[2] 黎藜.从江西江州造船厂的现状谈当前三线企业同周边关系恶化的原因及对策[J].船舶工业技术经济信息,1996(6).
[3] 禾夫.人情·关系·网——三线企业内人际关系微观[J].中国职工教育,1994(2).
[4] 毛水洲.三线企业军转民之路[J].中国军转民,2001(2).
[5] 四川锅炉厂政研会.三线企业的文化困惑[J].思想政治工作研究,1994(5).
[6] 林元苍.试论西部地区三线企业的困境与出路[J].中共乐山市委党校学报,2001(3).

(本文作者:付令,硕士在读,四川航空股份有限公司航务安全监察员兼飞行签派员)

三线企业的搬迁对内迁职工生活的影响
——以重庆的工资、物价为例*

王 毅 钟谟智

三线建设是从 20 世纪 60 年代中期开始,中央为备战和调整工业布局,在西南、西北地区开展的以国防工业为中心的大规模经济建设。三线建设期间(1964—1980)①,中央先后向三线地区②投资 2 052 亿元左右,几百万工人、知识分子在"备战、备荒、为人民""好人好马上三线"的感召和要求下,通过大量艰辛努力,甚至是以牺牲为代价,在中西部地区建立起了 1 000 多个大中型工矿企业、科研院所和交通设施。三线建设不仅增强了中国的国防实力,而且在一定程度上改变了西部地区生产力要素的结构,并以"嵌入"的经济模式促进了西南地区的发展。80 年代以后,随着档案资料的逐步开放,学术界关于三线建设的研究开始起步。但是纵观 30 年来有关三线建设的研究成果,可以发现,大部分研究集中在历史背景、战略决策、调整改造等方面③,而对有关三线企业的研究非常少。尤其是关于三线企业搬迁对内迁职工生活的影响问题,

---

* 原载《中共党史研究》2016 年第 4 期。

① 学术界一般以 1964 年中央在北京提出一、二、三线的战略布局为三线建设开始的标志。关于三线建设结束的标志,学界主要有三种说法:一是 1978 年党的十一届三中全会召开;二是 1980 年第五个五年计划结束;三是 1983 年中央确定三线建设调整改造政策。其中,三线建设的调整改造一直持续到 21 世纪初。到 1980 年,重庆地区的三线企业已经全部建设完成,因此本文以 1980 年作为三线建设结束的标志。

② 三线地区是三线建设时期提出的具有军事和经济地理含义的区域概念。具体范围是指四川、云南、陕西、贵州、青海、甘肃、河南、宁夏、湖南、山西、湖北等 11 个省区。与之相对,一线地区是指沿海和边疆省、自治区、直辖市。二线地区是介于一线与三线之间的区域。

③ 相关成果可见王毅:《三线建设中的重庆军工企业发展与布局》,《军事历史研究》2014 年第 4 期。

目前还没有人专门进行过研究。为此,本文将依据大量档案文献资料,从历史文化地理学的角度,对三线企业搬迁对重庆地区内迁职工生活的影响问题进行具体考察和分析,以求对相关研究有所推进。

一、重庆的三线建设及其人口迁移

重庆地处长江上游,交通便利,四面环山,历来是我国战略后方的重要工业基地。经过抗战时期的工业内迁与新中国成立初期的工业建设,重庆的工业基础较为雄厚。其中,望江机器厂、长安机器厂、建设机床厂、空气压缩机厂、嘉陵机器厂、长江电工厂、江陵机器厂、重庆钢铁厂、重庆特钢厂等一批具有影响力的企业在全国都占有重要的地位。雄厚的工业基础与重要的战略地位,使重庆成为三线建设的重中之重,被中央指定为常规兵器工业的建造重地。经过三线建设,重庆形成了以常规兵器制造业为主,电子、造船、航天、核等工业相结合的国防工业生产体系。到1980年,重庆地区军工企业和科研院所的固定资产原值达到近18亿元①。与此同时,以浦陵机器厂、红岩机器厂、四川仪表厂、长江橡胶厂、重庆地质仪器厂、橡胶设计研究院等为代表的迁建企业②,以西南铝加工厂、重庆铜管厂、四川维尼纶厂、四川染料厂、重庆重型铸锻厂、第十八冶金建设公司等为代表的新建企业,以重庆特钢厂、重庆水泵厂、重庆天原化工厂、长江化工厂、重庆轮胎厂等为代表的改扩建企业,使重庆形成较为完整的机械、冶金、化学等工业生产体系。

随着大批企业的迁建,北京、上海、南京、辽宁等一、二线地区的职工也纷纷内迁到重庆地区。从内迁人口的密度来看,重庆是三线建设期间川渝地区内迁人口密度最高的区域。截至1965年6月,先后从外地进入重庆的基建施工队伍达到26 904人③。据不完全统计,到重庆的"三线建设"政策性人口迁

---

① 参见方大浩:《长江上游经济中心重庆》,当代中国出版社1994年版,第196页。
② 本文研究的三线企业包括部分重要的科研机构和建设公司,不包括不直接参与生产任务的铁路、公路、桥梁、医院、机场等。依据建设方式,本文将重庆地区三线企业分为三类,即迁建、新建、改扩建。"新建",即在重庆地区兴建新的企业;"改扩建",即对重庆地区原有的企业进行改造或扩建;"迁建",即将一、二线地区的企业搬迁到重庆地区,并兴建新的企业或并入到重庆地区原有的企业中。其中,迁建企业是本文探讨的重点。
③ 参见重庆市城乡建设管理委员会、重庆市建筑管理局:《重庆建筑志》,重庆大学出版社1997年版,第19页。

移前后约达 50 万人①。在此,笔者以 1964 年至 1966 年期间涉及中央 15 个部门的三线企业为例,来考察和分析三线建设期间重庆地区的人口迁移问题(见表1)。

表1 1964—1966 年重庆的三线企业及其内迁人口统计表

企业所属工业部门	企　业　名　称	内迁职工（单位：人）
冶金部	重钢四厂、第一冶金建设公司、第六冶金建设公司	8 387
煤炭部	煤炭工业科学院重庆研究所、中梁山煤矿洗选厂	535
一机部	四川汽车发动机厂、重型机械厂、华中机械厂、重庆仪表厂、杨家坪机器厂、江北机器厂、汽车工业公司、北碚仪表公司、四川汽车制造厂、花石仪表材料研究所	2 517
五机部	陵川机器厂、平山机器厂、双溪机器厂、晋林机械厂、明光仪器厂、华光仪器厂、金光仪器厂、红光仪器厂、益民仪器厂、宁江机器厂、川南工业学校	3 994
六机部	新乐机械厂、清平机械厂、江云机械厂、长平机械厂、永平机械厂、武江机械厂	1 523
八机部	红岩机器厂、浦陵机器厂、海陵配件一厂、海陵配件二厂、第三设计院	3 287
石油部	一坪化工厂	331
化工部	长江橡胶厂、西南制药二厂、重庆油漆厂、四川染料厂、西南合成制药厂	613
地质部	地质仪器厂、探矿机械厂、第二地质勘探大队	1 146
交通部	交通科学院重庆分院、第二服务工程处	420
纺织工业部	阆中绸厂、重庆合成纤维厂	219
建筑材料部	嘉陵玻璃厂	76
建工部	土石方公司、江苏三公司、华北直属处、第一工业设备安装公司、中南三公司、渤海工程局	20 566
铁道部	第一大桥工程处	2 480
邮电部	上海邮电器材厂	100

资料来源：方大浩主编《长江上游经济中心重庆》(当代中国出版社 1994 年版,第 183—184 页)。

---

① 参见何瑛、邓晓：《重庆三峡库区"三线建设"时期的移民及文化研究》,《三峡大学学报(人文社科版)》2012 年第 3 期。

从表1可以看出,从1964年至1966年,在涉及中央15个部门的三线企业中,从北京、上海、辽宁、广东等一、二线地区迁到重庆的职工达到46 194人。其中,建工部的内迁职工最多,其次是冶金部、五机部、八机部、铁道部,而邮电部、建筑材料部、纺织工业部的内迁职工相对较少。建工部、铁道部及地质部的内迁职工,只参与企业的设计与基建,不参与后期的产品生产,并在企业基建结束后全部迁出,不在重庆长期居住。因此,从数量上来看,在三线建设的高峰期,定居重庆的内迁职工主要集中在冶金部、五机部、八机部等重工业部门。

二、内迁职工的工资与物价问题

三线建设中的人口迁移活动是有组织、有计划、分批次进行的,这种大规模的政治性移民将带来一系列问题,包括工资福利、生活供应、物价上涨、职工住房、子女入学教育、环境适应等。其中,工资和物价问题最为突出。与东北、上海等迁出地相比,重庆的工资低、物价高。工资与物价不仅关系到职工的切身利益,也关系着整个重庆地区三线企业的建设进程。

(一) 工资差距问题

本文探讨的工资是劳动经济学意义上的工资,即劳动者因从事劳动而获得的所有报酬收入,包括固定工资、奖金、津贴以及其他货币或非货币的福利收入①。工资随着时代和地区的不同而有所差异。三线建设时期,内迁重庆的职工来自不同地区,其原有工资区类别也不一致。兰州为十一类地区,广州为十类地区,上海为八类地区,天津、沈阳、哈尔滨为六类地区,重庆为四类地区。其中,十一类地区、十类地区、八类地区、六类地区的工资分别比四类地区高19.26%、16.51%、11%、5.5%②。而且,在不同的行业,各地的工资标准也不一致。在此,笔者以钢铁、机械及重化工业的一级和八级工资为例,来考察和分析重庆与上海、天津、东北等地不同行业工人工资的差距情况(见表2)。

---

① 参见曾湘泉:《劳动经济学》,复旦大学出版社2003年版,第184页。
② 参见《热情欢迎"一线"职工大力支援搬家和生产建设的初步意见》(1964年10月20日),重庆市档案馆藏,档案号:1007-4-610。

表2　三线建设时期重庆、上海、天津、东北不同行业的工人月工资对比表

地区	钢铁工人、民用机械工人、重化工工人一级与八级工资标准(单位：元)					
	钢铁工人工资		机械工人(民用)		重化工工人	
	一级	八级	一级	八级	一级	八级
重　庆	33	105.5	31.5	99	31.5	94.5
上　海	42.4	123	42.4	123	42.4	120.8
天　津	38	113.6	35.5	110.1	35	105
东　北	34.5	110.4	33	104	33.5	100.5

资料来源：《热情欢迎"一线"职工大力支援搬家和生产建设的初步意见》(1964年10月20日)(重庆市档案馆藏，档案号：1007-4-610)。

从表2可以看出，上海、天津、东北等迁出地的钢铁工人、民用机械工人、重化工工人的一级和八级工资均比重庆高。其中，上海工人的工资最高，其和重庆工人工资的差距最大。具体来说，上海钢铁工人的一级月工资比重庆高9.4元，八级月工资比重庆高17.5元；上海民用机械工人的一级月工资比重庆高10.9元，八级月工资比重庆高24元；上海重化工工人的一级月工资比重庆高10.9元，八级月工资比重庆高26.3元。可见，重庆和上海的一级月工资平均差距约为10元，八级月工资平均差距约为20元。各地工资额相差悬殊，使得内迁职工忧心忡忡，普遍认为重庆工资、奖金和福利都太低[1]。其中，迁入的西南制药二厂职工普遍担心会降低工资、减少奖金[2]，而内迁重庆电机厂的职工则担心劳保、工资要变化[3]。总之，工资及相关的劳保福利问题成为三线建设期间重庆地区内迁职工最为关注，也最为担心的问题。

（二）物价引起的日常开支差距问题

物价是经济运行过程中的核心指标。物价的变动与居民的消费、收入水平紧密相关。三线建设时期，重庆的高物价也直接影响到内迁职工的日常生

---

[1] 参见中共重庆橡胶分公司政治部驻长江橡胶厂工作组：《内迁职工思想情况汇报》，重庆市档案馆藏，档案号：1111-1-802。
[2] 参见《关于重庆迁建工程思想政治工作情况》(1965年6月23日)，重庆市档案馆藏，档案号：1111-1-828。
[3] 参见重庆电机厂：《重庆电机厂内迁工作情况简报》第1期(1966年8月5日)，重庆市档案馆藏，档案号：1102-3-429。

活。例如,103厂的工人刘文龙就说:"上海生活水平低,重庆生活水平高"①。在此,笔者以一份内迁职工的日常开支账单为案例,来考察和分析三线建设期间内迁职工的日常生活开支在上海和重庆两地的差价问题(见表3)。

表3 三线建设时期内迁职工在上海、重庆的每月开支对比表

上海					重庆				
项目	单位	数量	单价	金额	项目	单位	数量	单价	金额
煤气	m³	45	0.07元	3.15元	煤球	斤	3	1.75元	5.25元
					发火柴	斤	30	0.021元	0.63元
水	人	5	0.37元	1.85元	水	人	5	0.57元	2.85元
无根小白菜	斤/日	5	0.03元	0.15×30天=4.5元	青菜	斤/日	5	0.06元	0.30×30天=9.0元
酱油	斤	5	0.24元	1.20元	酱油	斤	5	0.34元	1.70元
植物油	斤	2.5	0.80元	2.00元	植物油	斤	2.5	0.84元	2.10元
肥皂	条	4	0.38元	1.52元	肥皂	条	4	0.42元	1.68元
草纸	刀	2	0.17元	0.34元	草纸	刀	1.5	0.56元	0.84元
小孩读书					车费	次	4	0.18元	0.72元

说明:这是内迁职工胡德福算的日常开支账单。胡德福于1965年3月16日从上海内迁到重庆油漆厂,随迁家属4人。他根据一个月的生活费开支,按有差距的部分将重庆同上海作了比较。表中所列只是他每月生活费用中的部分,其中水费是根据杨家坪机器厂内迁职工一个月的水价计算的。
资料来源:重庆化工局:《内部情况》第2期(1965年9月17日),重庆市档案馆藏,档案号:1111-1-828。

从表3中可以看出,除了小孩读书和所需的车费不属于物价上涨而引起的开支外,其他费用均和物价上涨有关。其中,蔬菜、煤气、水的差价比较大,尤其是蔬菜的差价最大。在上海,胡德福及其家人吃的是无根小白菜,按每日5斤、每斤0.03元来算,每月用于买菜的开支是4.5元。在重庆,他们吃的是青菜,按每日5斤、每斤0.06元计算,每月用于买菜的开支是9元。这样,胡德福全家在重庆每月用于买菜的开支是上海的2倍。由此可见,由于两地物价不一致,内迁职工在上海、重庆的日常生活开支差价比较大。

---

① 市委工业部:《一〇三厂上海同志的思想动态》,《迁厂、搬家工作情况》第5期(1964年12月30日),重庆市档案馆藏,档案号:1007-4-610。

三、内迁职工工资及其相关问题的解决办法

由于重庆地区的低工资和高物价,内迁职工的情绪极不稳定,很多人甚至认为是被骗了。例如,迁入重庆的 103 厂工人李华就说:"来渝前负责同志向我们讲:'四川出产丰富,生活水平低,气候好'、'重庆伙食一月只要 8 元'、'自由市场大米 8 分钱一斤',与实际情况不符,我们受了骗。"①类似的这种情绪如果一直持续下去,势必影响三线企业的建设进度。为了稳定内迁职工的情绪,重庆市委及相关工业部门需要对物价和工资进行一定的调整。由于在计划经济体制下,物价是地方政府不可调控的,重庆市委及相关工业部门只能对工人工资及其相关的福利进行调整。

(一) 从当前局势出发进行思想政治教育

"政治工作是一切经济工作的生命线"②。三线建设时期,内迁职工的政治工作尤为重要,它是一切经济建设的保证。为了缓解内迁职工的不满情绪,重庆三线企业的领导及相关负责人从党的教育方针、理想信念、职业道德、政治理论学习等方面对内迁职工进行了思想政治教育。

在时事教育方面,三线企业的党委和工作组负责人根据国际形势,以"备战、备荒、为人民"为指导方针,对职工进行思想政治教育③。60 年代以后,中国周边的安全形势急剧恶化:美国威胁着中国的东、南两面;苏联威胁着中国的北、西两面;印度在中印边境不断蚕食中国领土,并发动大规模武装进攻;日本、韩国也对中国采取敌视态度。与此同时,在台湾的国民党政权也在美国支持下准备"反攻大陆",并多次派遣武装特务袭扰东南沿海地区。在这种紧张的国际局势下,对内迁职工时事教育的重心就在于强调企业内迁重庆进行三线建设是为了对付外敌入侵。通过时事教育,使广大内迁职工有了充分的思想准备,主动克服困难,安心工作,担负起三线建设的艰巨任务。

---

① 市委工业部:《一〇三厂上海同志的思想动态》《迁厂、搬家工作情况》第 5 期(1964 年 12 月 30 日),重庆市档案馆藏,档案号:1007-4-610。
② 中共中央办公厅编:《中国农村的社会主义高潮(上)》,人民出版社 1956 年版,第 123 页。
③ 参见中共重庆橡胶分公司政治部驻长江橡胶厂工作组:《内迁职工思想情况汇报》,重庆市档案馆藏,档案号:1111-1-802。

在理想信念教育方面,三线企业的党委和工作组负责人根据革命传统,以上海工人为典型,号召内迁职工学习其光荣的革命传统、高度的阶级觉悟及先进的生产技术①。上海是中国共产党的诞生地,上海工人阶级有着悠久的革命斗争历史,其思想觉悟水平比较高。例如,来自上海的内迁职工普遍表示:"我们是来革命的,不是来享福的。"②对于个别存在严重不满情绪的内迁职工,主要由来自上海的党员、团员和积极分子对其进行个别教育,帮助其提高思想觉悟。

在政治理论学习方面,三线企业的党委和工作组负责人号召内迁职工认真学习毛泽东著作。其中,干部主要学习毛泽东的《实践论》《矛盾论》《关于正确处理人民内部矛盾的问题》《人的正确思想是从哪里来的?》《整顿党的作风》及党的七届四中全会公报等著作和文件;工人主要学习《为人民服务》《纪念白求恩》《愚公移山》等经典著作③。通过政治理论学习,职工的阶级觉悟逐步提高,以西南国营制药二厂为例,该厂职工在学习完经典著作之后,"发扬阶级友爱,助人为乐,舍己为人的共产主义风格"④。同时,通过召开座谈会、登门拜访、参观渣滓洞、听取职工意见等社会实践方式,及时了解内迁职工的思想动态,帮助其解决实际困难。

在团结互助教育方面,重庆工交系统及企业的相关负责人教育本地职工热情欢迎内迁职工,做好接待工作,积极帮助内迁职工,主动加强与内迁职工的团结。以西南国营制药二厂为例,该厂组织了20人以上的接待队伍,调配专门车辆,在机场、车站、码头等地迎接内迁职工。同时,该厂组织50至100人的欢迎队伍,在工厂门口专门迎接内迁职工。该厂的领导和相关负责人在内迁职工来厂的当晚举行专门的欢迎会,并安排本地职工主动帮助内迁职工安顿床铺、带路、上街买菜等。对于本地职工的热心帮助,内迁职工十分感动,其初来时的心理失落感减轻了⑤。

---

① 参见市委工业部:《迁厂、搬家工作情况》第1期(1964年12月1日),重庆市档案馆藏,档案号:1007-4-610。

② 参见市委工业部:《迁厂、搬家工作情况》第1期(1964年12月1日),重庆市档案馆藏,档案号:1007-4-610。

③ 参见市委工业部:《浦陵机器厂首批来渝职工干劲大》,《迁厂、搬家工作情况反映》第5期(1964年12月30日),重庆市档案馆藏,档案号:1007-4-610。

④ 参见《西南国营制药二厂关于盐酸普鲁卡因迁建工作安排意见》(1964年11月29日),重庆市档案馆藏,档案号:1111-1-751。

⑤ 参见《关于重庆迁建工程思想政治工作情况》(1965年6月23日),重庆市档案馆藏,档案号:1111-1-828。

(二)工资暂时"就高不就低"

思想政治教育在一定程度上缓解甚至消除了内迁职工的不满情绪,工资福利标准到底按迁出地还是迁入地执行,不仅关系到内迁职工的切身利益,也影响着本地职工的团结。内迁职工来自不同的地区,其工资类别不一致,差距较大。加之,部分内迁职工生活很困难,须将大部分收入寄给外地家属以维持生活。为此,重庆市委及相关工业部门在解决内迁职工的工资差距时规定:"调入职工,其原有工资区类别和工资标准高于调入地区的部分,在今后三年内,应予以保留;但由于八类以上地区工资悬殊过大,不利于职工内部团结,应予以适当降低,按八类地区标准执行。三年以后,再视情况的变化,在充分作好思想政治工作的基础上,逐步实行调入地区的标准。原有工资区类别和工资标准低于调入地区的职工,其工资则按调入地区的标准执行。"①

由此可见,重庆市委及相关工业部门在调整内迁职工的工资时"就高不就低"。这种调整策略,既向迁入地看齐,又考虑了迁出地的实际情况,并没有立刻执行迁入地的工资标准,而是依据工资区类别的实际情况,参照迁入地的工资标准灵活调整内迁职工的工资。这样,既有利于内迁职工的思想稳定,又调动了其生产积极性。

(三)依据企业的搬迁方式实行不同的劳保福利标准

依据搬迁方式,迁建企业分为整体搬迁企业和部分搬迁企业。其中,整体搬迁是指一、二线地区企业的人员及设备全部内迁重庆;部分搬迁是指一、二线地区企业的人员及设备部分内迁重庆。从搬迁方式来看,重庆地区的迁建企业主要以部分搬迁为主,整体搬迁的企业比较少。在此,笔者以整体搬迁企业浦陵机器厂②和部分搬迁企业为案例,来考察和分析三

---

① 《在工交企业迁建中,有关思想工作、团结工作以及劳动工资、劳保福利和生活供应等方面的若干问题的意见》(1964年10月20日),重庆市档案馆藏,档案号:1007-4-610。

② 因在迁建过程中速度快、质量好,浦陵机器厂被树为整个西南地区三线建设迁建工程"歼灭战"的典型。"歼灭战"是三线建设的基本方针之一,即:"要按照战争打起来的要求"抓紧进行迁建,要抢时间、争速度。参见《三线建设》,国务院三线建设调整改造规划办公室编印,1991年,第22页。

线建设期间内迁企业在上海和重庆两地劳保福利的差异问题(见表4、表5)。

表4　浦陵机器厂关于迁厂人员的劳保福利规定

1. 劳保福利,仍继续维持原状不动。
2. 双职工都迁往内地,仅直系亲属在上海者,仍按国家规定不准探亲假,但直系家属丧亡可适当报销一次路费。
3. 凡家属在沪者,按本厂职工工资的70%,由上海组织照顾发放工资券。

资料来源:《浦陵机器厂的基本情况》(1964年12月24日),重庆市档案馆藏,档案号:1007-4-610。

表5　内迁企业在上海、重庆的部分劳保福利对比表

内迁企业在上海的部分劳保福利	内迁企业在重庆的部分劳保福利
交通补贴,或上下班由企业包车接送或本人购买月票(票价6元),企业补贴(有的全部补贴,有的补贴5元,有的补贴3元)	职工子女入托、洗澡、理发、上下班交通费等,整个迁来的企业按原有办法执行,并厂的按并厂单位的办法执行
洗澡、理发费,每人每月发给1.4元	
肥皂每人每月发一块,草纸每人每月发一刀	
单身职工住集体宿舍,不交房租、水电费;从机关调入工厂的干部,有房租津贴	原企业实行有房租津贴的,在家属未迁来以前,应继续给予房租津贴,家属已经迁来的,则应按调入单位的规定执行
	对于家属仍居原地的外来职工,生活确有困难的,调入单位应主动关心他们,可根据原企业的补助标准,给予适当补助

资料来源:《热情欢迎"一线"职工,大力支援搬家和生产建设的初步意见》(1964年10月20日),重庆市档案馆藏,档案号:1007-4-610。

从表4、表5中可以看出,企业的搬迁方式不同,其职工内迁后的劳保福利也不同。整体搬迁的企业,其劳保福利维持原状。部分搬迁的企业,其劳保福利按并入单位的标准执行。对于特别困难的职工家属,重庆市委及相关工业部门根据原企业的补助标准给予适当补助。可见,三线建设时期重庆内迁职工的劳保福利标准并不一致,内迁职工的劳保福利依据企业的搬迁方式及实际情况差异较大。

四、结语

人口迁移是指人口在两个地区之间的地理流动或空间流动,这种流动通常会涉及永久性居住地由迁出地到迁入地的变化,这种迁移被称为永久性迁移[①]。按照迁移的原因,三线建设时期重庆地区的人口迁移既是政治性迁移又是经济性迁移。三线建设时期重庆地区的内迁职工及其家属,是在"备战、备荒、为人民"的指导方针下,为对付外敌入侵而进行迁移的,属于政治性人口迁移。同时,三线建设时期,国家有计划、有步骤地将沿海和内地工业布局密集的企业,向西南和西北转移,大批职工及其家属随之内迁重庆,是国民经济发展的需要,是与生产发展同步进行的,属于经济性人口迁移。但是,这种合理的政治性和经济性的人口迁移如果并非迁移者自愿,会使迁移者产生一些不满情绪。而重庆的高物价、低工资状况会进一步加重这种不满情绪。在此情形下,重庆市委及相关工业部门从大局出发,以"备战、备荒、为人民"为指导方针对职工进行思想政治教育,使其思想认识有所转变。与此同时,重庆市委及相关工业部门在国家统一的工资福利政策基础上灵活调整工资福利的差距,即:整体搬迁的企业,其工资福利维持原状;部分搬迁的企业,其工资福利按并入单位的标准执行。

与市场经济体制下企业职工工资福利的调整相比,三线建设时期因大规模人口迁移而引起的工资福利不一致问题,其解决的难度系数较大。重庆市委及相关工业部门根据实际情况妥善解决,在中央统一的工资福利政策基础上,灵活调整内迁职工的工资福利。这种方法在三线建设时期被部分地区所借鉴。从经济学的角度来看,这种工资福利调整策略有利于减少甚至消除职工因工资福利差距而引起的不满意度,同时也可缓解其迁移的心理压力。从心理学的角度来看,这种灵活调整工资福利的方式有助于提高内迁职工的心理适应度。决定移民心理适应度的主要因素是经济状况,当移民搬迁后,其工资福利有所提高,则其心理适应度就会高。从社会学的角度来看,这种工资福利的解决方案,既满足了大部分内迁职工的要求,又没有伤害到本地职工的感情,有助于加强内迁职工与本地职工的团结互助,

---

① 参见段成荣:《人口迁移研究 原理与方法》,重庆出版社1998年版,第6页。

有助于移民的社会融合和三线企业的企业融合。总之,由于重庆市委及相关工业部门对三线企业内迁职工工资福利作出的灵活调整,内迁职工的情绪基本能够保持稳定,得以安心工作,从而保证了三线建设在重庆地区的顺利开展。

(本文作者:王毅,四川外国语大学社会科学部讲师;钟漠智,四川外国语大学社会科学部教授)

三线建设时期重庆地区内迁职工
社会生活问题探析*

王　毅　万黎明

20世纪80年代以来,随着档案文献资料的不断公布,学界开始了关于三线建设①的研究。纵观近40年来有关三线建设方面的研究成果,主要集中在三线建设的历史背景、战略决策、经济效益、调整改造等方面②。有关三线建设中内迁职工社会生活问题的研究相对较少。本文以重庆地区③为例,拟从环境适应、工资奖金、劳保福利及生活物资供应标准等方面探讨三线建设时期内迁

---

* 本文系2018年陕西省博士后科研资助项目"三线建设与川陕地区工业布局研究"、中国博士后科学基金第63批面上资助项目"三线建设与川渝地区工业布局研究"(2018M633449)的阶段性研究成果。原载《当代中国史研究》2019年第1期。

① 学界一般以1964年5—6月毛泽东在中共中央工作会议上提出一线、二线、三线建设的战略布局为三线建设的起始时间。关于三线建设的结束时间,学界目前主要有三种说法:一是1978年党的十一届三中全会召开;二是1980年第五个五年计划结束;三是1983年中央确定三线建设调整改造政策。其中,三线建设的调整改造一直持续到21世纪初。在重庆地区,到1980年三线企业已经全部建设完成。因此,本文以1980年作为三线建设结束的时间。

② 主要代表性成果有:张全景的《毛泽东与三线建设——一个伟大的战略决策》(《世界社会主义研究》2016年第1期);徐有威、陈熙的《三线建设对中国工业经济及城市化的影响》(《当代中国史研究》2015年第4期);姬文波的《20世纪六七十年代中国国防工业布局的调整与完善》(《军事历史研究》2016年第4期);王毅的《三线建设中的重庆军工企业发展与布局》(《军事历史研究》2014年第4期);等等。

③ 1997年3月14日,第八届全国人民代表大会第五次会议决定,将原属四川省的重庆市、万县市、涪陵市、黔江地区合并设立中央直辖市。同年6月18日,重庆直辖市正式挂牌。截至2017年底,重庆市辖26个区、12个县(自治县)和1个经济技术开发区。本文所研究的空间范围是1997年重庆市直辖后所涉区域范围,但在探讨三线建设期间国家对重庆地区的投资时,为尊重历史原貌以1964年三线建设规划小组工作所涉区域范围为准,统称重庆地区,不含现重庆市所辖的江津、涪陵、南川。

职工存在的主要社会生活问题及其解决对策,以深化对三线建设和社会主义探索时期经济史、社会生活史的研究。

一、重庆地区三线建设概况

20世纪60年代初,在严峻的国内外局势影响下中共中央做出了加强三线建设、防备外敌入侵的战略决策①。根据三线建设的决策,依据地形的战略地位全国被划分为一线地区、二线地区及三线地区②。重庆地区位于长江上游,四面环山,历来是我国战略后方的重要工业基地③。抗日战争时期内迁重庆地区的建设机床厂、空气压缩机厂、长江电工厂、重庆钢铁厂、嘉陵机器厂、重庆特钢厂、长安机器厂等一批在全国占有重要地位的企业,使重庆的工业获得较快发展。重要的战略地位和较强的工业基础,使重庆地区成为全国三线建设的重点区域,被划定为三线建设中最大的中心城市。1964年9月,中共中央批准成立了重庆地区三线建设规划小组。10月,该规划小组初步编制了《重庆地区三线建设规划》,提出了一批以重庆为中心的工业布点的具体项目。1965年2月26日,中共中央决定成立以重庆地区为中心的常规兵器配套建设指挥部,由第五机械工业部统一领导,中共四川省委和重庆市委参加④。1966年2月23日,中共中央西南局在成都召开西南三线建设会议,对重庆地区的三线建设做出具体部署。三线建设期间,在大规模投资推动下,重庆地区建立了以常规兵器制造为主,电子、造船、航天、核工业等相结合的国防工业生产体系。截至1980年,国家在重庆军工企业方面的投资达15亿元⑤。其间,重庆地区还先

---

① 《重庆市志·国防科技工业志》重庆市经济委员会、重庆市国防科学技术工业办公室、重庆市地方志总编辑室1996年编印,第9页。
② 所谓三线,是将我国由沿海、边疆地区向内地划分为三条线,一线指沿海和边疆地区;三线指甘肃乌鞘岭以东、京广铁路以西、山西雁门关以南、广东韶关以北的广大地区,包括四川、贵州、云南、陕西、甘肃、宁夏、青海、湖南、湖北、河南等省区的全部或部分地区,俗称为大三线。二线指介于一、三线之间的中间地区。一、二线地区各自的腹地又俗称小三线。三线建设主要是指三线和小三线地区的建设,也包括一线地区设备、人员向三线的迁移。本文三线建设特指大三线建设(参见陈夕主编:《中国共产党与三线建设》,中共党史出版社2014年版,第3、8页)。
③ 王毅、钟谟智:《三线企业的搬迁对内迁职工生活的影响——以重庆的工资、物价为例》,《中共党史研究》2016年第4期。
④ 《建国以来重要文献选编》第20册,中央文献出版社1998年版,第74—75页。
⑤ 《重庆市志·国防科技工业志》,第10页。

后建成了重庆矿山机器厂、重庆起重机厂、东风机器厂、四川仪表厂、红岩机器厂、重庆标准件工具厂、重庆无缝钢管厂、四川维尼纶厂、重庆天原化工厂、西南制药二厂、重庆合成制药厂等具有代表性的民用企业,初步形成了门类较全的现代工业生产体系①。

随着大批企业的内迁,一线、二线地区的职工也相继内迁到重庆地区。截至 1965 年 6 月,从外地迁入重庆地区的基建施工队伍有 26 904 人②。据不完全统计,因三线建设内迁重庆的人口约 50 万人③。其中,1964—1966 年是重庆地区三线建设的高潮,也是职工内迁的高峰(详见表1)。

表1　1964—1966 年重庆地区三线建设企业及内迁职工统计表

企业隶属部门	企 业 名 称	内迁职工(人)
冶金部	重庆钢铁公司第四钢铁厂、第一冶金建设公司、第六冶金建设公司	8 387
煤炭部	煤炭工业科学院重庆研究所、中梁山煤矿洗选厂	535
一机部	四川汽车发动机厂、重型机械厂、华中机械厂、重庆仪表厂、杨家坪机器厂、江北机器厂、汽车工业公司、北碚仪表公司、四川汽车制造厂、花石仪表材料研究所	2 517
五机部	陵川机器厂、平山机器厂、双溪机器厂、晋林机械厂、明光仪器厂、华光仪器厂、金光仪器厂、红光仪器厂、益民仪器厂、宁江机器厂、川南工业学校	3 994
六机部	新乐机械厂、清平机械厂、江云机械厂、长平机械厂、永平机械厂、武江机械厂	1 523
八机部	红岩机器厂、浦陵机器厂、海陵配件一厂、海陵配件二厂、第三设计院	3 287
石油部	一坪化工厂	331
化工部	长江橡胶厂、西南制药二厂、重庆油漆厂、四川染料厂、西南合成制药厂	613

---

① 王毅、钟谟智:《三线企业的搬迁对内迁职工生活的影响——以重庆的工资、物价为例》,《中共党史研究》2016 年第 4 期。
② 重庆市城乡建设管理委员会、重庆市建筑管理局:《重庆建筑志》,重庆大学出版社 1997 年版,第 19 页。
③ 何瑛、邓晓:《重庆三峡库区"三线建设"时期的移民及文化研究》,《三峡大学学报(人文社会科学版)》2012 年第 3 期。

续　表

企业隶属部门	企 业 名 称	内迁职工（人）
地质部	地质仪器厂、探矿机械厂、第二地质勘探大队	1 146
交通部	交通科学院重庆分院、第二服务工程处	420
纺织部	阆中绸厂、重庆合成纤维厂	219
建材部	嘉陵玻璃厂	76
建工部	土石方公司、江苏省电力建设第三工程公司、华北直属处、第一工业设备安装公司、中南三公司、渤海工程局	20 566
铁道部	第一大桥工程处	2 480
邮电部	上海邮电器材厂	100
合计		46 194

资料来源：方大浩：《长江上游经济中心重庆》（当代中国出版社 1994 年版，第 183—184 页）。

从表1可以看出，1964—1966 年，在涉及中央 15 个部门的三线建设企业中，从北京、上海、辽宁、广东等一线、二线地区内迁重庆的常住职工达到 22 002 人[①]。从内迁职工数量来看，内迁职工最多的系统是冶金部，共 8 387 人；五机部、八机部、一机部及六机部的内迁职工人数也较多；建材部、邮电部及纺织部的内迁职工较少。

二、内迁职工存在的主要社会生活问题

三线建设期间，内迁重庆的职工遇到了一系列社会生活问题，如环境适应、工资奖金、劳保福利及生活物资供应标准等。这些问题不仅直接影响着内迁职工的心理认同感，且影响部分内迁职工的工作积极性，从而影响三线建设在重庆地区的顺利开展。

（一）环境适应问题

重庆地区的内迁职工在环境适应问题上主要表现在气候、饮食、住宿条件

---

① 内迁常住职工指内迁后在重庆长期工作、居住的职工，不包括建工部、铁道部及地质部的只参与迁建工程的设计与基建，在企业建成之后就整体迁出重庆的职工。

及娱乐设施等方面。在气候方面,内迁职工不适应重庆潮湿、酷热的气候。以第二地质勘探大队为例,该大队的多数职工是东北人和华北人,他们怕热、怕潮①。重庆电机厂的部分内迁职工说:"这里太热,人活不长,很少看到60岁以上的人。"②在饮食方面,内迁职工不习惯重庆饭菜的麻辣味,觉着菜品少、大米不好吃。第二地质勘探大队的职工怕吃辣椒。长江橡胶厂的内迁职工说:"这里的大米没有上海大米好吃,特别是煮成稀饭,米汤不稠,这里蔬菜少,品种少。"③在住宿方面,有些内迁职工觉着宿舍小、光线不好、质量差。以内迁人口较多的重庆电机厂和长江橡胶厂为例,从上海南洋电机厂迁入重庆电机厂的职工及其家属共680人,他们说:"宿舍小,家具摆不下。宿舍质量差,大小便很不方便。"④长江橡胶厂因施工,厂内的职工宿舍没有修好,有7%—8%的内迁职工对宿舍不满意,觉着房屋面积小,东西放不下,房子光线不好。在娱乐设施方面,内迁职工普遍觉得重庆地区的娱乐设施少。长江橡胶厂的内迁职工说:"上海商店多、马路多、戏院多,到处可以玩。重庆山多、坡多、文娱生活枯燥,下班没处玩。"⑤这些问题使一些内迁职工情绪不稳定,思想波动较大。

(二)工资奖金问题

三线建设期间,全国工资的地区类别间差距较大,如兰州为十一类地区,广州为十类地区,上海为八类地区,天津、沈阳、哈尔滨为六类地区,重庆为四类地区。十一类地区、十类地区、八类地区及六类地区分别比四类地区工资高19.26%、16.51%、11%、5.5%⑥。不同行业的工资标准也不一致。以钢铁、民用机械及重化工三类行业工人的一级和八级工资为例(见表2),上海工人的工

---

① 重庆市委工业部:《迁厂、搬家工作情况反映(第二期)》,重庆市档案馆藏,档案号:1007-4-610。
② 重庆市经委:《重庆电机厂内迁工作情况简报(第一期)》,重庆市档案馆藏,档案号:1102-3-429。
③ 重庆市化学工业局党组:《内迁职工思想情况汇报》,重庆市档案馆藏,档案号:1111-1-802。
④ 重庆市经委:《重庆电机厂内迁工作情况简报(第一期)》,重庆市档案馆藏,档案号:1102-3-429。
⑤ 重庆市化学工业局党组:《内迁职工思想情况汇报》,重庆市档案馆藏,档案号:1111-1-802。
⑥ 重庆市委工业部:《热情欢迎"一线"职工大力支援搬家和生产建设的初步意见》,重庆市档案馆藏,档案号:1007-4-610。

资最高,与重庆工人工资的差距最大。其中,上海一级工比重庆一级工的月均工资多10元左右,八级工月均工资多20元左右。工资差距较大使内迁职工存在一定的思想顾虑①。

表2 三线建设期间重庆、上海、天津、东北三类行业工人月工资对比表

(单位:元)

地 区	钢铁工人		民用机械工人		重化工工人	
	一 级	八 级	一 级	八 级	一 级	八 级
重 庆	33	105.5	31.5	99	31.5	94.5
上 海	42.4	123	42.4	123	42.4	120.8
天 津	38	113.6	35.5	110.1	35	105
东 北	34.5	110.4	33	104	33.5	100.5

资料来源:重庆市委工业部:《热情欢迎"一线"职工大力支援搬家和生产建设的初步意见(1964年10月20日)》,重庆市档案馆藏,档案号:1007-4-610。

工资奖金包括超额奖、节约奖、综合奖、干部奖、年终奖及其他单项奖。除了超额奖和节约奖,重庆和上海、天津、东北等迁出地区一样外,其他奖项地区间差别较大。如关于综合奖,其奖励范围在各地有所不同,上海、天津、东北地区为全部职工人数的70%—90%,而重庆地区为全部职工人数的50%左右;关于干部奖,上海、天津、东北地区有干部奖,而重庆取消了厂级干部的干部奖,有的企业甚至取消了科级干部的干部奖;关于质量奖、安全奖等单项奖,重庆只有少数单位实行单项奖,上海、天津、东北地区的企业则普遍有单项奖;关于年终奖,上海最高每人32元,最低每人15元,而重庆则没有年终奖;关于奖金率,重庆与上海、天津、东北地区也差别较大,当时的奖金率均根据中央的统一规定实行,即提取职工工资总额的7%—10%作为奖金率,上海、天津、东北等地区的企业将奖金率基本全部用完了,而重庆一般只用了4%—5%左右②。

---

① 重庆市委工业部:《迁厂、搬家工作情况反映(第二期)》,重庆市档案馆藏,档案号:1007-4-610。
② 重庆市委工业部:《迁厂、搬家工作情况反映(第二期)》,重庆市档案馆藏,档案号:1007-4-610。

（三）劳保福利问题

三线建设期间，中央对企业的劳保福利有统一规定，但各地在具体执行时有所不同。同其他迁出地区相比，上海的劳保福利与重庆地区的差距最大。上海工人均享受交通补贴、洗澡理发费、日常生活用品（肥皂、草纸）、出差补贴、房补等福利，如交通补贴方面有包车接送或月票（票价6元，由企业补贴全部或5元或3元）、洗澡理发费1.4元/月、肥皂1块/月、草纸1刀/月（女性还有卫生纸），从机关调入工厂的干部有房租津贴；而重庆地区则没有此类福利。关于职工的子女入托，上海与重庆差别较大。上海很多企业都有厂内托儿所，重庆的厂内托儿所较少，且托儿所的费用较高。关于职工家属医疗，重庆与上海的福利差别也很大。在上海，职工家属在市内公立医院看病可报销50%的医药费，住在农村的直系供养亲属到市内公立医院就医可享受同等待遇，而重庆的内迁职工家属只能在指定的医院看病，需有指定医院的证明才能转院，否则转院后不能报销医药费，住在农村的直系供养亲属不享受看病报销50%医药费的福利[①]。这些劳保福利方面的差异使部分内迁职工较为不满，影响了职工的工作积极性。重庆电机厂的内迁职工说："上海讲的劳保不动，现在劳保要动，因此不放心。"[②]

（四）生活物资供应问题

重庆地区的内迁职工来自全国不同地区，其原迁出地区生活物资供应标准各不相同。以钢铁、机械、化工三类企业15—23个主要工种的粮食平均定量以及全行业的年均棉布基本定量和职工补助布票量、糖果糕点月均供应量、香烟月均供应量等为例（见表3），上海、天津等迁出地区的供应标准均比重庆高。其中，在月均粮食定量方面，天津比重庆多3.6斤，上海比重庆多3.66斤。在年均棉布基本定量和补助布票量方面，天津最高，比重庆多5.77市尺；上海比重庆多2.3市尺。在香烟月均供应量方面，上海、天津比重庆分别多6包、2包。

[①] 重庆市委工业部：《热情欢迎"一线"职工大力支援搬家和生产建设的初步意见》，重庆市档案馆藏，档案号：1007-4-610。

[②] 重庆市经委：《重庆电机厂内迁工作情况简报（第一期）》，重庆市档案馆藏，档案号：1102-3-429。

表3 三线建设期间重庆、上海、天津的工人主要生活物资供应标准对比表

地区	粮食定量（斤/月）	棉布基本定量和职工补助布票（市尺/年）	糖果糕点供应量（斤/月）	香烟供应量（包/月）
重庆	40.0	10.21	糖果票1斤（可买白糖2两或水果糖3两,糕点9.6两）	12
上海	43.66	12.51	白糖2两或水果糖4两；糕点凭粮票敞开供应	18
天津	43.6	15.98	白糖2两或水果糖3两；糕点凭粮票敞开供应	14

说明：粮食月均定量为钢铁、机械、化工三类企业15—23个主要工种的月均供应定量；棉布年均基本定量和职工补助年均布票量、糖果糕点月均供应量、香烟月均供应量均为全行业平均供应定量。

资料来源：重庆市委工业部：《热情欢迎"一线"职工大力支援搬家和生产建设的初步意见（1964年10月20日）》，重庆市档案馆藏，档案号：1007-4-610。

三、内迁职工社会生活问题的解决途径

在上述社会生活问题中，工资奖金、劳保福利及生活物资供应标准是最易引起内迁职工思想波动的问题。如西南制药二厂有的内迁职工说："上海工资高，奖金多，怕重庆降工资，减少奖金。"①103厂有的内迁职工说："上海学工三年转正后一级工的工资为42元，103厂一级工只有32元。"②针对这种情况，中共重庆市委及其相关部门根据企业的内迁情况逐步调整标准，并结合"先安后迁"原则、走群众路线等途径予以解决。

（一）依据内迁企业情况逐步调整标准，最终按重庆地区标准执行

中共重庆市委及相关部门在工资奖金、劳保福利、生活物资供应标准等方面采取的解决办法是依据企业的内迁情况逐步调整标准，在充分做好内迁职工思想政治工作的基础上，最终按重庆地区的标准执行。在工资方面，若内迁职工的原工资标准高于重庆地区，内迁职工的工资暂时不变动，以后逐步按重庆地区的标准实行；若内迁职工的原工资标准低于重庆地区，则内迁职工的工

---

① 重庆市化工局二科：《关于重庆迁建工程思想政治工作情况》，重庆市档案馆藏，档案号：1111-1-828。
② 重庆市委工业部：《迁厂、搬家工作情况反映》（第五期），重庆市档案馆藏，档案号：1007-4-610。

资按重庆地区的标准执行。在奖金方面,在整体内迁的企业中,内迁职工的奖金按原有奖励办法执行,以后视情况逐步调整,最终与重庆地区同类型企业的奖励办法一致;在部分内迁的企业中,内迁职工的奖金按照并入企业的奖励办法实行。在劳保福利方面,在整体内迁的企业里,内迁职工的劳保福利维持原状,暂不改变;在部分内迁的企业里,内迁职工的劳保福利按原企业标准实行一段时期后,逐步改为并入企业的标准①。

在生活物资的供应方面,凡凭票定量供应商品的供应标准和办法,内迁职工按重庆地区的规定执行,若内迁职工的原生活物资供应标准高于重庆地区则给予差额补助,以后逐步按重庆地区的标准实行。在职工家属医疗方面,应享受看病报销50%医药费的职工家属若未随职工迁来,仍可享受看病报销50%医药费的医疗待遇,凭当地医疗单位的收费单据在重庆报销。在住房方面,有房租津贴的内迁职工在家属迁来之前继续按当地标准给予房租津贴,家属已经迁来的内迁职工房租津贴按重庆地区的规定执行。在洗澡、理发、肥皂、草纸、出差补贴、上下班交通费以及职工子女入托补贴等方面,在整体内迁的企业中,其标准按迁入前的办法执行;在部分内迁的企业中,其标准按原企业执行一段时间后逐步实行并入单位的标准②。这种根据企业内迁情况逐步调整的解决办法有助于促进企业的内部团结,也有利于调动广大职工的生产积极性。

(二)按照"先安后迁"原则灵活解决

中共重庆市委及相关部门针对内迁职工不同的社会生活问题,根据具体情况按照"先安后迁"原则灵活解决。

在住房方面,企业领导为内迁的夫妻双职工提前安排宿舍;在房源紧张的情况下,领导干部以身作则让出自己的住房;在城市地区,尽力做到内迁职工的住房条件优于本地职工的住房。以西南制药二厂为例,该厂职工"将1号宿舍二楼全部让出,根据房屋的具体情况,将沪来渝技术人员两人一间,工人同志三人一间,每床草垫一张,每间设桌子一张,凳子两条"③的标准进行安排。

---

① 重庆市委工业部:《热情欢迎"一线"职工大力支援搬家和生产建设的初步意见》,重庆市档案馆藏,档案号:1007-4-610。
② 重庆市委工业部:《热情欢迎"一线"职工大力支援搬家和生产建设的初步意见》,重庆市档案馆藏,档案号:1007-4-610。
③ 重庆市化工局二科:《西南国营制药二厂关于盐酸普鲁卡因迁建工作安排意见》,重庆市档案馆藏,档案号:1111-1-751。

当部分企业没有房源安置内迁职工时,中共重庆市委向国家建议给以适当投资,新建一批简易职工宿舍,以逐步解决住房问题。在生活物资供应方面,内迁职工生活必需品部分由国家提供,部分由当地相关部门供应。如内迁职工所需的蚊帐,由企业出具证明向国家申请;内迁职工所需的垫絮则由当地财贸部门供给。在饮食方面,企业重视内迁职工的生活习惯,做适合内迁职工口味的饭菜。如西南制药二厂为了做适合上海职工口味的饭菜,组织炊事师傅学习江浙菜谱,让厂内的上海内迁职工给予技术指导①。在医疗方面,若企业有职工医院,内迁职工的医疗由职工医院解决;若企业无职工医院,内迁职工的医疗由附近公立医院解决;若企业附近无公立医院,则由当地卫生部门从现有医务人员中抽调力量设立门诊部,负责解决内迁职工的医疗问题。此外,对于生活困难、家属未迁来的内迁职工,中共重庆市委参照迁出地企业的补助标准给以适当补助。

(三)通过走群众路线与树立典型加强思想教育

加强内迁职工的思想教育,提高职工思想觉悟,是解决内迁职工社会生活问题的重要途径之一。中共重庆市委及相关部门同企业领导干部走群众路线,深入群众,通过参加劳动、召开座谈会、登门拜访、促膝谈心、听取职工的意见等方式及时掌握内迁职工的思想情况,及时帮助解决职工实际困难。如重庆电机厂为了妥善解决内迁职工的住房问题,党委领导干部从内迁职工中选派代表,对意见较大的内迁职工逐户走访,经过走访对比为其调整宿舍;其他的内迁职工则由选派的代表对其进行说服与帮助,使部分住房矛盾得以解决②。同时,企业领导干部深入到职工中开展艰苦奋斗、勤俭建国、自力更生、奋发图强的思想教育,鼓励广大职工真正从思想上动员起来,担负起三线建设的艰巨任务。如103厂党委和工作组负责同志做了三次报告讲艰苦奋斗,然后分别进行小组讨论,通过小组讨论提高了大多数内迁职工的思想觉悟,使其积极拥护党的政策③。中共重庆市委及相关部门深入职工进行思想教育的同

---

① 重庆市化工局二科:《关于重庆迁建工程思想政治工作情况》,重庆市档案馆藏,档案号:1111-1-828。
② 重庆市经委:《重庆电机厂内迁工作情况简报(第一期)》,重庆市档案馆藏,档案号:1102-3-429。
③ 重庆市委工业部:《迁厂、搬家工作情况反映(第五期)》,重庆市档案馆藏,档案号:1007-4-610。

时,注意在企业中树立优秀典型,进行宣传教育,以此进一步提高内迁职工的思想觉悟。如中共重庆市委将红岩机器厂的"棉被的故事"①树立为宣传典型,号召广大职工学习。在典型事例的教育带动下,职工思想觉悟提高了,增进了内迁职工与本地职工的团结,促进了企业的内部融合。

此外,为了做好内迁职工的思想教育和生活安置工作,中共重庆市委及相关部门教育内迁职工,在工资福利待遇不统一的情况下,一切要从国家利益和长远利益出发,不要过于计较个人得失,自觉地遵守国家的统一规定和执行各种必要的临时措施。同时,中共重庆市委及相关部门动员内迁职工以大庆人为榜样,发扬"把方便让给别人、困难留给自己的共产主义协作精神"②,服从分配,在新的工作岗位上艰苦奋斗、勤俭创业,为三线工业基地建设贡献自己最大的力量。

三线建设期间,重庆地区部分内迁职工因迁出地与迁入地在环境、工资奖金、劳保福利、生活物资供应等方面存在较大差异,出现了环境不适应、生活困难、工作积极性不高等问题。其中,工资奖金、劳保福利及生活物资供应标准等问题,是内迁职工最为关注也最为担心的问题,其解决的难度也最大。中共重庆市委及相关部门按照"先安后迁"原则进行了灵活处理,依据企业内迁情况,将工资奖金、劳保福利、生活物资供应等暂时均按照迁出地规定执行,在充分做好内迁职工思想政治工作的基础上再逐步调整标准,最终按重庆地区标准执行。这种解决办法既有助于稳定内迁职工的情绪,又照顾了本地职工的心理,有利于增进企业内部职工的团结互助,提高职工生产的积极性。中共重庆市委及相关部门在解决内迁职工社会生活问题时,还注重内迁职工的思想教育,认真分析内迁职工思想问题产生的原因,通过走群众路线、树立典型等措施,解决内迁职工的思想问题,提高其思想觉悟,鼓励引导广大职工发扬艰苦奋斗精神,克服困难,积极投入工作。

中共重庆市委高度重视三线建设期间内迁职工的安置问题,从生活、生产

---

① 因红岩机器厂的第三批内迁职工缺少铺盖,该厂运输队司机小组职工孙乐善、丁喜太、刘吉正等每人拿出一条棉被,他们说:"我们年轻小伙子少盖点没啥,新来的家属和小孩缺少铺盖怎么能行呢?"内迁职工孙大全等5位职工联名写大字报向司机组、装卸组全体职工表示感谢,表示一定要以实际行动来感谢上级和同志们的热情关怀。参见《红岩机器厂政治部情况汇报》,重庆市档案馆藏,档案号:1111-1-802。

② 《中共中央文件选集(1949年10月~1966年5月)》第48册,人民出版社2013年版,第215页。

上给予了适当照顾,缓解了内迁职工的抵触情绪,促进了内迁职工与当地社会的融合及整个三线企业与地方经济社会的融合与发展,为重庆地区三线建设顺利实施发挥了积极作用。

(本文作者:王毅,历史学博士,陕西师范大学西北历史环境与经济社会发展研究院在站博士后,四川外国语大学马克思主义学院副教授;万黎明,博士研究生,西南大学历史文化学院)

陕西地区三线企业内迁职工社会生活问题探析*

王 毅

学界有关三线建设①的研究成果,主要集中在三线建设的历史背景、战略决策、经济效益、调整改造等方面②。有关三线建设时期内迁职工社会生活问题的研究较少,学界目前没有专文对陕西地区三线建设时期内迁职工社会生活问题进行探讨。本文拟从职工工资、劳保福利及随迁子女入学教育等方面探讨三线企业的搬迁给陕西地区内迁职工带来的社会生活问题及其解决对策,以深化对社会主义探索时期社会生活史和三线建设及其相关问题的研究。

---

* 本文系陕西省博士后科研特等资助项目"三线建设与川陕地区工业布局研究"(2018BSHTDZZ11)、中国博士后科学基金第63批面上资助项目"三线建设与川渝地区工业布局研究"(2018M633449)。原载《贵州社会科学》2019年第12期。

① 学术界一般以1964年5—6月毛泽东在中共中央工作会议上提出一、二、三线建设的战略布局为三线建设的起始时间。关于三线建设的结束时间,学界目前主要有三种说法:一是1978年党的十一届三中全会召开;二是1980年第五个五年计划结束;三是1983年中央确定三线建设调整改造政策。其中,三线建设的调整改造一直持续到21世纪初。在陕西地区,到1980年三线企业已经全部建设完成。因此,本文以1980年作为三线建设结束的时间。

② 主要代表性成果有:张全景的《毛泽东与三线建设——一个伟大的战略决策》(《世界社会主义研究》2016年第1期);徐有威、陈熙的《三线建设对中国工业经济及城市化的影响》(《当代中国史研究》2015年第4期);姬文波的《20世纪六七十年代中国国防工业布局的调整与完善》(《军事历史研究》2016年第4期);周明长的《三线建设调整改造与重点区域城市发展》(《贵州社会科学》2016年第10期);王毅的《三线建设中的重庆军工企业发展与布局》(《军事历史研究》2014年第4期);姚尚建的《区域城市化启动的政治逻辑——基于三线建设的视角》(《理论探讨》2018年第1期);等等。

一、陕西地区三线建设概况

20世纪60年代初,在严峻的国内外局势下中共中央提出"集中力量,争取时间,建设三线,防止外敌入侵"的战略决策①。根据三线建设的决策,依据地形的战略地位,陕西地区被划为三线地区②。三线建设期间,国家对陕西地区进行了大规模投资,投资与建设规模仅次于四川省,居全国第二,国家在陕西投入了200多亿元③。其中,1965年至1979年期间,基本建设总投资完成186.5亿元④。第四个五年计划期间(1971—1975年),陕西省基本建设投资规模为86.14亿元;第五个五年计划期间(1976—1980年)为75.25亿元⑤。在大规模资金投入下,陕西地区的建设成果显著。三线建设期间陕西地区建成了陕西压延设备厂、略阳钢铁厂、延河水泥机械厂、陕西汽车厂、西北耐火材料厂、陕西汽车齿轮厂、兴平玻璃纤维厂、黄河工程机械厂、石泉水力发电厂、汉江油泵油嘴厂、汉江机床厂、西安焦化厂、汉川机床厂、西安化工厂、宝鸡有色金属加工厂、汉江工具厂、华山半导体材料厂、汉江机床铸锻件厂、金家河磷矿、海红轴承厂、陕西精密合金厂、石门水力发电厂、西安红旗手表厂、西安钟表元件厂等一大批具有代表性的企业。陕西地区三线建设项目包括国防工业及为国防工业而配套的机械、冶金、化学、能源等工业,基本涵盖了重工业的各个方面。同时,建成的铁路线路主要有:阳(平关)安(康)线、西(安)韩(城)线、梅(家坪)七(里镇)线和跨省区的襄(樊)渝(重庆)线铁路陕西段。

三线建设时期随着企事业单位搬迁,大批人口内迁到陕西地区。据统计,

---

① 重庆市经济委员会等编:《重庆市志·国防科技工业志》(内部刊行),1996年,第9页。
② 三线地区是三线建设时期提出的具有军事和经济地理含义的区域概念。具体范围是指四川、云南、陕西、贵州、青海、甘肃、河南、宁夏、湖南、山西、湖北等11个省区。与之相对,一线地区是指沿海和边疆省、自治区、直辖市。二线地区是介于一线与三线之间的区域。
③ 中共陕西省委党史研究室编:《陕西的三线建设》,陕西人民出版社2015年版,第6页。
④ 《当代中国丛书》编辑委员会:《当代中国的陕西(上)》,当代中国出版社1991年版,第140页。
⑤ 《当代中国丛书》编辑委员会:《当代中国的陕西(上)》,当代中国出版社1991年版,第140页。

从1966年至1976年,陕西地区净迁入39万人,占30年迁入人口总数的26.9%[①]。从全民所有制职工来看,1963年陕西地区全民所有制职工有78.7万人,1964年和1965年全民所有制职工人数开始增加,到1965年,陕西地区全民所有制职工共97.3万人,两年增加了18.6万人,每年递增11.19%[②]。截至1965年12月末陕西地区内迁人口情况详见表1。

表1 截至1965年12月末陕西地区内迁人口统计表　　　　单位:人

职工迁入地区	全部职工月末人数合计	双职工需要安排尚未安排人数			迁入家属				
		合计	全民所有制单位	集体所有制单位	人数	其中:迁入学生人数			
						小计	小学	初中	高中
西安专区	8 518	192	162	30	4 136	1 086	908	150	28
宝鸡专区	8 208	868	802	66	1 734	442	359	66	17
咸阳专区	2 568	27	26	1	132	55	48	5	2
渭南专区	6 669	39	26	13	813	216	192	24	
汉中专区	8 362	39	39		268	67	54	13	
安康专区	51				30	10	8	2	
商洛专区	939				52	11	10	1	
延安专区	55				7				
总　计	35 370	1 165	1 055	110	7 172	1 887	1 579	261	47

注:咸阳专区、安康专区、延安专区,系1965年11月末数字,因统计时1965年12月人口内迁数据报表尚未报来,但不影响基于统计的结果分析。资料来源:根据陕西省档案馆馆藏资料统计,档案号:143-1-25,陕西省支援工业办公室。

由表1内容可以看出,从内迁人口的分布地来看,西安专区是内迁人口分布的密集区,西安专区共内迁8 518人,约占内迁人口总数的24.1%。内迁人口分布的次密集区是汉中专区、宝鸡专区及渭南专区,其中汉中专区内迁8 362人,宝鸡专区内迁8 208人,渭南专区内迁6 669人,分别约占内迁人口总数的23.6%、23.2%及18.9%。咸阳专区和商洛专区是内迁人口的一般分

---

① 陕西省地方志编纂委员会主编:《陕西省志 第54卷 劳动志》,陕西人民出版社1994年版,第65页。
② 陕西省地方志编纂委员会主编:《陕西省志 第54卷 劳动志》,陕西人民出版社1994年版,第65页。

布区,咸阳专区和商洛专区内迁的人口分别约占内迁人口总数的7.3%和2.7%。安康专区和延安专区的内迁人口最少。内迁人口的这种分布特征同陕西地区的自然环境和经济发展状况有关。陕西地区分为三大不同区域,即:陕北黄土高原区、关中平原区、陕南秦巴山区。其中,关中平原地区的自然条件和经济社会条件相对较好,工业发展有一定的基础,土壤肥沃、农产富饶,号称"八百里秦川",故成为三线建设时期内迁人口的集中分布区。

受内迁人口分布的影响,内迁家属也主要集中在西安专区、宝鸡专区等地,安康专区和延安专区迁入家属较少。其中,西安市迁入家属最多,共4 136人,约占迁入家属总数的57.7%。其次宝鸡专区的迁入家属较多,约占迁入家属总数的24.2%。宝鸡专区尚未安排的职工人数也是最多的,共868人,约占尚未安排职工总数的74.5%。

二、内迁职工存在的主要社会生活问题及其解决对策

三线建设时期陕西地区大规模的人口内迁带来了一系列急需解决的社会生活问题,主要表现为:搬迁企业职工的工资和劳保福利等待遇问题、随迁子女的入学教育问题、职工的卫生医疗问题、工矿区商业网点人员紧缺问题与蔬菜供应问题、粮食定量标准问题、临时工和民工的劳保用品问题、双职工安置问题,等等。其中,搬迁企业职工的工资和劳保福利问题、随迁子女的入学教育问题、职工的卫生医疗问题比较突出。为了及时有效地解决三线建设所带来的这一系列问题,陕西省委成立了陕西省支援工业领导小组,由省计委、建委、民政厅、商业厅、粮食厅、文教厅、物资总局的主任、厅长、局长组成,各委、厅、局抽调一名党员干部,专门研究处理三线建设方面的工作①。陕西省支援工业领导小组的成立推动了三线建设搬迁及相关问题的解决。

(一)搬迁企业职工工资和劳保福利等待遇问题及其解决对策

三线建设时期陕西地区的工资按1956年工资制度改革标准划分执行,全国共划分十一类工资区,以一类工资区的工资标准为基数,每高一个工资类区,工资增加3%,同一等级的工资,第十一类工资区比第一类工资区高30%;

---

① 中共陕西省委工业建设办公室:《关于加强省的支援三线建设组织机构意见的报告》,陕西省档案馆藏,档案号:143-1-30。

少数边远高寒、物价过高地区,在十一类工资区的工资标准基数上,按不同比例加发生活费补贴①。陕西地区被划分为六个工资类区,分别执行第一、第三、第六、第七、第八、第十类工资区的工资标准。陕西省工资类区情况详见表2。

表2 陕西地区工资类区划分表

地　　区	适　用　范　围	工资标准种类区	为一类区的%
汉阴区	汉阴、宁陕、平利、镇坪、岚皋等县	一类	100
安康区	安康、白河、旬阳、紫阳、丹凤、山阳、商南等县	三类	106
延安、汉中区	汉中市、延安、甘泉、黄陵、富县、黄龙、吴旗、志丹、安塞、洛川、宜川、宜君、南郑、褒城、勉县、略阳、镇巴、宁强、凤县、留坝、佛坪、西乡、洋县等县	六类	115
渭南区	渭南、泾阳、三原、高陵、耀县、富平、蓝田、临潼、华县、华阴、潼关、蒲城、大荔、朝邑、韩城、合阳、澄城、白水、乾县、彬县、长武、永寿、千阳、周至、凤翔、陇县、麟游、礼泉、淳化、旬邑、眉县、扶风、太白、榆林、横山、神木、府谷、绥德、米脂、佳县、清涧、子洲、子长、延川、吴堡、商县、洛南、柞水、镇安等县	七类	118
西安区	西安、宝鸡、咸阳、铜川市、户县、长安、武功、兴平、岐山等县	八类	121
延长区	延长、定边、靖边等县	十类	127

资料来源:陕西省地方志编纂委员会主编:《陕西省志 第54卷 劳动志》,陕西人民出版社1994年版,第226页。

表2反映了三线建设时期陕西地区工资类区划分情况,由表中内容可以看出:汉阴区实行第一类工资区的工资标准,安康区实行第三类工资区的工资标准,延安、汉中区实行第六类工资区的工资标准,渭南区实行第七类工资区的工资标准,西安区实行第八类工资区的工资标准,延长区实行的是第十类工资区的工资标准。可见,在整个陕西地区,延长区、西安区的工资标准最高,工资最低的是汉阴区和安康区。工资标准最高的延长区与工资标准最低的汉阴区,工资相差27元。由于搬迁企业较多,陕西地区内迁职工的工资、劳保福利等待遇问题比较复杂。陕西省基本建设委员会及相关部门在对职工进行思想教育的基础上,根据不同情况采取灵活策略逐步解决了内迁职工的工资及

---

① 陕西省地方志编纂委员会主编:《陕西省志 第54卷 劳动志》,陕西人民出版社1994年版,第65页。

劳保福利等待遇问题。

（1）依据参加工作时间，实行相似工人工资级别标准。三线建设时期陕西地区企业单位工人依据参加工作时间，实行相似工人工资级别标准基本相符政策，即："1966年底以前参加工作的工人，其工资低于本单位工人工资标准一级的，一般的可以调到二级，有的可以只调到一级。对于调动工作的职工，其工资额低于本人现任工作岗位一级或'相似'一级工资标准的，也可以按照上述规定处理。"①关于调动工作人员的调级问题："属于国务院《通知》规定调整工资范围内的，应在本人原工资基础上按照调入单位现任工作岗位的工资标准级差增加工资。其中，工人调作干部仍执行工人工资标准的，按工人工资标准调级，干部调作工人仍执行干部工资标准的，可按干部工资标准调级。对1966年底以前已明确办了组织手续的（工人调作干部或干部调作工人）按老基础新级差处理。"②陕西省全民所有制单位工作人员相似工人一、二、三、四级工资级别情况详见表3。

表3 陕西省主要企事业单位工作人员相似工人一、二、三、四级工资级别表

单位：元

人员类别	工资类区别	现行工资等级	相似工人一级		相似工人二级		相似工人三级		相似工人四级		备注
			等级	工资	等级	工资	等级	工资	等级	工资	
一、国家机关工作人员											
1. 国家机关行政人员	三	30	26	30.0	25	34.5	24	40.0	23	45.5	
	六	30	26	33.0	25	37.5	24	43.0	23	49.5	
	七	30	26	33.5	25	38.5	24	44.5	23	50.5	
	八	30	26	34.5	25	39.5	24	45.5	23	52.5	
	十	30	26	36.0	25	41.5	24	47.5	23	54.5	
2. 国家机关技术人员	三	18	17	28.5	16	34.0	15	39.0	14	44.5	
	六	18	17	31.0	16	37.0	15	42.5	14	48.5	
	七	18	17	32.0	16	38.0	15	43.5	14	49.5	

---

① 陕西省革委会建委工程组劳资组印发：《陕西省计委陕革计发〔1972〕65号文件第八条规定》，陕西省档案馆藏，档案号：143-2-276。

② 陕西省基本建设委员会翻印：《关于调整工资种几个具体问题的处理意见》，陕西省档案馆藏，档案号：143-2-276。

续 表

人员类别	工资类区别	现行工资等级	相似工人一级		相似工人二级		相似工人三级		相似工人四级		备注
			等级	工资	等级	工资	等级	工资	等级	工资	
2. 国家机关技术人员	八	18	17	32.5	16	38.5	15	45.0	14	51.0	
	十	18	17	34.5	16	40.5	15	47.0	14	53.5	
3. 国家机关民警	三	13	13	32.0	12	37.0	11	42.5	10	49.0	
	六	13	13	34.5	12	40.5	11	46.0	10	53.0	
	七	13	13	35.5	12	41.5	11	47.0	10	54.5	
	八	13	13	36.5	12	42.5	11	48.5	10	55.5	
	十	13	13	38.0	12	44.5	11	51.0	10	58.5	
4. 国家机关汽车司机	三	10	8	33.0	7	38.0	6	44.5	5	51.0	
	六	10	8	35.5	7	41.5	6	48.5	5	55.0	
	七	10	8	36.5	7	42.5	6	49.5	5	56.5	
	八	10	8	37.5	7	43.5	6	51.0	5	58.0	
	十	10	8	39.5	7	45.5	6	53.0	5	61.0	
5. 国家机关技工、炊事员、电话员	三	10	9	28.5	8	33.0	7	38.0	6	44.5	
	六	10	9	31.0	8	35.5	7	41.5	6	48.5	
	七	10	9	32.0	8	36.5	7	42.5	6	49.5	
	八	10	9	32.5	8	37.5	7	43.5	6	51.0	
	十	10	9	34.5	8	39.5	7	45.5	6	53.5	
二、冶金工业企事业技职人员												
6. 第二种工资标准		23	23	36.0	22	41.0	21	47.0	20	54.0	
7. 第三种工资标准		23	23	34.0	22	39.0	21	45.0	20	51.0	
8. 第四种工资标准		23	23	32.0	22	37.0	21	43.0	20	49.0	

续 表

人员类别	工资类区别	现行工资等级	相似工人一级		相似工人二级		相似工人三级		相似工人四级		备注
			等级	工资	等级	工资	等级	工资	等级	工资	
三、煤炭工业											
9. 工业企业技职人员	三	21	21	31.0	20	35.0	19	41.0	18	46.0	
	六	21	21	34.0	20	39.0	19	45.0	18	51.0	
	七	21	21	35.0	20	40.0	19	46.0	18	53.0	
	八	21	21	36.0	20	41.0	19	48.0	18	54.0	
	十	21	21	38.0	20	44.0	19	50.0	18	57.0	
四、石油工业											
10. 工业企业技职人员		22	22	36.0	21	39.0	20	45.5	19	52.0	
五、电力工业											
11. 工业企业技职人员		19	19	36.0	18	43.0	17	51.0	16	59.0	
12. 设计院技职人员		19	19	37.0	18	42.0	17	47.0	16	53.0	
六、第一、第三、第四机械工业部											
13. 工业企业技职人员		20	20	36.0	19	40.0	18	45.5	17	52.0	西安地区工资标准
14. 工业企业行政管理人员	三	10—26	26	30.0	25	34.5	24	40.0	23	45.5	
	六	10—26	26	33.0	25	37.5	24	43.0	23	49.5	
	七	10—26	26	33.5	25	38.5	24	44.5	23	50.5	
	八	10—26	26	34.5	25	39.5	24	45.5	23	52.0	
	十	10—26	26	36.0	25	41.5	24	47.5	23	54.5	
15. 工业企业技术人员	三	17	17	28.5	16	34.0	15	39.0	14	44.5	
	六	17	17	31.0	16	37.0	15	42.5	14	48.5	
	七	17	17	32.0	16	38.0	15	43.5	14	49.5	

续 表

人员类别	工资类区别	现行工资等级	相似工人一级		相似工人二级		相似工人三级		相似工人四级		备注
			等级	工资	等级	工资	等级	工资	等级	工资	
15. 工业企业技术人员	八	17	17	32.5	16	38.5	15	45.0	14	51.0	
	十	17	17	34.5	16	40.5	15	47.0	14	53.5	

资料来源：陕西省革命委员会办事组印发：《陕西省全民所有制单位工作人员相似工人一、二、三、四级工资级别对照表》，陕西省档案馆藏，档案号：143-2-276。

（2）依据同居家属迁入情况，津贴、补贴、劳保福利等待遇实行标准差额制。搬迁企业职工的各种津贴、补贴和劳保福利待遇按迁入地区的规定执行。搬迁事业单位的职工和从其他地区零星调入搬迁企业单位的职工，其工资、劳保福利等待遇，一律按照搬迁企业单位职工的标准执行。对于同居家属仍留居原地的内迁职工，其津贴、补贴、劳保福利等待遇等根据具体情况实行标准差额制。主要有三种情况：第一，内迁职工由补贴、津贴标准高的地区迁到补贴、津贴标准低的地区，而同居家属仍留居原地的，除了执行迁入地区的标准外，发给两地补贴、津贴标准差额的50%①。第二，原来享受地区生活费补贴、地区津贴、林区津贴待遇的搬迁企业职工，迁到没有生活费补贴、地区津贴、林区津贴的地区，而其同居家属仍留居原地的，发给职工原生活费补贴、地区津贴、林区津贴标准的50%。第三，职工同居家属仍留居原地的，同居家属原来享受的医疗待遇和职工原来享受的冬季取暖补贴，暂时按原有规定继续享受，费用由迁入单位开支②。

（3）依据困难情况发放职工安家补助费。搬迁企业单位职工及其家属全部迁入陕西地区，安家困难者发给安家补助费，发放的标准为职工、家属每人5元，每户不超过30元，费用从搬迁费中开支③。若搬迁企业职工的同居家属当

---

① 中华人民共和国国务院印：《关于搬迁企业单位职工工资和劳保福利待遇问题暂行处理办法》，陕西省档案馆藏，档案号：185-1-2209。
② 中华人民共和国国务院印：《关于搬迁企业单位职工工资和劳保福利待遇问题暂行处理办法》，陕西省档案馆藏，档案号：185-1-2209。
③ 中华人民共和国国务院印：《关于搬迁企业单位职工工资和劳保福利待遇问题暂行处理办法》，陕西省档案馆藏，档案号：185-1-2209。

时没有随同迁入,以后迁入时也可享受此待遇①。搬迁企业单位职工和经领导批准随迁的同居家属,在搬迁过程中的工资及产生的车船费、行李搬运费、住宿费和伙食补助费等,一律按照财政部的有关规定执行。搬迁企业单位职工的探亲假按照国家关于职工探亲假待遇的现行规定执行。

(二) 随迁子女入学教育问题及其解决办法

随着三线建设的开展和内迁职工人数的增加,陕西地区随迁子女也随之增加。以宝鸡地区和汉中地区为例,到 1966 年底,宝鸡地区和汉中地区的厂矿企业增加 3 879 名小学生和 840 名中学生②。铜川、咸阳等地的情况和宝鸡、汉中的情况差不多。陕西地区当时的校舍和教师根本无法满足学生的入学需要。部分地区每年有近 20% 的学龄儿童不能入学,每年有 2/3 的小学毕业生不能升入国家办的初级中学读书③。陕西文教厅一开始采取了就近插入各校的办法解决随迁子女的入学问题。但随着学生人数的增加,就近插入各校的办法已不能完全解决随迁子女的入学教育问题,如宝鸡、汉中等地不少学校的班级人数额已达 60 以上④,教室非常拥挤,师生活动不便,严重影响了教学。针对这种情况,陕西省文教厅及相关部门通过贯彻执行"两条腿走路"办学方针、适当发展教育部门办学校等方式逐步解决了随迁子女的入学教育问题。

(1) 贯彻执行"两条腿走路"办学方针。"两条腿走路"办学方针,即:实行国家办学与群众办学并举,教育部门办学与其他部门(包括厂矿企业)办学并举⑤。陕西省文教厅积极支持和鼓励三线建设厂矿企业举办半工半读、半农半读等各种类型的学校,以解决本单位职工子女的上学问题。具体而言:第一,有条件单独办学的企业单独办学校;第二,没有条件单独办学的企业,几个企业联合办学,分摊建校投资、经费和人员编制;第三,按照厂社结合原则,企业

---

① 中华人民共和国国务院印:《关于搬迁企业单位职工工资和劳保福利待遇问题暂行处理办法》,陕西省档案馆藏,档案号:185-1-2209。
② 陕西省基本建设委员会办公室:《关于各地支援三线建设工作的检查报告》(1966年8月11日),陕西省档案馆藏,档案号:143-1-30。
③ 陕西省基本建设委员会办公室:《关于支援三线建设文教工作的几点意见》(1966年12月10日),陕西省档案馆藏,档案号:143-1-30。
④ 陕西省基本建设委员会办公室:《关于支援三线建设文教工作的几点意见》(1966年12月10日),陕西省档案馆藏,档案号:143-1-30。
⑤ 陕西省基本建设委员会办公室:《关于支援三线建设文教工作的几点意见》(1966年12月10日),陕西省档案馆藏,档案号:143-1-30。

与社队联合办学,酌情分摊建校投资、经费和人员编制①。各专区、县(市)计委和教育行政部门在贯彻执行党的教育方针政策和指导教育业务工作方面,将厂矿企业自办或联合办的学校与国家办的学校一视同仁,进行积极指导,协助这类学校办好教育事业。

通过厂矿企业办学和联合办学,陕西地区办了不少各种类型的学校,解决了职工子女的入学教育问题。其中,按照厂社结合原则,企业与社队联合办的学校在解决随迁子女入学教育问题的同时也解决了工农子女入学问题,有利于工农联盟。

(2) 适当发展教育部门办的学校。由于部分三线建设企业规模小,学生过少,自办学校有困难。针对这种情况,陕西省文教厅及相关部门决定适当发展各地教育部门办的中学和小学。具体办法:第一,扩建企业附近现有的学校,尽可能地使随迁子女就近上学;第二,企业附近无学校的,适当新建学校。扩建学校与新建学校的计划和投资由当地计划部门和教育部门共同提出研究确定,所需经费列入各级财政预算②。

(3) 及时解决师资短缺问题。随着三线企业子女人数的增多,陕西地区出现师资短缺现象,如宝鸡市1966年开学后缺300名教师③。陕西省基本建设委员会及相关部门及时解决了师资短缺问题。具体方法:第一,教育部门、其他部门和厂矿企业办的中学和小学所需师资,由省人事部门在分配高等学校、中等学校毕业生时,统一安排。第二,部分师资从机关里精减合并的职工和转业军人中调配安排。第三,从随厂矿企业迁来的职工和家属中调配安排部分师资。第四,从现有的代理教师中吸收一批优秀青年成为教师。第五,吸收社会上的高中毕业生和复员军人以解决师资短缺问题,其中,高中毕业生需参加生产劳动一年以上,且出身好、思想好、劳动好④。这些人员的编制若在国家固定职工指标之内不能解决,采取聘请代理教师,即亦农亦教或临时合同工

---

① 陕西省基本建设委员会办公室:《关于支援三线建设文教工作的几点意见》(1966年12月10日),陕西省档案馆藏,档案号:143-1-30。
② 陕西省基本建设委员会办公室:《关于各地支援三线建设工作的检查报告》(1966年8月11日),陕西省档案馆藏,档案号:143-1-30。
③ 陕西省基本建设委员会办公室:《关于支援三线建设文教工作的几点意见》(1966年12月10日),陕西省档案馆藏,档案号:143-1-30。
④ 陕西省基本建设委员会办公室:《关于支援三线建设文教工作的几点意见》(1966年12月10日),陕西省档案馆藏,档案号:143-1-30。

性质加以解决①。

此外,随着职工、家属、随迁子女的不断增加,课本、图书发行供应量也增大了,文化娱乐的需求量大幅度增长。为解决图书资料、电影放映、文化娱乐等问题,各地计划部门与文化部门根据各地情况扩建新华书店和文化站,建立电影放映站,培训电影放映人员。

(三)内迁职工卫生医疗问题及其解决办法

陕西地区部分企业搬到了边远、偏僻的地区,职工生活条件差,加之,职工生活习惯不适应,卫生管理工作没做好,不少企业单位发病率较高,有的工地肠道疾病发病率高达20%以上②。职工在卫生医疗方面的问题主要表现为:有的企业单位缺医少药,有的企业单位没有病床,有的企业单位患者不能及时得到治疗,有的企业单位职工需要住院治疗时住不上院。陕西省基本建设委员会及相关部门通过加强厂矿卫生工作的领导、鼓励企业自行建立卫生医疗机构等措施基本解决了内迁职工的卫生医疗问题。

(1)加强对三线建设厂矿卫生工作的领导。一是各有关地区的党政督促检查卫生部门,切实做好三线建设厂矿的卫生工作。二是积极开展群众性的爱国卫生运动,切实抓好饮水食物卫生和粪便管理,搞好环境卫生工作,防止传染病的发生和流行。三是各地区的卫生部门大力培养群众卫生人员,设立保健箱,做好小病小伤的防治。四是在职工大量集中、医疗机构少、疾病较多的工地,由医疗部门抽调专人深入现场防病治病,所抽调的卫生人员计算在下乡1/3人员指标之内③。

(2)企业自行建立卫生医疗机构。陕西省文教厅及相关部门鼓励企业自行建立卫生医疗机构,主要形式:一是一个厂矿企业单独建立卫生医疗机构;二是数厂联合建立卫生医疗机构;三是距城镇近的小厂建立卫生所和简易病床,将无法医治的病人送往地方医院住院治疗;四是陕西省统一安排,逐步扩

---

① 陕西省基本建设委员会办公室:《关于支援三线建设文教工作的几点意见》(1966年12月10日),陕西省档案馆藏,档案号:143-1-30。
② 陕西省基本建设委员会办公室:《关于各地支援三线建设工作的检查报告》(1966年8月11日),陕西省档案馆藏,档案号:143-1-30。
③ 陕西省基本建设委员会办公室:《关于各地支援三线建设工作的检查报告》(1966年8月11日),陕西省档案馆藏,档案号:143-1-30。

建和充实重点地区的地方医院①。如果地方医院有困难,厂矿设立小型医院或由工厂投资扩建地方医院、增加床位。医院所需卫生技术人员由厂矿自身解决,缺少的专科医生由企业派送人员报送省卫生厅统一安排培训②。企业在建立卫生医疗机构时,注重做好防尘、防毒、防暑和废水、废气处理等工作,以防止职业病发生和危害农作物生长。在卫生医疗机构的药品器械供应方面,企业医疗部门所需一般药品、器械,由所在地医药公司供应;麻醉药品、血浆由企业所在地县卫生局批准,按规定手续供应;大型医疗器械,企业先报送计划给卫生厅、省医药公司、西安市医药公司,统一安排分配③。

三、结语

三线建设时期企业的搬迁给陕西地区内迁职工带来了一系列社会生活问题,其中,搬迁企业职工的工资、津贴、补贴、劳保福利等待遇问题,随迁子女的入学教育问题及职工卫生医疗问题比较突出。若此类问题解决不好,将会造成不少矛盾,直接影响三线建设在陕西地区的顺利开展。陕西省基本建设委员会及相关部门在解决三线建设企业搬迁所带来的相关问题时策略比较灵活。在工资方面,依据职工来源地"就高不就低",即:若其原工资标准高于迁入地区的工资标准,职工的工资暂时按照原工资标准执行;若搬迁企业职工的原工资标准低于迁入地区的工资标准,职工工资执行迁入地区的工资标准。在解决内迁职工津贴、补贴和劳保福利等方面,陕西省基本建设委员会及相关部门对于同居家属仍留居原地的内迁职工,根据具体情况保留了其在迁出单位的一定比例的津贴和补贴。这种做法有助于内迁职工安心工作。在解决随迁子女入学教育方面,陕西省基本建设委员会及相关部门采取就近插班,鼓励企业自办学校或者几个企业联合办学的方法解决,还鼓励企业与社队联合办学,在解决随迁子女入学的同时还解决了工农子女的入学教育问题。陕西省

---

① 陕西省基本建设委员会办公室:《关于各地支援三线建设工作的检查报告》(1966年8月11日),陕西省档案馆藏,档案号:143-1-30。
② 陕西省基本建设委员会办公室:《关于各地支援三线建设工作的检查报告》(1966年8月11日),陕西省档案馆藏,档案号:143-1-30。
③ 陕西省基本建设委员会办公室:《关于各地支援三线建设工作的检查报告》(1966年8月11日),陕西省档案馆藏,档案号:143-1-30。

基本建设委员会及相关部门通过加强对三线建设厂矿卫生工作的领导、企业自行建立卫生医疗机构等方式基本解决了职工卫生医疗问题。陕西省基本建设委员会及相关部门在解决内迁职工社会生活问题时注重思想政治工作，教育职工服从国家需要，及时解决职工的实际困难，确保了三线建设在陕西地区的顺利开展。

（本文作者：王毅，陕西师范大学西北历史环境与经济社会发展研究院博士后，四川外国语大学马克思主义学院副教授）

空前挑战与竭力应对：
湖北三线建设内迁职工家属
安置系列问题考察(1965—1980)*

段 锐

三线建设是一场规模空前的"备战导向型"国家经济建设运动,其横跨三个五年计划,累计投资 2 052.68 亿元,建成 1 100 多个大中型工矿项目,极大地改变了新中国国防和经济建设的不平衡布局,促进了三线地区经济社会进步。近年来,学术界在三线建设的决策原因、区域发展、调整改造、经验教训、总体评价等领域已取得较为丰硕的研究成果。但是,三线建设涉及 11 个省区和上亿人,各省区在全国三线建设中的战略地位及其经济基础、地理环境、社会状况、国家投资额度、具体建设的领导者和参加者等方面,存在较大差异。若要深入理解这些差异,就需要从中观(省及其以下区域)、微观(企业群体、职工群体)等不同视角进行深入探讨。湖北是全国三线建设的第二重点地区,可目前学界对湖北三线建设的关注为数不多,对内迁职工群体的研究更未见涉及。有鉴于此,本文拟以档案资料为中心,从政府政策和具体实践对湖北三线建设企业内迁职工家属安置问题进行梳理和探讨,进而透视地方、企业、职工、家属在面对"政治理想"与"现实生活"的矛盾中的心态、行动及其调试过程,以期观察三线建设在执行过程中的地区间差异性、复杂性与艰难性。

---

* 本文系湖南省社科基金项目"三线建设与湘西城市发展研究"(14YBA126),湖南省高校思想政治工作研究项目"高校思政课教学新资源开发与利用研究——基于工业文化遗产视角"(19E10)。原载《三峡大学学报(人文社会科学版)》2021 年第 2 期。

一、国家战略与人口迁移：湖北三线建设内迁职工及家属的概况

20 世纪 60 年代中期三线建设开始后，湖北西部，即京广铁路湖北段以西的广阔地区被划入建设范围。因其位于我国中部地区，东部交通便利，西部山多地广，具有一定的工农业生产基础，因而被划定为建设三线战略后方基地的重点地区之一。

（一）湖北三线建设的基本情况

据统计，1965—1980 年，国家先后对湖北三线建设投资达 317 亿元，约占全国三线建设总投资的 15%，按照全国三线地区全民所有制单位基本建设投资状况计算，湖北三线建设的规模则仅次于四川，位居全国三线建设省区第二。在大规模建设过程中，湖北围绕建立三线战略后方基地而展开的钢铁、汽车、石油、电力、化肥五大会战，形成了全省五大产业基地，建设成果显著。

当时上马的项目大部分是"大、精、尖"的国防军事工业重点项目，如续建武汉钢铁公司和丹江口水利枢纽、新建鄂西兵器工业基地、第二汽车制造厂、葛洲坝水利枢纽、江汉油田、荆门炼油厂、武汉石油化工厂、湖北化肥厂、湖北化纤厂、十堰东风轮胎厂、武汉汽轮发电机厂、襄阳轴承厂等 200 余个国家重点项目，基本涵盖了重工业的各个方面。还动工兴建和建成了襄渝铁路、焦枝铁路、枝柳铁路、川汉公路和武汉、襄樊铁路枢纽等国家重点交通建设项目。这一系列重点项目投资大、建设任务重，多数布点在经济社会基础薄弱的鄂西、鄂西北地区[①]。随着一批三线企业陆续建成投产，湖北工业面貌焕然一新，全省经济综合能力大为增强。

（二）内迁职工的安置政策

由于企业搬迁到三线地区任务艰巨，涉及面广，又直接关系随迁职工的切身利益，中央政府在大规模启动之前制定了相关政策。1966 年，国务院批转劳动部《关于搬迁企业单位职工工资和劳保福利待遇问题暂行处理办法》，规定内迁职工工资待遇及留居原地的职工家属应享受的有关福利待遇。调入新厂

---

① 徐凯希：《湖北三线建设的回顾与启示》，《湖北社会科学》2003 年第 10 期。

的职工面临家属随迁与两地分居等生活问题,国家经委规定:"最好能携带家属,如果暂时不能携带,也应争取迅速创造条件,在最短时间(比如说 1 年)搬去。留下的职工家属原来享受的医疗等福利待遇一律不变。"①到 1971 年,针对各地职工反映强烈的家属工作、户口等问题,国家计委、建委再次强调:"职工家属的安置,应当创造条件,分期分批解决。家在城市的可以有计划地迁去;家在农村的,原则上不迁;如果企业附近人民公社能够插队落户,也可以迁去"②。

根据中央政策,湖北从地方政府外部、主要三线企业内部出发,启动了家属安置准备工作。为加强组织领导工作,1966 年 8 月,全省成立"支援三线建设领导小组"作为专门的领导机构,负责统一指挥计划、经贸、财政、公安、劳动等部门工作。考虑到省内三线企业具有"骨干厂多,大厂多,技术工人需求量大"等特点,湖北又先后以鄂革〔1970〕1 号、鄂革〔1972〕41 号、鄂革〔1972〕42 号等文件的形式,对支援三线建设问题、三线企事业单位工人调动问题、随迁家属工作与户口问题,提出解释和解决办法。各地区将上级决策部署与本地实际情况相结合,推动有关工作开展。如孝感专门召开三线内迁单位职工安置会议;襄阳、郧阳、宜昌等地发出动员通知,并制定安置计划与方案。各主要三线企业也立足于本单位实际为职工家属安置工作创造条件,如二汽专门制定出本厂的《职工家属安置办法》。

(三)内迁职工及家属的基本情况

从 1966 年开始,湖北三线建设掀起高潮。国家按照一线支援三线的原则,采取"三老带三新"的措施:"老基地带新基地、老厂矿带新厂矿、老工人带新工人",陆续从东部沿海地区搬迁至湖北的企事业单位达 147 个,其中新建的 84 个国防工厂、仓库、科研机构等基本上都属于"内迁性质"③。随着大批企业的内迁和大型工程的开工修建,一线、二线地区的职工也相继内迁到湖北。以内迁项目为例,仅上海迁建湖北的有 99 个项目、130 家工厂和 2.4 万名职工。以煤炭工业为例,1964 年 9 月至 1966 年底,来自全国 25 个省、市,参加十

---

① 陈夕:《中国共产党与三线建设》,中共党史出版社 2014 年版,第 123 页。
② 《全国迁建工作会议纪要》(1965 年 9 月 4 日),湖北省档案馆藏,档案号:SZ43 - 2 - 127 - 037。
③ 《湖北省国防工业三线地区内迁职工与家属两地分居情况说明》(1975 年 2 月 13 日),湖北省档案馆藏,档案号:SZ95 - 5 - 0137 - 012。

堰矿区建设的职工总数达 11 万人。以国防科技工业为例,1966 年至 1970 年,国家从京、津、沪、辽等十几个省、市的骨干军工企业中抽调 7 万余名职工,帮助湖北建设国防科技工业①。截至 1975 年,襄樊、宜昌、荆州、咸宁、十堰五个地市 61 个三线企事业单位共有内迁职工 179 456 人。到 1980 年,因三线建设内迁湖北的职工已达 24 万人左右,主要涉及第二、三、四、五、六、七机械工业部、中科院、纺织工业部所属企事业单位,迁出地来自黑龙江、辽宁、北京、上海、江苏、河南、武汉、重庆等 19 个省、市②。

三线建设是一次大规模的工业迁移过程,不仅是硬件设施要搬迁,企事业单位的干部、工人、技术人员以及他们的家属子女都要迁移。湖北三线企业内迁职工家属的数量比较庞大。据统计,到 1975 年底,湖北全省共约 30 万名内迁职工家属和子女需要安置,主要分布在襄阳、宜昌、荆州、东风(二汽)、咸宁、恩施、郧阳等地区③。而且一些地区的职工家属来湖北的时间比较集中,客观上导致了安置压力比较大。如 1970 年正式动工兴建的葛洲坝水利枢纽工程,当时的施工人员达十几万人,随迁的家属子女达到 3 万余人;参加江汉油田开发的外省人员共计 35.5 万人,随迁人员有 5.6 万人,其中仅荆门一个县就迁入职工及家属 9 万余人④。

(四)内迁职工家属安置的基本举措

三线建设之初,为稳定三线企业职工队伍,加快生产建设,湖北针对家属安置主要采取了以下措施:

(1)家属工作与户口方面。原来家住农村的职工家属内迁后,地方和职工单位出面采取"厂社挂钩"形式,由工厂支援当地公社开办企业,公社将家属迁至工厂附近农村或社队企业落户、劳动。对于家属原是全民所有制单位工作的固定工,内迁后根据工种特点就近安排在全民所有制单位或"五七"连工作;家属原为临时工、合同工的,企业有招工指标,本人符合条件,可吸收为固

---

① 孙怀仁:《上海社会主义经济建设发展简史(1949—1985)》,上海人民出版社 1990 年版,第 470 页。
② 《湖北省革委会办公会议纪要、记录》(1974 年 7 月 3 日),湖北省档案馆藏,档案号:SZ139-6-0522。
③ 《内迁工作存在问题的情况调查》(1975 年 3 月 31 日),湖北省档案馆藏,档案号:SZ43-05-0791-003。
④ 谭崇台:《中国人口 湖北分册》,中国财政经济出版社 1988 年版,第 141 页。

定工。户口落到内迁企业所在地①。

（2）子女安置方面。湖北规定内迁职工可以在身边安排一个子女参加工作，其余内迁子女安排参加迁入企业的农副业基地劳动，基地视同为知青点，作为上山下乡对待。对于尚在学龄的年幼子女，随迁后安排至当地中小学就读。凡是老幼病残不能从事农业生产劳动的家属，随职工内迁后准予转为城镇户口②。

（3）生活物资供应方面。对于职工家庭日常生活所需的粮食、副食品、日用品等，湖北专门成立鄂西南与鄂西北两个地区物资局，统一调配生产生活物资。企业所在地实行生活物资供应"就高不就低"原则，相对提高供应的标准，以满足职工及家属的需求。而考虑到人员迁来后的住房困难，各企业提前租好附近农民的房子，并用"干打垒"方式建房或是搭建芦席棚，暂时缓解住房问题③。

二、政治理想与现实冲突：内迁职工家属安置存在的主要问题

三线建设中的人口迁移是一种大规模的政策性、运动性移民，需要相应解决职工的工资福利、家属工作、子女教育、生活供应等一系列问题。湖北三线建设所在地大多处于经济落后、交通不便、基础设施缺乏的鄂西、鄂西北山区，尽管制定了相关政策措施，但随着短时间内人口骤增，以及各地的一些人为原因，致使安置工作问题凸显，困难重重。突出存在的问题有：家属来鄂后户口和工作不能及时解决、随迁子女教育与就业困难、生活物资缺乏、家庭长时间分居等。

（一）家属的户口与工作

职工对随迁家属能否落户反应很强烈。出于对控制城市人口、职工总数

---

① 《湖北省革委会办公会议纪要、记录》(1974 年 7 月 3 日)，湖北省档案馆藏，档案号：SZ139-6-0522。
② 《关于三线企业职工家属子女内迁安置的调查报告、指示》，湖北省档案馆藏，档案号：SZ43-5-0791-002。
③ 《湖北省革委会办公会议纪要、记录》(1974 年 7 月 3 日)，湖北省档案馆藏，档案号：SZ139-6-0522。

和商品粮销量的考虑,湖北曾一度片面地理解和执行中央政策,人为地增加职工家属的落户难度。襄阳、宜昌、荆州等地区的31个三线企业中居住在外省的家属有5 174户,其中城镇1 481户,农村3 693户①。户籍管理部门为避免增加人口压力,反复强调"限额"、"个别"落户城镇,使大量城市家属随迁后无法上户口。农村家属迁入户口更是举步维艰,主因是三线企业建设占用附近土地过多,造成周边农村地少人多,平均每个社员仅几分土地,社队不愿意接收职工家属落户。

家属"落户难"给职工家庭带来了生活困难,工人工作开始不安心。户口、粮食关系转不了,就得买高价粮吃,一些家庭粮食紧缺,甚至家中好几口人要靠别人捐助或买高价粮生活。五机部计划从黑龙江为谷城5107厂调入400名技术员,结果只来18人;六机部下达指标从无锡721厂抽调552名技术工人到宜昌612厂,仅调入200多人;光化5133厂已调入的1 850名技术工人和管理干部中尚有220多户职工家属户口未解决,由东北调来的12名技术工人相继返回了老厂②。不少人想方设法要求调回原籍,尚未调入的职工明确表示不愿来鄂。有职工为求解决家属户口,竟然"先后写过35次报告,7次给国务院去信反映问题,均未获解决"③;有的则称"不叫组织上为难,把我们调回去算了"④。

户口问题也间接导致部分企业的建设计划难以如期完成,影响了建厂和生产速度。宜昌404厂设计定员4 600人,调来2 000人,其中三级以上技工仅有94人,全厂121个工种中有60个工种无一个三级以上的技工,以至于一些稀有、精密、贵重的设备安装好后无人会操作使用,如"一台价值350万元的进口龙门铣床,由于没有技工,曾将这台机床的滑道搞坏了两次,造成很大的损失"⑤。由天津第一机床厂包建的宜昌长江机床厂,8个车间、设备全部建成并

---

① 《湖北省革委会办公会议纪要、记录》(1974年7月3日),湖北省档案馆藏,档案号:SZ139-6-0522。
② 《湖北省革委会办公会议纪要、记录》(1974年7月3日),湖北省档案馆藏,档案号:SZ139-6-0522。
③ 《湖北省第一建筑工程局关于内迁职工生活问题的情况调查》(1975年3月13日),湖北省档案馆藏,档案号:SZ43-05-0791-026。
④ 《内迁工作存在问题的情况调查》(1975年3月31日),湖北省档案馆藏,档案号:SZ43-05-0791-003。
⑤ 《关于三线国防工厂内迁职工子女问题的调查报告》(1975年6月12日),湖北省档案馆藏,档案号:SZ95-04-0716。

安装到位后，内迁的400名技术骨干大部分因家属无户口返回了天津，工厂无法正常投产。与该厂情况类似，江山机械厂承担火箭炮机架生产的机架车间有机床146台，"只有三级以上的老工人21名，一个老工人要照顾8台"①。

家属随迁后面临的首要问题是如何就业。国务院在《关于内迁工作中几个问题的报告》中明文规定："原在全民所有制单位工作的固定工或是担任常年性工作的临时工、合同工内迁后应就近安排在全民所有制单位，有招工指标的可以吸收为固定工。"可是，湖北相关部门在具体执行时有偏差，造成部分随迁前已经是临时工、合同工和固定工的职工家属，随迁后工作安排不及时。不仅国防工业的职工家属难就业，其他如建筑、燃化、机械等行业的三线企业都存在困难。

有关部门对待职工家属调动的态度比较"冷淡"。湖北第一建筑工程局职工家属在全民所有制单位工作的有793人，其中外省比例占54%，按照政策可有计划调入。但省计委的文件精神是"从严掌握调入"，对职工家属"不问情由，一律不办"，使调动问题长期悬而不决②。省内外对职工身份认定不一致也会带来问题。如湖北第六化工建设公司有750名职工家属内迁前在青海是临时工或合同工，由于青、鄂两省劳动部门对如何认定身份持不同意见，致家属迁鄂后无法转为固定工③。二汽有一位五级镗工，其爱人原是集体所有制工厂的四级钳工，调来后只能作为家属工使用，工资待遇、劳保福利都大幅度降低，对此，工人意见很大。

"厂设挂钩"安置方式在实际工作中效果不甚理想，存在着两方面的问题：一方面，一些三线企业的领导对安置工作"不热心、不主动"，不愿意出面与县、社协商职工家属插队后的住房、粮食、生产等问题，更有甚者不顾家属"年大体弱"、"小孩多"，就简单随意地就把人派往农村插队；另一方面，三线企业多位于山区，附近农业发展落后、粮食产量低、基础设施落后，农村一时难以吸纳大量新的外来人口。

职工家属工作安排欠妥导致工厂、社队、家属相互间容易发生矛盾。1971

---

① 《内迁工作存在问题的情况调查》(1975年3月31日)，湖北省档案馆藏，档案号：SZ43-05-0791-003。
② 《湖北省第一建筑工程局关于内迁职工生活问题的情况调查》(1975年3月13日)，湖北省档案馆藏，档案号：SZ43-05-0791-026。
③ 《关于执行国务院、中央军委关于内迁工作几个问题的情况的报告》(1975年8月)，湖北省档案馆藏，档案号：SZ99-06-0082。

年,光化江山机械厂在附近两个公社14个生产队安排23户99人插队,人在厂里劳动,口粮由队里供应,工厂帮助大队办一个米面加工厂,无偿援助设备,用水电不收大队钱。令人意外的是生产队竟要求家属每月交20元"副业款",而家属每月工资只有28元,未能按数交款。于此,生产队认为收入减少,口粮负担加重,便常不按时发放口粮。家属更担心今后没有出路,表示:"整天为吃口粮发愁,搞得人心惶惶,长期下去我们可受不了。"①随着矛盾加深,甚至发生过极端事件:十堰东风轮胎厂工人李春林的妻子身体不好,加之来自北方不适应水田劳作,"插队以后不受生产队欢迎,深感歧视,喝敌敌畏自杀"②。家属工作安置陷入了一种"三不"的尴尬境地,即"企业领导不主张,生产队不欢迎,家属本人不愿意"③。

(二)随迁子女的教育与就业

随着三线建设的开展和内迁职工人数的增加,湖北地区随迁子女也随之增加。1966—1970年,大批职工子女随迁而来,他们大多处于中小学学龄期。当时三线企业所在地学校数量、办学经费、师资力量根本无法满足学生的入学需要,上学难的问题凸显。

一方面,按照"分散、靠山、隐蔽"的建厂原则,三线厂区一般远离城镇,子弟若要前往城镇学校上学,交通十分不便。城镇学校生源容纳量同样有限,比如在三线工程比较集中的宜昌、襄阳、宜都等市县,随着转学生人数的增加,原有学校根本无法同时接收大量学生;南漳、长阳、钟祥等县学校教室非常拥挤,师生活动不便,严重影响了教学,必须扩建原有中学的校舍才能迎接学生④。另一方面,三线企业大多没有自办学校,少数单位虽建有子弟学校,但师资力量匮乏,教学质量并不高。内迁至襄阳轴承厂的原洛阳轴承厂职工看到单位不能解决子女上学,纷纷表示"要带着孩子往回走";"有的埋怨,感到上了当,受了骗,不该到襄轴来";"个别职工夜晚睡在床上哭";"有的发电报给老厂同

---

① 《内迁工作存在问题的情况调查》(1975年3月31日),湖北省档案馆藏,档案号:SZ43-05-0791-003。
② 《内迁工作存在问题的情况调查》(1975年3月31日),湖北省档案馆藏,档案号:SZ43-05-0791-003。
③ 《内迁工作存在问题的情况调查》(1975年3月31日),湖北省档案馆藏,档案号:SZ43-05-0791-003。
④ 《关于"三线"地区学校建设所需投资报告》(1967年7月17日),湖北省档案馆藏,档案号:SZ118-02-0714-002。

事,要他们不要再来"①。不难发现,这一时期子女教育问题已成为内迁职工的集体焦虑点。

青年子女"就业难"同样困扰着很多职工家庭。对于内迁职工子女工作安排,国家规定迁入地区可招收为新工人,也可和当地的知识青年一起服从统一安排②。湖北三线企业多位于偏远的山区,子女就业只能依靠地方和单位招工。由于"文革"对地方经济发展的破坏,湖北地方工业、经济没有如期发展起来,城镇企业难以吸纳大量外来人口就业。而企业自主招工具有不确定因素,例如:1973 年湖北 42 个国防企事业单位随迁子女中共有离校知识青年 2 991 人,其中十堰二汽、襄樊江山机械厂、谷城红山化工厂和通城电机厂共有 535 人符合招工条件,因冻结招工指标,"有的甚至已填过招工表和进行过体检,后来却因招工指标被冻结而没有进厂,只好留在家里"③。一部分职工子女在外省参加"上山下乡",工作同样无着落。123 地质队有 224 名职工子女在河南参加"上山下乡",其中 120 人下乡已达五年以上,因家长单位不在河南,招工时成为"两边不要"。为早日进厂成为正式工人,有的职工子女超过 28 岁还不敢找对象结婚,"因结了婚就不符合条件"④。

子女就业压力让许多职工终日忧心忡忡,"参加三线建设吃亏"的论调一度蔓延,对企业整体稳定造成了隐患。有职工甚至将带子女来三线的担忧归纳为"三怕":"一怕上不成学,二怕没法升学,三怕毕业后就不成业。"⑤

(三)生活物资的供需矛盾与职工家庭生活

国家为保证三线建设的生产、生活物资供应,采取了"条条为主、条块结合"的管理体制。作为国家物资管理部的派出机构,中南三线地区成立了物资供应总指挥部,总指挥部下设地区物资局。湖北分设"鄂西南"与"鄂西北"两

---

① 《关于对襄阳轴承厂半工半读学校的检查情况及处理意见》(1974 年 5 月 20 日),湖北省档案馆藏,档案号:SZ91-03-0406。
② 陈夕:《中国共产党与三线建设》,中共党史出版社 2014 年版,第 276 页。
③ 《关于三线国防工厂内迁职工子女问题的调查报告》(1975 年 6 月 12 日),湖北省档案馆藏,档案号:SZ95-04-0716。
④ 《内迁工作存在问题的情况调查》(1975 年 3 月 31 日),湖北省档案馆藏,档案号:SZ43-05-0791-003。
⑤ 《关于宜都松滋工矿区生活供应、文教卫生问题的调查报告》(1965 年 9 月 3 日),湖北省档案馆藏,档案号:SZ115-02-0696-003。

个地区物资局,鄂西南地区物资局建在宜昌,分管宜昌、恩施、荆州供应工作;鄂西北地区物资局设在襄樊,分管襄阳、郧阳、东风(二汽)供应工作。上述物资局的主要工作除负责三线建设生产物资供应外,还承担着生活物资的组织、调度、调剂工作,以保证三线建设地区职工正常生活。尽管国家建立了自上而下的完整供应机制,但在建设全面铺开以后,随着人员的大批迁入,粮食、副食品和日用品供需矛盾不断凸显出来。

首先是商业网点太少,满足不了需求。湖北三线地区大部分是原来供销社的点,一般10—20里左右才有1处,大多数点没有餐馆、副食品店。以十堰为例,从土门公社到花果公社100里区间只有4处商业点,即便城内也只有1家理发店,没有1个澡堂,更难有缝纫店、修理店之类的商业服务设施,职工"买1包火柴、称1斤盐也要来回跑十多里";仅有的几处商业点,营业状况不能令人满意,"营业时间少,开会关门,学习关门,盘点关门,有时候区、公社革委会召开群众大会,怕群众不参加会议也关门停业"[①]。其次是商品种类少,供应严重不足。百货、五金交电、副食品等大部分职工急需的货品常常脱销,多数百货门市部只有四五百种商品,"买肉食很困难,蔬菜很少,价格很贵,有时小白菜也要一角钱一斤"[②],238厂、9603厂等单位职工买肉困难,凌晨就得去排队,开市时往往被挤掉,经常发生抢购、打架,严重影响生产和社会秩序。水果更是稀缺物资,常常一抢而空。如枝城镇商业点一次购进16箱苹果,仅982厂就买走14箱;有些副食品的价格一度较乱,凡从外地进货的烟、酒、肥皂、小百货,价格都比武汉贵[③]。

总的来看,由于三线建设提倡"先生产、后生活,先厂房、后宿舍"的原则,各单位对于如何改善生活条件和解决职工困难的办法不多。地方政府同样面临着很大困难,缺乏安置人员所需的资金、房屋、设备、编制、物资等。而有关部门片面地执行安置政策,"怕麻烦、怕增加负担"的思想限制并拖延了安置工作的正常进行[④]。凡此种种,可以看到当时的工人、工厂与地方政府相互间已

[①] 《湖北省商业局关于〈三线供应工作的报告〉》(1974年3月10日),湖北省档案馆藏,档案号:SZ139-1-000217-006。

[②] 《〈省国防工会关于三线企、事业单位后勤战线劳动竞赛情况的总结〉的通知》,湖北省档案馆藏,档案号:SZ95-5-0470-001。

[③] 《〈省国防工会关于三线企、事业单位后勤战线劳动竞赛情况的总结〉的通知》,湖北省档案馆藏,档案号:SZ95-5-0470-001。

[④] 《内迁工作存在问题的情况调查》(1975年3月31日),湖北省档案馆藏,档案号:SZ43-05-0791-003。

经暗含罅隙，尤其是职工的思想上存在隐患，身体和心理均承受着巨大的压力，进而不安心工作，严重影响工厂正常生产。而尚未内迁的家属对随迁则心生顾虑，不愿轻易背井离乡。

正是由于部分家属没有按照原计划随迁，客观上导致职工分居两地的情况，家庭生活难言满意。分居两地的职工年龄一般都已四五十岁，由于长时间感受不到家庭的温暖，不少人身心俱疲，思想苦闷，继而产生不满："火车还有终点站，我们啥时能到头？解放军15年能带家属，我们要到啥时候？""夫妻结婚三十年，团聚只一载。"①面对生产困难和职工诉求，各三线建设企业感到压力很大。据统计，到1975年底，湖北三线企业夫妻两地分居的职工有51 178人（约占职工总数的30%），家属在城镇的10 178人，家属在农村的41 000人（约占分居两地职工人数的80%）。其中，情况最为严重的是襄阳525厂，全厂共有2 444人，分居职工843人，比例高达34.5%②。

职工两地分居增加了家庭生活开支。内迁后，职工原工资虽未降低，但新增工资是按当地标准（较低），随着内地物价的上涨，许多职工家分两地，开支很大。按当时的生活水平，一家人月平均生活费为10元左右，分居两地后职工在食堂吃饭就要增加近10元的开支。劳动力缺乏的家庭耗费则更大，连吃水、打柴等家务活都需花钱雇人干。家属若有病缠身，职工探望路费需自理，医药费单位无法报销。据省建委一局安装公司报告中称："全处771人中欠公款181人，两地分居职工就有128人，占欠款人数的70%。"③长时间分居必定影响夫妻间的感情。如322厂职工杨锡泉的爱人患有精神分裂症，长期生活在江西萍乡农村，为不分散精力，杨锡泉向当地法院提出离婚。省建委一局1972年办理离婚手续的就有7对夫妻④。

大批职工频繁探亲还增加了国家开支，耽误了生产建设，影响到三线建设的进度和投资效果的发挥。据二汽和省建委一局统计：两个单位每年总共要开支探亲路费160多万元，探亲假工资220多万元，探亲工日110多万个，相

---

① 《内迁工作存在问题的情况调查》（1975年3月31日），湖北省档案馆藏，档案号：SZ43-05-0791-003。
② 《湖北省第一建筑工程局关于内迁职工生活问题的情况调查》（1975年3月13日），湖北省档案馆藏，档案号：SZ43-05-0791-026。
③ 《湖北省第一建筑工程局关于内迁职工生活问题的情况调查》（1975年3月13日），湖北省档案馆藏，档案号：SZ43-05-0791-026。
④ 《内迁工作存在问题的情况调查》（1975年3月31日），湖北省档案馆藏，档案号：SZ43-05-0791-003。

当于近3 700个工人一年没有工作①。除按规定的探亲休假外,职工常以"家务劳动多,假期干不完"为借口超假,影响了生产任务的完成。省建委安装公司从1974年1月至10月,共有1 491人回家探亲,超假工日达14 841天,平均每人超假19天。职工即使返回了单位,情绪亦十分复杂,工厂普遍反映职工探亲后需要"前后三个月才能安下心来"②。

需要指出的是,湖北省一直在认真努力进行职工的安置工作,但受到"三线建设客观条件限制",有些问题在当时的确难以解决好。

三、政策优化与自我调整:内迁职工家属安置问题的解决途径

1974年7月,时任湖北省"革委会"副主任韩宁夫对当时一些错误的思想和不合理的做法提出了严厉批评。有关单位通过调查认为主要问题在于:"某些部门对群众的痛苦漠不关心,呼声不闻不问,提出的合理要求置之不理";"我省没有认真贯彻国务院文件,省转发的文件只发到地区,县与企业很长时间不知道这回事";"工作没布置,没检查,没有具体贯彻的措施,因此没有落实";"解决一个问题,要过很多关卡,过了这一关,过不了那一关"③。从1975年开始,为维护三线建设企业稳定,湖北根据"艰苦奋斗、因陋就简"的原则,做出规划,争取在几年内分期分批地解决相关问题。各有关地市县组成的内迁工作领导小组,除主要领导参加以外,吸收计划、劳动、公安、粮食及有关工农财、各办、局,负责本地区内迁企业的各项问题。相关部门根据实际情况突出工作重点,结合"先安后迁"原则、走群众路线、挖掘自身潜力等方式推动职工家属安置落实。

(一)多形式进行思想政治教育

三线建设职工的大规模内迁是典型的政治性、运动性行为,因此,加强内

---

① 《内迁工作存在问题的情况调查》(1975年3月31日),湖北省档案馆藏,档案号:SZ43-05-0791-003。
② 《湖北省第一建筑工程局关于内迁职工生活问题的情况调查》(1975年3月13日),湖北省档案馆藏,档案号:SZ43-05-0791-026。
③ 《湖北省第一建筑工程局关于内迁职工生活问题的情况调查》(1975年3月13日),湖北省档案馆藏,档案号:SZ43-05-0791-026。

迁职工的思想教育,提高职工思想觉悟,是解决内迁职工安置的重要途径之一。

各三线建设企业抓住职工和家属这个思想政治工作的主体,通过召开动员大会、印发传单、广播宣传,教育职工以"参加、支援三线建设为荣,以内地为家"、"扎根三线,安心三线",一切要从国家利益和长远利益出发,不要过于计较个人得失。各工厂纷纷举办"毛泽东思想学习班"、"职工学习班"、"家庭学习班",采取大学习班与小学习班相结合组织职工学习理论,提高思想觉悟,回家后能够动员家属。在实践活动方面,以讲大道理与感观教育相结合,召开"誓师大会"、"忆苦思甜阶级教育会"、"树典型,评先进",组织"参观革命遗址遗迹",激发鼓舞职工和家属的士气。

各级党组织挑选了一批政治可靠的领导干部作为思想政治工作的骨干,通过走群众路线,深入群众,及时掌握内迁职工的思想情况,及时帮助解决职工实际困难。各级干部挨门逐户走访职工家庭,促膝谈心、听取意见、解决困难,把宣传教育工作贯彻到帮困过程之中。企业领导深入到职工中开展艰苦奋斗、勤俭建国、自力更生、奋发图强、发扬"大庆精神"的思想教育,鼓励广大职工真正从思想上动员起来,担负起三线建设的艰巨任务。同时,政府还注意还做好三线企业周边地区的社、队工作,除政策宣讲外,通过开展"以工促农",帮扶农村发展集体经济,逐步改变公社、农民对待内迁工作的态度①。

文化教育也是提高职工思想认识的重要手段。以江山机械厂为例,作为一个拥有6 000多名职工的大型工厂,建厂后修建了一座藏书3万多册、报刊230多种的图书室,成为职工、家属和学生不可缺少的学习园地。此外,通过幻灯、橱窗对党和国家方针政策、厂内的重要活动、生产动态、科研成果、好人好事、生活常识进行宣传,教育职工"爱党、爱厂、爱三线"。经常性举办各类补习、培训,以及美术、摄影、书法作品、生产科研展览等。文化教育提高了职工队伍的文化素养和专业技能,使他们感受到投身三线建设大有可为②。

通过不同方式的思想政治教育,大多数职工和家属认识到了三线安置工作的不易,大都能够服从分配,愿意为三线工业基地建设贡献自己的力量,"心

---

① 《关于执行国务院、中央军委关于内迁工作几个问题的情况的报告》(1975年8月),湖北省档案馆藏,档案号:SZ99-06-0082。
② 《把俱乐部办成职工的学校和乐园努力为文明单位建设服务》(1979年12月1日),湖北省档案馆藏,档案号:SZ139-1-000154。

情舒畅,精神愉快"地奔赴新的工作岗位。襄阳9616厂工人唐梅一家六口人分两处生活,本人多次提出想走,经单位反复做工作后表示"支援三线建设是毛主席的伟大战略部署……现在一切私心杂念都丢掉了,一心为建设服务";有职工"原来只想到个人的利益,没有从党的利益着想,现在想到毛主席关心建设,要备战备荒为人民,家中的困难自己再商量解决";通城电机厂已内迁的152名工人中原有63人户口不愿迁移,通过动员,顺利将户口从南京迁到了湖北①。

(二) 多途径解决户口与工作

为做好落户工作,湖北明确界定"内迁范围"和"内迁职工"的界限:"经国家计委、国家建委和中央主管部门明文确定和迁建项目的职工;由外省(市)支援建设的三线企事业单位和国家重点建设单位的职工;参加三线建设和国家重点建设的基本建设队伍和地质勘探部门的职工;由武汉搬迁或支援三线企事业单位的职工。"②凡属于上述内迁计划项目的职工家属,不论迁出地区是城镇或农村,均应解决其户口。三线建设企业中家居城镇吃商品粮的内迁职工家属,不管迁出地区的城镇大小,内迁后由企业所在地帮助落好城镇户口。而内迁职工家属户口在农村的,内迁后参加企业办农场和参加社、队办工业的可在农村插队落户。对于不能从事农业生产劳动的"老幼病残"家属,则给予适当照顾,准予落户城镇。

湖北各级党政针对有的农村社队人多地少,单产不高,就近成批安插落户困难大的问题,积极发动企业职工和家属在工厂附近改地造田,创造落户条件。与此同时,一些内迁企业遗留的"黑户口"问题引起了各方关注。如建委一局长期跟随职工生活的家属多达300户无户口,较为典型的是该局安装公司二处洗焊工王化昌,爱人和两个小孩一直没有户口,人称"大黑、二黑、三黑";还有机运公司工人肖好兴的爱人户口在手中拿了六年多无处落户。对于这些困难户,省、地的劳动、人事、公安部门积极协商,采取分批次办理落户的

---

① 《内迁工作存在问题的情况调查》(1975年3月31日),湖北省档案馆藏,档案号:SZ43-05-0791-003。
② 《湖北省革委会办公会议纪要、记录》(1974年7月3日),湖北省档案馆藏,档案号:SZ139-6-0522。

办法予以解决①。

各三线建设地区和企业积极想办法解决家属的工作。对于原来没有参加工作和家居农村的家属,凡有劳动能力的都组织起来。有的地区学习大庆办农副业生产基地的办法,兴办一批集体性质的小工厂,独立核算,经费由企业解决,组织职工家属从事农副业生产。此外,还采取了在附近农村社队插队落户,实行工农结合,厂社结合;利用企业的边角余料、废旧设备搞社队办工业,社队负责安排好职工家属的生活等措施②。一些大型三线单位根据国务院〔1978〕26号《家属五七工厂属集体所有制企业》的文件精神,先后成立"五七"工厂和农场,就地取材,发展林、牧、渔、茶、蚕和各种土特产的生产、销售。还有一些企业建立厂家属连,发挥妇女"半边天"的作用,组织她们参加挖河沙、装卸砂石料和水泥、种菜和养殖等工作;厂内开办为大工业服务的商业服务网点、豆制品组、缝纫组、理发室、煤球场和托儿所等,既能解决家属就业,还可为职工生活服务。

(三)多渠道解决子女教育与就业

湖北教育行政部门通过贯彻执行实行国家办学与群众办学并举,教育部门办学与其他部门(包括厂矿企业)办学并举的办学方针,多渠道且灵活地来解决随迁子女入学教育问题。

各地政府有计划地在三线建设地区兴办一批托儿所、幼儿园和中小学,并适当增开企业所在城镇中学的班次。开办"戴帽学校",在小学增设附属初中班,或是在初级中学"戴帽"高中班。如十堰地区曾动员八个公社在办初中的基础上办起高中。鼓励有条件的企业发挥办学自主性,自办职工子弟学校,如二汽、东风轮胎厂、省第一建筑工程局、省安装公司就单独创办了从小学到初、高中一条龙的子弟学校。教育部门会单列出一定数量的招生计划,给予职工子女报考地方重点中学、中专、技校以"适当照顾"③。另外,为弥补师资力量的

---

① 《内迁工作存在问题的情况调查》(1975年3月31日),湖北省档案馆藏,档案号:SZ43-05-0791-003。

② 《关于三线企业职工家属子女内迁安置的调查报告、指示》,湖北省档案馆藏,档案号:SZ43-5-0791-002。

③ 《支持三线军工发展建设新宜昌》(1980年7月),湖北省档案馆藏,档案号:SZ895-5-1371。

不足,各企业也积极从本单位的干部、工人和大学生中选调师资,如520厂就主动接收毕业于襄阳师专、宜昌师专、荆州师专等学校的本单位职工子女,作为子弟学校的师资①。另外,还举办多期师资培训班,英语、化学等急需科目向武汉高校送培青年教师,聘请华中师大和武大的老师来企业所在地办班、讲课②。

湖北省计委、劳动局、三线企业主管部门在1975年联合下达招工指标,以内招的方式(包括学徒招工)解决了1972年12月以前随迁来鄂的职工子女工作。其中,专门下拨给湖北国防工办1 249名招工指标帮助解决所属军工厂职工子女就业问题③。对于有其他尚未就业的职工子女亦被纳入当地社会劳动力统筹安排之内;属于农业户口的,由企业所在地的社队或者本企业举办的农副业基地安排从事集体农副业生产;属于城镇户口的,组织从事集体农副业生产或参加厂办工厂的生产;当地城镇的全民、集体单位招工时优先考虑职工子女。

一些工厂远离城镇,厂附近无集体所有制或其他全民所有制单位,如孝感4404厂、南漳4504厂、荆门875厂、恩施711厂等,职工子女招工很难一步到位。对此,省、地和这些工厂的主管部门提出解决方案:"凡经知青办批准属于按政策留身边的职工子女,应准予由本单位分批吸收参加工作;凡经知青办批准因病残不动员下乡的职工子女,应准予由本单位安排为临时工。"④对不符合内招条件的职工子女,由工厂动员参加知识青年"上山下乡"。各地党政和三线企业高度重视知青工作,委派能力强的干部带队,物质方面统一给予支援。经过组织动员,大多数待业的知青愿意到农村去接受贫下中农再教育,如"322厂派出22名干部带队,领导全部250余名青年顺利下放,坚持了上山下乡的方向"⑤。考虑到南北地域生活习惯的差异,以及插队的艰苦性,一些工厂的军代表和领

---

① 《关于建议将肖丽萍等毕业生分回三线工厂的函》(1980年7月),湖北省档案馆藏,档案号:SZ95-5-0137。
② 政协十堰市委员会编:《十堰文史(第十五辑·三线建设·102卷)(上)》,长江出版社2016年版,第247页。
③ 《关于下达湖北省国防办三线军工厂招工指标的通知》(1975年7月20日),湖北省档案馆藏,档案号:SZ48-02-0120。
④ 《关于三线地区工厂吸收留身边的职工子女参加工作的函》(1975年11月7日),湖北省档案馆藏,档案号:SZ66-01-0220。
⑤ 《关于三线国防工厂内迁职工子女问题的调查报告》(1975年6月12日),湖北省档案馆藏,档案号:SZ95-04-0716。

导还建议个别接收人数少的大队通过建设小型农场来接收的下放知青。

随着三线企业职工随迁家属、子女的户口、教育、就业等问题陆续得到解决,逐渐消除了企业和职工的后顾之忧,有利于平息消极情绪和减轻职工家庭负担。绝大多数职工能够坚守岗位,克服困难,有力地促进了三线企业内部的稳定与发展。

(四)多举措保障物资供应和解决住房探亲问题

三线建设初期,出于企业对备战的需要,强调"靠山、分散、隐蔽",不少工厂进山太深,布局过于分散。民用和军工项目绝大部分都很少考虑到当地的配套条件,各自为营,造成不合理的局面,加之运输费用高,给后来的生产和职工生活带来很大困难。为了让职工安心工作,湖北各级党政机关和三线企业想方设法在生活物资和生活福利方面予以保障。

粮油供应方面,扩建了多个粮食加工厂,将荆州、沙市、潜江、天门、洪湖等县列为商品粮食基地;内迁家属一律按迁入地区同工种粮、油定量供应,特别强调"不得供应发霉变质和不符合质量标准规定的粮油"①。肉、蛋、鱼类食品省内建立生产基地,保证职工家庭每月的供应量,提供一般高于当地标准,如猪肉职工及其家属每人每月至少供应半斤。副食品方面,每遇供求紧张之时,地方和各企业主动派出车队到浙江、河南等省寻找货源。逢年过节一些大型企业积极组织专人前往浙江宁波水产公司采购海鱼,到河南禹县运进粉条;夏天购进防暑降温的西瓜、桃子等鲜果,同水产部门订立协议,由他们捕鱼供给职工和食堂。蔬菜方面,各地纷纷建立专业的蔬菜队,保证菜田面积,同时组织农民为三线厂种蔬菜,以满足职工生活需要②。

日用工业品方面,采取扩大品种和灵活供应的方式。黄石、沙市、宜昌、襄樊、十堰各指定一个大型百货商店,直接向省批发站和武汉市选购三类小商品,要求经营品种达到八千种以上。对于靠近商业网点的企业,由单位和职工自行从商店门市购买所需要的生活资料、一般轻工业品和副食品。对一些位置偏僻、交通不便,职工家属多的单位,供货单位坚持机动供应,把物资送到车

---

① 《印发国务院国防工办转发行业部〈关于加强国防三线厂矿商品供应工作的通知〉的通知》(1978年11月6日),十堰市档案馆藏,档案号:Y024-W-01-1303。
② 《关于报请批转三线地区蔬菜生产座谈会纪要的报告》(1978年12月),湖北省档案馆藏,档案号:SZ107-05-0390-008。

间、班组和攻关调试的现场,设立流动商业点或是临时供应点,派人员挑起货郎担把商品送到厂区、车站、码头①。

另外,为有效解决职工两地分居问题,湖北按照"统筹兼顾、适当安排,逐步解决"的方针,做过大量工作,解决了不少难题,但仍有一定数量分居职工。三线企业在住房、探亲等方面也给予职工家庭优先照顾。如十堰广泛动员社员、居民主动把房屋让给迁入职工;襄阳对安排到农村插队落户的家属,社员家里如无房居住,由工厂在农村建房供其租住;工厂筹建集体和家属宿舍,改善职工居住条件。家属尚未随迁的职工,工厂制定较为人性化的探亲制度:遇特殊情况可适当延长假期;长期不能与父母团聚的职工,允许双亲三年来单位探亲一次,并报销路费;因探亲造成生活困难由所属单位进行生活补贴或困难补助②。

四、余论

三线建设期间,为贯彻落实国家"备战、备荒、为人民"的重大战略决策,在当时"好人好马上三线"精神感召下,广大内迁职工及家属从东部来到中西部落后地区,这种属于政治性、运动性的迁移,让移民被迫为之付出了巨大代价,牺牲的不仅是个人利益和家庭幸福,甚至是自我生命。进入20世纪80年代以后,党和国家本着对历史、对人民负责任的态度,启动对三线建设企业的调整改造,逐步解决企业搬迁中的失误,多方弥补职工的损失和缺憾。湖北三线建设是全国三线建设的一个缩影,综观其内迁职工家属安置过程,各级党政机关、企事业单位以高度的使命感,以"人"为中心,努力做好了安置工作,有力确保国防战略的顺利实现。但三线建设非生产性投资不足又使家属安置结果难言满意,安置后更难以稳定持久,其中的经验教训值得认真总结和吸取。

(一)思想政治动员是安置工作的基础

思想政治动员是安置工作顺利开展的前提和基础。无论是企业搬迁、建

---

① 《办好厂办商店,为职工生活服务》(1975年8月),十堰市档案馆藏,档案号:S036-W-01-0064。
② 《关于三线企业职工家属子女内迁安置的调查报告、指示》,湖北省档案馆藏,档案号:SZ43-5-0791-002。

设、投产、生活的各环节中,都离不开强有力的思想政治工作。从一线城市搬迁到三线、山区、落后地区的大量企业,职工面临的工作、生活问题和困难多而艰巨,难免产生畏难情绪,因此做好思想政治工作就尤显重要。当时,贯穿于湖北三线建设思想政治动员的一条主线是"大局观教育",要求三线建设人员从全局出发认识三线建设的重要意义,搬迁三线是备战、建设内地、支援(世界)革命等国家大局的需要,是一项重大的光荣政治任务。思想政治动员的效果显而易见,有助于促进职工、家属的思想同党中央保持一致,更能激发出他们参与建设的内在动力,促进企业的内部融合。不可否认,外在的强大政治动员有时也会给职工、家属带来一种无形的压力,推动他们自愿或者非自愿参与内迁,接受当地的生产、生活、教育等方面的安排。

(二)奉献精神贯穿于安置工作的价值追求始终

"奉献精神"是普遍宣传的时代主流精神。三线建设是国家急于备战的特殊情况下上马,并且受到"文革"动乱的冲击和"左"的指导思想影响,因而难以完全顾及内迁职工的生活。在当时各行各业都宣传学习"国家利益高于一切"的大背景之下,条件尤为艰苦的三线企业更是提倡"舍小家顾大家"。来自不同地区的内迁职工和家属怀着对祖国、对社会主义事业的无限热爱和忠诚,发扬"无私奉献"的精神,服从国家建设大局,舍弃都市繁华与优越的生活环境,拖家带口在湖北的深山里扎下根,开始创业的历程。尽管物质生活极其艰苦,却从未影响建设的工程进度,体现出职工、家属为国家牺牲自身利益的高尚价值追求。需要指出的是,把一线城市的职工、家属安置在三线,被安置者因"国家政治需要"而承担了巨大的成本。"讲奉献"虽然客观上化解了国家、职工、家属之间"不同利益诉求"的大矛盾,但实际生活中的"小矛盾"依然不断,这也是职工安置中和安置后的问题迭出及其低稳定性、改革开放后出现"大返迁潮"的主要原因所在。

(三)制度优势是安置工作的保障

湖北三线建设职工家属安置工作的历程,充分彰显出社会主义制度"集中力量办大事"的优越性。三线建设时期,在国家备战、发展内地工业的重点政策安排下,要求三线地区必须"配合、支持、服务三线单位"。建设初期,湖北地方党政曾"担心三线建设挤压农业、民用工业的发展"、"搞的是临时任务"、"搞后勤不如直接修路",加之部分政策操作性不强,约束力不够,责任不明确,出现过一些消极对待、互相推诿的现象,影响了家属安置效果。但是,社会主义建设要求"全国一盘棋",在一线必须支援三线的大政策导向下,湖北及时排除干扰,自我纠正和调整,统筹兼顾各方利益,充分调动社会力量,尽最大努力推动安置工作。湖北的个案证明,必须坚持走社会主义道路,必须坚持党的集中领导,统一指挥,有效整合配置资源,才能克服不利条件,取得国家重大建设的成功。

（四）国家、迁入地政府和三线企业的专门政策是安置工作的推进机制

专门政策（包括部分优惠政策）对推进安置工作的作用明显。从1965年开始,中央陆续颁布一系列关于"职工生活福利和家属问题"的指导性政策,显示出对安置工作的重视度。湖北建立的由党委统一领导,地方政府、计划、劳动、公安、粮食及有关工农财、办、局、企业共同组成的安置工作机制,通过研判问题,分类施策,制定出符合实际的政策措施。比如,充分体谅内迁职工及家属千里搬迁的困难、安家的困难、物资缺乏的困难,相应出台《湖北省关于解决三线艰苦地区夫妻两地分居的通知》《湖北省解决三线军工厂内迁职工家属落户问题的通知》《湖北省关于做好三线工矿区蔬菜其他副食品生产、供应工作的通知》等文件。专门政策从总体上解决了内迁职工及其家属的工作、生活、子女读书就业等现实问题,保障了大部分三线企业的如期建成、投产,以及初期的发展。

（五）存在的问题及其影响

湖北三线建设职工安置的过程体现出超乎常人想象的复杂、艰难与曲折,安置内容所涉及的不只限于本文所述,还包括待遇、医疗、婚姻、住房、日常生活等方方面面。工作难度大是客观现实,存在的问题不应回避。三线建设的特殊性、"文革"的破坏、三线地区和全国经济发展水平的低下,造成职工家属安置存在诸多的失误和不足。例如：国家顶层政策的设计过于"理想化",地方政府短时间内难于实施；虽然国家计划供应有保障,但"大包大揽"的形式导致成本太大,数量有限,无法完全满足职工生活需求,比起原迁出大城市的供应条件仍有不小差距。三线建设本身在一定程度上违背了经济规律、人口迁移规律,而"政治理想"又要求职工作出牺牲,却忽视了人的基本需求；部分限

制性政策、三线企业和地方政府的有限作用及其企业所在地长期面临的经济和物质方面的贫乏条件等多种困难因素，又导致职工的物质生活、精神生活、子女教育等大量问题解决不足，而且有些问题不仅当时无法解决，甚至进入20世纪80年代以后也很难解决，因而产生一些重大的遗留性问题，其对三线企业、职工及家属影响巨大而深远。

国家要实现可持续发展，离不开工业化的驱动，而工业化发展需要遵循并慎重兼顾"经济、社会、人口迁移等规律"。党的十九大报告中明确指出"全党必须牢记，为什么人的问题，是检验一个政党、一个政权性质的试金石"，党的十九届四中全会提出要坚持以人民为中心加强和完善国家治理。当前，中国特色社会主义已进入了新时代，全面深化改革务必处理好国家建设、经济发展与改善民生相互间的关系，而关乎人生存与发展的医疗、教育、就业、住房、养老等最基本的民生问题更加值得重视，因为它们不仅关系到社会和谐稳定，更关系到民众对执政党、对改革的信心。

（本文作者：段锐，湖南工学院马克思主义学院讲师，历史学博士，法学博士后）

下编
三线人的文化认同

落地不生根：上海皖南小三线人口迁移研究*

陈 熙 徐有威

出于备战的需要,中国在20世纪六七十年代掀起了一场大规模的以建设后方军工基地为主要目标的三线建设运动。在全国性的大三线建设开展后不久,毛泽东便决定推广广东经验,要求一线省市在省内建设自己的常规武器基地,以便战时独立作战。相对于全国性的大三线建设,各省区市投资的以生产团级以下武器装备为主的地方军工则被称为小三线。由于大小三线皆以工厂内迁的"嫁接"方式开展,因此形成了规模浩大的自东向西的工业迁移流,而大批产业工人、家属和干部的随厂内迁,则构成了一股持续性的西进移民潮——或向西迁往西南西北腹地,或迁往省区市内后方山区。不同于这一时期其他以疏散城市过剩人口为目标的移民,三线移民的主要对象是生产性人口,以产业工人、部分家属和干部为主,因而在移民的动员、安置、管理以及移民所产生的影响等一系列问题上都具有其独特性。

对三线建设的研究始于20世纪80年代末期,学界对三线建设的原因、发展过程、产生的影响和历史意义等系列问题进行探讨,试图从中得到对西部大开发有益的经验,其中具有代表性的是陈东林的《三线建设——备战时期的西部开发》[①]。此后,研究领域逐步拓宽、细化,覆盖到三线建设的其他诸多领域,

---

* 本文系国家社会科学基金重大项目"'小三线'建设资料的整理与研究"(13&ZD097)、国家社会科学基金西部项目"西南地区三线建设单位的社会文化变迁研究"(14XZS022)、中国博士后科学基金"上海小三线建设研究"(2015M570320)。原载《史学月刊》2016年第2期。

① 陈东林:《三线建设——备战时期的西部开发》,中共中央党校出版社2003年版。

诸如对三线建设的决策过程与成因分析①、对三线建设工业布局和城市化问题的探讨②、三线企业的改造与调整③等。然而，上述研究成果主要集中于三线建设中的大三线建设方面，而对小三线建设的研究仍十分薄弱。

近年来，小三线建设逐步进入学术界研究视野。目前对小三线建设的研究主要从区域视角着手，成果主要集中在对上海、新疆、河北、福建和湖北等地小三线的研究④。徐有威以及小三线建设研究团队就上海小三线问题进行了口述资料和档案资料的整理研究⑤，段伟对曾作为上海小三线重镇的安徽宁国县的相关研究认为，小三线厂经改造后，对宁国县域经济和城镇发展起到积极的促进作用⑥。崔海霞从社会史的角度研究了1965—1988年间上海小三线的社会生活面貌⑦。随着研究的深入，目前对小三线研究已经从单纯的工业建设

---

① 陈东林：《从"吃穿用计划"到"战备计划"——"三五"计划指导思想的转变过程》，《当代中国史研究》1997年第2期；董宝训：《影响三线建设决策相关因素的历史透析》，《山东大学学报（哲学社会科学版）》2001年第1期；等。
② 段伟：《甘肃天水三线建设初探》，《中国经济史研究》2012年第3期；徐有威、陈熙：《三线建设对中国工业经济及城市化的影响》，《当代中国史研究》2015年第4期。
③ 李彩华：《三线建设调整改造的历史考察》，《当代中国史研究》2002年第3期；陈东林：《走向市场经济的三线建设调整改造》，《当代中国史研究》2002年第3期；段伟：《安徽宁国"小三线"企业改造与地方经济腾飞》，《当代中国史研究》2009年第3期；徐有威、李云：《困境与回归：调整时期的上海小三线——以新光金属厂为中心》，《开发研究》2014年第6期。
④ 刘建民：《河北"小三线"建设的回顾与评价》，《高校社科信息》2004年第1期；钟健英：《六十年代福建的"小三线"建设》，《福建党史月刊》1998年第5期；谷桂秀：《闽北的小三线建设及其对当前经济建设的借鉴意义》，《福建党史月刊》2012年第21期。
⑤ 许汝钟口述，徐有威主编：《口述上海——小三线建设》，上海教育出版社2015年版；徐有威：《口述史和中国当代军事史研究——以上海小三线建设为例》，《军事历史研究》2012年第1期；徐有威：《刻不容缓地重视口述史，保存中国当代史不可再得的鲜活资料》，《社会科学》2012年第5期；陈东林主编，徐有威、宋毅军副主编：《中国共产党与三线建设》，中共党史出版社2014年版；徐有威、陈东林：《在等待战争来临的岁月中 三线建设的今生前世》，《国家人文历史》2014年第18期；徐有威选编：《上海小三线口述史选编（一）》，李丹慧主编《冷战国际史研究》第12辑，世界知识出版社2011年版；徐有威：《上海小三线口述史选编（二）》，李丹慧主编：《冷战国际史研究》第18辑，世界知识出版社2014年版；徐有威选编：《上海小三线报刊资料选编（1976—1987年）》，李丹慧主编：《冷战国际史研究》第11辑，世界知识出版社2011年版；等。
⑥ 段伟：《安徽宁国"小三线"企业改造与地方经济腾飞》，《当代中国史研究》2009年第3期；《上海小三线建设在县域分布特点的历史地理考察——以安徽省宁国县为例》，《中国史研究》（韩国）2013年第82辑。
⑦ 崔海霞：《上海小三线社会研究》，上海大学博士学位论文，2013年。

拓展到社会经济文化等领域,包括对小三线的民生问题[①]、小三线职工的婚姻问题等[②]。不过,目前的研究仍然极少涉及三线移民问题。

小三线职工在城市和后方之间的流动与小三线的兴衰起落密切相关,既是小三线建设的重要部分,也是把握小三线发展脉络的切入口。在大量的基层档案和口述资料的基础上,本文集中对上海小三线移民问题进行研究,以期达到管窥之效。

一、动员

1965年5月,时任上海市委书记曹荻秋和副市长宋季文带队到皖南进行实地勘查,并选定屯溪(安徽徽州地委所在地)为中心建设上海后方基地,即上海皖南小三线,也称为上海后方基地。搬迁动员的试点工作随即展开。从7月4日开始,上海市根据中共中央"关于加强战备工作的指示",先后在上海无线电二厂、上海服装厂、建筑工程局702工程队、粮食局油脂公司、复旦大学(中文、物理两个系)、普陀区胶州里委会、上海实验歌剧院、金山县金卫公社、奉贤江海公社秀南大队等九个基层单位进行了备战动员[③],突出强调战争威胁的紧迫性,号召民众积极做好备战工作,配合工厂和职工内迁。

然而,单一的备战理由并不足以完全说服工人内迁。工人中出现诸如"讲讲要防备打战,看看不像会打战,大搬家不合算"之类的看法[④]。从上海迁到皖南山区,虽满足了国家的战略需要,却牺牲了个人的实际利益,不单是收入水平、粮食定量、生活条件等经济方面,而且也包括夫妻分居、父母子女分离等家庭社会方面。一份对三线迁厂职工的摸底报告称"许多人开始听到迁厂的消

---

① 张秀莉:《皖南上海小三线职工的民生问题研究》,《安徽史学》2014年第6期;徐有威、李婷、吴静:《散落在皖南山区的海派文化》,李伦新等主编:《海派文化的创新发展和世界文明》,上海大学出版社2012年版。
② 徐有威、吴静:《危机与应对:上海小三线青年职工的婚姻生活——以八五钢厂为中心的考察》,《军事历史研究》2014年第4期。
③ 《中共上海市宣传部关于备战的动员报告及宣传要点》(1965年7月14日),上海市档案馆藏,档案号:A22-2-1288。
④ 《上海市支援内地建设工作领导小组办公室关于上海市工厂企业搬迁工作的情况报告》(1966年4月27日),上海市档案馆藏,档案号:A38-1-394-2。

息,震动很大,吃不下饭,睡不着觉,有的哭泣,有的埋怨"①。"不少工人无心生产,生产逐日下降;有的女工们躲在厕所里放声哭泣;有的装疯、装病,保健室的病号也骤然增加起来。"②有些工人表示"工厂可以搬,自己不愿去"③。上海市支内领导小组将工人们的担忧归纳为"两留恋""四害怕":留恋上海大城市,留恋安宁团聚的小家庭;怕内地生活艰苦,怕降低收入增加开支,怕亲属分居两地,怕老死在外乡④。这种类似焦虑情绪在小三线的移民动员过程中同样存在。

事实上,政府对于工人内迁可能遇到的困难有着清醒认识。八机部在一份关于上海动力机厂的搬迁报告中称"对工人的动员显然要比搬迁工厂设备困难和复杂得多"⑤。对此,提出的解决方案是加强对职工的思想政治教育,提高政治觉悟。政治思想教育在此后的动员工作中被放在了首要位置。一机部称,职工的内迁"必须以毛泽东思想挂帅……把政治思想工作做到各种人中去",而"做好人的政治思想工作是做好搬迁工作的根本保证"⑥。上海市要求工厂和基层干部做到"建厂先建人",并强调内迁必须建立在"人的思想革命化的基础上"⑦。

在随后的动员工作中,内迁被不断赋予新的更高的革命价值和政治含义。内迁在宣传中被称为"是贯彻毛主席'备战、备荒、为人民'的最高指示"⑧,"对

---

① 《上海市工业生产委员会关于上海五个厂迁往三线的工作报告》(1965年3月12日),上海市档案馆藏,档案号:A38-1-343-98。
② 《中共上海市委工业生产委员会关于迁厂动员工作中各类职工思想特点的分析报告》(1965年2月26日),上海市档案馆藏,档案号:A38-1-343-63。
③ 《上海市支援内地建设工作领导小组办公室关于上海市工厂企业搬迁工作的情况报告》(1966年4月27日),上海市档案馆藏,档案号:A38-1-394-2。
④ 《上海市支援内地建设工作领导小组办公室关于上海市工厂企业搬迁工作的情况报告》(1966年4月27日),上海市档案馆藏,档案号:A38-1-394-2。
⑤ 中国社会科学院、中央档案馆编:《1958—1965中华人民共和国经济档案资料选编·固定资产投资与建筑业卷》中国财政经济出版社2011年版,第499页。
⑥ 中国社会科学院、中央档案馆编:《1958—1965中华人民共和国经济档案资料选编·固定资产投资与建筑业卷》中国财政经济出版社2011年版,第503页。
⑦ 《关于支援内地建设的职工动员工作中若干具体政策的试行草案(内部掌握)》(1969年9月18日),上海市档案馆藏,档案号:B109-4-62-5。
⑧ 《第一轻工业部关于搬迁4个单位去陕西的通知》(1966年10月8日),上海市档案馆藏,档案号:A38-1-347-46。

缩小三个差别有着重大意义"①,"是为了支援世界革命,是为了彻底埋葬帝、修、反"②。通过政治宣传,"使广大革命职工树立起支内建设的光荣感和责任感"③。"文革"开始之后,内迁又被赋予了"文化大革命"的政治意义。第一轻工业部在1966年10月向内迁工厂职工发出号召称:"支援三线建设……乘当前无产阶级文化大革命运动的东风",教育职工和家属应积极服从国家需要,听从调动,愉快内迁④。

除了正面的号召外,思想动员还给那些不愿意配合的职工施加压力。通过"以阶级斗争为纲,以革命大批判为武器"⑤,狠抓两条路线斗争教育的方式⑥,抵消职工对实际利益的个人盘算。上海良工阀门厂在动员工作总结中称:"思想教育……使每个职工都受到一次深刻的阶级教育和识大体、顾大局的爱国主义教育,使支援内地成为群众自觉的要求。"⑦在类似的政治动员当中,工人们不得不在国家要求和个体利益之间进行权衡。动员的压力并不仅仅针对工人,有时也指向那些对迁厂不太热心的基层工厂领导。一机部在西北会议上表示,少支援一个人就是"反党",微型电机厂个别领导听后,担心被人戴上本位主义的帽子,因此在支内职工的安排上任由上级安排,不敢有异议⑧。上海工程机械厂对内迁提出不同看法,结果"被扣了很多帽子,说支援内地不积极、本位主义等等"⑨。

---

① 《上海市后方基地管理局基建组关于后方小三线建设搬迁工作中若干问题请示报告》(1966年7月22日),上海市档案馆藏,档案号:B67-2-26。
② 《关于加强支援内地建设的几点意见的通知》(1970年6月1日),上海市档案馆藏,档案号:B154-6-116-29。
③ 《关于加强支援内地建设的几点意见的通知》(1970年6月1日),上海市档案馆藏,档案号:B154-6-116-29。
④ 《第一轻工业部关于搬迁4个单位去陕西的通知》(1966年10月8日),上海市档案馆藏,档案号:A38-1-347-46。
⑤ 《关于加强支援内地建设的几点意见的通知》(1970年6月1日),上海市档案馆藏,档案号:B154-6-116-29。
⑥ 《筹建上海后方印刷厂初步规划》上海市档案馆藏,档案号:B246-1-342-1。
⑦ 《上海良工阀门厂市委四清工作队关于坚持思想第一、放手发动群众、良工阀门厂支援自贡阀门厂思想政治工作几点做法的材料》(1965年),上海市档案馆藏,档案号:A38-1-345-52。
⑧ 《关于迁建工作会议情况简报(一)》(1965年9月11日),上海市档案馆藏,档案号:A38-1-345-130。
⑨ 《关于迁建工作会议情况简报(三)》(1965年9月12日),上海市档案馆藏,档案号:A38-1-345-139。

思想政治动员的效果是显著的。"在经过厂的领导从上到下、从党内到党外层层做思想工作……百分之九十八的群众都还是响应了党的号召而奔赴内地参加建设"①。电器研究所所长崔镇华表示,在内迁过程中,那些不愿意去的,后来通过政治思想教育,提高了认识,大多数人都愉快地去了②。上海九〇一厂的"工厂领导干部挨门逐户地做了家属工作,使百分之九十以上家属愉快地欢送亲人支援内地建设"③。还有当事人家属回忆,当时企业中首先动员那些比较老实的职工去皖南"支内"。

尽管如此,不同人群之间对内迁的态度仍是复杂的。中年职工牵挂家庭,老年职工担心客死他乡,女职工则多舍不得孩子,对于资本家、小业主、"四类分子",因为头上有顶"帽子",不敢公开表示不去④。对于有些人来说,这是一次政治上有所表现的机会,此外亦有诸如工作调动等各种考虑,不一而足。原上海皖南小三线八五钢厂副厂长许汝钟在回忆当年去皖南时,一方面是为了国家建设的需要,另一方面也是为了变换当时不如意的工作环境,但只有三岁的小孩又让他心有不舍,在面对国家的号召和动员时,各种因素都交织在一起了⑤。应该说,在响应国家号召和动员时,每个人内心的考量都是不同的。

从人口迁移的角度来看,在经过思想政治动员后,职工内迁的主要推力已经形成,但上海与皖南山区之间巨大的经济落差仍是无法忽视的阻力,因此,尽可能地消除经济上的阻碍对于内迁必不可少。为此,国家经委确立了内迁职工工资"就高不就低"的原则,保证从一线迁往三线职工的工资标准不下降。对于粮食定量问题,1965年9月4日召开的全国迁建工作会议上规定"职工粮食定量标准,暂时执行就高不就低的原则",期限是一年半⑥。以此保证内迁工人在工资和口粮方面不受影响。另外,针对家庭牵挂问题,国家经委也规定,

---

① 《中共上海市委工业生产委员会关于迁厂动员工作中各类职工思想特点的分析报告》(1965年2月26日),上海市档案馆藏,档案号:A38-1-343-63。
② 《关于迁建工作会议情况简报(二)》(1965年9月12日),上海市档案馆藏,档案号:A38-1-345-135。
③ 中国社会科学院、中央档案馆编:《1958—1965中华人民共和国经济档案资料选编·固定资产投资与建筑业卷》中国财政经济出版社2011年版,第502页。
④ 《中共上海市委工业生产委员会关于迁厂动员工作中各类职工思想特点的分析报告》(1965年2月26日),上海市档案馆藏,档案号:A38-1-343-63。
⑤ 许汝钟口述,徐有威主编:《口述上海——小三线建设》,上海教育出版社2015年版,第332页。
⑥ 《关于解决上海迁入徽州地区企事业单位户口粮食的几点意见》,上海市档案馆藏,档案号:B67-2-73。

搬迁工厂的职工,最好能携带家属,如果暂时不能携带,也应争取迅速创造条件,在最短时间内搬去。留下的职工家属原来享受的医疗等福利待遇,一律不变①。

在实际动员过程中,基层干部为了完成动员指标,往往对小三线地区的生产生活困难有意掩饰,"艰苦方面讲得少,好的方面讲得多",并开出一些不切实际的条件和许诺②。这种做法为职工在小三线的安置埋下了隐患。大中华橡胶一厂在动员时许诺,到内地每户可以发到大米、煤、木柴各100斤,结果到了后什么也没有,工人意见很大。上海某厂党委副书记到三线慰问时,被一位女工拉住大衣质问:"你说××(指皖南山区)不冷,你怎么还穿大衣?"③基层干部的这些做法引起了上海市委高层的警觉。上海市委在1966年的一份文件中要求基层干部"介绍内地情况要实事求是……必须避免不切实际的宣传和许愿、不计后果的做法"④。不过,市委的文件收效甚微。对于基层干部而言,完成上级分配下来的动员指标是首要的,如实宣传内地的艰苦条件,则无疑是增加动员工作难度,对完成指标不利。因此,有意掩饰内地困难、进行不实宣传在基层动员过程中不可避免地存在。

尽管小三线移民具有自己的特殊性,但现代人口迁移模型在小三线移民动员和迁出方面仍可提供有益的借鉴。在小三线移民中,社会经济因素依然是基本影响因素,但更显著的是政治因素。从沿海城市迁到内地山区,对大多数的工人及家属来说,意味着实实在在的生活困难——物质短缺、夫妻分居、父母子女无人照料等等。在当时业已形成的城乡二元社会结构中,迁往内地无疑是个人在社会分层上的一次倒退。因而在动员工作的最初,大多遇到了工人们以及部分工厂领导层的抵触。尽管这不会影响到工厂内迁的既定事实,但仍构成了迁厂的障碍。这时政治动员就成了消弭不满情绪的工具。在动员过程中,不断拔高三线建设的重要战略价值,赋予内迁以崇高的政治意义,增加动员压力,使得工人、家属以及干部将三线内迁内化为自觉的行动,这

---

① 中国社会科学院、中央档案馆编:《1958—1965中华人民共和国经济档案资料选编·固定资产投资与建筑业卷》中国财政经济出版社2011年版,第497页。
② 《中共上海市委关于转发支援内地建设工作领导小组办公室〈关于访问内迁企业的情况简报〉的通知》(1966年4月8日),上海市档案馆藏,档案号:A38-1-353-45。
③ 《中共上海市委关于转发支援内地建设工作领导小组办公室〈关于访问内迁企业的情况简报〉的通知》(1966年4月8日),上海市档案馆藏,档案号:A38-1-353-45。
④ 《中共上海市委关于转发支援内地建设工作领导小组办公室〈关于访问内迁企业的情况简报〉的通知》(1966年4月8日),上海市档案馆藏,档案号:A38-1-353-45。

就构成了职工内迁的主要推力。而内地和沿海城市巨大的经济落差、福利待遇等现实利益以及家庭关系受损则是内迁的障碍。为了保证内迁工作顺利进行,就必须在国家需要和个人利益之间进行有限度的调和,对内迁工人在经济上进行适度的补偿。可以说,增加政治因素的推力,减少经济上的阻力是说服工人内迁的最合理选择。

二、进山

上海小三线移民的一个突出特征是其组织的严密性。1968年,上海市规定"上海后方企业一律不得自行从所在地招收人员,以及从其他地区调入人员。凡需从当地招收人员的,应经主管局革委会审查同意后,送市劳动局革委会审查"①。这意味着小三线的职工主要是来自上海市的计划调配。而职工和家属在进入小三线后,即纳入工厂管理体系中,若要调回上海工作或者通过上大学、征兵等离开小三线,亦需要劳动部门的批准。小三线移民这种组织严密的特征,使得我们可以通过职工人数的变化来精确还原小三线移民的全过程。

职工的迁入与三线厂的迁建是同步进行的。第一批15个迁建单位从1966年3月陆续开工建设②。1966年春至1969年冬,上海先后在安徽皖南旌德白地、孙村、蔡家桥、桥埠和旌阳建成或开工建设井冈山机械厂、东风机械厂等12个小三线企业以及3个配套服务性单位,并在旌阳设立了上海市后方仪表电讯工业公司。伴随着小三线厂的迁建,上海职工随之迁入,到1969年年底,小三线在旌德县内的职工人数已达9 000余人③。这当中包括1968年直接分配到皖南小三线的大专、中专、技校毕业生和学徒共计1 400余人,其中大专毕业生190人,中专毕业生290人,学徒910人④。上海小三线企业在1970年之前是不被允许从当地或者外地招收职工的,因而这一阶段绝大多数的职

---

① 《关于后方建设劳动工资等方面问题的报告》(1968年6月27日),上海市档案馆藏,档案号:B246-1-190-62。
② 《关于后方建设搬迁工作中若干问题请示报告》(1966年7月22日),上海市档案馆藏,档案号:B67-2-26。
③ 旌德县地方志编纂委员会:《旌德县志(1978—2003)》,黄山书社2008年版,第315页。
④ 《关于六八年分配去上海小三线工作的大专、中专、技校毕业生和新招收学徒工资待遇、生活津贴按当地标准执行的报告》(1969年9月27日),上海市档案馆藏,档案号:B246-1-211-61。

工是直接来自上海的行政调配。

1969—1971年间三线建设出现一个新高潮，上海小三线也不例外。1969年，上海小三线实际完成基本建设投资5 200万元，土建面积18万平方米，相当于前三年工作量的总和①。而1970年为了抢建以五七高炮为重点的项目②，投资大幅度增加到12 712万元，竣工土建面积39万平方米，相当于前四年的总和。建成投产的工厂数大幅度增加，1969年基本投产的工厂是7个，到1970年增加到21个，生产品种从1969年的26个增加到1970年的78个。1971年继续投资10 086万元，土建面积20万平方米③。上海小三线的军工厂主要是在这个时期完成的④。到1972年，基本建设投资开始回落，下降为8 588.9万元。1972年的投资主要用于扫尾、扩建和补缺，诸如修建仓库、宿舍、供水设备、冷库、粮库、中学、医务室等配套设施，只有少数如金星化工厂、红星化工厂、卫星化工厂、胜利水泥厂等是续建或扩建，而其他基本上已经建设完成⑤。1973年的基建投资进一步下降到5 425.2万元⑥。上海小三线的建设高潮过去，主体工程建设已大体完成。

由于小三线厂建设征用部分耕地，招收征地农民进厂的要求随着工厂完工而逐渐强烈。截至1970年，三线厂在皖南共计征地4 093亩，在浙江昌化征地187亩，主要集中在绩溪、旌德、宁国三县。皖南地区地少人多，一般人均土地1亩左右，征地之后劳动力过剩矛盾更加突出⑦。由于在工厂兴建之初，征地农民尚可以到工地打短工获取工资，征地对农民的生计影响不大，但是工程结束后，生计问题即刻凸显，因而迫切要求工厂招工。在这种情况下，小三线

---

① 《关于上海小三线1970年基本建设计划的请示》(1970年4月29日)，上海市档案馆藏，档案号：B246-1-342-248。
② 《关于上海小三线1970年基本建设计划的通知》(1970年6月9日)，上海市档案馆藏，档案号：B103-4-228-106。
③ 《关于安排上海小三线一九七一年基本建设计划的请示》(1971年4月22日)，上海市档案馆藏，档案号：B246-1-406-1。
④ 《后方小三线1971年常规兵器工业基本情况统计表》(1971年)，上海市档案馆藏，档案号：B67-1-9。
⑤ 《关于下达1972年小三线基建计划的通知》(1972年7月24日)，上海市档案馆藏，档案号：B66-1-11-55。
⑥ 《关于下达1973年小三线基建计划(明细项目)的通知》(1973年7月16日)，上海市档案馆藏，档案号：B66-1-21-66。
⑦ 《上海市劳动局革委会关于皖南后方企业吸收一部分征地农民的请示报告》(1970年10月17日)，上海市档案馆藏，档案号：B127-3-119-18。

厂陆续吸收了一批征地农民进厂①。在这之后几年中，征地农民成为小三线职工的来源之一，如1972年仪表电讯公司新增固定职工882人，其中征地工244人，占新增职工总数的27.78%②。对这一时期移民规模的估计，需从新增职工人数中扣除那些来自当地的征地工人数。由于缺少1972年小三线全体职工总数，而只有仪电公司下属的20个工厂的职工数据，所以此处以仪电公司的数据进行估算。1974—1983年，仪电公司历年职工人数占小三线全体职工人数的比重大致稳定保持在21%—23%之间，而1972年仪电公司职工人数为8703人，新增固定职工882人，如按照22%计算，1972年小三线全体职工大致为39 559人，新增职工4 009人。在这些新增职工当中，如果按照27.78%的征地工计算，即有1 114名征地工。这个数据与1970年档案中直接记载的招收征地工一千余人的规模大体相当③，因而1972年征地工人数的估计是比较可靠的。由此推算，1972年从上海净迁入皖南小三线的移民人数约3 000人。

征地工基本上集中在1970—1973年间。小三线厂的基建大体停止后，也就无须再大规模征地。此后，从农村招工进厂的人数锐减。例如，后方基地轻工局1974年新增固定职工950人，其中933人是从上海调入的固定职工，9人是统一分配的技校、卫校、师范学校毕业生④，此时新增职工的来源中，已经基本不见征地工的身影了。上海市与皖南小三线之间的人口迁移，重新回到最初的封闭状态，即人口迁移以上海迁往皖南为主，皖南回流上海为辅，而与外界的人员交换很少。

由于职工内迁是与三线厂的迁建结合在一起的，所以在70年代初期的建设高潮过后，因为没有大规模新建工厂，职工人数的增加也趋于平稳。在70年代中后期，皖南小三线规模最大、最集中的一批移民是1975年底上海分配的1万余名无去向代训艺徒。

---

① 《上海市劳动局关于"八一二"指挥部需要安排征地农民的情况调查》(1970年11月10日)，上海市档案馆藏，档案号：B127-3-119-30。
② 《八一二指挥部第四工区填报的1972年固定职工人数增减变动情况表》(1972年9月1日)，上海市档案馆藏，档案号：B70-1-33-1。
③ 《上海市劳动局关于"八一二"指挥部需要安排征地农民的情况调查》(1970年11月10日)，上海市档案馆藏，档案号：B127-3-119-30。
④ 《上海市后方基地管理局1974年至1976年劳动工资年报表》(1974—1976年)，上海市档案馆藏，档案号：B67-1-52。

当时，上海市劳动部门正在为如何安排外地的代训艺徒而感到棘手。1971年到1973年三年内，上海为外地代训的艺徒共计4.3万人，其中大部分陆续回到外地。但是到1975年11月，仍有1.25万名的代训艺徒外省市不愿意接收。尽管上海市曾就此与外省市和国家计委劳动局多次协商，但由于各省市都在开展知识青年上山下乡，加之劳动指标控制比较紧，外省市仍不肯接收。麻烦不仅于此，代训艺徒在进上海培训之初，便明确未来安置回外地，如果此时安排到上海的工厂，则容易引起已去外地的代训艺徒及其家长的思想波动。因而如何安置代训艺徒显得进退两难。而与此同时，正好皖南小三线向上海市劳动局提出增加劳动力的要求。由于自1975年初开始小三线的生产指标大幅度提高，如遵义厂原设计每年生产单路载波机350台，但在1975年被要求生产3 500台；东方红厂原规划生产固体电路5万件，此时被要求生产50万件；为民磁性材料厂的生产任务则比原计划大幅度提高了16倍。为此，后方基地便向上海市劳动局要求增加劳动力，调拨1 500人进后方，9月份又进一步要求调拨2 000人①。小三线增加劳动力的需求正好与当时无法安置代训艺徒的问题碰到一起，于是上海市便决定将这1.25万名代训艺徒分配到后方小三线和四个原料基地工作②。

在此影响下，小三线职工人数迅速增加，从1974年的41 577人，增加到1975年的58 146人和1976年的60 810人。后方轻工公司1975年新增加固定职工2 020人中，1 415人是代训艺徒；机电公司是年新增固定职工921人，其中代训艺徒582人③。在1975—1976年间代训艺徒基本上集中安置完毕。到1977年，整个皖南小三线安置代训艺徒1 753人，而到1980年安置的代训艺徒仅有50人④。虽然最初计划安置代训艺徒1万人，但到1981年，共在小三线安置了艺徒17 200余人⑤。

---

① 《上海市后方仪表电讯工业公司申请劳动力及职工子女安排问题报告》(1975年)，上海市档案馆藏，档案号：B70-2-82。
② 《关于动员12 500名代训学徒去后方小三线和原料基地工作的请示》(1975年9月23日)，上海市档案馆藏，档案号：B127-3-170-19。
③ 《上海市后方基地管理局1974年至1976年劳动工资年报表》(1974—1976年)，上海市档案馆藏，档案号：B67-1-52。
④ 《上海市后方基地管理局1979年劳动工资年报表》(1979年)，上海市档案馆藏，档案号：B67-1-114。
⑤ 《上海小三线情况汇报提纲》(1981年7月11日)，上海市档案馆藏，档号：B1-9-405。

代训艺徒的集中到来,对上海皖南小三线形成了严重的冲击。小三线一时间无法吸收这些青年艺徒,职工总数的迅速增加,直接导致了1976年的人均劳动生产率下降了12%,而作为代训艺徒主要接收单位的轻工公司和机电公司,受到的影响更为明显,轻工公司人均劳动生产率下降了27%,机电公司下降了25%①。另外,代训艺徒在工种上并不能满足小三线企业的需求。后方仪表电讯工业公司对分配下来的2 700人进行摸底发现,有些工种大量过剩,尤其是车工、钳工、电焊工、无线电修理等均过剩,而对于后方有需要的炊事员、司机、漆工、泥木工、电镀、钣金、线切割等工种却缺口很大,造成安置困难②。此外,由于代训艺徒绝大多数是男性未婚青年,他们的集中到来使得小三线的男女比例失衡问题更加突出,加剧了小三线的婚配困难③。

在20世纪70年代初期建设和工人进驻基本完成后,大规模的人口流动便基本停止。除了1975年大规模的代训艺徒进入外,在70年代中后期到80年代间,上海对小三线人口输出的规模并不大,从小三线回流上海的职工人数也不多。从20世纪70年代小三线各个工厂的职工人数变动可以清晰地反映出这个特征。小三线职工总数在1976年达到6万人的峰值(职工60 607人,家属15 901人,合计76 508人)④,此后则逐渐减少,在20世纪70年代末80年代初,维持在5.6万人上下,工厂职工基本稳定,既没有大规模的职工迁入,也没有大规模的职工迁出。人口流动的停滞造成的后果之一,是随着职工年岁的增长,企业技术力量和生产骨干出现断层。到20世纪80年代初,小三线干部和工程技术人员普遍超过50岁,而一线的生产工人绝大多数超过28岁,炼钢炉前工、电子仪表工、机床剃刮工甚至处于无人接替的状况⑤。

至1981年,上海皖南小三线共有职工56 240余人,其中从上海去的约47 400人,占84%,包括由上海老厂动员去的职工16 600余人,大专、中专、卫

---

① 《上海市后方基地管理局1974年至1976年劳动工资年报表》(1974—1976年),上海市档案馆藏,档案号:B67-1-52。

② 《关于招收无去向代训艺徒工作小结》(1975年),上海市档案馆藏,档案号:B70-2-83。

③ 《上海市政府办公厅关于解决上海在皖南小三线部分未婚青年职工的婚姻问题的意见》(1980年6月20日),上海市档案馆藏,档案号:B1-9-257-13。

④ 《上海市后方基地管理局后方职工和家属人数年度统计表》(1976年12月22日),上海市档案馆藏,档案号:B67-2-282。

⑤ 《中共上海市工业党委、经委、国防科工办对上海小三线调整的请示、报告》(1984年7月1日),上海市档案馆藏,档案号:B246-4-787。

校和六八、六九届技校统一分配的约 8 500 人,1975—1976 年安排的无去向代训艺徒等约 17 200 人,高初中毕业生分配的约 2 800 人,本市调入的约 2 300 人①。从外地调入人口 8 840 人,占 16%,包括为解决上海职工夫妻分居问题调入小三线的 2 300 人,从外省市回收支农工和退休顶替的 3 100 人,因小三线建设需要调入技术管理骨干及落实政策安排等 900 人,其中夫妇双方均为外地的 840 人,当地征地工及其家属约 1 700 人②。

三、安置

尽管三线建设强调"先生产,后生活",但数万人进山后,安置工作仍是首先需要解决的问题,而住房又是最为基本的问题之一。小三线厂按照"靠山、分散、隐蔽"的原则,选址布局多在隐蔽的山区密林间,缺乏必要的生活设施。为了优先保证生产建设,职工住房建设被置于相对次要的位置。按照"节俭办工厂"和生活用房节俭的原则,职工住房多就地取材,以仿照皖南当地农村的"干打垒"或者砍木结构的住房为主。相对于城里的楼房,农村"干打垒"便显得十分简陋。房屋多为平房,按定制,地面一般做 10 厘米灰土地面或原土夯实,铺上 5 厘米厚的卵石。墙体则为全空斗墙,内墙刷柴泥,外墙做纸筋面层或清水墙。木门、木地板、木楼梯等刷桐油。多数房屋不做地基,只用原土夯实,因而房屋并不牢靠。即便如此,为了尽可能减少非生产性支出,各厂在建造职工宿舍时,仍以单身宿舍为主,按全厂人数 85% 计算建造,每人 3.5—4 平方米,而家属宿舍则按全厂人数的 15% 计算建造③。这种以单身宿舍为主的住房结构,在很大程度上抑制了职工家属的随迁。而在有限的家属宿舍中,又以中小户型为主(小户为一间卧室,两户合用厨房,建筑面积 22 平方米;中户为大小各一间,厨房合用或独用,建筑面积 33 平方米;大户为二间卧室,并有厨房,建筑面积 44 平方米),大、中、小户的比例,一般按小户 45%,中户 40%,

---

① 《上海小三线情况汇报提纲》(1981 年 7 月 11 日),上海市档案馆藏,档案号:B1-9-405。
② 《关于上海小三线调整中人员安置意见的请示的说明》(未刊稿)(1986 年 5 月 6 日)转引自崔海霞:《上海小三线社会研究》(博士学位论文),上海大学 2013 年,第 41 页。
③ 《上海市革命委员会工业组关于生活用房建筑标准的批复》(1967 年 12 月 21 日),上海市档案馆藏,档案号:B246-1-106-22。

大户15%①。因此,小三线在住房问题上具有明显的政策导向性,尽管政府意识到家属随迁对于职工扎根山区的重要性,也曾在不同场合要求尽可能地创造条件让家属随迁,但是在职工住房的建造和安排上却背道而驰,严重制约了家属的内迁。上海市政府对此曾表示宜"采取分期分批的办法逐步解决"②,然而这个问题并没有得到很好的解决,整个20世纪七八十年代,小三线的家属人数比例始终未超过20%。家属宿舍的短缺后来逐渐演变成小三线安置中一个突出的矛盾,后方基地管理局在给上海市的一份报告中称:"有的已结婚仍住男女集体宿舍,如火炬厂在国防工业大检查中发现一间妈妈宿舍中住三位已结婚的带孩子的女同志,晚上三顶帐子实际上住有三户人家,影响很不好。"而即便是这样的集体宿舍也十分紧张,有些职工不得不住在工厂的活动室、招待所、办公室、仓库等房之内,甚至住在单位的理发室、豆腐坊等③。

住房条件的限制不仅影响到已婚职工的家属内迁,也影响到了青年职工的婚姻问题。随着年岁的增长,青年职工结婚的要求越发强烈,但是家属宿舍的短缺却是一道难题。后方基地提交的一份报告中称:"家属宿舍的建设仅七四年、七五年安排过二千户,七六年、七七年均未安排。目前(指1978年)已结婚没有住房的达九百多户,今年要结婚的近一千三百户,除了已在建设的家属宿舍解决六百户外,今年到年底结婚无住房的将近一千六百户。"④

青年职工结婚问题在70年代前期出现,之后逐渐成为安置工作中一个突出的难题。住房的限制仅仅是一方面的原因,更重要的是小三线厂特定的生产方式和布局结构。小三线厂所需工种以男性为主,造成企业内部男女比例严重失衡。例如贵池钢厂职工人数5 000余人,其中绝大部分是男工。而1975年上海市将万余名代训艺徒集中安置到后方基地,造成小三线的男女比例严重失衡,进一步加剧了小三线的婚姻困难⑤。加之后方工厂地处偏僻山

---

① 《八一二指挥部关于调整后方工厂生活用房建筑标准的通知》(1970年2月28日),上海市档案馆藏,档案号:B154-6-116-26。
② 《关于后方小三线建设搬迁工作中若干问题请示报告》(1966年7月22日),上海市档案馆藏,档案号:B67-2-26。
③ 《关于后方小三线体制和急需解决几个问题向市委请示报告,附件二之四关于职工生活用房问题的情况和意见》(1978年8月1日),上海市档案馆藏,档案号:B67-2-370。
④ 《关于后方小三线体制和急需解决几个问题向市委请示报告,附件二之四关于职工生活用房问题的情况和意见》(1978年8月1日),上海市档案馆藏,档案号:B67-2-370。
⑤ 《上海市政府办公厅关于解决上海在皖南小三线部分未婚青年职工的婚姻问题的意见》(1980年6月20日),上海市档案馆藏,档案号:B1-9-257-13。

沟,对外联系困难,青年职工难觅对象。据统计,到1980年,整个上海皖南小三线共有未婚男青年13 072人①,其中30周岁以上的有1 015人②。婚姻问题无法解决,使得"未婚职工长期不能安心三线建设,因而向中央、市和有关部门反映情况的来信、来访日益增多,要求调沪工作的也越来越多"③。

然而婚姻问题在70年代并未引起上海市政府的重视。早在1973年,贵池钢厂曾就1 000余名青年恋爱、婚姻困难的问题向上海市有关部门请求解决④,但并无下文。婚姻问题逐渐成为小三线职工无法安心扎根皖南的原因之一。直到80年代初,小三线面临军工订单大幅度下降和"军转民"的严峻形势,作为使小三线职工安心扎根皖南的补救性措施之一,上海市才开始着手解决小三线职工的婚姻问题。1980年6月20日,上海市国防办出台《关于解决上海在皖南小三线部分未婚青年职工的婚姻问题的意见》,提出:第一,劳动局每年下达给后方招工指标;第二,从市属农场招收未婚女青年为正式职工进小三线;第三,小三线职工自找对象后可到三线厂落户、工作;第四,从市区街道里弄找对象,办理结婚登记手续后,如愿意将户口迁入三线厂,可吸收为正式职工;第五,35岁以上仍找不到对象的可找农村姑娘,婚后转吃商品粮,并吸收为三线生活福利集体事业职工⑤。此后,小三线厂纷纷开始扮演"红娘"角色,积极为厂青年职工寻觅对象。1981年11月,上海后方基地管理局团委成立了24个婚姻介绍所,并在上海《青年报》等报刊上刊登招收女职工启事⑥。据称,上海小三线先后有3 000名青年在这前后解决了婚姻问题⑦。

上海皖南小三线职工日常生活所需的粮食、副食品、日用品等主要由上海

---

① 《上海市政府办公厅关于解决上海小三线未婚青年职工婚姻问题的意见和本局贯彻意见及情况汇报》(1980年7月9日),上海市档案馆藏,档案号:B67-2-595。
② 《上海市劳动局关于小三线男青年婚姻问题修改意见》(1980年6月25日),上海市档案馆藏,档案号:B1-9-257。
③ 《关于后方小三线体制和急需解决几个问题向市委请示报告,附件二之十九关于后方30岁以上职工的婚姻问题》(1978年8月1日),上海市档案馆藏,档案号:B67-2-370。
④ 《关于解决本厂大批男青年对象问题的报告》,上海八五钢厂编:《上海八五钢厂大事记》(未刊稿),1987年,第47页。
⑤ 上海八五钢厂编:《上海八五钢厂大事记》(未刊稿),第144页。
⑥ 曹晓波:《满腔热情做红娘 皖南迎来好姑娘——后方基地成立二十四个婚姻介绍所》,《新民晚报》1982年2月1日第1版;《八五钢厂团委启事 为我厂男青年寻找对象》,《青年报》1980年10月10日第3版。
⑦ 史志定:《后方基地三千青工喜结良缘》,《上海工运》1983年2月25日第2—3版中缝。

供应。其中粮油指标是从上海转拨到安徽,再由安徽省粮食厅下拨到基层①。而自1970年6月起,对肥皂、香烟、食糖、胶鞋、牙刷、牙膏、面盆等30种商品,由上海商业部门采取临时供应的办法②。除了当地的商业网点外,各个厂都设有自己的小卖部,日常生活用品通过小卖部自行销售。蔬菜供应相对困难,主要从当地县城购买,或者通过搞"五七生产",由工厂自行开荒种地,补充蔬菜等副食品,据不完全统计,到1978年底,上海小三线共开垦荒地3 000多亩,收获各种蔬菜1 733万斤,养猪2万余头,在一定程度上缓解了副食品供应困难③。此外,小三线职工也在闲暇时间捕捉鱼虾、螃蟹、田鸡、黄鳝等,或者私下向当地农民购买鸡蛋、山核桃等,作为副食品的补充④。

前文已述,为了减少动员阻力,中央曾于1965年规定内迁职工的粮食定量标准"就高不就低",为期是半年到一年⑤。这一政策在后续的执行过程中逐步被调整为"向当地看齐"。1969年11月10日,安徽省在《关于上海市在我省进行三线建设人员口粮供应问题的通知》中规定:"凡上海市三线厂的职工及其家属的粮油关系转入我省的,其粮油供应标准,职工暂按原上海定量,食油一律按我省当地标准供应。"⑥职工的粮食标准虽然维持不变,但食用油的供应标准已向安徽看齐,而三班制生产工人的夜餐粮补助,也是按安徽省的标准执行。副食品供应方面,1974年上海市革委会财贸组要求"上海小三线的副食品供应,原则上应按当地标准供应"。日用品方面,尽管上海市要求"凡上海货源有可能,尽量挤一部分给以支持……但与上海市场相比,还有一定差距"⑦。

---

① 《关于上海市在我省进行三线建设人员口粮供应问题的通知》(1969年11月10日),上海市档案馆藏,档案号:B135-4-178-26。
② 《上海市革命委员会财贸组关于615所、573厂、大屯煤矿、金山石化总厂、上海小三线、上海后方基地等商品价格、供应问题的请示及中共上海市委批复》(1974年11月21日),上海市档案馆藏,档号:B248-2-683。
③ 上海市后方基地管理局党史编写组:《上海小三线党史》(未刊稿)1988年,第53页。
④ 蒋美珍访谈记录(蒋时为上海后方基地长江医院司机),时间:2014年6月10日,地点:上海峨山路蒋美珍办公室,采访人:胡静。
⑤ 《关于解决上海迁入徽州地区企事业单位户口粮食的几点意见》(1968年12月29日),上海市档案馆藏,档案号:B67-2-73。
⑥ 《关于上海市在我省进行三线建设人员口粮供应问题的通知》(1969年11月10日),上海市档案馆藏,档案号:B135-4-178-26。
⑦ 《上海市革命委员会财贸组关于615所、573厂、大屯煤矿、金山石化总厂、上海小三线、上海后方基地等商品价格、供应问题的请示及中共上海市委批复》(1974年11月21日),上海市档案馆藏,档案号:B248-2-683。

1975年，上海市提出"后方基地供应标准，原则上应向当地看齐"，在粮油、日用品、副食品等方面降低供应水平①。这让小三线职工普遍觉得"吃亏"。到20世纪80年代初，上海市准备对小三线存在的问题进行调整时发现，工人们对物资供应水平的降低积怨已久。"群众意见比较大的是生活标准上'就低不就高'，工资标准安徽低于上海，照安徽的；粮食定量上海低于安徽，照上海的；布票安徽不发专用券，照安徽的；等等。这些看来是小问题，但关系职工切身利益，使三线职工感到吃亏了"②。

此外，为了满足小三线职工子女教育需要，后方陆续成立了9所中学、39所小学，教职员工和学生共6000余人，但是限于师资力量和资源有限，教育质量堪忧③。医疗卫生方面，小三线从1970年起先后设立了四家综合性医院（瑞金医院、古田医院、长江医院、天山医院），同时，每个工厂设立医务室。对于一些服务性的行业如理发、修补等，则通过组织职工家属自力更生解决④。每星期一到两场的电影，是主要的文娱活动。

在空间布局高度分散且封闭的条件下，小三线厂不仅是一个生产性单位，也是一个社会保障机构，不仅承担了职工住房、婚姻等问题，还承接了教育、医疗、食品、生活物资供应等各方面的社会福利保障职责。由于小三线厂车间散布在群山之间，厂与厂之间、车间与车间之间的交通联系不便，因此各个厂就形成了"小而全"的后勤保障体系。位于贵池的八五钢厂在厂区附近建有西华、大冲、28K、八五新村四个家居区，除了81 494平方米的住宅外，还有食堂、菜场、小卖部、理发室、托儿所等生活设施和小学、技校、幼儿园、卫生保健总站等文教卫生设施，形成了一个无所不包的"小社会"⑤。

作为外来移民的小三线职工们在安置过程中离不开当地公社和农民的支持。当地农村对小三线的支援是多方面的，皖南地方政府和人民为了支援上海小三线建设，专门划出9.27平方公里的土地，其中一部分还是旱涝保收的

---

① 《上海市革命委员会办公室关于后方基地商品供应问题的意见》(1975年6月4日)，上海市档案馆藏，档案号：B109-4-459-82。
② 《中共上海市国防工业委员会办公室关于召开小三线上海市人民代表座谈会的会议纪要》(1982年4月5日)，上海市档案馆藏，档案号：B1-9-837-10。
③ 《上海市后方基地管理局办公室基地党委关于后方小三线体制和急需解决几个问题向市委请示报告》(1978年6月)，上海市档案馆藏，档案号：B67-2-370。
④ 《上海市革命委员会财贸组关于商品供应措施和"小三线"职工供应等问题的请示、通知及市委的批复》(1971年6月6日)，上海市档案馆藏，档案号：B248-2-340。
⑤ 上海八五钢厂编：《上海八五钢厂大事记》(未刊稿)，第4页。

良田,供小三线单位征用。安徽地方政府还帮助上海小三线管理部分职工和家属的户口,处理一些较为紧迫的或涉及地方的治安事件①。此外,当地农民也曾为小三线职工提供住宿,并协助解决生活中的部分实际困难②。地方政府和当地农民的支持对于小三线职工的安置乃至整个小三线建设曾起到重要作用。

四、回城

20世纪80年代初,国内外形势发生了明显的变化,战争的阴云已逐渐散去。继续推进三线建设的必要性大为降低,军需订单随之大幅下降。1980年上海小三线的军工生产任务较上年度下降了44.8%,1981年再下降21.2%,总产值从1980年的4.1亿元下降到1981年的3.2亿元。上海小三线54个工厂中处于停建缓建、全停工和半停工状态的约占厂数的63%③。1979年,全后方上交国家利润6770万元,亏损企业4家;1980年上缴利润3023万元,比1979年下降了54%,亏损企业增至10家;1981年,上缴利润仅203万元,又比上年下降了93.3%,亏损企业扩大到23家,约占全部企业的44.4%④。在此形势下,对小三线进行战略性调整势在必行。国务院国防工办和国家计委、总参、五机部等在1980年对华东和华北地区小三线军工厂进行了调查,并于当年11月在北京召集各省、市、自治区国防工办的座谈会,着手布置小三线的调整事宜⑤。此后,上海小三线便进入了1980—1985年的"军转民"时期。需要说明的是,在"军转民"时期,强调的是小三线从军工向民品生产转型,政策意图层面仍然希望巩固和发展上海小三线,而不是解散和放弃小三线,是希望职工扎根皖南,而不是撤回上海。1980年11月,上海市即着手准备调整工作,最

---

① 上海市后方基地管理局党史编写组:《上海小三线党史》(未刊稿),1988年,第50页。
② 洪明来访谈记录(洪原系原龙岗村村支部书记),采访时间:2012年5月21日,地点:安徽省东至县香隅镇龙岗村,采访人:胡静。
③ 《上海小三线情况汇报提纲》(1981年7月11日),上海市档案馆藏,档案号:B1-9-405。
④ 上海市后方基地管理局党史编写组:《上海小三线党史》(未刊稿),第60—61页。
⑤ 《国务院国防工办关于调整各省、市、自治区小三线军工厂的报告》(1981年4月6日),上海市档案馆藏,档案号:B1-8-178-26。

先开始调整的是直接生产军品的 17 家军工厂①。这 17 家军工厂中,除了九三三七厂和九三八三厂因其生产的新四〇火箭筒和新四〇火箭弹质量稳定且军队仍有需求外,其他 15 家军工厂均进行大规模的调整②。

然而"军转民"并非易事。原本依赖军工订单的小三线在转向市场的过程中遇到了极大的困难。小三线企业"山、散、洞"的地理分布格局极大地增加了生产成本,导致产品在市场上缺乏竞争力。在计划经济体制下,小三线企业的生产原料需从上海运进皖南山区,形成产品后,又必须运回上海进行销售,往返八百余公里的路程极大增加了运输成本,因此,"军转民是一个难关,转型之后负担更加重了"③。加之闭塞的山区也造成企业对市场信息不灵敏,销售困难。1983 年,小三线厂的全员劳动生产率为 6 296 元,仅为上海市平均水平的 22%,百元固定资产实现的利税 62 元,只有上海市平均水平的 91%,企业亏损比例和规模继续扩大④。

形势的变化已使小三线职工的回沪意愿越来越强烈。1979 年 2 月,贵池八五钢厂少数青年职工以"68 届半中技 419 联络站"名义,在该厂驻沪办事处门口张贴海报,要求"落实政策""重新分配",安排回沪⑤。有些青年职工则私下回沪设摊做生意⑥。同时,也陆续出现小三线职工通过私下渠道回上海市区工厂企业就职的现象。对此,市政府发文禁止此类私招三线职工的做法,并要求市区各个单位在处理大、小三线职工要求回沪问题时,"应教育职工安心三线建设,并积极动员其家属调往大、小三线地区团聚,而不是擅自将职工调来本市工作"⑦。为了将小三线职工稳定在当地,上海市政府针对小三线存在的

---

① 《上海市人民政府关于上海市小三线军工厂调整的意见》(1980 年 12 月 12 日),上海市档案馆藏,档案号:B1-8-76-155。
② 《上海市人民政府关于调整本市小三线军工厂的通知》(1981 年 11 月 3 日),上海市档案馆藏,档案号:B1-8-178-26。
③ 许汝钟口述,徐有威主编:《口述上海——小三线建设》,上海教育出版社 2015 年版,第 147 页。
④ 《中共上海市工业党委、经委、国防科工办对上海小三线调整的请示、报告》(1984 年 7 月 1 日),上海市档案馆藏,档案号:B246-4-787。
⑤ 上海八五钢厂编:《上海八五钢厂大事记》(未刊稿),第 106 页。
⑥ 《一个值得注意的动向——后方青年中弃工经商问题严重》(1979 年 12 月 31 日),上海市后方基地管理局党委办公室编:《后方动态》(29 期),上海市档案馆藏,档案号:B67-2-436。
⑦ 《上海市人事局、上海市劳动局关于支援大小三线建设职工调沪问题的报告》(1980 年 5 月 26 日),上海市档案馆藏,档案号:B127-6-90。

诸如婚姻、户口、待遇、医疗、教育等实际问题，出台了一系列政策，例如自1980年起给小三线职工发放每人每月5元的"进山津贴"①，为小三线招收适当的女工、从市区选派医生和教师支援皖南等等②。然而这种"小修小补"的措施并不能从根本上解决问题。

沿海城市与内地山区之间的经济落差在很大程度上决定了小三线职工无法长期扎根山区。1985年7月，时任上海市常务副市长朱宗葆到小三线调查时，听到小三线干部职工们说得最多的一句话是："我们在皖南工作是献了青春献子孙。我们青春献给祖国也就算了，要我们子女也和父母一样，我们心里不平衡。"③毛德宝当年在上海后方基地管理局从事党委信访工作，每年收到职工来信1000多封，其中最多的就是要求回上海。一方面山区条件艰苦，另一方面，许多小三线职工的父母小孩都留在上海，老人需要照顾，小孩需要教育，"家庭困难的加剧，使大家更想回上海"④。

"军转民"的困境并非上海一家独有，其他省市的小三线面临着类似的困难，这使得中央不得不重新思考小三线的未来出路。转折点出现在1984年，这年3月10日，时任国务院总理赵紫阳在视察湖南小三线时，对小三线企业的发展方向、管理体制改革等做了新的指示。此后，上海市开始转变对小三线厂的政策，提出让小三线厂与郊区工业企业实行联合，将小三线厂和职工逐步接纳回上海⑤。但是，当时上海市政府对小三线职工回城仍十分审慎。在关于小三线调整的市委常务会议上，上海市市长表示，"原则是发展安徽，以联营的名义到郊区，进市区这个口子决不开"。朱宗葆则在皖南调研时表示，"我们来的时候，有先有后，走的时候也要有先有后"。上海后方基地管理局党委书记王昌法称，"不能一哄而上搞回城风"⑥。为此，上海市制定了"三先三后"的原

---

① 《上海市后方基地管理局关于试行竣工三线进山工作津贴请示和市劳委的批复》(1980年9月)，上海市档案馆藏，档案号：B67-2-599。
② 《余琳、席炳午、张梦莹关于巩固和提高小三线的工作当前需要解决的主要问题的汇报》(1980年4月19日)，上海市档案馆藏，档案号：B1-9-194-51。
③ 许汝钟口述，徐有威主编：《口述上海——小三线建设》，上海教育出版社2015年版，第43、170页。
④ 许汝钟口述，徐有威主编：《口述上海——小三线建设》，上海教育出版社2015年版，第43、170页。
⑤ 《中共上海市工业党委、经委、国防科工办对上海小三线调整的请示、报告》(1984年7月1日)，上海市档案馆藏，档案号：B246-4-787。
⑥ 王德敏(时任上海市常务副市长朱宗葆秘书)：《1985年安徽上海小三线调研日记》(未刊稿)。

则,即先企业、后机关,先工人、后干部,先职工、后领导,分期分批地安置职工返回上海市郊,安排职工分期分批地返沪①。在此后的三年中,数万名小三线职工陆陆续续回到上海,回城过程大体是平稳有序的(表1)。

表1　上海轻工系统在安徽小三线职工安置情况表　　单位:人

职工/工厂		利民	曙光	红星	红光	光明	光辉	燎原	万里	公司	小计
在册职工总数		357	459	744	597	1 518	1 410	1 025	1 365	68	7 543
回沪职工	小计	350	458	721	576	1 454	1 332	978	1 292	68	7 229
	全民	340	447	707	567	1 409	1 306	943	1 247	68	7 034
	集体	10	11	14	9	45	26	35	45		195
留皖职工	小计	7	1	23	21	64	78	47	73		314
	全民	7	1	23	19	61	77	45	71		304
	集体	—	—		2	3	1	2	2		10

资料来源:《上海轻工业志》编纂委员会:《上海轻工业志》,上海社会科学院出版社1996年版,第440页。燎原厂外调2人未统计在内,另有光明厂2人劳改留皖。

到1988年,绝大多数的小三线职工都已回沪。上海机电系统在皖南的11 298名职工中,96.87%都按政策回沪②。上海轻工系统在皖南的在册职工中,96.88%也都回到上海。整个后方基地回沪职工50 994人,去外省市216人,安置留皖职工1 469人③。1989年年底,小三线返沪干部、职工52 654人全部落实了安置单位。上海市为小三线职工安排建造了100万平方米的新房,分布在闵行、吴泾、莘庄、泗塘、吴淞、桃浦、浦东、松江、南翔、青浦等三十个规划地区。同时,前方主管局、联营老厂和后方企业还通过搭建临时过渡房、内部调剂、购买商品房等办法安置了一部分特困户,缓和了住房矛盾④。到1990年年底,已有80%的职工分到了新房,返沪后的各项调整工作也基本结束⑤。

---

①　上海市后方基地管理局党史编写组:《上海小三线党史》(未刊稿),第107页。
②　当代上海研究所编:《当代上海大事记》,上海辞书出版社2007年版,第372页。
③　《关于上海在皖南小三线交接工作结束的报告》(1988年8月20日),上海市档案馆藏,档案号:B67-1-316。
④　上海市后方基地管理局党史编写组:《上海小三线党史》(未刊稿),第110—111页。
⑤　《上海市后方基地管理局1990年工作回顾和1991年工作打算》(1991年1月10日),上海市档案馆藏,档案号:B67-1-313。

五、小结

从1965年陆续进山,到1988年全部撤回,7万余名上海皖南小三线职工和家属经历了从城市到山区、再又回到城市的流转过程,前后共计24年。在最初动员进山时,曾号召职工扎根三线①,并在后续的思想教育和相关政策中不断传递"扎根三线"的理念②,然而,上海小三线职工和家属在皖南落地长达20余载,却依然没有在当地生根。

在管理体制上,上海小三线虽然地处皖南,但本质上是上海的一块飞地。后方基地的职工由上海输入、资金由上海提供、工厂的原材料来自上海,产品也重新运回上海,工人们的粮食、蔬菜、香皂、香烟、自行车等日用品都由上海供应,甚至于电影放映都与上海同步。上海专门成立了一个和其他局级单位平行的后方基地管理局,专门管理皖南山沟里的那些工厂和单位。虽然皖南的后方基地与上海市相隔400余公里,但仍然是上海的一部分。在性质上,小三线企业仅仅是上海企业在空间上搬迁到皖南而已。加之小三线厂的军工性质,具有高度保密性和封闭性,因而并未融入地方经济体系当中。城乡二元分隔体制造成小三线职工与当地农村人口之间并未发生实质性的融合。小三线的职工和家属属于吃商品粮的城市人口,尽管三线厂地处农村山区,但他们不可能融入皖南的农村体系中去,而当地农民除了少数征地工外,更是无法逾越城乡壁垒,进入小三线厂的城市体系。小三线厂的男青年尽管找对象困难,但却极少娶当地女性,正是这种分隔的例证之一。体制上的分隔在无形中给小三线厂包裹了一层隔膜,使得它们几乎与皖南山区完全隔离开来。

依靠行政力量动员的小三线移民,缺乏必要的经济基础,一旦外在的行政动员压力消失,人口迁移便出现反弹。尽管并不能否认部分职工在内迁时是完全自觉自愿的,但同样也不可否认,外在的动员和政治压力是将职工从上海推送到皖南的主要力量。支内行动要求职工们为了国家的战略需要牺牲个体

---

① 许汝钟口述,徐有威主编:《口述上海——小三线建设》,上海教育出版社2015年版,第59页。

② 如贵池八五钢厂在一份征地报告中称,贵池八五钢厂职工和家属过万人,请求征用梅街大队420亩的毛草山、林山等用于建设"五七农场",自行种植蔬菜,以弥补副食品供应不足的问题,目的是"使广大职工和家属扎根三线",《关于征、拨土地申请书、协议书》(1976年2月29日),安徽贵池县档案馆藏,档案号:15-90。

的利益,这种集体主义的做法在当时是一种被鼓励和赞扬的政治道德。然而政治道德并不能完全取代经济和物质的需求及对移民个人利益的损害,从根本上决定了小三线移民无法持久。"其实,到小三线大家都是不安心的,都想回上海。在那个地方,扎根比较难的,扎不下去"①。鉴于皖南山区与上海在生活、教育、医疗等方面存在很大的差距,许多小三线的职工选择将妻子儿女留在上海而只身前往小三线。当时这种两地分居的状况相当普遍,因此,尽管许多小三线职工身在内地长达 10 余年甚至 20 余年,但其家庭、子女、父母等都在上海,因而根也还在上海。

当 20 世纪 80 年代初外在形势发生根本性变化时,小三线职工回沪的意愿便集体宣泄出来。1985 年上海方面着手准备将小三线撤回上海后,后方厂的干部和工人都非常兴奋,他们对担任上海小三线调整工作小组副组长的李晓航说,"小三线调整是众望所归,没有一个人反对,都赞成,你干了一件大好事"。与 20 世纪 60 年代层层动员不同,小三线的职工们为了自己的企业能早点回上海,"大家拼命生产,赚足回上海重建的钱",这时候"是不用动员的"②。

在移民问题研究中,土客互动和矛盾是重要的问题之一。本文着重从小三线发展演变的角度探讨小三线移民主体从城市进山,再从山区回城的历史过程,以此作为了解小三线发展演变的一个切入点。小三线与当地政府、公社、生产队以及农民之间的互动关系是小三线研究的重要方面。当时城乡之间的体制性分隔不仅造成小三线移民无法扎根当地,也使得小三线职工与当地农民之间的交流和冲突有别于通常移民问题中的外来移民与原住居民之间的互动关系,对此,笔者将另撰文单独探讨小三线与当地之间的互动关系问题。

(本文作者:陈熙,上海高校智库——复旦大学中国经济研究中心博士后;徐有威,上海大学历史系教授,博士生导师)

---

① 许汝钟口述,徐有威主编:《口述上海——小三线建设》,上海教育出版社 2015 年版,第 139 页。

② 许汝钟口述,徐有威主编:《口述上海——小三线建设》上海教育出版社 2015 年版,第 31 页。

标签化的族群：
一个三线企业中的社会结构*

陈 超 著 周明长 译

丹景山镇位于中国西南经济和贸易中心成都的西北50英里处，是一个被连绵群山环绕的山区小镇。这种地形阻碍了城镇经济发展，还将丹景山镇与外界隔离开来。然而，就在这个隐蔽和原始的地方，一群来自中国东部沿海地区数个发达城市的工人却在一个现代化工厂里劳动着。该厂就是中国三线建设所形成的1100多个大中型企业之一的锦江油泵油嘴厂（简称锦江厂）。

在目前关于中国劳动政治学的既有文献中，三线工厂及其工人几乎未获关注。与对同时代城市国有企业的数量多且成熟的研究相比，对三线建设研究集中于规模、影响及其对中国工业的历史意义，几乎没有人去关注工厂社会学。三线建设的保密性及其偏僻布点极大地阻止了研究者的介入。公开的三线企业资料稀缺，且几乎不可能获得三线建设的原始档案。另外，为数众多的三线工厂于20世纪90年代被关闭。令人欣慰的是，多个三线企业的退休工人最近主动帮助笔者调查此类主题，从而激发出本人的研究兴趣。原三线建设者目前正在组织集体编写回忆录，建立在线社区，极力地挖掘和保存其与三线建设密切相关的历史资料。通过这些活动，笔者找到了调查、研究这一主题的可行路径。

本研究依据原始资料，提出了以下问题：什么是三线企业的社会结构？它是怎样建立的？笔者认为，由于地理上孤离，三线工厂的内部社会被工人的三个

---

* 本文为 Labeled clanization: the social structure of a Third Line enterprise, Chao Chen,见《劳动史》（*Labor History*）第57卷第5期，第671—694页，2016年11月24日，Taylor & Francis Ltd, http://www.tandfonline.com, 中译文已获 Taylor & Francis Ltd 出版社授予版权。原载《江苏大学学报（社会科学版）》2018年第5期。

来源——内迁工人、返城知青和复退军人不断地"标签化"。作为"标签化"的这三个来源展现出每一个族群所具有的显著特征。在工人的日常人际交往中,这些标签化的意义与其在工厂的职业机会密切关联,并且塑造了他们的相互认知和对他人的态度。因此,工人们更有可能在他们自己所属的族群中寻找他们的朋友和婚姻伴侣。总体而言,这种高度的孤离逐渐形成了三线工人趋向于一个标签化的族群模型的社会结构。鉴于三线企业这种独特的社会结构,笔者进一步认为,曾被广泛接受的依赖于中国城市"单位"制度中的组织依赖需要重新审视。

一、锦江厂：一个典型的三线企业

基于锦江厂案例的研究结论能否支持其他三线企业呢？它是否反映了这类三线企业的总体趋势？这两个问题直接涉及锦江厂的代表性。因此,在对锦江厂工人生活进行实证性分析前,首先需要确定,锦江厂在多大程度上可以作为三线机械行业的典型。

（一）四川是三线建设的第一重点省

从 1964—1978 年,国家财政投入达 335.05 亿元,其中央财政直接投资占 202.15 亿元,中央财政 1/8 的工业投资和 1/4 的国防投资投入在四川,117 个机械厂和数万名工人从沿海和东北内迁至四川①,锦江厂为其之一。

（二）锦江厂是成都市的主要三线企业之一

到 1980 年,该厂累计总投资达 2 560 万元。较之成都市机械工业其他 7 个主要三线企业,锦江厂的财政投资和职工人数都占首位②。并且是距离成都市区最远的进山企业之一。

（三）内迁工人占锦江厂职工总数的比例很大

据统计,锦江厂和其他 7 家工厂中的内迁工人大多来自无锡油泵油嘴厂、

---

① 详见何郝炬等主编《三线建设与西部大开发》,当代中国出版社 2003 年版,第 115 页;辛文《三线建设与四川产业基础的形成》,载王春才主编《三线建设铸丰碑》,四川人民出版社 1999 年版,第 77 页。

② 成都市地方志编纂委员会：《成都市志·机械工业志》,成都出版社 1995 年版,第 15 页。

上海宝昌活塞厂、杭州齿轮箱厂、天津内燃机厂和天津拖拉机厂。这些厂至 1966 年底共内迁了大约 1 642 人①,其中锦江厂约占 1/4②。其实,锦江厂的职工来源更加多元化。到 80 年代初,仍然有 305 人、137 人分别来自上海柴油机厂技校、无锡油泵油嘴厂,354 人来自上海柴油机厂技校、上海建筑机械厂技校,8 人来自八机部天津工业会计学校,12 人来自天津农机制造学校,35 人来自洛阳拖拉机厂技校,11 人来自贵州柴油机厂,5 人来自上海新华护士学校。

(四)锦江厂的职能组织并未出现任何与众不同之处

锦江厂职能部门总体上可分为生产、后勤和教育三类。其中生产部门占最大比例。根据成都市地方志资料,直到 1989 年,机械行业工厂的生产部门主要有厂总部、车间、工组三个层次。大中型企业在车间和工组之间还有名叫工段的另外一个层次。作为大型企业的锦江厂的生产部门实际上分为四个层次,除了第二层次的 7 个车间外,还有 22 个与车间平行和功能互补的其他行政部门,如销售部、设计部、质量控制办公室。

总之,较之于同行业的其他 7 家厂,锦江厂在各方面并未有所不同。作为成都市的一个重点企业,深处山区的锦江厂也是由众多内迁工人在繁杂组织结构下运行的,从而在几乎所有方面均符合作为三线企业的典型。虽然没有单一案例能够完全可以代表整体,锦江厂之典型性至少能够使其成为一个合适的研究案例。

二、锦江厂的孤立生活

(一)交通

锦江厂建设在彭县(现彭州市)龙门山脉丹景山镇境内的集垫村,占地 25.88 公顷,生产区位于山里面向平原的东西 400 米、南北 200 米之处,生产区和住宅区几乎均开山而建。在这个高度孤立区,唯一能够联系工厂和附近城镇的工具只有厂内的一辆交通车。在 20 世纪 70 年代中期,锦江厂为职工购买了"解放牌"汽车作为第一辆交通车。每天早晨 7 点,交通车发往成都,耗时

---

① 成都市地方志编纂委员会:《成都市志·大事记》,方志出版社 2010 年版,第 14 页。
② 成都市地方志编纂委员会:《成都市志·机械工业志》,成都出版社 1995 年版,第 14—21 页。

1.5小时到达成都市城北汽车站。该车一般给工人6个小时处理个人事务,必须在下午3点上车返回。回到繁华热闹的城市虽令人愉快,但3个小时往返路程却使人深受折磨。在整个70年代,每个乘客的往返票价为0.4元。到80年代中期锦江厂购买了2辆45座客车后,才满足甚至超过了厂内工人出行的最大需求。它能运送生病职工进城看病,方便工人进入城市百货商店购买服装、参观博物馆展览等。可见,生活在孤立山区的锦江厂职工,首先必须依靠工厂来满足其日常生活和娱乐的需要。

(二) 饮食

除了国家食品配给,锦江厂及其工人还寻求其他方法来补充生活。在70年代和80年代初期,国家的猪肉供应量是不充足的,为此,工厂与彭县食品公司建立了良好关系,为公司领导的亲属提供了几个进厂的工作机会。作为回报,锦江厂获得了在食品公司先于其他客户采购猪肉的特权。通过这种方式,锦江厂能够为职工采购到几乎都是最好质量的猪肉。而且,基于同食品公司的良好关系,锦江厂也能买到一些额外的猪肉。

锦江厂的蔬菜供应有三种方式:工人们自己在工厂居民点的空地上种植蔬菜,如青菜、大蒜、洋葱、土豆和番茄。但自己种植的蔬菜数量、品种都很少,难以满足工人们日常生活的最低需要。相比之下,附近农村集市的蔬菜数量和品种要多得多。在这个市场上,工人们不仅可以买到蔬菜和水果,也可以买到鸡蛋、鸡、鸭、河鱼、猪肉、蜂蜜和其他日常消费的食物。因此,定期去农村集市成了工人们生活中的一个重要特征。此外,在工厂大门外约200米处,还有一个小蔬菜市场。这个小市场是由附近农民前来出卖农产品而自发形成的。虽然它只能满足工人日常生活的部分需要,但对生活在山区的工人来说,却是不可缺少的。据一位访谈人回忆,"即使我们都知道这个小市场属于资本主义的'尾巴',但没有一个人愿意关闭它,所以它就持续地存在着"。

(三) 教育

1972年,锦江厂建立了厂属子弟中小学。这些学校此后20年在彭县的声誉都很好。第一,厂子弟校获得声誉缘于高质量的教师。虽然教师数量很少,但其平均教育背景在高中毕业以上。一些教师甚至是大学毕业的厂内技师或工程师。第二,学校配备有当地不可比拟的教学设备和配套设施。实验室设备和体育器材均从上海购买,学校甚至安装了为学生提供安全饮用水的滤水器。依靠这些一流的教师和设施,校内许多学生在高中、大学入学考试中取得了良好成绩。

除中小学外,锦江厂还有技校和"7·21 职工大学"。技校招收职工子弟,还招收当地的下乡知青。技校教师都是教育背景良好的技术工人。通常而言,技校生是本厂年度招工的主体。1976—1989 年,锦江厂技校共招生 688 名,毕业 648 名①。

(四)三种类型的工人

地处偏远山区的锦江厂有三种类型的工人。每种类型的工人都可以用一个共同的名称来识别,该名称表明了工人们在培训、薪水、教育背景和技能水平上的相似性。这三个名称(标签)是:内迁工人(支内职工)、返城知青、复退军人。

内迁工人是指来自东部沿海地区的工人。在早期的锦江厂,上千名来自天津、上海、无锡、杭州、洛阳的内迁工人成为职工主体。这些内迁工人呈现出多元化,因上海柴油机厂的大力援建,上海工人比其他内迁工人的总和还多。到 80 年代初,在 840 名内迁工人中就有 659 名来自上海。值得注意的是,内迁工人在薪酬政策方面也存在着差异。以内迁的上海工人为例,上海柴油机厂、上海建筑机械厂共内迁 429 名工人,其他 230 名属于未被正式录用入该厂的实习生或学徒。因此,前者可以按上海的标准付薪(虽然他们的户籍已迁入成都),但后者必须按当地的标准付薪,通常每月少 10—15 元。据笔者 2013 年 3 月对倪同正的采访,因这 230 名工人毕业于上海柴油机厂技校,人们给了他们一个标签"技校生"。

70 年代中后期,对返城知青的招工进一步促进了锦江厂职工族群来源的多元化。如 GOLD T B 和 McLaren 所述,70 年代有数万名受过教育的年轻人被送到农村,其中有数千人返回家乡上海。但数量庞大的待业知青很快成为上海市的最大社会问题。全国知青大返城后,成都待业知青问题的严重性并不比上海低。作为 30 家省级大型企业之一的锦江厂成为返城知青就业的主

---

① 数据来源于锦江油泵油嘴厂办公室编《锦江油泵油嘴厂大事记(1966—1985)》。

要单位之一①②。70 年代末,锦江厂共招收约 900 名返城知青,几乎占当时全厂职工数的 1/3。知青在正式成为固定工前,都当了 3 年学徒工,月工资仅 17.5 元。学徒工末期考核合格,才能够成为从一级工开始工作的固定工。此时的月工资增至 31.5 元。从这个角度看,内迁工人的待遇好得多。即使技校生进厂也不必经历 3 年的学徒工阶段,直接按月工资 31.5 元的一级工岗位计酬。

通常被认为政治高度可靠的复退军人,构成了锦江厂职工的第三个族群。诚然,招收复退军人并不是三线企业的独有情况。但在任何城市企业里几乎没有复退军人在职工中的比重,像锦江厂这样达到一个具有重大影响力的独立族群的程度。毕竟,城市企业首先必须招收的对象是城市居民。据笔者 2013 年 3 月对兰青山的采访,20 世纪 80—90 年代,锦江厂 1/6 以上的职工来自附近农村的复退军人。同至少完成了高中教育的内迁工人和返城知青相比,这些复退军人大部分属于小学、初中文化的农民。像技校生一样,复退军人可以跳过学徒期并直接享受到一级工工资,尽管月收入比上海内迁工人少 10 元,但他们拥有的土地在一定程度上减轻了抚养家庭的负担。有些复退军人甚至会放弃加班费,以节省出更多时间来从事农活。

总之,每个族群的工人因背景不同而具有不同的"标签",表明了与其联系的共同来源和共同特点。当某人被称为"内迁工人",通常意味着他是一个技术熟练、受过良好教育、过着城市生活的人。如果某人被归类为返城知青,意味着他是一个受过一定教育的技术不熟练的工人。而复退军人类职工在工厂里被称为"老转",这个"名字"通常是指文化程度较低和非技术性的工人。

当然,这些概括也有例外。如我的采访对象叶兴建是一个以当地知青身份进厂的工人。他作为一个普通工人,通过在总泵车间勤奋工作和刻苦学习,其实际操作能力不仅优于许多内迁技术工人,而且发表了几篇处理棘手技术问题的专业文章。锦江厂破产后,他被成都一所大学聘为讲师。叶兴建并非不适合上述分类的唯一者。但总体讲,一些共同特征仍可从各族群的大多数工人中予以证实。

---

① GOLD T B:《回城:上海返城知青》,《中国季刊》1980 年第 84 期,第 755—770 页。
② McLaren:《返城知青:1978 年 11 月至 1979 年的上海海报宣传运动》,《澳中事务杂志》1979 年第 2 期。

(五)各标签化族群及其厂内职业机会

各标签化的工人族群是如何与锦江厂的不同职业机会相联系的呢?要回答这个问题,首先需要澄清"前方(生产一线)"和"后方(后勤)"的概念,这是由工人自己对厂内职业机会作出的一种普遍性分类。工厂"前方"指纯粹的生产车间,"后方"指为生产一线提供服务的机修、工具、计量、理化、检验等车间。必须注意的是,这种分类是由处于工厂等级体系中不同层次的工人们"创造"出来的。在最高层次,车间和工厂管理部门以及其他后勤部门之间也存在分工,如汽车队。在中间层次,"前方"和"后方"按不同职能的车间来分类。总泵、装配、偶件、热处理、铸锻、准备等车间都是生产一线的车间,工具和机器修理等车间为后方(后勤)部门。在最低层次,每一个车间都有"前方(生产一线)"和"后方(后勤)"的分工。

实际上,锦江厂各层次"一线"和"后方"的职业中充满了来自特定族群的工人。从70年代后期到80年代初期,一个普遍的工人职业分布模式逐渐出现在工厂:内迁工人占据后方部门职工的大部分,复退军人和返城知青构成一线劳动力的大部分。

具体看,在80年代和90年代初期,内迁工人特别是上海内迁工人,大多在工厂的管理部门工作。而那些非工厂管理人员的内迁工人,通常在车间内或车间之间从一线岗位转到后方岗位。有两个原因可以解释这种模式。一是较之返城知青和复退军人,内迁工人平均学历更高、技术更熟练、工作更有经验,这种背景似乎更适合从事计划、管理、监督等工作。二是由于返城知青和大部分复退军人比内迁工人年轻,让他们承担一线沉重的工作任务也是合理的。

返城知青和复退军人构成了各生产车间一线劳动力的绝大多数。但实际区别并非如此整齐和鲜明。典型的例外发生在曾担任排长以上的复退军人的工作上。这些前军官通常担任车间党支部书记。但这一族群数量少,不足以在总体上改变工人们的职业机会与其族群归属之间的关系。

随着时间的推移,根据族群属性及其工作任务的性质,所形成的这种职业区别变得更加确定。内迁工人"坐"在后方从事管理、生产计划、定额制定、技术主管、计时员等工作,返城知青和复退军人则"站"在生产一线,承担大部分生产工作。如果要对此状况以及工人们在厂里职业领域分布区别进行准确的

"标签化"描述,那么该用什么方法?如何通过该方法表现出这些因素对工人间人际关系的友好性或非友好性的影响程度?客观地讲,族群归属和职业地位本身并没有在这一点上发挥任何作用。为回答这个问题,我们不仅需要进行客观的理论推理,还要将重点放在具体明确的工人日常活动上面。

三、标签化的日常生活

(一) 车间外的生活

如果放大工人们日常生活中的细节,我们就能够观察到其中的差异。如通过研究上海棉纺织厂女工,艾米莉·霍宁发现穿衣风格、饮食习惯、婚姻习俗和方言构成了员工之间分类和对立的最重要的基础[1]。美国汉学家裴宜理在江南和苏北地区的棉纺织厂女工中也观察到类似现象[2]。锦江厂里工人们日常生活中的这些细节对塑造工人之间的相互印象具有同样的作用。

当时拥有一件涤纶衬衣被认为是高地位的象征。而且涤纶的昂贵价格更限制了返城知青和复退军人的购买力。据一名学徒工回忆,70年代用优惠券买一件涤纶衣服最少也需5元钱,而他的月工资仅21.5元。因此,返城知青和复退军人通常穿着用粗糙材料制成的浅色衣服。但内迁工人特别是上海内迁工人的衣服却精致漂亮得多。大多数内迁工人都有鲜艳亮丽的涤纶衣服,这使得他们极容易被厂里其他人识别出来。而涤纶衣服并不是让内迁工人引起当地同事关注的唯一事物。许多内迁工人还从东部城市向山区搬来了家具、床、书架、衣柜和煤炉。每一种新样式总是激发出一股模仿热潮。

通过日常娱乐活动也能观察到工人间的差异。一般来说,棋类、体育锻炼、文艺活动是厂里最受欢迎的娱乐活动。其中,绝大多数内迁工人优先选择文艺类活动,如书法、乐器、诗歌、篆刻、桥牌、围棋。返城知青族群的工人则最喜欢棋类活动。而一些农村复退军人族群的工人却必须在厂里下班后回到家里农田干活,其他的则更有可能参加返城知青族群的棋类活动。体育锻炼虽是三个族群具有共同兴趣的活动,但参与者通常是在同一族群中结伴活动。

---

[1] 艾米莉·霍宁:《姐妹与陌生人:上海纺纱女工(1919—1949)》,斯坦福大学出版社1986年版,第88页。
[2] 裴宜理:《上海罢工:中国工人政治研究》,刘平译,江苏人民出版社2012年版,第30页。

皮埃尔·布尔迪厄曾经认为参与不同体育运动的概率取决于一国的经济文化资本、业余时间、家庭传统以及早期训练①。锦江厂工人的业余爱好分布，展现出其围绕这些因素的明显特点并勾画了各组间的边界。

衣服、日用品、家具和业余爱好本是日常生活中的微小细节，但作为锦江厂的一种文化形式，成为区分各族群工人与其他族群工人的不同"标签化"的外在表现。同时，这种文化使内迁工人上升为一个具有时尚意识、良好教育和世界品味的公众形象，更增强其优越感，强化其"内迁工人"标签的自我识别度。

（二）车间内的生活

车间是塑造工人们相互认知的另一个关键场所。理查德·爱德华兹在《竞争地带：20世纪工作场所的变革》（基础图书出版公司1979年版）中认为，在生产过程中，工人间的交往以一个特定的方式决定他们之间的关系。由于工作技能、资历和态度的不同，频繁发生的摩擦使工人之间的区别变得清晰可见。通过车间里日常人际互动，每个族群的标签被赋予了超出一个普通的名字和身份的意义，反过来又塑造了工人之间的相互印象和态度，并最终影响他们的相互关系。

每当一线车间生产任务密集，工厂就动员"后方"工人援助。这项政策被认为是两个工人阵营的双赢。一方面，"后方"车间的工人可毫不费力地达到生产定额，另一方面，生产一线工人的压力得以减轻。但主要由内迁工人组成的"后方"车间向主要由返城知青和复退军人组成的"一线"车间所提供的支持，竟加剧了工人间的分裂。为什么一个互惠计划导致了更大的分裂？关键是暂调生产一线的"后方"工人实质上是出于收入和名誉的激励，但他们同时也认为这类工作超过了其生产定额，因为"后方"车间工作的性质与生产一线车间不同。以工具车间和偶件车间为例，前者主要生产一些特殊加工工序所需但买不到的专用刀具和工装设备，这些非标刀具就是其"产品"，由于每一种特定工具仅是满足一个车间、一个部门甚至是一个生产组的极少量需要。而偶件车间工人的工作量却大得多，需要完成切削、磨削、研合和车削等基础性

---

① 皮埃尔·布尔迪厄：《运动与社会分层》，载钱德拉·穆可伊，迈克尔·舒德森：《大众文化的再思考：文化研究的当代视角》，加利福尼亚大学出版社1991年版，第369—370页。

工作,即使不受非标工具所限,也必须完成月度高生产定额。为此,工具车间和偶件车间分别被归类为"技术密集型"和"劳动密集型"单位。换句话说,在"后方"如工具车间主要从事技术复杂的小规模量工作,工人在熟练掌握产品后就几乎完成了产品的所需数量,这就使得其不可能超额生产。相反,生产一线主要从事技术简单的大规模量工作,工人们很容易通过超产奖来增加收入。这也就是动员"后方"比生产一线技术更熟练的工人参加一线生产的特别原因所在。

除了已正式建立的物质激励外,一些非正式的文化因素,如面子(脸面)和个人尊严,也激励着暂调工人参加超过其定额的生产任务。在"后方"的工人主要是内迁工人,他们被认为是比返城知青和复退军人更有经验、更熟练的职工。当他们从"后方"来到生产一线,如果没有在数量和质量上做得更好,他们会感到羞愧和被同事嘲笑。如笔者2013年6月对朱桂琴进行采访时,据她所述:"当我们来到一线车间时,通常都非常努力工作。……每次我完成定额时,都会停下来等着别人。有一次,一个年轻工人下班后走过来对我说:'朱师傅,你做得太快了!'我回答说:'实际上,我甚至还可以节省15个小时!'即使我不愿超过他们的产量,但我需要告诉他们真相,让他们看到同我们之间的差距。毕竟,我们大多数来自'后方'车间的工人比他们更有经验、更资深、更熟练。"

如朱师傅所说,生产一线的工人并不会对来自"后方"工人的援助心怀感激。相反,他们更有可能对所从事的艰苦工作感到恼怒,并责备提供援助的"后方"工人。这并不仅仅是因为被调来的工人拿走了本应属于他们的奖金。无论被调来的工人们在一个月或几个月里,挣到了多少额外奖金,他们都是临时性的工作,迟早会回到原来的车间。实际上,生产一线工人更担心的是,由于"后方"工人的辛勤工作,他们未来的生产定额很可能会增加。因为在每一个车间,都是根据工人们的月度业绩来调整各工序的定额和各部件的月定额的。如果许多被调来的工人能够在短得多的时间里完成同样的生产定额,定额制定者就会认为现存的定额低估了工人的生产效率。当然,大规模定额调整也不可能轻易地进行,但被调来的工人的工作记录肯定是未来定额增长的重要基准。此外,生产定额的性质也很严格,一旦增加,就永远不会倒退。换言之,被调来的工人的辛勤工作,对生产一线工人的工作量会产生永久性的影响。

总之,在支援生产一线车间的过程中,工人之间的横向分工被进一步强化了。一方面,被调来的工人通过正式和非正式的渠道,因为超额完成了他们的生产定额,获得了奖励。另一方面,生产一线的工人极有可能在未来要承担起更高的生产目标。从表面上看,这似乎是生产一线车间和"后方"车间之间的区别所在。但从深层次看,这实际上是带着不同标签的工人之间的区别。尽管一些被调来的工人的确表现出了比别人更多的细心,像被访谈者朱桂琴那样,他们明确表示,要用自己的卓越技能和强烈的事业心,通过取得不低于同事的效果,来证明自己的与众不同,并且能够把自己与生产一线的工人相区别。

这种技能优势感也导致内迁工人对当地同事的歧视态度。最大的受害者可能是复退军人。平均而言,复退军人实际上并不比内迁工人年龄大,相反他们其实要年轻得多。"老转"被用来表达内迁工人对复退军人的不喜欢和贬斥。被访谈者刘成敏曾抱怨:"那些复退军人和一些返城知青都是文化程度不高的人。最重要的是,我认为他们还有农民心理,那就是,他们精于算计,不愿意做出哪怕是最微小的牺牲。另外,他们对工作不细心也不严谨。"

当然,不用说的是,也有许多工作细心的复退军人,有的甚至技术卓越。然而,内迁工人对复退军人一旦带上了"老转"的标签,这种歧视感就相当顽固了。据 2013 年 3 月笔者对兰青山的采访:"那些内迁工人和技校生总是看不起我。最重要的是,我就是在一个上海师傅的指导下在厂里开始工作的。第一天,师傅就教育我说:'当你完成跟我的学习时,只有没有人在你背后嘲笑你,你才应该感到满意。'……从那时起,每当别人完成工作后去别处玩耍时,我仍在继续阅读资料。甚至在他们邀请我共同玩耍时,我也没有去。两年后,我真的成了一个非常熟练的工人。曾经有一个共计 200 名工人报名的磨削技能测试,车间主任问我:'你希望排名多少?'我回答说:'大概前六名。'主任笑着说:'前六名?想都不要想!'……测试结束时,主任问我做得怎么样。我告诉他我在理论测试中得分超过 90 分,并且认为技能测试能够得满分。他质疑地说:'不可能,没有人能够得满分!'然后他向我操作的车床跑过去,仔细检查了我的工作。在检查了一会儿后,他宣布我没有在使用后把机器彻底清洁好,为此扣去 2 分。最后,我得了 98 分。"当然,兰青山的不愉快遭遇大概是一个极端例子,因为人们更有可能不把消极态度直接表现出来。但这些看法和态度并不会消失,只是被人们努力地隐藏着。在工人们的思想深处,这就是一个潜在的分裂源头,它加强了族群内部的认同,减弱了各族群团结的进程。一旦被触发,如兰青山所遭遇的争论,那些在不同标签的工人之间隐藏着的不和谐立刻就会被暴露。

总之,在车间内外较长时期的日常人际交往中,"族群归属"的概念逐渐具化为鉴别和划分厂内工人阶层的分界线。因此,每一族群的工人都更愿意在他们所属的族群中建立社会关系。

(三) 标签化的族群

生活在一个相对孤立的地方,锦江厂工人在建立社会关系时高度依赖于工厂。被访谈者谭义的亲属关系网络就是一个极好的例子。

如图 1,谭义的亲属关系网络包括 10 个家庭,每一个家庭用夫(妻)姓的汉语拼音首字母大写来指代。被采访者谭义和他的妻子用 T1 和 W1 来指代。T2 和 T3 是谭义的两个兄弟,他们分别与财务部门负责人和质检部门负责人的女儿结了婚,她们用 D1 和 S2 来指代。S2 有一个哥哥 S1,他同高级工 L 的女儿结了婚;L 是 Q 的侄子/外甥,S1 和 Q 都在偶件车间工作。Q 的女儿 Q2 在厂食堂工作,她的丈夫 N1 在厂办公室工作。Q2 的哥哥 Q1 是偶件车间的一名工人。他的妻子 Z1 和她的父亲 Z 在热处理车间工作。谭义的妻子 W1 在厂幼儿园工作,她的弟弟 W2 在仪器生产车间主管销售。W2 的妻子 F1 在装配车间工作。她的姐姐 F2 在锻铸造车间工作,和偶件车间工人 C1 结了婚。C1 的哥哥 C2 同锦江厂某车间的副主任 M 的女儿 M1 结了婚。C1 和 C2 的父亲 C 是一名从上海内迁的高级工。

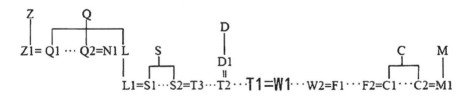

图 1 谭义在锦江厂里的关系网络

注:图中所有大写字母都是当事人的姓的汉语拼音首字母大写。其中,"="表示婚姻关系;"⋯"表示兄弟姐妹关系;"│"连接不同的大写字母表明当事人跨代,但不一定是父母—孩子关系。

当然,谭义的亲属关系网络的例子,可能是锦江厂里的一个极端例子,并不是所有的工人都生活在这样的亲属网络里。但这肯定也非例外。否则,工人们就不会如此强烈地感受到各家庭之间错综复杂的关系。

笔者2013年6月对陈友柏的采访:"锦江厂里的社会关系非常复杂!每个家庭都连接着'树根'和'树枝'。这真的是'牵一发而动全身'。你之所以不得不谨慎地做出任何决定,乃是因为你永远不会知道谁最后受到了影响。"

笔者2013年6月对付建伟的采访:"长期生活在一起,我们厂里每个家庭之间都有密切关系。工人们一直将这种状况描述为'一叶动,整棵树都在动'。"

陈友柏和付建伟将这种状况生动地描述为"锦江厂没有一个工人是一个原子化的个人",相反每个人都隶属于由不同的核心家庭组成的家庭组。因此,锦江厂里最初的原子化的工人阶级都被逐渐转变为由家族婚姻形成的共同体。

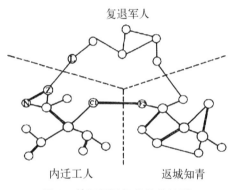

图2 锦江厂里标签化的族群

注:"="表示婚姻关系;"—"表示朋友或亲属以外的直系亲属(夫妻);"N"代表朱贵琴的丈夫;"L"代表兰青山;"F2"和"C1"是图1谭义亲属网络中的成员。

然而,这些社会关系并非随机建立,即并非任何两个工人就能相互建立关系。明确地讲,在锦江厂里,友谊和婚姻更有可能在同一族群内的工人之间发生。正如一些社会学家已经证明,朋友总是以同样的方式评价他人。如果A和B相互之间具有肯定的情感,B和C之间又具有肯定的情感,那么,A也会了解C,并且对C也具有肯定的情感。随着时间的推移,关联网被各个族群的工人用于"编织"其社会关系(见图2)。在图2的每个族群中,社会关系高度密集,工人们都是通过种种方式相互联系着的,但这些亲密关系却很少跨族群建立。

这种互相关联化的社交网络在笔者的访谈中也随处可见。在采访如"滚雪球般"的被访谈者的过程中,笔者发现"提名人和被提名人在工厂里均属于同一族群"的趋势,即几乎没有一个内迁工人会推荐一个复退军人或返城知青来接受笔者的访谈,反之也一样。基于人们更有可能会提名与其关系最亲密的人的"假设",笔者推测朋友关系的建立主要发生于具有相同标签的工人之间。为验证该推论的可靠性,我让被访谈者用表列出他们联系和交往最频繁的朋友。每个被访谈者最后提供的所有名字,都属于与他们具有相同背景的人。例如,刘成敏在受访中总共提及了 5 个男人,都是和刘成敏一样毕业于上海同一所技校的技校生。笔者曾推测,能将内迁工人同返城知青和复退军人凝聚在一起的一个可能途径,就是师徒关系。但访谈结果表明,这种关系的作用还需要通过丰富个案来评估。几乎所有被访谈的工人都表示很尊敬他们的师傅,一些人说,在每一个节日,他们都会给师傅送去美好的祝福和礼物。只有一个人认为师徒关系最后会发展成为亲密的朋友关系。在某些情况下,师徒关系反而强化了某一个特定族群现有的固定模式。

婚姻也更可能发生于某一特定族群内部。在所有被访者中,只有 3 例跨族群婚姻。其余除了复退军人,所有的婚姻伴侣都具有相同背景。而大多数复退军人在进厂前就已结婚,他们的妻子在家务农。当然,在现实中,工人之间的婚姻模式并不像理论上那么匀整。如果我们查看工厂里一个工人的家谱,发现该工人有一个来自不同族群的远亲,这并不奇怪。再次以谭义的亲属网络为例:谭义是一个复退军人,他妻子的弟弟的妻子的妹妹的丈夫的父亲却是一个从上海内迁的高级工。

事实上,朋友关系的建立也有类似的例外。如兰青山和朱桂琴之间的密切关系,就是一个很好的例子。兰青山虽是一名经常与上海内迁工人产生摩擦的复退军人,但他对朱桂琴印象很好,在受访中,他说"朱师傅与其他上海内迁工人不同。她对我和蔼可亲,在工具生产车间教给我很多技术"。鉴于兰青山同许多其他上海工人之间频繁的不愉快经历,他和朱师傅的友谊显得特别珍贵。即使兰青山的家在一个多小时车程的外地,他甚至在退休后都会定期去看望朱师傅。

总之,尽管存在着跨越不同族群界限的偶然的"强关系",但这些都不可能改变锦江厂里一个族群的工人们不愿意同另一个族群的同事建立亲属关系和亲密朋友关系的普遍模式。

四、城市工厂与三线企业的透视

在对中国城市工人的分析中,强烈的工厂依赖通常被认为是国家控制社会的最有影响力的因素之一。正如安德鲁·沃尔德在《共产党社会的新传统主义:中国工业企业中的工作与权威》(加利福尼亚大学出版社 1986 年版)中指出的,通过两个角度,工厂依赖能够被全面理解:一方面,行为者能够从工厂获得什么；另一方面，是否存在任何替代品。根据这种依赖性的解释，本节表明，三线企业不同于城市工厂的原因在于其地处一个孤立的山区。因为被剥夺了其他的选择，所以，三线工厂里的工人们呈现出"双重依赖"的特征：第一，为获得经济、政治、社会方面的必需品，工人们依赖于工厂；第二，为建立和扩大社会关系，工人们依赖于工厂。

城市工厂工人的组织依赖本是工作单位制度的一个结果。因为单位对一个人日常生活具有实质性影响，它通常被认为是中国独有的一种社会组织制度。在当时，工人们不仅从单位获得工资、主要耐用消费品和日常用品的配给券，还有食品补贴、主要商品和住宅。此外，单位也提供国家劳动保险、福利、社会保障和一些诸如医疗保健和面向工人子弟的托儿所、幼儿园的社会服务。但这类物质利益也只是单位功能的一个方面。

正如李汉林认为的，单位承担了政治、司法、民事和社会等更广泛的功能[1]。总之，一名工人与工作单位终身联系在一起。很多专家认为，由于单位制度的实施，城镇职工实际上是生活在一个相对隔离的地方，并高度依赖于他们的工作场所[2]。然而，当我们根据普通工人的真实日常生活来评估其隔离和依赖的程度时，单位在其中的作用要小得多。

我们能够大致确定单位所赋予的三类利益：直接经济利益、社会服务和社会关系。工人们在城市里能够找到第二、三类利益的替代物。以医疗保健为例，即使每一个工厂都有这种服务，但工人尤其是那些中小型企业的工人，更有可能因厂医院小而去公共医院寻求医疗服务。

社会关系的建立是工人不一定依赖工作单位的另一个方面。一个明显的原因是工人拥有寻找配偶的自由。事实上，一些学者已经认为干预工人们的结婚和离婚是一个单位的多种功能之一。这是有文件规定的工作单位的一种正式权力。只要新娘和新郎具备可接受的政治背景，没有一个领导愿意去破坏一桩婚姻。因此，工厂的一个工人在另一家工厂找配偶是非常普遍的。与此类似的是，在一个工厂的生活区，工人并不仅仅来自一个单位。

但在实际上，已婚的城市工人受到了至少两个单位的影响：他们自己的

---

[1] 李汉林：《中国单位现象与城市社区的整合机制》，《社会学研究》1993年第5期。
[2] 详见李路路《中国的单位现象与体制改革》，载《中国社会科学季刊》1994年第2期，第5—16页；刘建军《单位中国：个人、组织与社会控制体系中的国家》，天津人民出版社2002年版。

工厂和配偶的工厂。如果他们的孩子在第三家工厂工作,这就使问题更加复杂。传统观点一再强调生活区的作用,部分原因是将工人的依赖和共同的身份归因于这个空间领域的独立性①。但生活区居民的多样性被忽视。这种局限乃是植根于社会原子化定型概念而忽略家庭作用的结果。一旦家庭被考虑在内,工作单位就不再孤立于城市的其余部分,并结构性地嵌入于包围它的社会之中。

这样一来,新的社会关系的建立不仅可以超越单位的控制,而且现有的社会关系也可以取代他们的单位生活。归根到底,人们与传统家庭和血缘关系的密切联系并没有被切断。而且,工人与其共同成长的伙伴或以前的同学成了朋友,工人与其朋友的关系比同一生产线上的同事更亲密。迪特默等人证实了同一单位里同事之间的弱关系②。通过迪特默等人在上海和石家庄的访谈,发现被访谈者能够表达出的知心朋友只存在于被访谈者的单位之外。正如为迪特默提供资料的人所说,"一个人不应该把关系同明天一起工作的人混为一体"③。简言之,工人的物质供应高度依赖于工作单位,因为单位提供了几乎所有的必需品。但从工人日常生活需求的角度看,尤其是考虑到城市里生活必需品的可获得性和工人建立社会关系的自由度,那么,工人依赖于他们的工厂值得再思考。亨德森和科恩对城市中工作单位的作用做了公正的评论:

"当然,单位制度不是影响工作单位成员生活的唯一力量。还有其他因素,包括家庭、同单位外人员的关系、邻里组织成员、官僚组织内专业人士的权力、中层领导的制约,党组织和其他国家组织的影响。然而,单位对其个体成员和(在我们的例子中)医院管理者、医生、护士和患者之间的正式和非正式的关系,具有特别的影响。但是,这种影响并没有减少其他因素的重要性,而是与他(它)们互动,并提供了中国公民在日常生活中必须应付的一个另外的控制层。"④

城市工人的特征有助于我们透视三线工人的依赖性。三线工人的依赖性与城市工人相似,因为这些企业在提供直接的物质利益和社会服务方面,都是

---

① 布雷:《社会空间与中国城市治理》,斯坦福大学出版社2005年版,第251页。
② 迪特默等:《改革中的中国单位的个人政治,东亚非正式政治》,《亚洲调查》1996年第3期。
③ 布雷:《社会空间与中国城市治理》,斯坦福大学出版社2005年版,第257页。
④ 亨德森等:《中国医院:社会主义工作单位》,斯坦福大学出版社2005年版,第7页。

自给自足的。但这些企业在两个基本方面不同。第一，虽然大多数三线企业都有自己的短程往返客车，甚至有通往最近城市的小火车，但工人们除了在特殊情况下，比如探亲假或发生严重意外事件，都不会离开工厂。工厂是工人及其孩子谋生的唯一地点。在日常生活中，在工厂的既有条件外，工人们无法获得替代性的社会服务和娱乐设施。第二，更重要的是，在交友或婚姻伴侣方面，三线企业工人因工厂偏远，除同事外，别无选择。内迁工人尤其如此。内迁工人与家在附近城镇或农村的一些返城知青和复退军人不同，他们几乎完全被切断了同亲人和以前朋友的联系，被困在封闭的社区，他们基本上没有建立或扩大社会关系的机会。

五、结论

由于生活在与外界隔离的山区，锦江厂工人们的交友和婚姻伴侣局限于厂内。在这种生活过程中，锦江厂工人们通过这种或那种途径，在厂内形成了紧密的"互联"关系。但这种"互联"关系并不是以一种随机的方式发生，它受制于工人所隶属的族群。总体而言，锦江厂工人可划分为三个族群——内迁工人、返城知青和复退军人。锦江厂标签化族群的形成，揭示出城市工人的组织依赖性并没有达到以前研究所表明的高度。

值得注意的是，裴宜理和霍肖特的"场所政治学"[①]仍然不能对锦江厂工人的"族群分类"做出充分的解释[②]。据他们分析，上海和天津的工人在中华人民共和国成立之前，按照各自的出生地分类。但锦江厂的返城知青和复员军人都是四川本地人，却被划分为两个不同的族群。这两个族群的人虽具有共同的出生地，却因国家政策拥有不同的职业背景。从这种意义上讲，上海工人的分类实际上是一个社会动员的结果，是通过两个中间的社会行动者——行业公会和工人帮派——来实现的，而锦江厂工人的分类乃是国家动员的结果。

---

① 详见裴宜理著、刘平译《上海罢工：中国工人政治研究》，江苏人民出版社2012年版；霍肖特《天津工人(1900—1949)》，斯坦福大学出版社1986年版；任焰、潘毅《跨国劳动过程的空间政治：全球化时代的宿舍劳动体制》，载《社会学研究》2006年第4期，第21—33页。

② 付令、胡悦晗分别研究了重庆、湖北多家三线企业工人的"标签化的族群"问题。详见付令《三线企业的社会学思考》，载《梧州学院学报》2006年第4期，第10—12页；胡悦晗《地缘、利益、关系网络与三线工厂搬迁》，载《社会学研究》2013年第6期。

内迁工人、返城知青和复退军人,分别与特定的国家政治运动有关,这些人的身份被一系列社会经济政策不断加强。

与此同时,锦江厂工人的分类阐明了孤立地区工人间的"各种摩擦"。研究当代中国劳资纠纷的学者偏重于把孤立作为能够使工人组织集体行动的一种条件。他们认为,孤立有助于工人建立稳定和密集的社会网络,从而丰富他们的组织资源。对于这一点,锦江厂的故事提醒我们,即使在孤立地区,工人也不统一,"小圈子"是普遍存在的。

笔者在锦江厂的"发现"能否适用于其他三线企业呢?本研究中所讨论的"标签化的族群"能够在他处被观察到吗?不可否认,断言锦江厂的故事能够推广于所有三线企业,将导致本研究有效性的风险过度。但全部否认本研究的代表性也是不公平的,因为锦江厂与其他隐蔽于深山、由多元化工人构成、由繁杂组织运行的三线企业一样。因此,"标签化的族群"能否推广于所有三线企业的社会结构的程度,只能通过更多的工厂来证明。

(本文作者:陈超,讲师,哲学学博士,从事国家与社会关系、定性研究;本文译者:周明长,研究员,南京大学历史学院博士研究生,从事中国当代城市史研究)

国家行为·族群叙事·身份表述
——攀枝花三线建设的文化人类学解读*

王广瑞

三线建设最初是国家在特定历史背景下的一种带有保密性质的行为,直到改革开放之后它的神秘面纱才被缓缓揭开。"三线"是与"一、二线"相对的一个称谓,偏远的三线和国家行动之间有着怎样的关联?国家怎么样把重金投入三线的以及为何这样行动?怎么样认识三线建设者?本文从文化人类学的角度切入,探究其中隐藏的族群叙事与身份表述,供读者参考。

一、战略意识与地域格局

何为"三线"?它实际上是个相对的概念,从周恩来总理的看法中尤能领会。在传记中他有这样的表述:"除了攀枝花(位于西南川滇交界处)以外,我国周围各省都是第一线。东南沿海,舟山是最前边,东南几省是第一线。对东南亚来说,南边几省是第一线。对印度来说,西藏是第一线。对修正主义,东北、西北各省是第一线。但是各省相互来说又都是二线三线。比如,西藏有事,内地都是三线。真正的三线是陕南、甘南、攀枝花。"①除了周总理的直接概述,新中国第一代领导人毛泽东、刘少奇等同志也认为三线是个相对的概念,有着大体一致的看法。如今人们关于三线观念虽然已经发生了些许变化,但是其"偏远、内陆"的特点始终没有改变。

---

* 原载《攀枝花学院学报》2015 年第 3 期。
① 中央文献研究室:《周恩来传(1949—1979)(下)》,中央文献出版社 1998 年版,第 511 页。

三线建设的"地方性知识"。纵观文化人类学发展史,以布朗和马林诺夫斯基为代表的英国功能学派强调整体地、系统地看事物,法国结构主义最重要的阐述者克劳德·列维-斯特劳斯认为人类精神结构受物质、社会环境及其历史的影响,美国历史学派代表人物博厄斯主张根据特定历史环境下的标准和价值解释事物本身,尤其是阐释人类学的倡导者克利福德·格尔茨采用"深描"的方法绘制特定时代的文化符号……这些人类学名家虽然观点各不相同,但他们都强调实地调查,都注重地域文化的"地方性知识"。上个世纪六七十年代的三线建设地区,涵盖了四川、贵州、云南、陕西、甘肃、湖北、湖南等省地的部分内陆地区,主要进行国防工业和基础设施建设。备战是三线建设的背景符号,国防建设成为那个特定时代的经济符号,偏远内陆是三线建设的地域符号,背井离乡是三线建设者的族群符号……所有这些特定的符号共同构建了三线建设文化。

国家三线建设战略的历史沿革。整体分析国家对三线建设的战略沿革,大致可以分为三个阶段:第一阶段是从20世纪60年代初期到70年代末,可以归纳为"战略实施期";第二阶段从1979年至1983年,中共中央、国务院对三线建设的一些企业进行了初步调整,可以称之为"战略调整期";第三阶段从1983年到2003年,国家有计划地对三线建设进行调整改造,可谓之"调整改造期"①。这三个阶段中,第一阶段大体上在国家第一代领导集体执政时期完成,基于上个世纪60年代险恶的国际环境开始的三线建设主要目的是"备战",以应对潜在的战争威胁;第二阶段以党的十一届三中全会决定把全国工作重心转移到现代化建设上为开端,国家第二代领导集体根据形势发展做了初步调整,放弃阶级斗争为纲的战略,转向以经济建设为中心,缩短了三线建设的战线,调整了投资的方向;第三阶段也是在上个阶段基础上进行改造的,旨在全力发展经济。从三个阶段的战略调整,可以分析国家行为的背景,透视出调整的思路。

无论处于哪个阶段,攀枝花市都处在三线建设的重要战略位置上。第一个阶段中,国家在西南地区谋划了一个重要"棋子",这个"棋子"就是攀枝花市,毛主席曾经因为三线建设"睡不着觉"。明确提出把攀枝花作为三线建设的重点是在1964年5月的中央工作会议上,毛泽东强调了三线建设布局。选

---

① 李彩华:《三线建设研究述评》,《社会科学战线》2011年第10期。

择 1964 年建设攀枝花钢铁工业基地还有一个重要的原因,那就是在这一年我国钒钛磁铁矿冶炼技术取得重大突破,其工艺基本成型。这个阶段中,国家对云南省三线建设下达的首要任务之一就是全力支援攀枝花钢铁工业基地建设,当然云南省除此之外还有自身的军工小三线建设任务[1]。从 1979 年到 2003 年的这段时期,是攀枝花钢铁基地发展最快的一个时期,以攀钢集团为代表的一大批资源型企业为国家的建设做出了巨大贡献。

二、族群记忆与多样叙事

族群记忆。20 世纪 50—60 年代"族群"(ethnic group)这个词开始被西方学者使用,和"民族"(nation)一词含义差别较大,国内的学术文章经常将"族群"与"民族"混同使用。这里使用的"族群"强调的是"群体或某一文化集团的历史记忆和文化认同"[2],有以下几层含义:一是指三线建设者这个特殊的群体,这是实际参与开发建设的所有人;二是指从四面八方支援三线建设的人融合形成的民族亚群体,这是融合后有共同记忆的群体;三是指国家领导人这一高层群体,这个群体某种程度上决定着国家的战略发展;四是指当地原住民群体(包括少数民族),这一群体在数量上不占优势,却是颇具特色的文化群体,例如攀枝花哩嘰彝族就是彝族的一个分支。

以攀枝花的三线建设者这一群体为例。攀枝花的三线建设者有着相似的族群记忆,从当地的地名命名上可以略窥一二。攀枝花市的米易县、盐边县、东区、西区、仁和区(三区两县),被三线建设者命名为一句广为流传的顺口溜,即"攀枝花啥都有,有米有盐,有东有西,有仁和"。另外,攀枝花地名中还有很多神秘的数字,例如五十一、四十九、九附二、九附六等等,赴攀的外地人一时半会儿搞不懂这些神秘数字,但是当地人却非常清楚这些作为地名的数字意义和位置。再如,攀枝花直到现在还被一些老一辈的三线建设者称之为渡口市(曾用城市名,已经弃用十多年了),地处金沙江两畔,曾经繁忙的渡口是老人们难以抹去的记忆。这些都是攀枝花三线建设者的族群记忆。

---

[1] 晃丽华:《"国防一线"的"三线建设"——云南三线建设的历史研究》,《学术探索》2009 年第 4 期。

[2] 祁进玉:《群体身份与多元认同:基于三个土族地区的人类学对比研究》,社会科学文献出版社 2008 年版,第 1—2 页。

作为"族群"的三线建设人是如何讲述三线建设故事的呢？1973年,三线建设人开始在报纸刊物上讲述攀枝花三线建设的故事。目前,国内能查到最早的连续讲述攀枝花三线建设这段历史故事的报刊资料是《攀枝花通讯》,它从1973年9月起发行,四开四版,五天出一期。这个刊物第一版右上角显眼的位置是"毛主席语录"栏目,背诵毛主席语录是当时的政治潮流,也是三线建设人共同的历史记忆。

国家行为。这里的"国家"包含"国"和"家"两个层面的含义。从"国"这个层面上讲,攀枝花由于其独特的钒钛磁铁矿等自然资源的优势以及险要的地理位置,被国家确定为三线建设的重点地区。国家第一代领导人毛泽东、刘少奇等同志非常关心攀枝花的发展,"据不完全统计,毛泽东曾在不同场合21次提到三线建设和攀枝花建设,其中明确提到攀枝花就达6次"[①]。刘少奇也强调,三线建设,摆在第一位的是攀枝花,而不是酒泉[②]。从国家领导人的表述可见,攀枝花在三线建设中的战略地位之重要性。从"家"的层面上讲,攀枝花城区是由一个个小"家"组成的移民城市。

通过查阅《攀枝花通讯》创始的两年资料,不难发现,攀枝花三线建设在1973年的主要任务是"节煤节电,夺铁保钢"。为了完成这一经济上的目标任务,中共渡口市委和市革委于1973年10月9日还召开了万人誓师大会。1973年10月11日出版的《攀枝花通讯》(第5期)第一版《深入贯彻十大精神坚决完成和超额完成今年的钢铁计划——我市召开夺煤节电保铁保钢万人誓师大会》上,详细记述了誓师大会盛况。1973年批林批孔的政治背景也可以在这份报纸上反映出来。

"计划经济"的体制是70年代的经济形态,从《攀枝花通讯》报道的事件中可以窥探计划经济时代的影子。以1973年11月16日当天出版的报纸(第12期)为例,前两版总共有五篇文章分别是:《忆苦思甜深入批林》《十九冶提前两月完成年度计划》《一批厂矿提前完成年计划》《小宝鼎矿职工决心提前完成全年生产任务》《自力更生结硕果》除了第一篇是政治教育活动外,其余四篇新闻报道的主题都与生产和计划有关。

---

① 宁志一:《论开发建设攀枝花战略决策的形成》,《当代中国史研究》2001年第3期。

② 刘少奇:《继续控制基本建设,着手搞西南三线》,《党的文献》1996年第3期。

三、文化认同与身份表述

文化认同通过行为主体表述的方式体现,不同角度的表述映衬着不同的文化身份。当代人类学领域的著名学者徐新建教授指出,"表述问题在身份权力、身份话语和身份政治后面的存在与作用,在很大程度上说,甚至是更为基本和核心的。……身份是潜在的,表述使之成为可能。如果不关心表述问题,我们不可能去理解和阐释身份问题。由此我们可以看到两者关系的重要"①。从国家层面的三线建设文化认同角度分析,三线建设为后来的西部大开发战略、振兴老工业基地计划等政策提供了重要的物质技术基层,也提供了宝贵的精神财富②。

三线建设者作为一个特殊的群体,有着共同的记忆和表述方式。例如,直到现在攀枝花还延续着特殊人才引进政策,这个政策不是一项新政策,它的源头可以追溯至三线建设时期的人才引进。20世纪60年代起,在政策的号召和驱使下,由东北、上海、成都、重庆、河南等地组成的人才队伍浩浩荡荡驶入不毛之地——攀枝花,开始了三线建设的漫漫长征路。部分人才在攀枝花成家立业,才有了如今的攀枝花移民二代、移民三代,甚至移民四代都出现了。当时优惠的人才政策和工资体系,由于涉密,这里不再详述。当时的人才引进作为实验性的政策为攀枝花人才政策的制定提供了良好的基因和范本。

共同的文化认同。三线建设人的文化认同主要受毛主席语录的影响。1973年12月26日出版的第20期《攀枝花通讯》第一版有这样一篇评论文章——《毛主席建设攀枝花指示的胜利——热烈祝贺我市钢铁生产提前完成年计划》,其中记述了毛主席的指示和教导,"毛主席教导我们,三线建设要抓紧,就是同帝国主义争时间,同修正主义争时间。号召我们要抢时间,争速度,攀枝花建设要快,但不要潦草"。70年代在攀枝花出版的每一期的报纸上都必须有毛主席语录,上面例子只是随意翻开当年的报纸所摘录的句子。

机构是三线建设时期"身份"的缩影,不论其中的企业单位,还是政府机构、事业单位,其中的工作人员都被称为"国家干部"。企业与指挥部是攀枝花

---

① 徐新建:《表述与被表述——多民族文学的视野与目标》,《民族文学研究》2011年第2期。
② 王卫方:《三线建设与西部开发刍议》,《江西社会科学》2001年第7期。

三线建设的经济组织机构。1973年,攀枝花三线建设的企业集团主要有攀枝花钢铁公司、攀枝花冶金矿山公司、十九冶金建设公司、渡口水泥厂,指挥部主要有煤炭指挥部、电力指挥部、交通指挥部、建工指挥部、林业指挥部,唯一的经济研究院是攀枝花钢铁研究院,行政局机关主要有工业局、商业局、手管局(下属有劳保用品厂)、粮食局、邮电局、物资局、公安局、文化局、卫生局等。

身份问题的政治基础是什么?有学者论述了欧美社会20世纪60年代民权运动的背景,得出以下观点:"文化身份的政治基础是差异性之合法性,而其研究的基础则是知识学清理之后的理论话语形态。"①三线建设的合法性毋庸置疑,国家领导人以及很多学者都给予了很高的评价。江泽民同志是三线建设政策调整后的国家领导人,他给予三线建设"完全"正确的评价,并且延续发展了这一政策。随着"一五"计划的实施,工业布局初步展开,大大促进了内地经济的发展。1952年内地投资占全国投资总额39.3%,沿海地区占43.4%;到1957年内地上升为49.7%,沿海地区下降为41.6%②。一组数据证明了三线建设带来的经济效益。虽然有一些学者明确指出了三线建设存在的种种失误之处,但三线建设的战略方向的选择是合乎情理的,这从侧面也透露出了学者话语权力与话语形态的式微。

从国家层面的身份表述分析,三线建设在国内是国家在"文革"那个特殊年代的形象呈现,是"中国经济发展史上一次规模空前的区域性重大战略举措"③;在国际上是两大阵营"冷战"环境中的一次身份展示,是应对中苏关系交恶的一种战略行为。不论在国内还是在国外,三线建设这段历史体现了社会主义国家可以集中力量办大事的优越性,也即国家身份和地位的优越感。以攀枝花为例,"攀枝花的开发和攀钢的建设是采用特殊的政策,用特殊的管理体制和特殊的方法进行的。它在政策、体制和方法上的特殊性,就在于采取了由中共中央、国务院直接指挥的、高度集中的体制和方法"④。这种特殊性既是国家身份的表述,也是国家行为在国家身份上的印记。

---

① 王晓路:《人文学术研究中的文化身份》,何成洲《跨学科视野下的文化身份认同》,北京大学出版社2011年版。
② 薄一波:《若干重大决策与事件的回顾(修订本)(上卷)》,人民出版社1997年版,第306—308页。
③ 向东:《20世纪六七十年代攀枝花地区三线建设述论》,四川师范大学硕士学位论文,2010年。
④ 宁志一:《论开发建设攀枝花战略决策的形成》,《当代中国史研究》2001年第3期。

综上，从文化人类学角度解读三线建设，可以更深刻地理解其文化内涵。三线建设的过程中，"国"与"家"交织书写着不同的身份内涵；从人类学族群理论切入"三线建设者"这一特殊群体，更能理解参与者的身份认同与文化意蕴；三线建设者在参与，在叙事，在书写着那个时代的历史，在讲述着他们的身份。

（本文作者：王广瑞，攀枝花市图书馆助理馆员，硕士）

"我们"与"他们":三线人的自我认同与群体区隔*

郭 旭 刘 博

三线建设是当代中国开展的大规模建设运动,打赢了"关系国家安全和民族利益的重大斗争","并取得了开发西部的重大经济成就"①。近年来,三线建设研究受到学界关注,对三线建设相关问题,学者们从不同角度进行阐释,取得了丰硕的成果②。从现有研究成果看,已经有学者将研究视域从宏大的历史叙事拓展至三线建设的微观领域,以往被宏大历史叙事所遮蔽的普通三线建设者,逐渐进入研究者的视野。探索"三线人"这一身份标识和身份认同的形成,是窥视三线建设多元历史面相的路径之一。三线人身份认同的形成,与三线建设的阶段性历史进程紧密相连③。张勇注意到,三线人地域身份认同存在着差异,但群体身份认同则表现出了高度的同一性④。部分研究还发现三线人群体内部形成了"家属工"⑤、"二代三线人"⑥等身份的认同分化。现有研究虽

---

* 本文系国家社科基金重大项目"'小三线'建设资料整理与研究"(项目编号:13&ZD097)。原载《宁夏社会科学》2020年第2期。
① 徐有威、陈东林:《在等待战争来临的岁月中 三线建设的今生前世》,《国家人文历史》2014年第18期。
② 徐有威、周升起:《近五年来三线建设研究述评》,《开放时代》2018年第2期。
③ 王玥:《第一代"三线人"身份认同研究——以C市Q厂为例》,长春工业大学硕士学位论文,2016年。
④ 张勇:《三线建设移民的内迁、去留与身份认同——以重庆地区移民为重点》,《贵州社会科学》2019年第12期。
⑤ 吴海琳、刘思瑶:《单位制度变迁中身份认同的社会建构——以S厂"三线家属工"为例》,《人文杂志》2019年第2期。
⑥ 林楠、张勇:《三线建设移民二代地域身份认同研究——以重庆K厂为例》,《地方文化研究》2018年第2期。

从不同侧面触及了三线人的身份认同问题,但仍有值得拓展的学术空间。厘清三线人自我身份认同的形成和建构,对于理解三线人在大历史背景下的生存样态具有重要的意义。笔者主要依据口述史料和现有资料,回看三线建设的复杂历史现场,以三线建设者口述生命史为中心,追寻特定历史情境下三线人对自我身份的心理感知,探寻三线人这一身份认同的建构基础和形成过程。并力求将以往被宏大历史叙事所遮蔽的鲜活个体,重新放置到三线建设发展的历史现场,展现三线建设历史叙事的多元性,为三线建设研究提供文本资料以外的深刻记忆。

一、"我们":三线人自我身份的建构

(一)身份认同的概念谱系

"我们"这一概念,是人们对自身所处群体和环境的自我体认,是在心理和制度共同角力下的社会建构。身份认同的词源为拉丁文"idem",表达相同和同一之意。但以英文"identity"一词为学界公认,其含义也拓展到表达差异化的认同和身份。由此,这一词开始用以阐释个体与他人或其他群体的相异,凸显个体在社会网络中的位置,将自己与所属群体的价值观念或者特定社会价值观念的认同联结起来[1]。认同或身份认同的概念形成后,被引入哲学研究领域,经历了以主体确认为表征、以社会关系为中心和后现代视域下去中心化的身份认同三个发展阶段[2]。而心理学则从个体认知出发来加以界定,认为身份认同"是自我概念的组成部分,它源自于个人的社会群体成员身份,以及与此身份相关的价值观和情感"[3]。如 Gordon Allport 对个人在心理层面如何生成自我概念的阐释,米德对自我的"主体"和"客体"区分的研究,Rachel Kaiser 将心理认同扩展到对性别和种族的界定,都是心理学界具有代表性的观点[4]。社会学则将身份认同视为衡量个体融入主流社会文化的程度表征,认同的形

---

[1] 陈新汉:《哲学视域中的认同意蕴新思考》,《湖南师范大学社会科学学报》2014年第3期。

[2] 陶家俊:《身份认同导论》,《外国文学》2004年第2期。

[3] S. E. 泰勒、L. A. 佩普劳、D. O. 希尔斯:《社会心理学(第10版)》,谢晓非等译,北京大学出版社2004年版,第106页。

[4] Rachel K. Fixing identity by denying uniqueness: An analysis of professional identity in medicine[J]. Journal of Medical Humanities, 2002(23): 95-105.

成主要受制于社会制度和环境,且是在持续的社会变迁中不断建构的。因此,笔者所言的身份认同,不仅表现为个体对社会身份的主观认定,即个人"对自我特性的一致性认可"①,也是个体对其群体资格和范畴资格的认知评价、情感体验和价值承诺。"个体通过社会分类和类化机制把群体分为内群体和外群体,通过自我归类将自己归于某一群体,将该群体的特征赋予自身,内化其价值观念,接受其行为规范"②。身份认同的社会建构,主要在通过社会类化和比较、文化观念和行为模式、价值理念和生活方式等结构性要素加以区隔中形成。

影响个体身份认同的因素,既有个体自身对群体身份的心理感知,也受制于社会历史进程和个体与环境之间的互动,是一个不断建构的复杂进程。以往对身份认同的研究,多以业缘、地缘、亲缘和社会经济状况为依据,进行身份的分类和群体的归类,忽略了动态社会历史进程对个体身份认同的形塑。三线建设者这一深受社会、地域、历史和组织交互影响的社会群体,其自我认同的形成和变迁,体现了一定程度的独特性和复杂性。

(二)"我们"的形成:三线人身份的生成与实践的共同体

三线建设者是一个复杂的群体,他们来自不同地域和不同行业系统。比如宁夏三线建设,随着一批三线建设项目的迁入和落地,原单位大量职工及其家属随之迁来,其中有鞍钢钢丝绳厂、天津钢厂、本溪耐火材料厂迁建的石嘴山金属制品厂(54厂),搬迁职工3 400人;辽宁省瓦房店轴承厂迁平罗大水沟建立的西北轴承厂,搬迁职工3 779人;北京仪器厂迁建的青山实验机厂,搬迁职工256人③。在三线建设的带动下,先后有5万人从东北、北京、天津等地迁入宁夏,使宁夏回族自治区每7个非农业人口中就有一位三线移民,银川市每8人中就有1人是三线移民④。又比如重庆,仅1964年到1966年间,隶属于冶金部、煤炭部等15部所属企业的内迁职工46 194人,其中北京、上海、辽宁、

---

① Tafel. H, Turner J C. The social identity theory of intergroup behavior. In[M]. Worchel S, Austin W(eds), Psychology of Intergroup Relations. Chicago:Nelson Hall, 1986:7-24.
② 郭星华、邢朝国:《高学历青年流动人口的社会认同状况及影响因素分析:以北京市为例》,《中州学刊》2009年第6期。
③ 周明长:《三线建设与宁夏城市化》,《宁夏社会科学》2018年第3期。
④ 袁世超、马万利:《迁移、发展与融合:宁夏三线建设历史考察》,《宁夏社会科学》2019年第5期。

广东等地区内迁重庆常住职工 22 002 人①。三线建设者来自祖国较为发达的省市,在迁入三线地区之前分属于不同行业不同系统,迁入三线地区后一些企业变为由几个企业合并组成。三线企业在发展过程中,因工作需要也逐渐招收当地居民或退伍军人进入企业,这些人也成为三线建设者的一部分。

来自不同地区、不同行业、不同行政管理系统的三线建设者,是如何构建起"三线人"这一共同身份认同的呢? 在三线建设者的回忆和口述中,多使用"三线人"这一称呼,并在叙述的时候不断强调"我们"三线人这一集体身份。追随三线人的口述和回忆资料,能够清晰地看到三线建设者不断构建"我们"三线人这一身份认同。对于历史研究尤其是当代史研究来讲,口述史料是不可或缺的资料来源,在研究中引入口述史的视角和方法,能够改变传统研究视角,提供新的历史证据,弥补现有研究中资料的不足或缺陷。将个体经历放置于国家、地方和集体的历史发展脉络之中时,更能凸显个体经历的历史意义②。因三线建设的特殊性,一些研究领域"处于处女地状态",口述史充当着"不可替代的角色"③。随着三线建设研究的深入开展,研究深度和口述史料发掘取得了很大进展。除了学者,政府相关部门、三线企业、三线建设亲历者甚至部分社会公众,不断参与到三线建设历史书写中来,产生了大量有价值的回忆录和口述史料④。

"好人好马上三线"这一大家耳熟能详的口号,颇能说明三线建设者的共同来源。虽然不乏需要经过思想动员和政治动员,才接受内迁安排的干部职工⑤。但总体上看,参加三线建设的干部职工和知识分子,无论地域和所属行业系统,在动员中都要经过层层挑选,进行严格的政治背景审查。大家怀抱着参与建设祖国美好明天的荣誉感、自豪感和激情,投身三线建设。四川省攀枝花市原市委书记秦万祥,就是三线建设者中的一员。在几十年后,他仍能清楚

---

① 王毅、万黎明:《三线建设时期重庆地区内迁职工社会生活问题探析》,《当代中国史研究》2019 年第 1 期。
② 李玉:《口述史研究为国史研究提供新方法》,《中国社会科学报》2013 年 9 月 30 日。
③ 徐有威:《口述史和中国当代军事史研究——以上海小三线建设为例》,《军事历史研究》2012 年第 1 期。
④ 张勇:《历史书写与公众参与——以三线建设为中心的考察》,《东南学术》2018 年 2 期。
⑤ 陈熙、徐有威:《落地不生根:上海皖南小三线人口迁移研究》,《史学月刊》2016 年第 2 期。

记得当年在请战书上所写的话:"亲爱的党啊!请你相信我吧!让我到大西南去滚一身泥巴,炼一颗红心!"①政治可靠、技术过硬、作风优良、思想进步,既是三线人得以参与三线建设的共同前提,也是在工作和生活过程中形成集体认同的重要渊源之一。

三线建设者往往强调自己是经过层层挑选、自愿参与建设的,是共产党和毛主席"最信得过的",从而在身份源头和思想源头上找寻共同的基础。一位参与三线建设的亲历者回忆说,三线建设的劳动条件和生活条件都十分艰苦,但大家没有一句怨言。参与三线建设"是经过公社、大队、小队认真挑选的,是毛主席、共产党最信得过的农村基干民兵,是为反帝、反修、巩固保卫社会主义建设自觉自愿的,不是逼迫的"②。简短的话语,道出了关键的信息:能够通过层层挑选,表明其政治身份可靠;参与三线建设是自愿的,在实践中更容易认同新的身份;理想是崇高的,是为了社会主义建设事业。这也是三线人能够在实践中迅速认同新的身份的思想基础。

在工作中只讲奉献精神,也是三线建设者的共同精神财富。一位支援安徽小三线建设的亲历者说道:"那时人的思想觉悟确实非常高,学习大庆精神,'有条件要上,没有条件创造条件也要上'。我们也是这样,什么都是自己干。"③厂区内需要修路,大家自己动手;建筑材料需要到码头的船上装卸,大家一起去装车和卸载。老职工和干部的思想觉悟都比较高,厂长经常深入一线与工人们一起劳动,更加激发了大家的奉献精神。类似的情节,在三线建设者的话语言说中并不是孤例,几乎所有参与三线建设的人在回忆起当时的劳作时,都强调奉献精神,这是时代精神的反映,也是形成自我认同的一个重要基础。

共同的经历,则是三线建设者构建身份认同的实践基础。大部分三线企业坐落在大山深处,交通不便,区位条件差,生活艰苦。以饮食为例,一位到六盘水参加三线建设的老人回忆,吃的十分稀缺,顿顿"萝卜烩萝卜",很少吃上

---

① 刘洪浩导演:《大三线(第一集"决策内幕")》,中央新影集团:http://www.cndfilm.com/special/dsx/01/.

② 吴荣棠:《参加修建鸦官铁路往事片断回忆》,湖北省政协文史和学习委员会编:《湖北文史》2015年第1辑,中国文史出版社2015年版,第145页。

③ 王均行、吴静:《口述历史:上海小三线建设在安徽(下):"上海佬"种"五七"田:原上海金星化工厂团委副书记王均行访谈录》,《党史纵览》2014年第3期。

肉。有时候为了缓解饥饿的感觉，只能兑酱油水来喝①。在贵州大山深处的三线企业，生活用品匮乏，想要吃糖都只能托人到北京、上海这样的大城市去捎②。襄渝铁路建设工地上，每天需要很多战士专门负责扛运食物，才能解决大家的饮食生活。每个月定量供应45斤粮食，其中4成高粱米、包谷面，困难的时候只有地瓜干。没有新鲜蔬菜，常年吃供应部队的压缩菜③。有时吃到的冻肉，因储藏时间过长而没有一点肉味④。可以说，在三线建设者的言说中，"苦"是"饮食生活最集中的记忆和表达"⑤。正是有着这样共同的生活经历，尤其是让三线建设者们记忆深刻的"苦"，构成了三线建设者身份认同的基础。

较为封闭的空间地域，是三线建设者迅速构建身份认同的关键。位于重庆市涪陵区的核军工816厂，顶峰时会聚了约6万人。因为企业的特殊性和保密的需要，这里与世隔绝，崇山阻隔了816厂与外界的沟通和交流，也阻隔了816厂人的思维以及与外界的关联。816厂"有自己的医院、公安局、学校，甚至邮局……后勤保障系统一应俱全"，816厂人普遍具有"山沟意识"、"峡谷意识"，以及"中央直属企业"、"核工业部"的优越感⑥。封闭的环境，容易让人们形成共同的意识。在三线厂矿，医院、公安局、学校一应俱全，俨然一个小社会，几乎没有与外界联系的必要。既封闭又完善，是三线厂的共同特征⑦。现实环境的封闭与强烈的自我认同，两者相互促进，成为三线建设者的一个典型特征。因此，时过境迁之后，三线建设者往往容易产生新的身份焦虑，这是另外待探讨的问题。

通过第一代三线人的自我叙述，可以发现"我们"三线人这一群体认同在投入三线建设之初便已开始形成。在国家动员和举国体制背景下，三线人摆脱了传统中国乡土社会所限定的地域、亲缘、业缘界限，迅速打破了以往所依赖的"小共同体"认同，形成了跨越性别、地域和原所属单位的三线建设者的身

---

① 徐海星：《回忆激情燃烧的岁月》，《当代贵州》2015年第21期。
② 东西：《远去的岁月——一位三线建设工人子弟的回忆》，《晚晴》2015年第2期。
③ 薛晓光、石朝阳：《襄渝线上当学兵》，《金秋》2007年第7期。
④ 龚皓：《四十年前我参加"三线"建设》，《武汉文史资料》2010年第1期。
⑤ 郭旭：《社会生活史视角下的三线建设研究：以饮食为中心》，贵州社会科学2017年第5期。
⑥ 冉政权、冉启蕾：《和着泪蜕茧——核军工816厂的三个18年》，《红岩春秋》2010年第1期。
⑦ 刘炎迅：《三线人的青春与暮年》，《中国新闻周刊》2012年第14期。

份认同。"我们"三线人身份认同的形成,虽受制于国家发展战略下的制度性动员,但更重要的是在三线建设的历史实践中形成的。正是在三线建设中艰苦的工作与生活经历,使三线人逐步在感情上走向了同一化。"我们"三线人作为共同的身份标识,并非如安德森所言的以民族国家认同为基础的"想象的共同体"①,而是超越民族、地域、职业和社会身份的实践的共同体。这一实践的基础就是三线建设的集体劳动和共同生活,并以此为基础而建构起的稳定的身份认同。

二、"我们"与他们:不对称的观感与区隔

(一)"内卷"的"我们":日常生活的自我感知

"我们"三线人的身份建构,内化于三线建设的劳动实践和生活过程。同时,三线建设使命的崇高感和意识形态上的神圣性,保证了三线建设政治动员和生产动员的有效开展。自 20 世纪 60 年代中后期一直持续到 80 年代中期,将近 20 年的时光不仅是三线建设的鼎盛时期,也是三线人群体身份自我强化和固化发展的时期。借助于三线社会内部的福利制度、工资制度、奖惩制度、子女接班制度等制度性安排,形成了闭合且"内卷化"的三线身份认同的自我循环体系②。在三线人看来,"我们"是一个独特的群体,或者是因为来自共同的地域,如皖南小三线企业,其领导及员工多数来自上海;或因在工作中的共同经历,形成了强烈的"我们"的认同。在日常生活中,三线人与当地人也有巨大的区别,这不只是一种来源地和工作上的优越感,更来自日常生活和消费中造成的种种区隔。较之"落后的"、毫无技术性可言的当地人,三线人拥有太多足以自豪的优越感。安徽皖南小三线职工的日常用品,都来自上海,在诸如自行车等高档消费品的配额上,小三线甚至享有比上海更为优越的选择权③。

在自成一体的三线厂矿内,设在厂里的小卖部能买到各种日常生活用品。通过小卖部,还能买到一些货源供应不足的商品。在安徽小三线(上海迁建),有上海商业部门以超过上海市区的标准保障供应生活用品。在商品消费和选

---

① 本尼迪克特·安德森:《想象的共同体:民族主义的起源与散布》,吴叡人译,上海人民出版社 2016 年版,第 6 页。
② 田毅鹏、吕方:《"单位共同体"的变迁与城市社区重建》,中央编译出版社 2014 年版,第 14 页。
③ 崔海霞、徐有威:《小三线:生活在皖南的上海人》,《档案春秋》2013 年第 9 期。

择上,小三线职工较之上海市居民,都有着优先权和优越感,更不用说是与十分"落后"的企业所在地区民众相比。"当我们在消费物品的时候,我们就是在消费符号,同时在这个过程中将自己与其他类型的人相区别,从而界定我们自己",消费行为实质上是"进行'意义'建构、趣味区分、文化分类和社会关系再生产的过程"①。正是在日常消费的过程中,三线人逐渐建立起了颇有优越感的自我认同。

对于多出来的配额,小三线职工也并不会浪费掉。小三线人看到了以物易物的机会,为这些多出的物品找到了出路,将之与当地农民进行交换。如小三线企业并不需要化肥,审批下来后就在当地换大闸蟹之类的食物。又比如肥皂,上海生产的要比安徽当地的好,一块上海肥皂可以在当地换得20个鸡蛋。糖、肥皂等当地供应紧张的商品,常被用来换取芝麻、花生等土特产品。三线人与当地人之间的这种物物交换形式一直存在,成为一种独特的现象。在三线人看来,当地的物价水平极低。"这样的生活,如果不是发生在皖南山区,就和上海人是一样的",以至安徽当地人觉得小三线就是"小上海"②。正是在日常生活和消费中与当地人之间的巨大差异,让三线人在感受三线建设无比艰苦的同时,发现了自身所具有的优越之处。

(二)"优越"的"我们":群体区隔的形成

三线人在不断"内卷"的同时,在日常生活中通过对当地人生活样态的观察与对比,进一步强化了身份优越感和认同区隔感。在日常生活呈现的过程中,更加强化了群体内部的身份认同。这样的区隔在日常消费领域表现得十分明显,如在商品选择上,三线人较之当地人拥有更多的选择权和优先权。又比如商品交换过程中,三线人所拥有的商品,与当地人所能提供者相较,形成一种不等价的交换,从而在经济上也造成了三线人与当地人的强烈反差。在具体的消费中,电影等都市文化是三线人经常消费的日常文化事项,而对当地人来讲,则是遥不可及的新鲜事物。通过日常消费的对比和反差,加强了三线人作为一个整体的认同和优越感。如一位亲历者观察到,当地文化生活贫乏,小三线企业却能够放映电影,基本每周放映一到两次,"上海放什么电影,我们

---

① 李韦韦:《消费社会中的符号消费与身份认同》,《湖北经济学院学报(人文社会科学版)》2008年第1期。

② 崔海霞、徐有威:《小三线:生活在皖南的上海人》,《档案春秋》2013年第9期。

三线厂就放什么,上海能放,我们也就能放"①。虽然处于安徽皖南较为落后的地方,但小三线所享有的文化生活与上海完全一致。

由于三线建设单位享有较为优越的政治经济条件和生活保障资源,因而三线人与当地人在物质生活和精神生活资源上存在巨大差异,强化了三线人"我们"这一特定身份认同。同时,三线企业多坐落在较为闭塞的山区,为了给职工和家属提供必要的社会服务,往往都具备全面的"企业办社会"职能②。这种闭锁的"单位空间",进一步明确和限定了三线单位内部群体的空间边界,三线人在共同体生活和意识两个方面与当地人迥异,加上单位体制的刚性隔绝和二元户籍制度下的身份区隔,使得三线人和当地人产生迥然不同的生活模式和思想观念,从而影响两大群体之间的观感与区隔。由于双方的行动空间存在边界,在极端情况下甚至会造成冲突,如据一位老三线人回忆,征用当地农村土地后,三线厂一般都用铁丝网围起来,外人不让进出,而当地人常常需要穿过厂区去种地砍柴,由此而造成的冲突不在少数。"大的矛盾没有,小的矛盾还是有的"③。这种矛盾也再次在实践中强化了彼此的群体区隔,强化了三线人"我们"的观念。

在群体区隔的背景下,为了处理好三线单位与地方之间的关系,三线企业除了偶尔赠送一些当地人所需的物品之外,也强调工作纪律和为民众服务,从而维护三线人的良好形象。一位民兵回忆起战友时说,当时住在农户家中,"给住户正常生活带来许多不便"。为了搞好与农户之间的关系,给住户留下良好的印象,排长在每天下工之余,不顾劳累,"还为住户打扫院落、担水、劈柴、挽草把子,与住户家老奶奶拉家常,问寒问暖"④。

三线人优越的自我认同,是群体内部自我建构起来的心理概念,并在与当地人群体身份认同转化过程中被进一步强化。一些进入三线企业工作的地方青年,也往往迅速在生活模式、主观认同甚至文化理念上抛弃原有的自我认

---

① 王志平、吴静、顾雅俊:《"厂长握着我的手,哭了":原上海工农器材厂安徽征地工王志平访谈录》,《党史纵览》2014年第3期。
② 李汉林:《中国单位社会:议论、思考与研究》,中国社会科学出版社2014年版,第9页。
③ 王均行、吴静:《口述历史:上海小三线建设在安徽(下):"上海佬"种"五七"田:原上海金星化工厂团委副书记王均行访谈录》,《党史纵览》2014年第3期。
④ 吴荣棠:《参加修建鸦官铁路往事片断回忆》,湖北省政协文史和学习委员会编:《湖北文史》2015年第1辑,中国文史出版社2015年版,第148页。

同,转而建立"我们"三线人的共同心理归属,这也是较为普遍的现象。原上海工农器材厂安徽征地工王志平的个案便较为典型。王志平是安徽当地人,但在进入三线厂后,与厂里的"上海人"相处融洽,工作做得也很好。王志平着重强调"厂里都是上海人,师傅和同事都是上海人",自己"和上海师傅关系好,从来不吵架",而其无线电技术也是"上海师傅教的,学起来也不吃力"①。在他的言说中,能够感受到三线人对"外地人"群体的强烈影响。厂里都是上海人,已经在共同地域来源的基础上形成了一个紧密的社会群体。上海人是拥有技术和传授技术的技能的,是远远高于当地人的。他着重强调和上海师傅"从不吵架",相处得很好,表明当地人是可以融入三线人这个外来群体的。王志平在进入小三线企业后,迅速地认同了其三线人的身份。

三、"他们":优越的外来者

(一)优越的外来者:他者眼中的三线人

三线建设项目的调查、规划、组织、设计和施工,乃至建成之后的正常运转,都会在土地征用、劳动力补充、建筑材料使用、思想意识、生活补给等方面与企业所在地发生种种联系②。正是因为三线企业与所在地发生的诸多联系,为理解和观察三线人这一群体提供了另一个崭新的视角。

根据三线项目"靠山、分散、隐蔽、进洞"的要求,三线企业所在的地域多是环境较为艰苦、生活极为不便的地方,而三线人迁出地域多为城市,消费水平和生活水平要远高于迁入地。三线人脱离了原先熟悉的生产和生活环境,来到一个完全陌生的地方,在三线人的自我言说中,生活和工作的条件都是十分艰苦的,给人留下的总体印象,就是物质生活上极端匮乏,精神生活上也很难讲得上富足。但若将观照的视角转换,用当地人的视角来看三线人的生活,则是另一番图景。

1966年出生于小三线建设集中地安徽祁门的徐国利教授,其回忆和观感颇具典型性。根据徐教授的观察,祁门人大致可分为当地农民、政府部门和企

---

① 王志平、吴静、顾雅俊:《"厂长握着我的手,哭了":原上海工农器材厂安徽征地工王志平访谈录》,《党史纵览》2014年第3期。
② 崔一楠、赵洋:《嵌入与互助:三线建设中工农关系的微观审视》,《华南农业大学学报(社会科学版)》2016年第1期。

事业单位的干部和工人、三线厂的上海人三个"等级"。"三线厂的上海人"是"县里真正的上等人",吃得好穿得好,"在我们当地人看来,上海人过的简直是天仙般的日子"。上海的办事处,为三线厂源源不断购运食品和生活用品。三线人的文娱生活,也是小县城居民平常享受不到的。"每逢放映好看的电影,县城就像过盛大的节日",而三线人不仅能够经常看,"还能看最好和最新的影片",徐国利教授观察到,三线人"在当地居民面前普遍有一种优越感"①。甚至觉得,小三线厂的上海人,是生活在另外一个世界的人。

在徐国利教授的观察中,无论是生活习惯还是各种物品的消费权力,三线人与当地人有着重大的区别。在日常消费中,这样的区隔很容易造成群体内部的认同,形成各自不同的观感。实际上,有着如此观察的,并非只有徐国利教授眼中的小三线地区,曾在贵州黔东南凯里有过十余年生活经历的葛兆光教授也有类似观感。葛教授观察到,"本地和外地的认同感始终是泾渭分明",随厂内迁来的三线人抱持着"城市人对本地人的无端傲慢","外地人渐渐熟悉了这个民风强悍的山城,而本地人也看惯了这些自居自傲的外地人"②。葛兆光教授进而观察到,这些随厂迁来的"外地人","常常就是一种很自豪很得意的样子,是以一种有文化的、承担着毛主席交代的特殊使命的骄傲的外来人姿态,俯视本地人的"③。或反映了无论是小三线还是大三线地区,都有着相似的群体区隔,尤其是优越的外来者和当地人之间,可谓是泾渭分明。

(二)"认同"的张力:在地三线人的身份观感

三线建设严格执行"靠山、分散、隐蔽、进洞"的选址方针,三线企业迁入地在自然条件、文化水平、经济发展等方面都与其迁出地之间存在巨大落差。在当地人看来,发达地区迁移来的三线人在技术文化和生活方式上,代表的是某种意义上的"先进性",表现为一种"高势能"的文化输出。即便是进入三线企业的当地人,也不断以身份化视角反观三线人与当地人之间的身份区隔。

在小三线地区,进入三线厂的当地人,在观察和体认的过程中,逐渐认同于三线人的身份。1967 年高中毕业后进入淮河化工厂的江苏盱眙人何立本,在回忆起三线职工与周边农民生活水平差距时说道:"这是不能比的,当时我

---

① 徐国利:《我记忆中的皖南上海小三线》,《世纪》2013 年第 6 期。
② 葛兆光:《非青非红》,《贵阳文史》2009 年第 5 期。
③ 葛兆光:《我们这一代人——葛兆光教授访谈》,《书城》2009 年第 4 期。

们的工资待遇在盱眙来说是最高的,盱眙县的一般小干部和企事业单位职工的待遇都比不过我们厂。我们厂职工的生活水平是周边居民比不了的,我们的物资是保证供应的,粮油不用担心。穿的方面,我们不仅有布票,厂里面还会发两套工作服。当时工人不像现在,有工作服就不错了。我家就在附近,当时我穿工作服回家是很吸引眼球的,比穿一套新中山装还要洋气。"①何立本是通过招工进入三线企业的当地人,是介于纯粹的三线人和当地人之间的一个亚群体,他实现了从当地人到三线人这一身份的转变。1970年退伍后进入淮河化工厂的李坤余,印证了何立本的说法。他说进厂后"感觉非常好,在乡下没见过这样的世面。我能进入这个厂心里非常高兴,过上了城市人的生活"②。1975年进入上海小三线红星化工厂的安徽东至人王金忠意识到,进厂后人们的生活和交往的圈子"与没有进厂的老百姓是两个样子"。三线厂和三线人到了当地后,"我们这里发生翻天覆地的变化,给我们的生活带来了改善,我们这里农民的收入也变得很高"③。表面上看,进入三线厂拥有一份工作,带来了生活方式和生活条件的变化,更深层次的影响则是身份归属和心理归属的变化。通过进厂前后的对比,进入小三线厂的当地人逐渐认同了三线人的身份。

在大三线地区,也存在较多类似的观感。葛兆光教授观察到,一些当地人在经过招工进入三线厂矿之后,也迅速地建构起了三线人的认同,将自己与原来所属的当地人群体相区隔④。1971年通过招工进入三线企业锦江厂的彭州人杨廷发认为,"上海人来建厂,作为我们来说,还是一个受益者"。进厂后,通过和上海人接触感受到,"我们也增加了见识,毕竟人家是从大城市来的"。在那个特殊的年代,"我们这些地方,肥皂、白糖呀,啥子都莫得,他们从上海带来之后,还可以和农民换鸡蛋,买菜那些就很方便了,让农民多一个生存的渠道"⑤。在杨廷发的认知中,"他们"指的是不折不扣的"上海人"。自己虽然通过招工进入了三线厂,但在潜意识中还是觉得自己与"他们"有着不一样的地方。少年时期生活在宜宾豆坝电厂的蓝勇教授观察到,"他们"(指"东北过来

---

① 徐有威、陈东林:《小三线建设研究论丛(第四辑):后小三线时代与档案资料》,上海大学出版社2018年版,第88页。
② 徐有威、陈东林:《小三线建设研究论丛(第四辑):后小三线时代与档案资料》,上海大学出版社2018年版,第129页。
③ 中共安徽省委党委研究室编:《上海小三线建设在安徽口述实录》,中共党史出版社2018年版,第146—147页。
④ 葛兆光:《非青非红》,《贵阳文史》2009年第5期。
⑤ 张勇:《多维视野中的三线建设亲历者》,上海大学出版社2019年版,第157页。

的那批电力人")在生活和文化上"与本地人有一定的区别"。因东北地区社会经济文化发展水准远超西南,与当地人"在时装、观念这些方面都是有区别的",生活习俗方面"跟本地也不一样"①。这样的观察,实质上已经将部分三线人"他们"的身份点出。但蓝勇教授同时又是三线人的子弟,生于泸州跟随父母进入三线厂,故在他的认同中,既有代表着企业所在地的"我们",某种程度上也成了"他们"(三线人)的一部分。故在蓝勇教授的忆述中,还有"我们企业对当地是有很多正面影响的"、"我们对那些农村同学的影响也很大,我们的衣食住行、行为举止、谈吐等方面的影响都很大"、"当地人和我们厂"之类的表述②。

  曾亲身参与三线建设和调整的汪福琪如是说道:"当地人很简单,就是羡慕小三线的人呀!上海人来这里,工资又高,待遇又好,是羡慕呀!包括当地人在上海小三线厂做工的,我们这里称他们为'土上海佬',大家也都很羡慕他们。"③朴素的话语,完全重现了当地人对三线人的观感。三线人自我构建起的优越感,也传达给了当地人,被当地人所认可,从而更加深了三线人和当地人之间的群体区隔,三线人作为一个整体的"我们"的自我认同,得以完全构建起来,其影响及于数十年之后。在三线人的回忆中,通篇都洋溢着"我们三线人"这样的优越感和认同感。这既是三线人的共同记忆,也是一笔宝贵的精神财富,值得重视和挖掘。

四、结语

  三线人见证了三线建设从全盛到消解的全过程,经历了从计划经济到市场经济的阵痛,以三线人这一光荣的共同身份标识参与共和国激荡的社会历史变革。在三线建设开展的具体历史情境下,三线人这一群体既包括第一代全国各地支援三线建设的人们,也包括在三线建设发展过程中通过招工进入三线系统的当地居民。同样的劳动实践,同一的思想基础和价值逻辑,生产生活中体现的奉献精神,三线建设者都认同于三线人这一共同的群体身份,且伴

---

① 张勇:《多维视野中的三线建设亲历者》,上海大学出版社2019年版,第110页。
② 张勇:《多维视野中的三线建设亲历者》,上海大学出版社2019年版,第113—114页。
③ 中共安徽省委党委研究室编:《上海小三线建设在安徽口述实录》,中共党史出版社2018年版,第170页。

随三线建设的始终。在"我们三线人"认同形成后,这一身份在日常生活中得以固化,资源分配和生活上的优势地位强化了优越的自我认知,在日常生活和观念逻辑中借由"单位社会"的性质,完成了与当地人的身份隔绝。在三线人看来,"我们"是一个整体,有着强烈的自我认同和优越感,当地人则是受"我们"影响及福泽惠及的群体;而在当地人看来,"他们"也确实是一个有着众多优越感的独特群体。站在三线人的角度,以当地人为参照,借由当地人的观照视角,完善了"我们三线人"与当地人之间的群体区隔研究。明了三线人身份认同的建构历程及其所隐含的逻辑,有助于了解三线建设历史和转型期社会的复杂面相,也为理解三线人群体的所思所想打开了一个窗口。

(本文作者:郭旭,贵州商学院经济学院、贵州商学院特色产业经济研究中心副教授,博士,中国社会科学院·贵州省社会科学院博士后科研工作站在站博士后;刘博,东北林业大学文法学院副教授,博士)

单位制度变迁中身份认同的社会建构
——以 S 厂"三线家属工"为例*

吴海琳　刘思瑶

一、问题的提出

关于 Identity 的翻译有很多种：身份、认同、同一性等，对于认同的研究也有哲学、心理学和社会学的不同取向①。我们偏重认同的社会学分析，强调认同的社会建构过程，将个体认同与身份角色联系起来，认为认同是社会建构的，是社会对于个体身份的形塑被个体主观内化之后的产物②。认同不仅仅是个人心理过程，它是在社会中形成的，因此反映了个人和群体、个人和社会的关系，个体对于自身的认同大多源自于他们所从属的社会群体③。因而，认同变迁是一个具有社会性、过程性的整体实践，身份认同在某种意义上反映了行动者在社会实践中主观认知与客观社会身份相互作用的过程，只不过心理学的研究更偏重于行动者对这一过程的主观界定，而社会学中的社会建构论视角更强调对这种主观界定的社会基础及其发展变化过程进行深入分析。身份认同变迁是主观因素与客观因素双向互构的结果，既需要群体成员对其群体身份的主观认同，更依赖身份群体及之外的客观事实的社会建构。

---

* 本文系国家社会科学基金项目"我国转型期利益分化的社会均衡功能研究"（13CSH025）。原载《人文杂志》2019 年第 2 期，本次转发有删改。

① Nelson Foote, "Identification as the Basis for a Theory of Motivation", *American Sociological Review*, vol. 16, no. 1, 1951, pp. 14 - 21.

② ［美］彼得·伯格、［美］托马斯·克曼：《现实的社会构建》，汪涌译，北京大学出版社 2009 年版，第 142—147 页。

③ Tajfel H. Turner J., *The Social Identity Theory of Inter - group Behavior*, Chicago: Nelson-Hall, 1986, pp. 9 - 19.

影响身份认同的社会因素有很多,以往研究更多将这些社会因素进行静态类型学意义上的划分和比较,如分别考察个体及家庭所处的社会地位,个人所从事的工种和职业类别,个人及群体所处的地理、经济、政治、社会与文化环境等方面,强调这些社会因素对主体身份感知和认同的不同影响及后果比较,我们则强调社会建构论的动态过程视角,探讨独具特色的"家属工"群体在单位制变迁背景下的身份认同变迁过程,探寻不同阶段其身份认同呈现出的不同特质,并揭示建构这种特质的社会力量之间的交互博弈过程。

中国的"三线建设"有其独特的历史背景,20 世纪 60 年代,随着中苏关系的恶化,在对国际局势进行分析之后,毛泽东认为当时战争随时可能一触即发,进入全面备战状态是当务之急,再加上为了调整长期以来我国畸形的工业布局,将大部分重工业迁至内地,因此开展大规模的后方工业建设势在必行,三线建设应运而生[①]。根据"靠山、分散、隐蔽"原则将科研单位、军工等大中型企业搬迁到中西部(大三线)及偏远山区(小三线)。为了满足庞大的建设工程对工人巨大的需求量,有几百万工人、干部、知识分子、解放军官兵和上千万人次民工参与并投入轰轰烈烈的三线建设。在这群"三线人"中有这样一类特殊的群体,她们虽然是女性,但是却用单薄的身躯从事着最脏、最累的工作;她们虽然享受不到正式工人的待遇,但是却有着不亚于正式工人的工作热情,这一在国家自上而下制度安排下第一批以三线工人妻子的身份进入单位的群体被称作第一代"三线家属工",即为我们的调查对象。在三四十年的"家属工"生涯中,她们享受过从"社会人"转变为"单位人"的荣誉感,体验过从城市迁到山区的艰苦生活,品尝过工厂由盛转衰时的人情冷暖,她们为国家建设做出过巨大的贡献,同时也承受了社会变迁所带来的痛苦和迷茫。在后单位时代来临的今天,她们是处在边缘位置的利益受损群体,有深刻的相对剥夺感。这样一类在特殊年代响应国家号召进入单位,在体制改革中重新走向社会的极具中国国情特色的群体,应获得学界和政府相关部门的关注。在"三线企业"这种独特类型的国有企业变迁中,"三线家属工"身份认同研究有利于我们在历史脉络、社会境遇和群体心态中深刻理解单位制度变迁过程的复杂性,关注社会转型中弱势群体的心态和制度保障问题。

与其他单位研究成果相比,有关"家属工"的文献屈指可数。通过翻阅为

---

① 肖敏、孔繁敏:《三线建设的决策、布局和建设:历史考察》,《经济科学》1989 年第 2 期。

数不多的有关"家属工"的文献,我们发现20世纪初,在全面建设小康社会伊始,"家属工"群体才以其穷困潦倒、迷茫无助的身影重新走进人们的视线,数十篇从社会保障角度关注"家属工"的新闻报道和文章相继问世,主要探讨了"家属工"群体养老保险政策实行中所遇到的问题并提出了相应的解决办法,有一定的现实意义,但是这种仅从宏观制度角度对"家属工"的研究缺乏对"家属工"个体生活史和命运史的微观透视,引起了一些学者的质疑:"国家制度背景下产生的家属工→制度不平等损害了这一群体的权益→这一群体的生活状况发生了困难→提出政策性建议,加强社会保障来解决这一群体的困难,这种分析路径缺乏对家属工群体更细微的关怀与分析"①。

在对宏观视角反思的基础上,学者研究逐渐转向从"家属工"个体的日常生活出发,反映社会转型和制度变迁动态过程中她们的真实样貌。其中曲贵卿把目光聚焦在半边户②中的家属工群体上,从日常生活视角把握在为了争取身份利益诉求而进行的抗争行动中"家属工"与其他群体的互动和博弈。虽然从"家属工"本身出发对其身份地位的社会建构进行了动态的把握,与之前的研究相比有了一定突破,但文章主要集中在对制度性依赖与抗争性利益两方面的对比,缺少分析多元社会因素共同建构下"家属工"主体身份感知的内在变化过程分析,对身份认同的社会建构过程缺乏全面、清晰的把握。陶宇指出"读者没有看到个人行动自主性与社会结构制约性两者在日常实践中所体现的互嵌过程",她则以集体记忆为理论视角,从"家属工"的口述记忆出发挖掘在制度演变轨迹中她们的身份实践③。"家属工"群体不仅仅是受外部制度变迁影响下的被动群体,同时也是积极寻求认同和自我实现的主体,因而仅从制度演变来看"家属工"的身份演变忽视了其他社会因素的作用,其身份演变虽然带有很强的制度性色彩,但是在社会变迁的不同时期建构其身份感知与认同的力量并不是单一的,而是多种社会因素交互博弈的力量场,具有很强的独特性和复杂性。

本文主要以S厂中第一批以三线工人妻子身份进入工厂成为第一代"家属工"的女性群体为调查对象,试图通过对深度访谈资料的分析,揭示在社会

---

① 曲贵卿:《半边户中的家属工:一种边际性身份的社会建构与地位抗争——以吉林省A企业生命历程为研究背景》,硕士学位论文,浙江师范大学,2009年,第6页。
② 指一方为农村居民、一方为城镇居民的夫妇。
③ 陶宇、王玥:《"家属工":集体记忆中的制度变迁与身份实践——以Q市H厂为例》《福建论坛(人文社会科学版)》2016年第2期。

变迁过程中她们的身份认同在不同阶段表现出怎样的独特性,并分析建构这种独特性背后的社会因素。选择三线初建时期进厂的"家属工"群体作为考察对象主要是因为:制度上,她们是在国家"三线建设"历史背景下,响应国家自上而下的制度和政策动员跟随三线工人集体走入单位体制的特殊群体;职业归属上,她们具有"类工人"属性,从事辅助生产但劳动强度很大的工作,是"复数单位人"①的组成部分;空间上,她们经历了从贫穷农村②到偏远山区封闭的单位共同体再到繁华城市的物理空间迁移,在这一过程中"家属工"的身份认同过程十分曲折、丰富;时间上,三线建厂时期入厂的"家属工"群体对身份感知的时间更长,在社会变迁的不同阶段都呈现围绕她们生产生活实践而展开的认同建构过程。因此,三线家属工群体身份认同的社会建构过程丰富复杂,包含在特定的制度设置与时空转换中国家、单位、群体和个人之间复杂的互构关系。

本文选取的个案 S 厂,位于东北地区 J 省 J 市,20 世纪 60 年代中期,根据三线建设"靠山隐蔽"的方针,J 省领导选择了多山偏远的 P 镇 J 县建立了一系列的"小三线"军工厂,S 厂就是其中的一个,它创办于 1966 年,主要进行子弹生产,改革开放以来,军工产品的需求量大大减少,S 厂迁至 C 市,面临市场经济的冲击,企业进行了"军转民"的生产转型,但是在经营模式无法创新、管理不善等因素的作用下该厂于 2007 年初宣布破产。S 厂下设 12 个大集体,规模大,代表性强,且 S 厂的生命历程更加完整地呈现了组织变迁背景下"家属工"群体的命运起伏,具有典型性。

二、进入单位:政策给予的身份与想象的共同体

为了响应"五七指示"③的号召,学习大庆油田"家属搞生产"的经验,许多大中型企业开办了大集体,家属工就是厂办大集体的表现形式之一,在这一背

---

① 田毅鹏、许唱:《"单位人"研究的反思和进路》,《天津社会科学》2015 年第 5 期。
② 在访谈中了解到这部分女性大多数都出身于农村,但是关于农村户口的"三线家属工"的比例尚未有官方统计数据。
③ 1966 年 5 月 7 日,毛泽东给林彪写了一封信,这封信后来被称为"五七指示"。在这个指示中,毛泽东要求全国各行各业都要办成一个大学校,学政治,学军事,学文化,又能从事农副业生产,又能办一些中小工厂,生产自己需要的若干产品和与国家等价交换的产品。引自余广人:《读"五七指示"》,《同舟共进》2000 年第 10 期。

景下 S 厂组织职工家属成立"家属创业队"①来从事生产自救和企业辅助性岗位的工作。在"好人好马上三线""备战备荒为人民"等口号的时代感召下,许多"转业兵"和技术工人等从河北、天津、哈尔滨等地来到 J 县,投入 S 厂轰轰烈烈的三线建设,作为三线工人的家属也受到了国家意识形态话语动员和工业生产场面的感染,在国家制度的安排下 S 厂第一批"家属工"就这样应运而生了。

在计划经济时期,"家属工"并没有正式招工手续,也没有连续工龄,她们从事正式工人不愿意干的、又脏又累的工作,与正式职工的工资、福利待遇相差悬殊。还未进厂时"家属工"对于以后的生活还一无所知,但是在中国"出嫁从夫"这一传统观念中身为妻子追随丈夫是理所当然的,尽管穷困偏远的山区一片荒凉,但是只要丈夫在这里,家也就在这里,这对于她们来说就是全部。当时全国还处于全面备战的时期,S 厂作为国有军工厂,它的一切都属于国家机密,家属作为一分子进入单位需要进行严格的政治审查,只有背景"清白"才可以进厂。在单位控制着全部资源的时期通过"家属革命化"②、经过严格筛选从"社会人"成为"单位人",这使她们对"家属工"这一身份充满着感恩。

> (进入三线厂)感受当时也没啥,也算是挺高兴的吧,毕竟这不是吃上供应粮了吗?那前儿户口也都给解决了。(吴女士,69 岁,S-1-B)

在"男耕女织"的传统职业分工观念影响下,各个单位的招工制度带有严重的性别偏向,男性通过招工进入单位工作成为家庭中的主要生计来源,而女性则是承担全部家务劳动。在那个穷困艰苦的年代,身为一名女性能够从传统的村落共同体中解放进入工厂参加工作,为家庭分担一部分经济负担,这本身就有着很不平凡的意义。

> 家里面姊妹多,我排第三呢。家里贼困难,就我老爹自己一个劳力养活我们八个人,我母亲身体不好,那时候有个弟弟,妹妹们都还小。就两块钱的学费都交不起,非常辛苦。完了之后到了 22 岁,我就结婚了。哪

---

① "家属创业队"分为"工业队"和"农业队","农业队"占三分之二,主要负责农业生产,"工业队"占三分之一,主要负责给工厂创收。
② 田毅鹏、许唱:《"单位人"研究的反思和进路》,《天津社会科学》2015 年第 5 期。

用他们(国家下派招工的人)找哇,个人生活啥样还不知道哇,还不是为了多几个收入,家里宽绰宽绰嘛。(高女士,68岁,S-9-A)

从她们谈及怎样进入单位成为"家属工"的经历中,我们更多看到的是国家制度与政策对"家属工"这一身份的建构,在政治色彩十分浓厚的时期,国家通过自上而下的制度性话语动员,在宏观层面上制造出对"家属工"身份的群体想象,这一部分女性大都是从农村来到城市、从社会走进单位,她们还没有在工厂中经历共同的劳动实践,只是找到某种相同的特质把自己归入到共享这一身份的"家属工"群体中,身份感知处于停留在头脑中想象的静态类属区分,还远未在实践中形成具体化与内化。此外,家庭观念浓厚的中国社会,女人结婚之后完成作为正式工人家属的角色转换,开始形成稳定的家属认同。最后,长期生活在封闭落后的农村,对比以往招工制度的性别歧视与不平等,女性群体对于职业的认同和渴望也是十分迫切的。总的来说,这一时期"家属工"身份是在她们业已形成的家属认同、职业认同和国家认同的合力推动下建构出来的,"家属工"身份群体还只是一种被设想拥有稳定认同的"想象的共同体"①。

三、单位认同:大集体生产时期的身份认同

在进入工厂真正投入生产劳动后,"家属工"才意识到她们所面对的工作是与正式工人完全不同的,虽然同处一个生产空间,但差距深刻地体现在方方面面。从工种来看,她们干的是正式工人不愿意干的、劳动强度大的工作;从工作时间来看,起早贪黑是她们的日常状态;从工作压力来看,承受着生产创收和操劳家务的双重压力。在对山沟岁月的回忆中,给她们印象最深的就是苦和累。

我都起早贪黑的,白天去创业队干活之前,我就领着大孩子,三点多钟我就起来上菜园子种地了,完了再上班,什么都自己干。俺们夏天在地里干活,到了冬天就给住房烧锅炉,给厂子干活,烧了七、八年锅炉。一年四季就这样,天天干这些活,啥都干,辛苦,现在想起来还是累。(徐女士,75岁,S-3-B)

---

① [美]本尼迪克特·安德森:《想象的共同体——民族主义的起源与散布》,吴叡人译,上海人民出版社2016年版,第6页。

尽管从事的工作比正式工人要艰苦,但在大家眼中她们首要的还是"工人家属"的身份,其次才是"类工人"的身份,虽然同在一个单位内,但是体制内外的差别十分明显。工人的工资由国家统一每月发放并且随着厂子效益的提高会逐年增长,而"家属工"的工资则是延续人民公社时期累计工分的形式,一年到头才发放。

> 就记八分工,一个月二百多分,完了也不给现钱。你要是借钱行,等你到半年啦,可以借个三百、二百的,到年底啦能开个几百块钱,我的工资也看不着,人家也不给你月月开,到年底了人家才给你百八十块钱算完事儿。(杜女士,69岁,S-2-B)

职位升迁、福利奖金的分配、娱乐活动的组织参与也只是正式职工才享有的待遇,"当各种资源在不同群体的分配呈现巨大差异的时候,人们被相对剥夺的感受从各个不同的角度就会变得异常地强烈"①。

> 当时是一家给一筐苹果,这一冬天就是这一筐苹果,就这一个福利。他们(国营)发的,人家是(正式)职工啊! 我们没有,我们啥也没有。(邹女士,68岁,S-8-C)

以正式工人"附属品"的身份进入单位,这始终使"家属工"觉得自己低人一等,在形容正式工人时,她们多使用的称谓是"人家",这种日常生活中的语言是她们在单位内"边缘"地位的真实写照,同时也表达了她们对付出与回报不相符的愤愤不平。

> 你一个临时工和人正式工比,你就算干得好,人就下年再用你,你跟人单位的不一样,你没有评奖的资格。哪有啥升迁啊,临时工人家能用你就不错了,今天干完明天还不知道让不让你干呢。(吴女士,69岁,S-1-C)

种种不平等使"家属工"对"我群"和正式工人"他群"的认识逐渐清晰,对家属工身份的感知和认同随着制度区隔、利益分化而得到重塑。

---

① 李汉林:《中国单位社会:议论、思考与研究》,中国社会科学出版社2014年版,第327页。

> 人家社会地位更高，咱瞅人家就高，我们就是家属，人家是职工，家属都不能转成职工，干到最后也没有转成职工的。（徐女士，75岁，S-3-B）

虽然有处于弱势地位的不甘和无奈，但是"多干多得"的资源获取方式激发了她们饱满的工作热情。从农村到单位，从"靠天吃饭"到进入单位"庇护—依附"的体系中来，在单位中她们获得了新的社会身份及合法性，即作为"复数单位人"的一部分对于自我身份的满足和认同。

> 那时候的人好像都挺实在。那农村去的，给你一个干活的机会，你是不是得好好表现表现啊？像人老百姓说的似的，你别偷奸耍滑的，你实打实地干，人领导能看着。（吴女士，69岁，S-1-C）

"家属创业队"的领导主要分为两类：一类是厂子派下来的正式工人，主要担任主任、会计、出纳等工作，她们属于创业队的管理层，日常办公都是在办公室里；另一类是由家属们投票选出的队长，评选标准主要是能干，队长每天带领大家一起下地干活。良好的干群关系使"家属工"们加深了群体内认同和对单位的归属感。

> 创业队有队长，我们平时接触的就是队长。队长是干活时候最大的管理的人。队长得跟着下地干活，领着我们干活，她也是家属，和我们天天在一堆，人也挺亲切的，她干什么我们就干什么，叫我们去干啥我们就干啥，大家都得听她的话。（徐女士，75岁，S-3-B）

"家属工"个体的生存和发展获得了一定的保障并在与他人互动过程中得到一定程度的认可，进而形成情感、价值上的满足和对于单位组织的归属感。这在某种程度上与布若威的观点相一致，他认为工人的主体意识被资本俘获了，通过内部劳动力市场和内部权威关系的塑造，人们放弃抗争而主动参与到劳动中，与之不同的是在单位制时代，这种"制造同意"[①]是通过意识形态的定位、内化来完成的。对"家属工"这一身份的认同感主要依赖于她们的单位认

[①] ［美］迈克尔·布若威：《制造同意——垄断资本主义劳动过程的变迁》，李荣荣译，商务印书馆2008年版，第77—121页。

同,并逐渐内化为行动的一部分,尽管她们能够感知到其身份地位与正式工人之间的等级差异,但是不同于初期国家政策导向下对共同体身份的想象,在真实、有边界的单位空间中,经过集体式生产和生活实践的身份认同被生产出来。这一时期"家属工"的单位归属性认同一旦内化就会形成惯习,成为人们的行为规范,而这些结构化的东西,既不可能一挥而去,也不可能朝令夕改①。

四、单位制消解下的身份认同危机

从计划经济时代到改革开放时期,三线建设时成立的军工企业面临严重危机:首先,它们本身就不是单纯地为了促进经济发展而产生,而是带有浓厚的政治性色彩,这种政治属性掩盖了企业理应追求的经济效益,大多数的生产建设都是为了完成政府指令,企业行政色彩浓厚;其次,三线大多工厂安排在落后地区和人迹罕至之地,经济基础和社会服务设施极为薄弱,投入相对大、产出相对少;最后,"文革"时期的动乱无疑给这些企业带来很大影响,三线战略后方建设与其他地区经济建设一样,忽视经济规律,不重视经济效果②。种种原因之下,S厂也和其他的三线厂一样日益举步维艰。

"家属创业队"实际上是比较富裕的,虽然"家属工"的工资少,但是这些年通过经营副产③而积累的财富以S厂资产的形式保留下来,由厂里下派的领导管理。随着改革开放的深入和市场经济的发展,大集体传统的经营内容和模式已经难以适应时代的发展要求,再加上领导阶层的经营管理不善,企业改革过程中对大集体的资产挪用、侵占现象也是屡见不鲜。面临着激烈的市场竞争,工厂表现出种种的不适应,很快就陷入了矛盾和危机,做出将"家属工"这个"拖油瓶"扔向社会的决定。

> (家属队的钱)都是这些老太太挣的!卖菜的钱、咱们种地、工厂做豆腐、压面条……啥都有!都是咱们家属队搞起来的!咱们创业队里挺富啊!咱们说实在的,现在啥都没得着啊!咱们这些老太太苦就苦在这什么都没得着。(张女士,71岁,S-10-C)

---

① 李汉林:《中国单位社会:议论、思考与研究》,中国社会科学出版社2014年版,第9页。
② 李彩华、姜大云:《我国大三线建设的历史经验和教训》,《东北师大学报》2005年第4期。
③ 比如经营商店、卖菜等。

厂里给予一些补助,要求"家属创业队"解散,家属工离开工厂自谋出路。这对于她们来说无疑都是残酷的,从进入"家属创业队"到被清退,"家属工"群体已然不再年轻,这突如其来的一切让她们无力承受。在体制变迁和社会转型的洪流中她们成为被抛弃群体,从单位走向社会的迷茫中还附加着性别和年龄差异基础上产生的社会歧视。

  俺们那时候从沟里就把我们撵家去了!就退休、退养,让子女接班!① 凡是家属工,不管你岁数大小,都得回家。哎呀,1983、1984年吧。把我们撵回去,(创业队)就变成劳动服务公司了。回家工资不给俺们发了! 没有工资了,啥也没有了! 撵回家就撵回家了。(王女士,67岁,S-6-1)

1988年,深陷困境的S厂在经过种种考虑之后决定迁到C市,涉及所有的正式工人包括其家属。搬迁虽然是国家安排下的无奈之举,但是对于上百户家庭来说是关乎他们切实利益的大事。在长达七八年的搬迁过程中,曾经用"家属工"的汗水为工厂积累的资产在迁转过程中伴有流失,虽然"家属创业队"被迫解散,但是这些劳动的"果实"是用"家属工"群体这些年来所有的辛劳换来的,是她们价值实现的物质表现形式,是承载集体认同的载体。而随着这些财富的逐渐消失,加上离开J县这个"家属工"们集体生产和生活的场域,这一身份所附着的社会实在都被打散、分化,影响了"家属工"的内在认同,她们无法从这个身份中感到满足,也无法得到成功带来的意义感。

  就是从要下山(搬到C市)开始(有腐败现象的)。(我)老头吧,在车库也不关心那些事儿,就听他说"这钢材啊全让王军(化名)拉走卖啦",完了往C市搬家,谁要是搬家找后门要五百块钱②,钱都揣他们(领导)腰包啦。(杜女士,69岁,S-2-C)

工厂迁到C市以后,因为军需产品的需求量大大减少,因此进行了"军转民"的生产转型,然而面临激烈的市场竞争,工厂的生产效益很差,一度没有活

---

① 子女可以进入S厂成立的G服务公司工作,G服务公司是"家属工"被清退后在"家属创业队"基础上成立的集体企业。

② 给负责调度运输的人一点钱,就可以先搬到C市,不然要在山沟里等很久。

可干,甚至开不出工资,在 2007 年 S 厂宣布破产,就连正式工人都难逃下岗的命运。原本来到 C 市以后,可以住进楼房①,尽管丈夫的工资少,但是足以糊口,这对于家属们来说是满足的,但如今家中的主要生计来源已经没有,生存的压力迫使"家属工"们不得不在年过半百的年纪、拖着操劳半生的身子重新步入社会,她们在找工作时受到的歧视和不公平待遇可想而知。失去了单位庇护的她们已没有了计划经济时期"复数单位人"身份带给她们的优越地位,此时对她们来说,最重要的是让家庭更好地生存下去。

> 搬到 C 市来就自己找活干了。我在大棚还干了两年。后来就自己蹲市场做买卖,烤地瓜、烤苞米、整豆腐串,反正啥都干过。(王女士,67 岁,S-6-J)

在"单位制"时期,"家属工"们虽然处于"类工人"的边缘地位,但是她们毕竟是单位的一分子,虽然辛苦但有着相对稳定的物质保障,虽然是制度安排的结果,但在成为"家属工"之后,她们在集体生产、生活互动中逐渐形成对这一身份稳定的认同,享受作为单位人的满足感。然而随着体制改革的深入,"单位制"走向消解,"家属工"们被强制性地裁退并迁往陌生的城市,从无所不包、处处体现着"父爱主义"关怀的单位走向陌生的社会,在即将迈入老年的时候迫于生计干着各种各样艰苦的工作,而基于城市劳动力市场所形成的区隔又异常残酷,在这一过程中"单位制"时期"家属工"身份带给她们的自我价值感和意义体验也都逐渐消失,她们更关心的是每月的收入够不够给家里带来温饱,她们更多想要获得的是身份背后本该属于她们的利益,这一切为后来的抗争埋下了伏笔。

五、后单位时代的利益抗争性认同

随着传统"单位制"走向消解,"家属工"被推向社会,这时她们在单位唯一可依靠的正式工人身份的丈夫也纷纷到了退休的年纪。同时,工厂倒闭所带来的困境在代际传递着,通过"接班制"进入工厂的子女们也面临着失业。此时,把自己的青春献给了三线建设的"家属工"已经不再年轻,较低的文化水平使她们很

---

① 工人自己交一部分钱,然后单位给分配住房。

难在城里找到工作,她们只能去拾荒、打零工,弱势地位、窘迫境况使她们成为城市中的边缘群体。20世纪90年代初,国家将"应参保而未参保"的城镇集体企业退休人员纳入基本养老保险统筹范围①。这一消息使她们有了些许安慰,"家属工"们兴冲冲地拿着给"家属工"办社保的文件来到G公司,但却被告知她们的档案当初在J县劳动局时意外被烧毁,没有可以证明她们工龄的证据,也就办不了社保。这让她们不知所措,当初加入"家属创业队"时就是以大集体工人的身份录入档案的,如今却被告知自己多年的辛苦被一场大火"烧没了",也没有人为这场"意外"负责。为了替自己讨回公道,在生存逻辑的驱使下她们开始了艰难的上访之路。

决定上访之后,她们在"家属工"内部以"能说会道"为标准选择了几位作代表,最开始的抗争只是在"代表"的带领下找G公司讨公道,G公司的负责人也就是原S厂的领导,面对这群老太太喋喋不休地"倒苦水",G公司甩出惯用的手段——一拖再拖。在数次讨要说法没有音信之后,她们不得不撕破脸,于是"家属工"们开始给信访部门写信……直到后来国家下达了给"家属工"办集体职工的身份政策,可谁知S厂隶属的951三线厂下属的12个集体企业中其他9个厂的"家属工"都办成了,只有包括S厂在内的3个厂没有办成,这样一来几个厂的集体行动就这样被瓦解了,没办成的3个厂的"家属工"在与其他厂"家属工"进行比较的过程中又划分出了"我群"和"他群"之别,这一不平等的结果使她们压抑了许久的愤怒情绪爆发了出来……百般无奈下她们找到了现今居住的C社区,社区大部分工作人员都是她们工友的子女,社区保留着"熟人社会"色彩,2012年,在社区帮助下才成功地办了社保,然而因为没有工龄,她们只能以"五七工"②的身份上缴一部分钱之后才能开工资③。对于这个

---

① 根据国发〔1991〕33号文件、国发〔1995〕6号文件、国发〔1997〕26号文件,将未参保的集体企业退休人员纳入基本养老保险统筹范围。
② "五七工"是指20世纪六七十年代,曾在石油、煤炭、化工、建筑、建材、交通、运输、冶金、有色、制药、纺织、机械、轻工、农、林、水、牧、电、军工这19个行业的国有企业中从事生产自救或企业辅助性岗位工作的,具有城镇常住户口,未参加过基本养老保险统筹的人员(引自俞爱群、李建:《"家属工"权益探究》,《中国社会保障》2011年第12期)。
③ 鉴于"家属工"没有国家承认的连续工龄,按照基本养老保险有关规定须缴纳一定基本养老保险费后方可纳入基本养老保险统筹范围。考虑到身份、年龄等方面因素,按以下标准缴纳基本养老保险费后可以按月领取基本养老金:2009年7月1日前年满75周岁及以上人员,按10 000元标准缴纳;75周岁以下人员在10 000元的基础上,按与75周岁每相差1年(不足1年的,按1年计算)增加1 500元的标准缴纳(引自《吉林省开展试点将16万"五七工家属工"纳入养老保险》,http://news.163.com/10/0706/09/6AT8RUMJ000146BC.html)。

结果实际上她们并不满意,但是此时她们已经疲于采取行动了,在这近十年的上访生涯中,一些年纪稍大还未成功找回身份的人已经撒手人寰,还有许多人在一次次的抗争中熬垮了身体,现如今对于"家属工"来说健康才是最重要的,一切的不甘心、不情愿被现实的生存逻辑所代替,其他的也只能是日常生活中的抱怨和谩骂。

> 办完社保呢,完了也开工资了。俺们几个身体一点也不好,现在也不想找啦。轮到我们头上三千、五千的都不够看病的。(杜女士,69岁,S-2-G)

在"后单位制"时期,"家属工"在集体上访行动中所形成的认同是利益抗争性认同。在这近十年的上访中,"家属工"作为抗争主体为了获得集体职工身份和利益,采取了诸多策略表达她们的利益诉求,比如选取群众代表、找律师写上访信、"磨和闹""倒苦水"等等,以往学者根据不同特点把农民抗争行为分为"日常抗争"①"以法抗争"②"以弱者身份抗争"③等类型,这些在S厂"家属工"抗争的过程中都可以看到。"家属工"也明白在这场利益博弈中她们没有多大胜算,但是她们不惜耗费十年的时间和精力,反映着她们基于利益诉求找回身份承认的强烈意志。

"家属工"是社会转型过程中的利益受损群体,在这场通过"找回身份"来进行利益抗争的过程中,她们原本已经散落的对"家属工"身份的感知和认同被重新召回,并且形成卡斯特所言的被支配性制度所污蔑和"污名化"的群体所拥有的"抵抗性认同",然而这种认同并未形成改变"家属工"所处社会地位和追求全面社会改造的"计划性认同",还只是当她们面对不公正待遇而带来利益受损时,无奈之下所形成的防卫性认同④。"家属工"在生存逻辑支配下所形成的利益抗争性认同并未就此消逝,一旦她们及其家属再次感受到难以承

---

① [美]詹姆斯·C.斯科特:《弱者的武器》,郑广怀、张敏、何江穗译,译林出版社2007年版,第199—342页。
② 于建嵘:《当前农民维权活动的一个解释框架》,《社会学研究》2004年第2期。
③ 董海军:《作为武器的弱者身份:农民维权抗争的底层政治》,《社会》2008年第4期。
④ [美]曼纽尔·卡斯特:《认同的力量(第2版)》,曹荣湘译,社会科学文献出版社2006年版,第5—10页。

受的相对剥夺感,这种积压已久的不满情绪是否会因找不到宣泄和抒发的途径而引发更加复杂、深刻的社会问题,值得我们深思。

结语

"三线家属工"群体经历了半个世纪的沉浮,作为"单位制"从全盛到消解、计划经济向市场经济转变等社会变迁的见证者,她们身份认同的构建体现着社会力量复杂的交互作用。本文通过对S厂"三线家属工"的深度访谈,总结这一群体身份认同在不同时期所呈现的样貌,分析不同时期影响群体身份认同建构的多元社会因素之间复杂的动态互构过程:入厂时期"家属工"身份认同是在国家认同、家属认同、职业认同的合力推动下形成的对于政策身份的共同体想象;大集体时期"家属工"附着对单位的依赖,身份感知与认同因建立在单位空间共同劳动实践基础上而具有真实性,"家属工"内心产生较强的单位归属感,身份认同是单位认同的一部分;"单位制"消解时期"家属工"失去赖以存活的单位场域和制度基础,产生身份认同的分化危机;"利益抗争性认同"是"后单位制"时期的特点,"家属工"在集体上访的利益抗争中重新找回身份,防卫性认同得以形成。"三线家属工"群体为我们了解三线建设历史、单位制度变迁、社会转型提供了丰富的材料,通过对这一独特身份群体认同的变迁研究,我们可以透析制度变迁场景下身份认同、组织认同、社会认同与国家认同的复杂互构关系。

(本文作者:吴海琳、刘思瑶,吉林大学哲学社会学院)

迁移、发展与融合：宁夏三线建设历史考察*

袁世超　马万利

20世纪60年代，在严峻的国际局势逼迫下，我国决心改变在地域上严重失衡的工业布局，随即展开了一项以战备为主要目的、以迁建结合为主要方式的全国性工业战略布局调整，称为"三线建设"①。在三线建设接近尾声之际，国内外相关学术研究随即兴起，并取得了一批重要的研究成果。这些成果从最初对三线建设的决策、区域差异、相关人物及其评价等论题的关注，到近年来以多学科、多角度、多层次去探讨三线建设，为三线建设研究奠定了良好的基础②。宁夏作为西北三线建设的重要基地之一，承接了大批三线企业和三线

---

* 本文系2012年国家社会科学基金重点项目"中国城市化过程与区域协调发展问题研究"（项目编号：12AGL010）；大连理工大学"马克思主义理论研究名家培育项目"（项目编号：MLMJ17A07）。原载《宁夏社会科学》2019年第5期。

①　"三线"即党中央从当时战略防御的角度，将我国划分为一、二、三线。其中，一线地区主要指沿海和边疆省区，如北京、上海、广东、福建、西藏、新疆、内蒙古等；二线地区是介于一、三线地区的中间地带，如江西省和安徽省；三线地区是指四川、贵州、云南、陕西、青海、甘肃、宁夏、山西、河南、湖北、湖南等11个省区。但周总理也曾表示"三线"是一个地理动态概念，随着地缘战略的变化而变化。

②　孙东升：《我国经济建设战略布局的大转变——三线建设决策形成述略》，《党的文献》1995年第3期；刘再兴：《论新形势下的沿海与内地的关系》，《经济理论与经济管理》1983年第3期；陈东林：《邓小平三线建设思想研究》，《开发研究》2014年第6期；夏保国：《三线建设史研究的范式转型与三个重要支点》，《教育文化论坛》2016年第2期；王毅、钟谟智：《三线企业的搬迁对内迁职工生活的影响——以重庆的工资、物价为例》，《中共党史研究》2016年第4期；李彩华：《三线建设调整改造的得与失》，《当代经济研究》2005年第6期；Lüthi, Lorenz. "The Vietnam War and China's Third-Line Defense Planning before the Culture Revolution, 1964 - 1966"[J]. Journal of Cold War Studies, 2008(10)：26 - 51；阚怡、裘鸿菲：《涅槃重生——三线地区军工业废弃地景观保护与更新探析》，《华中建筑》2010年第12期；晁丽华：《"国防一线"的"三线建设"——云南三线建设的历史研究》，《学术探索》2009年第4期；段伟：《甘肃天水三线建设初探》，《中国经济史研究》2012年第3期。

职工,经济社会发生了明显改变。但遗憾的是,相关研究却寥若晨星,仅郑彦卿、马宝妮先生分别撰文介绍。

一、宁夏三线建设的背景

20世纪60年代,两大阵营剑拔弩张,同时中苏关系也因意识形态问题持续恶化。自1963年7月苏联与蒙古人民共和国签订《关于苏联帮助蒙古加强南部边界防务的协定》之后,苏联在中国边境派驻的军队由10个师20万人逐渐增加到54个师近百万人。另一方面,美国在越南战争中持续发力,侦察机数次侵犯我国领空对内陆纵深地区进行侦察,发动战略攻击的意图明显。此外,东南方向试图反攻大陆的国民党和西南方向未完全划定的边境都让中国领导层感受到了周边局势的空前紧张。正当筹划第三个五年计划时,美苏两个超级大国同时对我国虎视眈眈,让我国生产力布局不均衡的历史难题显得尤为突出。1964年,总参谋部、铁道部及李富春、薄一波、罗瑞卿分别或联名向党中央和毛主席提交了关于国家经济建设如何防备敌人突然袭击相关问题的报告。报告中指出:"我国的情况并不乐观,一是工业过于集中。全国14个百万人口以上的大城市,就集中了约60%的主要民用机械工业,50%的化学工业和52%的国防工业。二是大城市分布不合理,全国有14个百万以上人口、25个50万至100万人口的大城市,大都在沿海地区,易遭空袭"①。"目前全国主要铁路交会点和重要港口,共有枢纽26个,其中位于一线的14个,位于二线的5个,位于三线的7个……枢纽设备规模过大,作业过于集中,绝大部分又靠近大城市,在战时目标明显,一旦遭到破坏,必然导致运输堵塞,甚至引起地区运输的瘫痪,后果严重。"②毛主席阅后批示"此件很好,要精心研究,逐步实施"③。在这种局面下,党和国家决定将国内的生产力布局同战备工作结合起来,筹划进行三线建设。根据全面部署,国家决定对一、二线建设采取"停、缩、

---

① 总参谋部作战部:《关于国家经济建设如何防备敌人突然袭击问题的报告》,陈夕:《中国共产党与三线建设》,中共党史出版社2014年版,第55页。
② 铁道部《关于防止突然袭击、调整全国铁路枢纽布局的措施方案(1964年11月6日)》,陈夕:《中国共产党与三线建设》,中共党史出版社2014年版,第99页。
③ 中共中央文献研究室编:《毛泽东年谱:一九四九——一九七六》,中央文献出版社2013年版,第384页。

搬、分、帮"的方针①,即停建一切新开工项目,压缩在建项目,将一线的"独生子"(即全国仅此一家的重要工厂)和配合后方建设所必需的工厂搬迁到三线②,从技术力量和设备等方面对三线企业实行对口帮助,以期在最短的时间内建设一个稳定的战略后方,应对随时可能爆发的战争形势。

宁夏,地处我国西北内陆,北部楔入内蒙古自治区毛乌素沙漠与腾格里沙漠之间,南部楔入六盘山区与甘肃省为邻,东部与陕西北部交界,是锁钥三边,屏蔽关陕,形胜特殊的北国岩疆、巨防雄区重地③,也是可靠而优质的战略纵深区。除距离北部中蒙边境较近之外,宁夏距我国东、西、南三面边境线均超过上千公里,具备良好的战略区位优势;北部河道纵横,有着上千年的引黄灌溉历史,盛产优质水稻,被誉为"塞上江南";境内蕴含着丰富的能源,尤其是北部贺兰山脉所出产的太西煤,具备特低灰、特低硫、特低磷、热效高、埋藏浅、易开采的特点,是宝贵的建设资源④。特殊的地理区位、稳定而丰厚的农业生产和优质的矿产资源,使宁夏再次成为了我国理想的战略后方基地。

1958年成立的宁夏回族自治区,百废待举,百业待兴。一方面,稀少的人口和相对落后的文化制约着人才与技术的发展,另一方面,虽然发展工业所必需的煤炭、矿产和水资源都有可观的储量,但诸多工业领域尚属空白。据统计,1964年宁夏全区仅有工业企业445家,全年产值仅1.59亿元⑤。而反观东北的沿海省份辽宁,当年的工业总产值则高达119亿元,超过宁夏70倍之多。三线建设正是希望通过改善国家的生产力布局、平衡沿海与内陆的经济发展来达到提升战略防御能力的目的。因此,无论是从军事角度还是从国家经济社会发展角度考虑,宁夏都成为三线建设的首选地。

二、宁夏三线建设的迁移历程

宁夏凭借独特的区位优势、优良的文化多元性传统和相对科学的规划,使

---

① 周明长:《东北支援与三线城市发展》,《开放时代》2018年第2期。
② 薄一波:《若干重大决策与事件的回顾》,中共党史出版社2008年版,第848页。
③ 宁夏通志编纂委员会:《宁夏通志·卷首》,方志出版社2017年版,第1页。
④ 宁夏通志编纂委员会:《宁夏通志:地理环境卷(下)》,方志出版社2008年版,第462页。
⑤ 宁夏通志编纂委员会:《宁夏通志:工业卷(上、下)》,方志出版社2007年版,第1365页。

三线建设成为了促进宁夏经济社会发展的重要机遇,也让三线建设在宁夏谱写了迁移、发展和融合的三部曲。早在1964年3月,三线建设正式决策之前,时任中共中央书记处书记、国务院副总理的邓小平和全国人大常委会副委员长彭真等就来到西北视察,为筹划部署三线建设做准备①。限于保密,邓小平关于三线建设的指示未作公开②。同年9月至11月,赵尔陆率国防工业勘察选点工作队和军工各部负责人又对宁夏等十个地区分组进行了踏勘选点③。随后,由国务院有关部委和有关省市领导组成的西北三线建设委员会成立,刘澜涛、王林、安子文和宋平同志具体负责西北三线建设的指挥工作④。1965年2月18日,中共中央西北局出台了《关于加强三线建设领导的决定》,提出在今后一个不长的时期内,建立起一个以酒钢为中心,与西南三线建设相配合,有强大的国防工业,并且有相应原材料和必要的机械制造工业的基地。同月,银川市委成立了银川市三线建设领导小组,制定了规划意见,将最靠近贺兰山的新市区划定为银川市工业建设的重点区域,以迎接来自沿海发达地区的先进生产力。

鉴于宁夏当时工业基础薄弱的状况,国家决定给宁夏三线建设安排的17个项目中,有14个项目都源于沿海省份的迁建。这些来自沈阳、大连、青岛、鞍山和抚顺等地的企业,在迁出省、市党政领导机关和宁夏相关单位的密切配合下,顺利进行了项目落户选址、动员迁出职工、人员设备运输、职工家属安置等工作。许多企业都是当年破土动工,当年基本建成,当年投入生产。许多企业都因在三线建设的整体部署中表现优异,得到了国家有关部委点名表扬⑤。以大连起重机器厂为例,在第一机械部西安会议确定将工厂减速器生产能力一分为二,内迁银川后,工厂副总工程师于治文等工艺、设计、基建6名技术人员前往银川进行全面实地考察。考察后,他们和一机部第一设计院的同志分别开始进行工艺和基建设计工作。1965年4月20日,由宁夏工业厅、一机部

---

① 马晓东:《"三线"建设:宁夏工业化的战略契机》,《宁夏日报》2015年3月11日(13)。
② 中共银川市委党史研究室课题组、蒯陟文:《邓小平同志银川考察的历史意义》,《银川日报》2017年3月21日(4)。
③ 陈夕:《中国共产党与三线建设》,中共党史出版社2014年版,第587页。
④ 甘肃省三线建设调整改造规划领导小组办公室、《甘肃三线建设》编辑部:《甘肃三线建设》,兰州大学出版社1993年版,第3页。
⑤ 宁夏国史编审委员会、宁夏国史学会:《当代宁夏史通鉴》,当代中国出版社2004年版。

三局、工厂和银川起重机厂领导组成搬迁领导小组,在工厂成立搬迁联合办公室。办公室最后确定296名职工于1965年8月13日至年底调迁银机厂,其中,厂级干部、副总工程师1名,科级干部8名,工程师1名,一般技职干部46名,各类技术工人240名,党员数超过33%,40岁以下的占95.8%。搬迁的设备自6月7日至8月全部运抵银川起重机厂。共搬迁切削机床42台,工具仪器16台,其他设备29台,这次搬迁国家投资180万元,实际只用178万元①。

从1964年全国主要钢铁企业开始援建石嘴山金属制品厂,到1976年清河机械厂由吉林迁址固原,13年间,共有22个三线迁建企业在宁夏各地陆续建成投产(详见表1)。

表1 三线建设时期宁夏主要工业企业迁移表

序号	厂名	迁入时间	迁入地	迁建单位	内迁人数
1	石嘴山金属制品厂(现宁夏钢铁厂)	1964年	石嘴山	河北冶金局 天津冶金局 鞍山钢铁厂 本溪钢铁厂 太原钢铁厂 湘潭钢铁厂	565
2	吴忠配件厂	1965年	吴忠	石家庄拖拉机配件厂	不详
3	青山试验机厂	1965年	青铜峡(1990年迁入银川)	北京仪器厂	256
4	长城机床厂	1965年	银川	辽宁大连机床厂	2 146
5	银川起重机器厂	1965年	银川	大连起重机器厂	300
6	银川橡胶厂	1965年	银川	青岛橡胶二厂 沈阳橡胶三厂	950
7	银川毛纺织厂	1965年	银川	上海福康制毡厂	80
8	石嘴山矿务局 石炭井矿务局	1965年	石嘴山	甘肃山丹矿务局	5 600
9	煤炭部第81工程处	1965年	石嘴山	双鸭山矿务局建设公司	不详
10	煤炭部第21工程处	1965年	石嘴山	吉林第二十一工程处	不详

---

① 大连起重机器厂志办公室:《大连起重机器厂志(1948—1985)》(内部资料),1987年,第405页。

续　表

序号	厂　　名	迁入时间	迁入地	迁建单位	内迁人数
11	宁夏有色金属冶炼厂（又称西北稀有金属材料研究院）	1965 年	石嘴山	北京有色冶金设计总院 215 室、435 室、436 室、439 室 包头钢铁公司	147
12	银河仪表厂	1966 年	银川	大连仪表厂	307
13	吴忠仪表厂	1966 年	吴忠	上海自动仪表七厂	不详
14	大河机床厂	1966 年	中卫	沈阳中捷人民友谊厂	663
15	西北煤机一厂	1966 年	石嘴山	张家口煤机厂	600 多
16	西北煤机二厂	1966 年	石嘴山	淮南煤机厂	500 多
17	西北煤机三厂	1966 年	石嘴山	抚顺煤矿电机厂	200 多
18	大武口洗煤厂	1967 年	石嘴山	黑龙江鸡西矿务局滴道洗煤厂	200 多
19	长城机床铸造厂	1969 年	银川	沈阳中捷人民友谊厂	1 033
20	西北轴承厂	1969 年	平罗	辽宁瓦房店轴承厂	3 779
21	吴忠微型试验仪器厂	1969 年	吴忠	天津红旗仪表厂	不详
22	银川电表厂	1970 年	银川	天津电表厂	150
23	清河机械厂	1976 年	固原县	吉林省 524 厂	不详

资料来源：据《中国共产党与三线建设》、《甘肃三线建设》、《宁夏通志·工业卷》等相关资料整理①。

宁夏各级政府充分调动资源，动员各方力量，以国家需求为先，对承接三线企业作出了细致规划和卓有成效的准备，最大限度满足三线企业的需求。生活商品方面，宁夏回族自治区工业厅 1965 年 2 月向西北局经委提交的《宁夏轻工业为三线建设服务的意见》中指出，商品的品种较少，质量、花式、造型还赶不上消费者的要求，如石嘴山瓷厂的瓷器，花式、造型还赶不上江西、唐山

---

① 相关数据整理自中共中央西北局转发 1965 年第一批搬迁西北地区的工业企业建设项目名单（1964 年 11 月 17 日），《中国共产党与三线建设》，中共党史出版社 2014 年版，第 109—117 页；甘肃省三线建设调整改造规划领导小组办公室、《甘肃三线建设》编辑部：《甘肃三线建设》，兰州大学出版社 1993 年版；宁夏通志编纂委员会：《宁夏通志：工业卷（上）》，方志出版社 2007 年版；银川市地方志编纂委员会办公室、银川移民史研究课题组：《银川移民史研究资料汇编》（内部资料）2015 年，第 111—133 页；银川市地方志编纂委员会办公室：《银川移民史研究》，宁夏人民出版社 2015 年版，第 188 页；马宝妮：《宁夏三线建设概述》，《宁夏地方历史文化论丛（第二辑）》甘肃人民出版社 2017 年版，第 94 页。

等先进地区。银川酒厂生产还只有白酒、黄酒、玫瑰酒、枸杞酒四种,啤酒和其他酒都不能生产。从外地大城市迁来的职工,可能会有这方面的需要①。可见当时自治区机关单位积极寻找自身差距,做了有针对性的考察工作,并努力为三线职工营造良好的生活条件。基础设施建设方面,以大连仪表厂迁建为银河仪表厂为例:第一,土地批复方面。银川市城建局于1965年2月划拨生产区用地30 015平方米,同年4月又批复福利区用地14 430平方米。批复时间和规模,都是同期非三线企业不能企及的。第二,工程设计和承建方的确定。在一机部第四局和自治区建设指挥部的协调和帮助下,决定由一机部第四局仪表工厂设计处负责全项目的扩大初步设计。由自治区工业厅研究室负责生产区的土建和公用施工图设计。由自治区计委设计室负责福利区的土建和公用施工图设计。大连仪表厂负责工艺和设备方面的扩初设计。建设方由建工部西北第九工程公司担任厂房、住宅楼和职工食堂等主要工程项目的施工任务,银川市政工程队和房修联社担负厂区道路、传达室、围墙等附属工程的施工。在工程建设初期,建设款项和材料尚未到位之时,自治区党委和银川市委就先出资垫付了部分建设款项及水泥450吨、钢材56吨和解放卡车1辆,且由银川市经委主任汪明同志亲自担任银河仪表厂建设指挥部总指挥②。整个过程领导重视,计划周密,分工清晰,措施得力,群众团结奋战,从而保证了承接工作高效顺利进行。而据大连起重机器厂援建银川起重机器厂的家属王淑芬回忆:"在我们一下火车的时候,就搬进了崭新的职工宿舍——当时银川市最高的居民楼。"③宁夏为三线企业顺利落地投产所做的工作,得到了三线职工的认可,也为宁夏三线建设奠定了坚实的基础。

三、三线建设推动宁夏经济社会取得长足发展

(一)三线建设促进宁夏工业取得跨越式发展

中华人民共和国成立初期,宁夏几乎没有现代工业④。虽然1958年自治

---

① 《宁夏轻工业为三线建设服务的意见》,宁夏回族自治区档案馆馆藏:第88号全宗第304号卷。
② 银河仪表厂志编纂小组:《银河仪表厂志(1965—1989)》(内部资料)。
③ 《口述史:三线建设中的职工子女:银川起重机器厂家属王淑芬访谈录》,四川大学"共和国三线建设"口述历史社会实践资料(内部资料),2019年。
④ 宁夏回族自治区统计局:《宁夏四十年1949—1989》,中国统计出版社1989年版,第15页。

区成立后取得了一定成绩,但宁夏工业还是面临着基础薄弱、门类单一、人才缺乏、发展缓慢等诸多问题。因此,三线建设针对宁夏的具体情况,悉心挑选了适合宁夏工业发展的企业,并对其实施了全要素的工业迁移。这些沿海企业先进的设备、完善的管理制度、成熟的产品体系在短时间内与宁夏工业实现融合,带动宁夏工业在设备、人才、管理机制等诸多方面的跨越式发展,实现了多个新兴工业领域的"从无到有",多个优势工业领域的"从有到优",形成了以矿产开发、机械制造、仪器仪表和化学化工为核心的工业体系。三线企业先后成功生产出了宁夏第一辆汽车、第一批碳酸氢铵、第一批尿素、第一种化学原料药——麻黄素、第一批大输液和第一包白砂糖。还有一些企业的产品达到了全国领先水平,成为了行业标兵。银川起重机器厂参与研制的我国第一代行星齿轮减速器系列产品,获得了1978年全国科学大会设计奖。大河机床厂作为国内组合机床行业应用顺序控制器最早的厂家之一,后期保质保量地为第二汽车制造厂设计制造68种109台专用机床,受到了第一机械工业部的多次表扬。以银河仪表厂为主力设计研制的无水银双波纹管差压计,成功解决了工人在生产过程中的水银中毒问题,成为国内第一个淘汰仿苏式有水银浮子差压计的工厂①。

(二)三线建设促进了宁夏的城市化进程

三线企业的内迁与援建,在大幅提升了宁夏工业水平的同时,极大地促进了宁夏的城市化进程。银川市1965年的主城区建成面积仅为约8平方公里,在三线建设的带动下,众多工业企业落户银川市新城(含新市区),迅速形成了一个面积5平方公里的城市新区②,也基本形成了今天银川市的城市格局和各个功能区的界限。除城市面积的延展外,银川市的产业结构也由原先以农业和手工业为主转变为以现代工业为主;经济结构由原先科技含量和劳动附加值较低的粗放型经济,发展为密集型工业经济,为银川市日后成为西北重要的中心城市铺平了道路。石嘴山市1960年建市时仅辖1个镇和3个人民公社,至1980年已发展为3区2县8个公社。其中,石炭井区正是在三线建设期

---

① 甘肃省三线建设调整改造规划领导小组办公室、《甘肃三线建设》编辑部:《甘肃三线建设》,兰州大学出版社1993年版,第3页。
② 宁夏回族自治区统计局:《宁夏四十年1949—1989》,中国统计出版社1989年版,第15页。

间,国家煤炭部为了开发石炭井、汝箕沟和呼鲁斯太矿区的煤炭资源,于 1965年将贺兰山煤炭工业公司设立在该地,逐渐发展成为石嘴山市的一个重要工矿区。此后,又有大批企业落户石嘴山,不但充分开发了石嘴山的矿业资源,也让石嘴山市的社会发展得到了长足的进步。石嘴山市的交管部门、消防部门、计量部门等城市建设与管理体系都是在 1964—1965 年成立的①。宁夏中部的吴忠从宁夏最大的皮毛市场的商业小城镇发展为以机械、电子、轻工、纺织、食品为主的工业城市;青铜峡从黄河边一个农业小镇发展为以电力、有色金属、造纸、建材、制糖为主的重工业城市;中卫从沙漠小镇发展为宁夏西部重要的工业和交通枢纽城镇;固原从曾经的军事要地发展为宁夏南部山区的工业中心城镇②。宁夏的城镇体系就此形成。

(三) 三线建设移民加速了宁夏城市的人口发展与市民素质的提高

城市并不产生人口,城市只是吸纳人口。因此,城市的发展常常依赖于广阔的经济腹地及其培育的高素质人才。可是我国西北地广人稀,自宋朝经济中心南移之后,人才资源也相对缺乏,城市发展长期处于停滞状态。在三线建设之前,宁夏的非农业人口为 34.5 万人,三线企业的主要聚集地——首府银川仅有不足 40 万人口。而在三线建设的带动下,先后近 5 万人迁入宁夏,其中随厂迁至宁夏的职工达 1.9 万人,随迁家属则估算有 3 万人之多③。这意味着自治区非农业人口中每 7 个人就有 1 人是三线移民,银川市总人口中每 8 个人中就有 1 位来自沿海发达地区。大规模的人口迁移给社会经济和人口结构带来了重大而深远的影响。这些迁入人口以青壮年为主,其自身和后代对宁夏当地的人口增长(尤其是城市人口的增长)起到了重要的促进作用。更为可喜的是,伴随着人口数量增长的是人口质量的大幅提升。与以往因为战争和自然灾害迁入宁夏的移民不同,三线建设批量迁入的是我国沿海最先进地区的技术工人,这些工人不但掌握着当时最先进的工业技能,而且具备较高的

---

① 宁夏社会科学院、宁夏史学会:《当代宁夏日史 第 1 卷:1949.7~1958.12》,宁夏人民出版社 2006 年版,第 287 页。

② 石嘴山市志编纂委员会:《石嘴山市志(下)》,宁夏人民出版社 2001 年版,第 1083—1297 页。

③ 宁夏三线职工随迁家属的具体数量目前虽无准确数据,但根据三线建设中支援宁夏的主要省份辽宁省的数据可测算出三线职工与其随迁家属比率约为 1∶1.57。辽宁省 1964—1970 年全省陆续迁往大三线的职工 99 800 人,随迁家属 156 600 人。(《辽宁省志大事记》,辽海出版社 2006 年版。)

文化素养、科学知识和发展眼光。随着这些工人及其家属的迁入，当地的识字率、普通话水平等指标都明显提高，1983年全区先进科技工作者表彰大会表彰的300余名人员中，原籍是外省的人员高达85％，荣获"在宁夏工作20年以上科技人员荣誉证书"的人员中，外省籍人员超过80％，全区获得工程师、讲师职称的人员中，外省籍的人员占比也高达83％①。这些优秀的工人和技术骨干以"传、帮、带"的形式帮助宁夏本地工人，从而形成了宁夏工业中一支重要的产业工人队伍，逐步形成了具有宁夏特色的人才优势②。

（四）三线建设促进了宁夏的民族融合

三线建设的移民搬迁，是我国计划经济时代典型的一项指令性措施。在备战条件下作出的决策，到了和平年代难免会显现出一定的缺陷性。"依靠行政力量动员的三线移民，缺乏必要的经济基础，一旦外在的行政动员压力消失，人口迁移便出现反弹"③。三线建设工人的"回乡潮"在三线建设结束之后成为了三线地区的一个普遍现象。不过，宁夏的三线建设移民非但没有出现明显的人口回迁现象，反而为继续提升宁夏人口的数量和质量做出了突出贡献，同时也间接地促进了少数民族地区的民族融合和宁夏社会的健康发展。

首先，三线建设移民为宁夏的民族融合发挥了重要作用。宁夏地处农耕文明与游牧文明的交汇地带，先后有32个民族来到这里繁衍生息，形成了多民族共居的地区特色。三线建设所迁入的大量外来人口，让宁夏的民族构成更加多元，民族融合有效推进，形成了各民族团结互助、共同发展的良好局面。此外，由于三线职工仍旧在某种程度上保持着与家乡的联系，特别是逢年过节的探访和一些当地特产的邮寄，使他们成为了宁夏在沿海地区的"代言人"。在这个过程中，宁夏当地的风俗和饮食习惯随着三线工人的口口相传，得以使沿海地区的民众对宁夏有了一定的了解，起到了消除偏见和普及民族知识的作用。

其次，三线建设移民也为宁夏的移风易俗做出了贡献。宁夏在中华人民

---

① 城乡建设环境保护部全国城市建设成就展览会资料组：《全国城市建设成就资料汇编》（内部资料），1986年，第192页。
② 银川市地方志编纂委员会办公室：《银川市移民史研究》，宁夏人民出版社2015年版。
③ 银川市地方志编纂委员会办公室：《银川市移民史研究》，宁夏人民出版社2015年版。

共和国成立初期是西北交通较为闭塞的省份,人口流动性小,宁夏与外界相互缺乏了解。因此当时宁夏部分民众还存在一些陋习。例如,因为工业水平有限,地下水开采不足导致人们没有勤洗澡、勤换衣的习惯。三线建设的众多厂矿来到宁夏之后,纷纷自建水塔,以满足生产和生活需要,这使很多在三线企业工作的宁夏职工受益。再例如,宁夏自古有着"塞上江南"的美誉,黄河水的灌溉使得这片土地水草肥美、生活安逸,因而很多百姓忧患意识较差,缺乏生产积极性,"小富即安"的思想较为普遍。三线企业的到来让当地百姓认识到了自身的差距,开阔了眼界,也受三线精神的感召,奋发图强,生产效率和积极性都大幅提高。来自五湖四海的三线移民在潜移默化的生活工作进程中,成为了改变落后风俗习惯的一阵清风。大连人良好的卫生习惯、沈阳人严谨的工作态度、上海人文明的话语表达以及所有三线建设者服从国家大局扎根西部的奉献精神,都成为了当地"讲卫生""讲效率""讲文明"和"讲奉献"的学习榜样。

三线建设为什么在宁夏没有出现"返乡潮"?三线移民为什么在宁夏能留得住?其中有着多重的原因,既有国家对于宁夏的关心与照顾,也有宁夏自身的独特优势,具体可以归纳为如下三点:

第一,军工产业少,基础产业多。三线建设是一项以备战为主的大型建设活动,所以三线建设的大部分项目都与军工相关。不论是贵州的飞机发动机厂,还是四川的火箭研究中心,都具有鲜明的军工色彩,即使是攀钢和酒钢这样的企业,也承载着为武器研发和生产提供充足材料的重任。但纵观宁夏的三线建设项目,则民用居多,军工极少。根据目前的档案显示,1967年动工建设的宁夏兴庆机器厂,是宁夏唯一的小三线军工厂。这个生产67式木柄手榴弹和炸药的工厂,被设在距银川市城区45公里外的贺兰山榆树沟内,很少有人知晓。而其他三线企业,则多以机械、化工、煤矿、冶金、纺织和仪表行业为主。这些产业可以充分发挥宁夏的资源优势、填补宁夏的科技空白、促进宁夏的产业升级、提升群众的生活质量。与军工产业相比,这些民用工业在三线建设之后更易于向市场经济转型,降低了三线职工的心理落差,使职工没有那种"卸甲归田"的心理,从而继续在企业工作,将个人与宁夏的发展融为一体。

第二,深山布局少,城市布局多。基于当时反侵略战争的需要,考虑到最大程度上有效防御战时敌军的空中轰炸和核攻击,三线建设原则上要求企业"靠山、分散、隐蔽"。但是与其他省份三线企业多在深山和县城不同,宁夏的三线企业主要聚集于北部平原地区,只有清河机械厂一家企业位于南部的六盘山区。这一方面是由于宁夏三线建设的各个项目中民用项目多,军工项目少,因而无论从规划角度还是保密角度,都不必像其他省份的三线建设项目那样具有极高的隐蔽性。另一方面,宁夏的生态环境脆弱,生态承载力有限,南部山区不但沟壑纵横,交通不便,且无法供应稳定的生活用水,发展工业所需的庞大用水量更是无从保障。只有宁夏北部的黄河沿岸拥有发展工业所需的地理空间和热能资源。所以,宁夏三线建设呈现了独特的深山布局少、城市布局多的特点。基于这一特点,宁夏三线工人的生活环境其实要优于其他省份的三线工人。与其他省份三线企业地处偏远深山相比,城市可以提供给三线职工较好的民生保障,特别是人均占有医疗和教育资源方面甚至还超过了原来生活的东部地区。后期,作为自治区首府的银川市也为三线职工的子女提供了充足的发展机遇,从而让"三线人"一代代的在宁夏扎根。

第三,文化孤岛少,文化交流多。在三线建设的过程中,由于执行"山、散、洞"原则,因而部分搬迁企业远离城市、深居荒野。不畅的交通,陌生的环境加上计划经济时代企业完备的生活设施,共同形成了一个较为特殊的现象——文化孤岛。一般来讲,来自五湖四海的移民到了异地他乡之后都面临着社会关系网络的断裂与重建、对迁入地自然环境和人文环境适应以及与迁入地主流群体的交往与互动等等问题。移民之间彼此共同的命运决定了他们之间具有"同命相怜"的感觉,于是移民之间在相互理解、相互帮助,共同克服异地生活中所面临的种种困难中,也加强了内部的团结和彼此的包容,也为其在迁入地的立足奠定了基础。因此,人口的规模也是影响其在迁入地社会文化适应的一个重要因素[①]。然而宁夏的三线企业人数规模庞大,且厂址大多数位于银川市区,日常生活与银川市民基本融为一体,很少出现文化孤岛的情况。

由于厂址在市区,宁夏三线企业也广泛吸纳当地群众进入工厂工作,经过几年的发展,企业的本地职工数量超过了三线迁移来的职工数量,迁移职工与当地职工也没有了明显区别和界限,三线职工及子女与当地民众通婚的情况非常普遍。一些银川市民的审美观、价值观、消费观也随着三线企业的到来发生了不同程度的改变。内迁职工的服饰,如北京的布鞋、青岛的皮鞋和球鞋、大连的连衣裙、上海的化纤料衬衣和尼龙袜等,逐渐成为喜爱时尚的银川市民

---

① 郑彦卿:《宁夏"三线"建设的过程和成就》,《宁夏地方历史文化论丛:第四辑》,甘肃人民出版社2019年版,第18页。

追求的物品。"他们想方设法托请自己的内迁职工朋友,从北京、上海等地购买。当时银川市民喜爱和追求内迁职工带来的外地物品,还包括上海产的大白兔奶糖、光明牌奶粉、玉兔牌羊毛衫、红星牌收音机等"①。在饮食方面,三线职工来到宁夏逐渐接受甚至是喜爱上了当地的牛羊肉,而内迁职工的饮食习惯也逐渐影响到了宁夏当地百姓,青岛的海鲜、东北的饺子、上海的馄饨、北京的油条都出现在了宁夏人的餐桌之上。

四、结语

宁夏三线建设的规模之大、距离之远、设备之多、人数之众为历年罕见,深刻影响了宁夏社会的各个方面。宁夏作为三线地区中面积最小、人口最少的一个省级行政区,却获得了与其他省份近乎相同数量的三线建设投入。1965年宁夏全境面积6.6万平方公里,人口226万人,其面积和人口仅是甘肃的六分之一。但是国家1965年第一批计划搬迁西北地区的企业名单中,有13个项目6 677人落户甘肃,10个项目6 022人落户宁夏,4个项目5 060人落户青海,17个项目6 940人落户陕西②。从人均占有项目数量和地域项目分布密度来看,宁夏获得了远超西北其他省份的项目支援。这些代表着当时国家最先进生产力的项目和工人,不但给当地的经济发展带来巨大的促进作用,同时让宁夏发生了翻天覆地的变化。三线建设在宁夏的成功,是宁夏开放包容的印证,是宁夏"小省也能办大事"的成功先例。这些宝贵的历史经验,必将在今天宁夏促进东西部协作、承接东部产业转移和打造"一带一路"重要枢纽等重大发展战略中发挥重要的作用。

当然,这样短时间的大规模指令性迁移,不免存在或多或少的缺陷,尤其是三线建设正处于战争与和平两大时代主题转换的动荡时期,又跨越了我国计划经济向市场经济转变的探索时期,过于突出战备、忽视经济规律、投资比例不协调、资源浪费和环境污染等问题都具有很强的时代特征,为我国探索社

---

① 城乡建设环境保护部全国城市建设成就展览会资料组:《全国城市建设成就资料汇编》(内部资料),1986年,第192页。

② 陈熙、徐有威:《落地不生根:上海皖南小三线人口迁移研究》,《史学月刊》2016年第2期;刘有安:《20世纪迁入宁夏的汉族移民社会文化适应研究》,兰州大学博士学位论文,2010年;《中央西北局转发1965年第一批搬迁西北地区的工业企业建设项目名单(1964年11月17日)》,陈夕:《中国共产党与三线建设》,中共党史出版社2014年版,第109页。

会主义现代化建设留下了值得反思和吸取的教训。今天,宁夏三线企业一部分已经销声匿迹,那些作为时代特有符号的厂房,不少已经被拆除,三线历史遗产的保护工作亟须开展;以佳通轮胎(三线时期沈阳橡胶厂与青岛橡胶厂联合迁建)、共享集团(三线时期沈阳中捷友谊厂迁建)为代表的另一部分企业则很好地完成了历史的转身,以全新的面貌为地方经济发展贡献力量。

(本文作者:袁世超,大连理工大学马克思主义学院博士研究生;马万利,大连理工大学近现代历史研究所主任,教授,博士生导师)

区隔与融合：三线建设内迁移民的文化适应及变迁*

张 勇

三线建设,是中华人民共和国自 1964 年起在中西部地区进行的一场规模宏大、影响深远的经济建设。建设期间,大量一线地区(沿海和东北地区)和部分二线地区的工厂、工人及家属迁移到内地,由此形成了数百万的三线移民①。这场大规模的移民迁徙运动,无论对这些迁移者的命运与生活,还是对迁出地和迁入地的社会、经济及文化,乃至整个国家和社会都产生了极其深远的影响。

近三十多年来,学术界对三线建设及其相关问题展开了多方面的研究,取得了较为丰硕的成果②。不过对于三线建设中的移民问题,目前仅有为数不多的几篇论文进行了研究。其中,陈熙、徐有威从人口迁徙过程的角度,对上海皖南小三线移民的动员、迁入、安置、回城等问题进行了探讨,认为上海小三线移民尽管在皖南落地二十余载,却始终未能在当地生根③。王毅以重庆地区为例,主要依据档案资料,从工资奖金、物价、劳动福利、生活物资供应等方面论

---

* 本文系国家社科基金重大项目"三线建设工业遗产保护与创新利用的路径研究"(项目号：17ZDA207)的阶段性成果。原载《江海学刊》2020 年第 1 期。

① 如果加上三线移民的后代,这个数字则更大,当在千万人以上。

② 关于三线建设的研究成果及现状,可参见段娟：《近 20 年来三线建设及其相关问题研究述评》(《当代中国史研究》2012 年第 6 期);张勇：《社会史视野中的三线建设研究》(《甘肃社会科学》2014 年第 6 期);徐有威、周升起：《近五年来三线建设研究述评》(《开放时代》2018 年第 2 期);张勇：《历史书写与公众参与——以三线建设为中心的考察》(《东南学术》2018 年第 2 期)。

③ 陈熙、徐有威：《落地不生根：上海皖南小三线人口迁徙研究》,《史学月刊》2016 年第 2 期。

述三线内迁职工面临的社会生活问题,并分析了重庆市委及相关部门针对这些问题的解决措施①。这些学者的研究并未专门关注三线移民的文化问题,而实际上在长达几十年的时间里三线移民经历了诸多方面的文化适应,其文化也产生了巨大的变迁。

那么,内迁之后三线建设移民进行了哪些方面的文化适应?各自有什么样的具体表现?三线移民文化与三线厂矿文化是一种什么关系?三线移民文化及厂矿文化是否就是迁出地文化和迁入地文化的嫁接与融合?要想解答这些问题,研究者必须选择一个重点区域,在收集各类资料和从事实地调查、口述访谈的基础上展开深入研究。重庆是三线建设的重点地区,拥有数十万的三线建设移民。因此,本文主要以重庆地区为重点,兼及其他地区,通过阐述三线移民在迁入地的文化适应及表现,来剖析三线移民文化和三线厂矿的社会文化本质,并讨论不同移民类型和迁入地的区隔与融合问题。

一、三线移民内迁初期的不适

三线移民大多来自沿海地区或发达城市,他们基于不同的考虑内迁到三线地区②,由于迁入地与迁出地在气候、地形等自然环境以及工作环境、生活条件等方面都存在极大差异,因而他们在内迁初期多有不适。

从外地迁入重庆地区三线企业的移民,首先最不适应的就是当地的气候和地形。许多外地迁徙到重庆的三线职工觉得这里的气候非常潮湿、酷热,而他们怕热、怕潮③。位于大山深处的晋林厂"因为海拔高,有 1 000 多米,天天

---

① 参见王毅、钟谟智《三线企业的搬迁对内迁职工生活的影响——以重庆的工资、物价为例》(《中共党史研究》2016 年第 4 期);王毅、万黎明《三线建设时期重庆地区内迁职工社会生活问题探析》(《当代中国史研究》2019 年第 1 期)。王毅探讨的是三线建设初期内迁职工面临的社会生活问题,并且更多是依据档案资料从政府层面分析解决措施,并未从民间视角关注三线移民在三线建设及调整改造几十年中的社会文化适应及变迁问题。

② 三线移民内迁参加建设的动因各不相同,既有受国家号召感染的积极响应者,也有对自身和家庭理性的权衡者,还有无奈或"无知"的从众者。关于三线建设内迁移民的动因、选择与顾虑,可参见施文《"三线人"身份认同与建构的个案研究——以陕西省汉中市回沪"三线人"为例》(华东师范大学 2009 年硕士学位论文,第 13—14 页);李浩《上海三线建设搬迁动员工作研究》(华东师范大学 2010 年硕士学位论文,第 14—15 页)。

③ 王毅、万黎明:《三线建设时期重庆地区内迁职工社会生活问题探析》,《当代中国史研究》2019 年第 1 期。

都是下毛毛雨"①,职工很不习惯。江津的晋江厂同样建于山沟中,这里的内迁职工大多来自山西,他们发现"山沟里冬季阴冷潮湿,出太阳的日子少,阴天或雾天多,往往连续几天绵绵雨","每到夜晚,就让在冬季有暖炕的北方人着实难受一番"②。重庆地区属于山区,许多三线军工企业更是建在大山深处,周围群山环绕,地形崎岖不平,艰苦"情况比预想的要困难得多"③。一位大学毕业分配到重庆晋林机械厂的职工说:"这里交通非常不方便。我后来到厂里,登到山顶,所看到的全是小馒头山,除了山没有别的,真的是大山深处!"④就连重庆市郊改扩建企业的三线内迁职工,一时也对此无法适应,认为"这里夏天热得要命,蚊子毒咬人疼,冬天又潮又冷","这边全是山路,每天走路都要很小心,更别说自行车了"⑤。

三线移民在迁入初期对工作条件、生活状况也显得极为不适和失望。晋林厂"在那个洞子里头,第一看不清楚,第二关节炎很严重"⑥。从天津内迁到重庆的改扩建企业——重庆起重机厂的职工发现,到了该厂,"工作条件真的是差呀","(它)不是一个国营企业工厂,而是几个私营老板合资搞的一个条件简陋的厂,虽然工人也很多,规模也不小,但生产效率极低,生产水平也不高"⑦。

三线企业遵循"先生产,后生活"的原则,因而初期三线职工的生活条件普遍很差。他们坦言:"在那么困苦的情况下白手起家,条件很差。说老实话,我们在山沟里生活非常苦!没有正常的生活渠道,副食品供应特别艰难,当年一个月一斤肉。而且厂里的水含有多种矿物质,我们喝这种水每天都感觉饿。"⑧

---

① 陈宏逵口述,张勇等采访整理:《我与重庆三线建设的调整改造》,载张勇主编《多维视野中的三线建设亲历者》,上海大学出版社2019年版,第8页。
② 吴学辉:《吃喝拉撒睡那些杂碎事》,载陈年云、吴学辉主编《晋江记忆(上)》,团结出版社2016年版,第196页。
③ 涂建勋:《我在三家军工企业的三线生涯》,载张勇主编《多维视野中的三线建设亲历者》,上海大学出版社2019年版,第117页。
④ 陈宏逵口述,张勇等采访整理:《我与重庆三线建设的调整改造》,载张勇主编《多维视野中的三线建设亲历者》,上海大学出版社2019年版,第6页。
⑤ 王玥:《第一代"三线人"身份认同研究——以C市Q厂为例》,长春工业大学2016年硕士学位论文,第28页。
⑥ 陈宏逵口述,张勇等采访整理:《我与重庆三线建设的调整改造》,载张勇主编《多维视野中的三线建设亲历者》,上海大学出版社2019年版,第13页。
⑦ 王玥:《第一代"三线人"身份认同研究——以C市Q厂为例》,长春工业大学2016年硕士学位论文,第28页。
⑧ 陈宏逵口述,张勇等采访整理:《我与重庆三线建设的调整改造》,载张勇主编《多维视野中的三线建设亲历者》,上海大学出版社2019年版,第8页。

尤其是从沿海发达城市来的三线移民,更会对迁入地的生活条件不满意。有的内迁职工觉得宿舍条件差,如内迁人口较多的重庆机电厂职工及家属认为他们的"宿舍小,家具摆不下。宿舍质量差,大小便很不方便"①。甚至有人说:"重庆在我们眼中不过就是个大县城而已。而那时候这种落差,让我们对重庆的环境、各种生活条件都很不满意。"②内迁到重庆晋江厂的职工陈志强在回忆建厂初期的艰苦生活条件时,更是感慨颇多:

> 我们当时的生活条件相当不好。第一,重庆气候太潮湿了,睡一晚上起来连被子都是湿的;第二,喝水没有自来水,只有田坎里的稻田水,生活极其不方便;第三是没有厕所,我们有时候上厕所都只有去农民家,或者就在没人的地方解决了,当时真的没有办法;第四,当地没有设置蔬菜队,我们吃的菜都是汽车从外面运进来的,我第一次吃到的藤菜是汽油味的,因为拉菜的车要拉汽油回来,所以就染上味儿了。当时真的是物资缺乏,粮食要跑到二十里地外去买,买菜都要去7公里外的夏坝或去10公里外的广兴买……不习惯的地方太多了,吃、住、行种种都不适应。③

迥异的环境和艰苦的条件,使得晋江厂的很多支内家庭最初都不愿意搬迁过来④。即使已经内迁到重庆的三线职工,一些人仍产生思想上的波动。由于远离家乡,条件差,生活不习惯,有的企业"部分职工到厂后不够安心",甚至"要求调回老厂"⑤。通过有关部门的政策解决和工厂多次做思想教育工作,并经历了最初几年的磨合之后,内迁职工才逐渐适应了三线企业的环境、社会与文化。

二、三线移民的文化适应及其表现

三线移民内迁之后的文化适应,既有对迁出地文化的继承与延续,也有与

---

① 重庆市经委:《重庆电机厂内迁工作情况简报(第一期)》,重庆市档案馆藏,档案号:1102-3-429。
② 王玥:《第一代"三线人"身份认同研究——以C市Q厂为例》,长春工业大学2016年硕士学位论文,第30页。
③ 陈志强口述资料,2019年4月14日。
④ 赵双龙:《三线时期父亲在晋江厂的经历》,载陈年云、吴学辉主编《晋江记忆(上)》,团结出版社2016年版,第77页。
⑤ 《国营第五六四厂厂史》(内部资料),1988年,第46页。

迁入地文化的适应与融合,这在语言、饮食、风俗习惯、文化娱乐、社会关系、群体心态等方面体现得较为明显。

(一) 语言

语言是人类最重要的交流工具。外地移民迁到三线地区之后,首先面临的就是语言问题。大多数内迁职工及家属原本的方言,与迁入地重庆的方言存在较大的差别。因而他们与重庆本地的职工和周边居民在使用各自的方言进行交流时,就会存在一定的障碍,甚至产生了一些笑话或误会。不过,这种语言交流的尴尬随着时间的推移出现的次数越来越少。在后来长期的交往过程中,外地移民和本地职工及居民相互学习,使得工厂内外的语言交际发生了变化,并形成了极具三线特色的"厂矿普通话"。

来到一个新的环境中,三线移民为了减少对外交流中的障碍,会对其所使用的语言进行相应的调整,常常会根据不同的对象和场合使用不同的语言。在家庭内部以及老乡之间,他们会以家乡话进行交流。如杭州内迁而来的职工,"相互之间都是讲杭州话","在家里面就更要讲杭州话,跟孩子也是说的杭州话"[1]。在和工厂其他地方来的职工交流时,通常会使用带有各自地方口音的厂矿普通话。"大家相互交流说普通话,对外窗口、正规场合都说普通话"[2]。在和当地居民打交道时,则会使用普通话,或者学说当地话。正如晋江厂的支内职工所说:"在厂里,职工们一般用普通话进行交流。但在私底下面对自己的老乡的时候,我们还是会讲家乡话。在重庆待的时间长了以后,我在面对重庆人的时候,偶尔也会说些重庆话。"[3]

三线移民的迁入,使得三线单位内部及其周边人群形成了移民迁出地的方言、迁入地的方言和厂矿普通话等多种语言形式,相互产生影响。如在以上海人为移民主体的工厂周边,当地农民之间流行着"鸡毛菜""塔菇菜""不搭界""乡下人"等上海方言词汇[4]。一些上海来的三线移民,也积极向当地人学习方言,因而他们的上海话中也时常夹杂着一些当地方言[5]。

---

[1] 韩阿泉口述,张勇等采访整理:《他乡是故乡》,载张勇主编《多维视野中的三线建设亲历者》,上海大学出版社2019年版,第74页。
[2] 陈登义口述资料,2016年5月18日。
[3] 岳云鹏口述资料,2019年6月16日。
[4] 蓝卡佳、敖钰:《三线建设言语社区语言生活》,《小说评论》2013年S1期。
[5] 倪同正口述资料,2017年9月8日。

三线移民不论一代还是二代,大部分都会讲几种语言。据调查,在有的三线单位,双语型的厂矿职工比例占了总数的 78.5%,多语型的厂矿职工占了 21.5%①。三线移民一代和二代所使用的语言都会随着时间的推移而发生变化,晋江厂就是很好的例子:

> 在 20 世纪 70 年代以前,基本上都是普通话比较多一些;到 70 年代以后,重庆人、四川人多了以后,说本地话就比较多一些了。由于外地人在重庆、在晋江厂待的时间比较长了,基本上本地话他们也能听得懂。老一辈的人呢,他们听得懂(重庆话了),基本上还是不怎么说,他们的后代就要说得多些了。三线建设者的下一代,在重庆长大的这批人,小孩一般都是家长是哪个地方的人,就说哪里的话。到后来时间长了,跟大家在一起了,有时候也会重庆话了。②

从代际差异来看,三线移民一代主要以家乡话和普通话为主,虽然有的也能讲一些迁入地方言,但多半"乡音难改",有少数人至今仍只会讲家乡话。三线移民二代则主要以普通话和迁入地方言为主。他们由于从小就在三线单位生活,从幼儿园到中学,厂矿普通话已经成为他们的日常交际语言,所以他们学习和使用普通话的机会大大增加,许多"三线二代"能讲一口流利的厂矿普通话。如晋江厂的小孟到重庆的时候才两岁,如今她已经不会说家乡话了,"她的口音是那种混着东北话、山西话及重庆话的普通话"③。移民二代也在当地的环境中学会了重庆话,有的甚至说得很"地道"④。

语言社会学认为,人们所使用的语言与社会环境之间会相互作用并产生社会效应。有研究者指出,在三线工厂相对封闭而又相对多元化的语言环境中,他们会因为频繁的语言接触而发生语言行为和语言态度的转变,进而导致自身语言的变异;抑或是形成一种新的交际语言,即带有极强语言特征的"厂

---

① 蓝卡佳、敖钰:《三线建设言语社区语言生活》,《小说评论》2013 年 S1 期。
② 李治贤口述,张勇等采访整理:《从军代表、三线职工到大学教授》,载张勇主编《多维视野中的三线建设亲历者》,上海大学出版社 2019 年版,第 31 页。
③ 孙晓筠:《17 年大移民——三线建设调查报告》,载倪同正主编《三线风云》,四川人民出版社 2013 年版,第 235 页。
④ 孙晓筠:《17 年大移民——三线建设调查报告》,载倪同正主编《三线风云》,四川人民出版社 2013 年版,第 230 页。

矿普通话"①。迁出地的家乡话、迁入地的方言和厂矿普通话三者在这一特殊群体中长期互通,相互影响和融合。

(二)饮食

饮食是三线移民面临的另一个需要适应的问题。从东北、沿海等地区内迁而来的移民,饮食口味与迁入地重庆差别较大。例如,内迁到重庆起重机厂的天津人更多习惯的是北方口味,"由于饮食的差异,我们喜欢吃面,南方喜欢吃米饭","吃不惯辣椒"②。内迁到晋江厂的山西职工"喜欢吃面食和醋",他们发现"重庆人喜欢吃腊肉和豆花,口味偏辣"③。内迁过来的上海人最初在饮食上也不习惯,"吃不惯重庆麻辣,也不像重庆人那样大块吃肉,大碗喝酒,更不会在餐桌上扯起喉咙、唾沫横飞地划拳"。在有的上海人看来,"麻辣伤胃,烈酒伤肝,大块吃肉不利养生,饭桌上划拳不卫生"④。内迁到重庆的杭州人亦如此,因为"杭州饮食偏甜,口味较清淡纯鲜;重庆饮食多麻辣"⑤。

除了饮食的口味外,三线移民的一些饮食习惯也与迁入地重庆有较大的出入。从山西内迁到重庆的职工觉得,当地的饮食比较丰富,"家家都可以做一桌很丰富的宴席;北方人就不行,吃得很简单,观念不一样"⑥。重庆本地人认为,上海职工"请客很讲究,每道菜虽然分量不多,但品种丰富,而且少而精,一顿饭下来,既能吃饱吃好,还不浪费"⑦。杭州人买菜、做菜的习惯也不一样,"在买菜的时候,重庆人习惯大块大块地买,但是杭州人就是半斤几两地买。杭州人做的饭菜都是盛小碟就上桌了,有精巧细致、江南人家的秀气之处,不像重庆人这般豪放"⑧。

很多三线移民保持着一些家乡的饮食习惯,因而来自不同地方的职工都会

---

① 蓝卡佳、敖钰:《三线建设言语社区语言生活》,《小说评论》2013年S1期。
② 王玥:《第一代"三线人"身份认同研究——以C市Q厂为例》,长春工业大学2016年硕士学位论文,第32页。
③ 岳云鹏口述资料,2019年6月16日。
④ 向军、贺怀湘:《中梁山有个上海村》,《重庆晚报》2009年1月16日。
⑤ 颜研:《三线建设内迁职工的社会适应研究——以重庆K厂为例》《大东方》2017年第5期。
⑥ 陈志强口述资料,2019年4月14日。
⑦ 向军、贺怀湘:《中梁山有个上海村》,《重庆晚报》2009年1月16日。
⑧ 颜研:《三线建设内迁职工的社会适应研究——以重庆K厂为例》,《大东方》2017年第5期。

做一些具有地域特色的食物,风味各异。例如,重庆晋江厂有的职工回忆,在春节期间大家轮流坐庄,各显身手,"到我家,我动手做上两道苏州的传统菜——熏鱼和蛋饺来招待大家。到张发春家,他的拿手好菜——烧白和夹沙肉也颇受欢迎。到了校长顾锡生家,他让女儿顾丽娜包上山西水饺,使我们南方人品尝到了北方味道"①。除了主菜外,三线职工也会做很多具有家乡风味的小吃。

面对着饮食习惯的差异,有一些内迁三线移民仍保持着自己的家乡口味。例如,有的上海人一直在饮食上"保持着上海餐饮的清淡"②。时至今日,有的杭州内迁职工的厨房依然是杭州风格,"有白砂糖,但没有豆瓣酱,也没有花椒、辣椒等调料"③。而另一些移民家庭,在部分保留家乡饮食口味的同时,也逐渐接受了当地的口味和食品。一位上海移民讲到家庭饮食习惯的变化:

> 我家保留了比较有特色的上海菜,像油面筋包肉、荠菜馄饨等。我知道重庆人嗜辣,但我不太能吃辣,所以家里的口味还是以清淡为主。在重庆待久了,我也逐渐接受了以前不食用的食物,如折耳根、火锅等,但太辣的食物我还是不能接受。由于儿子们从小在重庆长大,所以他们比我们老两口更能吃辣。④

这是长期交往中,三线移民和当地人的饮食相互影响的必然结果。当地人在上海人、杭州人的影响下也开始接受螺蛳、河虾等食品了⑤。

迁入地的饮食口味及习惯对三线移民的影响则更为明显。外来移民们慢慢适应了重庆当地的口味,有的也能吃一些麻辣了。尤其是单身职工在与本地人结婚后,饮食习惯开始发生变化。有的移民表示,"在与妻子结婚之后,虽然妻子做饭口味会迁就着他,但生活中免不了会做一些重庆口味的饭菜",因

---

① 卢季川:《山沟里的春节》,载陈年云、吴学辉主编《晋江记忆(上)》,团结出版社2016年版,第214页。
② 向军、贺怀湘:《中梁山有个上海村》,《重庆晚报》2009年1月16日。
③ 江飞波、冉文:《歌乐山"杭州大楼"的光辉岁月》,重庆晨报上游新闻,2017年10月31日。
④ 岳云鹏口述资料,2019年6月16日。
⑤ 岳云鹏:《桃子沟轶事》,载陈年云、吴学辉主编《晋江记忆(上)》,团结出版社2016年版,第163页。

此他也开始适应重庆的口味了①。双职工家庭大多数时候是买菜在家做饭,因此家乡的饮食习惯沿袭得较多,但他们的子女基本都已习惯了重庆口味。正如杭州内迁三线职工坦言:"我们以前做菜做出来都是杭州口味的,现在我和夫人有的时候吃杭州口味,有的时候也能吃稍微带点辣的,但是不能多吃,我们下一代基本上是重庆口味。"②

这种饮食上的适应其实是外地职工及家属和本地人相互学习、文化融合的结果。四川锦江厂的上海支内职工"向非沪籍邻居传授了烧红烧肉、香葱烤大排、煎炒素鸡"的方法,而他们也"向四川邻居学会了自制川味香肠、烟熏肉,学成了烧炒多道川菜",自觉受益匪浅③。在重庆晋江厂,当地人向山西人学习包饺子、刀削面,还有山西独特的"合子饭"——把所有菜和饭混在一起乱炖,最后重庆的当地人也习惯这样吃了④。外地移民在三线地区饮食的适应和变迁,就是一个土客文化相互融合的过程。

(三)风俗习惯与文化娱乐

风俗是特定社会文化区域内人们共同遵守的行为模式或规范,包括群体性格、节日、婚姻、丧葬等方面的内容。三线移民内迁后,一方面延续了家乡的一些习俗,另一方面受迁入地文化影响,习俗趋于在地化,并在此基础上孕育了具有三线厂矿特色的一些习俗。

三线移民在三线单位工作、生活时,仍延续迁出地的一些文化习俗传统。例如,晋江厂山西内迁而来的职工用饺子招待客人,表示对客人的尊重;吃饭时,女性和孩子都不得上桌⑤。

在群体性格方面,上海人的"精明"在与当地人打交道时也显现无疑。上海人"不论男女,购物买菜砍价都很厉害"。不仅如此,"八成人家都备有一副

---

① 颜研:《三线建设内迁职工的社会适应研究——以重庆K厂为例》,《大东方》2017年第5期。
② 韩阿泉口述,张勇等采访整理:《他乡是故乡》,载张勇主编《多维视野中的三线建设亲历者》,上海大学出版社2019年版,第73页。
③ 饶启良:《难忘锦江邻里情》,载锦江油泵油嘴厂退管站编《锦江岁月(第一册)》(内部资料),2006年,第270—271页。
④ 陈志强口述资料,2019年4月14日。
⑤ 吴学辉:《吃喝拉撒睡那些杂碎事》,载陈年云、吴学辉主编《晋江记忆(上)》,团结出版社2016年版,第191页。

杆秤,每次买菜回家,他们不忘称一下是否缺斤少两",如果吃亏了,"准会提着菜篮返回论理"。因此,本地人"几十年与'阿拉人'打交道,不仅领略了'阿拉人'的精明,还学会了'阿拉人'的节约习惯"①。

三线移民在长期社会交往中,也受到当地文化因素的影响,性格、习俗逐渐具有当地的一些特点。例如,一位重庆青山公司的子弟在谈到该厂习俗变化时指出:

> 重庆人耿直豪爽,外地来到青山公司的成员也受到一定熏陶与感染;又如当地重"礼尚往来",久而久之青山公司的员工和家属也就入乡随俗了;在节气习俗方面,已有部分青山人大年十四过元宵和璧山人一致,但也有保持大年十五的;婚丧习俗则完全本地化,依当地风俗行事。②

三线单位里人们的节日习俗,既有迁出地文化节日的影子,也深受本地习俗的影响,并且在三线厂矿独特的社会环境中,还形成了具有鲜明厂矿文化特色的一些习俗。以春节为例,三线厂矿在进行贴春联、守岁、吃饺子、拜年等传统春节活动的同时还会做花灯,晋江厂人"一般都用薄竹片和皱纹纸制作",然后"牵上电线,接一个25W的小灯泡放在灯笼之中,把它挂在门口的过道上"③。厂里的团拜和拜年活动其乐融融,并与一般的农村和城市社会不同④。它是在三线企业的熟人化关系网络和社会主义集体化生活背景下,由移民文化、本地文化与集体性的厂文化混合而成的。正是在这种社会文化背景下,"三线厂的人们大都没有什么迷信风俗讲究,一切从简,简简单单,朴朴素素。风俗文化经过混合后变得十分简单,没有满月、三岁、圆锁、搬家等等那么多麻烦的名堂,结婚单位车间一顿席,葬礼厂里一个追悼会,人们在简单的仪式中表达着更纯洁的情意"⑤。

三线工厂内的文娱颇有特色,一些娱乐生活具有"鲜明的地域特色"。例如,学生玩游戏,"四川籍同学喜欢抓子","北方来的同学则玩一种丢布包的游

---

① 向军、贺怀湘:《中梁山有个上海村》,《重庆晚报》2009年1月16日。
② 付令:《三线企业的社会特征探微》,《重庆城市管理职业学院学报》2006年第3期。
③ 邓玉霞:《过年》,载陈年云、吴学辉主编《晋江记忆(上)》,团结出版社2016年版,第218—220页。
④ 唐良竹《难以忘怀的记忆》,载陈年云、吴学辉主编《晋江记忆(上)》,团结出版社2016年版,第86页。
⑤ 胥磊:《我的第一故乡——三线分指》,载张勇主编《多维视野中的三线建设亲历者》,上海大学出版社2019年版,第232页。

戏","跳皮筋是天南地北的同学共同的项目"①。

三线厂矿大多位于偏远之地,加之时代的限制,因而"三线人"在文化生活方面比较匮乏,"除了8个样板戏和屈指可数的几个电影以及千篇一律的报纸内容,其他都是严禁的"②。为了丰富职工的业余生活,工厂也会组织一些体育比赛和文艺汇演。当然,最吸引职工及家属的就是看电影。"放电影可是山沟文娱生活的一件大事。每逢影期,每个职工家庭全体出动去广场观看露天电影。孩子们更是早早地吃完晚饭,拿着小板凳到广场占据一个好位置"③。在那个物资和文化都十分匮乏的年代,工作之余看一场露天电影,对"三线人"来说自然是一种享受。他们认为,那时看露天电影,"尽管夏天蚊叮虫咬,冬天寒风刺骨,不过比起封闭的山沟,赶个场都要走七八里地的三线人而言,还是非常值得的"④。

三线移民和其他的职工及家属一样,过的都是三线厂矿里封闭而又独特的集体文化生活。他们的文化娱乐与工作、生活一样都带有浓厚的三线厂矿集体生活的色彩。最明显的莫过于所有人的工作与生活节奏都统一于工厂里的军号声和广播:

> 作息时间大多就是靠这每天早中晚的军号。上班的工人、干部是如此,上学的学生是如此,就连在家的家属、老人也是如此。只要军号声一响,整个工厂就开始伴随着动人的《东方红》乐曲苏醒,踏着《三大纪律八项注意》节奏去工作,在《国际歌》声中入梦……上班工作、上学学习的迟到、早退都是以军号的结束、开始为准的,再没有其他的时间依据。⑤

这种集体性的文化生活是特殊时代的社会环境作用于三线企业的产物,

---

① 田丽芳:《桃子沟的故事》,载陈年云、吴学辉主编《晋江记忆(上)》,团结出版社2016年版,第227页。
② 唐良竹:《难以忘怀的记忆》,载陈年云、吴学辉主编《晋江记忆(上)》,团结出版社2016年版,第84页。
③ 岳云鹏:《桃子沟轶事》,载陈年云、吴学辉主编《晋江记忆(上)》,团结出版社2016年版,第164页。
④ 刘明康:《记忆中的露天电影》,载陈年云、吴学辉主编《晋江记忆(上)》,团结出版社2016年版,第205—207页。
⑤ 杨晋琥:《回荡在山沟里的军号声》,载陈年云、吴学辉主编《晋江记忆(上)》,团结出版社2016年版,第167页。

企业又通过组织这些文体活动来丰富职工及家属的精神生活,并加强内部的凝聚力和认同感,发挥政治动员、经济生产、社会控制等单位组织的功能①。

（四）社会关系与群体心态

三线企业大多位于偏僻、闭塞的环境之中,几代人在此环境中成长,三线移民与其他"三线人"的社会关系都呈现熟人化、网络化。例如,重庆晋林机械厂"总共编制只有 2 000 多人,所以全部都是熟悉的面孔,都相互知道,每个人都认识。最后发展得就像一个部落一样,亲上加亲,相互联姻,最后大家转弯抹角地都是亲戚"②。经过几十年的积淀,"职工都生活在亲缘和地缘关系交织而成的关系网中,这张关系网,无论在时间的纵轴上,或在空间的横轴上都可以无限地延伸,每个职工家庭,便是关系网上的纽结,有的父子变成了同事,上下级变成了亲戚,谁和谁都不能不沾亲带故"③。在三线企业内部,血缘、姻缘、业缘关系相互交织,形成了一个错综复杂的"关系网"。

三线企业这种内部化的社会关系,在婚姻关系上体现得更为明显。三线工厂"职工的配偶来源更多的是本厂内部,和外部结婚的少"④。三线企业出现婚姻关系的内部化,是因为偏僻、闭塞、孤立的环境导致人们寻找婚姻伴侣的圈子极小,不得不在内部"解决"。就如晋江厂职工所言:"因为圈子小的原因,我们厂双职工的比例很高。其实厂内也像一个小社会一样,绝大部分的交往甚至通婚都是在厂内进行的,因为也没有办法出去。"⑤由婚姻关系所形成的亲属网络,和其他社会关系一道,共同构建起了三线企业盘根错节的社会关系网络⑥。

这种三线企业内部熟人化、盘根错节式的社会关系具有两面性。一方面,

---

① 关于三线企业作为单位社会的这些功能,笔者将另文探讨。
② 陈宏逵口述,张勇等采访整理:《我与重庆三线建设的调整改造》,载张勇主编《多维视野中的三线建设亲历者》,上海大学出版社 2019 年版,第 7 页。
③ 禾夫《人情·关系·网——三线企业内人际关系微观》,《中国职工教育》1994 年第 2 期。
④ 蓝勇口述,张勇等采访整理:《一位历史地理学者眼中的三线企业》,载张勇主编《多维视野中的三线建设亲历者》,上海大学出版社 2019 年版,第 112 页。
⑤ 陈志强口述资料,2019 年 4 月 14 日。
⑥ 陈超对四川锦江厂的婚姻家庭等社会关系做过研究。参见 CHEN Chao,"Labeled Clanization: the Social Structure in A Third Line Enteprise", Labor History, Vol. 57, 2016(5): 671-694. 中文版参见陈超著、周明长翻译《标签化的族群:一个三线企业中的社会结构》,《江苏大学学报(社会科学版)》2018 年第 5 期。

这种社会关系使得"三线人"注重相互间的关心和亲情。如同晋江厂人所言：

> 从全国各地调来的人们，共同生活在这个相对封闭的"小社会"山沟里。三线厂就像是一个大家庭，工厂领导好比是"家长"，每个人都好像是家庭成员，人与人之间像是兄弟姐妹，父一代、子一代的传承，工厂的命运联系着每一个家庭和每一个人，在这个"小社会"里有一种自然产生的亲情。①

随着交往的增多，不同群体之间的隔阂被打破，或者说被隐藏起来，更多呈现出内部融合的态势。"生活时间长了，南方人和北方人慢慢地都融合了，就像一家人一样，关系相处得还是比较融洽的，和现在城里人住楼不一样，厂里走家串门、互帮互助是经常的事儿。"②此种人际关系和氛围，使得许多外来者都深感这里"民风淳朴"③。一些长期生活在这些企业中的职工搬到城市后，仍非常怀念这种"亲密无间"的和谐关系，甚至难以适应城里冷漠的人际关系。

另一方面，这种社会关系造成企业内部血缘、姻亲关系复杂，带来管理上的问题。有的家庭在同一企业的各种亲戚多达几十甚至上百人，使人们相互依存的关系非常明显。这就导致企业在内部管理和改革中很难撕破"面子"，打破"人情"，做到严格管理④。

相对于三线移民在单位内部的紧密交往，他们与周边居民的交往则较少。由于三线单位的封闭性和保密性，工厂严禁周边村民进入生产区，与当地人保持着一定的距离。三线移民也往往远离所在地的主流群体，与所在地社会的互动十分有限，封闭的群体生活导致其外部社会关系网络的单一甚至匮乏，"对于对外沟通、社会交流缺乏渠道"⑤。有研究者调查发现，这些外地移民社会交往的范围主要集中在企业内部，当单位这一避风港难以给他们提供有限

---

① 陈志强：《三线建设风雨三十年》，载陈年云、吴学辉主编《晋江记忆（上）》，团结出版社2016年版，第60—61页。
② 李治贤口述，张勇等采访整理：《从军代表、三线职工到大学教授》，载张勇主编《多维视野中的三线建设亲历者》，上海大学出版社2019年版，第32页。
③ 四川锅炉厂政研会：《三线企业的文化困惑》，《思想政治工作研究》1994年第5期。
④ 四川锅炉厂政研会：《三线企业的文化困惑》，《思想政治工作研究》1994年第5期。
⑤ 陈登义口述资料，2016年5月18日。

的生活保障,需要他们从当地获取社会资本时,社会关系网络的匮乏常常使其与当地人交流力不从心①。

包括三线移民在内的"三线人",长期处于封闭、自给自足的单位"小社会"中,整体意识、价值取向的一致性使其群体气质趋于保守、惰性,具有内敛、祥和的"单位人""厂矿人"气质②。同时,三线单位特殊的生活环境也形成了"三线人"独特的心理状态和群体性格。正如有的研究者所言:在建设时期,"三线人"尽管在面对所处的闭塞地理位置和迁入地落后的社会面貌时常会产生孤独感与失落情绪,但是特殊的社会经济地位和文化优势使他们又具有一定的心理优越感,因而其群体性格具有明显的双重性,即优越感和自闭性兼具。改革开放之后,当三线企业陷入困境并逐渐衰落时,"三线人"自然会心理失衡,情绪沮丧,群体性格更加内向,群体心态显得混乱而迷惘,个体心理出现躁动和不安全感③。因此,三线移民的文化适应和社会融合,必然是一个长期、复杂且艰难的过程。

三、三线移民与厂矿文化的本质及变迁

(一)三线移民与三线厂矿文化

三线移民内迁后进行了多方面的社会文化适应。通过他们在语言、饮食、风俗习惯、文化娱乐、社会关系与群体心态等方面的表现可以看出,三线移民的文化适应及变迁产生了两方面的结果:一是对迁出地部分文化的延续,并受到迁入地文化的影响。这在语言、饮食、风俗习惯等方面体现较为明显:大部分三线移民既讲家乡话,也学会了当地话;既保留着家乡的饮食口味和习惯,也能一定程度上接受当地饮食;既沿袭了迁出地的部分风俗习惯,又受到了迁入地风俗的影响。二是在特殊的社会文化背景下,形成了独具特色的三线厂矿文化。例如,在三线单位中出现了占据主流的"厂矿普通话";三线人的集体文化生活、社会关系与群体心态则更具有鲜明的三线厂矿文化特色。因

---

① 刘有安:《孤岛文化背景下的移民社会文化适应——以宁夏清河机械厂为例》,《内蒙古社会科学(汉文版)》2009年第5期。
② 付令:《三线企业的社会特征探微》,《重庆城市管理职业学院学报》2006年第3期。
③ 刘有安:《孤岛文化背景下的移民社会文化适应——以宁夏清河机械厂为例》,《内蒙古社会科学(汉文版)》2009年第5期。

而三线移民在语言、饮食、风俗习惯、文化娱乐、社会关系与群体心态等方面的文化表现,在很大程度上也体现了三线厂矿文化的特色。

在三线单位中,除了内迁移民外,招工人员(包括返城知青)、复员转业军人、大中专毕业生也是"三线人"群体的重要来源①,此外还有大量的职工家属。三线移民和其他来源的职工及家属一道,在时代洪流和特殊的三线单位环境中共同孕育了三线厂矿文化,这种文化既带有外来文化和本土文化的因子,又是社会经济制度和集体化时代的产物。因此,三线移民文化是三线厂矿文化的重要组成部分之一,属于三线厂矿中的亚文化。有些文化现象不仅是三线移民所独有的,而且是整个三线厂矿的共性。三线厂矿文化具有突出的时代性、集体性、封闭性和自足性等特征。

(二) 三线厂矿的社会文化本质

三线厂矿之所以呈现出这些文化特征,是由其社会和文化本质所决定的。从社会角度来看,三线厂矿是一种介于城乡之间的特殊"单位社会";从文化角度来看,三线厂矿是当代中国一种典型的"文化孤岛"。

对于三线厂矿的社会特征,可以从人口密度、生产方式、户籍身份、生活方式、社会差异、社会关系等方面来分析(表1)。三线厂矿通常在一个较小的空间范围内汇集了几千甚至上万人,人口密度较大。而这些厂矿主要从事工业化生产,也与周边的农业生产地区形成区别,造成"墙内飞机导弹,墙外刀耕火种"的分隔状况。居住在厂区的人员,除了为数不多的民工和部分家属外,大部分人都具有城镇户籍。由于我国在当时业已确立严格的城乡二元分隔体制,户籍制度的藩篱基本上阻断了周围农村人口进入三线企业成为产业工人的可能性,使得三线企业的职工与周边的农村人分属两类世界。三线人在吃、穿、住以及文化娱乐、福利保障等方面皆有别于周边的农村人,有着独特的厂区生活方式。此外,三线厂矿内部的职业分工较为简单,职工们的工作与生活环境基本相同,社会角色也较为相似,因而社会内部的差异性不大,具有很强的同质性。在同一个封闭的环境中,三线人相互

---

① 陈超对内迁工人、返城知青和复退军人等三类三线职工群体的特点及职业机会有深入的剖析。参见 CHEN Chao, "Labeled Clanization: the Social Structure in A Third Line Enteprise", Labor History, Vol. 57, 2016(5): 671 - 694. 中文版参见陈超著、周明长翻译《标签化的族群:一个三线企业中的社会结构》,《江苏大学学报(社会科学版)》2018 年第 5 期。

之间比较熟悉,关系亦非常密切,"血缘、姻缘、人缘形成了一个无法解开的关系网"。

表1 三线厂矿各方面的社会特征

指标	人口密度	生产方式	户籍身份	生活方式	社会差异	社会关系
特征	较大	工业	城镇户口	厂区生活	同质性强	密切,熟人社会

由此可以看出,在人口密度、生产方式、户籍身份、生活方式等方面,三线企业具有城市社会的诸多特征;而从地理环境、社会差异、社会关系等方面来看,三线企业又具有乡村社会的部分特点。在中国特殊历史背景下形成的三线企业,是一种介于城市和乡村之间的特殊社会组织形式。究其社会本质,三线厂矿这种组织形式,就是一种特殊的"单位社会"。

三线厂矿是在计划经济时代、国家大力支持下营建起来的国有企业,它和其他单位一样具有经济、政治、社会三位一体的功能。企业的全部经济活动,包括原料供应、生产销售、劳动力使用、报酬支付、利润分配,都由上级行政机构根据计划进行控制,严重依赖于国家的调控。工厂通过健全的党群组织对行政管理进行监督,直接行使行政管理权,并通过政治思想工作和党员先锋模范作用来调动全体职工的积极性,以达到政治动员的作用①。在计划经济体制下,企业代表国家对职工负担生老病死的无限义务,向其提供就业、住房、医疗、娱乐等社会保障服务。加之地处偏僻的农村、山区,三线企业为寻求生存,不得不搞"大而全",尽可能做到整体配套,工厂里的各种生活、医疗、教育设施一应俱全,成为一个封闭的小社会。

当然,由于地理环境和形成背景的影响,作为一种特殊的"单位社会",三线企业又有着不同于普通单位组织(包括其他国有企业)的一些特点。比如,三线厂矿的封闭性和自给自足性体现得更为明显,在文化层面呈现出文化孤岛的特征②。

"文化孤岛"是指某一人群在某一地域与主流文化群体隔离居住而形成的社区。其特点是社区内人口处于相对的少数,文化也异于周边,如同一个孤立于汪洋大海之中的小岛。文化孤岛不仅是地理位置上隔离于主流群体,在文

---

① 路风:《单位:一种特殊的社会组织形式》,《中国社会科学》1989年第1期。
② 对三线厂矿"单位社会"特点的探析,详见张勇《介于城乡之间的单位社会:三线建设企业性质探析》,《江西社会科学》2015年第10期。

化、心理上更是与主流群体存在较大的差异和隔阂①。

三线厂矿,是在我国中西部地区所形成的一类典型的文化孤岛。三线厂矿虽然在物质、技术、资金等方面对当地农村及农民有一定的援助,当地也在土地、建材、劳动力等方面给予三线厂矿支持与配合,但作为"嵌入型"企业,三线厂矿与当地的交流、互动仍然较少。同时,三线厂矿大多建在偏僻的农村、山区,又因军工单位的保密性和严格的城乡二元分割体制,三线人与当地主流群体的交往保持着一定的距离。"三线人"尤其是三线移民在语言、风俗习惯、文化娱乐、社会关系、群体心态等方面都与当地人存在较大差异和隔阂,从而形成了文化孤岛。

三线厂矿成为文化孤岛,主要与三线厂矿偏僻的地理位置、特殊"单位社会"的管理模式与生产方式,以及群体心态的优越感、自闭性有关。三线企业地理位置上的孤立具备了文化孤岛形成的地理条件和空间架构,使得企业职工的居住生活社区与主流人群隔离开来,妨碍了双方文化的交流与传播。文化孤岛虽然给三线人带来了安全感,但同时也将三线人尤其是三线移民与当地社会隔离开来,拉大了两者之间的距离。

在计划经济时代,"单位社会"具有经济、政治、社会三位一体的功能,企业代表国家对职工进行管理和约束。三线企业是在国家的统一规划下建立起来的特殊单位社会,自然会受到有关部门的严格控制,企业也会强化内部的管理机制,有的甚至实行半军事化管理,限制职工与外界的过度接触。作为一个封闭的单位"小社会",三线厂矿里的各种生活、医疗、教育设施一应俱全,基本能做到自给自足,因此工厂和职工无需与当地有过多的互动。

三线厂矿从事的是工业生产,代表的是工业化时代先进的生产力,相对于周边农村的农业文明来说具有天然的文化优势。同时,三线厂矿的职工属于国家干部和工人,整体的文化水平和社会经济地位明显高于周边农村居民。这就使得三线人具有心理上的优越感,不仅当地农村人,甚至连地方企业的职工都瞧不上。葛兆光先生回忆70年代贵州的三线移民时说:

(他们)保持着外地人的口音、衣着、圈子,本地人对他们的敬畏,又增

---

① 刘有安:《孤岛文化背景下的移民社会文化适应——以宁夏清河机械厂为例》,《内蒙古社会科学(汉文版)》2009年第5期。

加了他们的自负。特别是,当时从下乡的知识青年里招工,因为是中央级厂矿,又是保密的电子设备生产单位,所以要选根红苗正的,只有本土优秀和纯粹的年轻人,才有可能进入这些地方。这种优选法包括地区的差异和出身的差异,又加上了文明(技术)的差异,更激发了他们的倨傲和狂妄。①

这种优越感一方面加强了"三线人"的内部凝聚力,另一方面又造成了他们的自我心理隔离和当地人对其的疏远,形成游离于当地文化之外的文化孤岛。这种社会与文化上的区隔在改革开放之前十分明显,使得三线移民并未融入当地社会之中。

(三)改革开放后的文化变迁

三线建设时期(20世纪六七十年代)的三线厂矿是一种单位"小社会"和文化孤岛,三线移民文化也保持着一定的地域文化特色。随着时间的推移,尤其是改革开放和三线调整改造之后,三线厂矿和三线移民文化都发生了巨大的变迁,三线移民的迁出地文化色彩趋于淡化,三线厂矿文化逐渐与当地文化相融合,并趋于同一。

三线移民及三线厂矿文化的变迁,是受到内外诸因素影响的结果。从内部来看,八九十年代以来,三线厂矿的群体结构发生了较大变化。第一代"三线人"(包括三线移民)逐渐老去,他们或落地生根,留在当地,或落叶归根,返回故乡。第二代、第三代"三线人"中的一部分代替父辈继续在三线企业工作,另一部分则通过考学、外出务工等方式离开了三线企业。此外,企业还补充了不少大中专毕业生、复转军人、社会招工和"农转非"等招工进厂人员。以三线移民为代表的外地人所占比例越来越小,本地人的比重逐渐上升,同时三线企业中的人员也从稳定趋向流动状态,三线企业内部的这些变化导致其文化也随之产生了较大变迁。

从外部来看,进入八九十年代后,国家对三线企业进行了调整改造,一些企业搬离偏僻之地,迁到城市或者郊区,与本地居民有了更多交往。同时在改革开放过程中,三线单位的特殊政策被取消,需要和更多企业、地方社会频繁

---

① 葛兆光:《非青非红》,《贵阳文史》2009年第5期。

接触,"单位办社会"的情况也一去不复返。如此一来,"单位社会"和"文化孤岛"就失去了依存的地理条件和制度壁垒,企业的职工和家属与周边居民在生产、消费、婚姻、文化娱乐等方面有了更多的互动,三线移民文化和厂矿文化融入当地文化就成为必然的趋势。

在此背景下,三线移民在语言、饮食、风俗习惯、文化娱乐、思想观念等方面都发生了巨大的变化。在留有某些迁出地文化因子的同时,三线移民更多地融入当地文化之中。就连第一代内迁重庆的杭州人,现在也是"一边用杭州话交流,一边手搓四川麻将"[1],更不用说第二代、第三代移民,他们大多能讲一口流利的重庆话,也能适应重庆麻辣的饮食,风俗习惯也多入乡随俗,"依本地习俗行事"[2]。

四、总结与讨论

可以看出,三线建设内迁职工及其家属的文化适应,大体经历了三个阶段的变化。内迁初期,三线移民在环境、工作、生活等方面面临着不适。此后,他们在语言、饮食、风俗习惯、文化娱乐、社会关系等方面进行了调适,并形成了独具特色的三线移民文化和厂矿文化。三线厂矿文化具有的时代性、集体性、封闭性、自足性等特征,是由三线厂矿的社会和文化本质所决定的。从社会角度来看,三线厂矿是一种介于城乡之间的特殊"单位社会";从文化角度来看,三线厂矿是当代中国一种典型的"文化孤岛"。此种社会与文化上的明显区隔,使得建设时期的三线移民并未真正融入当地社会之中。改革开放之后,受到内外诸因素的影响,三线移民及厂矿的文化发生了巨大的变迁,逐渐与当地文化相融合。

值得注意的是,建设时期三线移民的文化适应及变迁出现了两方面的结果:一是对迁出地部分文化的延续,并受到迁入地文化的影响;二是在特殊的社会文化背景下,形成了独具特色的三线厂矿文化。不过,三线移民文化及三线厂矿文化并非迁出地和迁入地文化的简单嫁接,三线移民及厂矿也未与当

---

[1] 江飞波、冉文:《歌乐山"杭州大楼"的光辉岁月》,重庆晨报上游新闻,2017年10月31日。
[2] 付令:《三线企业的社会特征探微》,《重庆城市管理职业学院学报》2006年第3期。

地发生实质性的融合，而是在部分延续或吸收迁出地、迁入地文化的基础上，结合特殊的社会、文化环境，形成了一类独特的社会组织与文化形式。

三线移民及厂矿文化并非迁出地和迁入地文化的简单嫁接与融合，这与中国历史上的大多数移民事件存在较大区别。不论是秦汉时期中原向巴蜀和西南夷地区的移民、魏晋及两宋时期北方人口向南方的迁移、明清时期"湖广填四川"移民、抗战时期沦陷区人口的内迁，还是当代三峡库区移民的外迁安置、城市化背景下农村人口向城市的迁移，这些移民来到迁入地之后，都会与当地社会及人群发生不同程度的互动，其移民文化也是基于迁出地和迁入地文化之上的延续与融合。

不过，三线移民及厂矿的情形也并非孤例，它与明代江南移民迁徙贵州所形成的屯堡人、当代新疆地区的生产建设兵团等，颇有相似之处[①]。这些由官方力量主导而形成的移民社会所具有的占据优势的技术与文化、独特的管理模式和严格的制度堡垒，以及相对偏僻的地理环境，使其在较长一段时期内都保持了自身的社会文化特征，并未实质性地与当地社会相融合，形成了与周边区隔明显的"小社会"。只有当其内外环境发生剧变后，包裹在这些移民孤岛和当地社会之间的隔膜才会消融。就如同三线厂矿，改革开放之后"单位社会"和"文化孤岛"失去了依存的地理条件和制度壁垒，他们才逐渐融入当地社会。这显然属于另一种移民社会与文化的类型。

除了历史学界外，移民的文化适应问题也为社会学、人类学以及心理学界所关注。但纵观各学科的研究，不论是文化适应的双维度理论还是多维度理论，都没有从历时态和共时态结合的角度来考察移民在不同社会、文化环境中所形成的社会组织与文化形式的不同类型。因此，对于外来移民与迁入地互动所形成的不同社会文化类型之间的差别、机理等问题，仍有待进一步探讨。

（本文作者：张勇，历史学博士，四川外国语大学社会与法学院教授，三线建设与社会发展研究所所长）

[①] 已有学者意识到屯堡人与三线移民的相似性，具体可参见吴斌、李建军《一个屯堡家族的变迁：在国与家之间》（《中国人文田野》第五辑，巴蜀书社2012年版，第161—162页）。

三线建设移民的内迁、去留与身份认同
——以重庆地区移民为重点*

张 勇

近30多年来,学术界对三线建设及其相关问题展开了多方面的研究,取得了较为丰硕的成果。不过对于三线建设中的移民问题,目前仅有为数不多的几篇论文进行了研究。其中,陈熙、徐有威从人口迁徙过程的角度出发,对上海皖南小三线移民的动员、迁入、安置、回城等问题进行了探讨,认为上海小三线移民尽管在皖南落地20余载,却始终未能在当地生根[1]。王毅以重庆为例,主要依据档案资料,从工资、物价、劳动福利、生活物资供应等方面探讨三线内迁职工面临的社会生活问题,以及相关部门针对这些问题的解决措施[2]。董志凯从宏观层面对三线企业搬迁的总体部署、项目实施以及经验教训进行了论述,但并未研究搬迁中的移民问题[3]。因此,对于三线移民涉及的诸多问题,有待学界作进一步的探讨。

在三线建设期间,三线移民的迁出地和迁入地为内迁进行了哪些方面的准备? 三线内迁职工及其家属经历了怎样的迁移过程? 在改革开放和调整改造后,三线移民又面临着怎样的去留抉择? 当今的三线移民有着什么样的身份认同? 要想解答这些问题,研究者必须选择一个重点区域,在收集各类资料

---

* 本文系国家社科基金重大项目"'小三线'建设资料的整理与研究"(13&ZD097)。原载《贵州社会科学》2019年第12期。

[1] 陈熙、徐有威:《落地不生根:上海皖南小三线人口迁徙研究》,《史学月刊》2016年第2期。

[2] 王毅、钟谟智:《三线企业的搬迁对内迁职工生活的影响——以重庆的工资、物价为例》,《中共党史研究》2016年第4期;王毅、万黎明:《三线建设时期重庆地区内迁职工社会生活问题探析》,《当代中国史研究》2019年第1期。

[3] 董志凯:《三线建设中企业搬迁的经验与教训》,《江西社会科学》2015年第10期。

和从事田野调查、口述访谈的基础上展开深入研究。重庆是三线建设的重点地区,伴随着大量企事业单位的内迁,重庆涌现了数十万的三线建设移民。因此,本文拟以重庆地区的三线移民为研究重点,兼及其他地区的三线移民,对他们的内迁准备与过程、去留抉择、身份认同等问题进行探讨,以促进三线建设及三线移民研究的进一步深入。

一、内迁准备与过程

(一)内迁准备

在企业及人员内迁之前,从中央到地方,从一线到三线,从主管部门到搬迁企业,都做了大量的准备工作。1964年8月,毛泽东强调要从新的战略方针出发重新布局工业,明确提出:一线要搬家,二线、三线要加强[①]。1964年8月到10月,李富春、薄一波、罗瑞卿多次就迁建问题向中共中央写出书面报告,要求加快沿海企业内迁的进度,加强对迁建工作的领导,并提出了迁建的设想和实施意见、指导思想和步骤安排[②]。国务院各部委也分别提出了初步的迁厂方案[③]。1964年12月,国家计委、国家经委发布《关于搬迁工作分工管理问题的通知》,通知指出,各部和各省、市、自治区都在积极地进行选厂、迁厂的各项工作,要求搬迁工作必须按照统一计划、统一行动的原则进行,并就各系统搬迁计划的组织执行进行了分工[④]。同时,国务院所属的10多个部、委、办(包括国家计委、建委、国防工办和一机、八机、铁道、冶金、煤炭、石油、化工、水电、建工、建材等部),都分别由负责干部带领有关专家组成的工作组到西南实地踏勘,进行搬迁和新建项目的选址工作[⑤]。

各地方政府也在为企业搬迁进行组织和准备。例如,作为企业搬迁的重点地区,上海市对三线建设搬迁工作做了严密的组织安排。上海在市委领导下成立了支援内地建设工作领导小组和办公室,对上海三线建设的整个搬迁

[①] 陈夕主编:《中国共产党与三线建设》,中共党史出版社2014年版,第73页。
[②] 方大浩主编:《长江上游经济中心重庆》,当代中国出版社1994年版,第181页;陈东林:《三线建设:备战时期的西部大开发》,中央党校出版社2003年版,第142—144页。
[③] 董志凯:《三线建设中企业搬迁的经验与教训》,《江西社会科学》2015年第10期。
[④] 甘肃省三线建设调整改造规划领导小组办公室、《甘肃三线建设》编辑部:《甘肃三线建设》,兰州大学出版社1993年版,第376页。
[⑤] 方大浩主编:《长江上游经济中心重庆》,当代中国出版社1994年版,第181页。

工作进行统筹规划；各有关工业局也建立了搬迁办公室，组织工作队到批准内迁的企业指导工作，负责检查督促，研究政策，解决矛盾①。虽然时间紧迫，但内迁企业自身仍为搬迁做了细致的准备工作，包括制定搬迁方案、进行搬迁动员、确定内迁人员以及前期实地调研、随迁家属安置、各方协调等。

重庆作为三线建设的重点地区，早在1964年10月便初步编制了关于重庆地区的三线建设规划。该规划根据国家计委已定的项目和重庆现有工业需要配套的状况，提出以重庆为中心迁建、新建200多个大三线项目。当时计划从上海地区迁入122个，从华北地区迁入43个，从东北地区迁入27个，从广州、南京等城市迁入20个。其中，有分属兵器、船舶、电子、航天、核工业等部的90个国防企事业、科研单位，还有与之配套的机械、冶金、化工、仪器仪表、橡胶、交通等行业的企事业单位②。同时，三线建设期间还对重庆原有的一批企业进行了改建和扩建。不论迁建、新建还是改扩建项目，都必然带来相关企事业单位及大量人员的内迁。下面以杭州汽车发动机厂内迁重庆新建机械厂为例，说明搬迁前有关企业所做的准备工作。

1964年，一机部决定将杭州汽车发动机厂（简称杭发厂）一分为二，将部分设备和职工搬迁到重庆新建机械厂（简称新建厂）。杭发厂在接到中央主管部门的内迁任务后，按照上级部门的安排，于1965年9月13日制定了《关于一分为二支援内地建设的工作计划》，确定了内迁的工作步骤、方法和旅途的组织工作等内容。在思想动员方面，采取层层发动，反复动员，先党内、后党外，先干部、后群众的方法，对全厂职工进行动员教育，并从经济和物质上给予困难职工帮助。在内迁人员的选定上，先通过摸底排队，由杭发厂人事部门根据生产技术配套的原则提出内定名单，再经由四川省公安厅指派政治部门干部逐个政审，最后由杭发厂党委研究决定，先后两次张榜公布③。对于中层干部的选择，还专门召开了联席会议，机械工业部汽车局、南京汽车分公司、重庆汽车分公司、杭州汽车发动机厂、重庆新建机械厂等各方都派代表参加了此次会

---

① 李浩：《上海三线建设搬迁动员工作研究》，华东师范大学2010年硕士学位论文，第12页。

② 方大浩主编：《长江上游经济中心重庆》，当代中国出版社1994年版，第177—178页。后来实际迁建的项目与规划有一定出入。

③ 傅时华主编：《重庆康明斯发动机有限公司志·重庆新建机械厂篇》（内部资料），2005年，第109—113页。

议,并进行了名单的审核确定①。

在此期间,杭州汽车发动机厂还多次与重庆新建机械厂联系,并派人前往重庆进行实地调查。1965年3月,杭发厂派厂长黄家琪带队,到重庆的新建厂做企业状况调查②。同年10月,再由副厂长蒋正栋带队,共7人前往重庆,分三个组开展调研工作。一个组"搞工艺",安排车间的工艺流程、设备安装、生产准备工作;第二个组了解重庆地区的生活情况;还有一个组安排内迁。同时,调查小组对内迁职工配偶的工作预先进行了安排:

> 内迁当中有厂外的家属,有的是棉纺厂的,有的是丝纺厂的,有的是造纸厂的。这些外单位的职工,来了以后你不给他安排工作,怎么办呢?所以有丝纺厂来的直接安排到丝纺厂,有一部分安排在小龙坎棉纺厂,最远的在化龙桥对面,河边有个造纸厂,像这种大概有三十几个人。③

另一方面,迁入地重庆的新建厂,也为接纳杭发厂的内迁职工做了安排。工厂制定了《关于接待安排内迁职工的工作计划》;成立以党委书记负责的接待工作领导小组;对原厂职工进行动员教育,要求热情接待,搞好团结;提前安排好内迁职工的工作和生活等多方面事宜,例如专门为内迁职工修建了甲乙两栋新家属宿舍(俗称"杭州大楼")④。重庆新建机械厂是三线改扩建企业,而其他在重庆新建的三线企业则没有如此条件,必须"边设计、边施工""先生产,后生活"。

(二) 内迁过程

经过中央主管部门的规划安排以及地方和企业的组织准备后,一线地区迅速开展了搬迁工作。1964年就有少数企业开始内迁到重庆,如重庆浦陵机

---

① 孙叶潮口述,张勇等采访整理:《歌乐山下支内的杭州人》,载张勇主编《多维视角中的三线建设亲历者》,上海大学出版社2019年版,第64页。
② 孙叶潮口述,张勇等采访整理:《歌乐山下支内的杭州人》,载张勇主编《多维视角中的三线建设亲历者》,上海大学出版社2019年版,第65页。
③ 韩阿泉口述,张勇等采访整理:《他乡是故乡》,载张勇主编《多维视角中的三线建设亲历者》,上海大学出版社2019年版,第72页。
④ 傅时华主编:《重庆康明斯发动机有限公司志·重庆新建机械厂篇》(内部资料),2005年,第111—113页。

器厂就是 1964 年从上海迁建到重庆北碚的。据时任华东局经委副主任兼国防工办副主任钱敏回忆：

> 重庆的浦陵机器厂，是从上海浦江机械厂搬过去的。一半人留在上海，一半人去重庆，从厂长、副厂长到科室干部、技术人员到工人，都是如此。搬去的设备有四百多台……上海厂里谁调到重庆去开这部机器，谁就跟着这部机器一起走。一点不乱，也不会窝工。效率非常之高。在上海拆卸包装只用了一个星期，运到重庆，也只用了一个多星期就开始生产①。

浦陵机器厂从 1964 年 10 月 29 日确定搬迁之后，仅用 40 天，就全部完成了土建工程。从迁建到投产，总共只用了两个月时间，效率很高。因而被西南三线建设筹备小组确定为内迁企业的成功典范，向整个西南三线内迁企业推广，以做好搬迁工作②。

沿海企业大规模内迁是从 1965 年开始的。搬迁以部分内迁或一分为二为主，也有少数是整厂搬迁的。其中，重庆红岩机器厂是由无锡动力机厂全迁而成的。当时国家部委决定将无锡动力机厂军民两用的 250 系列柴油机生产迁至重庆北碚歇马厂，在原北碚钢铁厂旧址上新建红岩机器厂。1965 年从无锡搬迁设备 440 台，新增 357 台，内迁职工 1 494 人。另外还从洛阳拖拉机配件厂迁来 339 人。该厂在迁建时建立了中共现场委员会和现场指挥部，统一领导搬迁工程现场施工，效果良好。因此，红岩机器厂的迁建被确定为继浦陵机器厂之后，整个西南三线建设中迁建工程的又一个典型，向三线内迁企业推广其经验③。杭州汽车发动机厂则是部分内迁到重庆的。据该厂职工回忆，内迁人员确定后，在启程之前要先通过火车托运行李。

> 内迁之前，就要把每一个家庭的家具、行李，都打包好。然后厂里面要派汽车给它装走，每一个家庭都要帮他们装车。装完车以后，要把它送到一

---

① 钱敏口述，程中原、夏杏珍访问整理：《西南三线建设》，载朱元石主编《共和国要事口述史》，湖南人民出版社 1999 年版，第 323—324 页。
② 方大浩主编：《长江上游经济中心重庆》，当代中国出版社 1994 年版，第 182 页。
③ 方大浩主编：《长江上游经济中心重庆》，当代中国出版社 1994 年版，第 183 页。

个集结点,一个铁路的货运站,那个时候有很多货运车厢。现场都有人管在那边的,不能把内迁职工家的家具损坏了,东西搞丢了,那不行的,工作做得非常非常细致①。

行李托运完后,杭发厂内迁职工就正式启程。他们于1965年11月23日从杭州乘火车到上海,24日傍晚再包船乘坐"丹阳"号客轮离开上海驶往重庆。中途在南京、武汉、万县共停靠了三次。到达重庆后,他们受到了当地组织的热情接待。

12月7日中午,当内迁职工到达朝天门码头后,市委工交政治部、市总工会、市团委、市妇联、市机械局党委、省公安厅劳改局、重庆汽车分公司等单位的领导以及厂领导和其他干部共计120多人前往迎接。当天晚上,市委举行了欢迎晚会,由市委工交政治部李主任代表市委致欢迎辞,会后观看电影②。

第二天上午,杭发厂内迁职工达到了新建机械厂,住进了为其修建的两栋家属宿舍"杭州大楼"。针对刚到的内迁职工,作为迁入厂的新建厂做了一系列工作,如组织参观生产区、生活区,做关于内地建设意义、汽车工业建设远景的报告。

内迁初期,多数职工思想情绪基本稳定,但仍有部分职工的思想波动较大,产生了各种消极的想法,比如认为重庆的地形、气候条件不好,生活条件艰苦等③。通过工厂不断做思想工作,并经历了最初几年的磨合适应期之后,内迁的职工才逐渐适应三线企业的社会、工作与生活④。

二、内迁单位及人员

经过几年的搬迁,三线地区迁入了一大批企事业单位,出现了数量可观的一类政府主导型移民——三线建设移民。以重庆地区为例,据不完全统计,仅

---

① 孙叶潮口述,张勇等采访整理:《歌乐山下支内的杭州人》,载张勇主编《多维视角中的三线建设亲历者》,上海大学出版社2019年版,第66页。
② 傅时华主编:《重庆康明斯发动机有限公司志·重庆新建机械厂篇》(内部资料),2005年,第111—112页。
③ 傅时华主编:《重庆康明斯发动机有限公司志·重庆新建机械厂篇》(内部资料),2005年,第112页。
④ 对于三线移民内迁后的社会文化适应问题,笔者将有另文探讨。

从 1964 年到 1966 年,涉及中央 15 个部的企事业单位从上海、北京、南京、辽宁、广东等 12 个省市内迁到重庆地区的内迁职工就达 4 万多人①。该时期内迁到重庆的具体企事业单位及其职工人数见表 1。

表 1　1964—1966 年内迁重庆的企事业单位及其职工统计表

所属工业部门	企事业单位名称	单位数量（个）	职工人数（人）
冶金部	重钢四厂、第一冶金建设公司、第六冶金建设公司	3	8 387
煤炭部	煤炭工业科学院重庆研究所、中梁山煤炭洗选厂	2	535
一机部	四川汽车发动机厂、重型机械厂、华中机器厂、重庆仪表厂、杨家坪机器厂、江北机器厂、汽车工业公司、北碚仪表公司、四川汽车制造厂、花石仪表材料研究所	10	2 517
五机部	陵川机器厂、平山机器厂、双溪机器厂、晋林机械厂、明光仪表厂、华光仪器厂、金光仪器厂、红光仪表厂、益民仪器厂、宁江机器厂、川南工业学校	11	3 994
六机部	新乐机械厂、清平机械厂、江云机械厂、长平机械厂、永平机械厂、武江机械厂	6	1 523
八机部	红岩机器厂、浦陵机器厂、海陵配件一厂、海陵配件二厂、第三设计院	5	3 287
石油部	一坪化工厂	1	331
化工部	长江橡胶厂、西南制药二厂、重庆油漆厂、四川燃料厂、西南合成制药厂	5	613
地质部	地质仪器厂、探矿机械厂、第二地质勘探大队	3	1 146
交通部	交通科学院重庆分院、第二服务工程处	2	420
纺织工业部	阆中绸厂、重庆合成纤维厂	2	219
建材部	嘉陵玻璃厂	1	76
建工部	土石方公司、江苏三公司、华北直属处、第一工业设备安装公司、中南三公司、渤海工程局	6	20 566
铁道部	第一大桥工程处	1	2 480
邮电部	上海邮电器材厂	1	100
合计		59	46 194

---

①　方大浩主编:《长江上游经济中心重庆》,当代中国出版社 1994 年版,第 184 页。

需要指出的是,这仅仅是 1964—1966 年内迁重庆的部分企事业单位和职工,三线建设给重庆带来的外地移民远远不止于此数。一是除了上述沿海地区内迁的企事业单位外,1964 年下半年至 1967 年国家还在重庆地区安排了 59 个大的骨干项目和配套项目的新建和改扩建①。三线建设时期重庆地区实际安排有 118 个三线工厂企业及科研单位,分布于市属 8 个区和 10 个县②。这些新建和改扩建的项目同样需要迁入很多外地的技术工人和领导干部。例如,位于歌乐山脚下的新建机械厂,三线建设时从长春第一汽车制造厂、杭州汽车发动机厂抽调管理干部和技术工人,仅杭发厂就内迁了职工及家属 534 人③。二是此表统计的只是 1964 年至 1966 年的内迁职工人数,1966 年之后内迁的三线职工以及分配来的大中专毕业生和转业军人并未统计在内。三是除了内迁职工之外,还有大量的职工家属也陆续搬迁到三线地区,和家人共同居住生活。据估算,三线建设期间由外地迁入重庆地区的职工人数在 10 万人左右,再加上随迁家属,全部迁入人口当在 30 万人左右④。

在三线建设过程中,作为老工业基地的重庆也向其他地区如攀枝花、泸州、成都、自贡、绵阳等地输送了不少的技术力量与熟练工人⑤。他们迁移到这些地区,负责包建或支援当地的三线企业。如自贡空压机厂由重庆水轮机厂空压机车间的设备及人员搬迁并负责包建,资中矿山机械厂由重庆通用机械厂负责包建,乐山通用机械厂由重庆二机校、重庆电机厂支援,先锋机床附件厂由重庆二机校支援⑥。这些厂都有因三线建设而前来工作的重庆移民。当然,相比于迁入本地的三线移民,重庆外迁的移民数量则要少很多。

三、三线移民的去留抉择

在改革开放与调整改造之后,三线移民及其后面临着离去、留守以及返回

---

① 方大浩主编:《长江上游经济中心重庆》,当代中国出版社 1994 年版,第 185 页。
② 重庆市城乡建设委员会、重庆市建筑管理局编:《重庆建筑志》,重庆大学出版社 1997 年版,第 19 页。
③ 傅时华主编:《重庆康明斯发动机有限公司志·重庆新建机械厂篇》(内部资料),2005 年,第 113 页。
④ 重庆市生产力发展中心编:《重庆三线建设遗址调查与保护利用研究》(内部资料),2016 年,第 53 页。
⑤ 何瑛、邓晓:《重庆三峡库区"三线建设"时期的移民及文化研究》,《三峡大学学报(人文社会科学版)》2012 年第 3 期。
⑥ 本书编纂领导小组:《重庆市机械工业志》,成都科技大学出版社 1993 年版,第 302 页。

家乡等多种选择。进入 20 世纪 80 年代后,我国的国内外形势发生了很大的变化。中国实行改革开放,经历了一个由计划经济向有计划的商品经济,再向市场经济转变的过程。国家根据一部分地区先富起来带动全国共同富裕的大政策,重点实施了开发东部沿海地区的战略,东西部经济发展水平更加悬殊。一些三线企业亏损严重,职工生活困难。另外,三线企业因为军工任务不足,资源闲置,导致许多三线企业科技人员感到无用武之地。再加上国家改革人事制度,实行人才流动,于是三线企业技术人才大量流向东部沿海和大城市,出现了"一江春水向东流""孔雀东南飞"的潮流。不仅科研技术骨干"孔雀东南飞",一般技术人员也纷纷"向东流"。此外,还有不少职工要求返回迁出地。因此,三线企业职工的流失率一度居高不下。据调查,当时三线企业人才流失比例一般达 30%—50%,个别严重的甚至高达 80%。例如,贵阳车辆厂是铁道部所属从事货车修理的大型企业,由于地处山沟,产品单一,20 世纪 80 年代初期连年亏损。到 1985 年,5 000 多名职工中有 1/3 要求调离,400 多名技术人员走得只剩下 100 多人①。四川锦江油泵油嘴厂 20 世纪 80 年代"申请调离工厂的人员越来越多,以至于形成一种趋势,一种潮流"。到 1984 年 4 月,该厂调离的职工达 582 人,其中技术干部 81 人,具有工程师职称的 51 人。仅在 1986 年 4 月的一次人事劳资会议上讨论研究的调离申请就有 146 人,涉及该厂的 15 个车间、科室②。

重庆地区的三线企业同样面临着人才大量外流和职工返回迁出地的问题。尽管国家出台了对企业调整改造和解决三线职工困难的一系列政策,工厂也制定了种种规定,但并未产生预期效果。例如,重庆晋江机械厂(5057 厂)在给上级部门的报告中说:"三线养不住人。建厂 20 多年来,工厂在山沟里生产、生活条件差,许多实际问题难以解决,导致职工不安心工厂建设。"这就造成"职工队伍不稳定,部分职工对工厂前途忧心忡忡,缺乏信心,工作、生活缺乏动力,人心涣散,专业技术骨干流失严重"③。据调离该厂的一位职工回忆:"想从山沟到城里边来,这可能是当时大部分从三线企业跑出来的人重点考虑的一个原因。很多人都想从山沟到城市,在我之前已经走了不少,包括调

---

① 陈东林:《三线建设:备战时期的西部大开发》,中央党校出版社 2003 年版,第 386—387 页。
② 于学文:《关于锦江厂兴衰的思考》,载倪同正主编《三线风云》,四川人民出版社 2013 年版,第 249、250 页。
③ 陈志强、明德才主编:《晋江风采》,团结出版社 2016 年版,第 174、197 页。

到广州的,调回上海的,还有安徽的、太原的老职工调回去的也不少。"①

"三线人"离开三线企业主要有两类情形:一类是上述情况,即三线职工尤其是技术人员流向东部沿海和大城市。改革开放之后,这些地区的经济率先发展起来,并兴办了许多"三资企业"和乡镇企业,急需技术人才,"这对内迁职工是一个很好的机会"②,因而很多人纷纷选择前去工作。另一类则是内迁职工返回自己的家乡。进入20世纪90年代后,身在他乡的"支内"职工们大多已退休或无奈"内退",加之对家乡的思念之情与日俱增,于是最终踏上了返乡之路。例如,当年从杭州汽车发动机厂内迁重庆的职工,"回去的占了多数"③。一位从上海到川渝地区参加三线建设的支内职工,讲述了20世纪90年代后他们返回故乡的缘由:

> 随着国有企业改革的深入发展,进入90年代以后,原本就缺乏地理、资源、市场的大多数三线企业效益急剧下滑,工厂停产或半停产,职工大批下岗,支内职工也在劫难逃。当年来内地的小青年,如今一个个都已年过半百。企业为了实现所谓的减员增效,女四十、男五十的基本实行了"一刀切"。于是,多数人只能走"内部退养"或"提前退休"的无奈之路了。退休退养了,身在他乡的支内职工,就开始思念生养自己的故乡……在这种情况下,不少上海当年的支内职工打起了回家的主意。④

可见,在社会发生巨大变迁的情况下,很多当年的三线建设内迁移民在退休之后选择了返回家乡。不过,即使返回迁出地后,曾经的"三线人"也面临着户口、住房、养老、医疗、子女就业和社会再融入等诸多方面的问题⑤。此外,由

---

① 李治贤口述,张勇等采访整理:《从军代表、三线职工到大学教授》,载张勇主编《多维视角中的三线建设亲历者》,上海大学出版社2019年版,第35页。
② 孙叶潮口述,张勇等采访整理:《歌乐山下支内的杭州人》,载张勇主编《多维视角中的三线建设亲历者》,上海大学出版社2019年版,第68页。
③ 韩阿泉口述,张勇等采访整理:《他乡是故乡》,载张勇主编《多维视角中的三线建设亲历者》,上海大学出版社2019年版,第76页。
④ 马兴勇:《故乡的云——一个上海支内职工的回家之路》,载倪同正主编《三线风云》,四川人民出版社2013年版,第260页。
⑤ 唐宁:《娘家行,未了情》,载倪同正主编《三线风云》,四川人民出版社2013年版,第501—504页;傅晓莲:《落叶归根:返沪"三线人"生活状况调查》,载张勇主编《多维视角中的三线建设亲历者》,上海大学出版社2019年版,第294—303页。

于收入有限、子女留居以及身体条件等种种原因，仍有一部分三线内迁移民选择留在当地，继续他们的晚年生活。如有一位当年从杭州内迁重庆的退休职工谈道：

> 在工作期间或者退休后有大部分人都想回杭州，但是我是不想了，为什么呢？我的娃儿全部都来了，全家都来了，在杭州只有姐姐；也没房子了，住的地方也没有了，就不想回去了。我在重庆待了有50年了，我现在84岁，只在杭州待了三十几年，回去也没意思了。①

而作为三线内迁职工的子女，除一部分留守在三线企业或定居在重庆外，大部分都不愿意继续待在三线企业里，一些随父母返回家乡，另一些则散落到海内外各地。三线移民及其后代选择离去、留守或返回家乡的原因不尽相同，总体而言受到地区发展水平、企业及个人经济状况、个体发展、家庭及子女、生活习惯、故乡感情等多种因素的影响，也与他们的身份认同有一定关系。

四、三线移民的身份认同

身份认同是指主体对自身的一种认知和描述，是人们对"我是谁"的追问。从三线建设之初一直到如今，三线移民都面临着身份认同的问题。他们的身份认同主要包括地域身份认同和群体身份认同。

（一）地域身份认同

地域身份认同是主体对"我是哪里人"的回答与认知。由于三线移民都是从外地迁到三线企业所在地的，家乡与居住地不一致，他们对于"我是哪里人"的问题往往有着不同的答案。三线移民的地域身份认同大体可分为三类情况②：

第一类，认同自己是迁出地（即故乡）人。中国人有着浓厚的故土情结，有的三线移民尽管已内迁并居住在重庆几十年，但依旧对家乡怀有很深的感情，

---

① 韩阿泉口述，张勇等采访整理：《他乡是故乡》，载张勇主编《多维视角中的三线建设亲历者》，上海大学出版社2019年版，第76页。
② 关于这三类情况，可参见林楠、张勇：《三线建设移民二代地域身份认同研究——以重庆K厂为例》，《地方文化研究》2018年第2期。

加之亲戚朋友大多也在家乡,因此他们年老或退休后,仍然想返回故乡。例如,有从天津内迁重庆的三线职工谈道:

> 我退休以后就和我老伴返回天津了。那时候我妈妈身体一直不是很好,我就想一退休马上就买火车票回去,还能多陪我妈妈一些日子。我老伴也是天津人,我俩就是要回家乡。我孩子都在重庆市,我小儿子顶替我去工厂上班了,我大女儿也在该厂上班。我把我的子孙献给了祖国三线建设,我和老伴也完成了任务。我们想回家乡看看,我大儿子在天津工作,回去也有个照应。①

一部分内迁重庆的天津人"总认为自己不属于这里",认为他们"是天津人,最终要回到故乡"。尽管这些三线移民认为自己是迁出地(即故乡)人,但他们毕竟在三线地区居住了很长时间,因而对迁入地重庆有了很深的感情,将其视为"第二故乡"。

第二类,认同自己是迁入地(即重庆)人。一些三线移民由于在迁入地工作、生活了几十年,对当地的社会与文化已有了较好的适应,并在重庆安居乐业,因此对迁入地重庆的认同感很强,认为自己现在就是重庆人。有的天津内迁职工及子女返津后,却仍然认同自己是重庆人:

> 我老伴在天津税务局,没跟我去支援三线。我刚回来的时候也是找不到地方,变化太快了。我这天津话也不太流利了,在重庆市待久了,反而是那边的话说得溜一些。我家大儿子跟我回来以后也不愿意说自己是天津人,总说自己是重庆人。这不,现在又回重庆市了吧。②

第三类,既认同是故乡人又认同是重庆人。这部分人多是三线移民二代,他们受到童年记忆和父辈的影响,对故乡有较强认同感。同时从孩提时开始,他们便同重庆孩子一起学习、玩耍,且人际关系圈多以本地人为主,因而对重

---

① 王玥:《第一代"三线人"身份认同研究——以 C 市 Q 厂为例》,长春工业大学 2016 年硕士学位论文,第 33 页。
② 王玥:《第一代"三线人"身份认同研究——以 C 市 Q 厂为例》,长春工业大学 2016 年硕士学位论文,第 41 页。

庆亦有归属感。有些杭州内迁重庆的职工子女认为:"如果我回杭州,就是杭州人;如果我留重庆,就是重庆人。"他们既习惯吃杭州菜又能吃重庆菜,既会讲杭州话又会说重庆话。不管回到故乡还是留在重庆,他们都能够较好地适应当地生活。笔者在四川等地调查时,也发现有的三线移民及后代存在双地认同的情况,如四川锦江油嘴油泵厂的上海移民二代,便将其自身称为"川沪人"[1]。三线移民及子女的地域身份认同,存在较大的代际差异。三线移民一代大多更认同自己是故乡人;而移民二代、三代中认同自己是迁入地人或两地人的比例则比一代更高。正如有的杭州内迁职工所言:"我们第一代过来的觉得自己是杭州人,我们脑海里面都会是杭州的影子。他们(二代)已经无所谓了,他们对杭州没什么感觉了,让他们回杭州住,他们还住不习惯。"[2]

此外,对于"我是哪里人"这个问题,有的三线移民认识则较为模糊。例如,重庆晋江厂的支内职工陈志强谈道:

> 很多人问过我觉得自己是哪里人。首先我是在天津待了十八年的天津人,其次我又是在北京待了五年的北京人,然后我也是在太原待了两年的山西人,最后我是在重庆待了五十多年的重庆人。你说我算哪里人,连我自己也不知道。[3]

由于居住过多个地方,他对自己归属于哪里人没有明确的答案,有些模棱两可。这种情况不限于少数三线移民,有的人甚至对此深感困惑。例如,一位从山东内迁贵州的三线移民二代写道:

> 身份,这个问题多年困扰着我们这批三线二代。我相信我和我厂里的大多数朋友一样,被这个问题多年困扰,每每填写表格资料的时候,面对祖籍一项总会感到茫然。我是上大学后才清楚了我的几个亲姑姑分别是几姑,才知道我原来还有那么多表兄弟姐妹、堂兄弟姐妹。山东,对我

---

[1] 王晓华口述资料,2014年7月26日。
[2] 孙叶潮口述,张勇等采访整理:《歌乐山下支内的杭州人》,载张勇主编《多维视角中的三线建设亲历者》,上海大学出版社2019年版,第68页。
[3] 陈志强口述资料,2019年4月14日。

似乎失去了意义。但久居的广州也会因为自己一口普通话将我拒绝,就算你在这里度过了漫漫的十几年。在贵州,拒绝我的原因也是一样的,因为一口流利的普通话,也因为不懂说方言,将划分为外地,全然不曾有过归属,似乎只对"折耳根"能找到些许共同点。我们这些三线子女就像泰戈尔所说:"就像那永恒的异乡人,追逐这无家的潮水。"①

在这位三线移民二代心中,故乡山东对她"似乎失去了意义",而迁入地贵州又因为语言的原因将她划分为"外地人","不曾有过归属",现在居住的广州也同样将她拒绝。可见,他们对故乡认识模糊,对迁入地也无法拥有归属感,觉得自身的地域身份认同处于比较尴尬的境地。

(二)群体身份认同

虽然三线移民对地域身份的认同存在多种情况,但对群体身份认同则较为一致,基本都认同"三线人"的身份。如前面提及的晋江厂支内职工陈志强认为:"大家都喜欢称呼我们这些人为'三线人',其实我也觉得我算'三线人',因为我的一辈子都奉献给了三线建设。"②参加过三线建设或在三线企业工作过多年的人,大多对"三线人"这一群体身份认同感较强。

已有研究表明,"三线人"的群体身份认同经历了一个变化和构建的过程③。三线建设时期国家通过制度的形式对移民进行了强制性安排,因而在建设初期三线移民是"一种机械地、依借外力地对个体身份的消除和对群体身份的建构,群体的集体身份认同尚处于萌芽状态"④。在迁入地居住、生活了较长时间后,"三线人"集体身份的社会定义与个体认同之间逐渐随着时代的转变,从存在差异性转向产生某种契合点。但由于20世纪七八十年代三线建设并未完全解密,加之"单位制"仍具有深远的控制力和影响力,因此这一时期三线

---

① 闫菲:《我自豪,我是三线二代》,载《沧桑记忆——〈三线人家〉集萃》(内部资料),2016年,第105页。
② 陈志强口述资料,2019年4月14日。
③ 参见施文:《"三线人"身份认同与建构的个案研究——以陕西省汉中市回沪"三线人"为例》,华东师范大学2009年硕士学位论文;余娇:《单位制变迁背景下"三线人"身份认同的转变与重构——以贵州军工国企S家属社区为例》,四川省社会科学院2015年硕士学位论文。
④ 施文:《"三线人"身份认同与建构的个案研究——以陕西省汉中市回沪"三线人"为例》,第16页。

移民更多认同自己是某某厂人,如认为是"晋江(厂)人""天兴(厂)人",以示和当地人相区别,但还没有明确提出"三线人"这一群体身份认同概念。

进入20世纪90年代,随着改革开放的进一步深入,"单位制"社会开始消解,同时第一代三线移民已迈入老年时期,退休、下岗或返回故乡,他们开始追忆过往,更面临着自我认同的拷问。在与当地人、故乡人的交往、互动中,他们逐渐形成了"三线人"这个群体身份认同概念。笔者在许多场合,包括网络媒体、会议活动、实地访谈中都观察到许多三线建设者使用并认同"三线人"这一概念。

三线移民还通过聚会活动、撰写回忆文集等方式来强化"三线人"的群体身份认同。返回故乡的三线移民,会时常举行定期聚会,他们通过彼此互相倾诉、寻求身份归属感的重要方式,强化其"三线人"这一群体身份的印记,同时对这一群体身份有了新的感知与重构,让"三线人"这一特殊的身份认同群体能在个体化与多元化的时代语境中继续得以维系①。不论是返回家乡的上海人、天津人还是杭州人,都采用这种方式来维系"三线人"这一群体身份。例如,当年从杭州内迁到重庆发动机厂的三线移民,在返回杭州后,每年这些三线"杭一代""杭二代"都会举行"岁月留下两代情"的主题聚会,"聊聊近来各自的状况,回忆当年在重庆的往事"②。2015年11月28日,在重庆的歌乐山上举行了"杭发厂支内来渝五十周年庆典"聚会,共有200多人参加,其中从杭州赶来参加聚会的"杭一代""杭二代"就有50多人。

除了聚会外,"三线人"还撰写了大量的回忆录、文学作品,在贴吧、QQ群、微信群等网络平台传播,甚至结集出版。全国其他地方,已有三线建设者编撰了诸如《锦江岁月》《卫东记忆》《三线风云》《三线岁月》等回忆文集。重庆也有许多"三线人"编撰了本厂的厂史文集,如晋江厂的几位退休老职工共同发起、编撰了《晋江记忆》《晋江风采》等文集丛书。如今,一些"三线人"还与地方政府、媒体和学者合作,拍摄影像作品,保护和开发三线工业遗产③。三线移

---

① 施文:《"三线人"身份认同与建构的个案研究——以陕西省汉中市回沪"三线人"为例》,第36—38页;王玥:《第一代"三线人"身份认同研究——以C市Q厂为例》,长春工业大学2016年硕士学位论文,第42—43页。

② 江飞波、冉文:《歌乐山"杭州大楼"的光辉岁月》,重庆晨报上游新闻,2017年10月31日。

③ 详情参见张勇:《历史书写与公众参与——以三线建设为中心的考察》,《东南学术》2018年第2期。

民以各种形式和活动,来缅怀他们的青春与记忆,书写自己的历史,强化三线移民和"三线人"的群体身份认同。

五、结语

尽管三线建设移民数量庞大,涉及地域较广,但作为一种政府主导型移民,其搬迁速度较快,在短短数年间就已基本完成迁移。这与中央和地方、主管部门和企业、迁出地和迁入地的动员、组织以及前期准备有密切的关系。三线移民在内迁之初对环境、工作与生活多有不适,经历了几年的磨合适应期之后,内迁的职工逐渐适应了三线企业的社会、工作与生活。但在改革开放与调整改造之后,三线移民及其后代又面临着离去、留守以及返回家乡等多种选择,其抉择受到地区发展、经济状况、个体发展、家庭及子女、生活习惯、故乡感情等多种因素的影响。虽然三线移民对自身的地域身份认同仍在差异,但他们对群体身份认同却较为一致,基本都认同"三线人"的身份,并通过一些活动与形式来强化三线移民和"三线人"的群体身份认同。

(本文作者:张勇,历史学博士,四川外国语大学社会与法学院教授,三线建设与社会发展研究所所长)

三线建设移民二代地域身份认同研究
——以重庆 K 厂为例*

林 楠 张 勇

一、引言

20 世纪 60 年代开始的三线建设,是一场规模宏大、涉及人数众多、影响深远的经济建设。在"好人好马上三线"口号的号召下,几百万工人、干部、知识分子、解放军官兵和上千万人次民工参与其中,并进行了数百万人口的大移民。他们为巩固战略后方、促进中西部地区的社会经济发展奉献了自己的力量,由此形成了一个特殊的群体:三线建设移民。作为政府主导型移民,三线移民成了迁出地的"离开者"和迁入地区的"他者",一直面临着地域身份认同的问题。不同于父辈青年时期在国家的号召下完成迁移,三线建设移民二代经历了全然不同的社会化过程,对迁出地与迁入地的认同感和归属感也与第一代三线移民有所不同。

目前学界对三线建设及其相关问题的研究成果较为丰硕,但大多从宏观视角关注三线建设的历史背景、建设过程、调整改造、影响评价等方面,较少从微观角度研究普通建设者社会、文化、生活等方面的问题①。因此,笔者采取

---

* 本文系国家社科基金项目"西南地区三线建设单位的社会文化变迁研究"(项目编号:14XZS022)、四川外国语大学年度科研项目"重庆地区的三线建设研究"(项目编号:sisu201410)阶段性研究成果。原载《地方文化研究》2018 年第 2 期。

① 关于三线建设的研究成果及现状,可参见段娟:《近 20 年来三线建设及其相关问题研究述评》(《当代中国史研究》2012 年第 6 期);张勇:《社会史视野中的三线建设研究》(《甘肃社会科学》2014 年第 6 期);徐有威、周升起:《近五年来三线建设研究述评》(《开放时代》2018 年第 2 期);张勇:《历史书写与公众参与——以三线建设为中心的考察》(《东南学术》2018 年第 2 期)。

"自下而上"的视角,关注三线建设移民二代的社会生活和思想观念,探讨其身份认同的分化和原因,以弥补三线建设微观研究方面的空缺①。本文运用深度访谈法和文献研究法,所遵循的理论主要为社会学的生命历程研究。生命历程是指在人的一生中随着时间的变化而出现的,受到文化和社会变迁影响的年龄级角色和生命事件序列。生命历程理论认为,个人的生命历程主要是更大的社会力量和社会结构的产物,主要涉及生命过程的一些事件和角色(地位),及其先后顺序和转换过程。生命事件一般包括接受教育、离开父母独立生活、结婚或离婚、生养儿女、参加工作或辞职、居住地的迁徙、退休等事件。生命历程研究不仅要求在一个共同的概念和经验性研究的框架内对个体生命事件和生命轨迹的社会形式作出解释,并且注重考察影响这些事件和轨迹的社会进程②。本文将生命历程研究中的社会、历史层面因素与个体层面相结合的关系主义视角引入地域身份认同中,深入探究三线建设移民二代地域身份认同的分化、影响因素以及各种社会文化表现。

本文选取的研究对象为位于重庆市的K厂。K厂建立于1951年底,原是劳改企业,主营汽车修理业务。在三线建设开始之前,K厂已经发展成为拥有2 000多人的工厂,除了干部、工人,还有一定数量的劳改犯人、刑满留厂就业人员③。三线建设实施后,为增强K厂技术力量,浙江省杭州市某发动机厂被指派内迁支援,1965年抽调部分干部、工人内迁重庆,调入K厂工作。K厂为迎接这批职工及家属的到来,专门修建了两栋住宿大楼供其居住,这两座楼因而被称为"杭州大楼"④。本文所研究的三线移民二代,有的出生在杭州,并在1965年随父母亲来到重庆;有的出生在重庆;有的童年生长在杭州,后来学习的时候来到重庆;还有的则是童年在重庆长大,读书时回到了杭州。需要说明

---

① 对于三线建设者的身份认同问题,目前有三篇硕士学位论文作了一定程度的研究。参见施文:《"三线人"身份认同与建构的个案研究——以陕西省汉中市回沪"三线人"为例》(华东师范大学2009年硕士学位论文);徐薇薇:《三线职工第三代地域身份认同研究——以安徽某三线厂南京人为例》(南京航空航天大学2011年硕士学位论文);王玥:《第一代"三线人"身份认同研究——以C市Q厂为例》(长春工业大学2016年硕士学位论文)。但并未有研究者专门探讨三线移民二代的地域身份认同问题。
② 李强、邓建伟、晓筝:《社会变迁与个人发展:生命历程研究的范式与方法》,《社会学研究》1996年第6期。
③ "K厂厂志(1951—1972)"(未刊),2005年,第7页。
④ "K厂厂志(1951—1972)"(未刊),2005年,第113页。

的是,与许多三线企业选址于偏僻、闭塞的大山深处不同①,K厂位于重庆市郊的山脚下,加之属于三线改扩建企业,本地职工较多,因而较之其他三线企业,该厂三线移民与重庆本地人的交流更多一些。

二、三线移民二代的地域身份认同及其分化

身份认同是指对主体自身的一种认知和描述,是现代人对"我是谁?从何处来?到何处去?"的追问②。地域身份认同的认定则是对"我是哪里人"的回答。在地域身份认同方面,K厂三线移民二代对其地域身份的认同大体分化为三类:认为自己是杭州人;认为自己既是杭州人又是重庆人;认为自己是重庆人。

认为自己是杭州人的K厂三线移民二代,主要包括两类人:一是1960年以前在杭州出生而现在生活在重庆的"杭二代";二是在回到杭州就业、安家的"杭二代"。前者尽管在重庆生活和定居,说重庆话的方式也与当地人无异,但是同"杭一代"一样,他们在地域身份认同上仍倾向于认同杭州,如受访者蔡女士直言"我就是杭州人"。这部分"杭二代"在杭州有较长的生活经历,且受到父辈归乡意识、同辈群体以及童年时期对杭州记忆的影响,他们在地域认同上对杭州有着强烈的认同感和归属感,即使生活在重庆,也会认为自己是杭州人。

认为自己既是杭州人又是重庆人的K厂三线移民二代,主要是1960年至1965年出生在杭州的这部分人。因为童年早期生活在杭州,对在杭州的生活留有记忆,尽管后来再没有回杭州生活过,但仍把杭州看作自己的"第二故乡"。"如果我回杭州,就是杭州人;如果我回重庆,就是重庆人"(受访者:殷女士)。他们在回答"认为自己是杭州人还是重庆人"的时候,往往没有清晰的答案,而是认为自己既是杭州人又是重庆人。他们的特点是既习惯吃杭州菜,又习惯吃重庆菜,既会说杭州话,又会说重庆话。不管回到杭州,还是留在重庆,都能够较好地适应当地生活。这部分群体比较特殊,在原生家庭生活时,受到童年记忆和父辈的影响,对杭州有认同感。同时从上小学开始,便同重庆

---

① 关于三线企业的选址情况,可参见张勇、肖彦:《三线建设企业选址的变迁及博弈研究——以四川三家工厂为例》,《贵州社会科学》2017年第5期。
② 陶家俊:《身份认同导论》,《外国文学》2004年第2期。

孩子一起学习、玩耍,且人际关系圈多以当地人为主,因而对重庆亦有归属感。

认为自己是重庆人的 K 厂三线移民二代,主要是 1965 年之后出生在重庆的群体。他们学习、工作以及结婚生子皆在重庆,认为自己就是地地道道的重庆人。虽然他们的父母来自杭州,但是由于自己出生在重庆,从记事起就生活在重庆,其成长环境和成长经历与当地孩子基本无异,十分适应重庆的生活。反而回到杭州就像是"异乡人",感觉很不适应,"回杭州简直不适应,重庆才是家乡"(受访者:孙先生)。这部分"杭二代"认同的地域身份是重庆人,杭州于他们而言,只是一座有些特殊的城市,是父亲或者母亲的家乡,以及有亲戚生活在那里。如果自己去到杭州,反而会感觉是以"旅游者"的身份进入杭州。

可见,这三类分化大致以 1965 年这一杭州职工迁入重庆的特殊时间节点为分界线,年龄的差距是不同"杭二代"地域身份认同分化的一个显著表现。这从侧面印证了移民对迁入地的适应,是随着代际的更替而不断加强的,而迁出地的文化特质则在代际的传递之中次第遗失,三线建设移民后代最终会慢慢完成迁入地文化的土著化过程①。

三、地域身份认同的影响因素

三线移民二代的地域身份认同,不仅由年龄的差距而带来认同的分化,更受到家庭环境、出生地、同龄群体、婚姻等个体因素以及户籍制度等国家政策的影响。

(一)家庭环境因素

家庭环境在个体成长的过程之中发挥着最主要的作用,原生家庭中父母的思想与情感影响着子女的生活、教育、就业、婚姻等人生发展问题。1965 年,自杭州内迁至 K 厂的 543 位职工中,有 112 户家庭与 57 名单职工②。三线职工在成年之后离开生活了 20 多年的杭州地区,对杭州有着不可磨灭的人生记忆。许多三线移民即使在重庆生活多年后,还是保持着杭州的饮食、语言习惯,饮食清淡、不吃辣,也不太会说重庆话。三线职工在自己年轻的时候因政

---

① 丁艳、王辉:《移民外来文化的土著化过程——以西南三线厂的"厂文化"为例》,《人文地理》2003 年第 6 期。

② "K 厂厂志(1951—1972)"(未刊),2005 年,第 113 页。

策移民至重庆,但是父母、亲戚、同学、朋友等大多留在杭州,因而对杭州有着深深的归属感与故土情结。

尽管 K 厂三线移民对杭州感情极深,但不同的家庭在此方面对子女的影响存在差异,大致可分为积极影响型和顺其自然型两类。积极影响型的家庭,父母常常同子女谈论杭州,与杭州的亲朋间来往频繁,在"杭二代"童年时带他们回杭州探亲,在子女的就学和就业上偏向将子女送回杭州念书、工作。"我父亲就特别希望我们考回去,回到杭州去生活"(受访者:孙先生)。此种影响下成长的三线职工二代在人际交往上同杭州亲朋互动较多,父辈的杭州情结也在生活中多有渗透,比如在家说杭州话,吃杭州菜等。

顺其自然型的家庭父母则在日常生活中较少向子女谈论杭州的生活,在子女入学、就业等发展问题上没有特别的杭州地域偏向。除了双职工家庭,当年有很多单身的男女青年背井离乡来到重庆,结婚生子扎根重庆,这些单职工家庭多为顺其自然型。"我父亲来自杭州,但是母亲是重庆人,父亲在这边(重庆)扎根下来,我们对杭州那边的概念几乎没得了"(受访者:王先生)。这样的家庭即使有一方对杭州情结浓厚,但是由于父亲或母亲是重庆人,而且长期在重庆生活,故对二代的影响相对较弱。

(二) 出生地因素

出生地即个体出生的地方,出生地是与生俱来的,所以具有不可变更性。个体的出生地是其生命开始的地方,出生地以及童年生活的记忆对个体而言,是自己的"根",不可磨灭。尽管都是三线移民二代,但是因为家庭环境、出生地等因素有别,三线移民二代彼此的成长环境与生活环境也不尽相同。K 厂三线移民二代中的一部分出生在内迁之前,出生地在杭州;一部分则是出生于内迁之后,出生地在重庆,由此区分出童年生活地的两种类型:童年在杭州型和童年在重庆型。

童年在杭州型这部分三线移民二代大致出生在 1960 年左右甚至更早,在离开杭州之前已经在江浙一带度过了一段难忘的童年时光。对他们而言,杭州是代表着童年美好的记忆,是"大白兔奶糖的味道"。童年和家人生活的经历与对杭州的记忆交织在一起,共同组成了对杭州的印象并深藏在记忆的角落。杭州对他们而言,是有生活经历的地方和记忆中美好怀念的存在。到现在,童年时代生活在杭州的"杭二代",即使在杭州的生活经历只有短短的几年,但是在杭州生活的经历却历历在目,还会时常回忆起儿时的场景。杭州于他们而言是"第二故乡"。

童年在重庆型这部分三线移民二代出生在1965年左右及以后,或是在离开杭州时尚是襁褓中的婴儿,或是出生在重庆,没有在杭州长期生活的经历。他们自记忆之初就是生活在重庆,有的长大后回到杭州,也不一定能适应。"高中的时候我的父亲将我转学到杭州念书,但是由于我不习惯那边的生活和学习就又回来了。"因为没有在杭州生活过,所以提到杭州,他们只有来自父母口头描述的印象,那是一种很模糊的而不是直观的感受,他们认为自己就是"土生土长的重庆人"(受访者:孙先生)。

(三)同龄群体的影响

同龄群体是指那些在年龄、兴趣爱好、家庭背景等方面比较接近的人们所自发结成的社会群体,彼此最容易发生人际吸引和人际影响[1]。对三线移民二代而言,居住地"杭州大楼"和厂子弟校是同辈群体交往的场所和平台,他们青少年时期接触的同龄群体大多是"杭州大楼"的小伙伴和厂子弟校的同学。由于厂区内没有高中,所以随着年龄的增长,"杭二代"离开工厂外出读高中,就此分散并接触到更多重庆本地的同学。根据交往同龄群体的差异,三线移民二代可分为"杭二代"抱团型和重庆化型两类。

"杭二代"抱团型主要是1965年时从杭州转学至K厂子弟校的三线移民二代。当时的厂子弟校除了接纳来自杭州的三线移民二代,还有许多重庆本地职工的子女就读。因为初到一个方言、生活习惯皆不同的环境中,"杭二代"对生活、学习多有不适。这个时候,都来自杭州厂、同住"杭州大楼"的三线移民二代彼此之间容易找到亲切感和共同语言。

> 那个时候读小学,一个班三四十个人,只有十来个是杭州过来的。这十来个都有点被欺负,就是被起外号,每个杭州孩子都有外号。班上重庆人还是多一点。我们小的时候,杭州孩子喜欢吃螺蛳,就是那种山螺蛳,炒起来很鲜美。到了夏天,农民就在河沟里掏螺蛳。掏出来就卖给我们,几分钱一斤就卖给我们,我们觉得挺好吃的。但是重庆人不吃这个,他们

---

[1] 徐薇薇:《三线职工第三代地域身份认同研究——以安徽某三线厂南京人为例》,南京航空航天大学2011年硕士学位论文,第20页。

觉得螺蛳是专门喂鸭子的,他们就给我们起外号——"杭州鸭子"。而且杭州人说话有点嗲,所以他们就叫我们"杭州鸭子"。(受访者:殷女士)

这些受重庆本地孩子排斥的"杭二代",自然会选择同为"杭二代"的同辈群体作为交往的主要对象,从而造成抱团情况的出现。

重庆化型这部分"杭二代"主要出生在1965年之后,他们从幼儿园时期开始就读于此,后来到厂子弟中学,再分散至重庆的各大高中、技校等就读。由于他们从一出生就生活在重庆,与重庆本地孩子的生活环境几乎没有差异,饮食习惯、语言方式等也与本地孩子非常接近,因此他们在读书期间并未因为父母是杭州人而产生抱团行为。他们从小在学校跟同学、老师等接触生活,耳濡目染了重庆的方言及饮食习惯,因此在这些方面与重庆同学无明显差异。

(四)婚姻因素

结婚是个体离开原生家庭、建立自己的家庭的标志。"杭二代"在选择结婚对象的时候,基本以杭州人或重庆人为主,其配偶的户籍和定居地对"杭二代"在何地安家生子有很大的影响,甚至起决定性作用。针对婚姻的选择问题,受访的"杭二代"大多表示当年在选择结婚对象的时候不考虑对方的籍贯,而是更看重对方的人品、能力等其他因素。当时适龄的"杭二代"人数相对来说比较少,可供选择的范围也很少,所以在结婚的时候几乎不考虑地域这一因素。因而一些"杭二代"跟重庆人结婚并在此安家生活,另一些"杭二代"则回到了杭州结婚安家。

配偶的生活习惯影响着"杭二代"的生活方式,跟重庆人结婚的"杭二代"在日常交流中多用重庆话,而且在饮食上也能接受重庆口味的食物。与回杭州结婚安家的"杭二代"不同,在重庆结婚安家的"杭二代"在人际交往上与重庆人交往更频繁。受距离影响,他们和杭州的亲属联系较少,生活中的接触寥寥无几,有些留在重庆的"杭二代"甚至同杭州的亲属极少联系。

(五)户籍制度之影响

"杭一代"1965年内迁到重庆的时候,户口也随之迁往重庆,因而有的"杭二代"户口随着父母一道落户重庆,而有的"杭二代"户口仍留在杭州。在70

年代的时候,面临求学、就业等问题的"杭二代",即使有回杭州发展的意愿,但是由于户口在重庆,也只能在重庆就业。"那个时候迁户口哪像现在这么容易哦,工作安排都是跟着户口走的,想回杭州但是回不去"(受访者:张女士)。"特别喜欢杭州,想回去,但是当年全家户口都迁到重庆,后来即使特别想回杭州,也因为户口问题而没有办法"(受访者:蔡女士)。这两位"杭二代"皆因户口在重庆而选择留在本地工作,并定居于此。

四、地域身份认同的社会文化表现

三线建设移民二代对地域身份的认同与归属感潜移默化地影响着其外在社会化的表现,在语言、饮食习惯、归乡意识与就业地选择等社会文化层面都有所体现。

(一)语言文化方面

语言是一种社会现象,也是文化融合的媒介,在族群内部以代际传承和横向传递的方式延续。语言作为群体符号边界最清晰的标志,反映了个体的群体归属,是个体地域身份认同的外在表现。就"杭二代"的语言问题而言,大致可分为既会杭州话又会重庆话和只会重庆话两类。

既会说杭州话又会说重庆话的以 1965 年之前出生的"杭二代"为主,童年在杭州生活的时候已学会说杭州话,随父母到重庆之后,在学校与同龄人交流中又学会说重庆话。他们将重庆话作为自己的"第一方言",工作生活日常交流使用重庆话,但在与父母交流的时候用杭州话,在与同辈交流的时候则是一会儿说杭州话一会儿说重庆话,在两个方言之间自由切换。"一般说重庆话比较多。但是跟杭二代小伙伴在一起,先是说重庆话,说着说着就变成杭州话,两者之间自由转换"(受访者:朱先生)。这部分"杭二代"由于与杭州人交流没有障碍,即使回到杭州也能较快适应并正常生活,因而对杭州有着很深的感情归属和亲切感。

只会说重庆话的人群,主要是 1965 年之后出生在重庆且父母仅一方为杭州人的"杭二代"。他们出生地与生长地皆为重庆,从小成长在重庆方言环境里,尽管父母中有一人为杭州人,但是在家交流的语言还是重庆话,虽然也能听懂杭州话。这部分"杭二代"即使陪伴父母回到杭州,但是由于语言沟通的障碍,不能与杭州的亲戚朋友进行流畅的沟通,回到杭州是一种"他者"的角色,而不能对杭州产生情感上的共鸣。

(二) 饮食习惯方面

作为生活习惯的一部分,饮食习惯能很大程度上反映个体的生活轨迹。中国地大物博,各个省份、地区的饮食习惯皆不同。杭州口味偏清淡,而重庆口味则偏辛辣。"杭一代"在杭州成长并生活至成年,饮食大多为杭州清淡的口味。"杭二代"受父母的影响,青少年时期的饮食习惯是杭州口味,在工作之后,由于各种场合之中与重庆人打交道,也慢慢地能接受并习惯重庆的辛辣。"我的父亲母亲接受不了重庆口味,觉得辣,但是我们工作之后在外应酬比较多,也就慢慢习惯了"(受访者:王先生)。移民二代结婚后,由于留在重庆的"杭二代"配偶大部分为重庆人,夫妻之间互相适应两种不同的饮食习惯,做饭的时候有时是重庆的口味,有时则是杭州口味。在这一点上,1965 年之前出生与 1965 年之后出生的"杭二代"没有明显区别。"杭二代"与重庆本地人生活方式不同之处的外在表现之一就在于其饮食习惯,重庆人好辛辣,杭州人好清淡,"杭二代"则两者皆可。

(三) 归乡意识与就业地选择

归乡意识是中国移民根深蒂固的一种思想观念。对移民而言,对故乡的认同主要是地域感和群体感①。就"杭一代"而言,他们有着深深的落叶归根意识。但是对于大部分时间成长在重庆的"杭二代"而言,由于文化融合和地域身份认同的变化,"杭二代"的归乡意识相比父辈而言淡化许多。因而,涉及求学、就业等问题的时候,他们在选择时没有一味地想回到杭州。在"杭二代"的就业发展问题上,大致分为两种:留在重庆发展型和回到杭州发展型。

留在重庆发展的"杭二代"大多是受父母的影响而在重庆工作。1990 年代之前我国普遍实行"单位制"②,由于"杭一代"在 K 厂工作,因而他们的子女自然先到厂子弟校学习,后来就业的时候,也优先安排到 K 厂工作。"先读的厂

---

① 李建盛:《移民文化与身份认同》,《中华文化论坛》2016 年第 9 期。
② 参见张霁雪、陶宇:《单位人的集体记忆与身份生产——基于 H 厂三代工人口述历史的研究》《学习与探索》2014 年第 6 期);张勇:《介于城乡之间的单位社会:三线建设企业性质探析》(《江西社会科学》2015 年第 10 期)。

里的托儿所,然后是厂子弟小学,厂子弟初中,后来读的技校都是厂里办的"(受访者:孙先生)。在当时的时代背景之下,杭二代没有太多的自主选择权。"当时能把我从插队的乡下调回城市工作就(不错了),赶紧回来,哪管重庆还是杭州"(受访者:张女士)。自然而然地,"杭二代"的求学、就业之地就在重庆,他们在人际交往方面也多同重庆人打交道。90年代之前的人口流动性不强,"杭二代"工作的地方确定在重庆后,便随之在重庆结婚生子,定居在重庆,因此他们对重庆有着强烈的认同感和归属感。

不同的是,还有部分"杭二代"当初随父母来重庆生活的时候,户口未迁离杭州,因而在读初中、高中的时候又回到杭州读书,并同其他亲属生活在一起。还有的则是通过高考、与杭州人结婚等方式回到杭州生活。这部分"杭二代"在离开重庆回到杭州之后,调整其生活习惯并融入当地,不再返回重庆,而是留在杭州就业以及结婚、生子,从此定居于杭州,因此对杭州有着强烈的认同感和归属感。

五、总结

作为政策型移民,三线移民成了迁出地的"离开者"和迁入地区的"他者",一直面临着地域身份认同的问题。不同于父辈青年时期在国家的号召下完成迁移,三线建设移民二代经历了全然不同的社会化过程,对迁出地与迁入地的认同感和归属感也与三线移民一代有所不同。

通过对K厂的研究可以发现,三线移民二代内部的地域身份认同也存在分化,大体可分为三类。三线移民二代的地域身份认同,不仅由年龄的差距而带来认同的分化,更受到家庭环境、出生地、同龄群体、婚姻等个体因素以及户籍制度等国家政策的影响。他们对地域身份的认同与归属感潜移默化地影响着其外在社会化的表现,在语言、饮食习惯、归乡意识与就业地选择等方面都有所体现。

三线移民二代的地域身份认同及构建,较好地印证了社会学生命历程研究的理论逻辑[1]。从个体层面而言,家庭背景、同辈群体、婚姻状况等因素进一步强化了他们对"我是哪里人"的认知,并影响着他们在求学、就业时的地域选

---

[1] 李强、邓建伟、晓筝:《社会变迁与个人发展:生命历程研究的范式与方法》,《社会学研究》1996年第6期。

择。从社会层面而言,政府主导导致了移民二代在出生地以及迁入地处于被动选择状态,在严格的户籍制度下,他们在学习、工作方面的地域流动也缺乏自主性,从而决定了大部分移民二代的生活居住地,进而影响他们对迁入地、迁出地的归属感和认同感。

(本文作者:林楠,女,四川外国语大学社会学系2013级学生;张勇,历史学博士,四川外国语大学社会学系教授、三线建设与社会发展研究所所长)

从集体身份到集体记忆：
"三线人"的时空流变研究*

谢景慧　吴晓萍

引言

"三线建设"是在国际冷战背景下，以我国西南和西北地区为重点区域开展的一场以备战为中心的经济建设运动①，它带动了近四百万名来自北京、上海、南京、天津等一线城市的职工、干部，在"好人好马上三线"的号召下参与到这一战略转移中，这群人就是"三线人"。官方话语对三线建设的书写传统往往注重从上到下的宏大历史记录，而容易忽略历史中的普通人物。基于从下到上的书写逻辑，本文运用南京大学当代中国研究院2019年在贵州开展的"三线建设口述史"项目的过程资料，通过对历史主体的微观关注与文本分析，探索"三线人"从集体身份到集体记忆的时空流变，以呈现穿越不同时代的他们由身份到记忆、由个体故事到集体群像演变的结构动力。

一、"三线人"的集体身份

身份是反映个体与社会关系的重要概念，它在附带一系列相应权利与责

---

* 本文系南京大学"双一流"建设基金"卓越研究计划"项目"社会学理论与中国研究"；贵阳市财政支持贵阳学院学科建设与研究生教育项目"基层治理中社区共同体构建研究"（FX-2020）。原载《学习与探索》2020年第7期。

① 徐有威、陈熙：《三线建设对中国工业经济及城市化的影响》，《当代中国史研究》2015年第4期。

任的同时,也承载着与位置相匹配的角色规定①。集体身份则是某个群体共同拥有的同质身份,是群体信仰、知识、规范、价值观、态度与情感等各个方面的综合体现②。对于任何个体或群体而言,集体身份是群体在社会互动过程中逐渐形成,并随着社会结构与时代环境变迁而不断更迭的③。"三线人"这一群体及其集体身份的产生、实践与消失,是特定历史情境和社会结构下的过程与产物。

(一)集体身份的生成

虽然"三线"这一词语本身由于各种原因而未直接出现在当时的社会话语体系中,然而在当时国家主导下的多重宣传活动中,通过报纸、广播、口号等手段反复强调,"备战备荒为人民"的精神从一种社会舆论转变成了社会个体自身的话语实践。最为经典的是在当时广为流行、在口述访谈中几乎每位受访者都提到的一句话:"毛主席说'三线建设'建不好他睡不好觉,为了让他老人家睡好觉,我们拼了命也要把'三线'建设好。"对于这种社会话语与个体话语实践的相互贯通,恰如福柯所述:"话语代表着某一集团的意志,该集团通过某些被建构出来的方式将话语意义进行传播,以此确立其社会地位与社会认知。并且在任何社会中,话语的产生都会按照一定的程序而被控制、筛选、组织和再传播。"④正是在国家与社会一体化背景下,政府主导的社会资源与分配政策基于政治诉求而将大批劳动力动员到"三线"地区,形成了一次大规模的政策性移民工程。从话语分析来看,这是宏大权力体系中,国家对社会成员赋予一种附着政治期望的身份与规训,从而形成了"三线人"这一群体生成合法性的客观时代环境。另外,严格的筛选标准也加深了这种身份生产的道德意义,正如大多数受访者所言,"并不是谁想来就能来,要上查三代根正苗红、要政治表

---

① 安东尼·吉登斯:《现代性与自我认同》,生活·读书·新知三联书店1998年版,第161页。
② Koller V., "How to Analyses Collective Identity in Discourse: Textual and Contextual Parameters", *Critical Approaches to Discourse Analysis Across Disciplines*, No. 4, 2012, pp. 19–38.
③ Sheldon Stryker, *Symbolic Interactionism: A Social Structural Version*, Menlo Park, CA: Benjamin/Cummings Publishing Company, 1980, p. 57.
④ 米歇尔·福柯:《话语的秩序》,载许宝强、袁伟选编《语言与翻译中的政治》,中央编译出版社2001年版,第26页。

现积极主动、是技术骨干等等"。这种基于强烈政治诉求的程序控制带来的选择性结果,增加了身份建构的正当性论证,同时也使群体身份获得了组织与社会所推崇的光环。而后随着社会变迁、结构转型以及集体精神失落,对三线群体的身份定义与时代认知也在不断调整,群体身份的主基调从"荣誉"转向了"奉献"。

(二)集体身份的实践

在意识层面与环境层面获得正当性的肯定后,"三线人"的身份实践也在其引领下如火如荼地铺展开来,从开始的踏勘、定点到后来的迁建、改建再到规模化生产,贯穿其中的是从上而下的结构化安排和从下而上的以身份为基点的符号聚集、丰满。"三线人"集体身份实践的结构化安排涉及两个基本事实:一个是单位神秘化,尤其是军工性质的工厂,基本都以数字为表征的信箱来实现它的外界呈现与联结。"我们厂信箱是504信箱,我们对外一般都是504信箱,现在所有当地人都知道504,那个中巴车车站也叫504"(个案SX33)。这种安排是基于悠久的军事惯例与政治传统而顺延下来,但是这种独特性无形中给工厂和工人带来了身份归属的使命感与自豪感。

另一个基本事实是供给特殊化,国家政策性运动下的"三线"工厂受中央直管,虽然分散在地方山林中,但其运作丝毫不受地方政府的管束与影响,工厂运行中需要的生产资料、生活资料等都由国家统一供给。"那个时候我们的供应链是供给制,我记得我们厂经常用车到外面去拉,用火车车皮拉,什么冻带鱼、冻肉啊。那时候当地人就说我们这里真好,肥皂、洗衣粉甚至用的草纸都是发的,周边的人都以能进我们厂工作为荣"(个案SX33)。在当时物质资源极为有限的情况下,中央到工厂的资源输送线条既保障了神秘化的政治需求,又给"三线企业"带来了由于福利待遇等因素而形成的社会差别下的优越感。

在上述特殊的结构化环境下,"三线人"集体身份实践的突出特点主要体现为工作的感性化,在精神层面,几乎每个受访者都表达了"国家需要我做什么我就做什么"的个体与国家互相交融的朴实信念,这种信念融入骨髓与血液,并完全贯彻到"三线人"的生命历程与生命实践中。"我们这代人都比较单纯、忠诚,不像现在的年轻人都想着自己,国家往哪儿指我们就往哪儿走,国家需要我,我赴汤蹈火在所不辞。到现在虽然一把老骨头了,我仍然关心国家大事关心社会,时代再变红心不变"(个案 SX61)。这种"革命友谊"式的朴实情感贯穿到了"三线人"生活与工作的方方面面,现实画面中,各种困难与牺牲都被坚定的集体信念一带而过,在集体氛围感染下充满了理所应当与心甘情愿的感性逻辑。

(三)集体身份的消解

党的十一届三中全会标志着我国改革开放新时代的到来,随之而来的新秩序也为社会带来了全新气象,尤其是市场经济的涌入,加速了共同体式"单位制"社会的解体。时代浪潮之下,作为毛泽东时代政治产物的三线建设亦被政策性同步停止,虽然许多三线企业采取了顺应市场潮流的"军转民"或"军民共进"的转型应对,并且同时进行管理整顿、质量升级等竞争性改善与生产自救,在短暂的辉煌之后仍然无法抵御国际化与市场化的冲击而纷纷倒闭。虽然其中不乏个别成功案例,但大多数三线企业都面临着破产,工人则政策性退休,不得不面对下岗、提前离退等命运,开始了抛出体制接受市场洗礼的生命历程,"三线人"的集体在现实中正式解体,三线这个词汇也随着社会转型与快速发展而逐渐成为记忆中的时代符号。

在这种背景下,从福利全包中走来的"三线人"变成了普遍意义上的"社会人",随之而来的是集体意识消解、集体情感断裂以及社会网络原子化,尤其是第一代"三线人"经历了显著的身份堕距,从无上光荣的集体记忆到近乎社会底层的真实体验[①],从没有陌生人的"熟人社会"到被物化了的陌生空间,这种同质性落差在群体内部蔓延,于是形成了"三线"与"三献"的谐音调侃。同时,"献了青春献终身、献了终身献子孙"也反映了该群体面对身份低落的反抗式总结与悲情式建构。

二、"三线人"的集体记忆

哈布瓦赫在提出集体记忆的时候就明确指出,作为一个社会建构概念,集体记忆不是一成不变的某种神秘思想,而是人们根据当下时代情境对集体过往进

---

① 陶宇、王玥:《"家属工":集体记忆中的制度变迁与身份实践——以 Q 市 H 厂为例》,《福建论坛(人文社会科学版)》2016 年第 2 期。

行的理解与建构、回忆与再现①。社会学家巴瑞·施瓦茨(Barry Schwartz)也认为过去是一个持续变迁、连续更新的复合体,集体记忆可以看作是对过去的一种更迭性建构②。"三线人"的共同经历在绵延的时空之中,受到社会环境、个体惯习、情感与态度等因素的影响,将共识性与共鸣性的个体心理映像的记忆汇聚而成具有社会性的集体记忆。同时,过程中伴随着持续性的社会生活空间转换后的新环境与记忆经验的碰撞与重整,在修正与调试中不断为自我身份赋予新的意义。通过对"三线人"口述史访谈资料的梳理发现,艰苦的身体记忆、光荣的心理记忆以及愉悦的生活记忆构成了这个群体难以割舍的共同记忆。

(一)艰苦的身体记忆

几乎每位受访者都提到的"为了让毛主席睡好觉"的个体认知已经超越伦理层面的"情"与"义"而具备了深远的政治意义,在当时老百姓心中毛主席的身体叙事不仅代表个体,更是国家之体与民族之躯的象征③,这种辗转难安、劳神焦心的身体之苦也成为后来数百万建设者的共同记忆与精神动力。相对于共鸣情感基础上的建构性身体之苦,在"靠山、隐蔽、分散"方针下的三线建设者自身所经历的身体之苦则更为直接和现实。三线建设多是在经济薄弱、交通与生活不便的不毛之地开展,其中的生活与工作条件之艰苦是很多从全国各大城市涌来的建设者无法想象的,尤其是第一批到达阵地的建设者,生活条件与工厂建设都是从零起步。生活方面,住与吃成为第一步考验,访谈中"住猪圈""住牛棚""晒帐篷""吃干饼""吃干豆皮""舀黄水"等一系列的相关描述都展示着这个群体当时的生活画面。"刚来的时候,吃水就是河沟里边流淌的水,或山上流下来的水,后来有了自来水,但是接一盆一看全是黄色的,吃的水需要提前接好放一天再吃"(个案 SX79)。工作方面,用"白手起家"来概括并不为过,尤其是首批建设者,到了山区要建工厂,而且很多工厂建在山洞里面,

---

① 莫里斯·哈布瓦赫:《论集体记忆》,毕然、郭金华译,上海人民出版社 2002 年版,第 39 页。
② Barry Schwartz, "Social Change and Collective Memory: The Democratization of George Washington", *America Social Review*, Vol. 56, No. 2, 1991, pp. 221-226.
③ 崔一楠、徐黎:《身体史视域下的三线建设者研究》,《贵州社会科学》2019 年第 12 期。

当时的基建设备基本为零,都要靠工人们的双肩去扛、双手去抬、双脚去走。"我们盖厂房要挖地基,挖的时候非常难,山包底下全是鹅卵石,大的小的粗的细的地基都是几米深,挖地基的时候要把鹅卵石挖掉,挖到底下本土,要不它会变形,这些都是人工去挖"(个案 SX9)。虽然后来条件慢慢好转,但是工厂的基建改善以及生活配套建设等"艰苦创业"仍然贯穿了很长时间。从福柯的身体研究视角来看,生活世界的社会力量渗透并影响了个体的身体体验,进而形成基于组织需求的身体规训。毛主席的身体之痛与国家建设的客观需要共同引领着三线建设者对身体体验的意义建构,尤其经历伴随时代变换的纵深沉淀,这种身体之苦更加鲜明地烙在了"三线人"的内心深处。

(二)光荣的心理记忆

话语即权力,像一个庶民一样说话,意味着将个人生活同国家追求现代性的命运紧密地交织在一起①。在口述历史中,平凡的三线建设者用自己的话语娓娓道来那个时代的自己与国家时,这种交织贯穿其中,并呈现出了丰富的感情内涵。"来三线不是谁想来就能来的,能来的都是经过严格筛选的",在访谈过程中,几乎每一位受访者都是以自豪的口吻讲述着这样的骄傲。这种程序意义所带来的即时光荣成为微观个体联结、成就国家追求的价值彰显,同时也融入从时代中走来的建设者的意识中,贯穿在他们的生活与信念中,穿越时空隧道形成了一种集体性的心理记忆。另外,真切的个人命运与国家需求相交织所带来的荣誉感也塑造了这代人内心强烈的归属感。"毛主席的话大家都听的,说要'三线建设'都不讲二话,国家一下文件下面就行动起来了。国家要我做什么就做什么,要支持国家建设,支持工作,保卫各方,保卫国家,保卫人民,我到现在都觉得这是一件特别光荣特别骄傲的事情"(个案 SX34)。同时,那个年代强烈的集体主义氛围所带来的普遍的"革命友情"式的朴实情感状态,经历了后来社会变迁的洗涤与个体主义的反差对比,也成为"三线人"这个群体引以为豪的精神财富。"那时候讲的义务劳动,说要到哪个厂去,把砖从车上卸下来,领导一句话大家就去了,义务劳动嘛,没盐油吃,也没钱拿。我献青春,献子孙,献给了国家与'三线建设',那是国家需要,要支援国家"(个案 SX34)。最后,话语体系承载着社会主流价值与国家核心需求,并在空间、宣

---

① 罗丽莎:《另类的现代性:改革开放时代中国性别化的渴望》,黄新译,江苏人民出版社 2006 年版,第 27 页。

传、动员等方面表现出强烈的导向作用,这种话语规训也给置身其中的个体带来了"合法性"与"正当性"的正面感受。"那时候上下班有广播有吹号,上班的时候是带劲儿的进攻号,下班就是懒洋洋的声音"(个案 SX109)。当时厂里的墙上有各种各样的口号,"抓干劲、促生产""要为三线建设出把力""要一不怕苦、二不怕死"等等(个案 SX24)。无论是基于宏观需要而从各个方面营造出的话语规训,还是基于微观个体"时代主人翁"的价值展现,都共同产生了基于群体性光环的内在荣耀感与外在优越感。

（三）愉悦的生活记忆

"三线人"在生活上有丰富独特的表现形式,比较突出的一点就是"单位制"基础上的共同体化。新中国成立以后我国独特的集政治动员、经济生产、社会控制、资源分配①于一体的"单位制"营造了一种共同体式的生活方式,无论是全面的福利保障还是邻里守望的社会风气,都使"单位人"获得了一种难忘的情感体验。作为"单位制"鼎盛时期的政治产物,三线企业不可避免地复制了这种共同体模式,从无微不至的生活保障到和谐信任的人际关系再到丰富愉快的文体活动,都体现了滕尼斯笔下"乡村"社区的生活图景,成为"三线人"精神愉悦、心灵体验以及高度认同感的载体。"当时大家在一起也很亲,记得小时候一放学就到邻居家(听)一个叔叔给讲故事,还有一个邻居是天津人,后来没退休就回去了,但是到现在仍然像亲戚一样走动;一到吃饭的时候大家就互相蹭,这家吃点那家夹点,特别热闹。还有灯光球场,老热闹了,一到夏天就会有各种活动,大家吃完晚饭就搬着小板凳去看。虽然那时候的条件没法和现在比,但是生活非常开心,大家非常单纯"(个案 SX33)。虽然三线企业的选址遵循"靠山、分散、隐蔽"的基本原则,但是这种人迹罕至的地理位置与几乎为零的区域经济发展环境仍然无法影响"孤岛"上的袅袅烟火与朗朗笑语。即使时代变迁带来了反差悬殊的社会环境与价值冲击,在口述的过程中这个群体仍对已经远去的熟悉画面赋予了"虽然很穷/苦/单纯,但是很开心/难忘/有归属感"的意义定格。

三、由集体身份到集体记忆的时空流变

通过口述历史呈现的个体记忆不是单纯的个体经验的简单累加,而是集

---

① 路风:《中国单位体制的起源和形成》,《中国社会科学季刊》1993 年第 5 期。

体记忆的表现形式之一,它既是社会建构的结果,也受到个体在遭遇不同社会事件时的生命节点的影响,体现了社会结构与个体历程相交织时的建构机理①。从 20 世纪 60 年代至今 60 年的时间跨度中,"三线人"的集体身份在与时代重大变革交织互动过程中发生了曲折跌宕的演变。尤其是我国社会从"单位制"到"市场制"的结构之变,直接导致了"三线人"从时代的主人翁到普通的"社会人"的身份堕距;这种身份之变与随之而来的社会价值之变又将曾经的"三线人"带到了具有冲击与挑战的全新时空之中,出于调适、记忆与肯定的群体诉求,时空此端的"三线人"对彼端的生命经历进行意义梳理,形成了这一群体独特的集体记忆。当这种记忆与不同时空相碰撞、与宏大社会相联结的时候,继续外化形成了群体认同与社会认同基础上的"三线精神",同时也成为"三线人"留下的历史印记。

(一)流变机理

第一,结构之变:"单位制"到"市场制"。"单位制"是新中国成立后面对人均资源严重匮乏与社会整合机制相对脆弱的国情,国家利用政治权威进行有组织的现代化以及实现资源配置与社会控制的社会管理机制②。在"单位制"的时代背景下,强烈国家政治意志下的三线企业具有国之重器的战略意义,也受到了在"单位制"框架基础上的重视与优厚供给。直到 20 世纪 80 年代,国家对三线企业的政策支持逐渐停止,部分三线企业就此宣布政策性破产,部分生存状况良好的企业则适势而动,进行各种优化完善从而实现了华丽转身,有的甚至辉煌至今。但是改革开放以后的市场经济浪潮使得原本具有国家自然资源与制度资源优势的"单位制"开始松动,同时随着单位以外的非国家控制的社会资源与经济资源的快速成长,"单位制"的多元复合功能逐渐收缩为社会个体的工作场所与职位③,合二为一的公领域与私领域逐渐分裂隔离,单位的全能"家长"角色、相互交织的熟人关系被理性的科层特质与效益追求所替代。在这样的背景下,三线企业经历着从主角到配角、从习惯到改革的多重阵痛,改革及时有效的企业继续在市场经济中搏击,转换迟滞的企业则被淘汰。

---

① 周晓虹:《口述史与生命历程:记忆与建构》,《南京社会科学》2019 年第 12 期。
② 李培林:《村落的终结——羊城村的故事》,商务印书馆 2004 年版,第 43 页。
③ 李路路、苗大雷、王修晓:《市场转型与"单位"变迁——再论"单位"研究》,《社会》2009 年第 4 期。

附着其中的"三线人"在这种结构巨变中只能直面个体命运的起伏,并以此为界与曾经的辉煌挥手作别。

第二,价值之变:从集体主义到个体主义。从"毛主席的话大家都会听"这一口述者不断重复的话语中可以看出,新中国成立后,在革命情感与建设使命双重影响下,全国上下工农群体已经将国家意志内化到个人的血液中,将它视作一种理所应当的责任。这种从个人到国家上下一体化的集体主义氛围是那个年代集体行动与国家动员的价值基础,同时也是工农时代的集体信仰。改革开放后,市场经济在带来活力与发展的同时,也带来了剧烈的价值冲击。追求效率与理性的现代化建设过程中,出现了来自西方的现代性,它是一把能够将个体导向不同方向的"双刃剑",带来丰富物质与强大技术理性的同时,也弱化了穿梭其中的个体与外界的感性联结,形成了我国社会原子化、个体化的现代特质。基于经济导向与人际导向的理性化,与之相对应形成了"个体主义"的价值导向。"三线人"经历这种翻天覆地的时代转换,尤其是对比强烈的社会环境变迁,在时间飞逝与价值多元中容易形成一种集体遗忘。但是在遗忘与记忆的同构关系中,有遗忘就会有记忆,有记忆就会有遗忘,什么样的记忆与什么样的遗忘都取决于不同立场的社会建构[①]。"三线人"集体记忆的话语描述就是对遗忘的抗争,带有情感倾向的价值评判也是强化集体记忆的有效方式,如访谈中很多"三线老人"常常讲到的"我们那个时候国家让干什么就干什么,让加班二话不说,不像现在……""我们那时候就是要保家卫国、真心为国家为人民服务,不像现在……"这种对比描述中的价值评判也是在价值冲突下对自我群体历史与记忆的一种加强与维护。

第三,身份之变:从主人翁到边缘化。众多的研究与鲜活的事实共同呈现了一个基本现实:改革开放后,工人阶层的社会经济地位明显下降,尤其在20世纪90年代中期以后,获益增加缓慢的同时还要面对不断增加的改革成本,工人阶层独占鳌头的时代已经一去不复返[②]。在市场经济浪潮中,三线建设者作为新中国较为早期的工人群体,也不可避免地经历了工农时代主人翁地位的总体下沉与阶层下降。曾经辉煌的"三线人"从给予自己衣食住行以及人生意义的集体身份中脱落出来,掉入市场浪潮之中。市场经济时代"三线

[①] 陆远:《集体记忆与集体遗忘》,《南京社会科学》2020年第3期。
[②] 陆学艺:《当代中国社会阶层研究报告》,社会科学文献出版社2002年版,第132页。

人"不可避免地要经历"结构边缘"与"心理边缘"①,情境变动使"三线人"在社会中的互动身份发生改变,角色弱化导致个体处于结构边缘,在长时间的结构性张力下,个体只能被动接受、适应边缘身份,并将结构上的边缘化内化于心,逐渐形成边缘心理。生活世界与内心世界的双重低落是"三线人""结构—心理"边缘化路径的现实表现:物质方面,在收入几乎没有提高甚至没有稳定收入来源的情况下,还要应对不断上涨的现代化、市场化的生活成本;精神方面,交织在不期而遇的生活尴尬与生活细节中,激情年代热烈的使命感与信念系统不断被新时代的主流价值取向所忽略。因此,集体记忆的建构既是对远去历史的保存,也是对身份低落的补救与抗争。

(二) 流变结果:"三线精神"

以"无私奉献、吃苦耐劳、团结奋斗、开拓进取"等正向特质为内涵的"三线精神"具有强烈的道德意义,并在新时代被广泛应用到城市文化、群体思想建设等方面。从微观个体的角度看,这些特质融入了三线建设者的行为习惯与价值态度中;从中观群体的角度看,时代此端的"三线精神"是彼端三线群体用实际行动谱写的信念华章;从宏观的角度看,是那个时代"改天换地抓建设"背景下主流价值观的充分体现。时代变换下的时过境迁并未褪去精神光辉,同时,"三线精神"的形成既有"三线人"的内在生成路径,也有当时的外在话语路径。"我—我们—大家"是"三线人"在叙述过程中对群体样态与群体精神的外展逻辑,"我们这一群人从年轻的时候一路走来,不怕吃苦,为国奉献,虽然属于我们的时代已经过去,仍然一片赤诚不改初心。虽然我八十多岁了,但仍然关注国家大事关心国家发展。希望年轻人多学习我们好的习惯,好的风气,不要怕吃苦,与工农相结合,全心全意为人民服务,始终把国家利益与人民利益放在首位来做事情"(个案 SX61)。"三线精神"是"三线人"集体身份实践与集体记忆的时代延伸,这种由"我们"到"大家"的外推愿望表达了群体的自我认同,以及从"建设"到"经济发展"话语转变下的社会认同诉求。

另外,亦无法忽视这一流变结果的客观外界环境。一方面,基于三线建设对西部开发与国防事业发展的重大意义,"三线精神"也被提炼出来并形成了

---

① 徐晓军、张楠楠:《社会边缘化的"心理—结构"路径——基于当代中国失独人群的经验研究》,《社会学研究》2020 年第 3 期。

自己的话语体系,且被归纳到与民族精神、社会主义核心价值观、文化自信等宏大主题的联结分析中去;另一方面,市场经济时代话语重心的"发展"聚焦,导致了思想气质的多元性与复杂性,交织、淹没的同时也有对"三线精神"、航天精神等正面价值的回归倡导,这种官方导向为"三线人"集体记忆的表达与延展提供了"合法"空间。因此,三线群体的内在意义建构和外向的社会认同追求,与大时代的价值建构相互影响,打破了群体与社会的视域分野,共同形成了承载经历与记忆的"三线精神"。

四、结语

耶尔恩·吕森在研究纳粹大屠杀的时候提出,历史事件的意义是随着时间的流逝而与日俱增的,因为随着时间距离的加大和记忆的频频回首,自然而然地就形成了从回忆到历史意识的转变①。从这个角度讲,随着时间的推移与不断涌现的三线声音,承载群体共同经历与情感的三线建设的意义也在不断丰富。从20世纪六七十年代到80年代初,时代主人翁"三线人"经历了政策性身份生产、身份实践与身份消失的过程。现在,集体身份虽然早已消失,但是承载身份实践的集体记忆在当事人的频频回首中被不断加强与丰富,且在群体记忆延伸与社会价值联结中形成了公共视野的"三线精神"。具体流变过程如图1所示。

在时空流变过程中,轰轰烈烈的身份实践图景是集体记忆与"三线精神"的现实发端与本体源泉,随着集体身份的结构性消解与时空变迁,身份主体在生命历程与情境变动中自然而然地与往昔进行情感互动,努力构建承载群体经验与价值的集体记忆。这种建构既是对过往的一种追忆与保存,也是对时空变迁中身份低落与价值冷漠的一种对抗与补偿,更是群体自我建构以寻求合法性与社会认同的一种体现。集体记忆从群体向社会公共视野延伸,同时,新时代多元价值格局需要注入更多的正向倡导,两者联结形成了官方话语体系中的"三线精神"。"三线精神"是基于集体记忆的二次扩大化、抽象化的历史建构,是对身份实践时空的价值凝练,同时也是对往昔身份实践与认同诉求的一种公共肯定与正面回应。集体身份、集体记忆、公共视野下的"三线精神"

---

① 耶尔恩·吕森:《纳粹大屠杀、回忆、认同》,载哈拉尔德·韦尔策编《社会记忆:历史、回忆、传承》,季斌、王立君、白锡堃译,北京大学出版社2007年版,第179页。

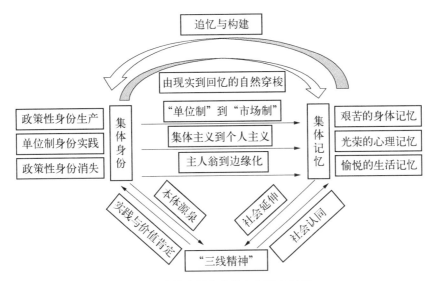

图 1　集体身份与集体记忆流变过程

串起了时空穿梭中"三线人"的情感历程,也串起了宏大历史中的情境联结。

最后,诚如前文所述,"三线人"是对新中国建设与西部发展做出了重大历史贡献的群体,新时代在肯定、弘扬他们留下的精神财富的同时,也应该结合社会发展变迁而对这个特殊群体给予更多生活和精神上的关注与关怀,这既是对重大历史的尊重,也是对历史群体的基本敬畏。

(本文作者:谢景慧,贵州民族大学社会学与公共管理学院博士研究生,贵阳学院法学院讲师;吴晓萍,贵州民族大学前副校长、教授、博士生导师)

社会文化视域下的
三线"单位制社会"文化研究综述*

杨凤武　唐书明

"三线建设"是从1964年开始到20世纪80年代初期,新中国在面对中苏交恶以及美国在中国东南沿海的攻势的国际局势下,在我国中西部地区共11个省、自治区展开的一场以"加强备战"为中心的经济建设运动,也是我国经济史上一次大规模的国防工业大迁徙。三线建设不仅改变了我国国防科技力量的布局,并对中西部生产力发展做出了重大贡献。在三线建设特殊的历史时期,三线企业内部实行的特殊的"单位"管理制度,有学者将三线企业内部"小社会"称为"单位制社会"(以下简称"单位制社会")。随着三线建设研究领域不断拓展,"单位制社会"作为一个研究新领域,逐渐受到了众多学者的关注,并从多个视角对其进行深入研究。虽然对"单位制社会"目前没有成为三线建设研究的主流,但应明确的是,三线建设过程中企业的"单位"社会变迁对研究三线地区社会的转型有着特定的时代意义和历史意义。再者,就三线建设研究范式和方法来说,从社会史的视野进行宏观和微观研究相统一,不仅确确实实拓展了学术空间,而且对当下社会塑造是有突出的现实意义的。

一、三线企业"单位制社会"研究简述

三线建设的研究从20世纪80年代起步,至今已有30多年,其中对"单位

---

* 本文系贵州大学社科重大项目校内培育项目"贵州三线建设研究工程:三线建设与西南地区经济社会发展关系研究"、国家大学生创新创业训练计划计划项目"贵州'三线建设'工业遗存调查及旅游开发对策"阶段性成果。原载《教育文化论坛》2016年第2期。

制社会"的研究却是近几年的才刚刚兴起的。目前对该领域的研究主要集中在其形成、特征、变迁等三个方面。在 2015 年之前的三线建设研究专著中有三部专著内容涉及了"单位"社会：一是三线建设编写组编写的《三线建设》（1991 年），书中第一章第四节，对处理三线企业内部工人和外部农民的关系问题进行国家政策文件的解读和实际案例的分析，虽然篇幅不大，论述也比较简略，但却开启了三线企业里独特"小社会"的研究历史。另外的一部是倪同正的《三线风云》（四川人民出版社 2013 年版），书中没有明确提出"单位制社会"的研究概念，但部分章节通过一些资料和个人回忆录，展现个人和"单位制社会"之间的动态结构关系。除此之外，以口述史为主的著作：徐有威的《口述上海：小三线建设》（上海教育出版社 2013 年版），此书通过对上海小三线企业中不同角色职工的三线人生经历的口述，展现了上海小三线企业"单位制社会"的发展和变迁。

就已有的研究成果来看，有关三线建设企业"单位制社会"的研究相关的论文包括各种文集、会议论文、期刊和学位论文在内的数量，从 2000 年至今，已约有 20 篇之多。尽管综合性研究不多，专题性研究却逐渐形成一股潮流，成果不断丰富。目前，已有四川外国语大学张勇和重庆大学付令两位学者将"单位制社会"的概念运用到三线建设研究中，并对其做了专题研究。总的来说，对"单位制社会"的研究目前主要集中在移民、语言、社会特征和变迁等方面。就目前已有研究来看，学者主要是从微观历史视野下进行研究。由于文献、档案资料的缺乏，各学科研究领域主要集中在口述史、社会史、厂史等几个方面，而难以从国史、档案学、文献学等学科领域突围。可喜的是，对"单位制社会"的研究虽然相对三线建设的研究晚了将近 20 年，但由于历史科学的发展，刚起步的"单位制社会"研究就已经横贯了大小三线，串联了多个主要视角。值得一提的是：张勇的《社会史视野中的三线建设研究》一文从学理上分析了以往的三线建设研究，并对其走向进行深刻分析，认为在各种文献、档案资料匮乏的局面下，未来三线建设研究的出路应是从社会史的学科视野进行突破[1]。

2014 年，四川外国语大学张勇成功申报了国家社科基金西部项目"西南地区三线建设单位的社会文化变迁研究"；同年，贵州大学历史系在既往三线建

---

[1] 张勇：《社会史视野中的三线建设研究》，《甘肃社会科学》2014 年第 6 期。

设口述史采集工作的基础上,组织力量申报了重大项目校内培育课题"贵州三线建设研究工程:三线建设与西南地区经济社会发展关系研究",开展了包括多个子课题的系统研究。这都将从重大社科的层面有力促进三线企业"单位制社会"的研究。就具体事例而言,六盘水三线建设博物馆的开馆以及二期工程的建设和即将建成的贵阳小河三线建设博物馆都或成为三线建设研究的重要基地;六盘水师范学院和六盘水市委党史办合作开展了相关口述史调查;2015 年下半年贵州省社会科学院组织成立了贵州三线建设研究院。

二、三线企业"单位制社会"形成的研究

三线企业"单位制社会"形成的研究有两个途径,一是以往的研究涉及"单位制社会";另外是"单位制社会"研究中对其形成有专门的论述。有的从国家的政策决策出发,分析了为保证国防力量的安全,由此形成"单位制社会"而展开论述。例如,李彩华的《三线建设研究》中指出:"三线企业有的一厂一点,有的一厂数点,这种分布形式被群众戏称为'羊拉屎''瓜蔓式''村落式'的分布。"① 这种零散式的分布其目的就是为了厂矿的隐蔽和安全。张勇的《介于城乡之间的单位社会:三线建设企业性质探析》一文指出,三线建设的选址原则是根据毛泽东提出的"大分散、小集中"和"依山傍水扎大营"的指示和周恩来、李富春等人提出的"靠山、分散、隐蔽"的选址原则。② 三线建设选址总的精神就是要三线企业远离大城市,分散布局,这种布局方式后来逐渐演变为所有三线企业的选址最高原则,从地理位置分布上决定了"单位制社会"形成的地缘基础。

工农隔离是三线企业"单位制社会"形成的主要原因。徐有威、陈熙的《三线建设对中国工业经济及城市化的影响》中指出,三线企业内部的职工主要从事工业化生产,区别于周边地区的农业生产,因此往往形成"墙内飞机导弹,墙外刀耕火种"的分隔状况③。安全作为三线企业生产的最高原则,不仅断绝了企业内部职工和外部农民的交往;同时也致使了工业和农业生产的隔绝。付

---

① 李彩华:《三线建设研究》,吉林大学出版社 2004 年版,第 81—82 页。
② 张勇:《介于城乡之间的单位社会:三线建设企业性质探析》,《江西社会科学》2015 年第 10 期。
③ 潘乃谷、马戎:《边区开发论著》,北京大学出版社 1993 年版,第 216 页。

令的《三线企业的社会学思考》指出："三线企业的厂址在建厂初期普遍出现'山、散、洞',厂区面积较大,周边村民与厂区有一定距离,严禁村民进入生产区。"①文化上的差异也是导致工农隔离的原因之一,丁艳、王辉的《移民外来文化的土著化过程——以西南三线厂的"厂文化"为例》一文认为,三线厂内形成的"厂文化"相对于迁入地土著文化来说属于一种先进的、高势能的文化,这一群体的文化优势与文化优越感,不但导致群体接受迁入地地方文化的审慎态度,而且具有极大的保守性、隔绝性,这种特点在第一代移民中尤其突出②。三线企业的厂矿一般都比较大,给厂内职工工作之余留下了足够的生活和活动空间,这恰好给刚迁来的北方人对三线地区社会的不适应和排斥感提供了一个良好的环境。语言上的差异是三线企业"厂文化"与当地土著文化差异的最突出表现,同时也是导致"单位制社会"形成的最直接因素。蓝卡佳、敖钰的《三线建设言语社区语言生活》就证明了这一点,此文指出,三线建设初期,企业厂矿是一个相对独立和封闭的系统,厂矿内部使用各自独立的方言,第一代即开厂元老级的一代多半还是"乡音难改",而厂矿内部融合形成的"厂矿普通话"广泛流行于三线职工的第二代③。婚姻观念也是"单位制社会"形成的原因之一,施文的《"三线人"身份认同与建构的个案研究——以陕西省汉中市回沪"三线人"为例》一文从口述史的角度研究三线企业职工的身份认同问题,文中指出到汉中的上海人直到三线建设后期也难以接受和汉中人通婚④。

国家扶持是三线企业"单位制社会"形成的本质原因。"单位"是我国的基本社会组织形式之一。张勇的《介于城乡之间的单位社会：三线建设企业性质探析》一文指出：在三线建设时期,"单位制社会"依靠国家的扶持得以存在和发展,它本身也具有一定的政治经济功能⑤。它的基础是"单位"内部一群人共同生活和工作的管理分配制度,其中个人不能独立于"单位制社会"而存在。

---

① 付令：《三线企业的社会学思考》,《梧州学院学报》2006 年第 4 期。
② 丁艳、王辉：《移民外来文化的土著化过程——以西南三线厂的"厂文化"为例》,《人文地理》2003 年第 6 期。
③ 蓝卡佳、敖钰：《三线建设言语社区语言生活》,《小说评论》2013 年第 S1 期。
④ 施文：《"三线人"身份认同与建构的个案研究——以陕西省汉中市回沪"三线人"为例》,华东师范大学 2009 年硕士学位论文。
⑤ 张勇：《介于城乡之间的单位社会：三线建设企业性质探析》,《江西社会科学》2015 年第 10 期。

三、三线企业"单位制社会"的特征研究概述

三线企业"单位制社会"的特征研究,目前主要集中在封闭性、独特性、代际差异、与外界关系等主要几个方面。首先主要集中在"单位制社会"的自我封闭性。丁艳、王辉的《移民外来文化的土著化过程——以西南三线厂的"厂文化"为例》一文指出,由于地理位置和气候条件的限制,三线企业有着明显的封闭性和自给自足性。文章还指出由于自我的封闭性,导致了"单位制社会"内部文化呈现出"文化孤岛"特征①。李汉林、渠敬东的《中国单位组织变迁过程中的失范效应》对"单位"组织功能的变迁做了专门研究,此文指出:三线企业处于计划经济时期,对企业职工提供就业、住房、医疗、教育等社会保障服务。"在'单位'社会里,人们相互熟悉,没有陌生人,是一个'熟悉的社会',一个'没有陌生人的社会'"②。同时,"个人与'单位'的关系由于资源主要由'单位'垄断分配的机制而变得异常的紧密。人们从摇篮到墓地,生生死死都离不开'单位'"③。因此,三线企业"单位制社会"实质上是一个独立封闭的"单位小社会"。对"单位制社会"本质的研究有以下几个学者:禾夫:《人情·关系·网——三线企业内人际关系微观》从三线企业内部人情的关系结构展开研究,"三线职工都生活在亲缘和地缘关系交织而成的这张关系网"上,"每个职工家庭,便是关系网上的纽结,有的父子变成了同事,上下级变成了亲戚,谁和谁都不能不沾亲带故。血缘、姻缘、人缘形成了一个无法解开的关系网"④。因此"单位制社会"的内部差异并不大。徐有威、陈熙:《三线建设对中国工业经济及城市化的影响》从三线企业职工的户籍管理制度视角对"单位制社会"的性质进行研究,建设时期中国确立了严格的城乡二元分隔体制,在户籍制度的藩篱下基本将三线企业职工和农村分属两个不同的世界⑤。张勇:《介于城乡之

---

① 丁艳、王辉:《移民外来文化的土著化过程——以西南三线厂的"厂文化"为例》,《人文地理》2003年第6期。
② 李汉林、渠敬东:《中国单位组织变迁过程中的失范效应》,上海人民出版社2005年版,第32—33页。
③ 李汉林:《中国单位社会:议论、思考与研究》,上海人民出版社2004年版,第253页。
④ 禾夫:《人情·关系·网——三线企业内人际关系微观》,《中国职工教育》1994年第2期。
⑤ 徐有威、陈熙:《三线建设对中国工业经济及城市化的影响》,《当代中国史研究》2015年第4期。

间的单位社会：三线建设企业性质探析》从三线企业职工户籍性质来展开研究，身处深山之中的三线企业职工，除了部分的民工和家属外基本拥有城镇户口，因此"单位制社会""既有别于农村又区别于城市，它是一个介于农村和城市之间的一个特殊社会"①。对与三线企业"单位制社会"内部"厂文化"所呈现的代际差异特征，有文章对此做了细致研究。徐薇薇的《三线职工第三代地域身份认同研究——以安徽某三线厂南京人为例》通过三代南京人之间语言、风俗和对故乡的眷念程度做对比研究。得出了越是晚辈，对迁入地的身份和文化认同程度会随之减退、模糊直至消失的结论②。不仅如此，三线企业内部所形成的"厂文化"在代际上也会呈现较大的差异性，"总的趋势是迁出地背景文化逐渐淡化，而迁入地文化影响日趋明显"，这就是丁艳、王辉所说的"厂内文化差异最显著的特点是代际'厂文化'遗失"。由于三线企业"单位制社会"有着自我的封闭性，因此三线企业与外界的关系的成为了研究者广泛关注的问题，并由不少三线建设研究权威学者做了相关研究③。

例如，上海大学徐有威的《口述上海：小三线建设》，书中反映了"单位制社会"的封闭性导致了和周边文化的一些冲突，通过口述资料显示，当时周边农民因与厂矿利益、文化冲突，有的甚至结群破坏厂矿的自来水水管、道路等基础设施。当时"单位制社会"和周边社会形成的对立关系，直到20世纪80年代上海小三线企业迁回时都没有改变④。此外，另有学者却得出了不同的研究成果。崔一楠的《三线建设时期工农互惠关系的构建——以四川绵阳为中心(1965—1970)》⑤和崔一楠、赵洋《嵌入与互助：三线建设中工农关系的微观审视》⑥，两篇文章也从三线企业内部和外界的关系进行了相关研究，反映却是与上述截然相反的一种状态。作者以四川绵阳为中心的三线企业展开调查研

---

① 张勇：《介于城乡之间的单位社会：三线建设企业性质探析》，《江西社会科学》2015年第10期。
② 徐薇薇：《三线职工第三代地域身份认同研究——以安徽某三线厂南京人为例》，南京航空航天大学2011年硕士学位论文。
③ 丁艳、王辉：《移民外来文化的土著化过程——以西南三线厂的"厂文化"为例》，《人文地理》2003年第6期。
④ 徐有威：《口述上海：小三线建设》，上海教育出版社2015年版。
⑤ 崔一楠：《三线建设时期工农互惠关系的构建——以四川绵阳为中心(1965—1970)》，《中共四川省委党校学报》2015年第3期。
⑥ 崔一楠、赵洋：《嵌入与互助：三线建设中工农关系的微观审视》，《华南农业大学学报(社会科学版)》2016年第1期。

究,结果反映在四川绵阳的三线企业职工们平时工作之余会给当地农民兴修水利、收割、安装点灯等,周边农民都把厂矿工人称为"毛主席派来的人";而在平时周边农民给厂矿供给蔬菜、水果之类的生活物品,两者形成了互惠互利的和谐关系。上述两种关系是目前主要的两种并立观点,遗憾的是,学者们对三线"单位制社会"与周边社会的关系研究目前还停留在"一代切"的状态。

四、三线企业"单位制社会"变迁的研究

三线企业"单位制社会"的变迁研究,已有多位学者从不同的侧面进行过研究。总体来说,专题性的研究并不多,却多散见于其他专题研究。三线企业"单位制社会"的变迁有着深刻的历史和现实意义,对其研究主要是从文化融合、语言变迁、风俗交融等各个侧面进行研究。目前,丁艳、王辉:《移民外来文化的土著化过程——以西南三线厂的"厂文化"为例》,这篇文章从文化融合的视角对"单位制社会"的变迁综合了其他学者的研究成果,因而是最为全面详细的研究论文之一。作者从三线企业"厂文化"的出现背景、特点、差异(包括厂际文化差异、厂内文化差异)、饮食变迁等方面对"单位制"文化的变迁做了相当详尽的论述[1]。另外,其他一些学者也从不同方面加以研究。《三线企业的社会特征探微》[2]和《三线企业的社会学思考》[3]的作者付令本身曾是一个三线人,其文章从三线职工气质变化、成员变局、属地化特质、与周边的关系、思想意识特征和三线危机与未来等方面对"单位社会"的变迁进行研究。其中属地化特征指的是三线人接受了当地的风俗,然而三线人本身的特质和思想意识特征却阻碍变迁的过程,加之三线企业后期的危机促使了三线"单位制社会"在矛盾中逐渐发生变迁。也有学者从语言变化的视角对三线"单位制社会"的变迁加以研究,蓝卡佳、敖钰:《三线建设言语社区语言生活》,作者以851厂、4540厂、02厂、4292厂为例,对三线职工内部工厂和家庭语言使用变迁和对外部语言使用变迁加以研究[4]。从研究的成果反映,三线职工之内部代

---

[1] 丁艳、王辉:《移民外来文化的土著化过程——以西南三线厂的"厂文化"为例》,《人文地理》2003年第6期。
[2] 付令:《三线企业的社会特征探微》,《重庆城市管理职业学院学报》2006年第3期。
[3] 付令:《三线企业的社会学思考》,《梧州学院学报》2006年第4期。
[4] 蓝卡佳、敖钰:《三线建设言语社区语言生活》,《小说评论》2013年第A1期。

际语言的变化是三线企业"单位制社会"变迁的直接变现和主要因素。

移民文化和土著文化的冲突确实是影响"单位制社会"变迁的一个障碍,有学者专门对此进行了分析研究。何瑛、邓晓的《重庆三峡库区"三线建设"时期的移民及文化研究》中,作者对三峡库区三线地区人口变迁、人口迁移、移民文化形态、移民和留守等几个方面,论述了三峡库区移民文化的由来和变迁,最后作者通过史实表现了其实三线"单位制社会"的变迁是一个要经历长时间的痛苦的过程①。有学者从身份认同的角度对三线企业"单位制社会"的变迁加以研究,例如,施文的《"三线人"身份认同与建构的个案研究——以陕西省汉中市回沪"三线人"为例》一文通过陕西省汉中市回沪的"三线人"构建个案进行研究,不难看出,三线建设后期,企业职工及家属在医疗、教育等方面都和当地有相当多的交流和沟通,然而在婚姻对象的选择上则是比较排斥和汉中人结合的,作者认为三线企业"单位制社会"的变迁由起初的与汉中社会"机械拼凑"逐渐向"有机融合"转变②。同时文章还指出,从作者采用的口述史可知,当时上海人和汉中人婚配会遭到上海人的不理解。张勇的《介于城乡之间的单位社会:三线建设企业性质探析》一文指出三线企业通过调整后原来"企业办社会"的多元化职能必然回归社区。因此,一些三线企业正逐渐从"单位社会"向"社区社会"转变;然而不同处境的三线企业,其变迁情况也不一样。当代三线企业的社会变迁,是一个复杂而漫长的过程。

结论

三线企业"单位制社会"才刚刚起步,作为一个新的研究领域,有关学者在学理上已探索出了与之相适应的研究范式。虽然涉及该领域的学科尚有不足,现实价值和历史意义有待挖掘,但已经取得相当丰硕的成果。"单位制社会"的研究正走向科学化和规范化,并且该领域的研究得到了国家社科力量的大力支持和越来越多学者的关注。再者,由于三线建设的特殊性,许多文献、档案资料无法查阅;目前从社会史的视野进行研究、口述史的采集进行资料补

---

① 何瑛、邓晓:《重庆三峡库区"三线建设"时期的移民及文化研究》,《三峡大学学报(人文社会科学版)》2012年第3期。

② 施文:《"三线人"身份认同与建构的个案研究——以陕西省汉中市回沪"三线人"为例》,华东师范大学2009年硕士学位论文。

充,于此,对这个新兴领域的研究颇显得任重而道远。

（本文作者：杨凤武,贵州大学历史系 2013 级本科生;唐书明,博士,贵州大学人文学院历史系副教授）

小三线建设背景下农工互融型社区的形成
——以江西"国营九七四厂"为中心的讨论(1965—1968)*

马 军 朱 焘

相比三线建设,小三线建设研究起步较晚,但近期相关研究不断趋热。不过很多成果仍从国防和经济建设的宏大叙事角度去分析,柯尚哲(Covell Meyskens)曾对此模式进行了反思,其研究主要聚焦在中观层面的三线铁路建设[1]。学者们也逐渐认为应该关注小三线建设中的工人生活,或者对某个企业进行个案研究[2]。可能是缺少基层史料和田野调查,小三线建设选址地农户经常呈现"被失语"状态,很少有学者关注到小三线企业随迁工人与本地农民之间的关系。从研究地域上看,目前学界大多在讨论沪、皖小三线建设,而很少关注到数量仅次于上海的江西小三线企业。

另据笔者实地调查,从江西省档案馆到地方档案局、企业档案室,原始史料保存完好且数量可观,但这些档案利用率不高,江西小三线研究成果寥寥。鉴于此,我们在赣西地域进行了广泛的田野调查,在永新县发现了三个小三线企业:国营九七四厂(又名江西省第二机床厂)、赣化厂、永新修造厂。其中国营九七四厂规模最大,该厂是原中共中央华东局兴建的第一批小三线项目,旧址位于江西省吉安市永新县龙源口镇秋溪大队耙陂村五里排地区,于1965年

---

* 原载《浙江师范大学学报(社会科学版)》2020年第6期。

[1] Meyskens C. Third Front railroads and industrial modernity in late Maoist China [J]. Twentieth-Century China, 2015, 40(3): 238-260.

[2] Guo D. Organizational evolution of China's Third-front enterprises: cases study on Aosheng Group[D]. Lisboa: Instituto Universitario de Lisboa, 2013: 6-20.

3月开始基建,隶属于江西省国防工办①。同时,该厂在县域内影响也最大,部门齐全、职工众多,且与村落交织而建,工人与选址地原住居民的关系较为复杂。笔者认为,国营九七四厂是一个较为理想的研究样本,可以让研究者从微观视野去讨论其中的农工关系,并思考小三线建设对基层社区重塑的影响。

一、初遇:国营九七四厂的迁入与适应

小三线建设的缘起,主要与战备和布局相关。永新县以罗霄山脉作为屏障,因此在华东局的军工会议上被确定为华东地区的战略后方②。小三线企业的选址问题是搬迁中遇到的首要问题。为何会选择秋溪五里排作为国营九七四厂址?首先该地符合中央要求的"靠山、隐蔽、分散"方针,自古为放木排的停放地,依山傍水,且公路交通也较为优良,去往公社驻地、县城都较为方便。该地又为革命老区,省领导认为此处群众基础好,利于开展工作③。最为关键的是,如果以五里排为选址地,基建方面大都可以就地取材,而且附近月野祠水库能为工厂提供至关重要的电力和水源④。

对于原在城市工作的军工企业职工及家属而言,搬迁至偏僻山区会有何种心态?在搬迁前后,江西省又如何进行动员?据笔者对国营九七四厂普通工人陈××的访谈中他说:"当时知道要去江西山区,心里很犹豫不决,因为知道那里生活将会很困难,自己的人生也由此改变。"⑤以至于到了选址地,出现了五怕(怕山、怕水、怕蛇、怕偏僻、怕落后)、三多(思想多、情绪多、抱怨多)、七担心(担心来了走不了、担心子女没着落、担心农村条件差、担心生产工作累、担心饮食不习惯、担心气候不适宜、担心职称难评上)的苗头⑥。抱有这类思想

---

① 国营九七四厂历史资料(1973年7月20日),江西省第二机床厂档案室藏,档案号:EJ0796-1973Y-004-051。
② 李国强、何友良:《当代江西五十年》,江西人民出版社1999年版,第205页。
③ 建厂土地征用和补偿的情况(1965年9月3日),永新县档案馆藏,档案号:YX040-1965Y-041-020。
④ 对江西第二机床厂的意见(1965年12月3日),永新县档案馆藏,档案号:YX010-1965Y-001-223。
⑤ 对"国营九七四厂"曾任职工的电话访谈,2018年2月4日,受访人:陈××,江西省吉安市永新县笔者家中。
⑥ 《认真贯彻方针政策,不断总结经验教训,多快好省地完成国防工业建设任务:万迁同志在省委第一次国防工业会议上的报告》(1965年11月1日),永新县档案馆藏,档案号:YX010-1965Y-003-044。

的主要是青年人群体,对于城市生活的不舍及对山区的未知,是产生该类心态的主因。面对复杂的职工心态,迁出地和接收地都做了大量的工作,搬迁厂主要以通俗易懂的方式将中央文件传达至基层厂区,而对于接受方的地方政府而言,不仅需要做好准备迎接搬迁,还需对选址地居民进行疏导。

在基本厂房建好及部分设备迁移后,便是将相关技术人员及工人引进山区。据九七四厂职工回忆,他们被称为"三江志士",即工人来源地主要为上海(黄浦江)、四川(嘉陵江)、江西(赣江)①。另据永新县档案馆馆藏档案,还有少量职工来自陕西、江苏等地②。我们结合馆藏档案和田野访谈,大概可以得知九七四厂职工主要是来自上海、川渝、江西省(南昌、鹰潭、九江)三地,另外还有极少部分的职工受抽调政策影响,由暂时性抽调者转变为定居服务小三线的迁移者。

迁移群体在初期仅限于干部和技术工人,企业生产逐渐稳定后,工人的配偶、子女等家属也伴随迁移③。对于安抚工人而言,家属的迁移也是一个很好的突破口。比如截止1965年9月底,九七四厂接来了家属95户,为了照顾四川来的职工,将其中21户从农村户口转为城镇户口④。除户口问题外,对职工子女工作的解决,也考验着地方政府。因其子女大都也是从城市迁到山区,很多人是因迁移而失去工作,而在山区找工作会遇到许多困难,以至于有职工说:"在这里,找工作比什么都难。"主要解决办法,就是酌情将职工子女转为工厂学徒⑤,此类举措确实有助于职工的安居生产。

而在生活起居方面,据职工回忆:"我们在耙陂二机厂的时候,常开玩笑道,我们除了火葬场没有,其他都有,可谓麻雀虽小,五脏俱全。"⑥此话虽有所夸张,但在一定程度上可以反映职工的生活基础设施建设情况。通过查阅相

---

① 对"国营九七四厂"曾任职工的微信访谈,2018年2月11日,受访人:史××,江西省吉安市永新县笔者家中。
② 《江西第二机床厂关于建厂以来的工作总结与第四季度的工作安排(草案)》(1965年10月7日),江西省第二机床厂档案室藏,档案号:EJ0796-1965Y-010-007。
③ 《关于支援江西小三线建设职工家属随行问题意见(1968年6月4日)》,江西省档案馆藏,档案号:X161-1968C-012-023。
④ 《关于家属转商品粮的请求》(1965年6月29日),新县档案馆藏,档案号:YX020-1965Y-091-023。
⑤ 《国营九七四厂关于请示解决部分职工的子弟及家属工作问题的报告》(1966年1月13日),永新县档案馆藏,档案号:YX020-1966Y-032-023。
⑥ 对"国营九七四厂"曾任职工的电话访谈,2018年3月11日,受访人:史××,江西省吉安市永新县笔者家中。

关档案,并赴实地调查,笔者认为小三线企业职工及其家属的衣食住行与其生产工作,随着预期基建的完成,以及其自发性的活动分布,逐渐形成一个同心圆结构,即遵照"一切以生产为重,主张分散、隐蔽、靠山"的方针,以厂房为中心,以厂区到宿舍的距离为半径,在圆内分布着其他社会生活建筑、设施,而职工及家属的活动范围,一般也不超过此圆的辐射面积。

二、交织:由利权相争到疫病风波

当视角转移到选址地村民身上,三线人便成了迁入者,迁入工人与本地农民通过生活、生产,突然有了生命史的联系,总会有各种交集,他们会有什么样的故事?而在交往中,会产生什么样的合作或摩擦?

小三线企业是以军工生产为主的工厂,通常都具有重设备、多人员、占地广的特点,而在搬迁至山区后很难削山建厂,更多的是因地制宜和就地取材,在基建过程中要占用选址地村民田地。即外来企业进入山区,通常都会伴随着对当地居民固有利益的侵害,这种损失如果没能以某种补偿作为交换,往往又将引发长时间的矛盾冲突。据笔者对选址地村民的访谈,"当时有很多省里的人来了,大队里相传要征地,我们得搬到山上去住,后来真的要搬,很多人不情愿啊"[1]。虽说在小三线建设前,江西省领导强调要"坚决执行不占高产田,少占可耕地,不迁居民,便利居民的原则",但当基建开始后,最终认为:"实践证明在江西建厂,完全不占田,是难以办到的。"[2]九七四厂第一次征地,就达到了45.65亩(其中泮中公社水田11.43亩,荒山12.58亩,空地0.65亩,旱地0.62亩;秋溪公社水田11.50亩,荒地4.61亩,空地4.32亩)[3]。虽字面上该45.65亩分属两地,似乎是分散土地,其实由于历史和宗族原因,此块征地是一地多属,都在五里排范围,因此五里排居民在被征地后,大都迁至山上[4]。

---

[1] 对"国营九七四厂"选址地村民的访谈,2018年2月9日,受访人:游××,江西省吉安市永新县龙源口镇秋溪村游××家中。

[2] 《认真贯彻方针政策,不断总结经验教训,多快好省地完成国防工业建设任务:万迁同志在省委第一次国防工业会议上的报告》(1965年11月1日),永新县档案馆藏,档案号:YX010-1965Y-003-044。

[3] 《省人民委员会关于同意江西第二机床厂因基建征用土地的批复》(1965年9月3日),永新县档案馆藏,档案号:YX010-1965Y-011-167。

[4] 对"国营九七四厂"选址地村民的访谈,2018年3月1日,受访人:吴××,江西省吉安市永新县禾川镇吴××家中。

除田地受征外,在修路过程中,对茶树、杉树等经济作物的损害也较大。当地居民面对被损坏的东西很有意见,一直询问九七四厂有没有赔偿,以及他们的田被占了,生活出路怎么安排?搬厂与被迁徙的矛盾在地方政府的斡旋下有所缓和,政府要求企业对征用和损坏的田地、作物进行补偿,并要求"在供电、供水、供肥问题上,尽可能地方便群众,为群众造福,对废水废气的处理,一定要做到不影响群众的生产和生活"①。同时不准以保护森林为由,进行圈地圈林禁止农民进入,在文娱设施、医疗卫生上,也要对选址地居民开放,如"五里排农民游冬开被毒蛇咬伤,厂医院进行了免费急救,并用吉普车送到县医院救治"②。在工厂努力对选址地居民进行补偿时,也有部分村民认为"这里建了一个工厂,工厂附近社队水利、电力建设应该通通由工厂包下来"。而据村民回忆,当年的确存在一种"取闹"现象,即自身受到损失,要求小三线企业负全责,甚至要求和工人一样吃商品粮③。在损害与补偿的关系上,存在一个度,如果越界,则又会引起新的纠葛。但村民们大都世居于此,当补偿趋于合理之时,很快又能回归正常生活。

不过在省级、县级档案及当事人回忆中,关于征田的描述有较大差异,这主要体现在各主体对是否迁农的描述上。笔者无意考真辨伪,但至少可以知道,因小三线建设的开展,产生了工进农退的现象,这在一定程度上引起了两者的冲突。另外,此种多重面相事件的发生,也体现了各级政府间的微妙关系,在使用小三线档案史料时,应该多重引证。

九七四厂搬迁进山区前,此处已建有一个国营林场——七溪岭林场。根据林场档案,在九七四厂迁入后,常常见到外地口音人员,未经报备私自伐木,怀疑是九七四厂职工。也正是如此,林场力主森林公安局介入,同时林场内部也成立执勤室,对伐木行为加以监视和制止④。在九七四厂的内部会议记录上,也有相关记载:"个别职工一边说怕虎、怕蛇、怕狼,一边又偷偷进入林区拾

---

① 建厂土地征用和补偿的情况(1965年9月3日),永新县档案馆藏,档案号:YX040-1965Y-041-020。
② 《江西第二机床厂关于建厂以来的工作总结与第四季度的工作安排(草案)》(1965年10月7日),江西省第二机床厂档案室,档号:EJ0796-1965Y-010-007。
③ 对"国营九七四厂"选址地村民的访谈,2018年2月9日,受访人:游××,江西省吉安市永新县龙源口镇秋溪村游××家中。
④ 《关于请求正式成立七溪岭派出所的报告》(1966年11月17日),江西省档案馆藏,档案号:X098-2-574-131。

柴砍柴。"①由于选址地的林权分属国营林场和泮中大队、秋溪大队三方，另外此处又处于永新县与宁冈县交界，永新林权所属三方常与宁冈偷木者产生冲突，而九七四厂个别职工的私自伐木拾柴行为，使得该区域关于林权争夺的问题更为复杂。

若以农民的视角看待，除征地损农、伐木拾柴而引起的争端外，使农工之间产生冲突的还有不正当男女关系和污水处理纠纷。九七四厂职工大都是从经济较发达地区迁移至山区，从单身宿舍修建的数量，可大致推测出该厂职工以单身者居多，由于职工仍保留城镇户籍，在当时城乡二元结构下，商品粮户口备受青睐，所以至今仍有人谈起当时的一些不正当男女关系的事情。据九七四厂的内部会议记录："很多单身职工不愿来山区的重要原因，就是因为怕娶不到老婆，而真正来到山区后，这样的思想还没有及时纠正，在下班后，常常跑到较远的居民区去谈情说爱。"②当这样的事情被揭露后，往往会造成一个家庭夫妻关系的隔阂，甚至破裂。而当诸如"爱情、亲情、宗族、面子"等多重因素相互交织时，最终会导致职工与当地村民的矛盾进一步加深。

污水纠纷主要是指九七四厂在处理工业废水时，污染了河流和土地，从而影响到下游村民。该厂排污量较大，且大都直接排放，影响水源和土地。③ 笔者实地调查发现：与20世纪60年代相比，该地水文未有太大变化，若以九七四厂厂区为A点，耙陂（部分居民）为B点，下湾（当时约4户人家）为C点，白口村（大量村民）为D点，庙背村（大量村民）为E点，禾水河的支流恰好横贯其中，A、B、C、D、E各点分别在该支流附近，B、C、D、E四点与A点距离依次递增。而A点相对于其他点，正为上游，其中污水问题对耙陂村影响最大，因此选址地居民对九七四厂很有意见。建厂初期，污水事件并没有得到很好的处理，导致工人与村民以水坝之水为生产、生活主要水源，而水坝库存量有限，常常导致"耙陂地区在一年内几个月无水可用，职工常常与农民争水"④。争水只

---

① 《一九六五年九月四日全厂职工大会会议记录》（1965年9月4日），永新县档案馆藏，档案号：YX040-1965Y-045-023。
② 《一九六六年五月六日职工大会会议记录》（1966年5月6日），永新县档案馆藏，档案号：YX040-1966Y-021-003。
③ 《江西省机械工业厅二局"关于工业污水问题处理报告"的批复》（1965年10月5日），永新县档案馆藏，档案号：YX010-1965Y-004-018。
④ 《国营九七四厂关于我厂耙陂家属用水改由五里排供水需增加投资的报告》（1965年9月15日），永新县档案馆藏，档案号：YX040-1965Y-021-009。

是双方争夺各种资源的一个缩影,农工之间为了生存、生产和生活,在各方面都会有所争执,这其实也是工业快速进驻一个重农地区所产生的短暂摩擦。

若以九七四厂职工的视野看待,小偷小摸和民工待遇则是导致两者冲突的重要原因。在一些会议记录上,常常能看到九七四厂对一些选址地村民小偷小摸行为进行谴责。比如在建厂初期,常有村民在夜晚偷窃砖瓦、水泥等建材,在基建完成后,常有村民偷电等行为①。而在民工待遇问题上,由于涉及具体利益,冲突往往会更为激烈。在江西省委的指示中,希望小三线建设在不影响农业生产的情况下可就地征用民工②。但该指示落实到基层厂区,又会是什么情况？在九七四厂建厂初期,由于职工未能完全到位,一度出现缺人现象,因此主要解决办法便是招收临时工,其中临时工来源主要有二：以工种作为区分,一些技术性岗位主要是征调工读学校学徒,而一些非技术性岗位,则主要是招收选址地村民。关于其工资待遇,大部分工种是每人每月工资(含奖金)36元③。若与1966年的正式职工相比,临时工的工资略高于正式工最低工资,但没有达到正式工的平均工资。虽有明文规定的工资与福利制度,但是常有村民提出加薪,甚至要求吃商品粮。当九七四厂存在拖欠工资情况时,他们也常会以各种方式抗议欠薪④。民工待遇是一个双方利益博弈的过程,小三线企业希望以较低报酬换取更为廉价的劳动力,以缓缺人之急,而村民则希望在农业与工业之间,谋求更好的生活。当他们向小三线企业争取权益时,也会使用"弱者的武器"进行日常抵制,比如消极怠工、不合作等⑤。

如果说以上的利权之争是全国小三线建设中农工关系的常态,疫病风波则是笔者关注社区的异态。在前文笔者已提及九七四厂区位情况,主要位于永新县和宁冈县交界的山区。在1966年下半年的某一天,职工间广泛议论在

---

① 《一九六六年九月二日全厂职工大会会议记录(1966年9月2日)》,永新县档案馆藏,档案号：YX040 - 1966Y - 077 - 117。
② 《一定要把国防工业建设好：白栋材同志在省委第一次国防工业会议上的总结(1965年11月20日)》,永新县档案馆藏,档案号：YX010 - 1965Y - 002 - 021。
③ 《江西第二机床厂关于请批需用六六年临时工和临时工资的报告(1966年7月1日)》,永新县档案馆藏,档案号：YX040 - 1965Y - 077 - 003。
④ 对"国营九七四厂"选址地村民的访谈,2018年2月20日,受访人：龙××,江西省吉安市永新县龙源口镇秋溪村龙××家中。
⑤ 斯科特：《弱者的武器》,郑广怀、张敏、何江穗译,译林出版社2007年版,第6页。

离厂区不到十华里的宁冈新城公社,有一座麻风病院①,且该院就在厂区和生活区水源的上游。职工们思想情绪波动较大,很多人舍近求远去几里外挑饮水,甚至有些职工提出要调出工厂离开山区②。于是九七四厂决定立刻派出厂区工作调查组进行调研,而后工作组确认了这一传闻的真实性:确实有一座分散在三个村庄的麻风病院,共有早、中、晚期病人 59 人③。于是厂区领导迅速致电江西省委,以"麻风院直接危害职工饮水健康,且继续在扩建病院,增加新的危害"为由,请求将麻风病院迁移④。

  江西省委随即组织多方卫生专家实地调查,从"一般情况、病区设置、交通水源、隔离管理、生产生活"五个方面对疫病风险进行评估,认为宁冈麻风防治所 1956 年就设于此地,从麻风病理学的角度来说,麻风杆菌在水里不能生存,况且麻风防治所距离该厂 10 华里以上,所产生的水源污染对下游职工用水影响不大⑤。最终江西省委认为此事不至于影响小三线建设项目,希望九七四厂做好"麻风病是可防可治的科学知识的宣传教育工作"⑥。九七四厂要求麻风病院迁移他处的诉求并没有得到解决,于是九七四厂继续请示,不过与第一次相比有所区别,请示报告强调"该所病人常来厂买东西、看戏、看电影、探亲访友,由于厂区分散(特别是生活区),无法制止,为确保职工的身体健康,稳定生活情绪,在山区安心搞好生产,我们再次要求该所的病区迁移"⑦。该厂对疫病风波的请示,由抱怨污染水源到怀疑隔离效果。囿于档案所限,笔者未能查到

---

  ① 据 1987 年《宁冈县地名志》对"新城公社"的描述:"新城公社位于县境东北部,东界白石公社,南临茅坪公社,西与舌城、葛田公社毗邻,北与永新县连界。驻地新城距县城 20 公里。以驻地得名。总面积 60.02 平方公里。辖 7 个大队,48 个生产队,56 个自然村。1 241 户,6 567 人,均系汉族。"具体参见宁冈县人民政府地名办公室编纂:《宁冈县地名志》(内部资料),江西省新闻图片社,1987 年版,第 47 页。
  ② 《关于要求迁移麻风病院的指示》(1966 年 8 月 8 日),永新县档案馆藏,档案号:YX040 - 1966Y - 004 - 028。
  ③ 《关于宁冈县麻风病院的调查》(1966 年 7 月 29 日),永新县档案馆藏,档案号:YX040 - 1966Y - 014 - 011。
  ④ 《关于要求迁移麻风病院的指示》(1966 年 8 月 8 日),永新县档案馆藏,档案号:YX040 - 1966Y - 004 - 028。
  ⑤ 《关于宁冈县麻风防治所水源污染影响江西第二机床厂职工用水问题的调查报告》(1966 年 8 月 31 日),永新县档案馆藏,档案号:YX010 - 1966Y - 015 - 003。
  ⑥ 《江西省卫生厅关于宁冈县麻风病防治所水源污染问题情况调查的处理意见》(1966 年 10 月 5 日),永新县档案馆藏,档案号:YX010 - 1966Y - 008 - 045。
  ⑦ 《关于再次要求迁移麻风病院的报告》(1966 年 10 月 27 日),永新县档案馆藏,档案号:YX040 - 1966Y - 018 - 022。

该厂不断申诉的结果,但在 1967 年,九七四厂对生产用水进行调查后的报告中,仍提到"上游又有麻风病菌污染,并且生产如果扩张,水量还是不能满足"①。且《宁冈县志》记载,在新城下岭坡建立麻风村,1987 年共有病人 139 人②。第一代职工曾提到"麻风院没有迁走,但也没有扩建"。而附近村民也证实了九七四厂退休职工的说法③。

笔者无意考证麻风病院存留问题,但通过此次疫病风波,大致可以看出与其他地方的小三线建设相比,该社区农工关系所具有的特性。对于小三线职工而言,麻风病院的存在,使其健康受到了威胁。他们认为这种隐患是当地村民带来的,是没有县域之分的,而疾病和不卫生,也成为九七四厂职工附加在当地村民身上的"标签"。也正是因此,三线人会对自己的孩子说:"不要和耙陂人玩!"④在村民看来,麻风病院十几年前就已建立,也偶尔会有邻县宁冈人来耙陂走动,对其生活并没有产生什么影响,而三线人一来,耙陂人却要被迫搬迁。因此在村民眼中,疫病风波更像是"赶走我们,还想赶走宁冈人,企图占山为王,扩建厂区"⑤。不过我们应该注意到,这只是在建厂初期工人与农民因多种因素而形成的暂时性隔阂,随着时间的推移,双方不断增进了解,农工之间不断交织而互融,这又形成了农工关系的另一个面相。

三、合作:以农资工与借工助农关系的构建

小三线企业职工及其家属与选址地村民的关系,不仅仅有冲突、争执与矛盾,也存在合作互助的一面。在前文的论述中,笔者大致说明了基建征民的情况。一方面我们必须承认确实存在损农和劳务争端的情况,但是也不容忽视基建给选址地村民带来的利益,尤其是当基建设施完成后,对村民生活水平的

---

① 《江西第二机床厂革筹小组关于解决我厂生产用水两个方案实地调查的报告》(1967 年 9 月 17 日),永新县档案馆藏,档案号:YX040 - 1967Y - 019 - 107。
② 宁冈县地方志编纂委员会:《宁冈县志》,中共中央党校出版社 1995 年版,第 878 页。
③ 对"国营九七四厂"选址地村民的访谈,2018 年 2 月 20 日,受访人:吴××,江西省吉安市永新县龙源口镇秋溪村吴××家中。
④ 对"国营九七四厂"选址地村民的访谈,2018 年 2 月 20 日,受访人:吴××,江西省吉安市永新县龙源口镇秋溪村吴××家中。
⑤ 对"国营九七四厂"选址地村民的访谈,2018 年 2 月 20 日,受访人:吴××,江西省吉安市永新县龙源口镇秋溪村吴××家中。

改善。在农业生产与山区建设之间,前者的获利周期相对较长,而后者薪酬的月结,甚至日结,对很多村民诱惑较大,尤其在农闲之时,许多村民都愿意去工地干活。据村民回忆,当时对其诱惑最大的是吃商品粮,即九七四厂的正式职工都是非农业户口,按照当时的制度,国家会对非农业户口定量供应粮食。因而在村民的观念中,只要成为民工,就有吃商品粮的希望,也就是意味着可以和九七四厂工人一样有着体面的工作,而不是世代种田①。

毕竟户籍转换非常复杂,务农才是绝大多数村民的主业,也正是由于选址地附近有农民,才支撑起九七四厂的农副产品供应。在建厂初期,由于一些规章制度,工人饮食主要采用供应制,分为口粮补助和食油供应,厂区职工与附近农民很少产生贸易关系,职工们很难吃到新鲜蔬菜。在1965年8月,厂方已经意识到蔬菜供应的困难:"小三线建设项目都在山区,远离城镇,物资供应比较困难,特别是蔬菜的供应问题更为突出,当前需要的蔬菜主要依靠从城镇调运供应,由于距离远、时间长、损耗大、价格高,因此增加了职工的负担。"②对于蔬菜问题应当如何解决?最初计划是各厂根据今明年职工的总数(包括家属)提出蔬菜需求计划(每人每天按1斤蔬菜供应),要求今年秋后能基本解决蔬菜就地供应问题。但是对于菜农的口粮供应、亏损和奖售问题,又希望县委予以协调,因此该计划的可行性较低。厂区领导将此事汇报至省里,省里认为此事应交由商业厅负责,于是经商业厅研究后,提出:"蔬菜供应除由省贸易公司从省增拨一部分粮豆制品外,县贸易公司应积极向当地党政部门汇报,争取多安排一些菜、豆制品指标。"③此批复给予了厂区主动向县贸易公司争取蔬菜供应的权利,于是每当蔬菜短缺,厂区责任人便会及时致电县领导,甚至遇"公社供应的黄豆不能发芽"时,九七四厂也直接给县长写信求助④。可是经历这么多层层汇报,还是难以协调蔬菜的供应,因此江西省委决定将蔬菜供应纳入商业网点,即职工可以根据自己的工资水平,酌情购买蔬菜。九七四厂根据政策设立了粑陂综合商店,主营蔬菜及其他生活物资。而当蔬菜商品化后,进入

---

① 对"国营九七四厂"选址地村民的访谈,2018年3月9日,受访人:龙××,江西省吉安市永新县龙源口镇秋溪村粑陂龙××家中。
② 《关于后方建设单位职工生活中几个问题的报告》(1965年8月28日),永新县档案馆藏,档案号:YX010-1965Y-098-021。
③ 《关于你厂职工和家属急需解决蔬菜、燃料供应等问题的复函》(1966年5月6日),永新县档案馆藏,档案号:YX010-1965Y-071-190。
④ 《江西第二机床厂关于要求解决新黄豆生豆芽的情况报告》(1966年11月19日),永新县档案馆藏,档案号:YX040-1966Y-077-020。

厂区的蔬菜量呈上升趋势,职工生活水平也逐渐提高。通过不断的探索,最终是允许当地农民介入蔬菜贸易,通过提高蔬菜产量和降低成本来改善工人生活①。同样,在其他的一些副产品上也逐渐形成了这种以农资工的情况。

当然也存在借工助农的情况。江西省委对小三线建设职工的生活进行调查后,撰写了一份报告,认为工人们面临的主要困难有"副食品与日用百货的供应问题、粮油供应问题、职工医疗与子女入学问题、邮电与银行通讯问题、看戏与看电影问题"②,并立即着手解决。也正是如此,小三线企业的福利设施较为完备,除基本的"宣传站、单身宿舍、家属宿舍、生活区食堂"外,还建有"职工子弟学校、医院、托儿所幼儿园、浴室、理发店、电影院、招待所、室外干厕所、百货商店、粮店、煤店、银行、邮电所、书店、药店、哺乳室"③。而这些福利性设施,大都分布于九七四厂的厂区和生活区。前文提到的疫病风波中,九七四厂以麻风病人赴其职工生活区购物、看戏等为由,要求迁移麻风病院,其实也可以反映出小三线企业的基础设施不仅满足内部人员使用,也与当地农村居民共享。尤其是一些医疗设备极大地方便了村民的生活,其职工医院通常配备了足够的人员和较为齐全的医疗设备,其辐射范围远远超过厂区,因此才有可能出现职工医院及时挽救当地村民生命的事件,不少村民后人至今还因此很感激九七四厂④。诸如此类救命感恩事件,在很大程度上改善了农工关系。

有利于群众性集会的设施也在促进农工的互融。20世纪60年代,电影院在赣西的县城都极为罕见,而九七四厂却有附属影院,这对选址地村民的生活方式影响巨大。电影院是工人与村民交集密切之处,村民至今回味无穷:"只要放电影,我们都会从山上跑好几里路,带着小板凳,直接奔往电影院。"⑤一般在看电影的过程中,也会打破儿童们"不要和耙陂人玩"的界限。电影院也是一个重要的宣传阵地,在很多时候农民亦可列席。

---

① 对"国营九七四厂"曾任职工的电话访谈,2018年3月11日,受访人:史××,江西省吉安市永新县笔者家中。
② 《关于后方建设单位职工生活中几个问题的报告(1965年8月28日)》,永新县档案馆藏,档案号:YX010-1965Y-098-021。
③ 《关于小三线生活福利建筑的通知(1966年12月9日)》,吉安市档案馆藏,档案号:1051-005-009-029。
④ 对"国营九七四厂"选址地村民的电话访谈,2018年4月24日,受访人:游××,山东省济南市长清区山东师范大学。
⑤ 对"国营九七四厂"选址地村民的访谈,2018年2月20日,受访人:吴××,江西省吉安市永新县龙源口镇秋溪村吴××家中。

为了使职工安心生产,政府也帮九七四厂兴建了从幼儿园到初中的子弟学校,子弟学校明文规定可以招收本地学生。① 笔者在多次回访选址地后发现,距离九七四厂最近的耙陂村居民孩子几乎全部在子弟小学就读,甚至也有来自周边村落的白口村、庙背村生源。这一方面是由于选址地位于深山,村民孩子去子弟学校的距离远远近于乡镇小学,另一方面在师资上政府也会对子弟学校有所倾斜。曾就读于此的学生还解释厂区的加热饭菜设备更好,如果去村镇小学经常只能吃到冰冷的自带午餐。职工和当地农民的孩子们共同接受教育,促进了农工之间的相互理解。而小三线企业是个长时间规划项目,该厂直到20世纪90年代才迁至县郊,在这二三十年两代人共同受教育的过程中,双方界限在学校的作用下不断被消融,伴随着第二代"三线人"的成长,其互融性也更为明显。他们常把工作地作为第二故乡,即便厂区早已不在,但每年春节期间,必有数辆大巴载着职工们归来寻友与纪念②。

农工之间,除以农资工、借工助农的关系外,有时候也成为对方纠纷的调解人和仲裁者。在基建征地过程中,当九七四厂和选址地村民在洽谈赔偿事宜时,出现了一段小插曲,即"秋溪公社耙陂大队与泮中公社的泮西、贯州大队争执五里排的地权,争要补偿等问题,各方多次派人看地形争地权,在各方各执己见,难以解决的情况下,我们采取不偏袒谁方的原则,请各方互派人共同一起讨论好补偿的问题"。③ 虽然此事的事端是由九七四厂征地而起,但是面对公社大队间的利益争执,九七四厂主动地承担起仲裁者的责任,去调解各方分歧。同样,由于九七四厂和七溪岭林场之间,常常会因盗伐嫌疑产生纠纷,甚至有时候会以七溪岭执勤室或派出所的名义对嫌疑职工进行拘捕、罚款,而这时,选址地村民又会成为证人,也具有一定的仲裁功效。据村民回忆,林场和九七四厂时有争端,这时村民往往成了和事佬④。

当小三线企业进入一个相对隔绝的山区,往往会对此地产生各种各样的影响。但不能简单地以利、弊区分,应具体情况具体分析,尤其需要从基层视

---

① 《江西省二机厂子弟学校工作计划》(1965年9月1日),永新县档案馆藏,档案号:YX040-1965Y-019-100。
② 对"国营九七四厂"选址地村民的电话访谈,2018年2月19日,受访人:朱××,江西省吉安市永新县龙源口镇秋溪村游××家中。
③ 《建厂土地征用和补偿的情况》(1965年9月3日),永新县档案馆藏,档案号:YX040-1965Y-041-020。
④ 对"国营九七四厂"选址地村民的访谈,2018年2月20日,受访人:吴××,江西省吉安市永新县龙源口镇秋溪村吴××家中。

角去探讨两者乃至多方的关系。一方面我们应当承认小三线企业的突然来临,打破了当地的平静,干扰了传统的农业生产,一旦没有正确处理,未能建立有效机制,往往分歧会更大、矛盾会更深,如迁农事件中各级文件下达与上报不一,疫病风波中的省、厂异见。但另一方面也不应该否认和忽视农工之间的互融,基建征民的过程也是给农民创造增收机会,使其在农业生产同时,也多了一项参加山区建设的选择,而医疗、教育、商业、文娱等设施的开放共享,又在很大程度上改善了村民的生活,扩大了他们的视野。现在很多村民回忆:"最忘不了二机厂的冰棒!"①而当时厂方购置冰棒机的初衷,仅仅是高温作业的工人希望能吃上冷饮,为了更好地维护职工的身体健康②。改革开放后,很多村民在赴深圳务工时,总会在心中嘀咕:"这不就是二机厂的样子?"可想而知小三线企业对村民世界观影响之大。同时对于小三线企业而言,其职工大都是吃商品粮的非农业户口,以工业生产为日常,在食品供应上主要是依赖政府,而山区的交通情况很不理想,要想提高生活水平只能寻求与村民合作,双方逐渐从迁厂初期的摩擦猜疑到互融协作而共存多年。

余论

林耀华认为传统中国农村日常交往的圈子就好比一个竹竿构成的保持微妙平衡的网络③,虽然中华人民共和国成立以来一直主张农工互助,但大都停留于宣传语境,难以融入这张竹竿之网。很显然小三线建设中大量工人迁移至山区农村,使得现实生活中发生大范围的农工相遇。虽两者间有常态化争执,也有疫病风波等意料之外的地方性冲突,但我们应该认识到小三线建设初期的农工疏离的背后,也存在着基建时支付村民酬劳以及基础设施建成后农工共享,它们极大地改善了农村生活,尤其对第二代选址地村民的教育和视野产生了较大影响,在一定程度上促进了其从山区走向城市的地域流动。而在后来的许多诸如山洪暴发等突发性公共事件当中,农工的齐心互助更是令人

---

① 对"国营九七四厂"选址地村民的访谈,2018年2月20日,受访人:龙××,江西省吉安市永新县龙源口镇秋溪村龙××家中。
② 《为请购买冰棒机一台的请示报告》(1966年5月23日),永新县档案馆藏,档案号:YX030-1966Y-014-009。
③ 林耀华:《金翼:一个中国家族的史记》,生活·读书·新知三联书店2015年版,第3页。

难以看到两者之隔。随着时间的推移,农工的关系之网也逐渐修复,形成了一种农工互融型社区。而以往关于湘赣边界的外来人口与本地乡民关系的研究,大都以土客关系和族群认同的视角,认为两者存在各种械斗和纷争①,但在小三线背景下的移民工人与本地农民却逐渐呈现出互融的状态。同样,在对于小三线建设的评价上,巴里·诺顿(Barry Naughton)等西方学者提出的"三线建设是中国的经济失误"②,大都只是宏观上的绩效评估,并没有注意到小三线建设的地方化效应,其中农工关系的复杂性更不能以简单的二元对立进行评价。

当研究时段拉长,我们可以发现小三线企业在当下大都以军转民的方式告别历史舞台,但三线职工群体仍大量存在,他们常常会有聚会、缅怀、故地重游等活动,也会组建各种网络交流平台,不时会回忆起当年与村民之间的情谊,值得各学科学者进一步研究。另外,笔者通过一些数据库或实地调研发现"厂史"资料广泛存在,以"厂史"为线索,往往又会挖掘出一批档案,这或许会构成小三线建设研究的核心史料。其资料之繁多,以至于有学者称小三线建设是开启中国当代史研究的新钥匙。笔者期待着更多研究成果的面世。

(本文作者:马军,上海社会科学院历史研究所研究员,史学博士;朱煮,上海社会科学院历史研究所硕士研究生)

---

① 比如较新的研究有:谢宏维《斯土斯民:湘赣边区移民、土著与区域社会变迁(1600—1949)》,人民出版社 2019 年版。

② Naughton B. The Third Fornt: defence industrialization in the Chinese interior [J]. The China Quarterly,1988,115(3):351-386.

移民外来文化的土著化过程
——以西南三线厂的"厂文化"为例*

丁 艳 王 辉

一、前言

人不仅是文化的创造者,也是文化的载体,因此无论历史时期,还是当代,大规模的人口迁移往往导致文化传播与文化改造①,从一地迁往另一地的人群不但将具有某种特质的文化带到迁入地,而且又通过进一步的文化交往与文化融合,或以文化孤岛形式稳固地保留着自己文化原有的特征,或与迁入地文化逐渐融合,构成一种新的文化或文化区。中国出现在20世纪60—70年代的三线工厂,就是以人口大规模迁移为基本特征的文化传播与文化改造现象,本文将这种文化现象称为"厂文化","厂文化"不仅表现为文化迁出地固有文化的保存,也同时伴有当地土著文化的渗透过程。本文拟以西南贵州三线"厂文化"为切入点,探讨人口迁入地的文化特征以及文化融合与改造过程。

二、三线工厂与"厂文化"出现的背景

三线工厂是20世纪60—70年代,中国政府针对当时国际形势以及随时可能出现的国家边疆安全危机而采取的预防性安全措施之一,为了实施这一措施,

---

* 本文系国家重点基础研究规划项目"长江流域生物多样性变化、可持续利用与区域生态安全"(G2000046800)。原载《人文地理》2003年第6期。
① 葛剑雄、曹树基、吴松弟:《简明中国移民史》,福建人民出版社1993年版,第586页。

将全国划分为战略一线、二线和三线:一线是指东北和沿海各省;三线是西北、西南内地各省;介于一线、三线之间广大地区为二线。为预防国家边疆安全突发事件的出现,国家相继将一线地区的工厂、科研单位搬迁到山西、陕西、四川、贵州和湘西等三线地区,进而在这些地区形成具有鲜明文化内涵的三线工厂。

三线地区中西南地区有十分重要的战略地位,仅贵州一省就容纳了中央各部委、全国20多个省市100多个厂矿企业20多万名职工和科技人员,他们服从于国家安全需要,采取"山、散、洞"的方针,即工厂靠山,车间分散,设备进洞,并根据产品类型,分成若干系统。同一系统不同厂之间又各有分工,各厂以代号相区别。由于三线工厂的特殊性,厂与厂之间、厂与当地之间的相对独立与有限沟通,使三线工厂在各自保留迁出地文化的同时,兼容了部分当地土著文化的内容,这一过程不但在空间上形成各自迁出地的文化岛,而且形成有别于迁出地,又不同于迁入地的文化区。

三、"厂文化"的文化特点

(一)"厂文化"与迁入地地方文化的相对隔绝

"厂文化"虽然是以移民为文化载体,以文化融合与改造为基本特征的文化现象,但由于构成"厂文化"的移民在性质上属于政治移民,因此移民的构成严格服从于三线建设的需要,其特点之一为均来自东部发达地区大型厂矿与重要科研机构,既是当时中国最高科技水平的代表者,也是中国科技继续发展的支点;特点之二为三线移民中大多数职工的文化水平在高中或中专以上,大专生和大学生占了相当的比例。这决定了三线移民在文化构成上层次较高,与文化水平落后的迁入地形成鲜明对比。

三线厂"厂文化"相对于迁入地土著文化来说属于一种先进的、高势能的文化,这一群体的文化优势与文化优越感,不但导致群体接受迁入地地方文化的审慎态度,而且具有极大的保守性、隔绝性,这种特点在第一代移民中表现得尤其突出。相反迁入地地方文化属于低势能文化,出于对先进文化的仰慕,往往有意识地吸取高势能文化的内容,促进了"厂文化"向外扩散和向迁入地地方文化的渗透[1]。总之,两者在互通有无的基础上,"厂文化"表现得更保守

---

[1] 胡兆量:《中国文化的区域对比研究》,《人文地理》1998年第1期。

更封闭一些,在某种程度上表现出文化孤岛特征。

(二)"厂文化"的多源性

单个工厂的迁移是从一个地区到另一个地区,但是从整体考虑,众多三线厂有其不同的源地,不但由于特殊的需要,形成岛状分布,而且厂与厂之间极少交往。工厂的不同来源以及三线工厂的特殊性是"厂文化"内部存在较大差异的根本因素,可以认为,迁出地背景文化之间的差别远远超过迁入地的文化影响。三线工厂的特殊性虽然限制了厂际间的文化交流,但由于面对同一迁入地具有的文化共同性,使具有较大文化差异的厂与厂之间均渗入迁入地文化的影响。这样的结果一方面使厂际之间仍然保持着带有迁出地特征的文化差异,另一方面,厂与厂之间却因共同居住的迁入地影响,而在文化内涵中表现了趋同性,这种趋同性是以对迁入地文化的接受与融合为基本内容的。

四、"厂文化"的差异现象

厂际之间文化的差异性是"厂文化"的重要特征,"厂文化"的形成与特殊政治和历史背景下的人口迁移有关。来自不同地区的人群在三线的分布是极为分散的,可以用"大杂居,小聚居"来概括。这种分布的特点加上工厂的背景阻碍了厂与厂之间文化的交流,导致了厂文化的内部存在明显差异。

(一)厂际文化差异

厂际的文化差异主要表现在各厂迁出地背景文化的差异,其中包括语言、生活习惯和人们的个性等内容。

从语言上来说,不同工厂有不同的方言,其主要取决于迁出地的方言特色,同时融合有一定的迁入地口音,习惯称之为"厂话"。从绵阳迁到贵州的851厂厂话偏四川话,从北京迁来的4540厂厂话偏北方口音,02厂厂话偏重庆口音,4292厂是在当地发展起来的,其厂话口音偏地方话。这种方言广泛流行于三线职工的第二代,而第一代即开厂元老级的一代多半还是"乡音难改"。由于工厂中当地人越来越多,后一代接触的地方文化也较多,"厂话"与地方话已经有了一定的融合,在发音上发生了一些改变。如以重庆方言为主的厂,方言中的卷舌音少了；北方的一些普通话里融进了一些地方的词汇。

从生活习惯上来说，最明显的是饮食上的差别。川厂爱辣，沪厂爱甜；北方厂爱面，南方厂爱米。从各厂的小吃摊可以看出，川厂以火锅、麻辣烫、烤豆腐、凉粉等辣味小吃居多，江南厂则流行各类年糕、汤团等甜食。

（二）厂内文化差异

厂内的文化差异类似于厂际文化差异，但这种差异更多地体现在长辈与晚辈之间，即代际间，而且这种差异与同当地文化融合的程度有密切关系。

由于厂内职工的多来源性，厂内文化差异与厂际文化差异有相似处。首先，从语言上说，仍然存在不同地域的职工持不同的方言；从生活习惯上来看，包括饮食以及日常的生活习惯等方面。这些差异存在于不同地区的职工之间，当一个家庭夫妻双方来自不同地区时（这种情况很多），也会有这样的差异。

厂内文化差异最显著的特点是代际"厂文化"遗失。三线厂从建立到今天已有三十多年的历史，三线子弟也已发展到第三代，其所携带的"厂文化"特征在代际上出现很大差别，总的趋势是迁出地背景文化逐渐淡化，而迁入地文化影响日趋明显。

从三线第一代来看，三线第一代职工都是直接从异地迁来，本身携带了浓厚的迁出地地方文化特征，与迁入地地方文化格格不入。另一方面，三线职工本身的文化素质较高，对于文化的接受是有选择性的，地方文化的落后性不在其选择的范围内。再则，厂内文化也形式多样，多种地方文化共存。"厂文化"呈现出对外的一致性和对内的多样性。

三线第二代掺杂了更多的地方因素。一是工厂与地方联姻增多；二是地方为工厂提供的服务涉及范围更广，与外界接触机会更多。出生地文化是影响三线第二代的直接因素，从家庭角度来看，第二代除兼具父母的双重文化特色，还有这两者的融合文化特色。比如，一个家庭，父亲来自江苏，母亲来自贵州本地，其子女一般来说有两种情况：一是会说江苏话和贵州话，还有"厂话"。二是只会说"厂话"。于是在一个家庭里有可能出现三种方言。从教育角度来看，除了子弟学校外，子女也有一部分在地方兴办的学校上学，与地方同龄人接触机会多，也会造成其文化的地方化趋向。总之，三线"厂文化"到第二代时，已出现很大程度的背景地方文化淡化现象。

五、"厂文化"的发展趋势

（一）"厂文化"在交流中的文化趋同

三线工厂的地理分布均为散点式，而其周围则是广泛分布的土著文化。在"厂文化"发展的时间过程中，一方面它要固守其背景文化；另一方面这些分散的三线工厂在文化继承上是孤立而没有后援的，它面临广大土著文化的包围，必然会不自觉地接受其影响，并随着时间的推移与土著文化融为一体。

另一方面，随着三线工厂原有性质的改变与信息和交通技术的不断发展，外来的文化和信息不断地冲击着地方文化和"厂文化"，地方文化和"厂文化"都不约而同地接受了许多外来的流行文化和实用文化。而这两者的变化几乎是朝着同一个方向发展的，这样的变化既拉近了"厂文化"与地方文化的距离，也导致了两者间的文化趋同现象。

（二）"厂文化"传承中的文化惯性和文化遗失

文化的发展和传承具有一定的惯性。传统的道德、宗教、法制观念一般根深蒂固，总有沿着固有的方向发展的趋势，我们称之为文化惯性①。

对于迁出地和迁入地来说都存在这种文化惯性，即反对新文化的介入，固守旧有文化。在三线"厂文化"现象中，第一代三线移民往往表现更多的文化固守性，这样的固守性一方面阻碍了与地方文化的充分交流，另一方面又长时间地保存了迁出地的文化特质。同时，这种文化惯性还体现在"厂文化"不同代际之间的传承中。在"厂文化"代际传承中，由于第二代受地方文化的影响较之家庭给予的迁出地文化的影响大，加上上一辈在与地方文化的交流中，迁出地文化背景逐渐淡化，出现文化的遗失，迁出地文化的影响力下降。因此，下一代身上迁出地文化的特征大大减弱，已经成为地方文化和迁出地文化融合后的产物。不同的家庭组成导致"厂文化"遗失量不同，一般来说，父母的背景地文化相异的家庭代际文化传承中的文化遗失量大于父母背景地文化相同的家庭。到三线厂的第三、第四代时，第一代三线移民迁出地的影响更加淡化，"厂文化"基本趋同于地方文化。

---

① 王康弘、耿侃：《文化信息的空间扩散分析》，《人文地理》1998 年第 3 期。

（三）"厂文化"载体的再迁移

20世纪90年代后期三线厂出现了一系列返迁和再迁的现象，其原因有二：一是国家对于支边职工的优惠政策，即子女可迁回迁出地，同时，父母也因各种原因返迁回家乡。二是三线军工企业转民用后，生产效益低，职工待遇差，使得部分职工停职或辞职前往经济发达的东南沿海地区打工赚钱，再迁移的人口数逐渐增多。而补充进来的多是当地人口，三线厂主要由当地人口和第二、三代厂子弟组成，"厂文化"进一步遭到削弱，并走向受地方文化完全包容的道路。

六、结论

"厂文化"虽然是特定历史时期的产物，但它的发展历程却是一个典型的移民构成的外来文化土著化过程，与所有迁移型文化的传播过程一样，在"厂文化"形成的初期，它极大地保留着迁出地的文化特征，并以各自的迁出地为基础，形成带有迁出地文化特色的文化岛。随着时间的推移以及三线工厂性质的转变，三线工厂第二代、第三代接受迁入地土著文化的影响越来越大，逐渐在第一代移民迁出地文化淡化，迁入地土著文化加强的背景下，完成了"厂文化"土著化的过程。

重庆三峡库区"三线建设"时期的移民及文化研究[*]

何瑛 邓晓

1964年到1980年期间,在中国中西部除新疆、西藏之外地区进行了一场以战备为指导思想的大规模国防、科技、工业和交通基本设施建设,简称"三线建设"。它在三个五年计划期间,投入总资金2 052亿元,投入人力高峰时达400多万人,安排了1 100个建设项目。其决策之快,动员之广,规模之大,时间之长,在共和国建设史上史无前例。重庆是三线建设的重头戏,占了如今三峡库区的绝大部分,在这场特殊的基本建设活动中,政策性移民近50万人。

一、三线建设带来的工厂及人口的内迁

讨论三线建设的起因,是本文得以展开的前提。它不仅与当时的国际、国内大环境相关,更与当时中央政府因此而做出的决策相系。

所谓"三线"分别指:一线,位于沿海和边疆的前线地区;三线,包括四川、贵州、云南、陕西、甘肃、宁夏、青海等西部省区及山西、河南、湖南、湖北等省区的后方地区,共11个省区;二线,指介于一、三线之间的中间地带。"三线"之分,实为是当时中央政府以战略的目光审视我国工业布局的结果。实际上,三线地区就是除新疆、西藏之外的中国西部经济不发达地区。"三线"之中,川、贵、云和陕、甘、宁、青俗称为大三线,一、二线的腹地俗称小三线。

对在全国范围内大兴三线建设的背景及过程,陈东林在《三线建设始末》

---

[*] 本文系重庆市2008年社科规划重大招标项目"三峡移民史"(CQZDZ11)。原载《三峡大学学报(人文社会科学版)》2012年第3期。

一文中分别从"吃穿用"计划设想的形成、三线建设战略决策的提出、以战备为中心的"三五"计划三个方面做了较详细的探讨。我们注意到文中对"三五"计划指导思想转变的陈述:"1966 年开始的发展国民经济第三个五年计划(简称'三五'计划),是中华人民共和国经济建设史上的一个有特殊意义的计划。一方面,它的制定和执行,标志着中华人民共和国从 1953 年开始的按五年计划进行的经济建设,在六十年代初期由于出现严重经济困难局面被迫中断三年后,又重新走上了正轨。另一方面,在制定过程中,'三五'计划指导思想经历了由'解决吃穿用'到'加强战备'的变化,标志着中国经济建设实行了一个重大战略转变,其所奠立的指导方针一直影响到七十年代的'四五'、'五五'计划。"①

60 年代初期原本以"解决吃穿用"为目的的"三五"计划,何以转变为以"加强战备"为主旨的呢？据当时高层的思路,主要原因大抵有二:一是国际环境局部恶化,二是我国工业布局失衡。细分下来,前者表现为:美国在越南的侵略战争逐步升级;苏联在邻近中国边境驻军增加到近百万人;台湾政权宣传反攻大陆;中印边境局势尚未缓和。后者则体现在:我国工业过于集中(14 个大城市就集中了约 60%的主要民用机械工业,50%的化学工业和 52%的国防工业);我国大城市人口多,且多在沿海地区;我国主要铁路枢纽、桥梁和港口码头多在大中城市附近;我国所有水库紧急泄水能力不足。国际国内前后两者间的关系被认为十分紧密,因为如果战争爆发,我国的工业或将面临灭顶之灾。于是便有了在中国西部经济不发达地区开展三线建设,以平衡工业布局、准备应对战争的动议。

1964 年 5—6 月,中共中央召开了工作会议,决定集中力量进行大三线建设。同年 8 月,以国务院副总理李富春任组长的国务院专案小组成立并提出了三线建设的初步部署意见。9 月 21 日,李富春在全国计划工作会议上宣布"三线建设的目标,是要采取多快好省的方法,在纵深地区,即在西南和西北地区(包括湘西、鄂西、豫西)建立一个比较完整的工业体系"②。1965 年初,以石油工业部部长余秋里为首的"小计委"成立,后又主持国家计委工作,着手"三五"计划的编制、修订。9 月 14 日,国家计委向中央报送《关于第三个五年计划安排情况的汇报提纲(草稿)》(简称《提纲》),提出:必须立足于战争、加快三

---

① 陈东林:《三线建设始末》,《当代中国史研究》1997 年第 2 期。
② 杨超:《当代中国的四川(上)》,中国社会科学出版社 1990 年版,第 135 页。

线建设,逐步改变工业布局。并进一步提出"三五"期间基本建设投资总额为850亿元,计划施工大中型项目2 000个左右的设想。1965年9月至10月,中央工作会议讨论通过了《提纲》。但由于次年"文化大革命"开展,该《提纲》未能形成正式批准的"三五"计划。但以后几个年度计划都是据该《提纲》安排的。

1966年,"三五"计划《提纲》开始执行,但实际上许多国防建设和三线建设项目从1964年底就已动工。"从1964年到1965年,在西北、西南三线部署的新建、扩建、续建的大中型项目达到300余项"①。进入七十年代,国家继续加大三线投资,在1970年全国计划会议要求"坚决贯彻林副主席的指示,以战备的观点,观察一切,检查一切,落实一切"。是年,计划用于大三线的建设投资和大中型建设项目均占全国计划内投资和大中型项目的一半以上,三线地区国防科技工业的投资比"三五"计划期间的年均投资增加了48%。1971年"林彪事件"后,周恩来主持两年经济调整。1973年中共中央两次修改"四五"计划的高指标,逐步调整以战备为中心的战略,开始强调经济效益,注意沿海和三线地区发展并重,大规模的三线建设随之进入收尾阶段。李宗植、张润君在《中华人民共和国经济史(1949—1999)》一书中认为,三线建设主要经历了四个阶段:开始起步阶段(1964年8月至"文革"开始),缓慢进展阶段("文革"开始至1969年底),全面建设阶段(1970—1972),调整和转向正常阶段(1973年后)②。

"三线建设的方式,一是投资新建,二是内迁沿海地区老企业,并以搬迁为基础,加以补充和扩建。三线建设是我国沿海地区工业生产能力向腹地的一次大迁移,也是我国较先进的工业技术和管理经验向落后地区的传播和扩散。"③中央政府对三线建设先后投入2 000多亿元资金,其中工业投资占70%以上。

三线建设的成效是明显的,主要体现在:客观上缩小了东西部地区的差距,推动了中西部地区工业化进程,提高了东西部地区的经济水平,打下了今天西部大开发的基础。例如:在交通运输方面,从1965年起相继建成川黔、贵昆、成昆、湘黔、青藏铁路西宁至格尔木段等十条干线及若干支线、专线,占全

---

① 陈东林:《三线建设始末》,《当代中国史研究》1997年第2期。
② 李宗植、张润君:《中华人民共和国经济史(1949—1999)》,兰州大学出版社1999年版,第274—275页。
③ 张秀生:《中部地区经济发展》,中国地质大学出版社2009年版,第8页。

国同期新增里程数的55%。就基础工业而言,湖北第二汽车制造厂、陕西汽车制造厂、四川汽车制造厂的汽车年产量已占当时全国的三分之一;重庆钢铁公司、重庆特殊钢厂、长城钢铁厂、成都无缝钢管厂形成了钢铁基地。攀枝花、六盘水、十堰、金昌、西昌也变成了钢城、煤都、汽车城、镍都、航天城。

三线建设的成效与三线人口迁移的数量是成正比的。"到70年代末,三线地区工业固定资产由292亿元增加到1543亿元,增长4.28倍,约占当时全国的1/3。职工人数由325.65万人增加到1129.5万人,工业总产值由258亿元增加到1270亿元,增长3.92倍。到1978年,中西部地区的工业总产值,占全国40.28%,比重达到了建国以来的最高峰"①。我们十分关注由上述这些大型项目所带来的人口迁移潮,就建设内容本身而言,主要有三方面内涵:一是工业设施的新建,二是工厂的迁建,三是工厂的扩建;前两者都必然造成了人员的大量流动,前者的主体是专家和高级技术人员,后者还包括大量的熟练工人,他们成了大、小三线地区的新移民。这是一次较大规模的政策性人口迁移,其具有政策性强、保密性强、组织度高、人数多、分布面广、时间长久等显著特征。

三线建设有力地促进了内陆工业之发展,相当程度上平衡了我国工业布局,为今天西部的开发奠定了基础。储成仿归纳三线建设的得失如下。成就方面:第一,建成了一批重要工业企业;第二,形成了若干新的工业中心;第三,更新了三线地区的工业面貌。失误方面:第一,建设计划不当和不配套;第二,建设程序混乱和选址失误;第三,外部环境差和生产成本高;第四,片面强调生产而忽视生活福利②。就宏观而言,对战争爆发可能性的过高估计,出于"备战备荒"的目的,改变了抓"吃穿用"的初衷,使民众又过了几年紧日子;由于部分项目过于偏僻和分散,为这些企业后来的经营发展带来巨大不便和浪费,个别投资巨额的项目甚至在正式投产之前便夭折了,教训也是不小的。

二、重庆的三线建设及其人口迁移

重庆是西部的重心,"三线建设结束后,重庆及周边地区得以借助国防工

---

① 汪受宽:《西部大开发的历史反思(上册)》,兰州大学出版社2009年版,第312页。
② 储成仿:《新中国经济发展战略重大转折研究(1953—1965)》,安徽大学出版社2002年版,第209—210页。

业建设,拥有了一大批新建、迁建和扩建企业,拥有了一大批与之配套的科技研发机构,从而得以实现兵器工业、民用机械工业、医药工业、化学工业、仪器仪表工业全面开花,形成以重工业为主导的现代工业格局"①。

对选择四川重庆为三线建设重地的原因,原重庆市"发改委"副主任马述林谈到五个方面:其一,当时四川人口多,地域广,物产富,自然条件好;其二,重庆的兵器工业基础雄厚;其三,重庆有重钢、特钢两个大的钢铁工业基地;其四,重庆的机械工业和化学工业布局合理、交通方便;其五,重庆有丰富的煤炭资源和当时西南最大的火电厂②。"由于历史的积累,重庆有较强的军事工业基础,三线建设中就以重庆为中心大量发展兵器工业,致使重庆的兵器工业不仅在全川、西南,而且在全国都占有突出的地位"③。

重庆三线建设的规划与实施是有序的。1964年9月中旬,"重庆地区三线建设规划小组"成立,小组"根据中共中央和全国计划会议提出的'以重庆地区为中心,用三年或稍长一些时间建立起一个能生产常规武器,并且有相应的原材料和必要的机械制造工业的工业基地',以及在机械工业方面'以重庆为中心逐步建立起西南的机床、汽车、仪表,和直接为国防服务的动力机械工业'等指示精神"④,编制出了《重庆地区三线建设规划》。该规划提出了以重庆为中心的工业布局项目:"提出以重庆为中心迁建、新建的项目有212个;计划从上海迁入122个;从广州、南京迁入20个;从东北地区迁入27个;从华北地区迁入43个。"⑤上述项目中,仅重庆地区的投资即高达42亿元。1965年2月,中共中央西南局"三线建设委员会"成立,由李井泉任主任,负责指挥重庆地区的三线建设。同年12月30日,中共重庆市委决定成立国防工业领导小组。

据载,从1966—1976年间(即"三五"、"四五"期间)"……本市全民所有制基建投资总额达38.12亿元,超过了前16年的总和。其中以重工业为主,占82.6%,部署了一批国防工业和民用工业……到本时期末止,机械、冶金、化

---

① 王海达、刘俊颖,蔡柳丽:《"三线"构架重庆现代工业》,《重庆日报》2005年12月27日。
② 马述林、田姝:《重庆地区的三线建设》,《红岩春秋》2007年第2期。
③ 唐泽江:《论大西南战略地位及其开发》,四川省社会科学院1986年,第106页。
④ 国防科技工业志编纂委员会、重庆市地方志总编辑室:《重庆市志·国防科技工业志》,重庆市经济委员会1996年,第256页。
⑤ 俞荣根、张凤琦:《当代重庆简史》,重庆出版社2003年版,第227页。

工、纺织和食品工业已成为本市五大支柱产业,其他工业门类也基本齐全。"①其间的投资总额:"三五"时期为17.7个亿,"四五"时期为20.5个亿;基本建设新增固定资产:"三五"时期为10.4个亿,"四五"时期为12.5个亿②。

重庆三线建设的组织方式也是有度的。它做到了在领导、组织及物资三方面的有效保证:第一,建立了上自中央,下至地方的领导指挥体系;第二,形成了重大项目的指挥部体制,指挥部由建设、施工、设计及物资等部门与地方党委联合组成,由建设或施工单位一把手任指挥长;第三,由中央物资部在西南设立三线物资指挥部,在重庆、成都、自贡等处设立直属地区物资局。从而使三线建设实现了领导有力、调遣有度、突破界限、项目落实的高效。重庆三线建设的迁建历程大抵如下:

1965年1月23日,由上海动力机制造厂全迁来渝新建的浦陵机器厂投产,"该厂是三线建设内迁重庆最早的企业"③。

从60年代中期到80年代初,重庆地区三线建设经历了高潮、基本停顿和收尾续建三个阶段:高潮期(1964年下半年到1967年上半年),基本建成50多个兵器工业企事业单位。其间,从1964年至1965年底,"从北京、上海、辽宁等12个省市迁入重庆地区的企事业单位达60个……1965年内重庆地区在建的三线重点建设项目107个,投资2.5亿元,其中在重庆的项目53个,投资1.7亿"④。停顿期(1967年底至1969年底),由于"文化大革命"开始暴发,重庆乃至整个四川的三线建设基本处于停顿或半停顿状态,三线建设兵器工业指挥部也不复存在。收尾期(1970年初至1980年前后),三线建设继续进行但以收尾、配套为主。其间,"1970年1月,四川省革命委员会成都军区党委决定,成立四川省三线建设领导小组重庆分组……分设办事组、政工组、生产指挥组、后勤组、规划组,负责重庆市及周围5个专区的三线建设工作"⑤。

---

① 方大浩、韩渝辉:《建国以来重庆经济大事记》,重庆出版社1991年版,第311—312页。
② 重庆市统计局:《重庆建设四十年·基本建设投资额、基本建设新增固定资产图表》,中国统计出版社1989年版。
③ 重庆市机械工业志编纂领导小组:《重庆市机械工业志(1902—1992)》,成都科技大学出版社1993年版,第301页。
④ 重庆市城乡建设管理委员会、重庆市建筑管理局:《重庆建筑志》,重庆大学出版社1997年版,第19页。
⑤ 杨涛等:《西部大开发》,天津社会科学院出版社2000年版,第88页。

"1965—1975年10年的时间,国家共把200亿元投入在三线地区国防工业和科研基本建设上,先后建成了42个研究院(所)、297个工厂,形成了超过100亿元的生产能力。"①其中,相当大的部分就建在了重庆。因此,重庆三线建设成就也是明显的:

通过三线建设,重庆建立了门类较为齐备的以常规兵器制造为主,电子、造船、航天、核工业等相结合的国防工业生产体系:一是兵器工业的改扩建。除扩建了原有7个老厂,还新建了红山、庆岩等14个机械厂和两个研究所。至1980年,三线新建企业加上原有兵工厂,重庆地区拥有38个军工企业和科研院所,固定资产原值达18亿元。二是船舶、电子、航天工业项目的建设。从1965年到20世纪80年代,相继建成了较为完整配套的船舶工业基地;电子和航天工业方面,形成了有30多个电子工业项目为依托的基地。三是冶金、化工、机械工业项目的配套建设。如对重钢、特钢、天原、长化、矿机、起重机厂的改扩建,对西铝、川维、重氮、川仪等企业的新建。四是对交通项目的建设。主要有川黔、襄渝铁路的修建,嘉陵江大桥、涪江大桥、北碚朝阳桥的兴建,以及各港口、码头、机场的新建和改扩建②。

重庆三线建设的体量也是空前的:在仪表工业领域"1965年贯彻中央调整工业布局,加速三线建设方针,经国家批准在重庆建设西南电子仪器仪表工业基地,重点筹建四川仪表总厂(1967—1975年曾用名四川热工仪表总厂),下属22个专业分厂,陆续由上海、北京等地内迁到北碚、巴县、璧山、江北、南岸等地建成投产"③。在机械工业领域,三线建设期间,"共建成企事业单位65个,其中内迁企事业单位达41个"④。在科研领域,1964年后"国家科委和机械、电子、交通、煤炭、医药、兵器等部门先后将华东和华北地区一部分技术力量较强、仪器设备较好、规模较大的科学研究机构迁到重庆,到70年代,建成14个部属科研院所,成为科学研究工作的中坚力量"⑤。此外,1965年以来重

---

① 《"三线建设"在重庆》,中央政府门户网站,2007年6月18日。
② 《"三线建设"在重庆》,中央政府门户网站,2007年6月18日。
③ 重庆市城乡建设管理委员会,重庆市建筑管理局:《重庆建筑志》,重庆大学出版社1997年版,第19页。
④ 高湘泽:《三线建设与重庆机械工业的发展》,载中国人民政治协商会议重庆市委员会文史资料研究委员会《重庆文史资料(第四十辑)》,西南师范大学出版社1993年版,第136页。
⑤ 重庆市科学技术委员会:《重庆市科学技术志》,重庆出版社1995年版,第494、第499—504页。

庆市组织力量对抗日战争期间遗留下来的防空工事进行整修,"组织大、中型企业改建、扩建生产洞 279 个,面积共计 5.65 万平方米,将 3 684 台(套)设备转入洞内生产"①。据统计,安排在重庆地区的三线建设项目有 118 个工厂企业及科研单位,其中:"江北区 9 个,沙坪坝区 15 个,九龙坡区 8 个,南岸区 3 个,北碚区 25 个,南桐矿区 5 个,大渡口区 2 个,双桥区 2 个,巴县 9 个,綦江县 8 个,长寿县 5 个,江北县 6 个,江津县 8 个,永川县 7 个,合川县 2 个,荣昌县 2 个,璧山县 1 个,铜梁县 1 个"②。该数据尚未包括直辖后纳入重庆市的万州、涪陵等地。在《涪陵港史》中,我们读到了下面文字:"涪陵物产丰富,交通方便,地势险要,利于战备,是三线建设的理想之地,中央有关部门在涪陵地区迁建、新建工矿企业日益增多。第六机械工业部和第八机械工业部两部,在涪陵地区的长江、乌江沿岸就安排了十几个建厂项目,到 1968 年,两部在涪陵地区建成和在建项目达 19 个"③。

据不完全统计,到重庆的三线建设政策性人口迁移前后约达 50 万人。其人口迁移活动为有组织、有计划、分批次进行,有的是整体搬迁,有的为部分搬迁。例如,1965 年初国家建筑工程部在渝设立了"第二工程局","1965 年 2 月原建工部渤海工程局局长李景昭亲自带领首批职工从辽宁乘专列火车来重庆,随带主要机械设备、装载 64 个车皮"。"截至 1965 年 6 月从外地进入重庆的基建施工队伍就有 26 904 人"④。而"纪念重庆川仪九厂内迁四十周年"一文,则十分生动地再现了搬迁时的场景,"1969 年 5 月底 6 月初,200 多名第一批内迁和随迁人员名单张榜公布了。……随后,一道硬命令下达:凡内迁人员必须在六月二十日前将家具行李整理好,由南分厂负责统一打包随船托运。……第一批内迁人员包括家属大约有六七百人,由南分厂包了一艘东方红 63 号轮,在军管会的一位副职干部带领下,于一九六九年六月二十四日开往二千多公里外的祖国大西南山城重庆。……两年后的一九七一年,第二批内迁人员 100 多人也抵达山城。前后两批内迁和随迁人员加上职工子女一共

---

① 重庆市人民防空办公室:《重庆市防空志》,西南师范大学出版社 1994 年版,第 234 页。
② 重庆市城乡建设管理委员会,重庆市建筑管理局:《重庆建筑志》,重庆大学出版社 1997 年版,第 19 页。
③ 夏述华:《涪陵港史》,武汉出版社 1991 年版,第 135 页。
④ 重庆市城乡建设管理委员会,重庆市建筑管理局:《重庆建筑志》,重庆大学出版社 1997 年版,第 19 页。

有近千人来重庆安家落户。"

三线建设期间,重庆迁建、新建了200多项大中型骨干企业和科研单位,使当地工业固定资产原值一跃而居全国第五位。而这200多项大中型骨干企业和科研单位,又带来了为数约50万的政策性人口迁移的移民。同时,在三线建设过程中,重庆也向攀枝花、泸州、成都、自贡、绵阳输送了不少的技术力量与熟练工人。在《重庆市机械工业志(1902—1992)》中,我们读到了1966年四川省机械厅发出的通知:"自贡空压机厂由重庆水轮机厂空压机车间的设备及人员全部搬迁并负责包建;资中矿山机械厂由重庆通用机械厂负责包建;……乐山通用机械厂由重庆二机校、重庆电机厂支援;先锋机床附件厂由重庆二机校支援。"①

三、三线建设移民的守与留

重庆三线建设导致的人口迁移,其移民的再次调迁,是随20世纪80年代"调整"的开展进行的,这与当时国内外局势的变化密切相关。20世纪70年代末,国际形势由过去的对抗转为了对话,进入了和平发展的时代;我国也抓住大好时机,开始了改革开放。

但以军工为主体的重庆三线建设企事业,此时却跌入低谷。除产品订货量大幅度减少外,前阶段军事项目的盲目上马和片面强调"靠山、分散、隐蔽"的方针,也给其带来了不便和浪费,一些单位更因地处交通闭塞的深山而陷入困境。于是,国家开始了规划项目的调整和搬迁。1983年3月重庆开始三线调整工作,成立了由崔连胜任主任的"重庆市三线建设调整改革规划办公室"(简称三线办),采取新建、迁建、迁并、并入等方式,对原三线建设单位进行调整和改造。三线办最初由市政府直管,后又隶属市计委,于1997年成立直辖市后撤销。

三线调整改造,重点针对建设不成功、未建成、有隐患险情的部分单位,采取关、停、并、转、迁、换等措施,进行资产存量和生产力布局的调整。其进程大抵如下:"首先批准的调整搬迁项目有29个,其中16个项目在1990年前实施,例如原建在广安的华光仪器厂迁入了北碚歇马乡,明光仪器厂迁入了南岸

---

① 重庆市机械工业志编纂领导小组:《重庆市机械工业志(1902—1992)》,成都科技大学出版社1993年版,第302页。

经济技术开发区……"①。从 1986 年至 2005 年,重庆市 45 个三线调迁项目,批准总投资 49 亿元,实际投资 54 亿元,基本上完成了国家批准的调迁改造任务。其中,有 37 个军工企事业单位留在了重庆,6 家迁往成都。调改工作为三线企业步入社会主义市场经济创造了条件,同时又是重庆境内外人口的一次小规模迁移。

文章《"三线"构架重庆现代工业》,对当时的局面作了简要的回顾与介绍:1979 年,从长沙军品预定座谈会传出消息,次年的军品订货仅达 1979 年的 1/3,该数字震惊了兵工行业②。生产任务锐减、企业的计划经济管理体制、单一的产品生产,使工厂顿时陷入了生存危机。要知道,"到 1975 年,西南以重庆为中心的兵器基地产量已经占全国的一半左右"③。这迫使重庆的三线企业分别作了转向、重组、搬迁的选择,它们纷纷从山沟里走了出来,贴近城市,贴近市场,以军转民的生产寻求新生。

转向过程是痛苦的,平山机械厂全凭自己的力量"开始时做风扇,还有波纹铣刀、印刷机、双色印刷机,紧接着是开发汽车和摩托车。"青江机械厂由于技术、设备较落后,给嘉陵摩托车生产的锻件曾因价格太贵而被淘汰。重庆铸钢厂开发民品,几年时间做了几千个品种,都形不成批量,养不活全厂工人。依靠同行力量的重组,效果较好,但难度也不小。例如重庆大江工业集团,其重组过程从 1984 年计划起历时 16 年,涉及单位有綦江双溪机器厂、南川红山机械厂、庆岩机械厂、红泉仪表厂、万盛渝州齿轮厂、147 厂、綦江庆江机器厂、万盛平山机械厂、江津青江机械厂和重庆铸钢厂等企业,到 2000 年才最终完成,是全国最大的三线合并搬迁企业。

位于主城边缘的长安、重钢、嘉陵、建设、西铝等大型三线企业,在转型过程中则较早走出困境,华丽转身,并逐步发展为重庆工业的龙头企业。嘉陵机器厂(451 厂)于 1980 年 9 月成立了嘉陵牌摩托车经销联合体(由 451 厂、浦陵机器厂、6905 厂、5007 厂、南川机械厂共建)。重庆造船厂(429 厂)于 1984 年

---

① 重庆市城乡建设管理委员会,重庆市建筑管理局:《重庆建筑志》,重庆大学出版社 1997 年版,第 19 页。
② 王海达、刘俊颖、蔡柳丽:《"三线"构架重庆现代工业》,《重庆日报》2005 年 12 月 27 日。
③ 姚开建、陈勇勤:《改变中国:中国的十个"五年计划"》,中国经济出版社 2003 年版,第 127 页。

5月承接了川东、川南86艘船舶建造任务,9月制造成功717-11型侧壁式民用气垫船(岷江号);同年6月,重庆-雅马哈CY80型摩托车在建设机床厂(296厂)正式投产;11月长安牌SC110型微型汽车在长安机器厂(456厂)首批出车,次年11月该厂成为微型汽车定点生产厂①。一些地处深山的大型三线企业,也在地方政府的帮助下克服了转向改制的困难,走上良性发展的道路:例如,前身为军用核企业(816工程)的涪陵建峰化工总厂,1984年工程停建转产化肥,从1 920万元的"吃饭钱"起步,实施生产自救。到2003年该厂已"设15个生产经营性分厂(公司)、1个乙级设计院、3个控股子公司……形成以大化肥为龙头,以发供电、电解铝、净水器、聚丙烯酸酯橡胶、水陆运输等为辅的多品种、多行业的经营格局。"②2005年,该公司又通过资产重组、上市,走上了外延扩张之路。与此同时,对规模宏大的"816工程"弃洞,则开发成了以"核"为主题的国防科普教育基地。又如,长寿区的重庆长风化工厂,曾因产品单一、巨额负债,从20世纪八十年代末起,经历了连续十五年的亏损。继后,该厂引入清洁生产及循环经济的化工集成创新模式和先进的柔性生产模式,于2005年扭亏为盈,全厂实现产值近3亿元,利税达1 000万元。

三线调整对重庆地区经济的发展作用显著。首先,20多家国防企业和研究所迁入市区和近郊,形成了新的经济格局,即:南坪电子仪器仪表工业区;巴南渔洞汽车及重型机械加工工业区;江北冉家坝精密机械电气仪表工业区;石桥铺科研区。在该四区的基础上形成了重庆20世纪90年代的经济技术开发区与高新技术产业开发区,以及21世纪初的北部新区。其次,这次调整注意企业搬迁建设与技术改造的结合,有力地推动了重庆市以机械制造为主的汽摩、以天然气为主的化工、以钢铁和铝材为主的冶金等支柱产业的形成与发展。再次,迁建、调整的重要企业大大带动了当地社会经济的发展。

调整改造的经历犹如凤凰涅槃。它迫使重庆的大多三线企业经历了由计划经济向市场经济转变的阵痛,并最终赢得了华丽的转身。当然,也有少量三线企业在调迁中没落。例如位于南坪的338厂和调迁成都的268厂就因经营不善、资不抵债实施破产,338厂被建设集团兼并等。

---

① 国防科技工业志编纂委员会、重庆市地方志总编辑室:《重庆市志·国防科技工业志》,重庆市经济委员会1996年,第256页。

② 涪陵辞典编纂委员会:《涪陵辞典》,重庆出版社2003年版,第193页。

四、三线建设移民的文化形态

三线建设时期,大约 50 万名优秀的科技人才和管理人员、大批的熟练技工来到重庆(加上部分随迁家属,移民的总量可能还要大)。他们除带来了先进的技术和管理经验,还带来了颇具特色的移民文化。该文化不但具有时代特征,也带着浓厚的家乡色彩。

对该文化的时代特征,我们能从"备战、备荒、为人民""好人好马上三线""好人好马进山来""先生产后生活""献了青春献终身,献了终身献子孙"等豪言壮志中深切地感受到。三线人是无私的奉献者和辛勤的创造者,在历经 40 余年的岁月后,这些当初二三十岁的热血青年,都已两鬓染霜。而他们的子女则正在接过父母手中的班继续为第二故乡的经济建设努力。他们的精神、他们的壮志以及他们可歌可泣的故事构成了那个时代英雄主义的主旋律。而该文化中浓厚家乡色彩的保存,则与移民们所处的特殊生存环境相关。三线企业多散布在偏远山区及河谷地带,一待就是 20 多年,每个企业都俨然一个小社会,从医院、学校到工厂、农贸市场一应俱全,封闭的环境使他们信息不灵,远离城市造成了其人文环境的退化。两地分居、子女教育、就业、婚姻曾是他们难以跨过的坎,作为漂泊异乡的普通人,他们的爱恨情仇以及他们与当地民众千丝万缕的关系,也都成了三线文化中不可或缺的内容,给崇高与激昂抹上了些许悲壮与无奈的色彩。

由于三线人奉献精神的伟大,也由于三线建设历史的重要,也就有了许多关于三线文化的作品。1965 年 10 月、11 月,中共中央总书记邓小平,国务院副总理李富春、薄一波先后视察了位于重庆的四五六厂、二五六厂,薄一波在《一次重大的经济战略调整》一文中提出了:我很赞成给为"三献人"(献青春、献终身、献子孙)谱写颂歌的倡议,这代表了党和政府对三线人的肯定。

三线移民的文化以其真实、深刻而动人。刘常琼以三线人后代的身份讲述了自己随父母从泸州迁往重庆市南川境内的国营东方红机械厂(现为成都天兴仪表有限公司)的经历,她说:"我的第二故乡天星沟,地处黔渝交界的重庆市南川境内、海拔 2 251 米高的金佛山脚下……我永远不会忘记我在天星沟度过的童年、少年和青年时期的美好时光,不会忘记天星沟美丽的自然风景,我也永远不会忘记闭塞的环境给我们带来的困惑和艰难,咆哮的山洪带给我们的恐慌和悲伤。"但她坚信"三线人对人民、对祖国、对社会主义事业的忠诚精神,三线人'献了青春献终身、献了终身献子孙'的奉献精神,三线人'艰苦创业、吃苦耐劳、团结奋斗、勇于创新'的拼搏精神,都将作为宝贵精神财富传承于世。"①

2006年4月11日晚,纪念重庆船舶工业三线建设40周年巡回演出在涪陵区委大礼堂隆重举行。川东造船厂秦培良厂长在演出前致辞:"四十年前,来自祖国四面八方的建设者们来到涪陵瓦窑沱畔,回首前辈们的艰苦创业史,我们没有理由不搞好我们的家园、我们的工厂。"在随后的文艺演出中,人们则以舞蹈《日出长江》、配乐诗朗诵《我自豪,我是川船人》等,展示了川船人扎根瓦窑沱畔的三线建设、军转民和移民搬迁经历。他们时刻牢记着自己的历史。

曾历任国营第七八九厂工程师、常务副厂长、总经济师,四川省重庆市电子工业管理局局长、党委书记,重庆市信息产业局局长、党组书记的贾秦英,在其自传体小说《悠悠岁月》中记下了自己参加三线建设的一段难忘的人生经历。它是一本散文集,一本人生的回忆录,更是共和国一段历史的记忆。该书已于2007年8月由中国青年出版社出版。

《青红》是一部反映上海人支援三线建设的电影,重庆作为宣传的第9站,2005年6月9日剧组成员抵渝,受到观众的热捧。"短短的一天,《青红》剧组就到重庆参加了四个活动。一位曾经从上海支援重庆三线建设的女士很激动地用上海话对王小帅导演表示:'阿拉上海人!'王小帅立刻眼放光芒,对这位老乡关怀有加:'你回过上海吗?'这位女士表示:'我十几年前回去过,但是现在一直待在重庆。'"②在重庆北碚的缙云山下,至今还有一个名叫"沪渝村"的社区。

重庆标准件厂1967年从上海迁建于沙坪坝区的中梁山,大部分职工为举家搬迁,有500多人,他们集中居住的5栋楼房被当地人称为"上海村"。随时代的变迁,如今上海村里的原住民已不足百户,"仍留在'村'里的,大多是当年的第一代,这些已不再年轻的'阿拉人',因语言、习惯以及气候差异,生活圈子越来越小。"但他们的第二代,则有不少与当地人结婚,搬了出去,成了能说"双语"的本地人。也有人选择了回沪,"按国家有关政策,他们回去,要么投亲靠

---

① 刘常琼:《三线精神永放光芒》,2009年3月21日,http://www.tltvu.net.cn/index.php/thread/view/id-9642。
② 《〈青红〉剧组疲态尽显》,《重庆时报》2005年6月10日。

友,要么在上海还有房产。还有,就是等孩子长大去上海读书、工作,父母跟着过去。"①

　　三线建设人口迁移所形成的移民文化,其形态是相对稳定的。究其原因,一是他们由发达地区内迁,自身文化相对成熟进步。二是他们整体迁居,原班人马异地作业,拥有源文化传承的相对稳定空间;三是当时高度的国防保密要求,他们及其所从事的事业基本与外界隔离。以上因素使从事三线建设的移民们较少受到迁徙地文化的影响。这种状况直到20世纪八十年代才打破。改革开放后,三线建设者中的一部分按要求回迁了,更多的则融入当地经济与社会,于是自身文化的改变在所难免。但总体说来,受影响的以第二代居多,第一代人相对较小。

　　(本文作者:何瑛,重庆师范大学历史与社会学院副教授;邓晓,重庆师范大学历史与社会学院教授)

---

① 向军、贺怀湘:《中梁山有个上海村》,《重庆晚报》2009年1月16日。

从移民到"遗民"：
"三线孤岛"的时代演进*

吴晓萍　谢景慧

一、引言

20世纪60年代，出于备战的需要，我国进行了一场大规模的以建设后方军工基地为主要内容的三线建设。由于三线建设多是以内地工厂"嫁接"方式进行，导致了大批的产业工人及其家属随厂自东向西迁移，从而产生了一个"数百万人口"[①]的移民群体。

近年来，学术界对三线建设的研究成果日益丰富，但不同时期学者们对三线建设的关注点和研究层次有一定的差别[②]。早期相关研究主要集中在三线建设的原因、发展过程、产生的影响和历史意义等方面[③]，近来一些研究则拓宽到了其他领域，如三线建设工业布局和城市化问题[④]、三线企业的改造与调整[⑤]等方面。但这些研究基本上是着眼于三线建设本身，包括三线建设决策的

---

* 本文系南京大学"双一流"建设基金"卓越研究计划"项目——"社会学理论与中国研究"。原载《贵州社会科学》2021年第4期。
① 林楠、张勇：《三线建设移民二代地域身份认同研究——以重庆K厂为例》，《地方文化研究》2018年第2期。
② 杨祖义等：《站在今天的高度认识历史——近40年国内三线建设研究的回顾与启示》，见2019年《记忆与遗产：三线建设研究高峰论坛会议论文集》。
③ 陈熙、徐有威：《落地不生根：上海皖南小三线人口迁移研究》，《社会科学文摘》2016年第3期。
④ 徐有威、陈熙：《三线建设对中国工业经济及城市化的影响》，《当代中国史研究》2015年第4期。
⑤ 陈东林：《走向市场经济的三线建设调整改造》，《当代中国史研究》2002年第3期。

形成和实施、三线建设的发展与改革、三线建设领导者和建设者的人物研究等①,从移民的角度探讨三线人社会融合的研究较少。不过 2019 年在三峡学院召开的"记忆与遗产——三线建设研究高峰论坛"上,出现了几篇相关研究论文。讨论三线移民的社会融合问题的研究中用得比较多的词汇是"隔离"与"封闭"②。例如有的提出"三线建设企业与当地社会之间存在着有形的围墙和无形的藩篱"③,有学者发现通过各方的作用,形成了"我们(三线人)"和"他们(本地人)"的身份区隔④,有学者对上海皖南小三线移民的研究发现,上海小三线职工和家属在皖南落地 20 余载,却始终未能在当地生根⑤,也有学者认为三线企业其实就是一个"典型的文化孤岛"⑥。虽然相关研究不多,但也能够说明三线移民存在比较明显的在地融入问题。

贵州由于喀斯特地貌的复杂性、地理位置特殊、矿产资源丰富以及当时社会的相对封闭性,成为三线建设选址的重点区域之一,很多三线企业从祖国四面八方迁徙、落户在这块土地上。据不完全统计,从 1964 年到 1978 年的 15 年建设期间,全国 20 多个省、市的 100 多家企业陆续迁入贵州,几十万的科技人员、大学生奔赴贵州。这些三线建设者的身份有着那个时代特有的经济、政治与精神光环。本文试图借助南京大学当代中国研究院 2019 年在贵州实施的"三线建设口述史"项目所获取的口述材料,从"移民孤岛"的角度,对落户贵州的三线人与当地人的关系进行专门讨论,并分析贵州高原上三线移民的社会融合状况及其时代变迁。

二、光荣移民:"三线孤岛"之形成

不同时期、不同方式、不同规模以及不同目标的移民在当地的社会融入状

---

① 洪岚、许菲菲:《近年来有关"三线建设"研究状况的学术综述》,见 2019 年《记忆与遗产:三线建设研究高峰论坛会议论文集》。
② 陈熙、徐有威:《落地不生根:上海皖南小三线人口迁移研究》,《社会科学文摘》2016 年第 3 期。
③ 张勇:《围墙内外:三线建设企业与当地社会区隔之形成》,2019 年《记忆与遗产:三线建设研究高峰论坛会议论文集》。
④ 郭旭:《"我们"与"他们":三线人的自我认同与群体区隔》,《宁夏社会科学》2020 年第 2 期。
⑤ 陈熙、徐有威:《落地不生根:上海皖南小三线人口迁移研究》,《社会科学文摘》2016 年第 3 期。
⑥ 刘有安:《孤岛文化背景下的移民社会文化适应》,《内蒙古社会科学》2009 年第 5 期。

况是不一样的。一般来说,零星的、以个体为单位的或者小规模的生存性移民,比较容易融入当地社会,而那些有组织的、有一定规模的特别是代表着主流文化特征的移民群体,则在当地社区融入方面存在较大的难度。如有研究发现有一定规模的汉族移民进入西南少数民族地区后,很难融入当地社会,如广西的"伢人"和"高山汉"、贵州的"屯堡人",并把这种现象称为"汉族的孤岛文化现象",认为形成汉族移民"文化孤岛"的根本原因在于"汉族有极强的内聚力和顽强保持其文化特点的适应能力",从而能够在"陷于大片"少数民族"包围之中"时,仍"能保持着封闭的汉文化体系和独立发展之势"①。在四川②、云南③等地也都存在类似的移民社区。

相对于"文化孤岛","三线孤岛"则具有更强的综合性与主动性。三线建设者是国家生产力布局调整下的政策性移民,身份生产天然地携带着浓厚的政治优势,与三线企业的"工厂办社会""国家直管""军工保密单位"等特殊属性相互交叠,在少数民族聚集的贵州山区,形成了与外界空间隔离且具自主性的"移民孤岛"。"三线孤岛"的自主性与综合性在于,它的"孤"不单单表现在文化和地理位置上,在政治、经济、社会交往等方面也有很突出的贯穿,且相互之间交织强化,形成了一个自主运行的独立整体。

(一)地理"孤岛":"各自安好"的围墙之隔

移民在地理上聚集的特征是普遍存在的④。在跨国移民中,例如美国的"越南城"、黑人社区等,也都是某个民族或人种的移民聚居区,西方文献中常常把这称为"飞地"⑤。在当代我国农民工流动中也存在这一现象,如北京的"浙江城"⑥。然而三线移民的地理聚集则更具复杂性,一方面是出于军工保密的政治需求而筑起的围墙之隔,另一方面,三线企业自给自足的社会属性带来

---

① 袁少芬:《汉族的"孤岛文化现象"》,《寻根》1996年第6期。
② 唐亮:《木里县项脚汉族调查报告》,《中华文化论坛》2002年第4期。
③ 杨小柳:《一个处于区域性"少数民族"地位的汉族族群建构》,《吉首大学学报(社会科学版)》2002年第3期。
④ 杨洋、马骁:《移民的地理聚集、隔离与社会融合研究述评》,《人口与发展》2012年第6期。
⑤ 保罗·诺克斯:《城市社会地理学导论》,柴彦威、张景秋等译,商务印书馆2009年版,第75页。
⑥ 王汉生等:《"浙江村":中国农民进入城市的一种独特方式》,《社会学研究》1997年第1期。

的"各自安好"以及那个年代工人与农民之间的身份鸿沟,共同阻断了围墙内外的彼此交集。"地理上的距离和情感上的隔膜,是互相推进的"[①],地理上的聚集必然一定程度地带来不同群体世界的内部同质和外部相异。三线移民与周边居民之间的围墙之隔,造成彼此疏离的同时,也更加强化了"孤岛"内外的各自特色,从而在"孤岛"有形边界之上衍生出了多重的无形边界,也使得"三线孤岛"更加立体、更加鲜明。

（二）文化"孤岛"：山水与共的不同烟火

文化之"孤"主要表现在语言、饮食、服饰、婚姻等方面。

语言是衡量族群关系现状或分析族群关系历史演变时的重要指标[②],三线工人来自五湖四海,自然携带着各具区域特色的方言。随着三线队伍不断充实,尤其越来越多的讲着普通话的大学毕业生的到来,在语言上形成了一种氛围共识:讲普通话,虽然个别的难以转换。来自湖南的郑会律就说,"刚来的时候还讲湖南话,虽然大家都能听懂,但后来也改成普通话了,不然人家会觉得怪怪的"(SX89)。不管三线工厂内部的通用语言还是个别职工使用的家乡方言,显然与当地人使用的语言是有很大差别的。同时,这种差异并没有成为三线人与本地人的交流障碍,"双方都基本听得懂",但两者之间的鲜明区别对三线移民与当地人的界限反而产生了很大的强化作用,当地人一听对方说话,就知道是那些在厂里工作的"他们",而三线移民一听当地人讲话,就知道"他们是当地的老乡"。

来自天南海北的三线移民携带着各自的饮食偏好,与本地居民的饮食习惯有着比较大的差异。当地人的饮食习惯,从食材到食品的加工方法都带有山区特色,例如由于山区阴凉,当地人比较喜辣驱寒;过去山区比较缺盐,靠吃酸调节口味,有所谓"三天不吃酸,走路打串串"的民谣,腊肉、血豆腐、坛子鱼等等则是山里人为了食品保质而发明的美味;主食则以当地的大米、玉米和红薯为主。对于贵州本地人来说,面食在那个年代是奢侈品,只有逢年过节才吃得上。初到贵州山区的来自北方和中东部地区的三线移民对于本地饮食文化频频摇头的同时,在行动上仍然尽力维持自己原有的习惯,并对内部集体生活中的取向差异采

---

① 杨庆堃:《派克论都市社会及其研究方法》,载北京大学社会学人类学研究所《社区与功能——派克、布朗社会学文集及学记》,北京大学出版社2002年版,第190页。
② 马戎:《语言使用与族群关系》,《西北民族研究》2004年第1期。

取包容的态度。"我们来的时候连泡酸菜的坛子都带过来了,吃不惯这边的"(SX75)。"贵州这边喜欢吃辣椒,我到贵州几十年了都吃不惯"(SX43)。

服饰习俗上的差异给三线人与周边人带来了明显的视觉上的"他们"和"我们"的区别。三线企业周边聚居的多为少数民族,有自己的民族服饰。而三线移民不管来自东北还是中部地区,穿着上都较大众化,简化了的两个口袋的中山装比较普遍,与周边少数民族服饰形成了明显的风格差异。"那时候贵州这边山里都住的是少数民族,男的头上'拴着裤腰带'嘛,女的戴的那种圆圆重重的帽子,挺好看。我们的衣服一般是工厂统一发的工装,都是很简单的我们汉族的衣服"(SX50)。

美国社会学家G·辛普森和J·英格尔指出:"不同群体间通婚的比率是衡量任何一个社会中群体之间的社会距离……以及社会融合过程的一个敏感指标"①。通过对三线移民口述访谈资料的分析发现,三线移民基本遵循的是群体(或三线企业)内婚制,即三线移民基本都是在同一工厂内或三线系统内联姻。"我们厂里年轻人找对象基本都是在厂内找,熟人(老乡、同事等)介绍或者自由恋爱,一方面知根知底,另一方面工作生活也方便"(SX34)。另外,这种婚姻取向还具有强烈的代际传承性,在"企业办社会"以及整体隔离的环境下,三线二代的重大人生节点基本都发生在三线企业内或系统内,婚姻交友亦然如此,也就整体上形成了三线移民的群体内婚取向。"和本地人通婚的很少,我们二代基本都是厂子弟找厂子弟,毕竟在思想方面是一致的,也都知根知底"(SX12)。一个族群的联姻表现着该族群与外界的更深层次的互动关系,通过它可以判断族群间的关系趋势与融合状态。三线移民的这种群体内婚制不仅表现了三线移民与周边当地人的隔离状况,也不断强化、延续着这种隔离关系。

(三)政治"孤岛":无法逾越的阶级鸿沟

三线移民属于工人阶级,并且是从相对优越的中东部城市到西部山区支援国家建设的光荣工人,而周边少数民族村民是普通的农民阶级。这种身份差异背后是一系列的福利待遇、社会地位、生活方式等方面的整体悬殊,同时,三线移民"哪里艰苦到哪去""我为祖国献青春"的奉献基调无形间也强化了其身份的政治光环。另外,作为国家战略工程的产物,三线工厂"备战备荒为人

---

① 马戎:《西方民族社会学的理论与方法》,天津人民出版社1997年版,第380页。

民"的军工属性也使得移民"孤岛"充斥着比悠然乡野更严肃、更宏伟的政治文化,无论是工厂横幅与墙面上的"能吃苦""促生产",还是早上起床的冲锋号以及从车间到餐厅路上的《毛主席的战士最听党的话》歌曲播放……虽然是话语生产与规训技术,但都紧扣彼时的时代主题与政治需求,形成了既反映国家意志又贴近移民个体生活与工作的政治文化。

在政治管理方面,虽然三线移民与当地人都生活在同一区域,但却分属于完全不同的政治管理体系,内部组织结构也有很多不同。三线企业基本都由国家某个部委直管,即使后来下放到地方,也是属于省级部门直管,是以工业生产为导向的企业管理体系:车间—工厂—系统—部委。而当地人多是农民,行政划分上属于农业生产为导向的队、社管理体系:生产队—大队—公社—县。整体上看,三线企业是工业共同体,而当地村民则是农业共同体,在这样不同的行政管理体制下,三线移民与当地人在政治体系上是完全独立的。

(四)经济"孤岛":火车拉来的海鲜与奶糖

在经济脉络上,三线移民与周边村民的区别一定程度上就是工农之别。在那个年代,国家经济社会建设刚刚复苏,边远民族地区仍然处于自给自足的自然经济状态,而三线企业虽然与村民们同处一片土地,但企业的经济脉络与深山之外的国家经济命脉极为紧密。在宏观上,三线企业的归属系统对它的生产、调配、供给、收支等各个方面都有相应规划,虽然位置偏远交通不便,但有所安排。微观上,三线企业"工厂办社会"的社会属性就预示着,三线企业作为一个经济实体,在内部可以实现自主运转。不管是火车皮拉来的带鱼、冻肉、海带,还是来自大城市的大白兔奶糖等"福利",都是周边农民无法企及的。所以,虽然同在一片土地上,但是三线企业与周边农民有着迥然不同的经济体系与生活资料链条。

(五)社会关系"孤岛"

1. 内向延伸的社交网络

根据戈登的结构同化理论,族群之间的交往情况是衡量族群关系的重要指标之一,其中包括人际间的礼尚往来、交友等方面。从三线人的口述史资料中可以看出,三线移民人际间的日常交往基本都是在三线企业内部发生,与当地人的交往水平非常低。一方面,三线工厂大多是中东部地区的工厂以"成建制"的形式进行援建或迁建,发展过程中也有大学生的批次分配,因此很多三线职工是从同一个厂随迁而来,或者是同一个大学分配过来的。另一方面,由于国家对三线移民家属和子弟就业的照顾政策,有的家人变成了同事,亲戚变成了上下级,从而导致工作关系中常常夹杂着沾亲带故的现象。所以,三线移民的社会关系网络基本都建立在地缘(共同来源地也即老乡)、学缘(毕业后一起分配过来的同学或同一师傅带的徒弟)、业缘(一起随迁过来的同事)和血缘(同厂的亲戚)的基础上。"我们厂里大家都是熟人,有都来自一个地方的'老乡团',有姻亲关系的'亲戚团',还有庞大的'师徒团'等等,一家人可能都在一个车间或者一个部门,谁和谁都能扯上关系"(SX33)。另外,三线工厂的保密属性以及三线移民与本地村民之间的互无交集,共同加剧了三线移民社会关系网络的内卷化。

三线二代在社会交往方面同样复制了老一辈的风格与模式,与本地同龄人之间形成了两个几乎不相干的人际圈子。由于三线企业内部的"小社会"体制,二代移民的生活空间基本上也都局限于企业内部,从托儿所到高中(或者技校)再到就业,几乎全部都是在企业内部完成,他们的同学、幼年的玩伴都是同质环境的厂内二代。虽然他们的社会网络范围在父辈的基础上有所延伸,但仍然局限在三线企业或者三线系统内部。因此,在一些重要人生节点,包括出生、结婚、丧葬,以及节日庆典之类的活动上,三线移民与当地人之间是相互独立的两个世界。"我们办喜酒像孩子出生或者结婚,一般都是在食堂,一个是邻居,一个是车间里头的,一个单位的,双方亲戚、朋友,就这些人,没几桌。因为要保密也没有机会和外面人接触,都是在厂内"(SX65)。

可见,由于地理上的封闭性与政治上的保密性,生活在三线"孤岛"上的来自全国各地的三线移民,生活世界与工作世界高度重叠,私领域与公领域相互胶着,经年积累形成了工厂内部基于业缘、地缘、学缘和血缘的相互交织的人际关系网络。这一社会关系网络的内卷化加剧了该群体与周边本土居民的疏离与"社会距离"。

2. 婚姻关系的群体内婚制

婚姻是实现社会关系网络生产的主要形式,正如前文所述,三线人在婚姻方面遵循的是群体内婚制,这种婚姻模式加剧了"岛"内与"岛"外的隔离。同时,在访谈中还发现,这种婚姻模式内部存在着较强的分化现象,无论是第一代还是第二代三线人,内部都存在基于文化趋同性的择偶选择,尤其以区域因素较为突出。

"我们第一批来的年轻工友要么是已经结婚了的,没结婚的找对象基本都在厂内,倾向区域内的,东北的找东北的"(SX75)。

"我的婚姻是父母做主的,我的父母和他的父母都是来自南京,都在一个厂,平时来往比较多,走得近也知根知底"(SX89)。

这种婚姻上的内向圈际倾向,使得三线人社会关系网络的内卷纹理更加清晰紧密。同时,基于同质性背景的互动往来,一定程度上也形成了圈际交往的代际传递。

"我是大学生,各方面条件也还不错,自己想着找对象最起码也要是个大学生,但是我父母非要让我嫁给一个和他们既是老乡又是同事的人的孩子,是个卡车司机。最后还是要听父母的"(SX33)。

另外,"师徒制"是贯穿我国工业发展史的关系模式,是技术延续的典型结构,师徒姻亲也是三线人婚姻圈际文化的常见现象。

"我的父亲是厂里的老人,带了很多徒弟,我的老公就是他的徒弟,我爸觉得他靠谱、踏实,师徒感情很好,就说要亲上加亲,把女儿嫁给他放心"(SX59)。

无论是区域取向,还是关系取向,三线人这种独特的婚姻模式是中国传统熟人社会中信任与情感等因素在私领域的生活体现,也是在公领域的人情交织。而且,三线人在婚姻上的关系生产内向延伸愈加细密,与"岛"外世界的疏离也愈加强烈。

3. 社会组织隔离:迥异的行政管理体系

正如前文所述,虽然三线移民与当地人都生活在同一地理区域,但却分属于完全不同的组织管理体系,是工业共同体与农业共同体的差异,这种区分首先成为了三线人与本地人交往互动的客观制度屏障。即便后来三线人与周边农民有一些简单的生活资料交易,但仍然无法影响宏大的组织隔离。

综上,依托三线移民主体,三线工厂在地理位置、经济、政治、文化、社会关系等方面形成了一个自主性极强的综合"孤岛"在特殊"单位制"的特定属性下,谱写着那个时代三线建设的恢宏姿态与生动画面,也展现着三线移民的时代价值。但是历史的车轮滚滚向前,不断实现着过往与现实的更迭。三线人在后来的时代际遇下,走向了另外一种复杂的人生基调,三线"孤岛"也随之而发生了历史转向。

三、三线"遗民":"三线孤岛"的蜕变

"三线孤岛"的形成与曾经的辉煌有其独特的历史因素。改革开放以后,随着我国经济政治管理体制的全面改革,"三线孤岛"在失落与无奈中悄然解体,昔日荣耀加身的"单位人"也变成了泛泛云海的"社会人"。但是深入三线群体内心会发现,虽然历史退幕时代更迭,从中走来的三线移民成为现时代被历史遗留下来的独特群体,在新时代仍然保持着那个年代浓厚的家国情怀,在多元异质的现代价值潮流中,成为一座无形的精神"孤岛"。

(一)"政治"移民:改制前的光荣"孤岛"

有学者认为城乡二元制度是影响三线移民与本地人关系的根本因素①。我们在访谈中发现,城乡二元制度确实是导致三线移民与当地人隔离的关键因素,但在城乡二元的初级制度屏障下,三线工厂自身封闭、保密的社会特征以及土客文化差异也是间隔三线移民与本土村民之间的重要因素。改革开放前,城乡二元制度生产出了三线移民与周边当地人两种不同的工农身份,附着于这不同身份的是经济收入、社会福利、生活方式、社会地位等方面的天壤之别。同时,三线企业的政治意义赋予三线移民的政治光环,会同其工人身份带来的经济优势,共同构建了当年三线移民的优势群体心态。土客文化的差异,则在此基础上进一步强化了客方的优势心理,进一步加深了双方的鸿沟。

1. 城乡二元制度

某种程度上,城乡二元制度是建国后国家面临优先工业化与传统农业之间的发展张力而形成的管理农村与城市的一种综合制度②,在社会发展变迁过程中,城乡二元制度虽然实现了最初的工农协调管理与生产资料积累、分配的政治功能,但同时也生产出了城市人与农村人两个阶层,以及因此而导致的囊括了教育、医疗、保险等几乎全方位的两个阶层的不同的生活境况。换句话讲,城乡二元制度是阶层生产与阶层固化的根本机制,特别是在改革开放前,

---

① 张勇:《围墙内外:三线建设企业与当地社会区隔之形成》,见 2019 年《记忆与遗产:三线建设研究高峰论坛会议论文集》。
② 夏柱智、贺雪峰:《半工半耕与中国渐进城镇化模式》,《中国社会科学》2017 年第 12 期。

这种区分轮廓尤为清晰。在这种制度背景下,城市人与农村人、工人和农民的阶层分化与身份区隔是一个被双方都接受了的且被规训到骨子里的社会共识。如此,来自城里的三线工人与当地农民虽然都生活在同一乡村区域,但两者之间有明显的阶层界限,主要表现在经济地位差别与福利待遇差异方面。同时,附着于工人身份的福利制度也是当地农民所没有的,例如教育,很多三线工厂都有自己的幼儿园、小学、初中甚至高中和技校,三线二代几乎都在工厂内部的幼儿园和学校上学,虽然后来三线学校也由于各种因素而部分性地接受本地生源,但是比例非常小。很多三线工厂甚至还创办了自己的技校,这也成为很多三线二代进行身份复制与生产的一个普遍途径。

2. 三线移民的优越身份

如果城乡二元制度算是两者关系区隔的初级屏障,那么,三线建设的特殊政治意义生产出的"三线人"的荣耀则是对这种界限的二次强化与累加。三线建设经历了一场大规模的政治动员,三线移民的身份因此也带有一种强烈的政治属性,无论是身份生产过程中的政治筛选还是身份实践过程中的保密规定,都体现了三线移民在地理空间上进入农村山林的同时,也自然而然地带来了本客之间的阶层之分和身份之差。

三线移民与生俱来的政治光环对这个群体的身份与心理都产生了很大影响。在当年国际冷战与关系紧张背景下,三线建设某种程度上具有国之重器的战略意义,过程中国家动员了二十多个部委参与,投入了当时国家三分之一以上的财政份额。在这样的大环境下,三线工厂天生就具备当时一般国有工厂无法比拟的政治光环,会同身份优势,共同造就了三线移民面对周边农民的优势心态,进而导致了双方的非对等关系。一方面,周边当地人自觉身份低弱。当问及周边老人,当年会不会和厂里人有来往或者会不会通婚的问题时,得到的多是"怎么可能啊""人家是吃公粮的啊"的答复,不可思议的表情和不假思索的回答共同隐喻着当地农民群体的心理矮化。另一方面,三线移民是特殊的国家工人,他们与当地人的生活方式、生活质量等方面的反差增强了移民的身份建构,当地人无法获得的来自大城市的香烟、带鱼、大白兔奶糖等加剧了三线工人的身份优越感。另外,"我们是共产党与毛主席最信得过的"以及"我们都是经过挑选,不是谁想来就能来的"观念深化了三线移民心理的自豪感。三线移民的荣耀与村民的矮化,连同三线移民与本地村民之间互无交集的自然疏离,形成了同一片土地上两种不同烟火的独立群像。

3. 本客文化差异

本客文化差异也是导致"孤岛"内外隔离的重要因素。贵州是一个多民族聚集地区，少数民族文化异质多元，尤其是广大农村的少数民族生活地区，在那个年代具有很强的"土著性"，封闭而自有特色。三线建设者则大多是来自中、东部大城市里的汉族移民。来自不同背景的两个群体在同一时空内首当其冲要遭遇文化差异的推力。一方面是客观的文化差异，主要表现为两个群体所携带的不同的生活习惯、风俗民情等方面的客观差异，如前面所介绍的，三线移民来到贵州山区，与本地少数民族村民之间在饮食、服饰、语言等方面都有很明显的区分，从而形成了"三线人"与"当地老乡"，也即"我们"和"他们"的群体划分。另一方面，犹如一般关于外来人和本地人的故事脚本中都有的关于文明和落后的理解差异。在当时国家全力追求现代化的话语体系中，来自城市的三线移民代表的是先进、文明的生产方式与生活方式，而大山里的少数民族村民身上则是落后、未开化的消极标签。"那个时候周日厂里会专门派一辆车带大家去赶集，因为山路不敢走怕迷路。这里橘子特别好吃，一毛三一斤，挺便宜，我说买个两斤吧，'没卖'！他说'没卖'，就是'不卖'。你买一斤，给他一毛三，然后再称一斤，再给他一毛三，两斤他都不知道多少钱，转不过来这个圈儿"（SX124）。

客观的文化差异阻碍了两个群体的日常交往，主观的文化评价则进一步强化了优势群体的优势心态，从而会同其他因素，共同深化着双方的交往鸿沟。两个具有经济地位与政治身份之差的现实群体在心理层面本就形成了各自对应的姿态，如前文分析的三线移民的优越感、自豪感与本土村民的退缩感、无关感。持话语建构的分析逻辑往前看，这种无形的、贴嵌在两个群体身上的不同标签深刻地影响着个体、群体的生活世界，固化着各自的群体认同。如此，在经济与政治的结构性动力下，介于城乡之间的"单位制"的工厂特殊性质①，造就了三线移民有别于城市工人与农村农民的生活世界，林林总总生产方式、生活方式和高低层次的区别叠加在一起，划分了三线人与当地人的界限，封闭的现实空间与强烈的群体认同形成的双重内力相互促进，进一步强化、明晰了"三线孤岛"的边界。

---

① 张勇：《介于城乡之间的单位社会：三线建设企业性质探析》，《江西社会科学》2015年第10期。

(二) 社会移民：改制后的"孤岛"解体

"三线孤岛"在城乡二元制度、工厂保密封闭的社会特质以及土客文化差异的多维影响下，呈现出包涵了地理区域、经济、政治、文化、社会交往等方面的立体结构，"孤岛"边界也愈加清晰明显，在"单位制"时期绽放着属于自己的独特辉煌。但是随着国家三线建设政策变化与改革开放后"单位制"的逐渐解体，"三线孤岛"的边界开始出现松动和裂变，主要原因是改革开放后国家计划经济向市场经济转变，加上国内外政治经济形势的变化，导致 80 年代初国家三线建设的一些相关政策发生了重大变化，特别是逐步减少甚至停止了过去给予三线企业的盈亏兜底政策。同时，市场经济浪潮也冲开了三线工厂的大门，人才大量外流，设备与技术陈旧等问题给三线企业带来了更大挑战。双重转型渗透到了原本封闭的"三线孤岛"的方方面面，比较突出的如三线移民的身份跌转、三线工厂的市场化等等。这些宏观变迁使得三线移民不得不走出"孤岛"，走向新环境，成为市场经济同化下的个体。即便转型成功的三线企业，虽然屈指可数，历史上共同体式的移民"孤岛"也由于各种与外界的必然连接而不复存在。某种程度上，"三线孤岛"在改革开放后就退出了历史舞台。

1. 三线工厂的市场化

在"三线孤岛"中，工厂和移民在某种程度上就是最核心的关键要素。整体上，除了被政策性破产的三线工厂，生存状况较好的则需要在市场竞争中自立自足，工厂不再有神秘的政治属性，也不再有国家兜底的"衣食无忧"。微观上的表现则较为繁杂，人员流动、技术更新、产品研发、管理模式……任何一个因素都有可能影响企业的成败存亡。在转型摸索过程中很多企业仍然无法在市场竞争中自立，纷纷破产。也有一些企业能够适应市场竞争从而转型比较成功，如振华集团的 4433 厂，在濒临破产的时候大胆改革，通过向职工集资的方法起死回生，后来又搬至贵阳走合资道路，让企业在市场经济浪潮中站稳了脚跟。但是作为之前"三线孤岛"主要载体的工厂，它的成功转型或失败破产，都直接将附着其中的三线移民推向公开，置身于一个更加多元、挑战的理性环境中。

2. 移民身份的集体泛化

改制以后，三线移民原来优越、荣耀的工人身份不复存在，从计划经济时期的"单位人"变成了市场经济时期的"社会人"，这背后蕴含着现实与精神两个方面的变化与低落。现实层面,原来工人身份附着的一系列从出生到死亡的几乎全包的福利制度逐步消解,过去由企业提供的公共服务几乎全部停止,三线移民从之前三线工厂的集体身份中散落出来,走出"三线孤岛"来到一个需要自主面对的个体化的新环境中来,其中包括市场化了的教育、住房、医疗、就业甚至养老等诸多方面。精神层面,三线移民尤其第一代三线老人是那个年代"毛主席最信任的人",拥有着浓厚的"哪里艰苦去哪里""保家卫国为人民"的集体主义信念和奉献精神,这些既是那个年代的主流价值也是这一代人的人生价值。在访谈中发现,经历了新中国的吃苦、建设与发展阶段的耄耋老人们仍然坚守并践行着来自那个时代的家国信念与情感。"我都八十多了,这么多年每天坚持看新闻联播,看了记不住还记笔记。前段时间街道演讲比赛,我讲的就是'不忘初心,牢记使命',还得了第一名。再选一次的话,只要共产党在,哪里需要我就到哪里去"(SX109)。但是相对于那个年代的建设主题以及革命式、英雄式的感性氛围,改革开放以后的发展主题以及市场经济时代的理性、高效、标准化等特质成为新的方向标,三线老人身上的精神光环在现今时代自然也就黯淡了许多。另外,从形式上看,来自全国二十多个省份的三线移民聚集"孤岛"被解体,与本土居民融为一体,成为新时代被同质了的"社会人"。而且在居住格局上,大部分老职工搬离了原来的老三线社区,原来的厂房和职工住房有些被外来单位和个人租住,现在的三线老社区里可以看到,菜市场多是当地人摆的地摊,当地人还深入社区开上了小吃店,但是在项目资料分析中发现,虽然在地理空间上三线移民与当地人实现了互融,但是由于前期积累、文化差异、生活习俗不同等因素的影响,三线老人的主要交往对象仍然是曾经熟悉的同事、老乡、好朋友,很少与当地人有非正式交往。"退休后平时还是和三线时候的同事交往,红白事情都互相走动,天气好的时候一起出去走走,大家感情好啊,和当地人没啥矛盾也没啥来往"(SX33)。

(三)失落"遗民":历史工程遗留的特殊群体

一方面,三线建设已经成为历史词汇,但是历史建设者依然存在,某种程度上,三线移民是历史工程遗留下来的特殊群体。另一方面,相对于毛泽东时代对"艰苦奋斗""为国奉献"等一系列与新中国建设需求相匹配的价值建构与推崇,以及工人阶层的优越社会地位,在当下新时代发展主题下,三线移民客观地经历了身份与精神的双重低落,虽然有时这种低落直接渗入个体生命细节带来各种尴尬,但是从三线移民或正式或非正式的"我为祖国献青春""为了共产主义理想而奋斗"之类的系列自我书写中,仍然能够看到这个群体身上深刻的历史烙印。即便经历了社会环境、价值观念的极大变迁,三线群体对自身价值、人生归宿的建构在今昔互动中仍然呈现出更加强烈的家国联结。毫无疑问,这种精神价值在任何时代都是需要且珍贵的。只是在当下效益化、个体化、理性化等多元复杂的价值格局中,无论从话语建构与价值引导,还是从社会现实对历史群体的集体泛化,三线"遗民"穿越时代更迭传递过来的"艰苦奋斗""为国为民""不怕牺牲"等崇高价值理念,以及强烈的人生价值与集体归宿的国家联结,都为他们在精神层面筑起了另一座无形的"孤岛"。

四、研究展望

正如斯宾塞·约翰逊所讲,"这个世界唯一不变的就是变化本身"①,在历史的年轮中,每种制度、每个群体都有它存在的意义与价值。特殊的三线移民工程及其相应的政策形塑了一个移民群体的时代画像,社会的发展也推动着这个移民群体的辉煌与沉浮。在社会转型与发展变迁的双重动力下,虽然三线移民与周边居民之间的那条界限在不断被弱化,但三线建设留下的物化空间仍然印证着"三线人"的存在,即便城镇化浪潮将"三线孤岛"周边的农民变成了市民,将山沟峡谷变成了高楼,然而在本地人眼中,老三线人仍然是特殊的"他们"。摆满黑白照片的三线博物馆、代表三线工厂的×××(编号)公交车站等等,这些印记顽固地站在时代的角落,既是对过往的纪念,也是对"他们"的记忆延伸。在精神层面,三线移民从荣耀中走来,即便遭遇身份边缘化与生存困境,这个群体强烈的身份认同以及穿越时空愈加深刻的集体记忆仍然在勾勒着他们特殊的"精神孤岛",是追忆也是铭记,是共识也是共鸣。因此,今日的三线移民与本地居民之间的关系重点不再是高低之分、优越与否,而是差异之分、今昔之变。

对于相关研究来说,"三线孤岛"解体之后的群体身份堕距问题是需要继续关注的一个议题。工农时代"主人翁"身份感强烈的三线移民在后来的时空变迁中感受到强烈的身份落差。展看历史画卷的始端,他们担负国家期望,践

---

① 斯宾塞·约翰逊:《谁动了我的奶酪》,吴立俊译,中信出版社2005年版,第4页。

行时代主流价值,个体前途与国家命运之间紧密联结,并且拥有精神上的荣耀与身份上的优越。时空隧道的这头,经过社会结构转型与社会主流价值嬗变,他们成了没有任何政治附加的被市场经济同化了的平凡个体,转变之后的生活世界尴尬与精神世界低落成为这个历史群体边缘化的直观表现。因此,无论从敬畏历史的角度还是从尊重历史主体的角度,三线移民"孤岛"边界被溶解以后的群体身份跌宕应该得到社会对之在生活与精神方面的基本关照。

三线留守社区特别是其中的留守老人也是学界需要关注的一个议题。那些没有破产但已经转民的工厂多已从边远山区迁徙到了城市,原来的厂房空置或挪作他用。不过,值得注意的是,在原来的家属区里仍然居住着大量的第一代三线老人,所以这类社区基本属于三线留守社区。里面的老人大多数在年轻的时候是三线建设的主力军,为三线事业做出了突出的贡献。这个群体目前的生存状况亦非常值得学界重视与社会关注!

(本文作者:吴晓萍,贵州民族大学教授,博士生导师;谢景慧,贵州民族大学社会学与公共管理学院博士研究生,贵阳学院法学院副教授)

后　　记

经过近半年时间的征集、整理,《三线人的社会生活与文化认同》终于付梓了。作为三线建设研究论丛第一辑,本书承载着广大学者宽广的社会视角和深刻的学术情怀,真切再现了20世纪60年代初至70年代末三线建设者的生活情景和身份记忆。

随后,我们将陆续推出与此相关的系列文集,系统展示近年来三线建设研究的最新成果。对于收入本书文章的作者,我们除了表示深切的感谢外,还将按有关规定支付相应的稿酬。但由于时间仓促,我们不一定能联系到所有的作者。谨望作者本人看到此书后能及时致电攀枝花市委党校、三线建设干部学院或上海大学出版社,以尽快完成向作者支付稿酬等事宜。

在此,向致力于三线建设研究的广大专家学者致以最诚挚的敬意。感谢上海大学徐有威教授,作为国内三线建设研究权威,从论丛最初设想到本书组稿成册,徐老师都一路相随,指点良多,并欣然为本书作序。他不仅学识渊博,见解非凡,且谦谦君子,温润如玉。感谢上海大学出版社副总编傅玉芳老师及全体工作人员,他们的热诚、严谨与高效不仅给予我们大力支持,让我们感佩于心,而且从他们身上再次看到了当年三线人的精神与风采。

历史需要铭记,时代召唤精神,让我们为共同致力于三线建设研究携手奋进。

代发君

2021年8月